亳州年鉴

YEARBOOK OF BOZHOU

2020 总第19卷

中共亳州市委党史和地方志研究室 编

方志出版社
Publishing House of Local Records

图书在版编目（CIP）数据

亳州年鉴 2020 / 中共亳州市委党史和地方志研究室编. -- 北京 ：方志出版社，2020.9

ISBN 978-7-5144-4418-6

Ⅰ. ①亳… Ⅱ. ①中… Ⅲ. ①亳州市－2020－年鉴 Ⅳ. ①Z525.43

中国版本图书馆CIP数据核字（2020）第203059号

亳州年鉴（2020）

编　　者：中共亳州市委党史和地方志研究室

责任编辑：张　颢

出 版 者：方志出版社

地址　北京市朝阳区潘家园东里9号（国家方志馆4层）

邮编　100021

网址　http://www.zgfzcb.cn

发　　行：方志出版社图书经销中心

电话　（010）67110500

经　　销：各地新华书店

排　　版：南京德玺文化发展有限公司

印　　刷：南京凯德印刷有限公司

开　　本：889×1194　1/16

印　　张：27.5

字　　数：685千字

版　　次：2020年9月第1版　2020年9月第1次印刷

印　　数：001~800册

ISBN 978-7-5144-4418-6　定价：228.00元

亳州年鉴编辑委员会

亳州年鉴编辑部

编辑说明 BIANJISHUOMING

一、《亳州年鉴(2020)》以马克思列宁主义、毛泽东思想、邓小平理论、“三个代表”重要思想、科学发展观、习近平新时代中国特色社会主义思想为指导，坚持辩证唯物主义和历史唯物主义的立场、观点和方法，全面记述2019年全市自然、经济、政治、文化、社会、生态文明等各方面的发展情况，本卷是连续出版的第19卷。

二、本卷年鉴文字资料除“特载”和“附录”外，按类目、分目、条目编排，部分内容设有次分目。分目为单栏标题，加底纹；条目标题为黑体字，并加“【】”；共设34个类目、154个分目、34个次分目、1053个条目。卷首设有图片专题。封面照片为“2019年12月1日，亳州进入‘高铁时代’(张延林 摄)”。类目图片34张；内文图片132张；表31张。

三、本卷文字资料由全市各部门、各县（区）及其他有关单位提供，亳州年鉴编辑部统筹编纂，经各部门和单位审核定稿。记述时限为2019年1月1日至12月31日，为保持内容资料的完整性和连续性，部分资料适当上溯或下延。

四、本卷主要综合性统计数据由市统计局或相关单位提供。所用数据由于统计的来源、口径、方式、方法和时间的不同，可能存在一定差异，使用时请以市统计局提供的统计资料数据为准；凡市统计局未做统计的，以供稿单位提供的数据为准。计量单位一般均使用法定的单位。为遵从行业或使用习惯，有些内容使用“亩”等单位。数据一般保留到小数点后两位，保留数末尾为“零”的，一般不标出；同时，根据实际情况对部分数据予以全部保留。

五、本卷年鉴对各类目、分目间的交叉重复资料，在分清主次和互相协调的基础上，采取详此略彼的记述方法予以记载。

六、为方便读者查阅，本卷年鉴设“目录”“主题词索引”“图表索引”三种检索系统。

类　目

YAOMU

亳州市行政区划图

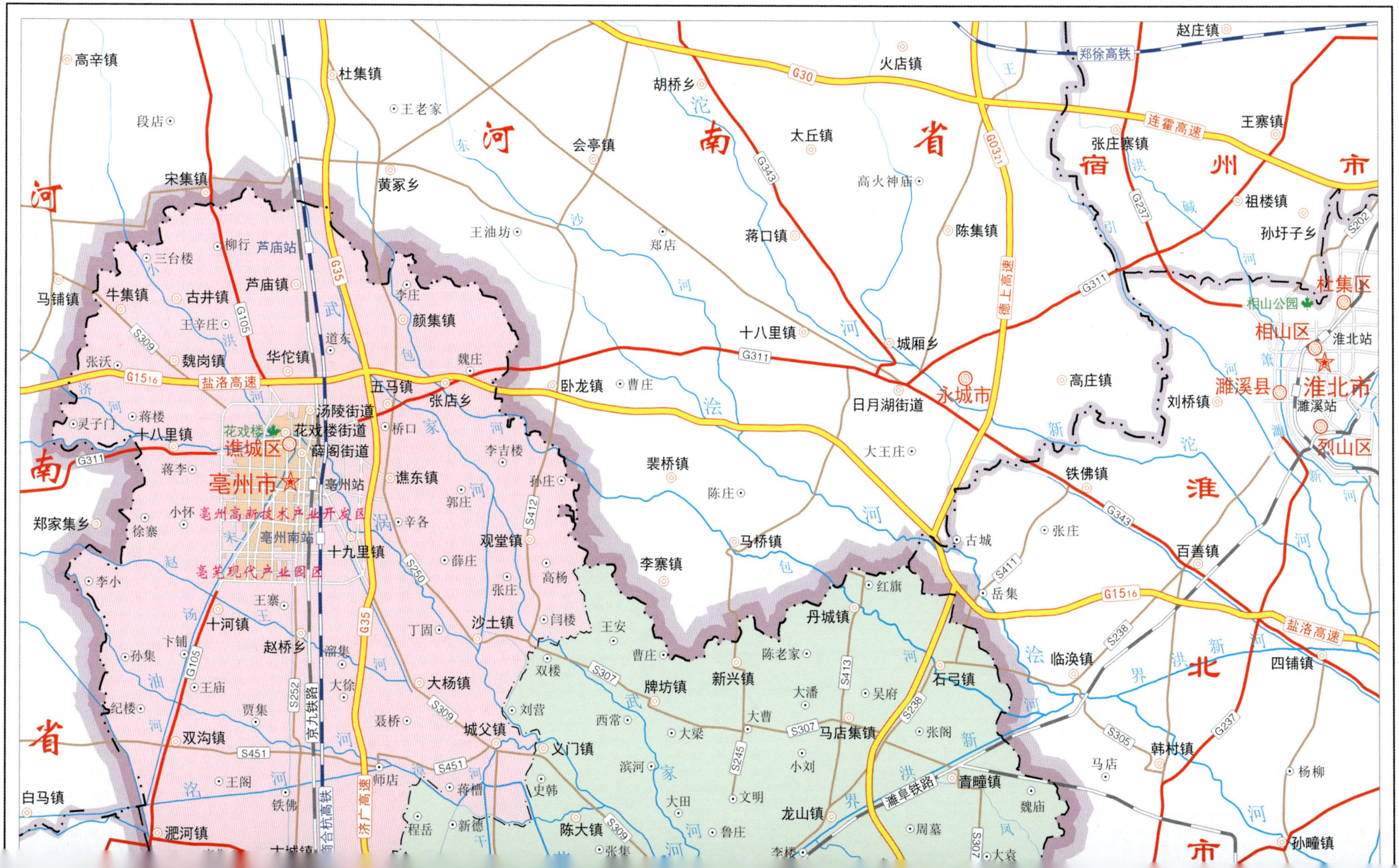

河南省
宿州市
淮北市
淮北市
杜集区
相山区
烈山区
濉溪县
永城市
亳州市
谯城区
亳州高新技术产业开发区
亳芜现代产业园区
汤陵街道
花戏楼街道
薛阁街道
日月湖街道
亳州站
亳州南站
淮北站
濉溪站
芦庙站
相山公园
花戏楼
高辛镇
杜集镇
宋集镇
马铺镇
牛集镇
古井镇
芦庙镇
魏岗镇
华佗镇
颜集镇
五马镇
张店乡
十八里镇
谯东镇
观堂镇
十九里镇
沙土镇
赵桥乡
十河镇
大杨镇
城父镇
双沟镇
义门镇
白马镇
淝河镇
郑家集乡
黄家乡
会亭镇
胡桥乡
太丘镇
火店镇
蒋口镇
陈集镇
十八里镇
城厢乡
卧龙镇
裴桥镇
李寨镇
马桥镇
高庄镇
刘桥镇
铁佛镇
百善镇
临涣镇
四铺镇
韩村镇
孙疃镇
张庄寨镇
王寨镇
祖楼镇
孙圩子乡
赵庄镇
丹城镇
新兴镇
牌坊镇
马店集镇
石弓镇
青疃镇
龙山镇
陈大镇
郑徐高铁
连霍高速
盐洛高速
德上高速
济广高速
京九铁路
商合杭高铁
濉阜铁路
G30
G0321
G311
G343
G237
G105
G35
G15₁₆
S202
S309
S250
S252
S412
S451
S307
S413
S245
S238
S305
S411

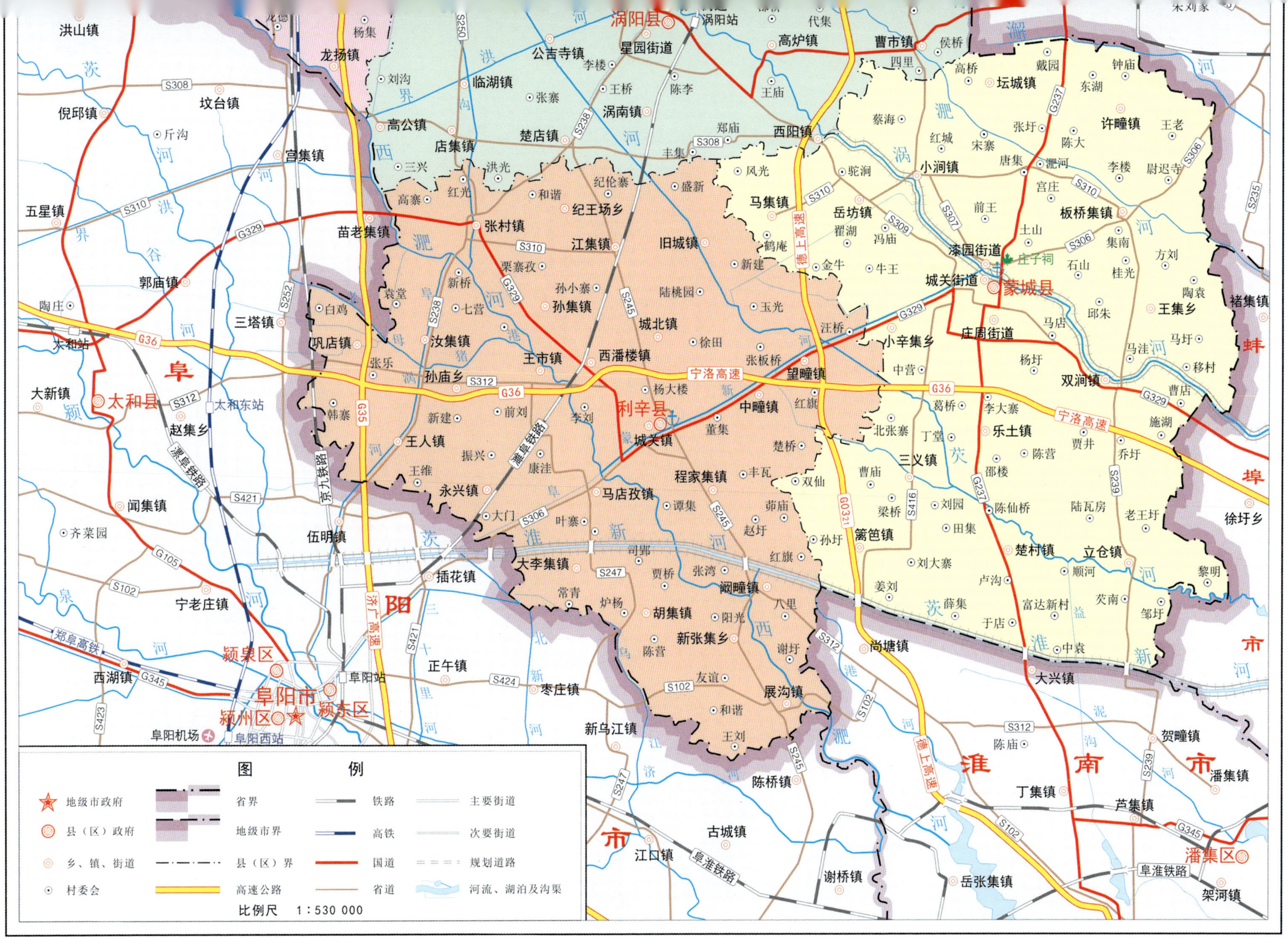

安徽省第四测绘院编制 审图号：皖亳S（2020）02号

二〇二〇年十一月

亳州南湖

（刘勤利　摄）

地区生产总增及增长
820.0
883.6
942.6
1046.1
1149.8
1277.2
1749.0
9.7
7.8
9.1
8.9
9.2
10.1
9.4
2013年
2014年
2015年
2016年
2017年
2018年
2019年
地区生产总值（亿元）
增速（%）

粮食产量及增长
447.4
467.5
485.2
473.9
483.4
487.8
499.7
1.1
4.5
3.8
-2.3
2.0
-2.6
2.4
2013年
2014年
2015年
2016年
2017年
2018年
2019年
粮食产量（万吨）
增速（%）

固定资产投资及增长
1067.2
874.9
767.3
650.9
541.5
25.8
20.2
17.9
14.0
22.0
18.0
13.0
2013年
2014年
2015年
2016年
2017年
2018年
2019年
固定资产投资（亿元）
增速（%）

工业增加值及增长
448.8
399.8
359.8
336.1
305.8
286.7
269.2
14.8
8.6
10.1
9.7
8.5
10.9
10.5
2013年
2014年
2015年
2016年
2017年
2018年
2019年
工业增加值（亿元）
增速（%）

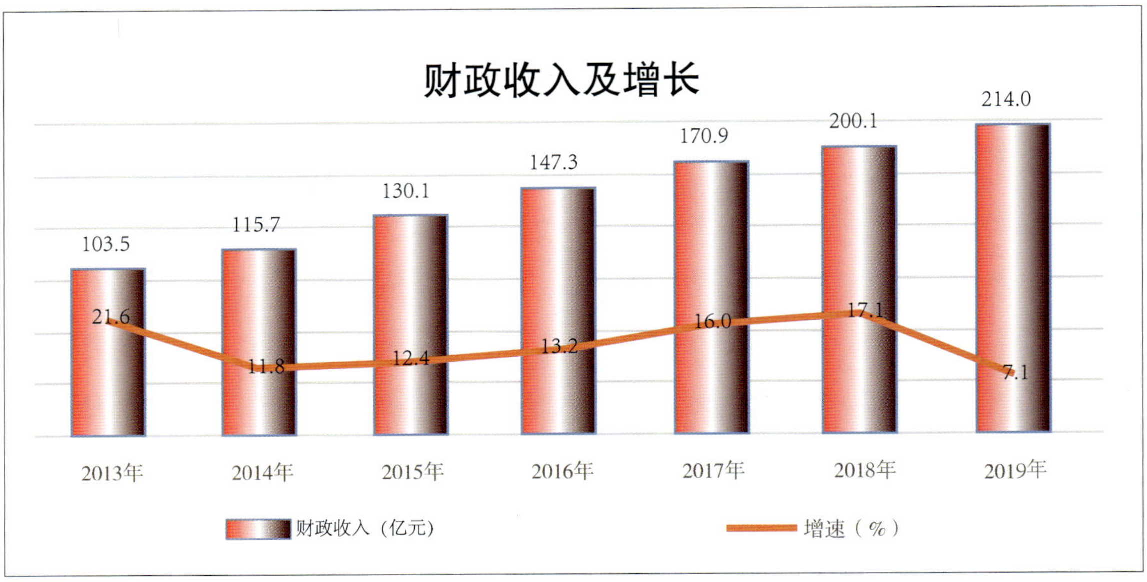
财政收入及增长
103.5
115.7
130.1
147.3
170.9
200.1
214.0
21.6
11.8
12.4
13.2
16.0
17.1
7.1
2013年
2014年
2015年
2016年
2017年
2018年
2019年
财政收入（亿元）
增速（%）

社会消费品零售总额及增长
345.1
388.4
436.4
492.1
550.7
590.0
663.0
13.6
12.6
12.4
12.8
11.9
11.6
12.3
2013年
2014年
2015年
2016年
2017年
2018年
2019年
社会消费品零售总额（亿元）
增速（%）

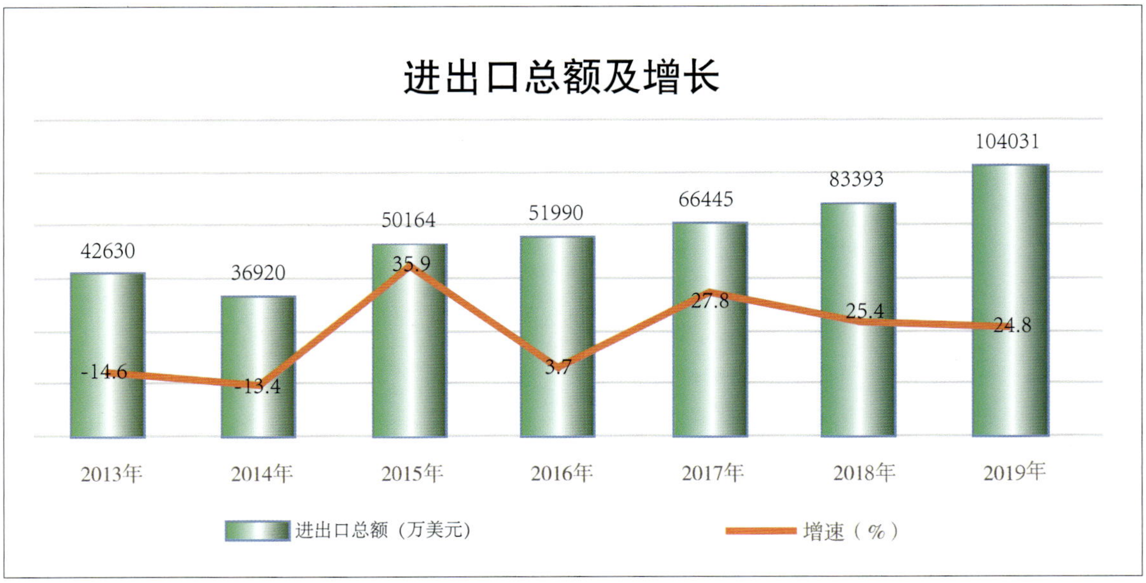
进出口总额及增长
42630
36920
50164
51990
66445
83393
104031
-14.6
-13.4
35.9
3.7
27.8
25.4
24.8
2013年
2014年
2015年
2016年
2017年
2018年
2019年
进出口总额（万美元）
增速（%）

城镇常住居民人均可支配收入及增长
22605
21192
23120
25053
27246
29711
32409
10.3
8.6
9.1
8.4
8.8
9.1
9.1
2013年
2014年
2015年
2016年
2017年
2018年
2019年
城镇常住居民人均可支配收入（元）
增速（%）

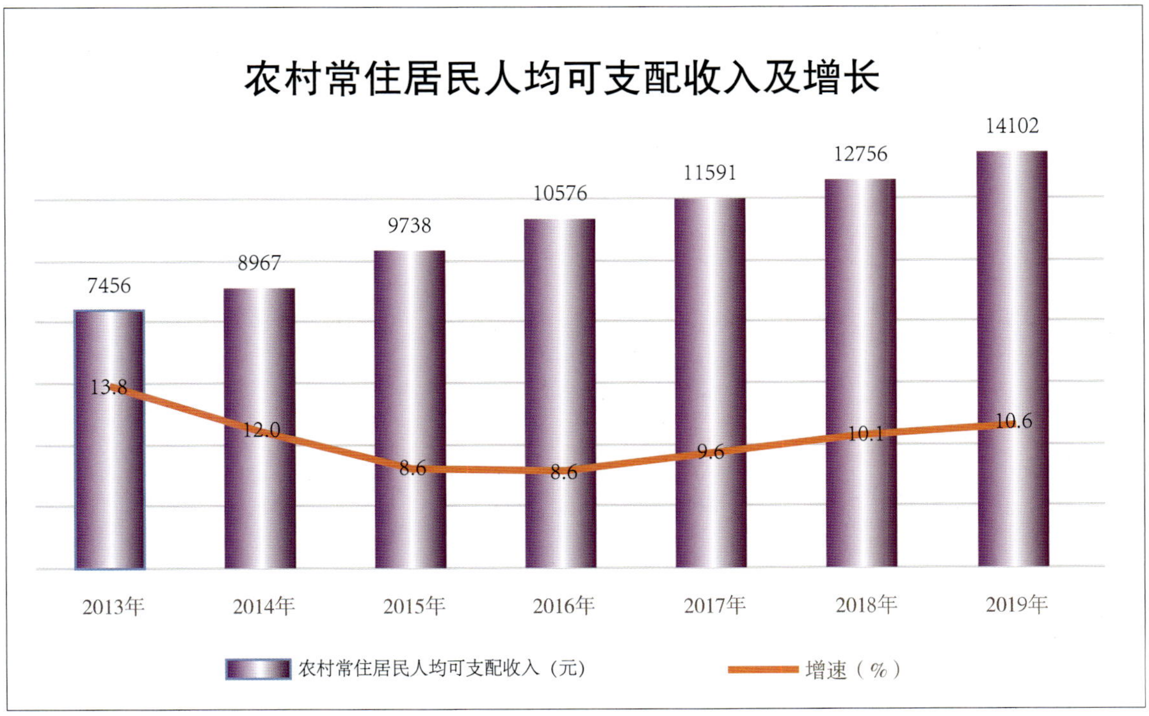
农村常住居民人均可支配收入及增长
7456
8967
9738
10576
11591
12756
14102
13.8
12.0
8.6
8.6
9.6
10.1
10.6
2013年
2014年
2015年
2016年
2017年
2018年
2019年
农村常住居民人均可支配收入（元）
增速（%）

2019 年 2 月 22 日至 24 日，亳州市第四届人大代表会议第三次会议召开　　（张延林　摄）

2019 年 2 月 21 日至 23 日，中国人民政治协商会议第四届亳州市委员会第三次会议召开
（张延林　摄）

2019 年，亳州市高质量推进“不忘初心，牢记使命”主题教育，全市党支部开展“一月一课一片一实践”系列活动。图为基层党支部组织参观爱国主义教育基地 （张延林　摄）

2019 年，亳州市组织开展庆祝新中国成立 70 周年系列活动。图为 10 月 1 日，谯城区十八里镇桐花园社区组织道德模范观看新中国成立 70 周年直播 （张延林　摄）

2019 年 12 月 1 日，商合杭高铁北段正式开通，亳州进入“高铁时代” （张延林 摄）

2019 年 12 月 26 日，亳州海关开关 （刘勤利 摄）

2019年，亳州市全力推进脱贫攻坚，全市三县一区全部退出贫困县序列。图为6月11日，谯城区双沟镇王阁村金实种植专业合作社村民在采摘香妃蜜哈密瓜，准备销往广州市场 （刘勤利 摄）

2019年，亳州市推进高质量发展，实现生产总值1749.0亿元，比上年增长9.4%。图为9月5日，古井集团生产车间 （代漫漫 摄）

2019 年，亳州市公办教育资源扩容，提升人民群众教育获得感。图为亳州市第三十二中学启用

（张秀礼　供图）

2019 年，亳州市持续推进公民思想道德建设。图为 11 月 6 日，全省道德模范与身边好人进校园活动走进亳州

（张延林　摄）

2019 年 4 月 27 日，2019 年亳州国际马拉松开跑　（张延林　摄）

2019 年，亳州市加强生态环境治理，建立基层环境保护工作长效机制经验做法被生态环境部推广。图为治理后的谯城区陵西湖　（张延林　摄）

2019年2月22日，2019年中国（亳州）药市开市　（张延林　摄）

2019年9月12日，亳州中药科技学校组织五禽戏会演　（张延林　摄）

2019 年 9 月 9 日，2019 年国际（亳州）中医药博览会暨第 35 届全国（亳州）中药材交易会开幕 （张延林　摄）

2019 年 4 月 13 日，亳州市牡丹花盛开 （张延林　摄）

2019 年 9 月 8 日，亳州养生协会被中国药膳研究会授予“药膳人才培训基地”称号　　（张延林　摄）

2019 年 9 月 8 日，“华佗杯”中国（亳州）药膳大赛在亳州市举办　　（张延林　摄）

2019 年 9 月 9 日，2019 年国际（亳州）药材药品交易洽谈会在亳州市举行　　（丁　影　供图）

2019 年 9 月 9 日，亳州市举办纪念华佗诞辰 1892 年祭祀典礼　　（张延林　摄）

酒乡亳州

2019 年 10 月 18 日，安徽古井集团有限责任公司董事长梁金辉（右二）参加世界名酒价值论坛暨理性饮酒宣传周启动仪式 （李 琼 供图）

2019 年 9 月 20 日
演讲

2019 年 1 月 27 日，古井贡酒走进故宫参展 （李 琼 供图）

2019 年 5 月 29 日，古井贡酒亮相首届上合组织国际投资贸易博览会主场馆 （李 琼 供图）

在世界制造业大会·徽商论坛上，梁金辉发表

（李　琼　供图）

2019 年 10 月 18 日，全新升级的“全球读‘亳’”——图为外国友人参加“全球读‘亳’”活动　（李　琼　供图）

2019 年 9 月 18 日，2019 中国酒业文化高峰论坛在亳州举行　（李　琼　供图）

“国保”级窖池功勋池保险　　（桑　雅　摄）

中国酒文化研究院揭牌　　（桑　雅　摄）

2019 年 9 月 19 日，古井贡酒 2019 年秋季开酿大典

美酒拍卖　　（李　琼　供图）

酿酒员工拜师仪式　　（李　琼　供图）

（桑　雅　摄）

2019年，中国白酒博物馆　　　　（桑　雅　摄）

2019年12月5日，“‘不忘初心、牢记使命’主题教育暨聂广荣同志先进事迹报告会”在北京人民大会堂举行　　　　（李　琼　供图）

目　录

特　载

专　记

大事记

市情概览

中国共产党亳州市委员会

亳州市人民代表大会

亳州市人民政府

中国人民政治协商会议亳州市委员会

中国共产党亳州市纪律检查委员会 亳州市监察委员会

民主党派

群众团体

法　治

军　事

发展　改革

经济管理

中药业

农　业

工　业

商　业

旅游业

财政　税务　金融

交通　邮政　通信

城乡建设与管理

教　育

科　技

文　化

医疗卫生

体　育

社会事务管理

开发区建设

县（区）概览

建制镇

人　物

附　录

索　引

特　　载

图 1　“美丽亳州”系列图片——2019 年 8 月 3 日，涡河美景　　　　（张延林　摄）

政府工作报告（节选）

——2020年5月13日在亳州市第四届人民代表大会第四次会议上

亳州市人民政府市长　杜延安

一、2019年工作回顾

2019年是中华人民共和国成立70周年，是全面建成小康社会关键一年。面对错综复杂的外部环境和艰巨繁重的改革发展稳定任务，全市人民在省委、省政府和市委的坚强领导下，坚持以习近平新时代中国特色社会主义思想为指导，全面贯彻中共十九大和十九届二中、三中、四中全会精神，坚持稳中求进工作总基调，以供给侧结构性改革为主线，扎实做好“六稳”工作，全力推动高质量发展，较好地完成了市四届人大三次会议确定的主要目标任务，现代化五大发展美好亳州建设迈上新的台阶。

过去一年，我们苦干实干，收获满满。在23项主要经济指标中，亳州市有3项增速居全省第一位，12项居前三位，20项居前八位。全年地区生产总值1749亿元，同比增长9.4%，总量新超过2个市，居全省第九位，提前一年超额完成“十三五”规划1600亿元的目标；财政收入214.3亿元，居全省第十位，增长7.1%，固定资产投资增长13%，规模工业增加值增长11.4%，城镇常住居民人均可支配收入增长9.1%，农村常住居民人均可支配收入增长10.6%；三县一区全部脱贫摘帽，金融等领域重大风险得到有效防控，节能减排完成省下达目标任务，生态环境进一步改善。

过去一年，我们一路拼搏，奋勇争先。亳州市连续4年获国务院通报表扬、省目标管理绩效考核先进单位称号和省脱贫攻坚工作成效考核“好”的等次，连续2年获省稳增长贡献奖；成为2020年度国务院大督察及专项督察中予以“免督察”的市，享受国家企业债券“直通车”激励措施支持的市，整建制实现主要农作物生产全程机械化的市；三县全部上榜中国投资潜力百强县、全国营商环境百强县；获得民营经济发展等101项省级以上表彰，在全国基本公共卫生、推进农村厕所革命等25次省级以上会议作典型发言，全省公安机关深化“放管服”改革、中小学教师“县管校聘”管理改革等15次省级现场会在亳州市召开，脱贫攻坚、文化和旅游、秸秆综合利用等工作获省政府督察激励表扬。

过去一年，我们大胆探索，改革创新。亳州市搭建企业联办服务平台实现企业快速开办做法成为全省唯一受到国务院第六次大督察通报表扬的市级典型，正式加入长三角城市经济协调会、淮河生态经济带城市合作会议“俱乐部”，成功入选国家医保基金监管方式创新试点市，农村敬老院集成改革获评为2019中国改革年度优秀案例，企业开办1日办结、乡镇生态环保（河长制）工作站设立、解救关锁精神病人等工作获得国家有关部委高度评价，免费为新开办企业刻制寄送公章做法在全省推广。

一年来，重点抓了以下七个方面工作：

（一）全面落实“六稳”要求，稳中有进势头进一步向好。面对持续加大的经济下行压力，严格执行经济运行“双调度”制度，深入开展“四送一服”集中活动，办结企业反映的突出难点痛点问题216个，促成生产要素项目成功对接2716个。大力支持民营经济发展，积极落实减税降费政策，为企业减负38亿元；清理拖欠民营企业、中小企业逾期欠款8533.4万元，清偿率82.4%。加大援企稳岗和重点群体就业扶持力度，常态化开展“2+N”招聘活动，新增城镇就业6.5万人、农村转移劳动力11.8万人、高技能人才5098人。推动金融精准服务实体经济，新增贷款323.3亿元，贷款余额增长19.7%，连续6年居全省前三位，普惠小微贷款增长17.3%；实现直接融资220亿元、居全省第三位，新增各类挂牌企业72家，域外银行向亳州市直接贷款165.2亿元。着力稳外贸稳外资，亳州海关正式挂牌运行，利用外商直接投资9.6亿美元，新增进出口实绩企业83家，进出口总额增长24.8%，居全省第二位。大力发展新能源产业，累计并网装机规模115万千瓦。全面激发消费潜力，新增驰名商标3件，限额以上商贸流通企业突破1000家，达1016家，社会消费品零售总额增长12.3%，居全省第三位；到亳旅游人数增速居全省第一位，国内旅游收入、旅游总收入增速均居全省第二位；邮政业务总量26.3亿元，增速居全省第一位。强力推进招商引资、招才引智，新签约亿元以上工业项目224个，其中5亿元以上49个、10亿元以上27个；实际到位省外资金830.9亿元，增长15%，居全省第二位；引进高层次人才、急需紧缺人才290人。849个省市重点项目投资完成率117.4%，47个投资10亿元以上重大项目开工建设，在省对市重点项目推进工作年度考核中居第二位。

（二）奋力打好三大攻坚战，全面小康短板进一步补齐。全力巩固脱贫攻坚成果。严格落实“四个不摘”要求，全面整改“两不愁三保障”及饮水安全突出问题，为3.4万户，8万名贫困群众落实个性化帮扶措施，脱贫3.8万人，贫困发生率降至0.21%，顺利完成脱贫攻坚年度任务。铁腕抓好污染防治。严格落实“五控”措施，狠抓秋冬季大气污染联防联控，$PM_{2.5}$年均浓度下降3.1%，完成省下达目标任务。全面实施河（湖）长制，整改河湖“四乱”问题399个，完成320个入河排污口整治并通过省级验收，36个城市黑臭水体已消除35个，生活污水日处理能力达61万吨，在全省率先实现乡镇政府驻地污水处理设施全覆盖，境内地表水断面考核获省级生态补偿资金2150万元，居全省第三位。利辛县创建全国水生态文明城市建设试点通过验收。强力防范化解重大风险。扎实开展金融机构不良资产压降、互联网金融风险、“套路贷”等专项整治，银行业贷款质量居全省第三位，完成省下达非法集资陈案化解任务。加强政府隐性债务动态监测，政府债务风险继续下降。坚持“房子是用来住的、不是用来炒的”定位，增加有效供给，强化商品房预售资金监管等防控措施，累计化解房地产遗留问题22个，房地产市场平稳健康运行。

（三）扎实做好“三农”工作，乡村振兴基础进一步夯实。粮食总产499.7万吨，居全省第二位，一等麦占比92.4%，高于全省21.8个百分点。中药材种植面积8.03万公顷，其中标准化种植面积2.4万公顷。设施蔬菜种植面积发展到5.33万公顷。实施生猪稳产保供措施，非洲猪瘟得到有效防控。新增规上农产品加工企业12家，规上农产品加工业产值增长8.4%，农产品网络销售额51.7亿元。新建改造农家店160家、农村综合服务社（中心）24家。新培育“三品一标”农产品51个，涡阳县获评国家级农产品质量安全县，蒙城县成为全省首个上海市外蔬菜主供应基地，谯城区荣获全国“平安农机”示范区称号。新增高标准农田2.87万公顷，完成城乡建设用地增减挂钩项目1733.33公顷、工矿废弃地复垦利用项目666.67公顷，建成谯城区油河上段、涡阳县北淝河上段、蒙城县茨河治理项目主体工程，涡河蒙城枢纽工程快速推进。农村综合改革成效突显，96.8%的村完成集体产权制度改革，75%的村完成“三变”改革，土地流转30.07万公顷。新增农民合作社1881家、家庭农场2180家，培训新型职业农民5574人。农村环境持续改善，蒙城县立仓农旅小镇获批省级特色小镇，建成省级美丽乡村中心村47个，改造农村厕所6.2万户，清理整治“大棚房”问题41个。完成农村饮水安全巩固提升工程77处、饮水型氟超标改水工程33处，受益人口分别达72万人、33.2万人。人工造林6266.67公顷。1431千米农村公路扩面延伸工程全部完工，1141个建制村基本通客车，利辛县获评全国“四好农村路”示范县。

（四）持续深化改革创新，发展内生动力进一步迸发。纵深推进“放管服”改革，扎实推进“一网、一门、一次”改革，新登记各类市场主体7.7万户，增长10.5%，居全省第四位。市级综合服务大厅完成整合升级，695个市本级公共服务事项实现1日办结，“最多上一次”事项占比超96%。在全省率先实现工程建设项目审批改革“一窗受理、全程代办”，审批时限压缩至90个工作日以内。国有资本运营持续优化，古井集团实现营业收入120.7亿元，利税总额60.9亿元，分别增长15.2%、9.5%；建安、文旅、交控、城建集团融资取得较大突破，市机场开发投资公司、融资担保公司、信息产业公司组建运营。扎实开展“亳州老乡，请您回家”和助力青年学子创业活动，返乡创业投资500万元以上项目179个，总投资49.8亿元。着力推动开发区高质量发展，6个省级开发区经营（销售）收入增长18%，规模工业增加值增长15%，亳州高新区、谯城经济开发区位居全省开发区综合考核评价前30强，亳州高新区创建国家高新区通过专家论证，亳芜现代产业园区实现稳健发展。新兴动能快速成长，新认定高新技术企业51家，总数达120家，高新技术产业增加值增长14.7%，战略性新兴产业产值增长25.4%，万人发明专利拥有量增长27.5%，全社会研发经费增长32.6%，居全省第四位，企业吸纳技术成交额增长240%。安徽亳州国家农业科技园区通过科技部验收，华佗牌救心丸项目获省科学技术奖二等奖。扎实推进现代中医药产业高质量发展，《世界中医药之都（安徽亳州）建设发展规划（2020—2030年）》获省政府批复实施，省政府工作报告明确提出支持亳州建设世界中医药之都，现代中医药产业规模达1150亿元，现代中药产业集聚发展基地产值增长15.2%，完成药品技术转让12个，协议引进仿制药一致性评价品种131个，安徽济人药业有限公司的中药配方颗粒进入德国药房销售。推动传统制造业加快升级，新增规模工业企业101家，工业投资增长9.3%，工业技改投资增长56.8%、居全省第一位，获批国家级专精特新“小巨人”企业、工业设计中心、中小企业公共服务平台5家，新增省级智能工厂2个、数字化车间2个，新认定省级新产品36个、企业技术中心11家、制造业创新中心1家。“古井贡酒·年份原浆”传统酿造区获批为国家工业遗产，古井贡酒股份有限公司获批为国家级绿色工厂。浪潮大数据产业园1号楼投入使用。

（五）协同推进建设管理，城市发展能级进一步增强。城市功能不断完善。市城市控制性详细规划通则修编正式启动，中心城区教育、卫生、排水等7个专项规划编制及水系贯通、新能源充电设施布点、供热工程等专项规划修编全面完成。中心城区120个城建项目完成投资38.8亿元。6个商合杭高铁下穿工程全部建成，亳州公路客运高铁枢纽站、北公交客运枢纽站投入使用。商合杭高铁合肥以北段正式通车，实现了全市人民期盼多年的高铁梦。亳州机场获批建设，淮蒙阜城际铁路完成可研编制，涡河高等级航道整治工程全面开工，亳蒙高速、亳蚌城际铁路前期工作顺利推进，新改建国省干线公路224.8千米。引江济淮亳州段工程加快推进，城南地表水厂完成建设。开通

5G 基站 171 个，中心城区和三县县城核心区实现基本覆盖。报批各类建设用地 2800 公顷，低效闲置用地处置率 67%。城市管理水平稳步提升。“两治三改”专项行动顺利推进，新开工棚户区改造项目 2.9 万套、基本建成 1.8 万套，改造老旧小区 6 个，22 条道路雨污分流改造和 24 处易涝点整治全面完成，数字化城管水平进一步提高。全面启动全国文明城市创建，蝉联省文明城市，荣获省节水型城市称号，谯城区入选全国第二批新时代文明实践中心建设试点。扎实推进园林城市创建，新增一批公园、街头游园，城市绿地率 31.5%。

（六）切实保障改善民生，人民幸福指数进一步提升。推进农民工工资实名制登记和工资支付监管信息化平台应用，欠薪人数和欠薪金额较上年分别下降 21% 和 24.6%。33 项民生工程支出资金 195.5 亿元。改造农村危房 3832 户。在全省率先实现低保城乡统筹。建成养老服务中心 31 所、养老服务站 65 所。132 家公办乡镇敬老院由乡镇卫生院托管并挂牌运营，1723 名失能、半失能“五保”老人实现老有所养、病有所医、兜底有保障目标。解救关锁精神病人 56 人。全面实施“2376”工程，新建成投用公办中小学及幼儿园 83 所、增加学位 5.8 万个，推进城镇小区配套幼儿园治理工作，开展中心城区公办幼儿园午餐供应、午休服务和延时接送，缓解了“上学难”“上学贵”“接送难”等问题。亳州学院获批本科专业 7 个、荣获国家级学科技能大赛奖项 8 项，亳州职业技术学院中药学专业获评为国家级骨干专业、中药制药综合实训基地获评为国家级实训基地，亳州中药科技学校入选国家首批“1+X”证书制度试点。市妇幼保健计生服务中心建成，市第二人民医院、市儿童医院开工建设，市中医院成立运营，县域内就诊率 88.1%，公立医院药占比 26.9%，涡阳县、蒙城县获批全国紧密型医共体建设试点县。医保按病种付费执行率 60.1%，亳州市与长三角 40 个市实现异地就医住院医保费用直接结算。建成社区文体中心 12 个、村级综合文化服务中心 1178 个。市文化馆对外开放，市体育运动学校建成。薛阁塔获批为全国重点文物保护单位。“五禽戏群众文化普及活动”获评为国家公共文化服务体系示范项目。深入开展 2019 亳州文化旅游年活动，国际马拉松等 7 项品牌赛事精彩纷呈。“中国好人”“安徽好人”上榜人数居全省第一位。市长热线共受理群众各类诉求 38.3 万件。整改挂牌督办重大安全隐患 518 处，在全省首创乡镇（街道）派驻消防文员闭合落实消防末端责任，安全生产事故起数、受伤人数连续 3 年实现“双下降”。食品药品、产品质量、特种设备安全形势稳中趋好。按照“三到位一处理”原则，扎实做好重点人群维稳工作，全市信访形势持续向好。扎实推进十大重点行业领域扫黑除恶专项斗争，侦办黑社会性质组织案件 12 件，打掉涉恶犯罪集团 29 个，摧毁恶势力犯罪团伙 66 个，人民群众的安全感达 97.95%、实现五连升。

大力弘扬爱国主义精神，精心组织庆祝中华人民共和国成立 70 周年活动，凝聚起奋进新时代的磅礴力量。退役军人事务服务水平和能力全面提升，国防教育、国防动员、双拥优抚安置工作成效显著，第四次经济普查圆满完成，《亳州年鉴（2018）》荣获全国地市级综合年鉴二等奖。积极稳妥推进民族宗教工作规范化建设。网信、工会、妇女儿童、老龄、残疾人、红十字、关心下一代、公积金管理、无线电管理等事业健康发展，外事、侨务、对台、气象、地震、档案等工作取得新进展。

（七）自觉践行初心使命，政府自身建设进一步加强。增强“四个意识”、坚定“四个自信”、做到“两个维护”，坚决落实全面从严治党主体责任，深入开展“不忘初心、牢记使命”主题教育和“三个以案”警示教育，力戒形式主义、官僚主义，全面提升施政本领，政府系统党的建设得到进一步强化。严格实行清单管理、对账销号，全力推进中央、省巡视督导督察等反馈问题整改，完成整改 1512 项，一大批群众关心关注的问题得到有效解决。市县政府机构改革如期完成，执法管理体制改革扎实推进，办理行政复议案件 130 件、行政应诉案件34件,法治政府建设成效显著。自觉接受人大法律监督和工作监督,认真执行人大决议决定,提请市人大常委会审议地方性法规1件,备案审查规范性文件28件,高质量办理市人大代表议案建议223件。主动接受政协民主监督,参加各类民主协商59项,高质量办理市政协建议(案)、提案420件。深化廉政风险防控,坚决惩治各类腐败行为,强力整改审计发现问题,有效整治侵害群众利益的突出问题,率先在全省建成小额工程和中介服务类网上商城,不敢腐、不能腐、不想腐的机制进一步健全。坚持"三严三实""马上就办、真抓实干",严格落实"基层减负年"工作举措,完成政府系统年度岗位责任目标任务812项,整改政府工作问题清单事项285项,市政府文件、会议、督察检查考核较上年分别减少36%、35%和92.1%,政府系统风清气正、干事创业的氛围更加浓厚。

各位代表!

过去一年,面对各种困难挑战,我们咬定目标不放松,苦干实干拼命干,取得的成绩来之不易。这是党中央国务院、省委省政府和市委坚强领导的结果,是市人大、市政协监督支持的结果,是全市人民团结拼搏的结果。在此,我代表市人民政府,向在各个岗位上辛勤工作的全市人民,向给予政府工作大力支持的人大代表和政协委员,向各民主党派、工商联、各人民团体和社会各界人士,向驻亳解放军指战员、武警官兵、政法公安干警和消防救援队伍指战员,向所有关心支持亳州发展的各界朋友,表示衷心的感谢!

我们必须清醒地看到,亳州市经济社会发展还面临着不少问题和挑战,主要是:经济持续快速增长的制约因素增多,投资增速有所放缓,财政收支矛盾较为突出,部分企业生产经营困难较多。创新发展动能仍显不足,产业转型升级步伐较慢,高层次人才较为短缺。政务服务、营商环境仍需优化,企业融资难、融资贵问题尚未根本缓解,市场活力有待充分激发。县域经济发展还不均衡,开发区高质量发展仍有短板。"三农"、教育、医疗、养老等领域还有不少薄弱环节,社会治理领域还面临一些新情况新问题,打赢三大攻坚战、全面建成小康社会任务艰巨繁重。同时,仍有少数部门和少数工作人员担当精神不足、服务意识不强,与新形势新要求还有较大差距。对此,我们必须增强斗争精神,直面困难挑战,采取有效措施,强力加以解决。

二、2020年目标任务

今年是全面建成小康社会和"十三五"规划收官之年。我们既要同全国人民一道决胜第一个百年奋斗目标,又要为"十四五"发展和实现第二个百年奋斗目标打好基础,做好全年工作意义重大。

新年伊始,面对突如其来的新冠肺炎疫情,我们坚决贯彻习近平总书记重要讲话指示批示精神,坚持把人民群众生命安全和身体健康放在第一位,严格落实"坚定信心、同舟共济、科学防治、精准施策"的防控总要求,坚持"两手抓,两到位",即一手抓疫情防控,一手抓经济社会发展,每一手都做到管住到位、放活到位。落实"四早"要求,创新坚持"五集中""六个一律",以增强检测能力为抓手,在全省率先扩大核酸检测范围,依法规范做到应检尽检,赢得了时间、掌握了主动。以数据分析比对为基础,成立数据工作专班,建立大数据库,突出发热人员管理,精准筛查锁定重点管控人员,推动疫情防控从广泛动员、社区防控向科学防控、专业防控转变,全市疫情防控向好态势持续巩固。在抓紧抓实抓细疫情防控的基础上,全面恢复经济社会秩序,深入开展"服务企业年·重点企业五级包保"行动,连续出台支持企业发展"20条"、金融支持企业发展、降低企业用水电气汽成本、促进城乡建设有序发展等政策措施,有效组织农民工返岗就业,扎实推进复工复产、复市复业、复学复课。在一季度24项主要经济指标中,亳州市有7项增速居全省第一位,14项居前三位,19项居前八位,主要经济指标回升势头明显、增速继续保持全省前列。

在这场没有硝烟的疫情防控战争中,全市各级党组织和广大党员干部闻令而动、尽锐出战,充分发挥了战斗堡垒和先锋模范作用。人民群众万众一心、众志成城，展现了坚韧不拔的顽强斗志。医务人员向险逆行、无私奉献，诠释了救死扶伤、医者仁心的崇高精神。公安民警、疾控工作人员、社区工作人员等坚守岗位、日夜值守，新闻工作者不畏艰险、深入一线，志愿者真诚奉献、不辞辛劳，汇聚了同心协力、共守家园的磅礴力量。各级各部门各司其职、主动担当，为疫情防控做出了重大贡献。爱心企业、各界人士、海外同胞纷纷捐款捐物，彰显了同舟共济、共克时艰的深厚情怀。在此，我代表市人民政府，向广大干部群众、医务人员和各条战线的同志们，致以崇高的敬意和衷心的感谢！

新冠肺炎疫情冲击带来的困难、风险和不确定性现在还难以作出准确判断，要切实增强紧迫感，抓实经济社会发展各项工作。今年政府工作的总体要求是：坚持以习近平新时代中国特色社会主义思想为指导，全面贯彻中共十九大和十九届二中、三中、四中全会精神，坚决贯彻党的基本理论、基本路线、基本方略，增强“四个意识”、坚定“四个自信”、做到“两个维护”，紧扣全面建成小康社会目标任务，统筹推进疫情防控和经济社会发展工作，在常态化疫情防控前提下，坚持稳中求进工作总基调，坚持新发展理念，坚持以供给侧结构性改革为主线，坚持以改革开放为动力推动高质量发展，坚决打好三大攻坚战，扎实做好“六稳”工作，全面落实“六保”任务，坚定实施扩大内需战略，维护经济发展和社会大局稳定，确保完成决战决胜脱贫攻坚目标任务，全面建成小康社会，奋力在皖北振兴中干在实处、走在前列。

经济社会发展的主要预期目标是：地区生产总值、财政收入、固定资产投资、社会消费品零售总额、进出口总额增速高于全省平均水平0.5个百分点以上，城镇新增就业3万人，城镇登记失业率控制在4.5%以内，居民消费价格涨幅低于全省平均水平，城镇、农村常住居民人均可支配收入增速高于全省平均水平，现行标准下剩余的农村贫困人口全部脱贫，单位生产总值能耗、主要污染物排放量完成省下达目标任务。

在抓实常态化疫情防控的同时，重点抓好以下七个方面工作：

（一）聚焦三大攻坚，厚植高质量发展新基础。

坚决打赢精准脱贫攻坚战。坚持“四个不摘”和“四个只增不减”，保持攻坚态势，强化攻坚责任，持续抓好中央脱贫攻坚专项巡视“回头看”和脱贫攻坚成效考核反馈问题整改，深入开展决战决胜脱贫攻坚“抗疫情、补短板、促攻坚”专项行动，强力抓好“单位包村、干部包户”定点帮扶，聚焦“两不愁三保障”及饮水安全突出问题，着力解决“354+N”问题，坚决完成剩余1.1万贫困人口脱贫任务。聚焦“三户一体”重点人群，认真开展“三逐两回”，加强个性化帮扶，扎实抓好见面行动、城市低保普查等工作，确保全面小康路上一个都不落下。加大产业扶贫、就业扶贫、扶志扶智工作力度，加强光伏扶贫项目运维管理，强化电商扶贫网点动态管理，持续增强贫困群众内生动力和自我发展能力。抓好脱贫后续帮扶及巩固提升，认真做好返贫农户和新发生贫困人口的监测帮扶。建立解决相对贫困的长效机制，推进脱贫攻坚与实施乡村振兴战略有机衔接。

坚决打好污染防治攻坚战。扎实推进中央和省生态环境保护督察及“回头看”交办问题、“23+N”突出生态环境问题整改。坚决打赢蓝天保卫战，持续开展“五控”专项行动，加强网格化责任制管理，认真抓好秸秆禁烧工作。着力打好碧水保卫战，落实河（湖）长制，深化河湖违法建设整治、“清四乱”等专项行动，启动流域面积50平方千米以上河流划界工作；加强已整治黑臭水体长效管护，消除中心城区生活污水直排口，实现省级美丽乡村中心村生活污水处理设施建设全覆盖并加强运营管理。强化土壤污染防治，推进重点行业企业用地污染状况调查，抓好一般固废和危险废物规范化管理，主要农作物化肥和农药使用量保持零增长。

坚决打好防范化解重大风险攻坚战。全面落实防范化解重大风险“1+8+12”总体部署，精准有效处置重点领域风险。扎实推进稳金融工作，稳妥有序化解地方法人金融机构风险，妥善处置重点企业信用违约风险，严格执行国有企业资产负债率预警线和重点监管线。积极处置非法集资积案，严厉打击各类非法金融活动。妥善化解隐性债务存量，坚决遏制隐性债务增量。强化房地产市场“一城一策”差别化调控，着力稳地价、稳房价、稳预期，大力发展住房租赁市场，保持房地产市场平稳健康发展。

（二）聚焦区域一体，壮大产业升级新动能。

高水平建设“一区”。抢抓长三角区域一体化的重大历史机遇，发挥优势，扬亳所长，大力推动现代中医药、白酒、现代农业、文化旅游等产业发展，高水平建设承接长三角产业转移集聚区。加快推动战略性新兴产业发展，力争产值增长15%左右。大力发展能源产业，投产利辛板集煤矿，建成利辛县生活垃圾焚烧发电厂和6个风电项目。开工建设总投资99.7亿元的古井集团酿酒生产智能化改造项目，打造古井镇特色产业聚集区。聚焦壮大县域经济，推动集中集约承接，加快发展涡阳县绿色装配式建筑、生态有机农产品加工、智能制造、能源化工新材料产业，改造升级蒙城县新型建材及智能家居、汽车及现代农机装备制造、食品制造和农产品加工产业，持续拓展利辛县煤电、机械制造、食品加工、纺织及固废利用产业，着力做强谯城区现代中医药、白酒、纺织、电子信息等产业。大力支持省级开发区与沪苏浙开发区结对共建，积极开展绿色承接、高质量承接，探索发展“飞地经济”，推动亳州高新区创建国家高新区，发挥亳芜现代产业园区省级特别政策区优势，力争6个省级开发区经营（销售）收入增长13.5%、规模工业增加值增长12.5%、税收增长13%。

高质量建设“一都”。抢抓省支持亳州打造世界中医药之都重大机遇，积极争取国家和省政策支持，健全完善中医药产业发展优惠政策。认真贯彻中华人民共和国中医药法和新修订的药品管理法，实施世界中医药之都建设发展规划110项年度任务，推动中医药现代化、产业化、国际化发展。加强中药材质量源头控制，标准化种植面积发展到2.53万公顷，中药材种植业产值达37亿元。初步建成中药材现代初加工产业园区。巩固中药饮片生产龙头地位。实施中医药制造业升级工程，鼓励饮片加工向中成药生产、中药材提取等转型，加快中药配方颗粒试点研究、临床使用，发展破壁饮片等新型产品，加快仿制药一致性评价品种、创新药引进，延伸发展药用辅料、药包材、制药机械、医疗器械等产业，加快现代中医药产业集聚发展，培育年产值超10亿元企业3家、年销售额1亿～5亿元大品种3个以上，中医药制造业产值达350亿元。推进中药材交易市场服务升级、错位发展，线上线下贸易总额突破1000亿元，按期完成全国供应链创新与应用试点城市建设任务。积极申报国家中医药综合改革试验区，力争90%的基层医疗机构具有中医药服务能力。大力保护中医药老字号，传承中医药经典名方、优秀验方，让古老的瑰宝重焕光彩。

高标准建设“一基地”。坚持质量兴农、绿色兴农、品牌强农，全力打造长三角绿色农产品生产加工供应基地。聚焦做优农产品生产，大力推广优质专用品种及绿色适用生产技术，新建高标准农田2.67万公顷，新增优质专用粮食种植面积6666.67公顷、设施蔬菜种植面积2666.67公顷，确保粮食种植面积稳定在83.33万公顷以上，全力做好粮食收购储备工作。聚焦做强农产品加工，实施农产品加工业“五个一批”工程，引进一批沪苏浙大型食品和农产品深加工企业，建设金沙河面业生产基地等重点项目，培育省级农业产业化龙头企业、示范联合体60个，市（县、区）食品产业园主营业务收入110亿元以上，确保规上农产品加工业产值增长8%左右。聚焦做畅农产品供应，发挥蒙城作为上海市外蔬菜主供应基地的桥头堡作用，加强“绿色亳农”品牌培育，新增“三品一标”农产品32个，推动更多优质农产品面向长三角销售。落实“菜篮子”市长负责制，加强生猪稳产保供，强化农产品质量监测，持续加强非洲猪瘟、高致病性禽流感等重大动物疫病防控，保障市场供给。

（三）聚焦有效需求，释放经济发展新潜力。

扩大投资补短板。认真落实“四督四保”、集中开工、领导包保、“双调度”制度，实施市重点项目800个以上，完成投资1000亿元左右。建立与沪苏浙合作重点项目库，推进62个沪苏浙对亳投资新签约项目建设。坚持工业强市，改造提升传统产业，强化“专精特新”和“个转企、小升规、规提升”企业培育，支持有潜力的退规企业重新返规，新增规模工业企业60家以上，工业投资增长10%以上，工业技改投资增长12%以上。抢抓新增中央投资、地方政府专项债券等政策机遇，谋划一批打基础、管长远的优质项目，争取更多项目纳入国家、省投资计划，新谋划重点项目1200个以上、总投资3600亿元以上。坚持招商引资第一要事不动摇，强化招商实绩导向，紧盯沪苏浙、珠三角等重点区域，完善招商引资政策和考核办法，狠抓补链招商、强链招商，强力提升招商质量，签约亿元以上工业项目200个以上、落地100个以上，其中每个载体至少引进5亿元以上工业项目5个、10亿元以上工业项目2个，实际利用省外资金增长10%左右。

扩大供给促消费。聚焦打造文化旅游强市，举办文化旅游年系列活动，加快亳药花海休闲观光大世界四期、涡阳县义门古镇景区、蒙城县北淝河国家湿地公园、利辛县西淝河生态旅游景观带等重点项目建设，建成华佗百草园、大型国防教育综合基地一期工程，提升林拥城和北关历史街区旅游业态，做好国家中医药健康旅游示范区创建验收工作。稳定汽车、家电等大宗传统消费，扩大养老、家政、照护、托育、体育竞赛、文化创意等绿色消费、健康消费、职能消费、定制消费，推动增加线上消费，适当增加公共消费。改造提升特色商业街区，繁荣活跃夜间经济，打造一批特色夜市。发展城乡便民消费服务中心等便利消费业态，加强农产品流通设施和市场建设，新增限额以上商贸流通企业90家，新建、改造提升菜市场10个以上、居民小区菜店40个，让消费成为稳增长的重要动力。推进“快递下乡”工程换挡升级，邮政业务量增长20%。

扩大开放拓市场。认真贯彻外商投资法及实施条例，全面实施准入前国民待遇加负面清单管理制度，跟踪服务世界制造业大会签约项目，着力提高利用外商直接投资质量和水平。强力抓好稳外贸工作，帮助企业保市场、保份额、保订单，孵化新增进出口实绩企业30家、总数突破200家，保持进出口稳定增长。提升贸易便利化水平，加快推广国际贸易“单一窗口”模式，扩大蒙城县皖北进口商品直销中心市场影响力。坚持“引进来”与“走出去”相结合，加强与“一带一路”沿线国家和地区务实合作，拓展海外市场。加强对台和侨务工作，推进与国际友城交流。提升新一届药博会市场化办会水平和效果。

（四）聚焦乡村振兴，谱写“三农”发展新篇章。

抓改革增强农业发展活力。深化“三权分置”改革，整市推进农村集体产权制度改革，开展农村集体经营性资产股份合作制改革，赋予农民更多财产权利，完成“三变”改革的村在85%以上。探索成立村级集体经济投资联合体，扶持壮大村级集体经济。推动家庭农场和农民合作社高质量发展，新增省级示范家庭农场12个、农民合作社6个。落实好农机购置补贴政策，提升农机作业托管服务质量。推进农村土地综合整治，实施城乡建设用地增减挂钩项目1333.33公顷、工矿废弃地复垦利用项目200公顷，补充耕地1333.33公顷。积极做好第三次全国国土调查工作。

抓建设提升美丽乡村水平。深入开展农村人居环境整治，稳步推进农村改厕工作，建成省级美丽乡村中心村56个，农村生活垃圾无害化处理率在70%以上。强化农村道路交通安全管理，建设通村组硬化路600千米以上，提升“四好农村路”建设管护水平。编制完成市、县农村居民饮水安全保障规划和农业灌溉供水保障规划，实施惠及22.9万人的饮水型氟超标改水工程。强力整治农村污水，打造水清、河畅、岸绿、景美的村庄环境。深化林长制改革，抓实“四旁四边四创”国土绿化提升行动，完成人工造林2333.33公顷，建设省级森林城市1个、城镇4个、村庄30个。加强历史文化名村名镇保护。抓好公益性公墓建设。健全乡村治理体系，推进移风易俗，培育文明新风。

抓产业促进农民增收致富。持续深化农业供给侧结构性改革，推动农业与旅游、康养等深度融合，办好芍花养生文化旅游节等特色文旅活动，创建省级“一村一品”专业示范村镇1个。推动农村电商提质增效，新增农村电商经营主体400个，农产品网络销售额突破55亿元。大力发展生态农业，开工建设利辛生物质秸秆焚烧发电项目，秸秆综合利用率和畜禽废弃物资源化利用率分别在92%和85%以上。提升为农服务水平，扩大农村经营服务网点，新建、改建基层社20家、农村综合服务社（中心）24家、农家店160家。

（五）聚焦改革创新，激发市场主体新活力。

深化重点领域改革。强力推进“放管服”改革，动态调整权责清单、收费清单，加强政府权力事中事后监管，扎实推进“双随机、一公开”。全面实施预算绩效管理，推进市以下财政事权与支出责任划分改革。加强国有资产管理，支持市属国有企业做大做强主业，实现高效运营。深化医药卫生体制改革，推进“三医联动”，巩固紧密型医共体建设成果。深化农村敬老院集成改革，规范失能“五保”老人集中供养工作。加强医保基金监管，改革医保支付方式，促进分级诊疗、有序就医。用好省公共资源交易大数据预警模型系统，深化药都电子商城应用，推进“不见面开标”，着力提升监管水平。

强化创新创业支撑。积极培育创新主体，认定高新技术企业20家以上，确保高新技术产业增加值增速高于规模工业增加值增速。着力搭建创新平台，推进省级工程技术研究中心和重点实验室等建设，推动众创空间、科技孵化器建设，建成亳州中医药公共研发平台，新认定科技创新平台5家以上。创新产学研合作机制，设立科技成果转化引导基金，开展产学研合作和科技成果转化活动10次以上，完成科技成果登记50件，组织申报省级及以上科技项目20项。深入开展“亳州老乡，请您回家”和助力青年学子创业活动，继续实施药都“双创”英才计划，推行“星期天工程师”等人才共享模式，精准引进高层次人才团队和急需紧缺人才，让各类人才高兴来、愿意留、发展好。

优化企业发展环境。大力支持民营经济发展，建立领导干部常态化联系民营企业制度，新增私营企业1.4万户，民营经济增加值占地区生产总值60%以上。贯彻落实优化营商环境条例，以“四送一服”“三包三抓”专项行动为抓手，深入开展“服务企业年·重点企业五级包保”行动，依法依规、穷尽办法、倾尽全力帮助企业解决建设发展难题。推进工程建设项目审批制度改革，实施多评合一、多规合一、联合审批。扩大企业投资项目承诺制改革试点范围，探索“无审批”模式。全面落实减税降费政策，开展大规模减税、减费、减息、减租、减支行动，及时兑现应对疫情支持企业发展的优惠政策，更大力度减轻企业负担，帮助中小微企业渡过难关。清理拖欠民营企业、中小企业逾期欠款。坚持金融服务实体经济导向，完善政企银险担合作长效机制，鼓励引导信贷资金向民营企业、中小微企业倾斜，新增贷款280亿元，有效缓解融资难、融资贵问题。推进企业对接多层次资本市场，加快药都银行上市进程，新增上市挂牌企业20家，实现直接融资100亿元。

（六）聚焦宜居宜业，推动城市能级新提升。

打造品质化城区。科学布局生产、生活、生态空间，严守生态保护红线、永久基本农田、城镇开发边界三条控制线，组织编制市县国土空间规划。实施中心城区重点城建项目32个，年度完成投资52亿元。聚焦中心城区能级提升，坚持一体两翼、整体设计、连片开发，完善商务办公、贸易金融、旅游接待、教育医疗等功能配套，把高铁新城和北部新城打造成市民新家园、产业新高地、亳州新门户。聚焦增设施、美环境、提品质，统筹推动县区新城开发、老城改造，加快城市道路桥梁、绿地游园、地下综合管廊和雨污分流管网建设，建成投用市生活垃圾焚烧发电厂二期、餐厨废弃物处理等项目，投运太和至亳州天然气干线项目，推动开发区集中供热全覆盖，建成投运220千伏亳州希夷、涡阳武集输变电工程，实施一批停车场、充电桩建设和沟塘治理等便民工程，让市民居住更舒适、生活更舒心。加快推进引江济淮亳州段工程建设，建成调蓄水库，投用城南地表水厂。

加强精细化管理。继续实施“地净、路畅、水活、天蓝、林拥城”工程，认真执行《亳州市城市市容和环境卫生管理条例》。大力推进城市生活垃圾分类，市建成区主次干道机械化清扫率在90%以上。深入开展城市道路交通秩序整治，积极推行路段长制，规范设置便民早餐点、夜市等流动摊点，大力整治占道经营、非法广告、违章停车等行为，加快消除“断头路”，畅通微循环。优先补齐小区功能短板，加强小区物业管理，改造老旧小区61个。全面夯实国家园林城市创建基础，新建街头游园23个、公园5个，新增绿化面积280万平方米。加大城区水系治理，完成宋汤河六期工程，启动道东“一涵三闸”工程项目，推进亳城新河、涡河城区段治理工作。稳步推进文明城市创建，深入开展群众性精神文明创建活动，开展居民小区、背街小巷、农贸市场、空中管线等系列专项整治，争创全国文明城市提名城市、国家节水型城市。

完善立体化交通。畅通区域交通走廊，开工建设亳州机场、淮蒙阜城际铁路，加快建设涡河高等级航道整治工程，推动亳蒙高速项目取得实质性进展，推进亳蚌城际铁路前期工作。优化市域交通网络，新建、续建国省干线改造项目11个，实施国道329、国道237、省道312等部分路段大中修和国道237蒙城常兴大桥中修工程。完善中心城区交通骨架网络，建设道东2号地、3号地路网等一批交通项目，建成汤王大道涡河隧道主体工程，提升亳州公路客运高铁枢纽站、北公交客运枢纽站功能。加快三县县城路网建设，新建、改造涡阳县九龙大道、蒙城县涡河路、利辛县创业路等36条道路。

建设数字化城市。持续深化“互联网＋政务服务”，推进一体化政务服务网运用，提供7×24小时不打烊“随时办”服务，96.5%为民为企服务事项实现“一次上网、事就办成”。大力发展新基建，加快5G网络建设，实现中心城区和三县县城主要区域全覆盖。完善信息基础设施，拓展北斗系统、高分数据在亳应用。发挥浪潮大数据产业园作用，探索区块链技术在政务服务领域的应用，创建省级智能工厂、数字化车间3个以上。深化“数字＋”应用示范，推进城市运营管理中心建设，加快智慧旅游、警务、交通、物流、社区、园区等建设，数字化城管覆盖范围扩大到163平方千米，视频数据平台在线率保持在95%以上，创建259所智慧学校、5所智慧医院、2家智慧养老示范机构。

（七）聚焦民生福祉，构建和谐稳定新局面。

强化就业和社会保障。完成32项民生工程年度任务，加强已建工程管养。坚持减负、稳岗、扩就业并举，常态化推进“2+N”招聘活动，突出抓好高校毕业生、退役军人、农民工等重点群体就业，动态消除零就业家庭。深入实施全民参保计划，持续推进社保扩面征缴。推动城乡养老服务三级中心全覆盖，新增社会办养老床位500张，打造“20分钟养老服务圈”。支持社会力量发展普惠托育服务，促进家政服务业发展。持续推进棚户区改造。稳步提高社会救助标准。关爱农村留守人群和困境儿童。保障农民工工资及时足额支付。

办好人民满意的教育。继续实施学前教育第三期行动计划，扩充普惠性学前教育资源，推进小区配套幼儿园治理，扎实做好公办幼儿园午餐供应和课后延时服务，力争学前教育毛入园率90%以上、普惠性幼儿园覆盖率80%以上、公办园在园幼儿占比50%以上。投资25.9亿元，新建、续建中小学33所。推进义务教育联盟（集团化）办学和中小学教师“县管校聘”改革，促进城乡义务教育优质均衡发展，努力提升教育教学质量。推进高中教育普及发展、职业教育创新发展，做好新高考课程改革工作，开展中职学校现代学徒制试点2所、学分制试点4所。建成投用亳州学院四期工程，高标准做好亳州学院迎接教育部评估工作。推进亳州职业技术学院大学生创业孵化基地改造和二期工程建设。规范发展民办教育。加强学生思想政治教育和师德师风建设，创建平安校园。

加快健康亳州建设。改革完善医疗卫生服务体系和重大疫情防控救治体系，实施总投资约66亿元的医疗卫生健康事业“三年提升、两年巩固”行动，加快推进市第二人民医院、市儿童医院、涡阳县人民医院改扩建工程等项目建设，启动建设市肿瘤医院、市中医院二期工程、市人民医院急诊大楼和市疾病预防控制中心等项目，新开工建设蒙城县第二人民医院整体搬迁、利辛县中医院新区、谯城区人民医院等5个二级及以上医院项目，积极谋划谯城区传染病医院和涡阳县公共卫生应急救治中心等项目，提高应对突发重大公共卫生事件的能力和水平。坚持预防为主的卫生与健康工作方针，大力开展爱国卫生运动，加强公共卫生队伍建设和基层防控能力建设。推进体育强市建设，完善中心城区“15分钟健身圈”设施，积极推动市县“五个一”工程和50%乡镇“三个一”、100%村级“二个一”设施建设，建成77块社会足球场，举办第三届市运动会，推广普及华佗五禽戏和中国象棋。

繁荣发展文化事业。加强新时代爱国主义教育，培育践行社会主义核心价值观。全面实施《全民科学素质行动计划纲要》。扎实推进县区文化馆、图书馆建设，打造书香亳州“15分钟阅读圈”，确保村级综合文化服务中心覆盖率95%。开展文化惠民活动，加大文艺精品创作力度，继续免费开放公共文化场馆，做好送戏送电影下乡、送戏进敬老院工作。全力支持谯城区新时代文明实践中心试点建设。承办全国道德模范与身边好人现场交流暨中国好人榜现场发布活动。建成投用市广电中心。

强化社会综合治理。全面开展安全生产专项整治三年行动，坚决守住“发展决不能以牺牲安全为代价”这条红线。严格执行“四个最严”要求，着力提升食品药品质量。完善社会矛盾纠纷多元预防调处化解综合机制，深入开展信访突出问题专项整治，畅通和规范群众诉求表达、利益协调和权益保障通道。强化网络综合治理，提升网络态势感知和应急处置能力，构建良好网络生态。加强立体化、信息化社会治安防控体系建设，纵深推进扫黑除恶专项斗争，构建长效常治工作格局，建设更高质量“平安亳州”。推进基本公共法律服务均衡发展，加大法律援助和全民普法力度。

加强全民国防教育、国防动员和后备力量建设，加强双拥优抚安置工作，强化退役军人服务管理，推进军民融合深度发展。开展第七次全国人口普查工作。抓好气象、人防、地震、档案、地方志等工作，推进工会、妇女儿童、民族宗教、老龄、残疾人、红十字、关心下一代、公积金管理、无线电管理和机关事务管理等事业发展。

各位代表！

今年还有一项重要工作，就是科学编制“十四五”发展规划。我们要充分发扬民主，凝聚各方智慧，谋深谋实“十四五”的目标任务、发展路径、重点内容，使规划成为引领亳州高质量发展、开启第二个百年奋斗目标的纲领性文件。

三、加强政府自身建设

我们要不忘初心再出发，牢记使命勇担当，坚持“三严三实”“马上就办、真抓实干”，全面提升政府治理体系和治理能力现代化水平，努力为全市人民创造更加美好的生活。

（一）坚定坚守，绝对忠诚。

坚持以党的政治建设为统领，学懂弄通做实习近平新时代中国特色社会主义思想，增强“四个意识”、坚定“四个自信”、做到“两个维护”，坚决同以习近平同志为核心的党中央保持高度一致。巩固提升“不忘初心、牢记使命”主题教育成果，深化“三个以案”警示教育，确保党中央国务院、省委省政府和市委决策部署不折不扣落到实处。大兴学习之风，加强干部培训，全面提升专业知识和能力素养，在学习和实践中增强干事创业本领。

（二）依法依规，全面履职。

模范遵守宪法和法律，严格执行重大事项决策程序。坚持以人民为中心的发展思想，强化法治意识，提高行政效能，推动政务公开，优化市长热线服务。自觉接受人大法律监督、工作监督和政协民主监督，高质量办理人大代表议案建议和政协建议（案）、提案，认真听取各民主党派、工商联、无党派人士和人民团体意见建议。扎实推进“走基层、转作风、解难题”，多做雪中送炭、解民之困的实事，切实解决好与群众生活息息相关的就业、住房、出行、教育、医疗、养老等问题，让亳州人民生活得更安心、更省心、更舒心。

（三）提速提效，狠抓落实。

按照“四化、三可”和“好、快、高”的要求，以“越是艰险越向前”的勇毅深抓实抓，以“5+2”“白加黑”状态、“拼命三郎”劲头、“钉钉子”精神，大力践行“一线工作法”，完善激励机制和容错纠错机制，把政府各项工作一项一项抓到位、一件一件干出彩。持之以恒落实中央八项规定精神及实施细则，持续开展作风建设年活动，坚决纠正“四风”特别是形式主义、官僚主义，持续为基层松绑减负，强力推动巡视巡察发现问题整改，着力提升一次部署的落实力，进一步提高政府机关效能。

（四）清正清廉，干净干事。

自觉扛起政府系统全面从严治党的主体责任，切实履行“一岗双责”，深入推进党风廉政建设，让清正清廉清明成为政府的鲜明底色。始终坚持挺纪在前，全力支持纪检监察机关履行职责，严惩损害群众利益的不正之风和腐败行为。持续推进审计监督全覆盖，加强公共资金、国有资产、国有资源、公共工程和领导干部履行经济责任情况审计，做到应审尽审、凡审必严。继续压减“三公”经费和一般性支出，确保民生等刚性支出，努力用政府的“紧日子”换来人民群众和企业的“好日子”。

名词注释：

1. 六稳——即稳就业、稳金融、稳外贸、稳外资、稳投资、稳预期。

2. 企业债券“直通车”——为贯彻落实国务院决策部署，国家发展改革委自2016年开始，每年评选出一批在促进社会投资健康发展、企业债券发行、债券品种创新与风险防范等方面工作成效明显的地区，对这些区域内的企业申请企业债券实行“直通车”机制，可以直接向国家发展改革委申报企业债券，不再需要经省级发展改革部门转报。

3. “2+N”招聘——即“每周三就业招聘”“每周六人才对接”2个主题招聘会和特殊群体、地方特色N项主题招聘会。

4. 四个不摘——即摘帽不摘责任、摘帽不摘政策、摘帽不摘帮扶、摘帽不摘监管。

5. 五控——即控煤、控气、控车、控尘、控烧。

6. 河湖“四乱”问题——即乱占、乱采、乱堆、乱建等河湖管理保护突出问题。

7. 三变——即资源变资产、资金变股金、农民变股东。

8. 一网、一门、一次——即线上服务“一网通办”，线下办事“只进一扇门”，现场办理“最多跑一次”。

9. 两治三改——即治理城乡违法建设、违法用地，改造城镇棚户区、“城中村”、老旧小区。

10. “2376”工程——即中心城区2019年新增中小学生就读学位23000个，解决7600名幼儿入园问题。

11. “1+X”证书制度——即在职业院校实施“学历证书＋若干职业技能等级证书”制度。

12. 三到位一处理——即中央对信访工作的要求，具体是：群众诉求合理的解决问题到位，诉求无理的思想教育到位，生活困难的帮扶救助到位，行为违法的依法处理。

13. 三个以案——即以案示警、以案为戒、以案促改。

14. 四早——即早发现、早报告、早隔离、早治疗。

15. 五集中——即新冠肺炎危重症病例一律送省定点医疗机构集中救治，确诊、疑似病例（含无症状感染者）一律送市定点医院集中救治，密切接触者一律分县区实行集中隔离，确诊、疑似病例（含无症状感染者）所在的小区楼栋、自然村划定合理区域实行集中封闭管理，乡镇、村卫生机构接诊的发热病人根据诊断情况实行集中医学留观。

16. 六个一律——即所有到医院就诊患者一律凭身份证进行登记，所有到药店购药的患者一律凭身份证实名购药，来自重点疫区人员一律集中隔离14天，其他地区来（返）亳不满7天的发热人员一律集中隔离，其他发热人员一律自行居家隔离，所有疑似新冠肺炎病人一律进行核酸检测。

17. 六保——即保居民就业、保基本民生、保市场主体、保粮食能源安全、保产业链供应链稳定、保基层运转。

18. 四个只增不减——即工作力度只增不减，资金投入只增不减，政策支持只增不减，帮扶力度只增不减。

19. "354+N"问题——"3"即中央专项巡视"回头看"反馈意见指出的3类问题。"5"即脱贫攻坚成效考核反馈指出的5类问题。"4"即"不忘初心、牢记使命"主题教育检视的4个问题。"N"即中央纪委国家监委巡回督导专项工作组检查发现的问题、省督导组督导发现的问题以及各地自查的问题等。

20. 三户一体——即未脱贫户、脱贫监测户、边缘易致贫户和老少病残孤等困难群体。

21. 三逐两回——即对未脱贫户，坚持"逐个走访、逐类分析、逐项解决"，精准安排政策措施，逐项解决存在的困难和问题；对已脱贫人口进行"回顾、回访"，强化动态监测，防范返贫风险。

22. "23+N"突出生态环境问题——"23"即指长江经济带生态环境警示片反映的涉皖23个问题。"N"即中央环保督察及"回头看"反馈问题、省环保督察及各方面检查督察发现的突出问题。

23. 防范化解重大风险"1+8+12"总体部署——"1"即《关于认真学习贯彻习近平总书记重要讲话精神坚决打好防范化解重大风险攻坚战总体方案》。"8"即防范化解政治、意识形态、经济、对美经贸斗争、科技、社会、对外工作、党的建设8个领域重大风险。"12"即防范化解自然灾害、生态环境、药品药材、非法宗教、兴邦案件、征地拆迁还原、房地产、群访集体访、教育、医疗卫生、就业、城市管理12个方面重大风险。

24. 农产品加工业"五个一批"工程——即发展一批农产品加工强县（市、区），建设一批农产品加工强园，打造一批农产品加工领军企业，引进一批知名大型农产品加工企业，培育一批有影响力的农产品品牌。

25. 四督四保——即督察推进新建项目，保证开工率；督察推进续建项目，保证竣工率；督察推进竣工项目，保证达产率；督察推进储备项目，保证转化率。

26. 单一窗口——即参与国际贸易和运输的各方，通过单一平台提交标准化的信息和单证，以满足相关法律法规及管理的要求。

27. 三权分置——即农村土地所有权、承包权和经营权分置。

28. 四旁四边四创——即农村宅旁、村旁、路旁、水旁绿化，道路河流两边、单位（居民小区）周边、城镇周边、景区周边绿化，森林城市、森林城镇、森林村庄、森林长廊创建活动。

29. 双随机、一公开——即在监管过程中随机抽取检查对象，随机选派执法检查人员，抽查情况及查处结果及时向社会公开。

30. 三医联动——即医疗、医保、医药改革联动。

31. 星期天工程师——即各级各类专业技术人才、经营管理人才通过事先联系，利用星期天或节假日等业余时间，在完成本职工作、不侵害国家和单位技术、经济利益的前提下，为民营经济和各类企业提供各种无偿和有偿服务。

32. 三包三抓——即为推深做实"四送一服"工作，建立包县区稳全市、包企业稳发展、包项目稳投资"三包"联系机制，开展抓内需拓市场、抓金融活血脉、抓运转保民生"三抓"专题活动。

33. 一涵三闸——即养生大道涵、蔷薇路闸、十九里闸、蒋庄闸。

34. 市县"五个一"、乡镇"三个一"、村级"二个一"——市县"五个一"即市级建成一个中型体育馆、一个体育公园、一个综合型多功能全民健身中心、一个中小型游泳馆、一个中型体育场，县级建成一个小型体育馆、一个小型体育场、一个游泳设施、一个中小型全民健身活动中心、一个体育公园。乡镇"三个一"即每个乡镇建成一个小型室内健身中心、一个全民健身广场和一个多功能球类运动场。村级"二个一"即每个村建成一个篮球场、两台乒乓球桌或建成一个篮球场、一套健身路径。

35. 四个最严——即最严谨的标准、最严格的监管、最严厉的处罚、最严肃的问责。

专　记

图 2　“美丽亳州”系列图片——2019 年 4 月 2 日，治理后的凤尾沟水系　　（李伟奇　摄）

脱贫攻坚

【概况】2019年，亳州市开展“大培训”，组织“大走访”。举办“脱贫攻坚大走访”专题培训班、解决“两不愁三保障”突出问题培训班，共培训各级干部4.4万人次，提高各级干部把握政策能力水平。全市5.7万名帮扶责任人到所包保的18.6万户贫困群众家中，宣传扶贫政策，了解个性化需求，对因“加码”政策取消等存在特殊困难的贫困家庭，全面落实个性化帮扶措施，贫困群众满意度和获得感提高。

推进“大排查”，抓好“大整改”。组织各级帮扶责任人到所包保贫困群众家中开展“大走访”活动，逐村逐户逐人逐项开展“两不愁三保障”及饮水安全突出问题大排查，明确问题整改销号的标准、程序和相关工作要求，乡村建立到户到人问题台账。开展暗访调研，及时发现工作中存在问题，现场反馈，立行立改。全市排查出存在问题的9291户18885人全部完成整改。

开展动态管理。坚持“应退尽退、应纳尽纳”，常态化开展“两册一审”，做好新识别、脱贫标注、自然变更及“两摸底一核查”工作。全市共新识别615户1774人，脱贫15895户38186人，自然增加5238人，自然减少17807人；摸排脱贫监测户4286户11172人，边缘户8129户18550人。

开展民主监督。健全“找、交、销、查、考”工作机制，民主监督发现问题及时上传“民主党派脱贫攻坚监督微信平台”，对应县区和涉及的有关市直责任部门责任人直接认领。5个民主党派深入412个自然村、1749户贫困家庭开展民主监督133次，发现问题306条，提出意见建议243条，全部整改落实。市政协选派政协委员组成监督小组，每月开展不少于2次“四不两直”监督活动，做到发现问题随时提交、转办和反馈，确保问题真发现、真整改。

聚焦深度堡垒。为实现剩余贫困人口高质量脱贫，聚焦脱贫攻坚中的特殊群体，市委主要负责人带头深入乡镇、行政村及贫困群众家中开展调研。综合分析致贫原因、贫困属性、健康状况、劳动能力等方面数据，梳理划分为7类特殊困难群体。聚焦初步摸排出的5.5万户7类特殊群体，进一步加大帮扶力度，强化动态监测管理，调动更多资源，解决实际困难和问题，确保稳定脱贫。

激发内生动力。组织贫困群众现场观摩、示范学习特色种养扶贫基地、扶贫车间和自主脱贫典型，培养贫困群众通过自主发展产业和务工就业实现脱贫的意识。组建扶贫技术专家组，设置产业指导员，加强对贫困群众发展产业的技术指导。开设《脱贫攻坚在行动》《脱贫记》等专栏，通过各类媒介，特别是3万余个“村村通”广播广泛开展扶贫政策、扶贫案例、脱贫典型等内容宣传，激发贫困群众内生动力。

市委、市政府主要负责人多次调度、调研脱贫攻坚工作。坚持“分级负责，各方协同，工作到户，责任到人”的工作机制，逐级签订脱贫攻坚责任书，落实各级党委、政府分管负责人专职具体抓，其他党政负责人抓好分管领域扶贫工作的责任机制。坚持市委每月一调度、县区委书记至少每两周一调度、县区分管负责人至少每周一调度、市委、市政府分管负责人经常调度的脱贫攻坚调度推进机制。2019年度，市委常委会、市政府常务会、市扶贫开发领导小组会、书记专题会等研究部署脱贫攻坚工作68次。

同年，涡阳县、利辛县通过摘帽验收，三县一区全部脱贫摘帽。经省脱贫攻坚第三方监测评估，建档立卡贫困人口由的4.92万人减至1.14万人，贫困发生率从0.86%降至0.21%。亳州市选派的驻村第一书记刘双燕获全国脱贫攻坚奖贡献奖。亳州市在省年度脱贫攻坚工作成效考核中，亳州市连续四年获得“好”的等次。

【贫困县摘帽“四个不摘”】“不摘责任”：2019年，亳州市三县一区全部摘帽后，继续坚持以脱贫攻坚工作统揽经济社会发展全局，各级党委政府将脱贫攻坚作为重大政治任务，市委、市政府主要负责人研究扶贫工作30余次，印发会议纪要23期。

“不摘政策”：继续加大财政投入，市级设立5.62亿专项扶贫资金，在攻坚期内原有产业发展、就业支持、金融等扶贫政策保持不变。

“不摘帮扶”：在全市范围内开展软弱涣散村和后进村排查，坚持补齐短板，充实人员力量，从县区直单位选派科级或科级后备干部担任驻村第一书记，为65个软弱涣散村（含贫困村8个）新选派驻村第一书记98名、干部218名。为10308个自然村配备扶贫小组长11915人，明确工作职责，专职脱贫攻坚，强化业务培训，严格考核奖惩，及时发现解决贫困群众遇到的困难和问题，打通精准扶贫“最后一千米”。

“不摘监管”：组织开展贫困县退出“回头看”、专项巡视整改落实情况“回头看”“两不愁三保障”突出问题大排查暗访等监督暗访，实现全市所有乡镇全覆盖，并及时将发现问题反馈县区，督促整改落实。

【问题整改】2019年，亳州市将巡视整改与脱贫攻坚“两手抓、两促进”，突出统筹结合，坚持实事求是、依法依规，按照实化、细化、量化、具体化和可比较、可检验、可考核的要求，将中央脱贫攻坚专项巡视反馈问题、省委巡视反馈问题、历次督察督导发现问题、日常信访涉贫问题等10个方面的整改任务，全部纳入全市清单制管理系统，明确整改任务、整改时限、整改责任、整改措施，一项一项紧盯抓实，一件一件对账销号，确保各类问题见底清零。

制定《中央脱贫攻坚专项巡视安徽省反馈意见亳州市整改方案》，逐条拟定整改任务，市级针对中央脱贫攻坚专项巡视反馈意见认领的60个问题，三县一区认领的243个问题，全部完成整改。市级建立长效机制30个，县区建立长效机制65个。

【讲好“五句话”活动】2019年，亳州市针对中央脱贫攻坚专项巡视反馈意见涉及的政策宣传、措施落实等存在的偏差问题，为进一步做好群众思想工作，化解基层矛盾，开展政策调整的宣传解释，研究、总结提出入户宣讲“五句话”：“一是宣传以习近平同志为核心的党中央的扶贫政策好；二是我们执行国家政策有偏差，有些政策不该给您的给您了；三是给了的就不再收回了，但是以后就没有了；四是您家中还有哪些困难，有困难就提出来，村里组织进行研究；五是研究的结果再告诉您。”

通过“大走访”活动，讲好“五句话”，深入细致做好贫困户思想工作，摸排因教育、医疗等政策调整和在“两不愁三保障”及饮水安全等方面存在突出困难的贫困户，通过资助新农合参保、送药上门、征集并落实“微心愿”、临时救助等13项帮扶措施，为14117户32089名贫困群众落实个性化帮扶举措，实现普惠政策下的有效补充。

【形式主义、官僚主义整治】2019年，亳州市推进扶贫领域“三个以案”警示教育活动，围绕“多、推、虚、浮、横、贪”6个方面，排查梳理脱贫攻坚领域形式主义、官僚主义具体问题。制作扶贫警示教育片，开展“一月一片”活动，以反面典型为鉴，深刻反思、深剖根源。整治文山会海、考核多、填表造册报数多问题。减少填表报数，明确要求乡镇村报扶贫工作表格必须经市分管领导人批准。持续开展扶贫领域“懒政怠政、不作为慢作为”专项整治行动，开展8轮暗访督察，发现问题221个，处理100人次。

市委研究提出《脱贫攻坚领域形式主义、官僚主义存在问题重点整改任务》，对扶贫检查、填表报数、部分扶贫政策调整及落实等进行明确要求，提出两批“23+8”条具体整改任务，开展“23+8”条重点整改任务落实情况暗访核查和“回头看”，各级干部对形式主义、官僚主义整治成效满意度高。

【基层减负】2019年，市委常委会研究提出中央脱贫攻坚专项巡视整改重点任务。停用市级手机App和《扶贫手册》；取消产业扶贫、扶贫驿站（车间）、电商扶贫、“两室一场”等全覆盖要求；禁止“刷白墙”搞面子工程、制作扶贫摘帽宣传片和画册；强调，未经分管市领导批准，市直单位不得要求县、乡、村填报扶贫相关表格。

精简各类文件简报，从严控制发文数量和发文规格，严格控制亳发、亳办发等发文总量，坚持少而精的原则，科学编制年度发文计划，可发可不发的一律不发，已经公开发布的文件，不再层层转发。进一步精简会议规模，能合并的坚决合并，进一步强化会议审批管理。市扶贫开发领导小组及办公室发文比上年同期减少54.84%，三县一区发文减少52.25%，会议数量同比明显减少。

取消县区考核，不开展第三方评估，直接使用省级考核评估结果；明确要求除省要求的督察检查外，不再组织明察、互查。市委常委会研究制订《2019年督察检查考核年度计划》，督察检查考核项目从2018年的402项减少至43项，压缩89.3%，其中脱贫攻坚领域仅1项。

【“三位一体”帮扶】2019年，亳州市强化“三位一体”帮扶工作。

强化定点帮扶。强化帮扶责任人的动态管理，对产假、退休、工作调动等不能正常开展帮扶工作的2753名帮扶责任人及时进行调整；坚持严管与厚爱相结合，加强对驻村扶贫工作队责任落实情况监督检查，开展选派第一书记向村党组织述职主题党日活动，增强第一书记履职尽责的责任感和积极性。提拔重用第7批选派帮扶干部43名。

抓好社会帮扶。全市273家民营企业结对帮扶413个村，投入资金7232万元，帮扶2.42万贫困人口；中国社会扶贫网全市总注册人数43.7万人，物品对接成功率72.21%，资金对接成功率68.91%。开展扶贫日系列活动，全市共认领项目239个，项目总投入4560.8万元，捐款额1545.2万元。

做好县域结对帮扶。芜湖市弋江区向利辛县投入帮扶资金1000万元，实施帮扶项目7个，受益贫困人口531人。弋江区选派6名干部到利辛挂职交流，利辛县选派6名干部到弋江区挂职交流。

【深化大数据应用】2019年，亳州市利用公安、残联、卫健等14个部门的48类数据，与建档立卡数据进行比对，及时更新数据，减少入户采集。通过国办数据与历年财政打卡发放数据比对，及时完善历年帮扶措施，除国家、省要求的报表外，全市各类所需数据和报表均利用系统数据自动生成，基层填表报数压力减轻。强化数据分析，设定政策适用规则，自动匹配享受人员，主动落实各项政策，避免政策漏享。

【脱贫攻坚重点工程】2019年，亳州市281个贫困村发展1项以上特色种养业，62个贫困村发展为“一村一品”专业村；47253户具备条件的贫困户发展农业特色产业自种自养。全市光伏扶贫电站累计发电量6.31亿千瓦时，等效利用小时数1248.8小时，同比增加139.8小时。开展就业脱贫培训5235人，开发扶贫公益岗位26110个。改造农村危房3832户。累计发放扶贫小额信贷1.73亿元。教育、医疗、社保兜底等扶贫政策保障有力。基层基本公共服务主要发展指标全部达到或超过全省平均水平；基础设施建设扶贫工程全面完工。

（郑　崴）

环境保护

【概况】2019年，亳州市全面完成生态环境系统垂直管理制度改革工作，各县（区）分局完成机构组建挂牌，市生态环境局环境监察支队由1个增加到3个。组织开展教育培训51场次5102人次。在全省率先实现乡镇（街道）生态环境保护机构全覆盖，全市共有89个乡镇（办事处）工作站，定编826人，实名制到岗796人。

亳州市推进“地净、路畅、天蓝、水活、林拥城”工程，环境质量持续改善。大气环境质量实现$PM_{2.5}$年均浓度52.9微克/立方米，完成省下达空气质量改善目标（53微克/立方米），$PM_{2.5}$平均浓度同比下降3.1%；PM_{10}年均浓度84微克/立方米，平均浓度同比下降5.4%。亳州市水环境质量稳中向好。根据各地表水断面监测结果，亳州市4个国控考核断面水质较前两年改善较大，均达到省政府考核要求，其中，涡河龙亢断面水质保持Ⅳ类、西淝河马店孜断面水质年均值保持Ⅲ类、涡河涡阳义门大桥断面水质保持Ⅴ类及以上，涡河岳坊大桥断面水质保持Ⅴ类及以上。获省级地表水断面生态补偿资金2150万元。土壤环境质量较为稳定。实施土壤污染防治行动计划，按照国家、省统一部署，开展农用地土壤详查，完成土壤样品采样，进行实验室分析，完成省生态环境厅、省农村农业厅要求的土壤质量类别划分。全市未出现一起因自身原因造成的较大以上污染事件。

执行生态环境保护“党政同责、一岗双责、齐抓共管、失职追责”制度，建立健全市委常委会直接领导，市、县、乡、村分级负责、领导干部分工负责、“11+1”工作组和各职能部门各负其责的领导体制，对污染防治攻坚实行统一管理、统一调度。落实市中心城区网格化责任制管理，建成中型网格73个、基础网格441个，开展城区扬尘污染防治、非道路移动机械排查、餐饮油烟治理、乡镇秸秆禁烧等巡查工作，实行网格浓度排名。落实突出环境问题一次交办属地、二次交办市委督察考核办、三次交办市纪委监委工作机制，共一次交办属地137个问题，二次交办市委督察考核办13个问题，三次交办市纪委监委1个问题。

强化宣传。结合“6·5”世界环境日主题宣传活动，市、县联动，发动机关单位、企业、学校、社区参与，开展各类宣传活动。开展生态环境保护主题比赛，创作生态文化产品。组织开展微型生态环保课比赛、文艺作品征集和生态环保朗诵比赛等活动，组织获奖选手到全市各县(区)、乡镇、社区、学校、企业宣讲6场次，累计受众1500余人。开展“世界地球日”主题活动、生态环境宣传进校园、生态环境宣传进社区、服务大局普法行进企业、全市微型生态环保课巡回宣讲活动等共11次；开展“民生工程政策宣传月”活动、“安全生产月”宣传咨询日活动、“全国低碳日”节能宣传活动、“江淮普法行”启动仪式活动、全国科普日宣传活动、“12·4”国家宪法日等集中宣传活动6次。组织3家环保设施开放点6次向公众开放。定期组织召开新闻发布会。召开市水污染防治工作新闻发布会、突出生态环境问题暨环保督察反馈问题整改新闻发布会，通报工作进展，回应民心关切。印发《环境质量标准知多少》等系列宣传折页和环保购物袋。在市中心城区设置的10个环保宣传电子显示屏，每天实时显示城区最新空气质量信息，循环播放环保宣传视频。微信公众号“亳州生态环境”订阅用户38000余人，推送微信630条。开展“创生态亳州、建美好家园”微信有奖答题活动，参与111507人次、累计分享次数55624次、访问数量348036次。“亳州生态环境”政务微博发布590条。在各级媒体刊发宣传稿件600余篇，其中人民网、《中国环境报》等国家级媒体及生态环境部官方网站和政务“双微”发表稿件30余篇，在《安徽日报》等省级媒体及生态环境厅官方网站和政务“双微”发表稿件200余篇。

强化借力科技支撑。推进立体大气环境质量监测能力建设。3年内在2座国控站基础上，完成新增93个（乡镇79个、中心城区5个、三县城区各3个共9个）空气质量自动监测站和市区140个微型监测站建设，使得空气自动监测站的平均站间距达到市区内1千米、乡村10千米以内。建设200台套生态环境物联网移动车载监测系统。利用出租车、公交车运行时间长、运行范围广的特点，在车顶灯内安装大气监测设备，实时监测机动车道路$PM_{2.5}$、PM_{10}污染情况；利用移动物联网技术实时传送到云平台并绘制道路污染云图，主城区道路大气污染状况直观呈现。招聘河北海宏$PM_{2.5}$研判科技小组服务亳州市。建立问题领办机制、微信群调度机制、督导检查机制和每日会商机制。在重污染天气期间加密研判频次，发挥互联网平台开放、参与、整合的优势，推动大气污染防治工作科学化、正规化、常态化。

强化四级精细化监管。完善属地监管巡查和市级网格督察机制。基本实现发现问题即时交办、即时领办、即时现场督察整改，基本打通市中心城区大气治理“最后一千米”。开展“五控”专项行动。完成3526台燃煤设施淘汰、5台生物质锅炉超低改造、23台天然气锅炉低氮改造、122家挥发性有机物治理，强化330余家建筑施工工地、38家混凝土搅拌站扬尘防治措施日常监管，规范整治乡镇木材加工479家、预制板加工160家、石材加工40家、中药材烘炕改造803家及薰药炕改造4970家。结合每日气象、空气质量2次会商情况，对建筑工地、商砼搅拌站、砖瓦窑厂、道路保洁、工业企业停限产、柴油治理等重点部位开展全天候巡查，督促落实应急减排措施。

强化区域联防联控。针对

水环境质量易受上游水质影响的问题，亳州市与商丘、蚌埠、阜阳、永城、郸城、鹿邑等周边市（县）均签署联防联控协议，对涡河、茨淮新河、西淝河、小洪河、赵王河、包河、惠济河等重点河流进行全方位联防联控，建立长效机制；针对大气环境易受不利气象条件扩散影响、土壤防治质量易遭受危险废物非法转移侵扰等问题，与周边地市开展交流合作，对交界地带的违法行为开展联合执法。两次启动豫皖式环境执法联合联动机制，联合河南省虞城县依法拆除两省交界的非法窑厂。

开展“四送一服”（送新发展理念、送支持政策、送创新项目、送生产要素及服务实体经济）活动。累计走访企业305家，开展专家论证企业项目落地服务、“四送一服”双千工程政策宣讲68场次，收集并处理企业技术要素需求47个。根据企业建设项目环境影响程度实施分类管理，实行“一对一”帮扶，小微企业定期调查走访、收集问题，建立服务重点企业联系包保机制；常态化开展实体经济大走访等调研活动，每季度印发“四送一服”活动方案，每月定期走访小微企业和重点企业，定期召开企业座谈会，了解企业需求，对缺少环保运营维护人才的企业鼓励使用第三方环保管家托管式服务，解决实体经济发展中面临的突出困难和问题，促进多层次要素需求对接和解决；开展“服务大局普法行”活动。走进中药饮片企业，以案释法，宣讲《中华人民共和国环境保护法》及4个配套办法，组织志愿者发放环保法律法规知识手册和环保购物袋，为全市30余家中药饮片企业送环保理念、法律法规知识。

强化污染源普查成效。按照国家统一部署的污染源普查时间节点，完成清查建库、全面入户调查、数据审核及汇总工作，全市各类污染源普查总数共计7451个。经国家普查办对全省污染源普查数据抽查，亳州市全省核算完成率、审核通过率均率先达100%，全市各类污染源空间信息采集率和关联率位居全省前列。对照四经普名单、重污染天气应急名单、散乱污企业名单、“12369”信访举报名单、重点排污单位名单等，完成与污染源普查信息的比对工作。完成《亳州市第二次全国污染源普查工作总结报告》《亳州市第二次全国污染源普查数据分析报告》《亳州市第二次全国污染源普查数据审核和对比分析报告》。开展普查后续工作，做好资料档案的收集归档、成果的发布等工作。

“全民参与·环保风暴”赢得社会各界支持和参与，2019年“全民参与·环保风暴”有奖举报逾1.2万件，经筛选有6224件（剔除重复投诉件）满足有奖举报百元话费充值奖励条件，共核发100元话费充值奖励62.24万元。诸多投诉问题在市级层次得到较好解决。

同年，亳州市在全省率先实现乡镇（街道）生态环境保护机构全覆盖，被人民网、新华网、《中国环境报》《安徽日报》等媒体报道，生态环境部部长李干杰和安徽省委书记李锦斌分别对此做法给予肯定并作出重要批示进行推广。全省乡镇生态环境保护工作站建设现场会议在亳州召开。根据微博数据中心提供、人民网舆情数据中心发布的2019年政务指数·微博影响力报告，“亳州生态环境”政务微博获“2019年度安徽十大生态环境系统微博”。市生态环境局获2019年全省环境执法工作第二名，市环境监察支队被省厅推荐参选生态环境部先进集体。

【大气污染防治】2019年，亳州市调整优化产业结构。开展传统产业集群升级改造。引导谯城区28家砖瓦窑厂退出或整合；整治木材加工企业479家，其中依法关闭152家，规范整改327家；持续开展“散乱污”企业治理，完成整治379家；推进重点行业VOCs综合治理，完成16家涉气工业企业和118家汽车维修店VOCs无组织排放控制治理。调整优化能源结构。扩大高污染燃料禁燃区范围，开展城区及周边乡镇散煤清查行动，共收缴散煤2027吨；持续开展燃煤锅炉综合整治和工业炉窑煤改气工作，淘汰乡镇燃煤小锅炉及设施1611余台，燃气锅炉低氮改造23台，完成安徽龙瑞玻璃有限公司炉窑煤改气工作。调整优化运输结构。利用遥感监测系统对超标排放车辆进行监测，处罚超标车辆2043辆；持续开展油品质量监督检查，抽检628批次，取缔黑加油站点173个，淘汰老旧柴油货车4974辆；划定亳州市非道路移动机械低排放区域，开展非道路移动机械摸排和编码工作，摸排非道路移动机械1760余台套，立案查处1家使用不合格非道路移动机械企业。调整优化用地结构。利用城市数字监管平台开展全天候非现场远程视频监管，确保落实建筑施工工地扬尘防治“六个百分百”要求；科学实施道路保洁，动态调整洒水频次。抓好禁烧工作，因禁烧不力问责22人，实施秸秆禁烧和综合利用。推进大气污染基础性工作。完成应急减排清单修订、2018年大气污染源解析工作，完成城市空气质量达标规划编制初稿。强化机动车污染防治。构建重型柴油车天地车人一体化监管格局。总投资800余万元相继建成固定水平式机动车尾气遥感监测系统2套、垂直式遥感监测系统（黑烟抓拍）5套，购置移动式遥感监测车3辆，在全省率先实现重型柴油车监管天地车人一体化，拥有的机动车遥感监测装备类型和数量全省领先。实现全省首例遥感检测超标车辆的处罚。继天津市之后，是全国第二个实现对遥感检测系统判定不合格车辆的处罚。自6月份后，移送公安交警部门处罚尾气排放不合格柴油货车2043辆，处罚数量居全省第一位。全省首创非道路移动机械环保标志管理机制。购置20台套非道路移动机械检测设备，对城市建成区范围内1100余台套非道路移动机械进行检测并核发环保合格标志；处罚全省首例非道路移动机械尾气超标的环境违法行为。实施机动车环检机构尾气收集和处理系统建设，是全国首个实施机动车环检机构尾气收集和处理系统建设的地级市。

【水污染防治】2019年，亳州市全面实施河长制。针对全市1179条河湖制定《亳州市河长制工作方案》，市级总河长由市委、市政府主要负责人担任，初步建立市、县、乡、村4级河长体系，将管护压力精确传达到最基层。建设污水处理设施。全市已建成投运城市污水处理厂17座，实际日处理能力50万吨。建成乡镇污水处理设施80个，日处理能力达11万吨，在全省率先实现乡镇污水处理设施全覆盖。推进黑臭水体治理。市中心城区建成区12处黑臭水体全部完成整治；三县建成区24处黑臭水体完成整治23处，另一处计划于2020年底前完成整治。入河排污口整治。水利部门摸排的319个入河排污口和华东督察局指出的入河排污口，全部完成整治。养殖场污染治理。全市2878家规模养殖场除个别有损毁在修复外，均按要求配套建设治污设施，畜禽养殖废弃物资源化利用率95.6%，粪污处理设施装备配套率99.8%。河道固体废物排查整治。开展河湖“清四乱”专项整治活动，对涡河、西淝河、茨淮新河、北淝河、包河、芡河等主要河道固体废弃物进行排查清理，29处全部完成清理整治。推进水系工程建设。城区宋汤河、龙凤新河、凤尾沟等城区水系贯通治理工程完成建设，通过“一涵四闸”的科学调度实现利用涵闸上下游水位落差和自然坡降自流贯通，亳州城区涡河以南初步实现“水活”目标，城区河道水生态环境和水质明显改善。

【土壤污染防治】2019年，亳州市开展土壤污染状况调查。在原有19家调查名单的基础上，新增补20家企业，共39家重点企业，完成用地基础信息采集工作及调查对象全面性及删减合理性核实工作。开展工业固体废物堆存场所环境整治，8个工业固体废物堆存场所完成整改，“清废行动2019”通过卫星影像发现的7个问题点位完成整改。对全市436家涉危废企业开展检查，完成危废社会源调查，全市排查出机动车和电瓶车销售、维修等电瓶销售单位废铅酸电池产生企业526家。开展农业面源污染监测，完成140个农产品产地土壤环境国控监测点信息核对工作；改造加油站地下油罐，全市450个加油站（点、船）、1135个地下油罐全部完成双层罐更换或单层罐防渗改造工作。将中药饮片、润滑油分装、农药、酒精、化工等行业存在地下储罐的非重点监管单位一并进行信息备案，建立地下储罐备案制度，纳入排污许可管理。

【污染防控】2019年，亳州市推进重点污染源“三个全覆盖”工作。完成重点污染源名单的筛选工作，149家企业纳入“三个全覆盖”。指导企业完成污染源自动监控设施、视频监控的安装联网工作，具备安装联网条件的企业全部完成安装。对于不符合环境保护要求的项目，一律不允许进入亳州，否定京津冀、长三角、江苏等发达地区落后产能转移进亳州近百批次。完成261家企业排污许可证年度核发任务。完成清查建库、全面入户调查、数据审核及汇总阶段工作，各类污染源普查总数7451个。落实红线空间管控要求，确保全市生态功能不降低、面积不减少、性质不改变。

【环境监测】2019年，亳州市出台《亳州市环境监测改革实施方案》，规划部署全市大气、地表水、土壤等监测，内部质量控制与外部监督、环境信息公开等工作。建立亳州市空气质量综合管控平台，可实时查询各站点及周边地市空气质量情况、市空气质量在全省及全国的排名情况、大气污染防治目标任务完成情况等，为大气污染防治提供技术保障。加强国控空气站点、各县（区）12座市控空气站和79座乡镇空气站的运行维护，为全市大气污染防治和空气环境质量生态补偿提供技术服务。每月对11个地表水环境生态补偿断面开展一次监测，出具监测数据480个。与中国环境科学院合作进行亳州市空气质量源解析工作。开展国控、省控地表水断面监测，出具监测数据4056个。对4个市级城市集中式饮用水源地水质监测，共出具监测数据1122个。开展地方建设的空气自动监测站数据联网工作，完成数据联网，原始监测数据实时直传国家总站。开展自动监测，专人汇总统计各自动站点监测数据，共出具水质周报、空气质量等自动监测数据报表180期。开展空气质量预警预报，每日通过安徽省空气质量预报预警系统上报未来7天全市城市空气质量级别范围、AQI范围、首要污染物和PM2.5浓度等预测信息并发布预报信息。开展酸雨监测，按照逢雨即测的要求，出具监测数据576个。开展噪声监测，共出具监测数据3872个。开展农村环境质量监测，共出具监测数据9205个；按照每五年对农村环境土壤进行监测的要求，对利辛县江集村、涡阳县一里村、蒙城县马店村3个村庄的土壤进行监测，出具监测数据90个。开展淮河流域环境与健康综合监测，出具监测数据1032个。开展颗粒物组分网手工监测，每周进行采样。开展降尘监测，出具监测数据132个。开展污染源监督性监测，共出具监测数据约678个。开展县（区）地表水生态补偿监测，共出具数据480个。开展土壤环境监测，出具土壤监测数据244个。

【环境监管执法】2019年，亳州市开展环境执法大检查，共出动环境执法人员12000余人次，检查单位4262家次，发现环境问题1000余个，排查“散乱污”企业379个，基本完成整改。实施环境行政处罚181件，罚款1166万元。组织环境执法人员现场执法。每季度开展全市重点排污工业企业、砖瓦窑厂、重点建设项目、规模化养殖场、乡镇以上医疗机构和饮用水源地保护六大执法专项行动，排查企业2662家，发现问题近900个。鼓励全民参与举报环境违法行为。对群众举报经查证属实的，给予100元话费奖励，共核实投诉6224件次。

【环保问题整改】2019年，亳州市关于中央环保督察问题整改率居全省前列。2017年中央环保督察组反馈的28个问题通过省级验收21个，推进整改7个，转办的183件信访问题全部完成整改。2018年中央环保督察组“回头看”反馈的5个问题，3个共性问题推进整改，2个个性问题完成整改，144个信访件验收销号143个，1个问题拟于2020年2月底前完成整改验收。2018年省环保督察反馈的8个方面48个问题，完成整改29个，推进整改19个，省环保督察转办的883件信访件，完成整改验收863件。召开市委常委会、市政府常务会、市委书记专题会等80余次研究问题整改工作，市委、市政府主要负责人和分管负责人明察暗访40余次，建立突出问题整改盯办制度，对重点问题采取“四不两直”方式进行暗访督察，开展72组次。建立亳州市生态环境问题清单管理系统，实行“县区整改初验、市级核查验收”的动态销号管理机制，纳入清单管理生态环境问题34716个，通过市级核验28575个，核验达标率82.31%。环境问题整改销号率位于全省前列。将突出生态环境问题整改与“不忘初心、牢记使命”主题教育和“8+2”专项整治有机结合，制定“问题、任务、责任、标准”四个清单，全面深入排查。发现问题68个，完成整治51个、基本完成2个、推进整改15个。

（孙　凌）

大事记

图 3　“美丽亳州”系列图片——2019 年 11 月 29 日，亳州公路客运高铁枢纽站　（张延林　摄）

1月

1日　亳州城市旅游专线开通。运营线路为：北部临时游客集散中心（汤王温泉）（起点）、北关历史街区、华祖庵、谯城中学（曹操地下运兵道景区）、亳州博物馆、康美中药城、亳州市展览馆、临时客运南站（终点）。

2日　市委书记汪一光主持召开全市“大棚房”问题整改排查工作电视电话会议，三县一区设分会场。会议要求学习贯彻习近平总书记重要指示精神，吸取陕西省秦岭违建别墅、甘肃省破坏祁连山生态环境等严重违反政治纪律、政治规矩的深刻教训，担负起整改排查的政治责任、领导责任和工作责任，完成“大棚房”问题整改排查工作任务。

4日　亳州市暨涡阳县为烈属、军属和退役军人等家庭集中悬挂光荣牌启动仪式在涡阳县举行，亳州市集中悬挂光荣牌工作全面展开。张洪超家庭成为全省第一个悬挂光荣牌的家庭。

8日　全市失能“五保”老人集中供养现场会在利辛县召开，市委书记汪一光出席会议并讲话。全市累计筛查摸底符合入住条件的失能“五保”老人954人，入院880人。

同日　省政府批复同意亳州经济开发区更名为亳州高新技术产业开发区。

9日　亳州市组织收看全国、全省安全生产会议，并召开2019市安委会第一次全体成员扩大会议，部署安全生产工作。

10日　2019年安徽省暨亳州市文化科技卫生“三下乡”集中示范活动在涡阳县西阳镇范蠡社区文化广场举行。省委常委、宣传部部长虞爱华，市委书记汪一光参加活动。

同日　亳州市的中药材种植示范区入选安徽特色农产品优势区（第一批）。

同日　亳州国际雕塑大赛落成作品终评在林拥城景区启动，28件雕塑作品入围。

13日　政协第十二届安徽省委员会第二次会议在合肥召开。汤涌、龚艳玲等亳州市10名省政协委员参会，全国政协委员、市政协副主席马露应邀列席会议。

14日　省十三届人大二次会议在合肥召开。亳州市代表团参加会议，市委书记汪一光为代表团团长，市人大常委会主任王玉玺为代表团副团长。

17日　全市扫黑除恶专项斗争领导小组（扩大）会议召开。会议贯彻中央和省、市委关于扫黑除恶专项斗争的部署要求，总结2018年全市扫黑除恶专项斗争工作，对扫黑除恶专项斗争工作进行安排部署。

21日至3月1日　2019年春运，为期40天。全市铁路共发送旅客约40万人次，同比减少约2万人次。亳州火车站安装4台人脸识别实名制自助核验设备，旅客可持证“刷脸”进站，通过核验最快只需要3秒。

23日　省委、省政府正式批准亳州市机构改革方案，全市机构改革进入全面实施阶段。机构改革后，亳州市共设置党政机构47个。党委机构14个，其中纪检监察机关1个、工作机关13个；政府工作部门33个。市级机构改革任务将于3月底前完成。

24日　清晨6时，亳州市中级人民法院和辖区谯城区、涡阳县、利辛县、蒙城县法院进行春节“猎赖”专项执行行动，突击“老赖”。

25日　副省长周喜安到利辛县走访慰问困难群众、退役军人、劳动模范、乡村扶贫干部。

同月　经省旅游景区质量等级评定委员会组织景观价值评估，市林拥城和展览馆2个景区被评为国家AAAA级旅游景区。

同月　市委党史和地方志研究室组织点校整理的明嘉靖《亳州志》由方志出版社出版面世。

2月

1日　即日起，亳州市全面启动新生儿先天性心脏病筛查项目，全市三县一区范围内的助产机构都可以为出生后6～72小时的新生儿开展先天性心脏病筛查。

1－10日　亳州人民群众过新年的新闻陆续登上《人民日报》、中央广播电视总台、《经济日报》等媒体平台。中央广播电视总台新闻频道在市区花戏楼广场直播备年货过大年场景，时长约7分钟。中央电视台科教频道《绿水青山看中国》栏目，播出涡河、花戏楼、华祖庵、曹操运兵道、蒙城万佛塔、涡阳天静宫等景点。5日,《人民日报》头版刊发花戏楼景区的民俗表演"舞狮子""抬花轿""划旱船"。10日,《经济日报》头版报道市区魏武广场的戏曲表演。

2日　全市春节期间大气污染防治工作电视电话会议召开,全面部署春节期间大气污染防治重点工作。

11－19日　市人力资源市场连续举行9场招聘会。众多企业现场提供一线操作工、技术工、销售、管理等多个岗位。

14日　四届市委新一轮巡察动员会召开。根据市委统一部署,2月中旬至3月上旬,对市疾病预防控制中心、市中心血站、市卫生计生监督局、市妇幼保健计划生育服务中心4家单位开展巡察。巡察期间,巡察组驻地设信访接待窗口、举报信箱、电子邮箱,开通举报电话,接受社会各界的信访举报。

15日　亳州市印发《关于开展"严规矩、强监督、转作风"集中整治形式主义、官僚主义专项行动实施方案》。市委决定,在全市开展为期3个月的"严规矩、强监督、转作风"集中整治形式主义、官僚主义专项行动。

19日　中央脱贫攻坚专项巡视安徽省反馈意见亳州市整改动员会和全市扶贫开发工作会议、脱贫攻坚"春季攻势"动员会暨集中整治形式主义、官僚主义专项行动动员会召开。会议传达中央脱贫攻坚专项巡视安徽省反馈意见整改动员会和全省扶贫开发工作会议暨集中整治形式主义、官僚主义专项行动动员会会议精神;部署巡视整改、脱贫攻坚工作;部署集中整治形式主义、官僚主义专项行动工作。

20－26日　省委第七巡视组向亳州市委反馈巡视情况。省委常委、省纪委书记、省委巡视工作领导小组组长刘惠主持召开向亳州市委书记汪一光的反馈会议,出席巡视亳州市情况反馈大会,对抓好巡视整改工作提出要求。省委巡视办副主任赵新向汪一光传达省委书记李锦斌在省委"五人小组"会议听取第六轮巡视情况综合汇报时的讲话精神,省委第七巡视组组长章义代表巡视组反馈巡视情况。汪一光主持反馈会议并作表态发言。26日,亳州市召开省委第七巡视组巡视反馈意见整改动员会。市委书记汪一光参加会议并讲话,市长杜延安主持会议。会议宣读《关于成立市委巡视巡察整改工作领导小组的通知》,市委常委、市委秘书长侯化对《省委第七巡视组对亳州市巡视反馈问题整改方案》进行解读。

21日　亳州市首起宣扬恐怖主义案在市中院公开开庭审理,案件审理全程网络直播。经过法庭调查、法庭辩论和被告人贾某某最后陈述,法庭宣布休庭,评议后择期宣判。2018年8月9日,被告人贾某某在微信上看到一段时长3分27秒的血腥暴力视频,于当日11时57分向微信群"某某客户服务群"发送了该视频,被群主劝告后,继续转发了该视频。经有关部门认定,该视频属于暴力恐怖视频。

21－23日　政协第四届亳州市委员会第三次会议在市行政会议中心二楼多功能厅召开。

22日　2019年亳州中药材专业市场开市活动在亳州中药材专业市场西广场举行。这是亳州市连续第17年举办药市开市活动。

22－24日　亳州市第四届人民代表大会第三次会议在市行政会务中心多功能厅召开。

25日　全市组织宣传统战政法武装党办工作会议在市行政会务中心召开,会议以视频会议形式召开,各县区设分会场。市委书记汪一光参加会议并讲话,市委副书记、市长杜延安主持会议,市人大常委会主任王玉玺、市政协主席汤涌参加会议。市委常委、市委秘书长、市委政法委书记侯化作全市政法工作、党办工作报告,市委常委、组织部部长、统战部部长秦凤玉作全市组织、宣传、统战工作报告,市委常委、亳州军分区政委陆艳先作全市党管武装工作报告。

同日　第九届亳州市青少年科技创新暨发明创造大赛在亳州一中举行。

26日　即日起至3月3日,亳州市开展排污工业企业和重点建设项目大排查大整治工作。全市成立16个检查组,其中谯城区派驻5个检查组,市高新区(含亳芜现代产业园区)派驻2个检查组;涡阳县、蒙城县和利辛县各派驻3个检查组。检查采取暗访方式。

26日　上午9点,一对500米长钢轨在亳州市的古城东站顺利铺设,标志着商合杭高铁正式开始铺轨。

28日　市委农村工作会议暨全市农村人居环境整治工作会议召开。市委书记汪一光主持会议并讲话，市委副书记、市长杜延安参加会议并讲话。会议传达习近平总书记关于改善农村人居环境的重要指示和李克强总理的批示；传达省委农村工作会议暨农村人居环境整治会议精神和省委书记李锦斌、省长李国英在省委农村工作会议、农村人居环境整治工作会议的批示。

同月　中国文明网公布2018年学雷锋志愿服务“四个100”先进典型，亳州市谯城区护卫“母亲河”天蓝绿水行志愿服务项目入选全国最佳志愿服务项目。

同月　市文化旅游体育局成功破获一起含有违禁内容的网络游戏案件。此案为亳州市辖区内办理的首起网络游戏含有违禁内容案件。

同月　亳州市实现全国“交通一卡通”互联互通。“交通一卡通”在具有‘交通联合’标识的全国300多个城市的公交线路、轨道线路等均可使用。

3月

4－5日　全省旅游厕所革命工作推进现场会在亳州市召开。

5日　亳州市首例涉黑案件在谯城区人民法院依法开庭审理。

11日　2018中国田径协会特色及等级赛事评选结果公布。其中，2018亳州国际马拉松被评为2018中国田径协会银牌赛事、2018中国田径协会特色赛事“民族民俗”奖。

13日　水利部淮河水利委员会主任肖幼、省引江济淮集团有限公司董事长张效武到亳州市调研引江济淮亳州市境内工程建设情况。市委书记汪一光陪同调研。

15日　位于恒大城小区的亳州市首个社区消防科普馆建成并投入使用。

21日　由安徽省委宣传部、省文化和旅游厅组织的“春游江淮请您来”百家媒体旅游推介活动启动。亳州城市展览馆、康美（亳州）华佗国际中药城、亳州古城文化旅游区、亳药花海大世界、古井酒文化博物馆、汤王温泉、亳州中药科技学校、林拥城8个景点，入选推介景点。

25日　亳州市2018年度省管领导班子和领导干部综合考核会议召开，市委书记汪一光主持会议，省委第八综合考核组组长、省总工会党组书记、副主席徐发成作动员讲话。会上，汪一光代表市委领导班子作工作总结报告，杜延安代表市政府领导班子作工作总结报告，会议进行民主测评、民主评议。

27日　亳州市首个“家事维权中心”揭牌仪式在北京京师（亳州）律师事务所举行。

29日　亳州市第一座500千伏变电站2号主变正式并入亳州电网运行。

同日　国务院、中央军委批复亳州民用机场项目建议书。根据项目建议书批复，亳州民用机场为国内支线机场，场址位于涡阳县标里镇刘竹村附近。机场建设规模为：飞行区等级4C，新建一条长2600米跑道，航站区按满足2025年年旅客吞吐量55万人次、货邮吞吐量1900吨目标设计，新建航站楼6000平方米、站坪机位6个，配套建设通信、导航、气象、供油、消防等辅助生产设施。项目总投资约8.66亿元。

同月　第三批国家公共文化服务体系示范区（项目）名单公布，“亳州市五禽戏群众文化普及活动”成为安徽省第三个入选国家公共文化服务体系示范项目的群众文化活动。

同月　第二批安徽省省级特色小镇名单公布，谯城区古井白酒小镇、涡阳县义门中药养生小镇入列。

4月

1日　市神医路社区文体中心开放，这是亳州市首个开放的社区文体中心。

同日　第五届十九里镇梨花节开幕。

8日　亳州市召开中央脱贫攻坚专项巡视整改工作再推进培训动员会议。市委书记汪一光参加会议并讲话。会议要求把做好脱贫攻坚巡视问题整改作为贯穿全年的重要任务，一手抓问题整改，一手抓个性化帮扶。

9日　安徽省公布第八批省级文物保护单位名单，谯城区的唐庄遗址、章华台遗址、八角台遗址、一女孤堆和蒙城县的檀公城遗址、红城遗址、城隍庙入选。

12日　市人大代表议案建议和政协委员提案交办会议在市行政会务中心召开。会上，市人大常委会向市政府交办人大代表建议210件，市政协向市政府交办政协委员提案417件。

15日　安徽井田信息科技分别与和济堂药业、广和药业签订环保管家技术服务合同，标志着亳州市第一份“环保管家”服务合同成功签约。

16日　全市巡察工作暨四届市委第七轮巡察动员部署会议召开。自4月16日至5月底，亳州市采取驻点巡察的方式，开展四届市委第七轮巡察工作。此次巡察对象为市教育局、亳州中药科技学校等11家单位。市委授权成立5个巡察组、1个信访组，采取统一设置电子邮箱、举报信箱、举报电话（固定电话+手机）的方式，具体负责接收反映上述被巡察单位的有关来电、来信，接待人员来访。

17日　2019年全市推进五大发展第一次督察调度会议在蒙城县召开。

23日　亳州市中医院（筹）挂牌成立，标志着亳州市首家市级中医院成立。亳州市中医院（筹）是在原亳州市华佗中医院涡北新院的基础上筹建的。

23—25日　中国市长协会副会长、住建部原副部长齐骥带领中国市长协会城市咨询委员会调研团到亳州市调研。

24—26日　全国政协副主席卢展工率全国政协教科卫体委员会专题调研组到亳调研“完善中医药事业发展的政策和机制”并召开专题座谈会。全国政协教科卫体委员会主任袁贵仁，全国政协教科卫体委员会副主任、中国药学会理事长孙咸泽，全国政协教科卫体委员会驻会副主任丛兵，全国政协常委、国家药品监督管理局局长焦红，全国政协委员、世界中医药学会联合会主席马建中，省政协副主席李和平参加调研并出席座谈会。市委书记汪一光、市长杜延安、市政协主席汤涌陪同调研或参加座谈会。卢展工一行先后到协和成中药材种植基地、中国（亳州）中药材专业市场、亳州市中医院等地，实地查看亳州市中医药事业发展情况，并在市中医院召开医护人员座谈会，了解亳州市中药材种植、交易和中医院建设运营等情况。座谈会上，市长杜延安汇报亳州市经济社会发展及中医药事业发展情况。来自市高校、企业、相关单位负责人，围绕主题与调研组进行交流讨论。卢展工对亳州市中医药事业发展给予充分肯定。

25日　中央扫黑除恶第14督导组下沉亳州督导工作汇报会在市会务中心第一会议室召开，市委书记汪一光作工作汇报，中央扫黑除恶第14督导组第五小组组长曹军作讲话，会议由市委书记汪一光主持。中央扫黑除恶第14督导组第五小组主要受理亳州市涉黑涉恶方面的来信来电举报。

26日　亳州市民兵应急营成立大会暨各县（区）民兵应急连拉动点验大会在亳州职业技术学院操场召开。

同日　2019亳州国际马拉松赛在亳州市体育馆开赛。

28—29日　泛中原区域民建工作经验交流会第十六次会议暨文化与旅游融合发展论坛在亳州市召开。与会人员就文化与旅游融合发展开展交流，并对多个文化旅游体育项目进行实地考察。

29日　安徽省政府正式批复18个县（市、区）退出贫困县序列，利辛县、涡阳县名列其中。2018年8月谯城区、蒙城县已退出贫困县之列，至此，亳州三县一区全部脱贫“摘帽”。

同日　“庆祝中华人民共和国成立70周年‘中国梦·劳动美·亳州篇章’”2019年亳州市庆“五一”职工文艺展演暨颁奖活动在市行政中心二楼多功能厅举行。安徽古井集团有限责任公司等10个单位获“亳州市2018年‘坚决打赢脱贫攻坚战，争当十大工程先锋’劳动竞赛先进集体”称号，田茹等10人获评“亳州市2018年‘坚决打赢脱贫攻坚战，争当十大工程先锋’劳动竞赛先进个人”称号。35名一线职工被授予2018年度亳州市“五一劳动奖章”。2018年度全市获一个全国工人先锋号、2个全国“五一劳动奖章”、3个全省劳动竞赛先进集体、2个安徽省工人先锋号、4个省“五一劳动奖章”。

同月　亳州市人民检察院刑事检察一部、利辛农商银行营业部获全国巾帼文明岗称号；蒙城县禾兴蔬菜专业合作社理事长陈文芳获评“全国巾帼建功标兵”称号。

5月

1日　2019亳州芍花养生文化旅游系列活动开幕式暨芍药特种邮票全国发布仪式在亳药花海休闲观光大世界润耕广场举行。在开幕式上，《芍药》特种邮票面向全国发布，“亳州旅游”App正式上线。

6日　亳州市召开纪念五四运动100周年座谈会。市委书记汪一光参加会议并讲话，市委副书记陈军主持会议。会议传达学习全国纪念五四运动100周年大会精神、中共中央政治局第十四次集体学习会议精神和省纪念五四运动100周年座谈会精神，亳州市青年科技创新人才代表、青年志愿者代表、脱贫攻坚青年代表等进行座谈发言。

7日　国务院办公厅印发《关于对2018年落实有关重大政策措施真抓实干成效明显地方予以督察激励的通报》，亳州市促进社会投资健康发展、企业债券发行、债券品种创新与风险防范等工作成效明显，受到国务院通报表扬。

8日　安徽省公布第六批省级非物质文化遗产项目代表性传承人名单，利辛县的蒋家华（民间文学——柳下惠传说）；利辛县的马建礼（传统舞蹈——赶黑驴）；谯城区的章宏伟（传统戏剧——淮北梆子戏）；利辛县的林秀宽（曲艺——淮北大鼓）；利辛县的杨攀峰（传统美术——利辛面塑）；谯城区的闵霞（传统美术——剪纸）；亳州市的支训民（传统技艺——金不换酒酿造技艺）、蒙城县的陈宝玉（传统技艺——陈氏锡包壶制作技艺）、涡阳县的张福顺（传统技艺——涡阳苔干制作技艺）；利辛县的马西臣（民俗——马氏社火）、利辛县的王怀付（民俗——九曲黄河阵）和谯城区吴丽（二夹弦）12人入选。

10日　省政府通报2018年度省政府目标管理绩效考核结果，亳州市2018年度目标管理绩效考核结果居全省第四位，稳增长贡献单项考核结果位居第一位，被省政府通报表扬。

同日　《亳州市城区电动三轮车和电动四轮车专项治理方案》出台。

11日　副省长周喜安到亳州市涡河大寺枢纽、汤王大道涡河隧道工程现场，了解近阶段防汛准备工作开展情况。

同日　中央第三生态环保督察组对安徽省开展“回头看”情况反馈会后，市委书记汪一光、市长杜延安召开会议，对中央环保督察“回头看”反馈涉及亳州问题整改工作进行部署，决定成立5个督导组，从5月14日起分赴各县区、亳州高新技术产业开发区、亳芜现代产业园区开展督导，推动问题整改。

同日　亳州市在市区魏武广场举行“2019年全国城市节约用水宣传周”活动启动仪式。

11－12日　2018-2019年全国跳绳联赛安徽（亳州站）在亳州市举办。国家级跳绳赛事再次在亳州举办，来自北京、上海等14个省、市、自治区的60支参赛队伍，计843人参赛。

14日　亳州市组织收看全省“三夏”工作电视电话会议。亳州市就强化小麦赤霉病防控、促进夏粮增产增效工作开展情况作汇报。

14－15日　省长李国英就抓好当前皖北地区经济社会发展工作开展调研。李国英到涡阳县、谯城区部分企业进行考察调研，考察龙凤新河黑臭水体治理工程。李国英主持召开座谈会，听取皖北6市工作汇报，并对下一步工作提出要求。

15日　市区47条新公交线路全部开通。除3条夜线以及原1路、2路、5路、6路线路保留外，其他原有公交线路全部停止运营。亳州市按照“横平竖直路路通”原则，对公交线路进行优化，规划线路47条（南北向线路19条，以1×× 命名；东西向线路28条，以2×× 命名），其中干线“5纵7横”12条，支线31条，微线4条，基本覆盖城区内可以通车的道路，形成“干、支、微”相结合的公交线路网。

16日　2019年亳州市大学生征兵工作启动仪式在亳州职业技术学院操场举行。

18日　以“练五禽、逛古城、喝美酒、吃药膳、品药茶、沐温泉、颂道源、休闲自然”为主题的2019华佗五禽戏观摩交流大会在市体育馆开幕。来自全国19个省市的89个代表队、456名运动员以及参加功法培训和观摩的人员计700余人参会。

25日　全省固定资产投资和战略性新兴产业集聚发展基地建设（北片）推进会在亳州市

召开。省委常委、常务副省长邓向阳参加会议并讲话。会议通报全省固定资产投资和战略性新兴产业集聚发展基地建设有关情况，淮北、亳州等8个地级市汇报相关情况，省直有关单位发言。

28日　全市2019年午季秸秆禁烧和综合利用工作视频会议召开。会议印发《2019年亳州市秸秆禁烧工作方案》，明确实行秸秆禁烧工作保证金制度。

29日　亳州市2019年党建工作领导小组全体会议暨高校党建、学校思想政治理论课教师座谈会在市行政会务中心召开，市委书记汪一光主持会议并讲话。市委副书记陈军传达习近平总书记在学校思想政治理论课教师座谈会上的重要讲话精神，全国高校党的建设工作会议、全省学校思想政治理论课教师座谈会、全省高校党的建设工作会议等会议精神；亳州学院、亳州职业技术学院两所高校汇报学校党建工作；会议进行交流发言。

同日　亳州市小麦收割开始。2019年亳州小麦最高单产纪录在涡阳县楚店镇后水波村张林森家庭农场诞生，亩产815.6千克。

31日　全市安全生产工作会议暨2019年市安委会第二次全体成员（扩大）会议召开。会议以电视电话会议形式召开，各县区设分会场。会议传达学习省委书记李锦斌关于安全生产工作的重要批示精神和省长李国英在省安委会第二次全体成员会议上的讲话精神，通报全市2018年度安全生产工作及2019年一季度安全生产工作开展情况，通报2018年度安全生产工作先进单位，公布市政府第二批挂牌督办重大隐患名单。有关单位就隐患整改不力在大会上作检讨和剖析。

同月　涡阳县爱心者协会会长尹冬冬获第22届“安徽省青年五四奖章”。袁兴书、刘颖夫妇和贾石帅、杨春秋、朱景科以及许长荣、许长琴姐妹被评为“安徽省道德模范”。

同月　《城父镇志》由方志出版社正式出版发行。该部志书是谯城区第一部镇志，也是地级亳州市成立以来首部公开出版发行的乡镇志。

6月

5日　亳州市夏粮收购工作开始。亳州市设立收储库点89个，其中谯城区14个、涡阳县22个、蒙城县29个、利辛县24个。按照国家规定，2019年小麦（三等）最低收购价每市斤1.12元，相邻等级之间等级差价按每千克0.04元掌握。

6日　市区首个户外劳动者“幸福驿站”揭牌。户外劳动者“幸福驿站”主要是为广大户外劳动者送去生活上的方便和关爱，解决广大户外劳动者饮水、休息、饭茶加热、手机充电、临时避雨等实际问题。

7日　2019年全国高考开考。亳州市高考报名考生38015人，较上年增加3653人。分类考试录取8517人，较上年增加1750人。实际参加全国普通高校招生考试共29498人，其中，文史类12548人，理工类16839人，少年班111人。全市共设谯城、涡阳、蒙城、利辛4个考区15个考点992个考场。

12日　亳州市民生工程政策宣传月活动正式启动。

13日　2019年全市推进五大发展第二次督察调度会议在涡阳县召开。

14－16日　亳州市2019年中考开考。全市计65578名中考生。其中谯城区考生12900名，亳州高新区考生4698名，涡阳县考生14698名，蒙城县考生13525名，利辛县考生19757名。设谯城区、高新区、涡阳县、蒙城县、利辛县5个考区，34个考点，2187个考场。

17－18日　2019安徽秸秆综合利用产业博览会在合肥举办。亳州市34家市内秸秆企业、14家国内大型秸秆企业、9个签约项目企业、5个推介项目企业参展，40多个产品系列参加展示。亳州市8个项目参加集中签约，签约金额21.56亿元。5个项目现场推介，项目总额16.6亿元。5个参展产品获奖。

18日　“亳州老乡，请您回家”恳谈会暨亳州高新区上海招商推介会在上海市青浦区召开，市长杜延安参加会议，与近50名在沪创业发展的亳州老乡入交谈，诚挚邀请老乡们回家乡创业，助力亳州发展。

19日　市发改委、市生态环境局等14家市直单位在市区魏武广场，举办节能宣传周、全国低碳日宣传活动。

25日　亳州市第二届“全体党员讲微型党课”总决赛在亳州广播电视台举行。市委常委、组织部部长秦凤玉现场点评并为获奖选手颁奖。

26日　全市庆祝中国共产党成立98周年暨表彰大会召开，市委书记汪一光参加会议并讲话，市长杜延安主持会议。会议宣读《中共亳州市委关于表彰亳州市先进党组织和优秀共产党员、优秀党务工作者、优秀选派帮扶干部的决定》，对获奖的先进集体和优秀个人代表进行表彰。

27日　亳州市2018年省管领导班子和领导干部综合考核工作反馈会议在市行政会务中心召开。省委第八考核组组长、省总工会党组书记、副主席徐发成对亳州市考核情况进行反馈；市委书记汪一光主持会议并作表态发言。经省委考核组考核并报省委常委会会议审定，亳州市领导班子2018年度综合考核被评定为“好”的等次。

27－28日　亳州市对三县一区全部79个乡镇700多名新到岗乡镇生态环境保护工作站工作人员进行集中培训。

同月　《亳州市统一城乡居民基本医疗保险和大病保险保障待遇实施方案（试行）》印发。7月1日起，全市将统一城乡居民基本医疗保险和大病保险保障待遇，统称为城乡居民基本医疗保险，并统一和提高相关报销比例。这标志着亳州市居民医保制度彻底打破城乡二元分割结构。

同月　省委组织部、省委宣传部等8家单位联合下发《关于表彰安徽省关心支持国防建设先进个人的决定》，蒙城县楚村镇中袁村张桂华获省“关心支持国防建设先进个人”称号。谯城区古城镇油河村冯登贵、涡阳县惊鸿农机农民专业合作社栗时晴、涡阳县城关街道办事处梁秀勤3人获先进个人提名。

同月　《亳州市清理整治不规范地名工作实施方案》印发，启动清理整治不规范地名工作。

7月

2日　全市“以案示警、以案为戒、以案促改”警示教育动员部署会召开。市委书记汪一光主持会议并讲话，市人大常委会主任王玉玺参加会议。与会人员观看警示教育片《让教训铭记在心》，会议宣读《关于四起扶贫领域形式主义、官僚主义典型案例的通报》，宣布《亳州市开展“以案示警、以案为戒、以案促改”警示教育工作实施方案》。

2－3日　全省工会基层组织建设年现场推进会在亳召开。

9日　亳州市党政代表团赴宿州市学习考察，市委书记汪一光、市长杜延安、市委副书记陈军参加考察。

9－10日　省委书记李锦斌到亳州市开展调研督导，听取基层干部群众的意见建议，检查形式主义、官僚主义突出问题集中整治情况。

10日　亳州市2019年“希望工程”启动，计划资助贫困大学新生420名、贫困在校生420名。

21日　《亳州市老旧小区改造工作实施方案》出台，对亳州市今年及未来5年的老旧小区改造工作进行部署。

同月　在全国退役军人工作会议表彰会议上，亳州市涡阳县石弓镇西关村村民王爱民被表彰为“全国模范退役军人”。

同月　亳州市第一座大气辐射环境自动监测站在市污水处理厂建成。该自动监测站是国家在安徽省投资建设的13个国控站点之一。

同月　亳州市谯城区薛阁街道马元社区被评为省十佳学雷锋志愿服务优秀典型。

8月

1日　亳州市创建全国（全省）文明城市动员会在市行政会务中心二楼多功能厅召开，市委书记汪一光主持会议并讲话，市长杜延安、市委副书记陈军参加会议。会上，陈军对创建全国文明城市工作进行部署，有关单位作表态发言。

同日　全市机关效能建设大会在市行政会务中心召开。市委书记汪一光主持会议并讲话，市长杜延安参加会议并讲话，市委副书记陈军宣读《关于2018年度市直单位效能考核结果的通报》。在2018年市直单位效能考评中，市扶贫局等57家单位被评定为效能建设优秀单位。

6日　亳州市2019年“8月

8日”全民健身日展示暨健身气功百城千村展示活动在市体育馆开幕。800多位健身爱好者集中展示健身气功，共同迎接第11个“全民健身日”。

9日 亳州市总商会人民调解委员会、亳州市法律援助中心工商业联合会（总商会）工作站正式成立。

10日 市防汛抗旱指挥部全体会议在市政府会议室召开，市长杜延安主持会议并对台风“利奇马”防御和当前防汛工作进行部署。

15日 由农业农村部、财政部联合召开的推进农村厕所革命视频会议在北京举行。涡阳县在省分会场参加会议，涡阳县委主要负责人在会上作推进农村厕所革命经验交流发言。

19日 2019年安徽省青少年游泳锦标赛暨U系列比赛开赛仪式在市体育馆举行，来自全省15个地市的767名运动员参赛。

同日 亳州市利辛县刘家集乡刘染村卫生室村医张振江被授予“2019年安徽省最美医生”称号。

21日 全市首批两台个体登记智能自动审批系统终端在市行政服务中心正式启用。

23日 中国共产党亳州市第四届委员会第九次全体会议在市行政会务中心召开，市委书记汪一光主持会议并讲话，市委副书记、市长杜延安，市人大常委会主任王玉玺，市委副书记陈军参加会议。会议审议通过《亳州市实施长江三角洲区域一体化发展规划纲要行动方案》等文件。

27日 全省乡镇生态环境保护工作站建设现场会在亳州市召开。与会人员现场观摩农村人居环境改善情况、散乱污企业规范情况和中央环境保护督察“回头看”反馈问题整改情况等。省生态环境厅厅长徐恒秋主持会议并讲话，市委书记汪一光参加会议并介绍亳州市健全乡镇生态环境保护工作体制改革情况。

28日 2019年安徽省青少年举重锦标赛暨全国U系列比赛选拔赛结束，亳州代表队共13人参赛，获得金牌13枚，银牌6枚，铜牌5枚。

29日 全省秋种结构调整现场推进会在亳州市召开，副省长张曙光，省农业农村厅厅长卢仕仁，市长杜延安参加会议。与会人员到谯城区焦魁农机专业合作社、润耕天下假日农场、五得利集团亳州面粉有限公司等地，现场观摩专业合作社建设、农业产业发展、农业企业生产等情况。会上，卢仕仁通报全省秋种结构调整具体工作安排。杜延安介绍亳州市农业结构调整有关情况。与会人员作交流发言，阜阳市、宿州市等9个小麦主产市相关负责人作表态发言。

同日 以“坚持总体国家安全观 着力防范化解重大风险 喜迎中华人民共和国成立70周年”为主题的国家安全教育展览在市博物馆开展。

同月 亳州籍运动员方正勇获第二届全国青年运动会跆拳道项目体校组男子45公斤级金牌。

同月 亳州海关（筹）出具首张加盖海关电子印章的行政审批受理单，为亳州光临宠物工艺品有限公司办理“出境竹木草制品生产加工企业注册登记”行政审批申请。这标志着亳州关区实现行政审批全程电子化监管与无纸化办理。

9月

1日 “健康安徽”2019环江淮万人骑行大赛亳州站比赛在谯城区亳药花海景区举行。

5日 全省深化机构改革总结会议在合肥召开，会议以电视电话会议方式召开，亳州市设立分会场收听收看会议实况。市委书记汪一光在亳州市分会场参加会议并对下一阶段工作进行部署。

同日 “庆祝中华人民共和国70华诞 弘扬新时代尊师风尚”2019年药都最美教师颁奖活动举行。利辛县永兴学区沟北小学徐志成、亳州十九里镇中心小学田芳、亳州市第十八中学张官升、亳州市特殊教育学校尹珺、涡阳县牌坊联盟学校耿皇中心幼儿园张青芳、涡阳县高公学区中心校张连方、谯城区张店中心小学陈晓红、蒙城县第一中学樊琳、蒙城县三义镇陈寨小学李朋丽、蒙城县田桥中心校翟小花10人获“药都最美教师”称号。

9日 在亳州中药材专业市场会展中心，国家中医药管理局原副局长、世界中医药学会联合会主席马建中和市长杜延安到中国移动亳州分公司展位，了解亳州市移动通信和大数据事业发展情况，打通亳州市首个5G电话。

同日　2019年国际（亳州）中医药博览会暨第35届全国（亳州）中药材交易会开幕式在市体育馆举行。本届药博会的主题是“中医药，让人类更健康。”本届药博会首次实行完全市场化运作。

10日　全市“不忘初心、牢记使命”主题教育部署会议召开。市委书记汪一光作动员讲话。省委第五巡回指导组组长孙爱民出席会议并讲话。市委副书记、市长杜延安主持会议。省委第五巡回指导组副组长江皓，市人大常委会主任王玉玺，市政协主席汤涌，市委副书记陈军出席会议。会议要求紧紧围绕“不忘初心、牢记使命”这一主题，牢牢抓住深入学习贯彻习近平新时代中国特色社会主义思想这个根本任务，全面把握“守初心、担使命，找差距、抓落实”的总要求，把学习教育、调查研究、检视问题、整改落实四项重点措施有机融合、贯穿始终，高质量完成“规定动作”。

同日　庆祝2019年教师节暨全国教育系统先进集体和先进个人表彰大会在北京人民大会堂举行。亳州幼儿师范学校被评为全国教育系统先进集体，亳州市第二完全中学彭芳获评“全国模范教师”，利辛县第一中学王明强、涡阳县第四中学王贵华、蒙城县第二中学任显智、谯城区谯城中学谭文生4人获评“全国优秀教师”。

12日　即日是世界健身气功日，全球计51个国家开展习练五禽戏活动，中国的主会场活动放在亳州。2019年世界健身气功日中国主会场活动暨第十一届华佗五禽戏养生健身节开幕式在亳州中药科技学校举行，国际健身气功联合会主席杨春波出席开幕式。2019年“五禽戏群众文化普及”活动被文化和旅游部、财政部确定为国家公共文化服务体系示范项目。

17日　市委“不忘初心、牢记使命”主题教育读书班开班式在市委党校举行。市委书记汪一光主持开班式并作动员讲话。会议要求明确学习内容，坚持读原著、学原文、悟原理，逐章逐节、逐字逐句，精读熟思、深钻细研，全面准确把握习近平新时代中国特色社会主义思想的真谛真义、思想精髓。要提高学习成效，发扬理论联系实际的学风，坚决扛起发展重任，不断开创现代化五大发展美好亳州建设新局面。陈军在开班式上对“不忘初心、牢记使命”主题教育“四个清单”编制工作进行辅导。

18日　庆祝中华人民共和国成立70周年暨人民政协成立70周年鄂豫皖三省政协书画联展亳州巡展在市文化馆开展。省政协书画研究院、市政协联合主办，从18日开始，到9月26日结束。共展出鄂豫皖三省书画家的216幅作品。

同日　由中国酒业协会文化委员会主办，安徽古井贡酒股份有限公司承办、以“匠心传承·文化守护”为主题的2019中国酒业文化高峰论坛在亳州市举行。

19—21日　2019世界制造业大会在合肥举行。亳州市共签约项目61个，签约金额586.82亿元。安徽邵氏华艾生物医疗电子科技有限公司研发的产品纳米刀肿瘤消融系统获2019年世界制造业大会金奖。

20日　全市“不忘初心、牢记使命”主题教育宣讲暨“举旗帜　送理论”宣讲备课培训班开班，标志着此项宣讲活动启动，活动至11月底结束。活动期间，将组织全市理论宣讲力量到市、县（区）各级各类机关团体、企事业单位、学校、乡镇（街道）、村（社区）开展宣讲活动，实现宣讲活动全覆盖。

21日　老挝阿速坡省委书记兼省长列·赛亚鹏带队到亳州市考察。市委书记汪一光会见列·赛亚鹏一行。

同日　“巾帼心向党　礼赞中华人民共和国”亳州市各界妇女庆祝中华人民共和国成立70周年联欢会举办。

25日　亳州市在皖北烈士陵园举行革命传统教育暨祭奠活动。市委书记汪一光、市长杜延安、市政协主席汤涌、市委副书记陈军出席活动。杜延安主持活动。全体人员集体奏唱《中华人民共和国国歌》，向人民英雄敬献花篮并默哀鞠躬。全体人员面向党旗集体重温入党誓词，汪一光领誓。

26日　亳州市党外知识分子联谊会成立大会暨第一次会员大会召开，标志着亳州市党外知识分子联谊会成立。会议审议通过《亳州市党外知识分子联谊会章程（草案）》以及《亳州市党外知识分子联谊会第一次会员大会选举办法（草案）》，选举出第一届会长、副会长、秘书长。曹芳文当选为亳州市党外知识分子联谊会第一届理事会会长。

27日　全市“不忘初心、牢记使命”主题教育集中调研暨2019年推进五大发展第三次督察调度会议在利辛县召开。

28日　全省贯彻落实“六稳”重大项目集中开工亳州分会场活动，在市生活垃圾焚烧发电厂二期项目工地举行。亳州市27个重点项目集中开工，总投资126.3亿元，年度计划投资22亿元。

同月　市委、市政府印发《亳州市乡村振兴战略规划（2018－2022年）》，这是亳州市实施乡村振兴战略的第一个五年规划。

10月

1日　亳州市组织广大干部群众收听收看在北京天安门广场举行的庆祝中华人民共和国成立70周年大会、阅兵和群众游行实况。

1－13日　中国安徽名优农产品暨农业产业化交易会在合肥举行。亳州市62家龙头企业、14家合作社参展，600多个产品系列参加展示展销。签约仪式上，亳州市3个项目参加现场签约，签约总金额42.4　亿元。9个产品获金奖，18个农业招商项目入选本届大会农业招商项目汇编。

12日　市政协“构建社会养老服务体系”专题协商会举行，这是市政协引入网络议政和远程协商的首个议题。协商会通过亳州头条、亳州新闻网、亳州市政协网进行全程网络直播。12368名网民进入直播平台收看现场直播，376名网民参与互动。

14－16日　亳州民用机场可行性研究报告评估会召开。来自中国民航局、中部战区空军参谋部、民航华东地区管理局等单位的专家，对亳州民用机场可行性研究报告进行评估。根据评估意见，亳州机场为国内支线机场，选址在涡阳县标里镇以西，主要建设内容包括一条2600米乘以45米的跑道、11500平方米的航站楼、10个C类机位的站坪以及空管、供油、消防救援等相关设施。飞行区指标为4C，建成后将率先开通至上海、西安、北京、广州、成都、昆明、哈尔滨、三亚等地的航线。工程总投资约11亿元，到2030年机场预测旅客吞吐量将达100万人次。

15日　长三角城市经济协调会第十九次会议审议通过《关于吸纳蚌埠等7个城市加入长三角城市经济协调会的提案》，亳州市为其中之一，正式成为长三角城市经济协调会一员。

17日　亳州市召开“不忘初心、牢记使命”主题教育示范宣讲报告会。各县区委宣传部分管负责人、讲师组负责人、市理论政策宣讲团成员及各市直单位分管负责人现场聆听宣讲。宣讲报告会邀请省委讲师团特聘高端宣讲专家、光明日报社驻皖记者站站长常河作题为《初心，使命不竭的动力》主题教育报告。

同日　全省就业脱贫月暨就业扶贫日启动仪式在谯城区华佗镇举行。启动仪式上举行“贫困劳动者专场招聘”活动，15家招聘企业进场，提供包括保洁、保安等在内的500多个就业岗位以及各种技能培训。

同日　全国脱贫攻坚奖表彰大会暨先进事迹报告会在京举行。利辛县汝集镇朱集村第一书记、驻村扶贫工作队队长刘双燕获贡献奖并作为获奖代表作先进事迹报告。

同日　谯城区城父镇高卜村第一书记、驻村工作队队长王聪，为安徽省唯一选手代表参加“时代新人说——我和祖国共成长”演讲大赛脱贫攻坚主题赛事全国演讲比赛决赛并获银奖。

21日　市委组织部下发《关于开展全市第一届乡村创新创业领军能人评选活动的通知》，在全市范围内开展第一届乡村创新创业领军能人评选活动。活动由市委组织部牵头开展，市经信局、市农业农村局等7家市直单位具体负责申报，第一届拟评选100人左右。对于入选的乡土人才，市委组织部将授予“亳州市第一届乡村创新创业领军能人”称号，并给予奖励。

23－26日　2019年全国象棋男子甲级联赛第三阶段赛会制比赛在市文化馆五楼亳弈馆举行。本届比赛由中国象棋协会主办，安徽省棋院、亳州市文化旅游体育局、北京中体明星体育文化传播有限公司承办。14支队伍、2位象棋国际特级大师、26位象棋特级大师和44位象棋大师参加比赛。

24日　市委“不忘初心、牢记使命”主题教育先进事迹报告会在市行政会务中心二楼多功能厅举行。市委常委、组织部部长秦凤玉主持报告会。亳州市税务局帮扶干部、利辛县汝集镇朱集村党总支第一书记、驻村扶贫工作队队长刘双燕，亳州保安服务有限公司谯城分公司经理李明，涡阳县孙家蔬菜种植专业合作社党支部书记孙成洪，亳州市谯城区纪委监委第一纪检监察室柴大营，亳州职业技术学院教授刘慧，蒙城县公安局刑侦大队城区中队指导员杨磊的同事王亮6位报告团成员讲述先进事迹。

同日　商合杭高铁合肥以北段开始为期一个月的试运行。

28日　全省贯彻落实“六稳”重大项目集中开工亳州分会场活动在谯城区李门楼还原小区（二期）项目现场举行。本次集中开工的重大项目共10个，总投资56亿元。这10个项目涵盖社会事业、城市基础设施等多个领域。

30日　市委“不忘初心、牢记使命”主题教育专题党课报告会在市行政会务中心召开。省委第五巡回指导组副组长、省纪委监委驻省科技厅纪检监察组组长江皓到场指导，市委书记汪一光围绕“始终牢记党的初心使命，自觉践行以人民为中心的发展思想”主题，作专题党课报告。市委常委，其他现职市级领导干部，市委主题教育领导小组成员，市委主题教育巡回指导组组长，各县区委书记，县区委或政府分管扶贫工作负责人，亳州高新技术产业开发区党工委主要负责人，市扶贫工作领导小组成员，近年来受到中央或省委、市委表彰的优秀共产党员、优秀党务工作者、先进基层党组织负责人代表，部分“两代表一委员”，市委办第一支部全体党员出席会议。

同日　安徽质量大会亳州市分会场会议召开，涡阳县获评2018年“安徽省质量强县”，是亳州市首个获此殊荣的县，此项荣誉的有效期将持续到2022年9月。

同月　2019年全国第二次农产品地理标志专家评审会在北京举行，亳花粉参加评审并通过农产品地理标志认证。至此，亳白芍、亳菊、亳丹皮、亳花粉四大亳药全部入列国家地理标志产品。

11月

1日　《国务院办公厅关于对国务院第六次大督察发现的典型经验做法给予表扬的通报》下发，“亳州市搭建企业联办服务平台实现企业快速开办”典型经验受表彰。亳州是此次全省唯一受到表彰的地级市。

2日　2019年安徽省暨亳州市全民终身学习活动周开幕式在亳州市举行。对2019年全省“百姓学习之星”和“终身学习品牌项目”获奖单位和个人进行颁奖。涡阳县城关街道红旗社区书记信万里和亳州市家庭教育协会高级讲师刘辉入选2019年安徽省“百姓学习之星”称号；涡阳县城关街道向阳社区市民学校入选2019年安徽省“终身学习品牌项目”。

3－15日　“走出去、引进来”谯城文化走进北京暨跟传承人学“非遗”进高校系列活动在北京举行。在“创新、发展、融合”非遗展演中，华佗五禽戏第59代传承人华一及其徒弟表演《五禽戏韵》。“印象亳城”特色非遗产品展览展示特色非遗产品，“跟传承人学非遗”公益行非遗图片展览展示华佗五禽戏、二夹弦、九酝酒法、陈抟老祖心意六合八法拳、烙画、木雕、剪纸等内容。本次活动由谯城区人民政府主办，谯城区文化旅游体育局、亳州市非物质文化遗产保护协会、新华紫金文化产业投资（北京）有限公司承办。

5日　中国地方志指导小组印发《关于对第六届全国地方志优秀成果（年鉴类）的通报表扬》。《亳州年鉴（2018）》获地市级年鉴序列二等奖。这是地级亳州市成立以来获得的最高等次奖项。

6日　亳州在市行政会务中心二楼多功能厅举办新修订的《中华人民共和国药品管理法》专题讲座。中国药科大学教授、博士生导师、国家药物政策与医药产业经济研究中心执行副主任邵蓉对新修订的《药品管理法》进行解读。市直相关部门和谯城区政府、亳州高新区管委会、亳芜现代产业园区管委会主要负责人，各级市场监管部门药品监管人员，全市264家药品生产经营企业法人代表、生产负责人、质量负责人计1200余人聆听讲座。

8日　亳州市召开全市无偿献血表彰会，对在2016—2017年度为无偿献血事业发展做出贡献的单位和志愿者进行表彰。亳州市被评为2016—2017年度“全国无偿献血先进市”，这是亳州市连续7次获此称号。1486名爱心市民获得该年度“无偿献血奉献奖”，其中金奖123名，银奖357名，铜奖1006名。其中包括10名全国无偿献血志愿服务奖获得者、2名全国无偿捐献造血干细胞奖（奉献奖）获得者、1家全国无偿献血促进奖（单位奖）获得者以及11名无偿献血“百次以上”献血者。

9日　全省抗旱救灾工作电视电话会议在合肥召开，亳州市设立分会场收听收看会议实况，市长杜延安在分会场参加会议并对全市抗旱救灾工作进行部署。

12日　市委组织部印发《关于实施“亳州市乡村创新创业领军能人‘5212’行动计划”的意见》，计划到2023年，全市乡土人才总量增加5万人左右，为推进乡村振兴战略提供有力人才保障。

同日　谯城区检察院在亳州市建安中学挂牌成立“检察官护苗工作室”。这是亳州市检察机关在校园内设立的首个检察官工作室。

19－21日　《人民日报》连续3天关注报道亳州。其中，19日《人民日报》13版以《全国脱贫攻坚奖贡献奖获得者刘双燕——“铿锵玫瑰”绽放在贫困村》为标题，报道扶贫干部刘双燕的事迹；20日《人民日报》11版头条《安徽推进智慧政务建设，提升群众办事获得感——一张政务网　通办大小事》的报道中，报道实现“不见面审批”的典型做法；21日《人民日报》13版头条以《进入脱贫倒计时，亳州用制度守护、下力气兜底、靠党建统领——确保不落下　力避返回去》为标题，报道“如何确保困难群众按时脱贫，如何确保脱贫后不返贫”方面的探索、做法和成效。

22日　学习贯彻党的十九届四中全会精神省委宣讲团报告会在市行政会务中心举行。省委宣讲团成员、省委党校（安徽行政学院）常务副校（院）长张永作专题宣讲报告。市委副书记陈军主持报告会。

23日　“华佗五禽戏”项目获2019年度博鳌国际旅游奖年度“非遗”传承传播榜大奖。

26日　省生态环境厅公布2019年1月至10月全省16个地级市空气质量排名，亳州空气质量同比改善幅度为5.5%，居全省第二位。

27日　亳州市举行科技型企业政银企对接会。由市科技局和徽商银行亳州分行主办，市地方金融监管局和市“四送一服”办公室协办。70余家科技型企业参加对接。其中，有6家企业现场意向签约金额5900万元。

29日　亳州汽车南站正式启用，原临时汽车南站同时关闭。按照一级客运站标准进行建设，总投资约6.14亿元。

30日　全省贯彻落实“六稳”重大项目集中开工亳州分会场活动在蒙城县举行。本次集中开工的重点项目共17个，总投资125.9亿元。

同日　全国首套自主研发的“国产芯”220千伏保护装置在亳州首次试点应用。

同月　省经济和信息化厅公布：亳州市4家企业入选2019年安徽省绿色工厂名单；4项产品入选2019年第三批安徽省新产品名单；5项产品入选2019年度“安徽工业精品”遴选名单。

同月　全国优秀红色旅游文创产品和全国优秀红色旅游演艺名单公布，安徽省共有6项红色旅游文创产品获奖，其中亳州市占4项。分别是：涡阳红小队文创扑克牌；红色英雄主题扑克牌；以抗战第一军刀雪枫刀为原型设计的创意雨伞；《皖北抗日组图》系列文创产品。

12月

1日　省委书记李锦斌全程参加指导亳州市委常委会“不忘初心、牢记使命”专题民主生活会。省纪委、省委组织部有关负责人，省委第五巡回指导组组长，亳州市人大、政协主要负责人列席会议。

同日上午7点30分，高铁7181列车从亳州始发开往上海，标志着商合杭高铁北段的开通。

4日　市人民医院胸外科采用新技术，利用胸腔镜肺段切除术成功一例肺部肿瘤切除手术，实现亳州市首例“术前CT定位＋术前三维重建＋胸腔镜肺段切除术”。

5日　全市“不忘初心、牢记使命”主题教育集中调研暨2019年推进五大发展第四次督察调度会议在谯城区召开。

6－8日　全国文物建筑保护新技术与文物保护利用学习暨古建筑项目经理培训班在亳州市举行。

7日　全省公安机关深化“放管服”改革现场推进会在亳州市召开，副省长、省公安厅厅长李建中，市委书记汪一光出席会议并致辞。

9－10日　全省信访系统人民满意窗口暨“三无”县乡村建设现场推进会在亳州市召开。省委常委、政法委书记姚玉舟出席会议并讲话，副省长、省公安厅厅长李建中主持会议，市委书记汪一光陪同考察，省委省政府副秘书长、省政府信访局局长张祥根，省人大常委会副秘书长郭再忠出席会议，市委副书记、政法委书记陈军出席会议。与会人员到市群众来访接待中心、谯城区薛阁街道办事处群众来访接待中心、涡阳县城关街道滨河社区群众来访接待中心、涡阳县群众来访接待中心等地，现场考察观摩信访工作情况。会上，怀远县、宿州市埇桥区、黟县、巢湖市黄麓镇、郎溪县梅渚镇作交流发言。会议通报全省信访系统人民满意窗口暨“三无”县乡村建设情况。

11日　市政协推进现代中药产业高质量发展专题协商会召开。

18日　亳州市建设长三角绿色农产品生产加工供应基地暨农业招商推介对接座谈会在上海举行，现场推介亳州市招商营商优惠政策。亳州市农产品协会与上海策嘉农业科技发展有限公司签订合作建设冷链物流配送中心协议，亳州市农产品产销合作社与联华超市股份有限公司签订优质果蔬供货协议。

20－23日　中国安徽名优农产品暨农业产业化交易会在上海市光大会展中心举行。亳州市组织特优农产品参加展示展销，产品涉及500多个单品系列；签约两个涉农项目，金额逾1.5亿元。

23日　《亳州市城市生活垃圾分类工作实施方案》印发，方案提出每年目标任务，至2025年，建成分类投放、分类收集、分类运输、分类处理的生活垃圾处理系统。

26日　亳州海关举行开关仪式，标志着亳州海关正式开关。亳州海关经海关总署批复设立，是在原安徽出入境检验检疫局亳州办事处基础上组建，隶属于合肥海关，是机构改革后安徽省第3家开关运行的新设隶属海关。

同日　市政府与国家中药现代化（上海）创新中心签署中医药战略合作框架协议。根据协议，双方将合作在亳州市设立国家中药现代化（上海）创新中心亳州分中心，合作建设互联网中医院，合作建设中医药产业园，合作在亳药花海休闲观光大世界建立健康农业产业园，合作开展健康养生小镇和健康社区工程。

29日　全省贯彻落实“六稳”重大项目集中开工亳州分会场活动在涡阳县体育中心项目现场举行，全市19个重大项目集中开工，总投资68.3亿元。涉及战略性新兴产业、城市基础设施、社会事业、服务业、生态环保等领域。

同月　按照市委部署，市委书记汪一光，市委副书记、市长杜延安，市委副书记陈军等市领导，分别参加指导各地各有关单位“不忘初心、牢记使命”专题民主生活会。

同月　学习贯彻党的十九届四中全会精神市委宣讲团，到各县、区、高校宣讲全会精神，并与干部群众互动交流。

同月　2019全国公共资源交易年会颁奖盛典在京举行，亳州市获3个奖项。亳州市公共资源交易监督管理局获2019年度全国公共资源交易优秀监管机构，亳州市政府采购药都电子商城获2019年度全国公共资源交易科技成果大赛特色领域类三等奖，亳州市药都项目管理有限公司获2019年度全国公共资源交易最具创新力招标代理机构。

同月　工业和信息化部公布2019年度国家中小企业公共服务示范平台名单，亳州市谯城区中小企业服务中心获评“中小企业公共服务示范平台”称号。

同月　亳州市谯城区颜集镇丁桥行政村、谯城区牛集镇大权行政村、蒙城县庄周街道十里社区、蒙城县城关街道学院社区、蒙城县城关街道漆园社区5个社区被命名为“全省综合减灾示范社区”。

同月　中国地方志指导小组印发《关于全国地方志工作先进典型的通报》（中指办字〔2019〕143号），市委党史和地方志研究室获评“全国地方志工作先进集体”。

市情概览

图 4　“美丽亳州”系列图片——2019 年 12 月 23 日，谯城区花戏楼街道举办“全国社区网络春晚”联欢会（张延林 摄）

概　述

【概况】亳州市位于安徽省西北部，地处华北平原南端，西北与河南省接壤，西南与阜阳市毗连，东与淮北市、蚌埠市相倚，东南与淮南市为邻。辖涡阳县、蒙城县、利辛县和谯城区。辖区面积8521平方千米，户籍人口663万人。亳州市是“国家历史文化名城”“全国首批优秀旅游城市”“中国长寿之乡”“中国五禽戏之乡”，享有“中华药都”“华夏酒城”的美誉。

亳州市区位优势明显，交通便利，距省城合肥330千米。京九铁路、青阜铁路纵贯全境，国道311、国道105、国道237、国道329、国道344和省道102、省道238、省道239、省道306、省道411、省道416等18条省道在市内交叉穿过，济广高速、宁洛高速、泗许高速和济祁高速构成亳州市“井”字形高速公路网，涡河、茨淮新河航运畅通，南距阜阳机场120千米，邮电通信网遍及城镇乡村。商合杭高铁亳州段线下工程全面完工，亳州公路客运高铁枢纽站主站房完工。亳州机场立项通过中央军委联合参谋部审核。涡河高等级航道整治、涡河蒙城枢纽开工，淮蒙阜城际铁路、亳蚌城际铁路、亳蒙高速前期工作加快推进。

2019年，亳州市地区生产总值1749亿元，比上年增长9.4%；财政收入214.3亿元，增长7.1%；城镇常住居民人均可支配收入32409元，增长9.1%；农村常住居民人均可支配收入14102元，增长10.6%。亳州市连续4年获国务院通报表扬，在全国基本公共卫生工作会议、全国推进农村厕所革命视频会议等25次省级以上会议作典型发言，全省公安机关深化“放管服”改革、全省中小学教师“县管校聘”管理改革等15次省级现场会在亳州市召开。

【历史沿革】亳州历史悠久，大量新石器时期遗存表明，远在七八千年以前，就有人类在此生息繁衍，是中华民族古老文化的发祥地之一。炎黄时代，帝喾代颛顼为帝，都于亳。夏朝，境西北为有虞氏，东南为涂山氏。商成汤灭夏，建立商朝，都亳，在亳境内建嵇方国。周初，亳地置焦国，后属陈国，又属楚国，至楚改名曰谯。秦为谯县，隶泗水郡。西汉，隶沛郡；今蒙城县称山桑县。东汉，隶豫州沛国；建安年间置谯郡。魏黄初二年（221），改谯为都。南北朝时期，改谯县为小黄县，于谯郡置南兖州。北周大象元年（579），改南兖州为亳州。隋大业三年（607），复改小黄县为谯县。唐开元年间，亳州为“望”州府之一。唐天宝元年（742），山桑县改称蒙城县。五代时期，亳州先后置宣武军、防御州、团练州。北宋大中祥符年间，升为集庆军，置节度使。元代，改属河南江北行中书省归德府。明初，亳州改隶凤阳府。清雍正二年（1724），亳州升为直隶州。雍正十三年（1735），降为散州，隶颍州府。同治三年（1864），清政府在亳、阜、蒙、宿接壤处，以雉河集为县治，循北魏古郡名，设立涡阳县。民国元年（1912），亳州改为亳县，隶安徽省凤颍六泗道（后改名淮泗道）。民国37年（1948）8月成立亳州市，辖城关及郊区。民国38年（1949）2月，市、县合并，恢复亳县建制，隶阜阳专员公署。1964年10月，国务院决定从阜阳、涡阳、蒙城、凤台各划出部分行政区域，为利辛县行政区域；治所设于利辛集。1986年3月撤亳县建亳州市（县级），其辖区不变；同年，被批准为国家历史文化名城和对外开放城市。1998年2月，收归省直辖（副地级）。2000年5月，国务院批准亳州市为省辖市（地级），辖涡阳县、蒙城县、利辛县和谯城区。

【人文简况】亳州英才辈出，人文荟萃。千百年来，孕育出许多文治武功、彪炳史册的先哲名流。名扬四海的道家学派创始人老子，其经典著作《道德经》，文约辞要，博大精深，被誉为“万经之王”。一代圣哲庄子，曾为漆园吏，其彪炳千秋的《南华经》，教育和启发人们探索宇宙的真理、养生的道理。著名政治家、军事家、文学家曹操，曾任东汉丞相，讨伐称霸诸侯，统一中国北方；他与子曹丕、曹植诚诏天下文人墨客，倡导推动文学艺术兴盛繁荣，形成独具风骨的建安文学；神医华佗发明的“麻沸散”，在世界医学史上最早应用于全身麻醉手术，比西方国家早1600余年；他首创的“五禽戏”已成为人们的养生之术。代父从军的巾帼英雄花木兰，精于诗、文、书、画和易学的宋代名士陈抟，杂剧创作家孟汉卿、悯农诗人李绅、捻军首领张乐行等都是亳州人。欧阳修、曾巩、晏殊等文坛巨子相继在亳州为官。历代名人为辉煌的中华古代文明做出不可磨灭的贡献。

悠久的历史和灿烂的文化，给亳州大地留下众多名胜古迹和文化遗产。有全国重点文物保护单位8处，省级文物保护单位44处，省级以上文保单位数量位居皖北第一位。著名的人文景观有：被誉为“中国原始第一村”的新石器时代尉迟寺遗址，以砖木镂雕双绝闻名于世的国家级重点文物保护单位花戏楼，全国道教第一大殿太清宫（天静宫），俗称老子庙，被誉为“地下长城”的曹操运兵道，当代文史大家郭沫若亲题馆名的华祖庵，建筑考究、工程浩大的曹氏宗族墓群，浓缩亳州悠久文明史、馆藏丰富文物的亳州博物馆，讲述酒文化源起、传承和发扬的古井酒文化博览园，明清风格犹存、古色古貌依旧的明清老街等。在安徽三大旅游版块中，以亳州为重点的文化旅游区是其中之一。

【自然地理气候概况】亳州市位于北纬32°51′～35°05′，东经115°53′～116°49′，地貌呈东南、西北向斜长形，南北长约150千米，东西宽约90千米。辖境与黄河决口扇形地相连，属平原地带，地势平坦，仅东部有龙山、石弓山、齐山、狼山、双锁山等10余处石灰岩残丘分布。整个亳州地势西北高而东南低，以1/9000地面自然坡降向东南微倾。西北部谯城区詹楼地势最高，海拔42.5米；东南部利辛县展沟地势最低，海拔22米，相对落差20.5米。由于受河流蜿蜒切割变迁和黄河历次南泛的影响，形成平原中岗、坡、碟形洼地相间分布，具有“大平小不平”的地貌特征。

亳州市气候处在暖温带南缘，属暖温带半湿润气候区，有明显的过渡性特征，主要表现为季风明显，气候温和，光照充足，雨量适中，无霜期长，四季分明，春温多变，夏雨集中，秋高气爽，冬长且干。因气候的过渡性，造成冷暖气团交锋频繁，天气多变，年际降水变化大。亳州市常见的灾害性天气有旱、涝、大风、冰雹、干热风、低温、霜冻等，旱、涝是最主要的自然灾害。

2019年，亳州市年平均温度16.5℃，比常年显著偏高1.3℃，为1966年（有完整气象资料）以来最高年，其中春季显著偏高1.4℃、夏季显著偏高1.3℃，异常偏高1.7℃。年降水量596.6毫米，较常年偏少3成，除冬季显著偏多5成外，其他季均偏少，其中春季、秋季降水显著偏少5成以上，夏季降水偏少2成，出现伏秋连旱。根据气候年景等级评估，2019年为正常气候偏差年。

辖区内河流属淮河水系。主要干流河道有涡河、西淝河、茨淮新河、北淝河、芡河等。涡河自谯城区安溜镇入境，东南流经涡阳县至蒙城县移村集出境入怀远县，境内长173千米，流域面积4039平方千米；西淝河自谯城区淝河镇入境，东南流经涡阳县，至利辛县展沟镇出境入凤台、颍上县界，境内长123.4千米，流域面积1871平方千米；茨淮新河自利辛县大李集镇入境，向东流经利辛县境南部，至蒙城县邹楼出境入怀远县，境内长66千米，流域面积1401平方千米。

【资源概况】亳州地下蕴藏着丰富的煤炭、石油等矿产资源。全市已发现各类矿产8种，已探明储量的矿产4种，煤炭储量达50.6亿吨。

亳州明清时期就有“药都”之称，是中医药文化的摇篮，盛产中药材。自东汉末年神医华佗开辟第一块“药圃”开始，亳州人种植、经营中药材已有1800余年的历史。在中国《药典》上冠以“亳”字的就有“亳芍”“亳菊”“亳桑皮”“亳花粉”4种；其中亳白菊、亳白芍通过国家地理标志产品认证。1995年，江泽民亲笔题写“华佗故里，药材之乡”。2019年，亳州市中药材种植面积稳定在8万公顷左右，现代中医药产业规模1150亿元。《世界中医药之都（安徽亳州）建设发展规划（2020—2030年）》获省政府批复实施，完成药品技术转让12个，协议引进仿制药一致性评价品种131个，安徽济人药业有限公司的中药配方颗粒进入德国药房销售。

亳州酿酒历史悠久，春秋时期起，当地就用古井甘泉酿酒，此后酿酒业代代相传。建安元年（196），曹操将家乡酿制的“九酝春酒”贡奉汉献帝，被列为宫廷用酒，年年进贡朝廷。“九酝春酒”即为今“古井贡酒”之前身。

古井贡酒被誉为“酒中牡丹”，跻身中国八大名酒之列。古井贡酒《九酝酒法》作为世界上现存最古老的蒸馏酒酿造方法获吉尼斯世界纪录。2019年，古井集团营业收入120.69亿元，利润总额26.26亿元，上缴税收34.65亿元。古井贡品牌价值以1469.8亿元稳居安徽白酒行业第一位，名列中国白酒行业第四位。“古井贡酒·年份原浆”传统酿造区获批为国家工业遗产，古井贡酒股份有限公司获批为国家级绿色工厂。

亳州市是全国优质农副特产品生产基地，盛产小麦、大豆、玉米、棉花、烟叶等粮油经济作物。国家级蔬菜批发市场辐射周边省市，成为苏、鲁、豫、皖交界处多县市果菜区域集散中心、信息传播中心、价格形成中心、科技推广中心，被农业部命名为“全国定点鲜活农产品批发市场”。2019年，亳州市粮食总产量499.7万吨，居全省第二位；拥有农产品地理标志产品10件。亳州市中药材产区获评中国特色农产品优势区和安徽省特色农产品优势区。涡阳苔干获评全国名特优新农产品，涡阳县获评国家级农产品质量安全县，蒙城县成为全省首个上海市外蔬菜主供应基地。

亳州市是皖北地区老工业基地。2019年，全市规模以上工业企业826户。全市31个工业行业中，19个保持增长。煤炭开采和洗选业增长26.2%，农副食品加工业增长4.2%，酒、饮料和精制茶制造业增长12.6%，医药制造业增长5.9%，电气机械和器材制造业增长8.2%，五大主导行业对全市规模以上工业增长贡献率60.2%。农副食品加工业，食品制造业，酒、饮料和精茶制造业，医药制造业，金属制品业，非金属矿物制品业，木材加工和木、竹、藤、棕、草制品业，计算机、通信和其他电子设备制造，电力、热力生产和供应业，煤炭开采和洗选业，燃气生产和供应业等11个行业利润均超亿元。

亳州市拥有丰富的旅游资源。2019年，亳州市有国家AAAA级旅游景点（区）7处，星级酒店16家，旅行社34家，旅游示范村10家。有省级休闲农业与乡村旅游示范县3个，国家级休闲农业与乡村旅游示范点1个，省级示范点7个。到亳州旅游人数增速居全省第一位，实现旅游总收入248.33亿元。国内旅游收入、旅游总收入增速均居全省第二位。“亳·千古——亳系列”商品获2019中国旅游商品大赛金奖，填补了全省空白。

年度要事

【亳州市进入“高铁时代”】2019年12月1日，商合杭高铁北段正式开通。12月30日零时起，全国铁路实施新列车运行图，亳州市开行高铁列车28对，开行方向覆盖上海、杭州、兰州、西安、郑州、福州、厦门、合肥、宁波、温州、安庆、黄山等大中城市。亳州至合肥最快旅时1小时23分钟，至上海最快旅时3小时37分钟。高铁开通后大大缩短亳州市民到热门城市的出行乘车时间。商合杭高铁是国家八纵八横铁路网规划和北京至香港九龙高铁的重要组成部分，是京沪高铁之后的华东第二大客运通道，与“长三角”城际铁路网实现互联互通。高铁通车，将进一步提升放亳州市的区位优势，不仅有利于亳州市企业更加便利地“走出去”，也更加有利于吸引更多“长三角”地区的企业到亳州投资兴业，这对2019年加入长三角“朋友圈”的亳州来说，更便于在搭乘长三角一体化发展“快车”中实现弯道超车、跨越崛起。

【亳州市GDP增速连续9个季度居全省前列】2019年，亳州市坚持稳中求进工作总基调，以供给侧结构性改革为主线，全力推进高质量发展，经济发展质量和效益持续攀升，现代化五大发展美好亳州建设迈出新步伐。在23项主要经济指标中，亳州市有3项增速居全省第一位，15项居前五位，20项居前八位。2019年地区生产总值同比增长9.4%，增速继续保持全省前列；全年财政收入完成214.3亿元，增长7.1%。固定资产投资增长13%，规模工业增加值增长11.4%，较好地完成了上一年确定的主要目标任务。

【亳州市搭建企业联办服务平台典型经验获国务院表彰】2019年11月，国务院办公厅对国务院第六次大督察发现的典型经验做法给予表扬，在获得国务院表彰的32项地方典型经验做法中，亳州市搭建企业联办服务平台实现企业快速开办名列其中，成为全省唯一受到表彰的地级市。近年来，亳州市坚持以人民为中心的发展思想，搭建了“亳州市企业联办服务平台”，不断创新审批模式，推行串并结合、容缺受理，最大程度缩短企业开办流程，实现了企业开办只需“一次申请、一表填报、一套材料”，就可“一日办结”，做到了“零跑腿”“零成本”。2019年亳州市纵深推进“放管服”改革，扎实推进“一网、一门、一次”改革，695个市本级公共服务事项实现1日办结，“最多上一次”事项占比超过96%。

【亳州市多项改革成效凸显】2019年，亳州市有力推进改革任务82项，8个领域改革成效明显，深化乡镇纪检监察工作协作区改革、乡镇生态环境保护工作站设立、推进县区公检法重要岗位交流轮岗等特色改革形成品牌效应，得到国家有关部委高度评价。亳州乡镇纪检监察工作协作区建设推深做实，破解乡镇监督执纪困局，推动监督执纪向基层延伸得到中纪委肯定，被全省纪检监察系统推广。5月27日，市委决定，在全市89个乡镇（街道）设置生态环境保护工作站，负责乡镇生态环境日常管理工作，进一步压紧压实乡镇党委、政府属地责任，确保基层环保工作事有人干、责有人负，打通了生态环境保护、监管“最后一千米”，这一经验做法被生态环境部在全国推广。6月，亳州市委组织部出台《关于推进县区法院、检察院、公安局重要岗位交流轮岗的通知》，在全市范围内推进公检法重要岗位交流轮岗工作，从制度设计上维护司法公正和爱护政法干部。《人民日报》《光明日报》对亳州市这一做法进行了报道。

【亳州市高质量推进“不忘初心、牢记使命”主题教育】2019年，在“不忘初心、牢记使命”主题教育中，亳州市认真落实“守初心、担使命，找差距、抓落实”的总要求，一体推进学习教育、调查研究、检视问题、整改落实各项工作，推动主题教育向基层延伸、向纵深发展，切实解决一批“四个点问题”，建立一批常态化机制，有效促进各项工作落地落实。编制主题教育“四清单”，真正发现问题、真诚接受问题、真实整改问题，做到“问题清单一张网、班子清单寻共性、个人清单找位置”。亳州市问题清单编制等特色做法得到省委主要负责人的充分肯定，主题教育开展情况被《人民日报》《安徽日报》《安徽新闻联播》等中央和省直主流媒体报道。

【亳州市民生得到切实保障和改善】2019年，亳州市扎实推进保障和改善民生工作，全面实施“2376”工程，加快城区中小学幼儿园布点规划，补齐公办教育资源短板。2019年秋季学期，全市投入使用公办中小学15所、幼儿园68所，增加学位5.8万个。开展中心城区公办幼儿园午餐供应、午休服务和延时接送，缓解了“上学难”“上学贵”“接送难”等问题。2019年，亳州市在全省率先实现低保城乡统筹，城乡低保标准统一调整至585元/人月。建成养老服务中心31所、养老服务站65所。132家公办乡镇敬老院由乡镇卫生院托管并挂牌运营，1723名失能、半失能“五保”老人实现老有所养、病有所医。解救关锁精神病人56人。

【亳州市三县一区全部退出贫困县序列】2019年，经省政府批准，亳州市的利辛县和涡阳县退出贫困县序列。这标志着亳州市三县一区全部“摘帽”。亳州市贫困县区“摘帽”后将按照不摘责任、不摘政策、不摘帮扶、不摘监管的“四不摘”要求，保障脱贫攻坚的成果，确保“脱贫不返贫”。全面整改“两不愁三保障”问题，为3.4万户、8万名贫困群众落实个性化帮扶措施，脱贫3.8万人，贫困发生率降至0.21%，顺利完成脱贫攻坚年度任务。2019年，亳州市税务局干部、现任利辛县汝集镇朱集村党总支第一书记刘双燕荣获全国脱贫攻坚奖贡献奖，入选中国好人榜，获评2019年度安徽省十大新闻人物。

【亳州市开展“一月一课一片一实践”活动】2019年3月8日，亳州市委组织部印发《关于进一步加强党的组织生活的工作举措》，要求从2019年3月开始，每个党支部都要开展好“一月一课一片一实践”活动，即每月组织讲一次“微型党课”，观看一部警示教育片，开展一次主题党日活动，并确定每月10日作为全市党员活动日，组织全体党员讲

“微型党课”、观看警示教育片、开展社会实践活动。全市已有13万余名党员登台授课，数十万人次党员观看了警示教育片，17万余名党员参加主题党日社会实践活动。

【亳州海关正式开关】2019年12月26日上午，亳州海关举行开关仪式，标志着亳州海关正式开关。亳州海关于2018年12月14日经海关总署批复设立，在原安徽出入境检验检疫局亳州办事处基础上组建，隶属于合肥海关，是机构改革后安徽省第三家开关运行的新设隶属海关。主要承担亳州市进出境运输工具、货物、物品的通关监管、征税、缉私、出入境检验检疫、统计等职责。今后，亳州市进出口企业可以直接在家门口办理报关、企业注册、减免税、加工贸易、检验检疫等海关业务，有利于提高企业进出口通关效率，降低企业成本，有利于亳州市加快“世界中医药之都”建设步伐。

【亳州市小麦单产创新高】2019年亳州市小麦最高亩产纪录在涡阳县楚店镇后水波村张林森家庭农场的麦田诞生，亩产815.6千克的产量刷新了亳州市小麦最高单产纪录。自2018年秋种始，由于关键技术到位，后期田管有力有效，政策措施支撑有力，加之气象条件总体有利，2019年全市小麦亩产达512千克，较上年509.5千克增加0.5%，亩产连续九年逾千斤，总产320.5万吨。2019年亳州市粮食总产499.7万吨，居全省第二位，国家托市收购小麦127.9万吨，创历史新高。

（许发夫）

亳州市行政区划（2019年末）

表1　　　　单位：个

	全　市	谯城区	涡阳县	蒙城县	利辛县
县区数	4	1	1	1	1
办事处数	9	3	3	3	
镇　数	72	20	20	12	20
乡　数	7	2		2	3
城市社区数	116	64	21	15	16
村民委员会数	1228	246	362	275	345

亳州市乡镇办事处名录(2019年末)

表2

	谯城区	涡阳县	蒙城县	利辛县
办事处	薛阁、汤陵、花戏楼	城关、星园、天静宫	城关、漆园、庄周	
镇	古井、双沟、古城、淝河、大杨、城父、五马、魏岗、牛集、芦庙、沙土、十河、观堂、龙杨、谯东、颜集、华佗、立德、十八里、十九里	高炉、义门、青疃、石弓、龙山、西阳、花沟、店集、涡南、楚店、高公、曹市、新兴、临湖、丹城、陈大、牌坊、标里、公吉寺、马店集	双涧、小涧、三义、乐土、许疃、坛城、岳坊、楚村、立仓、马集、篱笆、板桥集	城关、阚疃、张村、江集、旧城、孙集、永兴、王市、中疃、胡集、展沟、望疃、汝集、王人、巩店、西潘楼、马店孜、程家集、大李集、城北
乡	张店、赵桥		王集、小辛集	孙庙、纪王场、新张集

中国共产党亳州市委员会

图5　“美丽亳州”系列图片——2019年，亳州市“林拥城”景区　　（刘勤利　摄）

概 述

【概况】2019年，中国共产党亳州市委员会坚持以习近平新时代中国特色社会主义思想为指导，用新发展理念引领发展行动，全面落实新时代党的建设总要求，全市经济社会保持健康较快发展良好势头。全市实现GDP1749亿元、居全省第九位，增长9.4%，居全省第二位；财政收入214.3亿元，居全省第十位，增长7.1%，居全省第七位。

构建产业新体系。坚持以药立市，扎实推进现代中医药产业高质量发展，《世界中医药之都（安徽亳州）建设发展规划（2020－2030年）》获省政府批准实施，现代中医药产业规模突破1150亿元，现代中药产业集聚发展基地产值增长15.2%。古井集团聚焦主业，实施酿酒生产智能化技术改造项目，实现营业收入120.7亿元，利税60.9亿元，分别增长15.2%、9.5%。全市新增规模工业企业101家，工业投资增长15%。持续开展文化旅游年活动，国内旅游人数、国内旅游收入、旅游总收入增速分别居全省第一、二、三位。

推进创新创业。新认定高新技术企业51家、总数达120家。高新技术产业增加值增长14.7%，战略性新兴产业产值增长25.4%。万人发明专利拥有量增速居全省第二位。全社会研发经费增长32.6%，居全省第四位。持续开展“亳州老乡，请您回家”和助力青年学子创业活动。2019年以来，返乡创业投资500万元以上项目179个，投资总额49.8亿元。

扩大有效投资。849个省市重点项目投资完成率117.4%，47个投资10亿元以上重大项目开工建设，省重点项目投资完成率、开工率、竣工率连续3年保持全省领先位次。全市固定资产投资增长13%，规模工业增加值增长11.4%。全省固定资产投资和战略性新兴产业集聚发展基地建设（北片）推进会在亳州市召开。推动园区高质量发展，6个省级开发区经营收入增长18%。

提升城市建管水平。按照百万人口省际交汇区域中心城市目标定位，推进全域空间统筹规划。市中心城区120个城建项目完成投资38.8亿元。亳州公路客运高铁枢纽站、亳州北公交客运枢纽站投入使用。商合杭高铁北段建成通车，亳州机场获批建设，淮蒙阜城际铁路前期工作加快推进，涡河高等级航道整治工程开工。引江济淮工程亳州段顺利推进，城南地表水厂基本建成。城管数字化水平显著提升，启动全国文明城市创建，蝉联省文明城市称号，获省节水型城市称号。

实施乡村振兴战略。全年粮食总产499.7万吨，实现“十六连丰”，创历史新高；成为全国5个率先基本实现主要农作物生产全程机械化的示范市之一。新培育“三品一标”农产品51个，涡阳县获评国家级农产品质量安全县，蒙城县成为全省首个上海市外蔬菜主供应基地。全省秋种结构调整现场推进会在亳州市召开。清理整治“大棚房”问题41个。深化农村综合改革，坚持把土地增减挂钩作为经济社会发展的重要抓手，组卷上报建设用地74批次1333.33公顷，完成建设用地增减挂钩组卷766.67公顷。农村环境持续改善，建成省级美丽乡村中心村47个，改造农村厕所6.2万户，农村垃圾无害化处理率88.9%。全省农村改厕推进暨皖北地区农村改厕现场会在亳州市召开。推行林长制，完成人工造林6266.67公顷。1431千米农村公路扩面延伸工程完工，1141个建制村全部通客车，利辛县获评全国“四好农村路”示范县。

【“不忘初心、牢记使命”主题教育】2019年，中国共产党亳州市委员会紧扣学习贯彻习近平新时代中国特色社会主义思想主线，落实“守初心、担使命，找差距、抓落实”的总要求，一体推进学习教育、调查研究、检视问题、整改落实各项工作，推动主题教育向基层延伸、向纵深发展。通过学习贯彻，提高发现问题的能力；通过拟定问题清单，提升直面问题的自觉；通过问题整改，鼓足刀刃向内的勇气；通过对清单的凝练，实现深挖思想根源的自省；通过把自己摆进去对照检查，学会接受严肃的党内政治生活磨炼。广大党员领导干部思想作风受到深刻洗礼，干事创业的精气神进一步提振，切实解决一批“四个点问题”，建立一批常态化长效化机制，促进了各项工作落地落实。

图1 2019年6月26日，亳州市庆祝中国共产党成立98周年暨表彰大会

（张延林 摄）

学习教育。市委常委会和市几套班子每周开展1次集中学习研讨，共开展集中学习12次，其中交流研讨6次。按照“书发到、会要开、学起来、全覆盖、不加码、人常在”六句话要求，努力做到主题教育全覆盖。组织广大党员学习习近平新时代中国特色社会主义思想，深入学习中共十九大报告和党章、《中国共产党廉洁自律准则》《中国共产党纪律处分条例》等党内法规，跟进学习习近平总书记最新重要讲话文章，进一步增强“四个意识”、坚定“四个自信”、做到“两个维护”。组织收看庆祝中华人民共和国成立70周年大会直播盛况，赴皖北烈士陵园接受革命传统教育，举办主题教育先进事迹报告会、学习贯彻党的十九届四中全会精神宣讲团报告会，进一步加深了对党的初心使命的理解。

调查研究。聚焦人民群众关心关注的热点问题、社会各界反映强烈的焦点问题、当前工作中亟待解决的重点问题以及制约亳州长远发展的难点问题，拟定课题进行调研，深入脱贫攻坚、污染防治、社会治理等一线，寻找破解问题之策，并召开调研成果交流会，把调研成果转化为解决问题的务实举措和具体行动。市委常委班子成员带头讲授专题党课，推动全市县处级以上党员干部讲授专题党课2800余场次，进一步提高运用党的创新理论指导实践、推动工作的能力。

检视问题。坚持“三个摆进去”，按照“四个对照”“四个找一找”的要求，各级各部门党组织通过“自己找、群众提、上级点、互相帮、集体议”5种渠道，围绕主题教育期间发现收集的问题、省级及以上各类巡视检查督察督导反馈问题等，梳理查摆，编制主题教育问题、任务、责任、标准“四清单”，真正发现问题、接受问题、整改问题，做到“问题清单一张网、班子清单寻共性、个人清单找位置”。形成全市检视问题清单9500余条，市委常委班子凝练形成问题清单34条，市委常委形成个人检视问题清单155条。市委常委班子带头高质量召开对照党章党规找差距专题会议、专题民主生活会，开展批评和自我批评，达到了“团结—批评—团结”的目的，深化了主题教育成效。

整改落实。在开展“三个以案”警示教育的基础上，突出抓好“8+2”专项整治和集中治理，落实分工负责、各负其责、一级对一级负责的要求，加强工作调度、逐项对账销号，全市检视问题清单完成整改6000余条。

【“三大攻坚战”】2019年，中国共产党亳州市委员会坚持把打好三大攻坚战作为工作的重中之重，紧盯经济社会发展的突出短板和薄弱环节，坚决打好精准脱贫、污染防治、防范化解重大风险三大攻坚战。

精准脱贫。坚决抓好中央脱贫攻坚专项巡视反馈问题整改，聚焦“两不愁三保障”，研究制定“23+8”重点整改任务，深入开展大走访大排查大整改和再走访再排查再整改，讲好“五句话”，配备11915名扶贫小组长，实施个性化帮扶。进行动态管理，开展大数据比对，切实减轻基层负担。三县一区全部脱贫摘帽，连续三年获得“好”的等次，实现保类进位目标。全市贫困人口由2018年的4.92万人减至1.1万人，贫困发生率由2018年的0.86%降至0.21%，驻村第一书记刘双燕获全国脱贫攻坚奖贡献奖。

污染防治。坚决抓好中央环保督察组反馈问题整改，推进蓝天、碧水、净土三大保卫战。探索建立乡镇生态环境保护工作站，省现场会在亳州市召开。$PM_{2.5}$完成年度省下达空气质量改善目标。全面实施河长制，在全省率先实现乡镇政府驻地污水处理设施全覆盖。整治入河排污口363个，实现截污纳管，36个城市黑臭水体累计消除35个，国控断面水质全部达标，水质持续向好，获省级地表水断面生态补偿资金2150万元。利辛县入选全国大宗固体废弃物综合利用基地。

防范化解重大风险。增强忧患意识和底线思维，贯彻总体国家安全观，把防风险摆在突出位置，建立“1+8+12”防范化解重大风险体系，落实定期会商研判机制，聚焦重点风险，防范化解。以庆祝中华人民共和国成立70周年安保为主线，做好敏感节点安保工作。开展金融机构不良资产压降、互联网金融风险、“套路贷”等专项整治整顿，完成省下达非法集资积案化解任务。持续深化政府债务“四清四实”专项整治行动，政府债务严格控制在限额以内。强化商品房预售资金监管，房地产市场平稳健康运行，社会大局和谐稳定。

【民主政治建设】2019年，中国共产党亳州市委员会按照习近平总书记“坚定不移走中国特色社会主义政治发展道路”的重要指示，坚持党的领导、人民当家做主、依法治国有机统一，推动各方面协调行动、增强合力。

支持人大及其常委会依法行使职权。坚持和完善人民代表大会制度这一根本政治制度，出台《亳州市城市市容和环境卫生管理条例》，听取审议专项报告18项，开展农产品质量安全“一法一条例”执法检查、城市管理工作专题询问，组织开展专题调研31次。出台《亳州市人大常委会立法计划编制程序》，对立法计划编制做出制度安排。设立人大常委会社会建设工作委员会和专门委员会。

人民政协发挥专门协商机构作用。全面落实中央《关于加强新时代人民政协党的建设工作的意见》《关于新时代加强和改进人民政协工作的意见》及省委实施意见。围绕国家战略实施和全市重点工作，组织协商议政活动59次。建立政协常委年度述职制度、乡镇政协委员活动召集人制度。探索网络议政、远程议政。增设政协农业和农村委员会。

新时代统一战线工作。以开展“不忘合作初心、继续携手前进”主题教育活动为载体，巩固统一战线团结奋斗的共同思想政治基础。全面推进中国特色社会主义参政党建设，支持民主党派有序做好组织发展工作。实施“五大发展聚力工程”，支持民主党派开展脱贫攻坚、污染防治民主监督。推动构建“亲”“清”新型政商关系，促进民营经济健康发展。组织实施华佗五禽戏入岛教学等3个全省对台交流重点项目。

党的群团工作。健全党委统一领导群团工作制度，推进市级群团组织改革，完善联系广泛、服务群众的群团工作体系。建立网上劳模信息管理服务系统，开辟劳模展馆，全省基层工会组织建设年现场推进会在亳州市召开。在全省率先建立青年工作联席会议机制，完成市青联换届工作。组建巾帼志愿宣传队伍，开展“万名巾帼大宣讲”活动。

法治亳州建设。推进法治政府建设各项任务。推行公检法重要岗位交流轮岗全覆盖。重大事项合法性审查实现全覆盖。推行法律顾问制度和公职律师制度。市法院创造了全省首例适用认罪认罚且适用人数最多的涉黑案件、涉黑案件全部庭审直播等多个第一。市检察院化解社会矛盾，向制度落实、跟踪督办、沟通协调问效，推动“群众来信来访件件有回复”工作的经验做法被高检院推广。市法治文化公园、市禁毒教育基地等运行良好。

党管武装。落实党管武装工作述职等制度，推进民兵调整改革、国防教育基地建设。推进练兵备战工作落实，市民兵应急营成立，完成兵员征集任务。设立军民融合发展专项资金，初步建立亳州市军民融合发展潜力项目库。

【民生和社会建设】2019年，中国共产党亳州市委员会按照习近平总书记“不断满足人民对美好生活的向往”的重要指示，践行以人民为中心的发展思想，解决好人民群众的操心事、烦心事、揪心事，让改革发展成果更多更公平地惠及全市人民。

办好人民满意的教育。市委成立教育工作领导小组，理顺中小学校党建管理体制。召开全市教育大会。实施教师“无校籍管理”、中小学教师编制“周转池”、招生制度等多项改革。坚持统筹协调，促进教育优质均衡发展。全面实施“2376”工程，投入使用公办中小学15所、幼儿园68所（含附设园33所），开展城镇小区配套幼儿园治理，探索推行中心城区公办幼儿园午餐供应、延时放学。亳州学院四期工程、亳州职业技术学院二期工程加快建设，亳州中药科技学校入选国家首批“1+X”证书制度试点。

稳定和扩大就业。实施就业政策，全面落实援企稳岗措施，常态化推进“2+N”就业招聘活动，抓好高校毕业生、退役军人、农民工等重点群体就业，动态消除零就业家庭，城镇登记失业率控制在4.5%以内。城镇新增就业6.5万余人，农村转移就业11.8万余人，新增高技能人才5098人。

社会保障。推进保障和改善民生工作，33项民生工程落实资金195.8亿元。改造农村危房3832户。在全省率先实现城乡低保统筹。建成养老服务中心31所、养老服务站65所。推进农民工实名制登记和工资支付监管信息化平台应用，落实失信企业联合惩戒机制，欠薪人数和欠薪金额分别比2018年下降21%和24.6%。

人民健康水平。探索开展失能五保老人医护养改革，132家公办乡镇敬老院由乡镇卫生院托管并挂牌运营。解锁精神病人56人。市中医院成立运营，市妇幼保健计生服务中心建成投用，市第二人民医院开工建设。亳州市获“全国基层中医药工作先进单位”称号。与长三角40个市实现异地就医住院费用直接结算。入选国家医保基金监管方式创新试点。

文化体育等事业发展。市文化馆、市体育运动学校建成投用，建成社区文体中心12个、村级综合文化服务中心1178个。举办2019年全国象棋男子甲级联赛、亳州国际马拉松等品牌赛事。“亳州市五禽戏群众文化普及活动”获评第三批国家公共文化服务体系示范项目。全省旅游厕所革命工作推进现场会在亳州市召开。薛阁塔列入全国第八批全国重点文物保护单位。《亳州年鉴（2018）》获全国地级市年鉴序列二等奖。

做好退役军人服务工作，推进安置就业。

社会治理。坚持和发展新时代“枫桥经验”，按照“三到位一处理”原则，做好涉军涉教涉企等重点人群工作，全省信访系统人民满意窗口暨“三无”县乡村建设现场推进会在亳州市召开。开展扫黑除恶专项斗争，共侦办黑社会性质组织案件13件，侦办涉恶犯罪集团案件29起，摧毁恶势力犯罪团伙66个。开展“铸安行动”，518处挂牌督办重大安全隐患全部完成整改，安全生产事故起数、死亡人数和受伤人数连续3年实现“三下降”。坚持“四个最严”要求，规范以食品药品为重点的市场秩序，食品药品安全稳中向好。高清视频监控探头实现城乡重要节点全覆盖。中央宗教工作督察问题整改，增配96名乡镇民宗干事、配备1348名村民宗联络员，排查整治私设聚会点468处，全省基督教私设聚会点治理工作推进会在亳州市召开。每10万人命案发案率低于全省平均水平。乡村治理水平提升，涡阳县辉山村、蒙城县李大塘村、谯城区蒋李村跻身全国乡村治理示范村行列。

【党的建设】2019年，中国共产党亳州市委员会落实新时代党的建设总要求，按照习近平总书记“扎实学习和贯彻党章”的重要指示，扛起管党治党政治责任，把“全面”“从严”落实到抓班子建队伍、打基础强基层、反腐败倡清廉全过程，做到敢管敢严、真管真严、长管长严。

党的政治建设。坚持以党的政治建设为统领，持续深入扎实学好用好党章，增强“四个意识”、坚定“四个自信”、坚决做到“两个维护”。制定《贯彻落实习近平总书记重要指示批示若干规定》《向省委请示报告重大事项清单》等，推动中央和省委重大决策部署落实落细落小。谋划开展“不忘初心、牢记使命”主题教育，围绕主题教育期间发现收集的问题、省级及以上各类巡视检查督察督导反馈问题等，按照“问题清单一张网、班子清单寻共性、个人清单找位置”要求，组织编制全市主题教育检视问题清单9500余条，完成整改6000余条。制定市委《加强领导班子和领导干部政治建设监督检查参考指标》，增强政治建设的针对性、实效性。部署开展党员干部违规“结干亲”等专项整治，优化政治生态。落实党管武装工作述职等制度。

党的思想建设。学习贯彻习近平新时代中国特色社会主义思想和中共十九大，十九届二中、三中、四中全会精神。定期组织开展市委理论学习中心组学习。成立市委宣传思想工作和意识形态工作领导小组，贯彻落实意识形态工作责任制，探索制定落实意识形态工作责任制“两清单三办法”，建立动态监测等六大工作机制，组织排查出意识形态领域风险点83个并全部纳入监测，常态化开展专项巡察。成立市委网络安全和信息化委员会，强化舆情研判、引导和管控，维护网络意识形态安全。“中国好人”“安徽好人”上榜人数均居全省第一位。谯城区被纳入全国第二批新时代文明实践中心建设试点名单。围绕庆祝中华人民共和国成立70周年、主题教育、学习贯彻十九届四中全会精神等重大主题，组织开展“举旗帜·送理论”系列宣讲活动12700余场、受众70.1万人次。全市各乡镇增配民宗干事、村配备民宗联络员。

党的组织建设。坚持新时代党的组织路线，创新开展“一月一课一片一实践”活动，确定将每月10日作为全市党员活动日，组织全体党员讲“微型党课”、观看警示教育片、开展社会实践活动。分级分领域组织开展优质“微型党课”巡回宣讲暨“万堂党课进基层”活动，13万余名党员登台授课。注重用身边事教育身边人，拍摄《让教训铭记在心》等警示教育专题片32部，党支部“三会一课”正常开展的比例提高，各级领导干部参加双重组织生活的情况好转。抓好基层党组织“登高计划”，统筹推进农村、社区、机关、学校、医院、国有企业等各领域党建，新组建非公领域党组织148个。实施“四提升行动”，推深做实“一抓双促”工程。全市86个软弱涣散基层党组织全部实现整顿提升。探索发展壮大村级集体经济新模式，稳步推进党建引领信用村建设试点工作，经营性收入50万元以上集体经济强村达297个。在全市各自然村配备扶贫小组长。推行公检法重要岗位交流轮岗全覆盖，解决干部易受地方“生活圈”“朋友圈”束缚等问题。在乡镇建立生态环境保护工作站，推动基层环保工作长效化、专业化。坚持好干部标准，从脱贫攻坚一线共提拔重用县处级干部31名。坚持严管和厚爱结合、约束和激励并重，研究制定进一步关心关爱干部激励干部担当作为有关具体措施。贯彻落实新修订的《中华人民共和国公务员法》，推进公务员职务与职级并行改革。利辛县退休干部刘文贵被评为全国离退休干部先进个人。

党的作风建设。持续学习习近平总书记关于力戒形式主义、官僚主义重要论述，开展“严强转”专项行动、“三个以案”警示教育、主题教育“8+2”专项整治和集中治理，坚持摆进去、找差距、析原因、定对策。狠抓“基层减负年”举措落实，设立13个市级观测点，掌握基层减负情况。出台《关于整治文山会海的二十条具体措施》，市本级发文、会议、督察检查考核数分别同比下降36.9%、47.7%、89.3%。执行中央八项规定精神及实施细则，全市查处形式主义、官僚主义问题218起，处理375人，给予党纪政务处分107人，通报曝光145人。市委常委班子成员带头落实驻村蹲点等制度，坚持走好群众路线，共开展走访困难群众187次。开展漠视侵害群众利益问题专项整治，发现问题425个，处理261人，其中给予党纪政务处分108人。开展扶贫领域“懒政怠政、不作为慢作为”专项整治，查处扶贫领域违纪违法问题307起，处理534人。

党的纪律建设和反腐败斗争。将省委巡视反馈问题整改作为贯穿全年的重要任务和推动各项工作的主要抓手，统筹推进中央脱贫攻坚专项巡视、环保督察、扫黑除恶督导、宗教工作督察等巡视巡察、督察督导反馈问题及审计发现问题整改。推进乡镇纪检监察工作协作区制度化规范化建设，中央纪委赵乐际书记亲临指导并给予充分肯定。在全省率先组建专职审查调查看护队伍。突出重点削减存量、零容忍遏制增量，保持惩治腐败高压态势。建立纪检监察机关与政法机关线索快速移送反馈机制，对2018年之后判决生效的279个涉及案件线索全部移交办理、逐案审查。立案查处涉黑涉恶腐败及“关系网”“保护伞”问题105件164人。制定《亳州市纪委监委机关“一案双查”责任追究实施办法（试行）》，着力解决问责板子向下打，问“下”不问“上”等问题。全市共处置问题线索4475件，立案1872件，给予党纪政务处分1693人，移送司法机关处理49人；其中立案市管干部24人，给予党纪政务处分22人，移送司法机关5人。

【全面深化改革】2019年，中国共产党亳州市委员会按照习近平总书记“要把着力点放到系统集成、协同高效上来”的重要指示，着力补短板、强弱项、激活力，推动改革更好地服务经济社会发展大局。

全力打造亳州改革品牌。推进改革任务82项，8个领域改革成效明显，形成乡镇生态环保工作站、乡镇纪检监察工作协作区、“一月一课一片一实践”等一批特色改革。农村改革不断深入，涡阳县土地经营权抵押贷款额稳居全省首位。

完成机构改革任务。统筹优化党委机构设置，健全了党委对重大工作的领导体制机制。强化了事关社会民生部门职能，完善了市场监管和执法体系。完成人大、政协机构改革和群团组织改革。党的全面领导进一步加强，机构设置和职能配置进一步优化，上下贯通的工作体系进一步健全，惠民便民的基层管理体制进一步强化。

推动重点领域和关键环节改革。纵深推进“放管服”改革，深化“互联网+政务服务”，推进“一网一门一次”改革，703个市本级公共服务事项实现1日办结，“最多上一次”事项占比超96%。在全省率先实现工程建设项目审批改革“一窗受理、全程代办”。免费为新开办企业刻制公章做法在全省推广，全省公安机关深化“放管服”改革现场推进会在亳州市召开。搭建企业联办服务平台实现企业快速开办的做法被国务院第六次大督察作为典型经验通报表扬。企业债券发行工作受到国务院通报表扬和激励支持。

重大决策

【“不忘初心、牢记使命”主题教育】2019年，亳州市贯彻落实习近平总书记关于“不忘初心、牢记使命”主题教育一系列重要指示精神，全面落实中央和省委主题教育部署要求，紧密结合实际，对准目标、推进，达到预期目的，取得显著成效。

【省委巡视反馈意见整改】2019年，亳州市按照中央和省委的部署，坚决扛起巡视整改主体责任，增强“四个意识”、坚定“四个自信”、做到“两个维护”。坚持把巡视整改作为一项严肃的政治任务、政治责任，作为贯穿全年的重要任务和推动各项工作的主要抓手，以巡视整改推动工作、以工作成效检验巡视整改成果，做好巡视“后半篇文章”。

【中央脱贫攻坚专项巡视整改】2019年，亳州市坚持把做好中央脱贫攻坚专项巡视反馈问题整改作为扶贫工作和经济社会发展的首要任务，聚焦“两不愁三保障”及饮水安全问题，围绕“三个紧盯”“十个有没有”“四十六个是否”，压紧压实责任，查找不足，补缺补差，推深做实问题整改工作，取得成效。

【精准脱贫】2019年，亳州市坚持把脱贫攻坚作为重大政治任务和第一民生工程，集中资源力量，尽锐出战。深入开展大走访大排查大整改和再走访再排查再整改，讲好“五句话”，配备扶贫小组长，实施个性化帮扶，切实巩固脱贫攻坚成果。

【污染防治】2019年，亳州市以中央环保督察组反馈问题整改为抓手，只搞真的、不搞假的，强力推进蓝天、碧水、净土三大保卫战。探索建立乡镇生态环境保护工作站。

【防范化解重大风险】2019年，亳州市切实增强忧患意识和底线思维，深入贯彻总体国家安全观，把防风险摆在突出位置，建立“1+8+12”防范化解重大风险体系，严格落实定期会商研判机制，聚焦重点风险，强力防范化解。

【融入长三角一体化发展】2019年，亳州市出台《亳州市实施长江三角洲区域一体化发展规划纲要行动方案》，着力打造皖北承接产业转移集聚区、长三角绿色农产品生产加工供应基地、“世界中医药之都”等，确保国家战略实施高质量开局，奋力谱写长三角一体化发展亳州篇章。

图 2　2019 年 11 月 21 日，亳州市“融入长三角 高铁亳州行”媒体见面会

（安淑萍　供图）

重要会议

【市委全委会议】2019 年 1 月 23 日，中国共产党亳州市第四届委员会第八次全体会议在亳州市召开。全会由市委常委会主持。市委书记汪一光发表讲话。全会审议通过《亳州市市级机构改革实施意见》和《中国共产党亳州市第四届委员会第八次全体会议决议》。会议指出，这次机构改革是在党中央统一领导下，按照省委部署要求进行的。亳州市机构改革方案经过充分酝酿、慎重考虑、反复论证，是一个改革力度大、操作性强，既符合上级要求，又符合亳州市实际的方案。以省委省政府批准方案为标志，亳州市机构改革进入全面组织实施阶段。

2019 年 8 月 23 日，中国共产党亳州市第四届委员会第九次全体会议在市行政会务中心召开。全会由市委常委会主持。市委书记汪一光出席会议并讲话，全会审议通过《亳州市实施长江三角洲区域一体化发展规划纲要行动方案》《关于在“不忘初心、牢记使命”主题教育中开展专项整治的工作方案》《关于整治文山会海的二十条具体措施》《中国共产党亳州市第四届委员会第九次全体会议决议》。会议指出，要提高政治站位，增强一体化发展的思想自觉行动自觉，抢抓机遇，主动作为，在搭乘长三角一体化发展“快车”中实现弯道超车、跨越崛起。要突出抓主抓重，坚决落实长三角一体化发展重大任务，推进高层次创新共建，加大主导产业合作创新力度，加快传统产业承接转移步伐，推进大众创业万众创新；推进高起点协调共进，着力打造百万人口省际交会区域中心城市，推进开发区提档升级，推动城乡融合发展；推进高标准绿色共保，狠抓突出环境问题整改，推进资源节约集约利用；推进高水平开放共赢，推进基础设施联通、平台载体互通、市场规则融通；推进高水平民生共享，促进公共服务便利化，增强群众幸福感。要迅速行动起来，确保国家战略实施高质量开局，谱写长三角一体化发展亳州篇章。

【市委理论学习中心组学习（扩大）会议】2019 年 1 月 22 日，市委理论学习中心组学习（扩大）会议召开。会议集中学习《习近平新时代中国特色社会主义思想三十讲》部分章节，围绕民主生活会主题和学习贯彻中纪委全会、省纪委全会精神，开展专题学习研讨。

3 月 19 日，市委理论学习中心组学习（扩大）会议召开。会议传达学习全国“两会”精神，研究亳州市贯彻落实工作；学习习近平总书记关于脱贫攻坚工作和力戒形式主义、官僚主义的重要论述。

3 月 25 日，市委理论学习中心组学习（扩大）会议召开。会议传达学习习近平总书记在中共十九大，十九届二中、三中全会等重要会议上关于精准扶贫及力戒形式主义、官僚主义的重要论述，重温习近平总书记视察安徽时的重要讲话精神，学习《习近平扶贫论述摘编》，传达中央第十一巡视组反馈意见和省委贯彻落实要求。

4 月 30 日，市委理论学习中心组学习会议召开。会议传达学习习近平总书记关于扫黑除恶专项斗争的重要指示批示精神，学习重温习近平总书记视察安徽重要讲话精神。有关人员作交流发言。

5月29日，市委理论学习中心组学习（扩大）会议暨全市意识形态工作专题培训班举行。邀请省委网信办副主任齐海洋作题为《新形势下的网络舆情应急工作实务》专题报告。

6月26日，市委理论学习中心组学习（扩大）会议召开。会议邀请省生态环境厅副厅长、省政协人口资源环境委员会副主任罗宏作题为《生态文明建设与污染防治攻坚战》的专题辅导报告。

7月2日，市委理论学习中心组学习（扩大）会议召开。会议传达学习习近平总书记关于力戒形式主义、官僚主义重要论述和在中央政治局第十四次集体学习时的重要讲话精神，学习中央关于减税降费工作有关要求。

7月19日，市委理论学习中心组学习（扩大）会议暨“三个以案”警示教育专题学习会召开。会议传达学习习近平总书记在中央政治局第十五次集体学习时的重要讲话和关于管党治党、力戒形式主义、官僚主义的重要论述、重要指示批示精神；传达学习省委书记李锦斌在全省“三个以案”警示教育交流座谈会上的讲话精神。

7月26日，市委理论学习中心组学习会议召开。会议传达学习习近平总书记在深化党和国家机构改革总结会议、中央和国家机关党的建设工作会议上的重要讲话，关于向张富清、黄文秀学习的重要指示精神。

9月6日，市委理论学习中心组学习（扩大）会议召开。会议传达学习《中国共产党重大事项请示报告条例》、省委《加强“关键少数”干部教育管理监督若干规定（试行）》《关于力戒形式主义、官僚主义若干规定》等中央及省委有关文件。

9月25日，市委理论学习中心组学习（扩大）会议召开。会议传达学习《习近平新时代中国特色社会主义思想学习纲要》《深入学习贯彻习近平新时代中国特色社会主义思想若干规定》部分章节。会议邀请市委党校副教授张建军作《中国共产党百年奋斗历程》专题辅导报告。

10月1日，市委理论学习中心组学习（扩大）会议召开。会议传达学习习近平总书记在庆祝中华人民共和国成立70周年大会上讲话精神。部分中心组成员作交流发言。

10月9－10日，市委理论学习中心组学习（扩大）会议召开。会议传达学习《习近平关于“不忘初心、牢记使命”重要论述选编》和《习近平新时代中国特色社会主义思想学习纲要》部分章节。部分中心组成员作交流发言。

10月16日，市委理论学习中心组学习（扩大）会议召开。会议传达学习《习近平新时代中国特色社会主义思想学习纲要》《习近平关于“不忘初心、牢记使命”重要论述选编》部分章节。部分中心组成员作交流发言。

10月23日，市委理论学习中心组学习（扩大）会议召开。会议传达学习《习近平关于“不忘初心、牢记使命”重要论述选编》部分章节，《中共中央关于追授黄文秀同志“全国优秀共产党员”称号的决定》《中国共产党支部工作条例（试行）》《中国共产党农村基层组织工作条例》《中国共产党党组工作条例》《中国共产党党员教育管理工作条例》等内容。部分中心组成员作交流发言。

10月29日，市委理论学习中心组学习（扩大）会议召开。集中观看警示教育片《“两面”人生——吴某某贪腐案件警示录》。部分中心组成员作交流发言。

11月6日，市委理论学习中心组学习（扩大）会议召开。会议传达学习中央办公厅及省委办公厅关于对利辛县文件、会议、督察检查考核统计范围、口径等指导精神，全国市县巡察工作推进会、市县巡察工作调研座谈片会精神。

11月7日，市委理论学习中心组学习（扩大）会议召开。会议传达学习《中共安徽省委办公厅关于认真学习宣传贯彻党的十九届四中全会精神的通知》《中共中央关于坚持和完善中国特色社会主义制度、推进国家治理体系和治理能力现代化若干重大问题的决定》。

11月13日，市委理论学习中心组学习（扩大）会议召开。会议邀请省委统战部副部长罗曙生作《浅谈当前宗教工作的形势和任务》辅导报告。

11月20日，市委理论学习

中心组学习（扩大）会议召开。会议传达学习习近平总书记关于安全生产重要论述、关于食品药品监管工作系列重要指示精神等。

11月29日，市委理论学习中心组学习（扩大）会议召开。会议传达学习习近平同志在党的十九届四中全会上的报告和讲话、在中央政治局第十八次集体学习时的讲话精神。

12月13日，市委理论学习中心组学习（扩大）会议召开。会议传达学习习近平总书记关于扶贫工作的重要讲话和重要指示批示精神。部分中心组成员作交流发言。

【全市经济工作督察调度会议】2019年4月17日，全市推进五大发展第一次督察调度会议在蒙城县召开。

会议要求，要着力抓好中央脱贫攻坚专项巡视反馈问题整改，要在“学、宣、查、改”上下功夫，做到一项一项盯紧抓实，一条一条对账销号；要组织学习，开展宣传，对照查找列出清单，对照清单逐条落实，强化督导调度。要抓好省委巡视反馈问题整改，坚持市委常委会直接领导工作机制，坚持实事求是，只搞真的、不搞假的；市分管领导要逐部门逐项听取进展情况汇报；市直相关部门和各县区要压实责任，逐项进行调度。要抓好环保督察反馈问题整改，突出抓好大气污染防治，切实解决当前的难点问题。

会议强调，要着力抓好防范化解重大风险排查发现问题整改，时刻绷紧防范化解重大风险这根弦，采取有力措施，确保各项工作举措落实落地。要着力抓好扫黑除恶专项斗争督导反馈问题整改，突出抓好涉黑涉恶线索摸排工作，狠抓“打击破案”“打伞破网”“打财断血”，做好风险分布图和“四个清单”编制工作，加强组织领导，扩大战果。要着力抓好“严强转”集中整治形式主义、官僚主义专项行动，持续加强作风纪律建设，进一步增强政治自觉，进一步找准找实问题，进一步压实整改责任。

6月13日，全市推进五大发展第二次督察调度会议在涡阳县召开。

会议要求，要压实县区责任、压实部门责任、压实分管责任，着力抓好重点工作。要坚决打好防范化解重大风险攻坚战，压实主体责任，开展扫黑除恶专项斗争，全力做好信访维稳工作，防范化解安全生产领域风险。要坚决打好精准脱贫攻坚战，聚焦“两不愁三保障”突出问题，开展个性化帮扶，推进中央脱贫攻坚专项巡视反馈问题整改工作不放松，抓好驻村工作队管理，抓好干部培训。要打好污染防治攻坚战，抓好中央环保督察组反馈问题整改，确保突出环境问题整改到位、见底清零。要抓好乡镇生态环保队伍建设，发挥好乡镇生态环保工作站的作用，加快中药材初加工项目建设，持续改善空气质量。

会议要求，要把发展教育作为长远发展大计，加快补齐教育发展短板，不断满足人民群众对高质量教育需求，努力办好人民满意的教育。推深做实巡视反馈问题整改，按照整改方案要求，抓好落实，做深做实做细巡视“后半篇文章”。

会议强调，要转变作风，确保工作取得实效。要严格执行中央八项规定精神及实施细则，推进“严强转”集中整治形式主义、官僚主义专项行动，规范落实“三会一课”制度。要胸怀大局，脚踏实地，坚定讲看齐、提振精气神、强化执行力，把自己的担子担起来。

9月27日，全市“不忘初心、牢记使命”主题教育集中调研暨2019年推进五大发展第三次督察调度会议在利辛县召开。

会议指出，2019年起，市委结合“三个以案”警示教育，按照八个专项整治和两个集中治理安排部署，狠抓主题教育，取得良好成效。

会议强调，要注重“两手抓、抓重点”，一手抓领导班子、领导干部学习教育，一手抓普通党员干部学习教育，按照“书发到、会要开、全覆盖、学起来、不加码、人常在”要求，结合“一课一片一践”，统筹推进三会一课、主题党日活动和主题教育。要结合自身实际，灵活安排，通过警示教育片、亳州先锋网、微型党课、接受革命传统教育、先进典型巡回宣讲等形式、载体促进主题教育深入开展。要坚持以问题清单为抓手，联系工作实际，深挖思想根源，边学边查边改，抓好“六个方面问题”整治，做到真正发现问题、真诚接受问题、真实整改问题。

12 月 5 日，全市“不忘初心、牢记使命”主题教育集中调研暨 2019 年推进五大发展第四次督察调度会议在谯城区召开。

会议指出，长三角一体化发展上升为国家战略是以习近平同志为核心的党中央作出的重大战略决策。全面融入长三角一体化发展是实现亳州市弯道超车、跨越崛起的重大历史机遇。要深刻认识重大意义，全面把握任务要求，找准定位、扬亳所长、敢于争先，以坚定的信心决心切实抓好长三角一体化发展战略贯彻落实。

会议强调，要按照“一区一都一基地”的布局，围绕承接什么样的产业、怎样承接产业、怎样以承接为契机提高发展质量，聚焦打造“世界中医药之都”“华夏酒城”“长三角绿色农产品生产加工供应基地”“文化旅游强市”，高水平推进对接合作，高站位实施精准招商，高标准创优营商环境，高品质抓好公共服务，全力推进全市经济社会高质量发展。

会议要求，扛起政治责任，加强组织领导，汇聚各方力量，以改革创新的精神和践行“两个维护”的实际行动，奋力谱写长三角一体化发展的亳州篇章。

（陆亚洲）

巡察工作

【概况】2019 年，亳州市委坚持以习近平新时代中国特色社会主义思想为指导，学习贯彻中共十九大和十九届二中、三中、四中全会精神，增强“四个意识”、坚定“四个自信”、做到“两个维护”，聚焦监督重点，加强统筹谋划，强化工作措施，探索创新，着力发挥监督保障执行、促进完善发展作用，全面推动新时代巡察工作高质量发展。

扛起主体责任。召开 18 次市委常委会、21 次书记专题会、9 次巡察工作领导小组会议，学习贯彻习近平总书记关于巡视工作重要论述，研究推进中央脱贫攻坚专项巡视整改、省委巡视整改和市、县巡察工作。召开全市巡察工作高质量发展推进会，贯彻落实全国巡视工作会议、全省巡视巡察工作会议精神。市委巡察机构在“一办两组”的基础上，新增加 2 个巡察组，巡察办根据职能设置 3 个科室，人员编制由原来的 9 个增加到 23 个，市、县均落实巡察办作为党委工作机关的要求。

把准政治方向。市委召开政治巡察监督检查指标专题研讨会，编制《政治巡察监督检查指标暨加强领导班子和领导干部政治建设监督检查参考指标》，将政治巡察监督检查指标细化为 20 项分类指标、133 个检查要点和 170 个常见问题，引导巡察干部准确把握政治巡察的内涵和方向，提升政治监督能力。

健全监督体系。构建上下联动、上下贯通的巡察监督格局。建立市委巡察机构与市纪委监委、市委组织部等有关部门协作配合机制，研究出台《关于推进县区巡察向村（社区）党组织延伸全覆盖的意见》《关于市委巡察工作抽调人员的办法》等制度文件，持续推进巡察工作向纵深发展、向基层延伸。3 月 27 日、4 月 2 日，市委常委、市纪委书记、市监委主任吕剑代表亳州市分别在中央巡视办到皖调研座谈会和全省巡视巡察工作会议上作典型发言。

【市、县巡察全覆盖】2019 年，亳州市委组织开展 2 轮常规巡察、1 轮“机动式”巡察和 1 轮“点穴式”巡察，对 13 家市直机关及所属 3 家二级机构、8 家市属学校、4 家卫健系统单位、2 家国有企业、亳州高新技术产业开发区及所辖 33 个村（社区）、亳芜现代产业园区开展巡察，对市人防办开展巡察“回头看”。其中，对市委办、市扶贫局等 11 家市扶贫开发领导小组成员单位同时开展脱贫攻坚专项巡察，对 4 家卫健系统单位开展“机动式”巡察，完成扶贫开发领导小组成员单位、教育系统和国有企业 3 个领域的巡察全覆盖。截至 2019 年年底，四届市委开展 8 轮巡察，共巡察 171 家党组织，覆盖率 89.1%。发现问题 5041 个，移交问题线索 347 件，给予党纪政务处分 64 人次，移送司法机关处理 6 人。

深化巡纪联动。在向村（社区）延伸巡察中，发挥乡镇纪检监察工作协作区“阵地”作用，实行“巡纪联动”，巡察组借助协作区“人清地熟”优势驻点协作区，共同研判被巡察村（社区）的普遍性、倾向性问题，与协作区干部混合编组，走村入户、深入田间地头掌握第一手资料。对反映具体、可查性强的问题线索本着

“立行立改”原则，实行“昼巡夜接”，随时移交协作区办理，实现巡察与纪检监察同频共振、同向发力。全市1344个村（社区）已巡察1229个，覆盖率91.4%。

规范工作流程。实行统一驻点巡察、统一信访接待、统一财务指导、统一巡中辅导、统一线索管理等“五个统一”管理模式，保障巡察工作规范、高效开展。制定巡察工作流程图，明确巡察准备、了解、报告、反馈、移交、整改等六个阶段以及123项具体方法步骤，任务明确到人。严格执行组长负责制、问题底稿、巡察后评估等制度，明确岗位职责、工作规程，确保巡察工作有章可循、有规可依。开展规范化建设年和“六个一”活动，完成省委巡视办交办“组办融合一体化”课题研究，制定规范化建设意见在全省推广；亳州市加强巡察队伍建设的做法，作为典型经验上报中央巡视办。

【巡视巡察问题整改】2019年，亳州市委坚持把中央脱贫攻坚专项巡视、省委巡视及专项检查巡察工作反馈问题整改作为一项严肃的政治任务、政治责任，成立由市委常委、市纪委书记、市监委主任吕剑任组长的市委巡察工作专项检查整改工作领导小组，召开4次领导小组会议、7次整改专题调度会，研究部署巡视整改工作。对照专项检查组反馈的4大项13个问题，梳理症结原因14条、制定整改措施33项，推动工作落实落细。中央脱贫攻坚专项巡视反馈涉及的1个问题、省委巡视反馈涉及的1个问题及专项检查反馈的13个问题全部整改完成，建立完善制度49项。

压实整改责任。建立巡察反馈问题清单平台，将巡察发现的问题纳入信息化管理，实现问题清单化、整改数据化、进程可视化。通过召开巡察反馈会、整改任务交办会、公布巡察整改情况等形式，接受群众监督，传导整改压力。在村（社区）延伸巡察过程中，发现的问题同时向村（社区）党组织、乡镇党委、县区职能部门、县区分管负责人进行反馈，对于村（社区）自身难以整改的问题，督促乡镇和县区职能部门牵头整改，凝聚整改合力，推动整改取得实效。

督察督办。将巡视巡察、审计等监督发现问题整改情况作为巡察监督的重点内容，市纪委、市委组织部将巡察整改纳入日常监督的重点内容。成立21个检查组，对全市脱贫攻坚领域专项巡察和巡察市县法院系统整改情况开展监督检查，对四届市委第五轮、第六轮、第七轮巡察和卫健系统“机动式”巡察等44家单位反馈的1719个问题进行检查评估。已整改1694个，整改率98.5%，追责问责535人，追缴违规违纪资金776.1万元。

【巡察队伍建设】2019年，亳州市共培训巡察干部1439人次，实现市县两级巡察干部培训全覆盖。举办巡察专题培训班4期，邀请2名省委巡视组组长、3名省委巡视办相关处室负责人，就提高政治站位、起草巡察报告、做好巡视巡察整改、高质量推进巡察工作等进行专题辅导。搭建“巡中小课堂”，根据巡察组提供的疑难问题，及时联系财审、工程、招投标等专业人员，开展小课堂活动23次，着力提升巡察干部发现问题的能力。对市人防办巡察“回头看”期间，在省纪委“人防系统”专项治理业务培训基础上，市委第四巡察组结合实际在组内开展人防系统巡察业务培训，帮助巡察干部聚焦关键环节、重要事项，发现人防工程易地建设审批不规范等突出问题22个、问题线索3件。

实战练兵。建立“以干代训”“上挂下派”“跟班学习”等巡察干部培养机制，选派8名优秀巡察干部到上级巡视机构“以干代训”和挂职锻炼，选拔32名干部到市县巡察机构“跟班学习”，抽调430余名优秀年轻干部参加巡察，通过“传帮带”的方式强化“实践培训”，把巡察的好经验好做法传导下去，提升全市巡察干部能力。

作风建设。坚持“巡察到哪里，对巡察干部的监督就延伸到哪里”。加强对巡察队伍的日常教育、管理和监督，梳理出个别谈话简单生硬、调阅资料过多过急等4类18个巡察工作中的形式主义、官僚主义常见问题，巡察干部逐一对照排查，带头力戒形式主义、官僚主义；巡察期间，会同市纪委监委干部监督室开展同步监督，对巡察干部的在岗在位情况、工作开展情况及纪律执行情况进行监督检查，发现问题及时通报纠正。扎实开展巡察作风纪律“后评估”，每轮巡察结束后分别听取被巡察单位和群众代表对巡察组的意见和建议，督促巡察干部转变作风。

（胡海博）

市委办公室工作

【概况】2019年，按照市委“绝对忠诚、极端负责、狠抓落实”的工作要求，市委办公室围绕中心、服务大局，拓展思路、主动作为，“三服务”工作水平全面提高。

同年，市委办公室信息工作排名居全省第六位。

【参谋服务】2019年，市委办公室围绕“整治形式主义、官僚主义为基层减负”等调研主题，到县区委办公室、市直部分单位、扶贫联系帮扶村等实地开展调研，掌握第一手资料。牵头起草失能“五保”医护养结合改革、重大风险防范、脱贫攻坚、长三角一体化发展等调研报告20余篇，为市委决策部署提供参考。

完成省市两会、市委全会、市推进五大发展督察调度会、理论学习中心组学习会、“不忘初心、牢记使命”主题教育、民主生活会等重要活动的文稿服务工作。共起草各类会议纪要82篇、文稿416篇。

修订《亳州市党委信息系统信息报送工作质量评价办法》，健全完善信息报送工作机制，加大信息约稿力度，探索建立信息员跟班学习制度，加强信息队伍建设。编发《亳州信息·每日快报》129期，市领导批示20余次，上报省信息1200余条，被省采用172条，省领导批示4次，信息工作排名全省第六位，为历年来最好成绩。

牵头做好市重点工作问题清单编制工作。编制巡视巡察督察督导、扫黑除恶及“三大攻坚战”等问题清单71219条，针对涉密重点工作问题，配置专门涉密电脑和设备，录入涉密重点工作问题清单若干条。

【综合协调】2019年，市委办公室运转中央办公厅、省委办公厅下发的文件206件，运转以市委、市政府及两办印发的文件共414件，办理省直单位、市直单位及县区上报文件19000余份。转办市委领导批示件610余件。通过办公自动化平台和安全可靠平台发电子文件550件。

规范文件管理。签收中央办公厅、省委办公厅下发的“三密”文件140件8840份，收到省直单位和市直单位“三密”文件196件235份，实现了办文“零差错”。加强文件报备工作，按照备案报告、正式文本、制定说明的规范格式，向省委办公厅法规处报备市委及办公室规范性文件109件，报备率100%。

做好上级领导到亳州调研及兄弟市到亳州考察等活动的组织和服务工作。组织服务市委常委会38次、全市各类会议160余次。落实领导干部外出报备工作机制，做好市委主要领导外出向省委报备，县区、市直部门主要负责人外出请假报备工作，办理领导干部离亳请假报备上报1300余人次。

印发《关于进一步规范密码电报使用管理工作的通知》，做好各类电报收发办理，开展密码设备定期巡检和定期核查工作，完成密码通信主渠道换装工作，密码通信保障能力提升。权维获“全省党政机要密码工作先进工作者”称号。

落实《亳州市党政领导干部保密工作责任制实施细则》，建立健全领导干部保密工作责任制全覆盖制度。完善定密工作流程，规范定密管理，形成科学定密的管理机制。贯彻落实《党政机关和涉密单位网络保密管理规定》，参与省保密局对全市6家试点单位党政机关电子公文系统现场测评工作，受到省保密局的表扬。完成全市涉密网络测评和涉密单机替代工作，组织开展保密检查，对全市62家机关单位网站信息发布情况进行保密检查，对30家市直重要涉密单位开展自查自评督察工作。举办全市保密干部培训班，组织开展保密知识讲座和普法知识竞赛，2000余人参与活动。

组织三县一区、市直各单位开展档案安全风险隐患自查工作。以“四不两直”（不发通知、不打招呼、不听汇报、不用陪同接待、直奔基层、直插现场）方式，对20家市直单位的档案安全情况进行督察。开展档案执法检查和业务指导，配合省档案局对长三角一体化发展规划“民生档案跨区查档服务”工作开展情况和档案服务外包工作规范化管理情况进行调研，申请将涡阳县列为全省档案服务外包监管试点县。组织重大建设项目档案验收，举办“6•9”国际档案日宣传活动，配合主题教育领导小组办公室做好主题教育档案材料归档工作。

【督察落实】2019年，市委办公室承担省委巡视反馈问题整改落实责任，市委巡改办设在市委办公室。研究制定市委巡改办工作职责和工作制度，建立专项工作组分工负责、“挂图作战”、市委常委会固定专题研究、定期开展督导通报、整改工作纳入考核、严格责任追究等10项机制。印发《十届省委第七巡视组巡视亳州市反馈意见整改工作行事历》，梳理整改工作的3个阶段13个环节16个时间节点22项主要任务，推动实现巡视整改有计划、有步骤、有章法。牵头制定巡视整改工作方案，对问题症结原因和整改措施审核把关，落实集体研究、合法性审查等要求，确保巡视整改措施依法依规、合理有效。按照“四化、三可”要求，将巡视反馈的7个方面20项38条整改任务细化分解为99个具体问题，梳理问题症结原因138条、制定具体整改措施310条，逐项逐条建立整改清单，明确责任领导、责任单位、牵头单位责任人、属地责任、整改时限。强化督导调度，对各单位整改推进情况进行跟踪督导，组织开展巡视整改“回头看”，成立4个督察调研组，对整改情况进行暗访。省委巡视反馈细化的99个问题，已完成59个，基本完成11个，在推进29个。

针对市委办公室牵头的专项整治工作，研究制定专项整治工作方案，多次召开专项整治工作推进会进行研究部署。聚焦力戒形式主义、官僚主义、加强作风建设，市委办公室主要负责人带队到涡阳县、市农业农村局、市财政局、市发改委等单位开展座谈调研，为专项整治提供第一手资料。针对基层反映集中的会议多、文件多问题，牵头制定出台《关于整治文山会海的二十条具体措施》，确定市发改委等为市级整治文山会海试点，转发省委《整治形式主义为基层减负工作负面清单》。市本级发文同比下降36.9%，开会次数同比下降47.7%。针对督察多、考核多问题，落实《2019年督察检查考核年度计划》，设立市级整治形式主义为基层减负观测点，做好日常监测，督察考核较上年同期减少89.3%。针对基层微信工作群多而杂的问题，协调出台《关于对全市微信工作群、政务类App进行清理规范的通知》，清理取消微信工作群833个、政务类“App”4个。针对议事协调机构多年未清理的问题，印发《关于提出议事协调工作机构清理意见的通知》，撤销议事协调工作机构119个。下发《关于全面清理规范“一票否决”和签订责任状事项的通知》，取消市本级自行安排的“一票否决”和“责任书”4项。减少填表报数，明确要求乡镇村填报扶贫工作表格必须经市分管负责人批准，基层干部的获得感增强。《强化机制保障切实为基层减负》的经验做法被《安徽信息》刊用。

贯彻落实党中央、省委及市委关于防范化解重大风险的决策部署。市委国安办设在市委办公室，牵头调研摸排20个领域164个风险点，列出措施578条，制定各领域防范化解重大风险问题、任务、责任、标准“四清单”，形成亳州市防范化解重大风险“1+8+12”体系。落实定期会商研判机制，研究制定《市防范化解重大风险工作推进机制》《2019年防范化解重大风险工作考核细则》，将防范化解重大风险“四个清单”纳入“不忘初心、牢记使命”问题清单督导督办。聚焦重点风险，采取“四不两直”等方式开展督导调度16次，排查安全稳定问题285件，化解224件。

按照市委“两手抓”“两突出”“严细序”等工作要求，以“23+N”突出生态环境问题及魏岗镇金刚石企业环境污染问题整改弄虚作假应对中央环保督察为典型案例，发挥牵头督办作用，对巡视巡察、督导督察等反馈问题进行全面梳理，集中治理虚假整改、表面整改、敷衍整改等问题，共排查问题2473个，督促抓好整改落实。协助市委开展生态环境问题专题调研，向省委定期报送环境周报，整理环保会议纪要20余期，及时下发督办单，压实整改责任，推动工作落实落地。

（陆亚洲）

【督察考核】2019年，市委督察考核办公室（市政府督察考核办公室）围绕“服务大局、真督实查、正风提效、畅通政令”工作思路，开展督察督办、机关效能建设监督考核工作，促进市委、市政府决策部署落实落细。

完善督察考核工作机制。制定出台《关于加强和规范督察考核工作的实施意见》《2019年度市直机关效能考核办法》等，建立健全亳州市“国务院‘互联网+督察’”留言办理、亳州市人民网网友留言办理工作管理考评、线上督察、人大建议和政协提案督办、督察暗访工作“十不准”等工作制度。实行督察检查考核事项总量控制，严格计划管理，研究出台市级《2019年督察检查考核年度计划》，保留督察检查考核年度计划事项共43项。

举办“以习近平总书记关于督察工作的重要指示精神为指导做好督察考核工作”学习研讨班暨督察考核业务培训班，各县（区）及市直单位承担督察、效能监督相关人员近100人参加。

决策部署督察督办。抓好31项国务院第五次大督察反馈亳州市问题和32项省政府重大政策措施落实督察反馈亳州市问题整改督办工作，全部上报整改销号。将中央和省交办事项、年度岗位责任目标任务事项、政府工作报告任务分解事项、市委常委会议定事项、市政府常务会议议定事项、专题会议议定事项、市委、市政府负责人批示和安排事项等纳入亳州市部门（县区）工作问题清单系统，实行清单销号管理，共录入任务4311项，办结完成3912项。加强专项督察、实地复核和暗访调研，形成《督察考核通报》13期、《督察考核专报》64期。办结省人大建议和省政协提案14件，督办市人大议案建议230件、市政协提案446件，办理回复率均为100%。抓好人民网网友留言办理工作，全年共办理人民网网友给省委书记、市委书记留言1673件（其中给省委书记留言871件，给市委书记留言802件）。

机关效能监督考核。完成2018年度市直机关效能考核工作，研究出台《2019年度市直机关效能考核办法》，召开全市机关效能建设大会。全年开展机关效能建设暗访监督6次，通报作风问题85起，其中典型案件14件。

同年，市委督察考核办公室（市政府督察考核办公室）获评“2019年人民网网民留言办理民心汇聚单位”称号。

（刘士信）

网信工作

【概况】2019年3月，市委网络安全和信息化领导小组改为市委网络安全和信息化委员会，组建市委网络安全和信息化委员会办公室(以下简称“市委网信办”)，为市委网信委的办事机构，承担市委网信委日常工作，作为市委工作机关，对外加挂市互联网信息办公室牌子。

推进“网络内容建设、网络综合治理、网络安全防护、信息化发展”重点工作任务，统筹开展“网友文化节、争做中国好网民、网络中国节、网聚正能量、网络公益”系列活动，为全市建设提供网上舆论支持和网络空间保障。

【网络宣传】2019年，市委网信办以习近平新时代中国特色社会主义思想为主线，加强网络宣传。开设“头条”专栏，宣传习近平总书记重要活动、重要讲话等相关内容。开展庆祝中华人民共和国成立70周年主题宣传，开设“壮丽七十年 奋斗新时代”等专题专栏6个，制作“美好70年 这里是亳州”等短视频作品10个，开展“声动新亳州”“跑动新亳州”等网络活动6个。围绕中心服务大局策划专题宣传，围绕脱贫攻坚、扫黑除恶、文明创建、网络中国节等，举办“创文明城市 建美好家园”“新春走基层”等网络宣传，开展“寻找温暖的力量”网络正能量征集、亳州“最美笑脸”评选等网络文化活动。

【管网治网】2019年，市委网信办开展网络生态治理、“江淮净网·清朗2019”、网络虚假信息恶意传播整治等专项行动，网络生态治理取得一定实效，依法管网迈出新步伐。规范政务新媒体管理和网络传播秩序。强化技术管网，推进全市网信系统技术平台建设，技术治网能力提升。

【网络安全】2019年，市委网信办落实关键信息基础设施安全保护。对全市网站、信息系统和关键信息基础设施进行排查摸底。加强对新闻网站的安全防护，将市直新闻网站服务器迁移至亳州浪潮云机房。开展2019年网络安全实战攻防演练，发现、督促整改隐患漏洞。开展网络安全宣传教育。组织开展网络安全宣传周启动仪式、网络安全竞答测试、网络安全报告会、网络安全大家谈、网络安全知识进基层5项专题活动、6个主题日活动。

【信息化发展】2019年，市委网信办提升网络基础设施建设水平。贯彻落实“宽带亳州”战略，开展4G网络建设和优化。完善共建共享协调机制，升级改造电子政务外网和县（区）外网城域网，实现市级政务服务实施机构专线全覆盖。建设承载全市政务信息化系统的云计算数据中心，实现政府应用系统向云端迁移及全市政务应用系统的统一管理。推进信息惠民为民。推进“互联网+政务服务”，加大数据资源整合共享。

（刘　奇）

组织工作

【概况】2019年，亳州市有党的基层组织9337个，包括城市街道基层党组织449个，乡镇基层党组织4452个。全市共有党组225个、中央和各级地方党委派出工委28个。城市街道9个，全部建立党工委；城市社区（居委会）115个，其中单独建立党委的47个、单独建立总支部的52个、单独建立支部的16个；乡镇79个，全部建立党委；乡镇社区（居委会）224个，其中单独建立党委的52个、单独建立总支部的161个、单独建立支部的11个；建制村1005个，其中单独建立党委的263个、单独建立总支部的695个、单独建立支部的47个。公有经济控制的企业法人单位共有352个，其中单独建立党委的23个，单独建立总支部的18个，单独建立支部的304个；在岗职工40005名，其中党员5981名。非公有经济控制的企业法人单位共有2783个，其中单独建立党委的9个，单独建立总支部的5个，单独建立党支部的600个；建立联合党支部的单位276个，建立联合党支部53个；在岗职工84564名，其中党员4046名。事业法人单位共有984个，其中单独建立党委的52个，单独建立总支部的109个，单独建立支部的804个；在岗职工67848名，其中党员18494名。机关法人单位共有411个，其中单独建立党委的76个，单独建立总支部的56个，单独建立支部的279个；在岗职工30330名，其中党员14438名。社会团体、基金会、民办非企业单位631个，其中单独建立总支部的2个，单位建立支部的119个；建立联合党支部的单位32个，建立联合党支部8个；从业人员13103名，其中党员848名。

共研究调配市管干部18批401人次，其中提拔及进一步使用86人次，晋升职级71人。

【党员干部思想政治建设】2019年，亳州聚焦主题主线，有机融合、一体推进“不忘初心、牢记使命”主题教育。

突出学习教育强化理论武装。以县处级领导班子和领导干部为重点，组织广大党员学习党纪党规，学习习近平总书记重要讲话精神和重要指示批示，广大党员干部“四个意识”更加牢固，“四个自信”更加坚定，“两个维护”更加坚决。

联系实际开展调查研究。全市各级领导干部结合工作实际，深入一线开展调研，形成调研成果2600余项。在学习教育和调查研究的基础上，各级领导班子成员讲专题党课2800余场次、基层党支部书记讲专题党课或报告学习体会1.8万余人次。

编制“四个清单”查摆检视问题。按照省委“像准实”要求，组织编制全市主题教育问题、任务、责任、标准“四个清单”，为高质量开好对照党章党规找差距专题会议、专题民主生活会、专题组织生活会等奠定了坚实基础。

精准整改回应群众关切。坚持对账销号、从严整改，逐条逐项推进落实。突出抓好专项整治和集中治理，举办主题教育系列新闻发布会，向群众公开问题整改落实情况，让群众切实感受到主题教育带来的新变化新成效。

【领导班子和干部队伍建设】2019年，亳州市坚持把政治标准放在首位，按照德才兼备、以德为先、任人唯贤的要求选人用人，着力打造忠诚干净担当的高素质干部队伍。

精准培训干部。制定亳州市干部教育培训规划，把习近平新时代中国特色社会主义思想作为干部培训的中心内容，提升干部综合能力素质。全年举办主体班61期，培训4910人次；举办专题培训班564期，培训12万余人次。

立体识别干部。注重结合综合考核、年度考核、效能考核、巡视巡察和经常性考核等成果，立体掌握领导班子日常运行状况和领导干部能力水平、知识层次等情况，为市委选人用人提供了重要参考。

科学调配干部。注重从脱贫攻坚、污染防治、信访维稳等急难险重一线提拔选用干部。在全市范围内推行公检法重要岗位交流轮岗，主要做法得到省领导肯定和批示。

激励关爱干部。研究制定20条激励关爱干部具体举措。制定公务员职级序列各层次规范津贴补贴标准，规范公检法单独职务序列工资及津补贴，及时落实乡镇工作补贴政策，激发基层公务员队伍安心安神安业基层的热情。

储备优秀干部。全市新录用公务员200名，及时发现使用优秀选调生，分类建立优秀年轻干部人才库及女干部、少数民族、党外干部库。

从严监管干部。从严审核县区干部预审方案、市直单位科级干部资格和选拔任用有关事项，从严抽查干部个人有关事项，从严督察选人用人工作。

【基层党组织建设】 2019年，亳州市坚持夯实基础、补齐短板、拉高标杆，推动基层党组织全面进步全面过硬。

层层压实党建责任。开展全领域基层党建述职评议考核，编制《2019年度全市基层党建工作“三个清单”》，实行逐项销号、闭合管理。实地督察445个基层党组织标准化规范化建设、“一月一课一片一实践”活动等情况，倒逼责任落实。

全面提升基层党组织建设质量。实施党支部建设提升行动和基层党组织“登高计划”，持续推进基层党组织标准化规范化建设，累计命名授牌各领域“五星基层党组织”445个、“五星远教站点”260个。实施城市基层党建工作“领航”计划，培育城市领域基层党建示范点59个，标杆型党组织增至299个，打造非公党建工作示范带12个。实施非公企业和社会组织党组织覆盖“提速行动”，单独组建率分别提高2.17%、6.08%。健全园区非公企业党建工作管理体系，制定《关于进一步加强园区非公企业党建工作的若干举措》。开展基层组织建设领域扫黑除恶专项斗争。持续加大经费投入，增拨村级组织运转补助经费2121.6万元、城市社区工作经费2300万元。

建强基层骨干队伍。制定备案管理办法，1344名村（社区）党组织书记全部纳入县级党委组织部门备案管理。推进村（社区）党组织书记、主任一肩挑达746人，占55.5%。开展3轮村（社区）干部任职资格“回头看”，及时调整、撤换不胜任村（社区）干部。选派党建工作指导员475人，指导非公企业和社会组织2756个。配备中小学校党务工作者3598人，亳州市在全省教育大会上作交流发言。市级举办各领域党组织书记示范培训班等，培训786人次；县区培训村干部1.7万人次、城市领域党务工作者1.2万人次。

推进党的组织生活提质增效。创新开展“一月一课一片一实践”活动，开展优质“微型党课”巡讲，组织观看警示教育片，17万余名党员参加主题党日社会实践活动。做好2018年度、巡视整改专题和“不忘初心、牢记使命”专题民主生活会和组织生活会有关工作。利用亳州智慧党建云平台实时监督，所抽查的党组织80%以上均能规范开展组织生活。

推深做实“一抓双促”工程。新建、改扩建村级活动场所107个。选派180名干部驻村帮扶60个非贫困村，为全市10308个自然村配备扶贫小组长11915名，配强配齐帮扶力量。制定“单位包村、个人包户”工作八项举措，对帮扶责任人进行两轮全覆盖电话访谈，到村进行暗访，及时调整不能正常开展帮扶工作的帮扶责任人，对全市未脱贫户新增科级以上帮扶干部2674人。组织征集、兑现贫困户“微心愿”8.2万余条。建立集体经济项目库，投入7015万元扶强扶优和消薄，全市村集体经营性收入再创新高。推进党建引领信用村建设试点工作，完成信用评级22213户，累计授信828户7625万元。

着力提升党员教育管理质量。开展“全体党员讲微型党课”活动，举办全市第二届“全体党员讲微型党课”总决赛。选树先进典型，集中表彰50个先进党组织、50名优秀共产党员、50名优秀党务工作者、30名优秀选派帮扶干部。做好发展党员工作。走访慰问生活困难党员、老党员。

开展党员远程教育工作规范化巩固年活动，2部作品获全省第十四届党员教育电视片观摩评比暨第二届党员教育微视频大赛一等奖，《羊为媒》获全国党员教育电视片观摩交流优秀奖。

【释放人才新政效应】2019年，亳州市坚持人才优先发展，统筹推进各类人才队伍建设，鼓励和引导各类优秀人才向基层一线流动，努力营造支持和鼓励人才创新创业的浓厚氛围。

招才引智。落实引才政策，发放补贴。开展人才招聘、项目对接等活动，积极引进高层次人才。出台《亳州市引进高层次人才随迁配偶安置工作实施办法》，帮助高层次人才入编及配偶就业。举办全市高层次人才国情研修班，加强对高层次人才的政治引领和政治吸纳。

本土人才培育培养。举办全市乡村企业家人才培训班，培训100人。出台《关于实施“亳州市乡村创新创业领军能人‘5212’行动计划”的意见》，开展全市第一届乡村创新创业领军能人评选活动。遴选支持6个省级、10个市级、38个县级乡村产业创新团队。发挥农村实用人才实训基地作用，培训贫困劳动力1.6万余人。出台《关于人才智力支持革命老区脱贫攻坚的若干举措》，引导人才向贫困地区流动。

人才工作载体建设。开展药都“双创”英才计划和青年创客圆梦计划第四批遴选活动，设立第二批“首席专家工作室”，遴选2019年度“亳州工匠”，深化“亳州老乡，请您回家”活动，吸引6476名外出人才返乡创业。

（何　静）

宣传工作

【概况】2019年，中共亳州市委宣传部推动习近平新时代中国特色社会主义思想学习宣传贯彻不断向纵深发展，紧紧抓住党委中心组学习这个龙头，完善中心组旁听、抽查、通报等制度，市委理论学习中心组学习27次，其中专题研讨19次。组织开展“举旗帜·送理论”系列宣讲活动，共宣讲12700余场、受众70.1万余人次。开展社会科学研究，编印《亳州社会科学》《亳州中医药文化研究》。

策划开辟“壮丽70年　奋斗新时代”等专题专栏，开展扫黑除恶、脱贫攻坚等30余项重大专题宣传。制作专题片、纪录片、宣传片等近40部，完成拍摄警示教育片32部。在中央级主流媒体发稿380余篇（条），在省级主流媒体发稿2127篇（条）。其中，《人民日报》刊发26篇，头版3篇；新华社发布213篇（条）；中央广播电视总台各频道共发稿44条，其中《新闻联播》发稿1条，各频率共发稿24条。推进媒体融合发展，推出85个短视频等融媒体产品。出台《关于落实中央八项规定精神进一步规范市内新闻报道的意见》。加强新闻审读，对媒体苗头性问题进行约谈调度，严明宣传纪律，严格媒体三审制管理。坚持新闻阅评，每月组织新闻阅评员对市直媒体发稿进行抽样阅评，下发新闻阅评通报。加强宣传引导，每月下发宣传提示，每季度下发宣传要点，牢牢把握宣传重点。

探索制定落实意识形态工作责任制“两清单、三办法”，推动意识形态工作“七纳入”。做好省委巡视意识形态专项检查反馈问题整改工作。开展四届市委第七、第八轮巡察意识形态专项检查。排查出意识形态领域五大风险，制定24项具体措施，建立动态监测等六大工作机制。强化民族宗教工作力量，启动宗教领域5个专项行动。推进“扫黄打非”和文化市场监管工作。维护网络意识形态安全。建立舆情风险排查报送工作机制，共排查梳理舆情风险点89个，全部纳入重点管控范围。

做好《中国共产党宣传工作条例》的学习宣传阐释工作。印发《关于学习贯彻〈中国共产党宣传工作条例〉的通知》，细化工作任务，明确工作责任。起草《关于〈中国共产党宣传工作条例〉主要精神及贯彻意见的汇报》。出台《全市宣传思想文化战线调研工作实施方案》和《贯彻落实〈全省宣传思想文化战线开展增强“四力”教育实践工作的实施方案〉的工作举措》，在全战线稳步开展调查研究工作，增强“四力”教育实践活动。撰写市级融媒体中心建设、防范化解意识形态领域重大风险、加强农村思想政治工作、基层获取信息渠道及值得注意的问题等多篇调研报告。连续四届入选全省宣传思想文化工作创新范例，入选数并列全省第一位。

同年，亳州学院教授魏宏灿被评为安徽省社科普及工作先进个人，《亳州中医药文化研究》被评为安徽省社科普及优秀读物。《皖北地区“互联网+”智慧养老服务发展探索》获全省“三项课题”研究成果一等奖，《贫困群众内生动力不足成因分析及对策建议》获三等奖，《自媒体对高校思想政治教育亲和力的影响与对策研究》《“养生”亳州背景下中医药服务能力提升路径对策研究》《亳州文化“走出去”战略中的资源整合与翻译对策研究》分别获优秀奖。

【理论武装工作】2019年，市委宣传部制定市委中心组年度学习计划，采取专家授课、集中学习研讨等多种方式提升学习实效。共服务市委理论学习中心组学习会议27次。完善县处级党委(党组)理论学习中心组学习情况通报机制，举办中心组学习秘书培训班，督促、指导各地各单位规范学习形式、提升学习质量。推广使用“学习强国”学习平台，将学好用好“学习强国”学习平台纳入《市委理论学习中心组2019年度学习计划》，召开全市“学习强国”学习平台培训会议，对各级管理员进行层层培训。全市14.2万名党员、9.4万名党外人士下载使用和学习，党员下载率74.3%，居全省第六位；党外人士下载量占全省总量近三分之一，位全省第一位。建立层层供稿体系，加大供稿力度，266余篇被采用。围绕庆祝改革开放40周年专题宣讲“进中心”、庆祝中华人民共和国成立70周年、“不忘初心、牢记使命”主题教育、学习贯彻党的十九届四中全会精神等重大主题，坚持市、县、镇、村四级联动，组建领导干部、理论骨干、劳动模范、优秀青年、巾帼志愿者、身边“好人”等各类宣讲队伍，广泛开展“举旗帜·送理论”系列宣讲活动。累计宣讲12700余场、受众70.1万余人次。从全市各单位各领域遴选43名熟悉党的理论政策、语言表达能力较强的人员，创建市级理论政策宣讲专家库。推荐4名宣讲员入选省委讲师团专家库。

开展2018年度市哲学社会科学课题结项评审工作，共结项55个，结项课题数量与质量较往年稳步提升。推进2019年市哲学社会科学课题研究，课题立项102项。组织申报省级创新发展研究课题，入选2项。

【舆论引导工作】2019年，市委宣传部围绕“庆祝中华人民共和国成立70周年”“三大攻坚战”、扫黑除恶专项斗争、重点项目建设、高铁南站建设、电动车治理、中小学校建设、国务院连续3年表彰、省政府连续4年表彰等30余个重点主题，以“座谈+实地采访”的形式开展全媒体采访，利用全媒体联动传播的方式，持续开展重大主题宣传，引导主流舆论，回应社会关切，展现亳州市各行各业发展成就。

中央主流媒体运用消息、通讯、图片、直播等形式，推出一系列重磅报道。《人民日报》发稿26篇，头版3篇(其中头版头条1篇)，其他版头条8篇。其中，2月5日头版头条刊发《人民幸福安康　祖国繁荣吉祥》，图片报道亳州市花戏楼景区，民间艺人在进行民俗表演；11月19日至21日，连续3天大篇幅报道亳州相关工作成就。新华社发布亳州市相关报道213篇(条)，其中文字通稿35篇，图片通稿164篇，音视频14条。中央广播电视总台各频道共发稿44条，其中《新闻联播》发稿1条。在《光明日报》《经济日报》《新华每日电讯》等中央级党报党刊各发稿10余条。邀请《安徽日报》、安徽广播电视台、《中安在线》等省内主流媒体到亳州采访，各媒体均在重要版面、时段，围绕亳州改革开放和经济社会发展成就进行重磅报道，推出改革系列先进经验、亳州药市开市、芍花养生文化旅游节、亳州国际马拉松赛等报道。

加强新闻发布工作。以两办文件印发《关于进一步做好新闻发布工作的通知》。推进全媒体直播，整合市直各媒体和各级政务微博、微信、手机客户端等，形成环环相扣的政务新媒体集群矩阵。利用“我家亳州”客户端、“掌上亳州”新闻客户端、“亳州头条”新闻客户端、亳州新闻网、亳州视所网及交通音乐广播，对新闻发布会进行现场直播。在新闻网站开设“新闻发布会”专栏，图文直播、解读历次新闻发布会内容；微信公众号推出新闻发布图说；《亳州新闻联播》开辟“新闻发布厅”专栏，详细解读发布情况；采用短视频、H5等易于网民接受的可视化形式，对发布内容进行二次传播、多次传播，提升发布会传播效果。以亳州创建全国文明城市新闻发布会为例，24小时内全网传播量超过15万次。共举办新闻发布会96场、网上新闻发布会91场。亳州市新闻发布工作受到省委常委、宣传部部长虞爱华批示肯定。

【意识形态工作】2019年，市委宣传部做好省委巡视意识形态专项检查反馈问题整改工作。

加强统筹协调，建立整改台账周报送制度和联络员制度，坚持每周一更新，两周一调度，全面掌控整改进程。整改期间，组织专项督察（检查）2次，召开调度和问题研判会议30余次，督察调度承担整改任务的单位30家，实施整改成效“回头看”1次。

探索制定落实意识形态工作责任制“两清单三办法”。出台《关于进一步加强对论坛、讲坛、讲座、年会、报告会、研讨会等阵地管理的规程（试行）》，审核50余场。将学习意识形态工作纳入各级党委（党组）理论学习中心组必学内容、党校主体班教学内容；举办全市意识形态工作培训班，培训2500余人次。组织编创《意识形态应知应会应做口袋书》《意识形态工作漫画书》3500册。

开展四届市委第七轮、第八轮巡察意识形态专项检查，分别对26家市直单位和2个经济开发区、33个社区开展意识形态专项检查，11月下旬开展意识形态专项检查整改成效“回头看”。

落实市委向省委报告意识形态工作责任制工作，推动各县区委、市直各单位党委（党组）做好半年、年度报告工作。

图3　2019年10月17日，《光明日报》安徽记者站站长常河应邀到亳州作“不忘初心 牢记使命”主题教育宣讲　（王长江　摄）

【社会主义核心价值观建设】2019年，亳州市委宣传部推进社会主义核心价值观建设。

围绕脱贫攻坚、青春美劳动美、“不忘初心　牢记使命”等主题，推出省级先进典型11人、市级先进典型46人。刘双燕获全国脱贫攻坚奖贡献奖，亳州市扶贫干部王聪在全国“脱贫攻坚”主题演讲比赛中获银奖。组织举办市委“不忘初心、牢记使命”主题教育先进事迹报告会和巡回宣讲报告会3场，现场受众群体共计1600多人。

围绕庆祝中华人民共和国成立70周年群众性主题宣传教育，组织谋划同升国旗、同唱国歌、缅怀革命先烈、主题宣讲等39项活动。

培育选树道德典型人物，逐月开展身边好人评选活动，共评出“亳州好人”59人，12人（11组）入选“安徽好人”，17人（12组）入选“中国好人榜”，推荐的7人（5组）“中国好人”参评全省道德模范，全部上榜，5人（4组）为道德模范，2人（1组）为提名奖；“安徽好人”“中国好人”“第六届安徽省道德模范”上榜人数均居全省前列。亳州市已累计评出“亳州好人”437人，上榜“安徽好人”133人、“中国好人”163人。建成县区级新时代文明实践中心4个、乡镇（街道）新时代文明实践所97个、村（社区）文明实践站1344个；谯城区被列入新时代文明实践中心建设全国第二批试点。

【文化文艺惠民】2019年，市委宣传部推进文化改革发展工作。印发《2019年省对市文化产业发展考核工作任务分工》，将文化产业发展工作纳入2019年度市直机关效能考核、市政府对县（区）政府目标管理绩效考核。培育发展文化实体经济，截至2019年年底，亳州市共有规模以上文化企业106家，较2018年度新增11家。两家规模以上文化企业成功申报文化类高新技术企业，实现亳州市规模以上文化科技类企业零的突破。加强亳州市文化企业对外展示交流，组织文化企业参加深圳文博会和上海长三角文博会。开展“我们的中国梦”——文化进万家暨文化科技卫生“三下乡”示范活动34场。举办全市优秀文艺作品征集活动，评选戏曲、曲艺、歌曲作品27部。亳州市推荐歌曲《使命担当》获得全省“五个一工程”优秀作品奖。持续推动农村广播宣传常态化长效化，将农村广播宣传纳入2019年度市委深化改革工作计划。围绕农村广播宣传组织领导、内容建设、运维管理、通响率等开展日常性督察暗访，抽查43个乡镇73个行政村，农村广播村村通通响率在90%以上。将应急广播体系建设作为市委深化改革重要内容，利辛县作为全省试点如期完成全县应急广播体系建设工作。

【“扫黄打非”】2019年，市委宣传部推进“扫黄打非”基层站点规范化标准化建设，全市89个乡镇(街道)均设置“扫黄打非”联络站、成立“扫黄打非”办公室，1336个村(社区)设置“扫黄打非”联络点，在维护基层意识形态安全和文化安全发挥积极作用。基层站点共制发宣传物品、资料1万余份，协助落实“扫黄打非”工作200余次。谯城区大杨镇中心小学、利辛县新张集乡被评为省“扫黄打非”进基层示范点。围绕“净网”“秋风”“护苗”等五大专项行动工作重点，发挥部门职能，强化市场监管。开展2019年元旦春节期间出版物市场及网络文化环境监管、“两会”期间出版物市场集中行动、市区联合执法行动、中小学开学季校园周边文化市场专项治理等。全市文化市场共出动执法人员26029人次，检查出版物经营单位8665家次，行政立案137家次，收缴非法出版物6672册、光盘60余盘；检查网吧9238家次，立案查处违规网吧11家，停业整顿5家，吊销“网络文化经营许可证”5家，罚款30.9万元；检查演出活动917场次，发现并制止违规演出活动41场，立案查处3起。坚持重大案件查办，查办大案要案8起，其中“霜天小皎”非法经营案被全国“扫黄打非”工作小组办公室和公安部列为联合挂牌督办案件。牵头开展区域专项整治3次，组织河南省商丘市、周口市和阜阳，签署“扫黄打非”工作专项整治协议，对交界地区农村文化市场、非法电台等工作开展专项治理。组织开展区域交叉互检，开展市级交叉互检3次，县区组织开展交叉互检12次，发现并整改问题60余个。

【新闻发布制度化建设】2019年，市政府新闻办推动新闻发布工作，强化主动引导、优化发布内容、扩大发布影响、完善制度建设，为经济社会发展营造良好的舆论氛围。

明确责任主体。各级党委政府和有关部门是新闻发布工作的责任主体。各级政府新闻办、政务公开办是推进政务公开新闻发布工作的职能部门。各级政府或相关涉事责任部门是政务舆情回应的责任主体。发生特别重大的政务舆情，当地政府是第一回应主体，政府主要负责人是第一责任人和第一发言人。涉及重大政策、重要决策部署的重要舆情，相关责任单位是第一回应主体，单位主要负责人是第一责任人和第一发言人。政策制定部门是政策解读的责任主体。部门主要负责人是“第一责任人、第一解读人、第一发言人”。

明确发布机制。坚持“4•2•1+N”发布机制。“4”：指与经济建设和人民群众生活关联度密切的单位，每年至少召开4次新闻发布会（每季度至少1次）。“2”：指与经济建设和人民群众生活关联度比较密切的单位，每年至少召开2次新闻发布会（每半年至少1次）。“1”：指其他单位，每年至少举办1次网上新闻发布。“N”：指发生重大突发事件要及时发布信息。

明确发布类别。根据新闻发布内容和紧急程度，结合发布主体及各单位工作与经济建设、人民生活的密切度、关联度，确定不同单位新闻发布的不同次数和不同形式。第一类：市委、市政府新闻发布会。由市委办、市政办统筹，征求市领导意见并排定新闻发布计划，聚焦全市重点工作，由市委常委、市政府副市长等市领导牵头，有关部门主要负责同志参与。 第二类：突发事件新闻发布会。由涉事单位提起，对应不同事件的级别，启动顶格新闻发布机制，由市领导或各有关部门主要负责人参加，及时组织新闻发布会。对涉及特别重大、重大突发事件的政务舆情，各责任主体要快速反应，在第一时间发布权威信息，在24小时内举行新闻发布会，并根据工作进展，持续主动发声。第三类：部门新闻发布会。与经济建设和人民群众生活关联度密切的单位有26家，按照每季度至少发布一次来计算，全年有106次新闻发布会；与经济建设和人民群众生活关联度比较密切的单位有20家，按照半年举行一次来计算，全年有40次新闻发布会；其他单位有13家，按照每年一次来计算，全年有13次新闻发布会。第四类：专项新闻发布会。根据市委、市政府要求和实际工作需要，确定专项工作新闻发布会，由相关部门或领导小组向市政府新闻办申报确定。

拓宽发布渠道。会前，制作宣传海报，利用各种媒体加大宣传，让更多人参与观看新闻发布会。同时群发预告性短信，让各级领导和相关单位知晓。会中，以“掌上亳州”微博微信为龙头，整合全市各媒体和各级政务微博、微信、手机客户端等，形成政务新媒体集群矩阵。“我家亳州”客户端、“掌上亳州”新闻客户端、“亳州头条”新闻客户端、亳州新闻网、亳州视听网及交通音乐广播进行新闻发布会现场直播。会后，在新闻网站开设“新闻发布会”专栏图文直播、解读每次新闻发布内容。在《亳州新闻联播》开辟“新闻发布厅”专栏，详细解读发布情况。同时，采用短视频、H5、“一图读懂”等易于网民接受的可视化形式进行二次传播、多次传播，进一步提升发布会传播效果。

（安淑萍）

统战工作

【概况】2019年，亳州市落实各级党委统战工作主体责任和党委书记统战工作第一责任人责任，把统战工作纳入党委常委会重要议事日程。市委常委会5次听取统战工作汇报。召开3次统战工作领导小组和民族宗教工作领导小组会议，研究部署统战工作。将习近平总书记关于统战工作的重要论述和党的统战理论方针政策纳入市委中心组理论学习计划，邀请省委统战部副部长罗曙生到亳州授课。市委书记汪一光履行第一责任人职责，2次向省委专题汇报宗教工作开展情况，审定《宗教督察问题整改措施》，3次实地调研基层宗教活动场所、6次专题听取统战（民宗）工作情况汇报。市委常委、组织部部长、统战部部长秦凤玉8次暗访调研，29次调度并与县区和市直部门主要负责人协调统战领域热点难点问题整改。及时调整充实市委统战工作领导小组、市民族宗教工作领导小组及市委对台工作领导小组成员单位，修订工作职责，建立健全部门联合执法等12项工作机制，形成党委领导、各司其职、信息共享、密切配合的工作格局。

完成机构改革人员转隶、职能设定等工作。根据《中共亳州市委　亳州市人民政府关于市级机构改革的实施意见》（亳发〔2019〕3号）精神，市委统战部统一管理民族宗教、侨务工作。将市民族事务委员会（市宗教事务局）并入市委统战部，将市政府外事办公室（市政府侨务办公室）的侨务管理职责划入市委统战部，加挂市委台湾工作办公室牌子，对外保留市政府侨务办公室、市政府台湾事务办公室牌子，对外加挂市民族宗教事务局牌子。不再保留市民族事务委员会（市宗教事务局）。

开展统战系统“三基”建设年活动。完成《以党建为抓手促进工商联所属商会统战工作的调查与思考》《未成年人进宗教活动场所问题调查研究》《关于基层涉台工作情况的调研与思考》等调研成果3篇，召开调研成果交流会。积极争取“海联会卫生室”项目资金，完成“海联会卫生室”提升项目9个。

将习近平新时代中国特色社会主义思想纳入各级各类教育培训内容，参训统战干部和统战成员达44班次7546人次。支持市各民主党派、无党派人士开展“不忘合作初心，继续携手前进”主题教育。在党外知识分子中开展“弘扬爱国奋斗精神、建功立业新时代”主题教育活动。组织市各民主党派、工商联、知联会共260余人参加集中廉政教育。组织新的社会阶层人士参观爱国主义档案文献展，开展亳州市网络安全周活动，接受爱国主义、革命传统教育，自觉践行社会主义核心价值观。举办报告会、新生代企业家讲堂等7期，学习贯彻习近平总书记民营企业座谈会上的重要讲话精神。开展全市民族团结进步宣传月活动，营造全社会共同关注支持民族团结进步氛围。引导坚持宗教中国化方向，培育和践行社会主义核心价值观、“四进四有”宗教活动场所实现全覆盖。发挥留联会、台联等作用，开展联络联谊、宣传引导活动，坚定港澳台侨界人士共圆中华民族伟大复兴中国梦的信心。

【推进多党合作】2019年，亳州市学习贯彻《中共中央关于加强中国特色社会主义参政党建设的意见》《中共中央办公厅关于印发〈民主党派代表人士队伍建设规划（2018－2027）〉的通知》《中央统战部关于转发〈各民主党派中央关于新时代组织发展工作座谈会纪要〉的通知》精神。制定《中共亳州市委2019年度政党协商年度计划》，召开3次政党协商会议，就脱贫攻坚、“三个以案”警示教育、经济社会发展情况、党风廉政建设和反腐败工作情况，听取市各民主党派、工商联、无党派代表人士意见建议。结合市委领导调整和党外人士变动情况，对市委领导与党外代表人士联谊交友对象进行调整。支持民主党派履职尽责。各民主党派开展参政议政，撰写提案议案共250余件，其中，民进市委会《建议优化农村公共文化服务建设财政资金的配置效率》《关于提升产业扶贫效能的提案》分别获民进中央2019年参政议政成果二等奖；民主党派履行民主监督职能。5个民主党派累计下县区开展脱贫攻坚民主监督144次、250天，深入446个自然村、1937户贫困家庭实地调研，发现收集问题319条，提出意见建议256条。《人民日报》11月21日对亳州市此项工作进行宣传报道，民革安徽省委、民建安徽省委、农工党安徽省委、九三学社安徽省委分别在亳州市召开脱贫攻坚民主监督工作现场会，民建市委会获民建安徽省委社会服务暨脱贫攻坚民主监督工作先进集体；各民主党派发挥界别优势，在医疗、法律、教育、扶贫等领域开展社会服务。农工党市委会多次到学校开展心理咨询和心理学讲座活动。党派自身建设得以加强。协助各民主党派做好组织发展工作，全年民主党派共发展成员27名。亳州民革党员之家被民革中央评为首批“全国优秀民革党员之家”，民进市委会获“民进全国组织建设先进地方组织”称号，民进市委会医卫综合支部获“民进全国先进基层组织”称号。

【党外知识分子和新的社会阶层人士队伍建设】2019年，亳州市成立市党外知识分子联谊会，通过实施《会员履职考核办法》等制度，进一步激发会员履职积极性。落实新的社会阶层人士统战工作联席会议制度，建立完善市级70人、县级40人左右的新的社会阶层党外代表人士库。开展新的社会阶层人士状况调研3次。依托市留联会、市新生代企业家商会探索成立新的社会阶层人士统战工作实践创新基地。市留联会与市新生代企业家商会共同组织成员到皖北烈士陵园等地开展革命传统和爱国主义教育活动，参与“百企帮百村”行动，为贫困大学生累计捐款16万元。

【党外代表人士队伍建设】2019年，亳州市向省委统战部推荐民主党派省级层面代表人士4名、无党派人士重点人选26名，向相关单位推荐各类人选5名。调配党外干部8名，增补四届市政协委员23名、常委3名。结合贯彻落实《社会主义学院工作条例》，组织开展社会主义学院工作调研，市委常委会专题听取关于全省社会主义学院工作会议情况汇报，研究部署亳州市贯彻落实意见，在市委党校增设社会主义学院工作部，负责全市统一战线教育培训工作。

【民族和宗教领域管理】2019年，亳州市争取省级少数民族发展资金416万元，统筹市级少数民族发展资金200万元，用于帮扶民族村发展。市和区建成8个外来少数民族流动人口服务中心，接待服务流动少数民族群众36人次。开展民族团结进步宣传月活动，加强对少数民族代表人士的团结引领，安徽协和成药业饮片有限公司被命名为“第二届全省民族团结进步创建示范区”。谯城区牛集镇蒋楼民族村党支部书记获“全国民族团结进步模范个人”称号。压紧压实各级宗教工作主体责任，在全市所有乡镇（街道、管理区）增配1名民宗干事，村（社区）配备1名民宗联络员，分类别明确责任清单和负面清单，实施网格化管理，构建起“主体在县、延伸到乡、落实到村、规范到点”和包保到人的工作格局。12月，省委统战部在亳州市召开全省基督教专项工作推进会，推广亳州市经验做法。

【非公有制经济领域统战工作】2019年，亳州市贯彻落实中央、省关于工商联所属商会改革和发展实施意见，制定并印发任务分解措施，出台《亳州市工商联直属商会管理办法》《关于加强市工商联所属商（协）会重大事项报告的通知》等制度。12家商会设立党组织，9家商会设置统战工作联络员。引导非公经济人士投身社会公益事业。持续推进“百企帮百村”精准扶贫工程。2次召开“百企帮百村”精准扶贫调度会暨工作培训会，229家企业帮扶365个行政村，帮扶贫困人口25683人，新增产业帮扶资金4252万元。争取省光彩会精准扶贫项目资金300万元，用于利辛县产业扶贫项目。贯彻落实习近平总书记民营企业座谈会精神，支持服务民营经济发展。走访民营企业40家。会同相关部门召开4次民营企业座谈会，收集资金要素需求17个、问题62个并全部反馈。聘请9位民营企业家为特约检察员，推动成立市检察院民营经济检察服务站、市总商会人民调解委员会、市法律援助中心工商联工作站。加强非公有制经济代表人士队伍建设。与工商联所属商会举行联合支部活动5次，利用参加商会换届、年会活动、讲授党课等形式，引领非公有制经济人士听党话跟党走。加强对年轻一代非公有制经济人士的教育培养，对年轻一代非公有制经济人士开展培训，建立“新生代企业家商会健康成长指导站”，推荐13名优秀年轻企业家加入省青年徽商商会，推荐5名非公有制经济人士参加全国、全省优秀中国特色社会主义建设者评选并获表彰。

【亳台交流交往】2019年，亳州市政府台湾事务办公室（以下简称“市台办”）组织市涉台企业参加2019世界制造业大会、“台商聚力长三角，两岸共享新机遇”活动、“皖台青年创意创新创业论坛”等，5个台湾企业项目纳入世界制造业大会集中签约，签约金额5.7亿元，市台办获省台办通报表扬。

参与组织两岸（安徽·亳州）中草药交流会、第二届皖台亲情产融对接会，宣传推介亳州，助力亳台经贸合作。举办2019药博会台湾产品展，引进新注册涉台企业2个、在谈意向项目1个。接待各界到亳州台胞10批241人次。组织华佗五禽戏入岛教学、台湾青少年亳州“文化之旅”、涡阳天静宫老子文化交流3个全省对台交流重点项目。在全省对台工作会议上，市台办作先进经验交流发言。

组织开展涉台企业走访调研，走访涉台企业18家，推荐14家台湾企业列入省、市“四送一服”服务对象。帮助在亳台胞台属解决困难，办理涉台求助、信访16件。摸排统计亳州市台胞信息，走访慰问台胞台属代表50余人。蒙城县台联换届。

【侨务工作】2019年，亳州市组织参加2019年世界制造业大会“百家侨企”高新技术项目签约仪式暨推介会。市侨企集中签约项目一个，投资金额1.2亿元。亳州市第一中学完成2019年度“珍珠班”招生申报工作，接受侨资捐赠金额近40万元。澳大利亚华人魏基成向亳州市贫困户捐赠御寒棉袄100件。组织参加世界华人学生作文大赛，63人分获唯一特等奖及一、二、三等奖。邀请中国华侨公益基金会“还笑童颜血管瘤基金会”在涡阳、利辛县和谯城区开展义诊和学术交流活动，为近300名患儿发放爱心药物，并对建档立卡7名患儿治疗康复进行全额资助。

成立亳州市“侨胞之家”并举行揭牌仪式。推动市留学人员联谊会与亳州学院侨联建立共建合作互助关系。启动全市侨情资源普查工作，对华人华侨、归侨侨眷、留学生、侨资企业等进行全面摸排，亳州市又归侨19人，海外华人华侨192人，主要分布在美国、加拿大、日本、澳大利亚、新加坡、德国、英国、阿联酋、柬埔寨、俄罗斯、马达加斯加等国家和地区，侨属、侨眷272人户，出国留学人员242人，侨资企业7家。优化网上涉侨事项的办理流程，办理归侨侨眷证、三侨生加分证明。选派2名教师赴菲律宾执行华文教育任务。争取困难归侨侨眷家庭专项慰问资金36400元。

【支持民主党派、无党派人士开展主题教育】2019年，市委统战部在开展“不忘初心、牢记使命”主题教育的同时，支持全市各民主党派市委会、无党派人士扎实开展“不忘合作初心、继续携手前进”主题教育活动，与中共开展的“不忘初心、牢记使命”主题教育同步进行。

制定《支持市各民主党派、无党派人士开展“不忘合作初心，继续携手前进”主题教育活动有关安排》，明确目标任务、参加人员和工作安排等。

各民主党派市委会、市知联会结合各自实际，制定具体实施方案，成立以各民主党派市委会主委、市知联会会长为组长的教育活动领导小组，为教育活动的开展，提供组织保障。

【市党外知识分子联谊会成立】2019年9月26日，亳州市党外知识分子联谊会成立大会暨第一次会员大会召开。亳州市党外知识分子联谊会正式成立。

市委常委、组织部部长、统战部部长秦凤玉出席会议并讲话，省委统战部党外知识分子工作处曾锋副处长出席会议并讲话，市政协副主席、民进亳州市委会主委马露代表市各民主党派、工商联致贺词。

会议审议通过《亳州市党外知识分子联谊会章程（草案）》和《亳州市党外知识分子联谊会第一次会员大会选举办法（草案）》，选举产生第一届会长、副会长、秘书长。曹芳文当选为亳州市党外知识分子联谊会第一届理事会会长。

【李强获评“全国第五届优秀中国特色社会主义建设者”】2019年8月29日，中央统战部、工业和信息化部、人力资源社会保障部、市场监管总局、全国工商联表彰第五届全国非公有制经济人士优秀中国特色社会主义事业建设者，亳州市个体工商户涡阳县鸿翔时装店经理李强获表彰。

李强，男，汉族，1968年10月出生，无党派，中国个体劳动者协会副会长、安徽省个体民营企业协会副会长、涡阳县政协委员、涡阳县个私协会副会长、涡阳县鸿翔时装店经理。李强始终把为会员服务作为自己光荣使命，把诚信作为立身之本，立业之基。积极发挥桥梁纽带作用，以个私协会名义与县邮政储蓄银行建立合作关系，为100余名会员办理贷款手续；成立“商友俱乐部”，办理商友卡，持卡会员可优先享受工行费率优惠、融资支持、非金融增值服务。热心公益事业，积极向贫困群众捐款捐物。

李强曾获评“全国先进个体工商户”“全国光彩之星”，两次获评市“百佳个体户”“十大标兵”，三次被省委、省政府授予“先进个体工商户”，被评为省、市“户户讲道德、店店无假货”活动先进个人、安徽省“劳动模范”、亳州市诚实守信“道德模范”“亳州好人”、涡阳县“优秀政协委员”。李强曾受到国务院总理李克强、全国政协主席汪洋、国家副主席王岐山等党和国家领导人接见。

（贾军涛）

市委政策研究

【概况】2019年，市委政研室围绕“四个点问题”即“人民群众关心关注的热点问题、社会各界反映强烈的焦点问题、当前工作中亟待解决的重点问题以及制约亳州长远发展的难点问题”的解决，开展重点课题调研，分析现状，寻找问题，提出建议，为市委掌握全局、把握大势、正确决策提供参考依据。完成全市重点调研课题61篇，《决策与参考》6期。

起草并以市委办名义印发《市委党的建设工作领导小组2019年工作要点》，明确工作任务、责任单位和完成时限，实行季度督察通报制度。

推进基层党组织标准化和规范化建设。主动对接省委党建办，及时领会省委精神，做好省委下达的各项工作任务。针对市直单位、县（区）组织开展党的建设重大问题研究工作，紧密结合各单位党建工作实际，确定全市党建研究课题64篇，县区研究课题17篇。

【信息服务】2019年，市委政研室秉承“服务中心决策，指导工作实践，促进相互交流，展示地域风采”的办刊宗旨，编印《新亳州》6期，交流到全国各地市。编印《2019年市情手册》，介绍亳州近年来经济社会发展及历史、文化、旅游等情况，成为亳州市对外宣传的名片。

（张　健）

市直机关党建

【概况】2019年，亳州市直属机关工作委员会(以下简称“市直工委”)实行换届提醒制度，提前6个月对应换届的党组织下发换届提醒通知单。指导下级党组织换届20余次，批准党委、党总支、党支部成立和换届30个，党组织到期换届率100%。推进党员按月缴纳党费、“三会一课”纪实等制度落实，对《市直基层党组织工作台账》中“三会一课”、组织生活会的召开形式进行完善。

制定党员发展规划，严格把好党员入口关，按照《中国共产党发展党员工作细则》和《发展党员工作流程图》开展党员发展工作，把准思想教育、政治审查和公开透明这“三关”，坚决杜绝“带病入党”“人情入党”“关系入党”等现象发生。全年发展党员143名，审批预备党员转正83人，党内除名2人。

组织市直机关学习贯彻中共十九大精神微型党课巡讲46场，并为直属机关党组织和党务干部购买《党的十九届四中全会辅导读本》等书籍9000余册。

组织举办市直机关“不忘初心 牢记使命”第六届微型党课初赛、决赛。“七一”前夕，下发《关于在市直机关开展纪念建党98周年系列活动的通知》，号召市直机关各党组织结合纪念中华人民共和国成立70周年，组织各种纪念活动。“七一”和春节期间，向市直机关生活困难党员和中华人民共和国成立前入党的12名老党员以及因公牺牲党员的党员家属发放慰问金56.3万元。

开展机关党建与业务工作“两张皮”问题专题调研，累计发放调研问卷500余份，召开座谈会5场次，实地走访调查18家单位60人次，总结机关党建工作经验，全面梳理存在的问题，剖析问题根源，形成课题研究报告。破解了党务干部工作中存在“两张皮”的困惑和误区。全省机关党建理论研讨会在亳州召开。

【市直机关党务培训】2019年，市直工委举办3期市直机关党组织书记培训班、2期机关党务干部培训班、2期市直机关“不忘初心、牢记使命”主题教育基层党组织书记轮训班，1期市直机关党内统计工作培训班，培训市直机关党务干部1600余人次。

【市直机关党建标准化建设】2019年，市直工委坚持压实各级党组织的责任，落实机关党建工作半年督察、通报制度，采取“找交销查考”方式，开展“对标巡诊”，针对问题约谈机关党组织书记5人次，突出党员领导干部参加双重组织生活为检查重点，严格落实党内组织生活各项制度。修订并下发2019版《市直基层党组织工作台账》，在台账中新添加“三会一课”签到、通知方式等栏目，使“三会一课”记录规范。向市直机关下发《市直机关2019年党建工作要点》，督促各党组织结合本单位实际抓好落实。利用3天时间开展党组织书记抓党建的述职评议，对88家直属党组织书记履职情况逐一点评，结合评议情况，确定评议等次。

【市直机关单位纪检组织建设】2019年7月22日，市委办公室下发《关于加强新形势下机关基层纪检组织建设的意见》，在市纪委监委的指导下，市直工委印发《关于做好市直机关(企事业单位)纪委选举工作实施方案》，召开加强市直机关(企事业单位)基层纪检组织建设工作推进会。截至10月底，市直机关单位成立31家机关纪委。11月6—7日举办市直机关(企事业单位)纪检干部培训班。

【市直机关党员处分和案件审理】2019年，市直工委按照《中国共产党纪律处分条例》等党内法规要求，对市司法局、市卫健委等4家单位5名党员违纪案件处理程序和结果进行审理把关，作出诫勉谈话1人，党内警告处分3人，党内严重警告处分1人的决定。

（杨　锐）

机构编制管理

【概况】2019年，根据《中共亳州市委 亳州市人民政府关于市级机构改革的实施意见》(亳发〔2019〕3号)精神，原“亳州市机构编制委员会办公室”更名为“中共亳州市委机构编制委员会办公室”(以下简称“市委编办”)，是市委机构编制委员会的办事机构，作为市委工作机关，归口市委组织部管理，承担市委机构编制委员会日常工作。市委编办内设3个科室，分别为综合科、机构编制管理科、机构编制督察科（权责清单建设科），核定部门领导职数3名、行政编制9名。

全面完成党政机构改革和重点领域改革，持续深化编制“周转池”试点、权责清单制度建设，严格机构编制管理，推动从严治办，为亳州经济社会发展提供体制机制保障。

严控机构编制总量，规范出入编程序。办理出入编手续1500余人次；把好部门编制使用审核关，办理用编审核110余次。实现机构编制业务网上办理全覆盖，150家机关事业单位全年在线办理出入编、人员信息变更等1800余人次机构编制事项。完成对市直单位和县区机构编制管理规定执行情况的考核，严肃机构编制纪律。全面完成事业单位法人变更、年度报告和统一社会信用代码赋码工作，共审核市直事业单位年度报告150份，并在“安徽省事业单位在线”系统、《亳州晚报》进行公开。完成中文域名管理工作，截至年底，亳州市有党政机关中文域名68家，事业单位中文域名139家，在机构改革中，新增党政机关中文域名注册4家，变更27家。

截至2019年年底，亳州市有市直行政机关83家、事业单位197家，行政编制数1327名、政法专项编制数1675名、事业编制7367名。市级周转池编制2919名，其中市人民医院公立医院周转池编制885名，中小学教职工周转池编制2034名。

【党政机构改革】2019年，在党中央深化党和国家机构改革的统一部署下，亳州市对党政机构职能体系进行整体性、系统性、重构性的改革。按照省委、省政府批准的亳州市机构改革方案，亳州市调整优化党政机构设置和职能配置，统筹推进市人大、政协和群团组织等改革任务，于3月底前全面完成党政机构改革。改革后市本级设置党政机构47个，其中党委机构14个、政府工作部门33个；三县一区均设置党政机构37个。为进一步建立健全党对重大工作的领导体制机制，加强党委对涉及全局重大工作的集中统一领导，新设或改设党委议事协调机构11个。立足市机构编制数量总体偏少的实际，发挥机构编制效益，规范“三定”规定，固化改革成果，市本级重新制定“三定”规定文件33件、机构编制调整文件34件。

【承担行政职能的事业单位改革】2019年，按照中央、省关于推进承担行政职能事业单位改革工作部署，亳州市全面清理事业单位承担的行政职能，按照能转职能的不转机构、确需转机构的实行综合设置的原则，区分情况推进改革，在制定行政机关和市委、市政府直属事业单位“三定”规定或机构编制调整文件时，统筹考虑承担行政职能事业单位改革，全面梳理事业单位承担的行政职能，在行政机关“三定”规定或机构编制调整文件中明确划转的行政职能，制定市档案馆、市城乡规划设计院、市住房发展中心等市委、市政府直属事业单位“三定”规定，按规定权限和程序完成承担行政职能事业单位改革，市本级22个科级事业单位审批到位，根除“事业局”。

【重点领域改革】2019年，亳州市聚焦综合行政执法，按照中央关于综合行政执法改革部署要求，以文化市场、农业、生态环境、市场监管、交通运输等领域主管部门为主，推进综合行政执法改革，市委编办做好管理体制和机构编制等配合工作，进一步理顺亳州市重点领域行政执法体制。聚焦纪检监察体制改革，重新设立11个派驻纪检监察组，市委巡察办增加编制6名、内设机构2个，纪检监察力量得到有效加强。聚焦生态环保，调整优化市县（区）生态环境体制机制，在全市87个乡镇（街道）均设立生态环境保护工作站，基层生态环境工作得到有效保障。

【编制“周转池”制度改革试点】截至2019年年底，亳州市11家公立医院中，有9家公立医院编制周转池制度试点工作实施方案获批复，共计确定周转池编制规模3684名，自建池规模1401名，社会化用人控制员额3780名。市委编办会同市卫健、人社等部门指导督促蒙城县将蒙城县中医院110名符合周转池编制条件的医技人员纳入周转池编制管理。县管乡用的乡镇卫生院编制周转池制度试点工作持续深化，各县区落实乡镇卫生院编制周转池制度，2019年县区共使用166名编制招聘医技人员。中小学教职工编制周转池制度改革红利持续释放，经市委编委会研究同意，共调剂1230名编制保障市直中小学和谯城区教师招聘。

▲编制“周转池”制度：省委编办根据公立医院和中小学教师人才队伍和服务能力建设需要，在全省存量事业编制总量内调剂一定规模事业编制，供公立医院和中小学周转使用的一种创新编制管理制度。

【清单制度建设】2019年，市委编办坚持上下一致管用有效，持续深化清单制度建设。统一市、县（区）清单格式向省靠拢，整体推进权责清单事态调整，按照省清单格式重新设置了大项和子项，实现了与全省清单格式的对接，调整后的市级权责清单大项为5225项，子项为10060项，子项较2018年减少191项。深化服务清单建设，中介服务清单做“减法”，中介服务事项保留171项，较2018年的180项减少了9项。公共服务清单做规范，经与省委编办统一规范的清单目录进行比对，规范后亳州市公共服务事项为1212项，清单制度建设持续深化。

（王浩峰）

老干部工作

【概况】2019年，亳州市共有离休干部475人，退休干部约4.3万人，市级退休干部19人。亳州市老干部局全面落实离退休干部政策待遇，加强政治建设、老干部学习活动阵地建设，开展精细精准服务，凝聚离退休干部智慧力量。

承办全省“不忘初心、牢记使命”主题教育老干部先进典型事迹报告会（亳州片区）；举办全市老干部党支部书记暨老干部工作者培训班。

建立“亳州老干部”微信公众号，共计发布28期，119条信息。

同年，亳州市老干部局被评为“全省老干部信息工作先进单位”“全省老干部信访工作先进单位”。利辛县退休干部刘文贵获评“全国离退休干部先进个人”称号，受到中共中央组织部表彰。

【老干部庆祝中华人民共和国成立70周年系列活动】2019年，亳州市在全市离退休干部中开展“我看中华人民共和国成立70周年新成就”系列活动。组织专题调研活动，采取座谈交流、上门访谈等形式组织老干部围绕中华人民共和国成立70年来全面从严治党、作风转变、反腐倡廉、“一带一路”、精准扶贫、经济发展、民生改善等方面的重大成就谈体会，围绕各部门的工作谈想法、提建议。全市老干部工作系统召开专题座谈会16场，参会老干部89人。完成《峥嵘岁月七十载无悔芳华献祖国——亳州市“我看中华人民共和国成立70周年新成就”》调研报告。举办主题书画展，展出书画作品80余幅；举办主题剪纸展，展出作品63幅；收集摄影作品281幅，印制《金色年华——庆祝中华人民共和国成立70周年摄影作品集》，举办“辉煌七十年、奋进新时代”主题声乐演出；举办戏曲专场演出；选送节目参加全省老干部系统庆祝中华人民共和国成立70周年文艺会演、全省老年大学文艺会演，分别获“最佳表演奖”“优秀节目奖”。

【离退休干部队伍建设】2019年，亳州市推进离退休干部政治建设、思想建设、党组织建设工作。市老干部局为全市离退休干部发放《习近平关于“不忘初心、牢记使命”重要论述选编》《习近平关于“不忘初心、牢记使命”论述摘编》《习近平新时代中国特色社会主义思想学习纲要》《见证初心和使命的“十一书”》等书籍共计2000套。发放《中央、省、市“两会”精神传达提纲》共计100本。举办全市离退休干部党支部书记暨老干部工作者培训班，100余人参加培训，5位离退休干部党支部书记在会上交流发言。召开全市离退休干部党支部书记座谈会。开展离退休干部党组织建设调研。在市老年大学建立临时党委，校长任临时党委书记，下设5个临时党支部。

【服务老干部】2019年，亳州市老干部局春节期间为市直离休干部发放慰问金共计15.2万元。国庆前夕，为全市离休干部发放“庆祝中华人民共和国成立70周年纪念章”共计111枚，走访慰问4名离休干部代表。市直各单位对离休干部进行普遍大走访。市委老干部局领导班子对6位异地居住和异地安置离休干部进行走访慰问，走访看望生病住院离休干部。组织市直离退休干部在市人民医院体检中心进行健康体检，市直离休干部和县处级以上退休干部全覆盖。组织80名市直离休干部到蒙城县开展“看发展，庆华诞”主题参观考察活动。召开市直离退休干部形势通报会。联合市卫健委调研离休干部看病就医绿色通道工作，落实离休干部看病就医绿色通道工作。落实调整中华人民共和国成立前参加革命工作的退职人员生活补助费标准、离休干部无工作遗属生活困难补助标准政策。全年接待老干部来访40余人次，无信访件。撰写《关于加强和改进离退休干部党建工作的调研与思考》调研报告，上报省委老干部局和市委党建办，被市委党建办评为“优秀”等次。

【发挥离退休干部优势】2019年，亳州市老干部局做好“脱贫攻坚 关工助力”工作。累计开展科技扶贫活动56场次，培训贫困青年和贫困户10215人次；捐资助学受资助人数累计3123人，资助总金额687.08万元。开展“圆梦大学”捐资助学活动，组织筹措资金190余万元，资助困难学生700余人。举行“法治关爱·护航成长”青少年普法教育活动，开展“法治教育进校园”工作。开展留守儿童义诊工作，义诊儿童10531人，检查发现患病儿童人数3829人。组织指导县区关工委开展“光明行进校园”活动。组织“党是阳光我是苗”少幼儿书画大赛。开展“两学两进”活动，即学习革命传统故事和先进文化，学习中华民族优秀传统文化；进入大中小等各类学校、校园，进入广大青少年家庭、家园。发挥“五老”报告团作用。照省委老干部局安排部署，推选3个离退休干部先进集体和6名离退休干部先进典型。组织先进典型组成报告团进行事迹宣讲，4名退休干部在老干部群体中宣讲，退休干部纪建立3次赴省作报告。在微信公众号上开设“五老风采”“先进典型”栏目。

【老干部学习活动阵地建设】2019年，亳州市老干部局采用报告会、讲座、网站、微信公众号、电子屏、校报等形式，学习宣传中共十九大，十九届二中、三中、四中全会精神。市老年大学设7个系、30个专业、67个班级，设有初级班36个，中级班20个，高级班11个。在校学员1913人、3659人次。与市教育局联合印发《关于加强老年大学师资队伍建设的通知》，逐步建立老年大学师资库。组织学员参加市第三届乡村旅游文化节暨第七届五马桃花节开幕式节目表演，参加安徽省暨亳州市全民终身学习活动周开幕式等大型活动，组织开展义务演出、实地教学及户外采风活动。举行“走进新时代，认识冠心病”老年人健康知识讲座。在国庆、元旦期间举办文艺演出活动。

（锁楠楠）

精神文明建设

【概况】2019年，亳州市以培育和践行社会主义核心价值观为根本，开展群众性精神文明建设活动。

推进文明城市创建。成立以市委书记汪一光为政委、市长杜延安为指挥的创城指挥部，组建创城办公室，设立交通秩序、窗口行业等10个工作组，实行市领导牵头负责制。编印《亳州市创建全国文明城市指导手册》，组织暗访测评6次，召开创建专题调研12次，举办3期全市文明创建业务培训会。设置社会主义核心价值观、讲文明树新风等公益广告约2.5万平方米。

推进公民思想道德建设。培育选树道德典型人物，逐月开展身边好人评选活动。建立好人礼遇和动态管理制度，明确公共交通、医疗保障、社会尊崇、劳动就业、住房保障等礼遇帮扶身边好人八大举措。发挥道德典型示范作用，组织召开道德模范与身边好人座谈会，建成并开放亳州好人馆，开设“厚德亳州好人点评”“好人故事”“好诗赞好人”等专栏，每月开展道德模范和身边好人基层宣讲活动。

加强未成年人思想道德建设。对全市未成年人思想道德建设工作测评体系工作任务进行分解，举办培训会。推进乡村学校少年宫建设和管理工作，遴选优秀乡村学校少年宫节目参加全省乡村学校少年宫展演。

推进新时代文明实践中心工作。建立县（区）级新时代文明实践中心4个，乡镇（街道）新时代实践所96个，村（社区）新时代实践站1344个，实现文明实践中心（所、站）城乡全覆盖。组织“举旗帜·送理论·树新风”

宣讲300余场，开展参观革命遗址、缅怀革命先烈、讲红色故事及广场舞大赛、乡村趣味运动会、书画展、演讲比赛等实践活动，开展理论宣讲、文明创建、脱贫攻坚、生态环保等为主题的志愿服务活动8400场次。部署开展新时代文明实践志愿服务系列活动和新时代文明实践“六个一”活动。“学习强国”平台、中国文明网、新时代文明实践公众号、《安徽日报》《安徽新闻联播》等媒体集中报道活动开展情况。

推进文明单位创建。市供电公司及市税务局等单位创建经验介绍文章在《文明风》杂志发表；亳州市电视台、亳州晚报对六家文明单位典型进行报道，发挥文明单位示范引领作用；印发《关于申报第十二届安徽省文明单位有关事项的通知》，引导各级文明单位申报第十二届安徽省文明单位，推报第十二届安徽省文明单位63家；开展文明单位暗访检查，通报文明单位创建工作取得的成绩及存在的问题；召开文明单位创建工作推进会，推动全市文明单位创建。组织开展单位环境卫生提升考核12次，印发通报12期。

同年，亳州市城乡面貌持续改善、城市形象明显提升，通过省文明城市测评组验收。

图4 2019年12月1日，亳州市“横平竖直”公交方案开始实施

（张延林 摄）

【文明城市创建】2019年，亳州市印发《亳州市创建全国文明城市包保工作方案》，成立58个包保组，市直相关单位常态化开展督察调度，启用“亳州创城管理平台”。组织人员赴盐城、金华、淮北、滁州、宿州等市，学习借鉴创建经验和做法。开设文明城市创建在行动、创建文明城市曝光台等专题专栏。发布“亳州文明20条”，向全体市民发出创城倡议书。建立亳州市公益广告库，发布“厚德亳州·文明药都”原创特色公益广告征集评选活动，面向全社会征集具有亳州印记的作品。聚焦居民小区、农贸市场、交通秩序等重难点问题，召开文明城市专题调度会14次。印发《亳州市中心城区居民小区改造提升工作方案》《亳州市中心城区推进“红色物业”实施方案》，将79个老旧小区纳入改造范围，市财政投入1500万元用于50个居民小区的整治提升。启用亳州公路客运高铁枢纽站、亳州北客运枢纽站，结束全市汽车站均为临时站的历史。完成22条道路雨污分流改造和24处易涝点整治，破解“城市看海”难题。开工建设7个农贸市场，投入运营10个社区菜点，推进取缔新兴路等4个骑路市场。

【移风易俗】2019年，亳州市发布《“树文明新风 过祥和春节”倡议书》。试点推进谯城区牛集镇宋老家村、涡阳县星园街道黄庄村等利用基层文化场馆操办红白喜事。指导谯城区成立区级红白理事协会，引导群众除陋习、倡文明、树新风。围绕中华人民共和国成立70周年、道德模范和身边好人事迹、移风易俗等内容，组织开展两期“举旗帜 送理论 树新风”专题宣讲活动300场次。将移风易俗工作与五星级文明户评选相结合，评选表彰亳州市第三批“五星级文明标兵户”200户。

【安徽省道德模范与身边好人进校园活动】2019年11月6日，安徽省道德模范与身边好人进校园活动在亳州幼儿师范学校举办。活动由省委宣传部、省委教育工委、省文明办主办。

通过播放视频、现场访谈、互动交流、情景再现、歌舞朗诵等形式，弘扬第七届全国道德模范朱恒银、叶连平、张家丰、全国脱贫攻坚奖贡献奖获得者刘双燕以及“中国好人”、第六届全省道德模范杨春秋、许长荣、许长琴等人的先进事迹和崇高品质。省、市有关部门负责人及亳州4所院校的师生代表近800人参加现场活动。中安在线网站、“掌上亳州”新闻客户端、“文明亳州”微信公众号全程直播，在线观看人数60余万人次。

【身边好人、道德模范评选表彰活动】2019年，亳州市逐月开展身边好人评选活动，共评出“亳州好人”59人，14人(13组)入选“安徽好人”，17人(12组)入选“中国好人榜”，获评人数均位居全省前列，推荐的7人(5组)“中国好人”参评全省道德模范，全部上榜，5人(4组)为道德模范，2人(1组)为提名奖。按照市委、市政府《亳州市礼遇和帮扶道德模范、身边好人实施意见》，为上榜好人发放奖励金和送喜报，截至2019年年底，累计发放奖励金838.5万元。在“亳州文明网”、《亳州晚报》等市级新闻媒体开设专栏对获评身边好人和道德模范事迹进行宣传。春节、中秋节期间开展慰问好人代表活动，为57名好人代表送去慰问金和慰问品。持续开展道德模范和身边好人基层宣讲活动，全年开展15场宣讲(累计107场)。承办全省道德模范与身边好人进校园活动，受到省委宣传部表扬。

【志愿服务】2019年，亳州市完成志愿者注册登记681646人，占全市居民常住人口比例13%。组织开展亳州市2019年学雷锋志愿服务主题月系列活动、2019年“文明旅游 志愿先行”学雷锋志愿服务主题活动和“喜迎国庆 文明旅游”主题志愿服务活动。评选新时代文明实践优秀志愿服务项目15个，合计发放相应项目发展基金3.9万元。逐月评选志愿服务优秀典型，累计评出“感动药都”志愿服务典型44个，获评省“月评十佳”志愿服务优秀典型8个；谯城区“护卫母亲河 天蓝绿水行”志愿服务项目获2018年全国“四个100”优秀志愿服务项目典型，实现亳州市全国“四个100”优秀志愿服务典型“零的突破”；谯城区马元社区、蒙城县阳光公益协会“情系大凉山 奉献一份爱”——捐建四川大凉山希望小学志愿服务项目入选2019年全国“四个100”优秀志愿服务典型候选项目。

图5 2019年2月18日，团市委组织开展“春运暖冬”行动(刘 翔 供图)

【乡村学校少年宫建设管理】2019年，亳州市印发《关于对2019年全市乡村学校少年宫考核情况督察的通报》，对照《安徽省乡村学校少年宫考核评估细则》，分别于5月下旬、11月下旬，对全市乡村学校少年宫开展2次专项调研督察。组织开展未成年人思想道德建设工作调研。上报6所新增中央专项彩票公益金支持乡村学校少年宫名单；推荐2名“新时代好少年”候选人；推荐4篇乡村学校少年宫项目创新案例。遴选优秀乡村学校少年宫节目参加2019年全省乡村学校少年宫展演，推进乡村学校少年宫建设和管理工作。

【规范身边好人推报评选机制】2019年12月，亳州市文明办印发《关于进一步规范身边好人推报评选工作的通知》(以下简称《通知》)，采取六项措施进一步规范身边好人推报评选、表彰奖励、点赞评议和动态管理等工作，发挥身边好人示范引领作用，营造学习模范、争当好人的浓厚氛围，促进“我推荐我评议身边好人”工作制度化、规范化。

《通知》指出，要严格把关，建立档案，层层上报，逐级评选，

图6　2019年11月6日，“安徽省道德模范与身边好人进校园”活动走进亳州幼儿师范学校　（燕语信　供图）

规范开展“五级好人”评选活动。要善于总结提炼各级好人事迹精神内涵，突出领军人物，发挥“灯塔”效应；市文明办将从评选出的“亳州好人”中选择最能代表“厚德亳州”形象的典型人物，择优逐级推报参评“安徽好人”“中国好人”，适时推报参评全省、全国道德模范。

《通知》要求，要真实客观推报群众身边的好人好事，确保其人其事符合公民基本道德规范，为群众所认可，并严格执行走访核实程序，候选人属地单位要对走访结果真实性负责。

《通知》强调，要加大宣传力度，强化礼遇保障。要充分发挥媒体的舆论宣传和监督作用，运用广播电视、报刊、网络、户外宣传栏等，深入宣传“好人好事”，使广大群众学有榜样、赶有目标，自觉践行社会主义核心价值观，引领文明新风尚。适时组织开展以道德模范与身边人为主题的文艺创作、曲艺表演等比赛，鼓励利用视频、音频、图片、文字、绘画等多种形式，艺术化再现身边好人的动人故事；鼓励运用群众喜闻乐见的评书、快板、戏曲、歌舞等不同形式，生动传播身边好人的善行义举。采取以奖代补方式，利用社会力量持续推动“好人好事”宣传。自2020年1月1日起，2人及以上群体获评各级好人称号的，将按照相关文件规定标准，以组为单位进行奖励，颁发一份奖励金。继续落实重大活动、参观游览、公共交通、医疗保障、社会尊崇、劳动就业、子女就学和住房保障等八项举措及为各级好人“送喜报”制度。

（程　沛　宋豪杰　赵珊珊）

党校工作

【概况】2019年，亳州市委党校坚持党校姓党原则，把旗帜鲜明讲政治融入党校工作全过程和各方面。严把正确政治方向，建章立制从严管理，完善考勤制度、事业单位人员岗位等级晋升制度、学员请销假制度等，进一步严明工作纪律，强化校规校纪。推进机关党建工作进一步制度化规范化。依托全体人员会议、中心组学习、“三会一课”、党员自学等学习形式，利用“学习强国”、干部教育在线、“两微一端”等，学习宣传贯彻党的路线方针政策。严格落实意识形态工作责任制。深入学习习近平总书记关于意识形态工作的重要论述，坚决贯彻落实中央和省市关于意识形态工作责任制的部署要求，加强思想政治引领，加强网络意识形态阵地管控，发挥党校在意识形态领域的阵地作用。

召开全市党校校长工作会议，及时传达学习贯彻中央、省委市委关于党校工作的精神要求。举办全市党校系统教学比赛，搭建交流平台，交流工作经验。制定《中共亳州市委党校2019年业务指导办法》，在课题项目、课题实施、成果转化等方面加强与县区委党校紧密合作、优势互补，建立业务指导长效机制。组织开展2019年度县区委党校办学质量评估工作，到县区委党校调研6次，推进全市党校系统全面发展。

组织骨干教师到市直机关、企事业单位和县（区）、乡镇宣讲习近平新时代中国特色社会主义思想和中共十九大精神、十九大党章和宪法法律约280场次，受众20000余人。

同年，市委党校科研工作获全省党校系统科研工作进步奖。教师刘华景获全省党校系统科研成果三等奖;芮琼被评为全省党校系统优秀科研管理工作者;王娜、邱乐分别获2019年度全省社科联“三项课题”一等奖和三等奖;陈浏获全省党校系统庆祝“中华人民共和国成立70周年”理论征文三等奖;王海、刘玲获全省党校系统优秀教学比赛二等奖;王虹获全市“举旗帜、送理论”微宣讲比赛一等奖、全省“举旗帜、送理论”微宣讲比赛三等奖;黄翔宇获全市“微型党课”比赛一等奖。

【干部教育培训】2019年,市委党校充实完善主体班课程体系,以学习习近平新时代中国特色社会主义思想为中心内容和首要任务,习近平新时代中国特色社会主义思想的教学专题占总体教学课程比例的60%以上。开展案例教学、结构化研讨、学员讲堂、学员论坛、现场教学等,丰富教学形式。从严教学管理,执行新专题试讲和集体备课制度,未经试讲或试讲未通过的专题一律不纳入教学计划,提升培训效果。2019年春季、秋季主体班培训19个班次,培训学员1066人次。承办党委和政府以及相关部门举办各类培训89个班次,培训16235人次。实施人才强校战略,坚持教育者先受教育,选派63人次到中央党校、省委党校和知名高校参加学习培训。

【科研咨政】2019年,市委党校完善科研咨政管理制度,制定《事业单位人员岗位等级晋升暂行办法》,把科研成果等作为晋升要求,做到激励与约束并行。组织申报省社科联“三项课题”14项、市社科联规划课题21项(立项11项)、全省党校系统重点课题9项,完成2018年度全省党校系统重点课题结项工作。1篇咨政报告获省政府领导肯定性批示,3篇咨政报告获市委、市政府领导肯定性批示。出版《新视角》4期、《党校园地》10期,公开发表文章38篇。

(戴晓玥)

党史研究

【概况】2019年,根据《中共亳州市委 亳州市人民政府关于市级机构改革的实施意见》(亳发〔2019〕3号)精神,中共亳州市委党史研究室(亳州市地方志编纂办公室)更名为中共亳州市委党史和地方志研究室(以下简称“市委史志研究室”),作为市委直属事业单位。

市委史志研究室把开展党史宣传,推进党史、中华人民共和国史学习教育等列入工作规划。

编写地方党史著作。组织搜集相关资料,重新修订《中国共产党安徽省亳州历史第一卷(1926—1949)》,全面真实记述革命战争年代亳州曲折前进的光辉历程,引导和教育广大党员干部进一步知史爱党、知史爱国,自觉践行初心和使命。启动《中国共产党安徽省亳州历史第三卷》编纂工作。

组织编写《亳州改革开放40年大事记(1978—2018)》。全面、准确、客观反映改革开放40年来亳州市在社会主义经济建设、政治建设、文化建设、社会建设、生态文明建设以及党的建设等方面做出的重大决策部署、取得的重大成就。

联合市委组织部在全市开展第十个“党员干部党史教育日”活动。各级党组织通过组织党员干部到市红色教育基地瞻仰革命先烈、缅怀英雄事迹、重温入党誓词、参观党史图片展、组织党史宣讲报告会、举办党史专题学习座谈会等形式,丰富活动内容。

与市委宣传部、亳州晚报社、亳州社科联联合举办纪念中华人民共和国成立70周年征文活动。回顾中华人民共和国成立以来伟大历程和宝贵经验,展现辉煌成就,近20篇优秀作品在《亳州报》上刊登。

在市行政会议中心一楼大厅举办“寻访红色足迹——中国共产党革命圣地巡礼”图片展,庆祝建党98周年。

接受《合肥晚报》记者采访,为其提供亳州解放资料,在“解放时刻”专栏刊登亳州六次解放的情况,以及中华人民共和国成立后亳县首任县长李如沆带领群众发展生产的事迹。与安徽电视台联合拍摄《安徽解放时刻》,记录亳州解放光辉历程,讲述亳州解放经过,全面回顾近百年来亳州人民在党的领导下,不忘初心,砥砺前行的奋斗历程。该片在安徽卫视播出,受到社会各界好评。

开展党史“六进”活动。到机关、院校、学校、军营、社区、乡村开展赠书活动。这些书籍成为党员干部、青少年学习党史知识、进行爱国主义教育的生动教材，为开发亳州红色资源，宣传红色文化，传承革命精神提供教育读本。

开展地方党史宣讲。组织人员到市公安局、市税务局、市教育局、市农业农村局等部门开展党史宣讲报告会，以亳州地方党史为主要内容开展革命斗争史宣传教育。

同年，2018年全省党史系统优秀成果评选结果公示，《中国共产党亳州历史第二卷》获全省优秀党史成果评比著作类一等奖。在全市效能考核评比中，市委史志研究室获2018年度优秀等次。

【《中国共产党安徽省亳州历史第一卷（1926—1949）》出版面世】 2019年12月，市委史志研究室组织编写的《中国共产党安徽省亳州历史第一卷（1926—1949）》（以下简称“亳州党史一卷”）由中共党史出版社出版发行。

亳州党史一卷是在《中国共产党亳州地方史（第一卷）》基础上重新修订再版的。《中国共产党亳州地方史（第一卷）》于2005年由人民日报出版社出版发行。因年该书已发放告罄等原因，经市委同意，2018年4月，按照原中共安徽省委党史研究室统一部署，市委史志研究室启动亳州党史一卷修订出版工作。历经方案制定、资料征集、多方研讨、征求意见、报送审定等阶段，分别向社会各界、党史专家、县区业务部门广泛征求意见，并召开评议会听取意见，反复修改内容，几易其稿，并按照中央党史部门编撰党史基本著作的统一规定，将之更名为《中国共产党安徽省亳州历史第一卷（1926-1949）》。全书分为4编13章，23万字。全面、详细、客观地记录了亳州党组织团结带领广大人民群众进行新民主主义革命的重大事件和重要活动。

【“光辉的历程”——亳州党史图片展】 2019年10月，为庆祝中华人民共和国成立70周年，并为全市开展的“不忘初心、牢记使命”主题教育提供生动的党史学习教材，市委史志研究室举办“不忘初心、牢记使命”主题教育党史图片展。

图片展以“光辉的历程”为主题，分为亳州地区党组织的成立及活动、抗日战争时期、解放战争时期、社会主义建设时期、改革开放伟大成就和亳州党史人物6个部分，全面展示亳州自1926年成立第一个党组织之后，广大人民群众在各级党组织带领下进行革命斗争和社会主义建设的光辉历程，呈现各个历史时期共产党人不忘初心、砥砺前行的坚强意志，展现全市政治、经济、文化、社会事业等方面的巨大变化和突出成就。市直、谯城区党政机关、各企事业单位、乡镇共4198名党员干部观展。此次图片展受到社会各界赞誉。

【耿演武遗物捐献】 2019年9月18日，亳州著名党史人物耿演武遗物捐赠仪式在谯城区皖北烈士陵园举行。此前，市委史志研究室广泛搜集党史资料，经多方找寻，与亳州著名党史人物耿演武的后人取得联系。经沟通交流，其女儿耿骥做出捐献遗物的义举。捐赠仪式上，耿骥捐赠了耿演武收藏的豫皖苏边区地图、军用望远镜、个人书信、任命书、党员履历表以及其他文书资料，为研究亳州党史提供了宝贵资料。亳州市电视台以此制作《红色记忆·一张作战图》纪录短片，该片时长25分钟，讲述了耿演武在亳州进行革命斗争的历程。之后，该片在“学习强国”手机App播出，为开展党史教育和爱国主义教育发挥了重要作用。

【市新四军历史研究会第四次会员代表会议】 2019年5月21日，亳州市新四军历史研究会第四次会员代表会议在市会议中心第三会议室召开。会议的主要任务是总结第三届理事会工作，选举产生第四届理事会。各县（区）新四军历史研究会负责人、县（区）委党史和地方志负责人和市新四军历史研究会会员共43人参加会议。会议由第三届理事会副会长张峡主持。

会上，第三届理事会会长时明金代表三届理事会作工作报告。会议全面总结三届理事会的工作成绩、研究会登记注册情况以及下一步工作建议；宣读《关于同意亳州市新四军历史研究会成立登记的批复》；审议通过《亳州市新四军历史研究会章程（修改草案）》；表决通过第四届理事会理事、监事，选举产生以时明金为会长的第四届理事会；时明金会长做表态发言。会议就下一步工作进行安排部署。

（李之平）

亳州市人民代表大会

图 6　“美丽亳州”系列图片——2019 年 2 月 24 日，亳州市新任职人员宪法宣誓仪式　（张延林　摄）

概　述

【概况】2019年，亳州市第四届人大常务委员会坚持以习近平新时代中国特色社会主义思想和中共十九大精神为指导，深入学习贯彻习近平总书记关于坚持和完善人民代表大会制度的重要思想，贯彻习近平总书记对地方人大工作的重要指示，全面落实中央及省委、市委决策部署，履行好新时代人大工作职责。召开常委会会议12次、主任会议35次，审议通过地方法规案1件，听取审议专项报告18项，作出决议决定9项，任免国家机关工作人员72人次，完成市四届人大三次会议确定的目标任务。

【执法检查】2019年，亳州市第四届人大常务委员会组织开展农产品质量安全"一法一条例"执法检查。6月14日，第72次主任会议通过农产品质量安全"一法一条例"执法检查实施方案。7月2日，召开执法检查动员会，举行农产品质量安全法律知识专题培训。7月9－12日，执法检查组分赴县区通过召开座谈会、听取汇报、调阅案卷、查阅资料、问卷调查、暗访等形式开展实地检查。8月20－21日，召开市四届人大常委会第26次会议，听取审议市人大常委会执法检查组关于检查农产品质量安全"一法一条例"实施情况的报告。8月29日，第82次主任会议，决定将审议意见连同执法检查报告印发市政府研究处理。

【专题询问】2019年，亳州市第四届人大常务委员会组织开展城市管理专题询问。8月29日，第82次主任会议通过亳州市人大常委会关于开展城市管理工作情况专题询问的实施方案。9月16日，召开专题询问工作协调会，对专题询问有关工作进行布置。9月29日，市人大常委会开展城市管理工作调研。10月15日召开第84次主任会议研究通过城市管理专题询问问题。10月24－25日，召开市四届人大常委会第28次会议，听取审议市政府关于城市管理工作情况的报告，开展城市管理专题询问。副市长钟治峰、市政府副秘书长李丰，市城市管理局、市公安局、市自然资源和规划局、市生态环境局、市住房城乡建设局、市交通运输局、市水利局、市商务局、市文化旅游体育局、市市场监督管理局到会应询。市文明办、亳州高新技术产业开发区管委会、亳芜现代产业园区管委会、谯城区政府列席专题询问。11月1日，第87次主任会议通过城市管理报告的审议意见，并印发市政府办公室研究处理。

【专题调研】2019年，亳州市第四届人大常务委员会围绕常委会监督议题，组织常委会组成人员对医疗卫生事业发展、推行河长制、刑事检察、城市管理、民营经济发展、国有资产管理、民商事审判等工作情况开展专题调研，提出意见建议，助推有关工作开展。

【议案建议办理】2019年，市四届人大三次会议交付办理关于制定《亳州市市容和环境卫生管理条例》等8件（并案处理为1件）立法议案。《亳州市城市市容和环境卫生管理条例》经常委会三次审议，市四届人大常委会第26次会议表决通过，报经省人大常委会批准，于2020年1月1日起正式施行。对于交付办理的9件非立法议案（并案为2件），常委会组织开展专题调研，听取审议政府办理方案报告，并作出相应决议，督促政府抓好落实。及时处理代表建议，实现代表建议网上交办。健全完善代表建议督办制度，在督办过程中，注重与人大代表、政府相关部门、群众的沟通联系，抓好已办复建议的督察反馈、难点建议的跟踪督办。2019年12月26日，常委会第30次会议听取审议市政府关于代表议案和建议办理情况专项报告，各承办单位办理议案、建议回复率均为100%，代表对议案、建议办理工作均为满意。

【代表工作】2019年，亳州市第四届人大常务委员会开展"双联"工作。常委会组成人员联系代表工作，共走访代表小组6个，走访代表190人次。每次常委会会议前召开列席会议代表座谈会，代表培训期间召开参训代表座谈会，每次执法检查和专题调研均安排代表参加，面对面听取代表意见建议。运用代表履职服务平台，倾听民意，反映民情，共收集群众意见建议437条。支持“一府一委两院”密切与代表的联系，邀请80名代表参加政府新闻发布会、法院庭审、检察开放日等活动。

强化议案办理，年初作出办理决议，开展两次考察，加强跟踪督办；听取办理情况报告，进行满意度测评，促进议案落实。实行主任会议成员领衔督办、各工作机构对口督办建议制度。督办过程中，注重与人大代表、相关部门的沟通联系，抓好督察反馈。市四届人大三次会议交付办理的17件议案（并案后3件）、236件建议，均按时办结回复代表。

丰富闭会期间代表活动。加强代表小组、代表活动室、代表工作站等阵地建设，推进代表活动规范化、经常化、制度化。丰富和创新代表活动，支持代表收集和反映民意，引导代表提出高质量议案建议。选择环境保护、农业产业化、中医药产业发展、食品安全等专题，组织专业代表小组开展调研，形成调研报告12份，一些意见建议已转化为常委会监督议题。指导县区组织开展代表会前集中考察，了解经济社会发展情况，代表活动实效增强。

加大履职服务保障力度。举办财经和产业工人类专业代表培训班，培训代表105人。向代表发送学习资料、通报常委会主要工作动态，为代表知情知政创造条件。规范代表资格审查，完善代表履职档案，量化履职指标，强化对代表的管理与监督。加强代表履职事迹宣传，扩大代表依法履职的社会影响力。密切与驻亳省人大代表的联系，组织驻亳省人大代表开展活动，为加快亳州发展建言献策。

重要会议

【亳州市第四届人民代表大会第三次会议】2019年2月22日至24日，亳州市第四届人民代表大会第三次会议在亳州市举行。会议审议通过市人大常委

图7　2019年2月24日，亳州市第四届人民代表大会第三次会议代表选举　（张延林　摄）

会工作报告、市人民政府工作报告、市中级人民法院工作报告、市人民检察院工作报告；审查和批准亳州市2018年国民经济和社会发展计划执行情况与2019年国民经济和社会发展计划草案的报告，批准2019年国民经济和社会发展计划；审查和批准亳州市2018年预算执行情况与2019年预算草案的报告，批准2019年市级财政预算。会议选举：王洪杰、邹建华、张建影为亳州市第四届人民代表大会常务委员会委员。表决通过《亳州市第四届人民代表大会第三次会议关于设立亳州市第四届人民代表大会社会建设委员会的决定》及主任委员、副主任委员、委员名单。主任委员：马昭华；副主任委员：戴明启、佘树民、卞介山；委员：张建影、胡海鹏、戴爱霞。

【亳州市第四届人民代表大会常务委员会会议】2019年，亳州市第四届人民代表大会常务委员会共召开12次。

第19次会议审议通过《亳州市人民代表大会常务委员会工作报告》《亳州市人民代表大会常务委员会关于召开亳州市第四届人民代表大会第三次会议的决定》。免去李连春的市人民代表大会常务委员会财政经济工作委员会副主任职务。

第20次会议传达省十三届人大二次会议精神；审议通过亳州市第四届人民代表大会第三次会议议程（草案）、日程（草案）、主席团和秘书长名单（草案）、议案审查委员会名单（草案）、列席人员名单；通过《亳州市第四届人民代表大会常务委员会代表资格审查委员会关于少数代表的代表资格的审查报告》。决定任命郑超为市人民政府秘书长；冯浩为市经济和信息化局局长；李琳为市司法局局长；李成杰为市住房和城乡建设局局长；解子德为市农业农村局局长；刘传华为市水利局局长；张培阳为市商务局局长；雅浩海为市文化旅游体育局局长；胡秋雯为市卫生健康委员会主任；孙同林为市退役军人事务局局长；程效银为市应急管理局局长；彭殿伟为市市场监督管理局局长；王海运为市公共资源交易监督管理局局长；吴旭春为市医疗保障局局长；黄卫国为市城市管理局局长；陈昭敏为市扶贫开发局局长；王宇为市数据资源管理局局长。

第21次会议审议并通过《亳州市人民代表大会常务委员会关于接受牛品辞去亳州市第四届人民代表大会常务委员会委员职务请求的决定》。决定任命王玉红为市审计局局长；荀凤飞为市地方金融监督管理局局长；刘允强为市人民政府信访局局长；王险峰为市药业发展促进局局长。

第22次会议审议并通过《亳州市人民代表大会常务委员会关于接受刘辉辞去亳州市人民政府副市长职务请求的决定》。

第23次会议传达十三届全国人大二次会议精神；听取审议市人民政府关于全市生态环境保护工作情况的报告、关于市四届人大三次会议代表议案办理方案的报告。审议并通过《亳州市人大常委会关于市人民政府议案办理方案的决议》《亳州市人民代表大会常务委员会关于接受张东亚辞去亳州市第四届人民代表大会常务委员会委员职务请求的决定》。免去张东亚的市第四届人民代表大会财政经济委员会副主任委员、常务委员会财政经济工作委员会主任职务。任命黄战营为市中级人民法院审判员。免去苏维丽的市中级人民法院审判员职务。

第24次会议听取市城市管理局副局长郑利军作的《亳州市城市市容和环境卫生管理条例（草案）》起草情况的说明。会议对上述法规案进行审议。听取审议市政府关于全市医疗卫生事业发展情况的报告、关于推行河长制情况的报告。审议并通过《亳州市人民代表大会常务委员会关于接受欧阳永红辞去亳州市第四届人民代表大会常务委员会副主任和法治委员会主任委员职务请求的决定》。免去袁秀荣的市人民检察院检察员职务。

第25次会议听取市人大法治委员会关于《亳州市市容环境卫生管理条例（草案）》修改情况的说明；对上述法规案进行审议。听取审议市人民检察院关于全市检察机关刑事检察工作情况的报告。决定任命刘梦汝为市科学技术局局长。决定免去丁辉的亳州市科学技术局局长职务；吴东风的亳州市监察委员会委员职务；朱西国的亳州市监察委员会委员职务。任命赵长坤为亳州市中级人民法院刑事审判第一庭庭长；韦潇轶为亳州市中级人民法院刑事审判第二庭庭长。免去韦潇轶的亳州市中级人民法院刑事审判第一庭庭长职务；赵长坤的亳州市中级人民法院刑事审判第二庭庭长职务；郑彩玲的亳州市中级人民法院审判员职务。

第26次会议听取审议市人大常委会执法检查组关于检查农产品质量安全“一法一条例”实施情况的报告；听取市人大法治委员会关于《亳州市城市市容和环境卫生管理条例（草案）》修改情况的说明；对上述法规案进行审议。听取审议市人民政府关于2018年市级决算的报告、关于亳州市2019年上半年预算执行情况及下半年工作意见的报告、关于《亳州市2019年市级预算调整方案（草案）》的说明、关于亳州市本级2018年度预算执行和其他财政收支情况的审计工作报告、关于亳州市2019年国民经济和社会发展计划上半年执行情况及下半年工作意见的报告、市人大财经委员会关于亳州市2018年市级决算（草案）审查结果的报告、关于亳州市2019年市级预算调整方案（草案）审查结果的报告。会议审议并通过《亳州市人民代表大会常务委员会关于批准亳州市2018年市级决算的决议》《亳州市人民代表大会常务委员会关于批准亳州市2019年市级预算调整方案的决议》。审议并通过代表资格审查委员会关于少数代表的代表资格变动的报告。表决通过《亳州市城市市容和环境卫生管理条例》，报省人大常委会审查批准。免去徐天生的亳州市人民代表大会常务委员会办公室副主任职务；史光荣的市人民代表大会常务委员会教育科学文化卫生（民族宗教侨务外事）工作委员会副主任职务。决定任命戴力为市人民政府秘书长；冯浩为市发展和改革委员会主任。决定免去郑超的市人民政府秘书长职务；戴力的市发展和改革委员会主任职务；冯浩的市经济和信息化局局长职务。任命王平为市中级人民法院审判委员会委员、立案庭庭长；何宏民为市中级人民法院刑事审判第一庭副庭长；杜奇为市中级人民法院刑事审判第二庭副庭长；孙浩杰为市中级人民法院民事审判第三庭副庭长、审判员；徐建民为市人民检察院检察委员会委员、检察员。免去马潇的市人民检察院检察员职务。

第27次会议于2019年8月29日在亳州举行。决定任命钟治峰为亳州市人民政府副市长；李龙杰为亳州市经济和信息化局局长。免去廉保军的亳州市监察委员会副主任职务。

第28次会议听取审议市人民政府关于城市管理工作情况的报告、关于市本级2018年行政事业单位国有资产管理情况的专项报告、关于民营经济发展情况的报告；市中级人民法院关于全市法院民商事审判工作情况的报告。会议对市人民政府城市管理工作情况开展专题询问。市人民政府副市长钟治峰，市城市管理局、市公安局等单位主要负责人到会应询，市文明办、亳州高新技术产业开发区管委会、亳芜现代产业园区管委会、谯城区政府分管负责人列席会议。审议并通过《亳州市人民代表大会常务委员会关于许可对市第四届人民代表大会代表王俊采取司法拘留措施的决定》。任命崔新海为市人民代表大会常务委员会研究室主任；赵华民为市人民代表大会常务委员会人事代表选举工作委员会（人大代表联络办公室）副主任；赵玉言为市人民代表大会常务委员会预算工作委员会副主任。免去李兴华的市人民代表大会常务委员会人事代表选举工作委员会（人大代表联络办公室）副主任职务。决定免去刘建的市交通运输局局长职务。免去梅林的市中级人民法院刑事审判第二庭副庭长、审判员职务；唐峰的市中级人民法院刑事审判第一庭副庭长、审判员职务；万学林的市中级人民法院民事审判第三庭副庭长、审判员职务；杨国明的市中级人民法院审判员职务；顾玉华的市中级人民法院审判员职务。任命王晓民为市人民检察院检察委员会委员；戴建中为市人民检察院检察委员会委员；蒋楠为市人民检察院检察委员会委员。

第29次会议审议并通过《亳州市人民代表大会常务委员会关于许可对市第四届人民代表大会代表高峰采取司法拘留措施的决定》。决定任命张泉为市人民政府副市长（挂职，时间二年）；李琳为市退役军人事务局局长。决定免去李琳的市司法局局长职务；孙同林的市退役军人事务局局长职务。

第30次会议传达全省纪念地方人大设立常委会40周年座谈会议精神；听取审议市人民政府关于亳州市本级2018年度预算执行和其他财政收支审计查出问题整改情况的报告、关于市四届人大三次会议代表议案决议落实和建议办理情况的报告；市人大法治委关于市四届人大三次会议代表立法议案办理情况的报告。审议并通过《亳州市人民代表大会常务委员会关于召开亳州市第四届人民代表大会第四次会议的决定》《亳州市人民代表大会常务委员会关于接受李含君辞去亳州市第四届人民代表大会常务委员会委员职务请求的决定》。任命谢超为市中级人民法院审判委员会委员、刑事审判第二庭庭长、审判员；周腊梅为市中级人民法院审判员；耿曹力为市中级人民法院审判员。免去韦潇轶的市中级人民法院审判委员会委员、刑事审判第二庭庭长、审判员职务。

（谢文星）

市人大常委会办公室工作

【概况】2019年，亳州市人大常委会办公室贯彻落实中央及省委、市委决策部署，抓好省委巡视反馈问题整改。落实党风廉政建设责任制，开展“严强转”集中整治专项行动，深化“三个以案”警示教育，开展利用名贵特产谋取私利等专项整治，全面排查整改形式主义、官僚主义问题，严守政治纪律和政治规矩。

落实全面从严治党主体责任。突出抓好习近平新时代中国特色社会主义思想和中共十九大、十九届四中全会精神的学习贯彻落实，举办专题学习培训班2次，开展“不忘初心、牢记使命”主题教育。严格落实意识形态工作责任制，注重网络意识形态安全，增强政治敏锐性。

做好“三会”服务。做好财务管理、后勤保障、人事和老干部工作。严格执行领导干部外出报备制度，共报备市厅级干部外出79人次。修订完善机关请销假、财务管理等7项制度。开设“人大讲堂”，打造学习型机关新平台。

参与全市综治（平安建设）督察考核工作。严格落实突发事件应急处理有关要求，法定节假日实行24小时值班制度。机要室等重要场所按要求配置指纹锁、实时监控、防盗窗、保密柜、灭火器等。受理人民群众来信来访68件，全部办理完毕。

运用代表履职服务平台，倾听民意、反映民情，共收集群众意见建议437条。选派人员参与全市主题教育、巡视巡察、环保督察、文明创建、脱贫攻坚、秸秆禁烧、招商引资等专项工作。

【会议服务】2019年，市人大常委会办公室筹备召开市四届人大三次会议。成立大会筹备秘书处，下设秘书、会务、材料等11个组室，完成会议的筹备和服务。

筹备召开市人大常委会会议。全年召开12次常委会会议，听取“一府两院”专项工作报告18项。作出决议决定9个，组织开展1次执法检查、1次专题询问，任免国家机关工作人员72人次。

服务召开市人大常委会主任会议。全年召开35次主任会议，听取市政府关于政府性债务管理情况等14项专项报告，提出意见建议，促进工作开展。

【法治建设服务】2019年，市人大常委会办公室履行法治建设职责，协助做好常委会立法、学法、法律监督工作。举办常委会法律知识讲座，组织常委会任命人员宪法宣誓42人次。开展机关“12•4”国家宪法日活动，举行宪法宣誓仪式。出台《亳州市人大常委会立法计划编制程序》，对立法计划编制做出制度安排。进一步完善立法调研、立法论证、基层立法联系点、立法专家顾问等机制，推动立法工作不断创新。依法审查规范性文件28件，维护国家法治统一。

（谢文星）

亳州市人民政府

图7 “美丽亳州”系列图片——2019年，曹操地下运兵道景区　　（陈海红　摄）

概　述

【概况】2019 年，亳州市坚持稳中求进工作总基调，以供给侧结构性改革为主线，做好“六稳”工作，推动高质量发展，完成市四届人大三次会议确定的主要目标任务。亳州市连续 4 年获国务院通报表扬和省目标管理绩效考核先进单位称号，连续 2 年获省稳增长贡献奖；获民营经济发展等 101 项省级以上表彰，在全国基本公共卫生工作会议、全国推进农村厕所革命视频会议等 24 次省级以上会议作典型发言，全省公安机关深化“放管服”改革、全省中小学教师“县管校聘”管理改革等 15 次省级现场会在亳州市召开。在 23 项主要经济指标中，亳州市有 3 项增速居全省第一位，12 项居前三位，20 项居前八位。全年地区生产总值同比增长 9.4%，总量新超过 2 个市，居全省第九位；财政收入 214.3 亿元，居全省第十位、增长 7.1%，固定资产投资增长 13%，规模工业增加值增长 11.4%，城镇常住居民人均可支配收入增长 9.1%，农村常住居民人均可支配收入增长 10.6%。

【农业】2019 年，亳州市粮食总产 499.7 万吨、居全省第二位，一等麦占比 92.4%、高于全省 21.8 个百分点。亳州市成为全国 5 个整建制实现主要农作物生产全程机械化的市之一。中药材种植面积 8.03 万公顷，其中标准化种植面积 2.4 万公顷。设施蔬菜种植面积发展到 5.33 万公顷。实施生猪稳产保供措施，对非洲猪瘟有效防控。新增规上农产品加工企业 12 家，规上农产品加工业产值增长 8.4%，农产品网络销售额 51.7 亿元。新建改造农家店 160 家、农村综合服务社(中心)24 家。新培育“三品一标”农产品 51 个，涡阳县获评国家级农产品质量安全县，蒙城县成为全省首个上海市外蔬菜主供应基地，谯城区获全国“平安农机”示范区称号。现代农业基础更加坚实，新增高标准农田 28666.67 公顷，完成城乡建设用地增减挂钩项目 1733.33 公顷、工矿废弃地复垦利用项目 666.67 公顷，建成谯城区油河上段、涡阳县北淝河上段、蒙城县茨河治理项目主体工程，涡河蒙城枢纽工程快速推进。新增农民合作社 1881 家、家庭农场 2180 家，培训新型职业农民 5574 人。

【工业】2019 年，亳州市推进现代中医药产业高质量发展，《世界中医药之都(安徽亳州)建设发展规划(2020 ～ 2030 年)》获省政府批复实施，省政府工作报告明确提出支持亳州建设世界中医药之都，现代中医药产业规模突破 1150 亿元，现代中药产业集聚发展基地产值增长 15.2%，完成药品技术转让 12 个，协议引进仿制药一致性评价品种 131 个，安徽济人药业有限公司的中药配方颗粒进入德国药房销售。加快推动传统制造业升级，新增规模工业企业 101 家，工业投资增长 9.3%，工业技改投资增长 56.8%，居全省第一位，获批国家级专精特新“小巨人”企业、工业设计中心、中小企业公共服务平台 5 家，新增省级智能工厂 2 个、数字化车间 2 个，新认定省级新产品 36 个、企业技术中心 11 家、制造业创新中心 1 家。大力发展新能源产业，累计并网装机规模 115 万千瓦。古井集团实现营业收入 120.7 亿元，利税总额 60.9 亿元，分别增长 15.2%、9.5%，“古井贡酒 · 年份原浆”传统酿造区获批为国家级工业遗产，古井贡酒股份有限公司获批为国家级绿色工厂。浪潮大数据产业园 13# 楼投入使用。

【服务业】2019 年，亳州市推动金融精准服务实体经济，新增贷款 323.3 亿元，贷款余额增长 19.7%，连续 6 年居全省前三位，普惠小微贷款增长 17.3%；实现直接融资 220 亿元、增长 59.2%，居全省第三位，新增各类挂牌企业 72 家，域外银行向亳州市直接贷款 165.2 亿元，亳州市成为全国 10 个享受企业债券“直通车”激励措施支持的地区之一。持续开展 2019 亳州文化旅游年活动、国际马拉松等 7 项品牌赛事。到亳旅游人数、国内旅游收入、旅游总收入增速分别居全省第一位、第二位、第三位。邮政业务总量 26.3 亿元，增速居全省第一位。全面激发消费潜力，新增驰名商标 3 件，限额以上商贸流通企业突破 1000 家、达 1016 家，社会消费品零售总额增长 12.3%，居全省第三位；市文化馆、市体育运动学校建成投用。亳州薛阁塔获批全国重点文物保护单位。“五禽戏群众文化普及活动”获评国家公共文化服务体系示范项目。

【园区建设】2019年，亳州市推动开发区高质量发展，6个省级开发区经营（销售）收入增长18%，规模工业增加值增长15%，亳州高新区创建国家高新区通过专家论证，涡阳、蒙城经济开发区进入全省开发区综合考核评价30强，亳芜现代产业园区实现稳健发展。安徽亳州国家农业科技园区通过科技部验收，华佗牌救心丸项目获省科学技术奖二等奖。

【发展保障】2019年，亳州市市级综合服务大厅完成整合升级，695个市本级公共服务事项实现1日办结，“最多上一次”事项占比超96%。在全省率先实现工程建设项目审批改革“一窗受理、全程代办”，审批时限压缩至90个工作日以内。开展“四送一服”集中活动，办结企业反映的突出难点痛点问题216个，促成生产要素项目成功对接2716个。支持民营经济发展，落实减税降费政策，为企业减负38亿元；清理拖欠民营企业、中小企业逾期欠款8533.4万元，清偿率82.4%。开展金融机构不良资产压降、互联网金融风险、“套路贷”等专项整治，银行业贷款质量居全省第三位，完成省下达非法集资陈案化解任务。加大援企稳岗和重点群体就业扶持力度，常态化开展“2+N”招聘活动，新增城镇就业6.5万人、农村转移劳动力11.8万人、高技能人才5098人。开展“亳州老乡，请您回家”和助力青年学子创业活动，返乡创业投资500万元以上项目179个，总投资49.8亿元。

【招商引资】2019年，亳州市推进招商引资、招才引智，新签约亿元以上工业项目224个，其中5亿元以上49个、10亿元以上27个；实际到位省外资金830.9亿元，增长15%，居全省第二位；引进高层次人才、急需紧缺人才290人。849个省市重点项目投资完成率117.4%，47个投资10亿元以上重大项目开工建设，省重点项目投资完成率、开工率、竣工率连续3年保持全省领先位次。成功举办2019年国际（亳州）中医药博览会暨第39届全国（亳州）中药材交易会。涡阳县、蒙城县、利辛县3县全部上榜中国投资潜力百强县、全国营商环境百强县。

【改革创新】2019年，亳州市搭建企业联办服务平台实现企业快速开办做法成为全省唯一受到国务院第六次大督察通报表扬的市级典型，正式加入长三角城市经济协调会、淮河生态经济带城市合作会议“俱乐部”，成功入选国家医保基金监管方式创新试点市，农村敬老院集成改革获评2019中国改革年度优秀案例，企业开办1日办结、乡镇生态环保（河长制）工作站设立、解救关锁精神病人等工作获国家有关部委高度评价，免费为新开办企业刻制公章做法在全省推广。推进“放管服”改革，推进“一网、一门、一次”改革，新登记各类市场主体7.7万户，增长10.5%，居全省第四位。在全省率先实现工程建设项目审批改革“一窗受理、全程代办”，审批时限压缩至90个工作日以内。农村综合改革成效突显，96.8%的村完成集体产权制度改革，75%的村完成“三变”改革，土地流转30.07万公顷。建安集团、城建集团获批发行银行间市场交易商协会债务融资工具，文旅集团直接融资取得较大突破，亳州机场开发投资公司、市融资担保公司、市信息产业公司组建运营。新兴动能快速成长，新认定高新技术企业51家、总数达120家，高新技术产业增加值增长14.7%，战略性新兴产业产值增长25.4%，万人发明专利拥有量增速居全省第二位，全社会研发经费增长32.6%，居全省第四位，企业吸纳技术成交额增长240%。

【对外开放】2019年，亳州市稳外贸稳外资，利用外商直接投资9.6亿美元，新增进出口实绩企业83家，进出口总额增长24.8%，居全省第二位，亳州海关正式挂牌运行。累计接待外国友人、港澳同胞、世界知名华人和重要社团组织人员9批次140余人次。坚持以药为媒，与韩国大邱文化旅游医疗观光组、澳大利亚华商会、泰国商会等国际社团组织开展交往，加强与韩国荣州市、法国干邑市交流，与马来西亚诗巫市就教育、文化开展合作交流。

【城乡建设】2019年，亳州市城市功能不断完善。市城市控制性详细规划通则修编正式启动，中心城区教育、卫生、排水等7个专项规划编制及水系贯通、新能源充电设施布点、供热工程等专项规划修编全面完成。中心城区120个城建项目完成投资38.8亿元。6个商合杭高铁下穿工程全部建成，亳州公路客运高铁枢纽站、北公交客运枢纽站投入使用。商合杭高铁合肥以北段正式通车，实现了全市人民期盼多年的高铁梦。亳州机场获批建设，淮蒙阜城际铁路完成可研编制，涡河高等级航道整治工程全面开工，亳蒙高速、亳蚌城际铁路前期工作顺利推进，新改建国、省干线公路224.8千米。引江济淮亳州段一期工程加快推进、二期工程正式启动，城南地表水厂完成建设。开通5G基站120个，中心城区核心区实现连续覆盖。报批各类建设用地2800公顷，低效闲置用地处置率67%。城市管理水平稳步提升。"两治三改"专项行动顺利推进，新开工棚户区改造项目2.9万套、基本建成1.8万套，改造老旧小区6个，22条道路雨污分流改造和24处易涝点整治全面完成，城管数字化水平显著提升。全面启动全国文明城市创建，蝉联省文明城市，荣获省节水型城市称号，谯城区入选全国第二批新时代文明实践中心建设试点。推进园林城市创建，新增公园、街头游园6处，城市绿地率31.5%。农村环境持续改善，蒙城县立仓农旅小镇获批省级特色小镇，建成省级美丽乡村中心村47个，改造农村厕所6.2万户，清理整治"大棚房"问题41个。1431千米农村公路扩面延伸工程全部完工，1141个建制村基本通客车，利辛县获评全国"四好农村路"示范县。

【生态建设】2019年，亳州市落实"五控"措施，狠抓秋冬季大气污染联防联控，PM2.5年均浓度下降3.1%，完成省下达目标任务。全面实施河（湖）长制，整改河湖"四乱"问题399个，完成320个入河排污口整治并通过省级验收，36处城市黑臭水体已消除35处，生活污水日处理能力达61万吨，在全省率先实现乡镇政府驻地污水处理设施全覆盖，境内地表水断面考核获省级生态补偿资金2150万元、居全省第三位。完成农村饮水安全巩固提升工程77处、饮水型氟超标改水工程33处，受益人口分别达72万人、33.2万人。完成人工造林6266.67公顷。利辛县创建全国水生态文明城市建设试点通过验收。

图8　2019年8月27日，全省乡镇生态环境保护工作站建设现场会在亳州市召开　（市自然资源局　供图）

【脱贫攻坚】2019年，亳州市贫困人口由2014年的48.95万人降至11472人，贫困发生率由2014年的9.68%降至0.21%，286个贫困村全部出列，三县一区全部脱贫摘帽，省年度脱贫攻坚工作成效考核中，亳州市连续3年获得"好"的等次，实现"保类进位"目标。2015年始，全市各级各类共投入扶贫资金125亿元，其中市本级投入资金22.5亿元，推进精准帮扶举措落地见效。建成并网村级光伏电站总规模50.5万千瓦，等效利用小时数1248.8小时，建设管理做法在全国推介。实施"金银林"扶贫工程，拓宽贫困户增收空间。信息数据质量位居全省、全国前列，工作经验在全国推广。研究制定"23+8"重点整改任务，开展大走访、大排查、大整改和再走访、再排查、再整改，讲好"五句话"活动。为全市10308个自然村配备11915名扶贫小组长，实施个性化帮扶，中央脱贫攻坚专项巡视反馈问题整改基本完成。"两不愁三保障"及饮水安全突出问题总体解决，共排查出存在问题的有9291户18885人，全部完成整改。开展扶贫领域"懒政怠政、不作为慢作为"专项整治，2019

年查处扶贫领域违纪违法问题307起、处理534人，分别比上年下降31.9%、13.6%。

【社会管理】2019年，亳州市33项民生工程支出资金195.5亿元，完成年度任务。改造农村危房3832户。在全省率先实现低保城乡统筹。建成养老服务中心31所、养老服务站65所。132家公办乡镇敬老院由乡镇卫生院托管并挂牌运营，1723名失能、半失能“五保”老人实现老有所养、病有所医。解救关锁精神病人56人。推进农民工工资实名制登记和工资支付监管信息化平台应用，欠薪人数和欠薪金额较上年分别下降21%和24.6%。全面实施“2376”工程，新建成投用公办中小学及幼儿园83所、增加学位5.8万个，推进城镇小区配套幼儿园治理工作，开展中心城区公办幼儿园午餐供应、午休服务和延时接送，缓解了“上学难”“上学贵”“接送难”等问题。亳州学院获批本科专业7个、获国家级学科技能大赛奖项8项，亳州职业技术学院中药学专业获评为国家级骨干专业、中药制药综合实训基地获评为国家级实训基地，亳州中药科技学校入选国家首批“1+X”证书制度试点。市妇幼保健计生服务中心建成投用，市第二人民医院、市儿童医院开工建设，市中医院成立运营，县域内就诊率88.1%，公立医院药占比26.9%，涡阳县、蒙城县获批全国紧密型医共体建设试点县。医保按病种付费执行率60.1%，亳州市与长三角40个市实现异地就医住院医保费用直接结算。建成社区文体中心12个、村级综合文化服务中心1178个。“中国好人”“安徽好人”上榜人数居全省第一位。市长热线共受理群众各类诉求38.3万件。整改挂牌督办重大安全隐患518处，在全省首创乡镇(街道)派驻消防文员闭合落实消防末端责任。食品药品、产品质量、特种设备安全形势稳中趋好。第四次经济普查完成，《亳州年鉴(2018)》获全国地市级综合年鉴二等奖。坚持房子是用来住的、不是用来炒的定位，增加有效供给，强化商品房预售资金监管等防控措施，累计化解房地产遗留问题22个，房地产市场平稳健康运行。按照“三到位一处理”原则，做好重点人群维稳工作，全市信访形势持续向好。推进十大重点行业领域扫黑除恶专项斗争，侦办黑社会性质组织案件12件，打掉涉恶犯罪集团29个，摧毁恶势力犯罪团伙66个，人民群众的安全感、满意度不断提升。

（郑　飞）

重要会议

【市政府全体会议】2019年召开市政府全体会议1次。

2019年2月24日，市政府召开第六次全体会议，分解落实2019年政府工作报告主要目标任务，安排部署有关工作。

【市政府常务会议】2019年共召开47次市政府常务会议。

1月7日第87次常务会议，学习习近平主席2019年新年贺词，听取关于省委经济工作会议、全省农村人居环境整治工作考察总结座谈会议、全省铁路建设工作会议精神及亳州市贯彻落实意见等汇报，还研究了其他事项。

1月21日第88次常务会议，传达学习省“两会”精神，听取关于全国、全省安全生产视频会议精神及亳州市贯彻落实意见等汇报，审议《亳州市餐厨废弃物管理办法》等，还研究了其他事项。

1月28日第89次常务会议，听取关于2019年《政府工作报告（讨论稿）》等3个报告起草情况等汇报，审议《亳州市对组织、接待游客来亳旅游企业奖励暂行办法》等，还研究了其他事项。

2月12日第90次常务会议，听取关于全省统计工作会议精神、全省农村人居环境整治会议精神、省委农村工作会议精神及亳州市贯彻落实意见等汇报，还研究了其他事项。

2月18日第91次常务会议，听取关于城管系统环保项目建设有关情况等汇报，审议《中共亳州市委亳州市人民政府关于大力促进民营经济发展的实施意见》等，还研究了其他事项。

2月25日第92次常务会议，审议《世界中医药之都（安徽亳州）建设发展规划（2018—2030年）》等，还研究了其他事项。

3月14日第93次常务会议，传达学习《安徽省纪委监委关于深入推进构建亲清新型政商关系大力支持民营经济发展有关问题的意见》，听取关于设立涡阳县科技学校3所中职学校等汇报，还研究了其他事项。

3月18日第94次常务会议，传达市委书记汪一光在市委常委会听取市政府党组工作汇报时的重要讲话精神，听取关于习近平总书记重要讲话精神、全国“两会”精神及亳州市贯彻落实意见等汇报，还研究了其他事项。

3月26日第95次常务会议，听取关于全省春季农业生产现场会议精神及亳州市贯彻落实意见等汇报，审议《亳州市城市市容和环境卫生管理条例》等，还研究了其他事项。

4月1日第96次常务会议，传达学习《习近平扶贫论述摘编》第一章“决胜脱贫攻坚，共享全面小康”内容，听取关于全省脱贫攻坚专项巡视整改工作调度会议主要精神及亳州市贯彻落实意见等汇报，审议《亳州市坚持农业农村优先发展做好“三农”工作的实施意见》等，还研究了其他事项。

4月8日第97次常务会议，传达学习《习近平扶贫论述摘编》第二章“坚持党的领导，强化组织保证”内容，传达学习习近平生态文明思想和新论述新指示及中央、部、省领导有关工作要求暨省环保委员会会议主要精神，还研究了其他事项。

4月15日第98次常务会议，传达学习《习近平扶贫论述摘编》第三章“坚持精准方略，提高脱贫实效”内容，审议《亳州市城区电动三轮车和电动四轮车专项治理工作方案》及《亳州市城区电动车交通行为劝导专项行动方案》等，还研究了其他事项。

4月22日第99次常务会议，传达学习《习近平扶贫论述摘编》第四章“坚持加大投入，强化资金支持”内容，传达学习习近平总书记在跨省区脱贫攻坚座谈会上的重要讲话精神和习近平总书记在重庆主持召开解决“两不愁三保障”突出问题座谈会上的重要讲话精神，听取关于4月19日中共中央政治局会议精神及亳州市贯彻落实意见等汇报，还研究了其他事项。

4月29日第100次常务会议，传达学习《习近平扶贫论述摘编》第五章“坚持社会动员，凝聚各方力量”内容，听取关于全国职业教育改革电视电话会议主要精神及亳州市贯彻落实意见等汇报，审议《亳州市现代服务业项目招商引资扶持奖励（修订）办法》《亳州市促进服务外包产业发展扶持政策（修订）》等，还研究了其他事项。

5月6日第101次常务会议，听取关于全省旅游业发展大会主要精神及亳州市贯彻落实意见等汇报，审议《亳州市人民政府工作规则（修订）》等，还研究了其他事项。

5月13日第102次常务会议，分别听取关于习近平总书记、李克强总理关于民政工作批示讲话精神及省委省政府对贯彻落实总书记批示精神提出的要求、中央第三生态环境保护督察组对安徽省开展“回头看”情况反馈会精神及亳州市贯彻落实意见等汇报，还研究了其他事项。

5月20日第103次常务会议，传达学习《习近平扶贫论述摘编》第六章“坚持从严要求，促进真抓实干”内容，听取关于李国英省长在皖北经济社会发展调研座谈会上的讲话精神及亳州市贯彻落实意见等汇报，审议《亳州市政府网站群管理办理（暂行）》《亳州市加强全市开发区规范管理促进高质量发展的实施意见》等，还研究了其他事项。

5月27日第104次常务会议，传达学习《习近平扶贫论述摘编》第七章“坚持群众主体，激发内生动力”内容，通报市政府重点工作未完成事项，审议《2019年亳州市秸秆禁烧和综合利用工作方案》《亳州市开展城镇小区配套幼儿园治理工作方案》等，还研究了其他事项。

6月3日第105次常务会议，传达学习《习近平扶贫论述摘编》第八章“携手消除贫困，共建人类命运共同体”内容，听取关于全国全省部署推进职业技能提升行动电视电话会议精神及亳州市贯彻落实意见等汇报，审议《亳州市2019年政务公开重点工作任务分工》等，还研究了其他事项。

6月10日第106次常务会议，传达《关于寿县团山风电项目侵占八公山风景区问题有关情况的通报》，听取关于全省贫困县退出工作现场推进会议、专项巡视暨国家考核反馈问题整改调度会议精神及亳州市贯彻落实意见等汇报，审议《亳州市城乡建设用地增减挂钩节余指标有偿调剂实施细则》等，还研究了其他事项。

6月17日第107次常务会议，审议《亳州市进一步规范农村五保供养管理工作若干规定》《亳州市“互联网+监管”系统建设管理实施方案》等，还研究了其他事项。

6月24日第108次常务会议，听取关于全省加强警示教育整治形式主义、官僚主义电视电话会议精神及亳州市贯彻落实意见等汇报，还研究了其他事项。

7月1日第109次常务会议，听取关于《中共中央 国务院关于印发〈长江三角洲区域一体化发展规划纲要〉的通知》及亳州市贯彻落实意见等汇报，审议《亳州市乡村振兴战略规划(2018—2022年)》等，还研究了其他事项。

7月8日第110次常务会议，审议《亳州市信息产业集团有限公司组建方案》《亳州市建立健全农村饮水安全工程长效管理机制的实施意见》等，还研究了其他事项。

7月16日第111次常务会议，听取关于亳州机场开发投资有限责任公司组建方案情况等汇报，还研究了其他事项。

7月22日第112次常务会议，听取关于省长李国英2019年5月份主持召开的省政府会议议定事项及以往会议议定事项涉及亳州市任务等汇报，还研究了其他事项。

7月29日第113次常务会议，听取关于全国全省安全生产视频会议精神、全国外贸外资工作电视电话会议精神及亳州市贯彻落实意见等汇报，审议《亳州市医疗卫生领域财政事权和支出责任划分改革实施细则》等，还研究了其他事项。

8月6日第114次常务会议，听取关于7月30日中央政治局会议精神及亳州市贯彻落实意见等汇报，审议《亳州市鼓励企业上市挂牌及直接融资奖励暂行办法》《亳州市2019年农村人居环境整治工作考核实施细则》等，还研究了其他事项。

8月12日第115次常务会议，传达学习市委常委会精简会议文件精神，听取关于全省秸秆综合利用暨畜禽养殖废弃物资源化利用会议精神及亳州市贯彻落实意见等汇报，还研究了其他事项。

8月19日第116次常务会议，听取关于全省危险化学品领域安全防控监测信息系统建设推进会议精神及亳州市贯彻落实意见等汇报，审议《亳州市贯彻〈安徽省实施长江三角洲区域一体化发展规划纲要行动计划〉实施方案》《利辛县城总体规划(2018—2030年)》等，还研究了其他事项。

8月26日第117次常务会议，听取关于中央环保督察交办问题整改和近期大气污染防治重点工作任务落实情况等汇报，通报2019年度市政府部门岗位责任目标1—7月完成情况，还研究了其他事项。

9月2日第118次常务会议，传达省政府关于国务院第六次大督察服务保障工作动员部署会议精神，通报2019年《省政府工作报告》和省政府重点工作量化指标任务1—7月亳州市工作进展情况，听取关于成立15个安全生产专项领导小组和调整市安委会成员单位情况等汇报，还研究了其他事项。

9月16日第119次常务会议，听取全国稳定生猪生产保障市场供应电视电话会议精神、全国开展好村庄清洁行动秋冬战役视频会议精神、全省推进乡村产业振兴暨“五个一批”工程调度会议精神及亳州市贯彻落实意见等汇报，还研究了其他事项。

9月23日第120次常务会议，审议《亳州市残疾人联合会改革方案》《亳州市科技成果转化引导基金组建方案》等，还研究了其他事项。

10月8日第121次常务会议，传达学习《安徽省生态环境保护督察纪律规定》，听取关于全省农村人居环境整治暨农业农村重点工作三季度调度会议精神及亳州市贯彻落实意见等汇报，还研究了其他事项。

10月14日第122次常务会议，审议《亳州市国土空间总体规划(2020—2035年)编制工作方案》等，还研究了其他事项。

10月21日第123次常务会议，传达学习习近平总书记关于脱贫攻坚工作重要讲话精神，听取关于中央环保督察交办问题整改和近期大气污染防治重点工作任务落实情况等汇报，还研究了其他事项。

10月29日开第124次常务会议，传达学习习近平总书记、李克强总理关于中医药工作的重要指示批示精神及《中共中央国务院关于促进中医药传承创新发展的意见》，听取关于全国全省进一步做好清欠工作电视电话会议精神及亳州市贯彻落实意见等汇报，还研究了其他事项。

11 月 4 日第 125 次常务会议，解读《安徽省打好防范化解重大金融风险攻坚战实施方案》，听取关于全省 2019—2020 年秋冬季大气污染综合治理攻坚行动动员视频会议精神及亳州市贯彻落实意见等汇报，审议《亳州市中心城区菜市场建设三年行动计划》等，还研究了其他事项。

11 月 11 日第 126 次常务会议，传达学习《安徽省长江经济带沿江化工产业污染防治工作方案》，听取关于安徽质量大会会议精神及亳州市贯彻落实意见等汇报，还研究了其他事项。

11 月 18 日第 127 次常务会议，听取关于全国冬春农田水利基本建设电视电话会议精神及亳州市贯彻落实意见等汇报，还研究了其他事项。

11 月 25 日第 128 次常务会议，传达学习《贯彻〈中共中央办公厅　国务院办公厅关于加强和改进乡村治理的指导意见〉的实施意见》，审议《亳州市智慧学校建设实施规划（2019—2022 年）》等，还研究了其他事项。

12 月 2 日第 129 次常务会议，听取关于全省开发区创新升级推进大会会议精神及亳州市贯彻落实意见等汇报，审议《亳州市市属企业重大决策事项管理办法》等，还研究了其他事项。

12 月 9 日第 130 次常务会议，通报 2019 年《省政府工作报告》和省政府重点工作量化指标任务 1—10 月亳州市工作进展情况，听取关于全省公安机关深化"放管服"改革现场会议精神及亳州市贯彻落实意见等汇报，审议《亳州市农村产权纳入平台交易的实施方案》《亳州市住房保障信用管理暂行办法》等，还研究了其他事项。

12 月 16 日第 131 次常务会议，传达学习习近平总书记关于扶贫工作的重要论述和重要指示批示精神，传达学习《加强"邻避"问题防范与化解工作指导意见》，听取关于全省道路交通安全工作现场会会议精神及亳州市贯彻落实意见等汇报，还研究了其他事项。

12 月 23 日第 132 次常务会议，听取关于中央经济工作会议、省委经济工作会议精神及亳州市贯彻落实意见等汇报，审议《亳州市改革完善医疗卫生行业综合监管制度实施方案》等，还研究了其他事项。

12 月 30 日第 133 次常务会议，听取关于全省畜牧业暨四季度农业农村重点工作调度电视电话会议精神及亳州市贯彻落实意见等汇报，关于中央环保督察交办问题整改和近期大气污染防治重点工作任务落实情况等汇报，审议《亳州市重污染天气应急预案》等，还研究了其他事项。

（郑　飞）

市政府办公室工作

【概况】2019 年，市政府办公室按照"四化、三可"和"好快高"的要求，坚持"三严三实""真抓实干、马上就办"，发挥职能作用，强化责任担当，狠抓工作落实。

完成政府工作报告、推进五大发展督察调度会议、省领导到亳调研汇报、省大型会议市委、市政府交流等材料的起草工作，牵头组织市政府党组会、市政府常务会议及市长工作例会 90 余场次、研究议题 680 余个，整理会议纪要 50 余篇、会议记录 70 余篇，开展办文办会办事质量整顿月活动，组织购买 100 册公文写作用书，编印《办公室公文办理无差错评审标准》等细则，增强办文质量。落实精文减会要求，全年以市政府及市政府办公室名义制发普发性文件 218 件、召开全市性会议 35 次，分别较上年同期下降 36%、35%，完成精文简会 1／3 的目标。推进无纸化办公，全面使用电子政务办公平台 OA 系统，网上收文、发文运转率分别在 95%、90% 左右，办文效率提高，办文成本降低。

配合市委第三巡察组做好巡察市政府机关党组相关工作。

【政策研究】2019 年，市政府办公室围绕市委、市政府中心工作和"四个点问题"，联合多家市直部门，开展专项调研活动 11 次，撰写调研报告 13 篇，其中 8 篇获市领导批示。组织市政府系统开展重点课题调研工作，协调、指导有关部门完成重点课题报告 49 篇。

【政务信息服务】2019 年，市政府办公室编辑《决策参考》41 期、收集整理决策信息150余条，编发各类简报261期，形成《每日信息快报》210期，获领导批示130余次。坚持量质并举、以质为先，向省政府办公厅报送信息700余篇，被省政府办公厅采用170篇，其中5篇获省政府领导批示。

【政民互动】2019年，市政府办公室提升市长热线服务质量，建立“六位一体”服务格局，受理群众诉求38.31万件，增长11.9%，按期回复率99.97%。下发督办单288件，其中现场督办209次，增长74%。办理省长热线、人民网省长留言、省政务双微交办件912件，办结率100%，群众满意率98%、居全省领先行列。

【营商环境创优】2019年，市政府办公室创优“四最”营商环境，深化“放管服”改革，提高服务水平。结合机构改革，调整市“四送一服”工作领导小组，重组服务企业团队，成立“放管服”改革和营商环境监督科。在全省率先完成工程建设项目审批系统建设，全程实现“一窗受理、全程代办”，审批材料由400余项精简至60余项。695个市本级公共服务事项实现一日内办结，“最多上一次”事项占比超96%。搭建企业联办服务平台实现企业快速开办做法受到国务院第六次大督察通报表扬，是全省唯一的市级典型。减轻企业负担，激发市场活力。在全省率先实现新办企业免费刻章、免费邮寄，累计为5459家新办企业节省成本490余万元，获省政府肯定，并在亳州市召开现场会。推进“四送一服”活动，办结省“四送一服”平台转办问题216个，其中26个案例被列为省“四送一服”平台问题办理典型案例；开展各类政策宣讲2359次、走访调研企业11423家次，召开企业座谈会4780场次，促成 2716个要素项目成功对接。

【应急值守】2019年，市政府办公室严格落实24小时在岗值班和领导带班制度，做到接报应急信息后第一时间报告、第一时间处置；编辑上报《亳州值班信息》40期，编制《值班工作情况》9期；及时落实反馈省政府领导对涉及亳州突发事件批示5件。在全省率先实现值班可视化系统建设，是使用该系统向省政府领导汇报值班工作情况的唯一地级市。抽查各县区政府（含乡镇）和市直单位值班值守情况1875次。

【政务公开】2019年，市政府办公室贯彻落实新修订的《中华人民共和国政府信息公开条例》，发布政府信息24万余条，其中重点领域信息4.1万余条。

巩固蒙城县国家级政务公开标准化规范化试点成果，全面推广基层政务公开“两化”经验。

亳州市在“全国政府网站信息报送系统”中正常运行网站36家；在国家、省网站测评中合格率连续12个季度为100%；印发《亳州政报》6期。

【机关事务管理】2019年，市机关事务管理局按照程序依法处置闲置公务用车9辆，采购公务用车16辆。市级120辆公务用车全部安装ETC，安装率100%。优化办公资源，整合办公用房，收回腾退办公用房8500平方米，整合调整30家单位办公用房，腾退1265平方米窗口用房用于市政务服务大厅优化布局。

【红十字工作】2019年，市红十字会办公室组织开展救护员培训1553人次；推进“博爱送万家”活动，协助63名白血病、先天性

图9 2019年12月29日，市红十字会组织紧急救助培训（刘勤利 摄）

心脏病患儿申报救助资金180万元；参与“99公益日”项目，筹集资金30余万元用于救助困难群众。组织器官捐献5例、遗体捐献3例、角膜捐献8例、造血干细胞捐献2例和淋巴细胞捐献1例，挽救15名器官衰竭患者、3名血液病患者的生命，为10余名目疾患者带去光明。亳州市和蒙城县红十字会均获评“安徽省红十字工作先进集体”，利辛县红十字会工作人员萧相获评“全国红十字系统先进工作者”。

（郑 飞）

【外事活动】2019年，市政府外事办累计接待外国友人、世界知名华人和重要社团组织人员9批次140余人次。以药为媒，与韩国大邱文化旅游医疗观光组、澳大利亚华商会、泰国商会等国际社团组织开展交往，与韩国荣州市、法国干邑市交流，多次与马来西亚诗巫市就教育、文化交流合作进行沟通交流。

【公积金管理】2019年，亳州市共归集住房公积金24.77亿元，同比增长5.59%，完成年度计划（计划目标18亿元）的137.59%。全市住房公积金提取12.45万人次，共提取住房公积金18.96亿元，同比增长4.80%，完成年度计划（计划目标16亿元）的118.47%。

全市全年共发放住房公积金贷款4331户12.76亿元，贷款户数和放款额度同比分别增长42%和39.31%，支持购房面积54.41万平方米，为职工节约购房成本4.35亿元。实现业务收入2.16亿元，业务支出0.98亿元，实现待分配增值收益1.18亿元，同比增长12.24%。截至2019年年底，累计上缴廉租房补充资金4.83亿元。为全市2751家单位、15.95万缴存职工进行结息工作，共支付利息9466.58万，较上年同期增加824.7万元，增长9.54%。

2019年12月27日，亳州市住房公积金管理委员会第二次会议召开。会议审议通过公积金相关政策。提高亳州市住房公积金月缴存最高限额，将2019年亳州市住房公积金个人月缴存最高限额由1600元调整为1800元，职工所在单位以相应金额给予补贴。提高公积金贷款最高贷款额度，单职工缴存最高贷款额度由30万元提高到35万元；双职工缴存最高贷款额度由40万元提高到50万元。调整还款方式，实行等额本金还款法，贷款期内每月等额偿还贷款本金，贷款利息随本金逐月递减。

同年，市住房公积金管理中心获评“全省政务服务系统最佳服务窗口”“安徽省三八红旗集体”“第四批省住房城乡建设系统学雷锋活动示范点”“2018年度市直单位考核优秀单位”“亳州市2019年度学习型党组织建设工作示范点”等称号。马飞入选安徽省住建系统“不忘初心、牢记使命”主题教育先进事迹报告团成员。

（王善民）

市政府发展研究

【概况】2019年，市政府发展研究中心围绕“四个点”问题和亳州市经济社会发展状况，开展猪八戒网共享平台、建立防范返贫长效机制探索、主城区电动三轮车管理、大健康产业、市长热线群众反映重难点问题、医药制造业税收、企业项目承诺制改革、工业项目审批“一站式”服务、提高市长热线办理服务质量、亳州市白酒产业高质量发展等专项调研活动11次，撰写《关于猪八戒网共享平台的考察报告》《关于建立防范返贫长效机制 巩固脱贫攻坚成果》《市城区电动三轮、四轮车管理考察报告》《亳州市大健康产业发展研究报告》《亳州市医药制造业税收大幅下滑应引起重视》《企业投资项目承诺制改革调研报告》《简化审批流程、提高审批效率，推进工业项目审批“一站式”服务》《亳州市白酒产业高质量发展研究调研报告》等13篇调研报告。其中，《市城区电动三轮、四轮车管理考察报告》《亳州市医药制造业税收大幅下滑应引起重视》《关于市长热线反映亳州高新区住宅小区地下车库积水等问题的调研报告》《企业投资项目承诺制改革调研报告》《简化审批流程、提高审批效率，推进工业项目审批“一站式”服务》《关于规委会和土委会合并工作调研报告》《关于整合政务服务热线打造高质量“12345”热线平台的工作建议》《关于猪八戒网共享平台的考察报告》8篇调研报告获市领导批示。

【市政府系统重点课题调研】2019年，市政府发展研究中心探索实施市政府负责人领衔调研制度，谋划2019年度市政府系统重点调研课题，明确课题责任单位，加强跟踪督导力度，按照计划进度定期检查、催报，及时掌握重点课题进展情况，保障工作的有序进行。协调、指导部门完成重点课题报告49篇，为市委、市政府领导决策提供服务。编印《2018年亳州市政府系统重点课题调研成果汇编》，促进调研成果转化应用。

【信息服务】2019年，市政府发展研究中心针对亳州市发展提出意见建议，以《决策参考》为载体，及时报告国家大政方针和先进省市各项政策措施，提高信息的价值和含金量，拓宽选题范围，加大信息量。在选题上，突出挖掘全局性、宏观性政策动态和与亳州市经济发展有关的政策措施，进行解读分析，提高信息服务的时效性、实用性和针对性。选编各类经济信息150余条，编辑《决策参考》41期。其中多篇信息获市领导批示。

（杨　甜）

数据资源管理

【概况】2019年，亳州市落实国家大数据战略，强化互联网思维，推动大数据、人工智能等新技术在公共服务、社会管理、市民生活等各方面的应用，探索政府自我革新的信息化路径。完善“互联网+政务服务”平台建设，创新办事模式，进一步简流程、优服务、提速度，提升政务服务水平；加强数据资源整合汇集，开展数据资源治理，深化数据资源共享应用；规范视频数据平台日常运维管理，推动平台改造升级，拓展视频数据应用范围；加强“皖事通”App、“我家亳州”App宣传推广，增强公共信息服务能力；统筹全市信息化项目建设管理，节约财政资金；加快浪潮大数据产业园建设，推动数字经济发展。“搭建企业联办服务平台实现企业快速开办”做法成为全省唯一受到国务院第六次大督察通报表扬的市级典型。

【“互联网+”政务服务】2019年，亳州市贯彻落实中央、省“一网、一门、一次”改革部署，实施“慧办事、慧审批、慧监管”工作，网上办事大厅受理群众各类办事申请414.2万件，办结399.2万件，群众满意率为99.9%，市本级公共服务事项“一日办结率”100%。创新“互联网+企业开办”“互联网+不动产登记”新模式，提供“5+X”（即注册登记、公章刻制、发票申领、银行开户、社保登记5项企业开办基本要素+183项后置审批）组合式、定制化办事服务，推行串并结合、容缺受理审批模式，加强安全认证，实现企业开办五项基本要素（注册登记、公章刻制、发票申领、银行开户、社保登记）1个工作日办结，不动产登记3个工作日办结。推进“全程网办”工作，完成638项全程网办事项复制推广任务。省公安厅、省数据资源管理局在亳召开全省公安“放管服”改革现场会。整合设立市级综合服务大厅，推动市直35家部门入驻，设置69个服务窗口，10台7×24小时自助服务机，日均办件量近850件。坚持需求导向，推动“皖事通”App上线全部政务服务事项和83个便民服务事项，新增注册量26.42万个、用户活跃度152.67万人次。

【数据中心建设】2019年，亳州市坚持“集中建设、授权使用”的原则，健全数据标准体系，完善数据整合共享机制，加强数据安全保护，推动部门间数据互通共享、关联应用，整合汇集工商、公安、公积金、卫健等77家单位2211类数据，汇集库数据348.6亿条，共享库数据47.47亿条，数据交换总量10481.56亿条，每日交换数据量约5.67亿条，形成人口数据库、企业数据库、电子证照库、信用信息数据库、医疗数据库、视频数据库和地理空间数据库等一系列城市基础数据库，向230家单位提供733个数据接口、超过32.04亿次数据核查服务。

完善市政务云平台建设，推进市级政务系统集中上云，年底政务云平台共承载运行55个单位、600个应用系统。建成数据集成、数据资产管理、数据安全、数据治理、数据共享交换、数据开放、数据开发和可视化分析等八大平台，深化数据治理，提高数据质量。

【视频数据平台建设】2019年，亳州市视频数据平台市主城区补盲摄像机197台、新增建筑工地视频监控53处，共上线摄像机7.15万台。开展飞线专项整改，处理架空飞线317处。制定《亳州市视频数据平台运维管理制度》，开展日常巡检，处理各类遮挡、离线等故障共9522次，平台在线率保持在99.4%以上。推动视频数据深度应用，部署人脸识别测试系统，抓获历年逃犯及现行嫌疑人224人；在亳州马拉松、五禽戏展演、药博会、摭丸子等活动中，利用道路监控、高空监控、移动布控、单兵等系统搭建现场指挥中心，为应急调度提供视频支撑。

【“我家亳州”App】2019年，“我家亳州”App先后上线24个便民栏目，栏目总数达90个。截至2019年年底，“我家亳州”App下载用户达603万人次，注册用户160万人，月活跃用户数60万户，累计缴纳水电气费、话费、学费、交通罚款等5.4亿元。

【信息化项目审查】2019年，亳州市落实《亳州市政务信息化建设项目管理办法》，对项目申报和审批、建设、监督和验收各阶段进行全流程管理，避免重复建设。审核市本级103个政务信息化项目，预算总金额2.5511亿元，核减预算金额约2694.11万元，资金节约率约为10.56%。

【数字经济】2019年，亳州市出台《亳州市支持数字经济发展若干政策》，通过资金奖补、落实税收优惠政策、加大金融支持力度、优先安排建设用地、补助经营场地费用等方式，助力数字经济发展。加快浪潮大数据产业园建设，9层数据加工楼已于8月份正式动工。加强市场主体培育，全市新培育互联网、大数据、人工智能领域企业32家。

（王峰志　曹单单）

信访工作

【概况】2019年，市委、市政府高度重视信访工作，市级党政领导开门接访99次，接待来访群众101批377人次，其中主要领导开门接访11次，接待来访群众23批66人次。市信访局做好信访评议、“三无”县乡村创建及网上信访工作，抓好“四重”矛盾攻坚战和信访专项治理，信访形势平稳可控、持续向好，网上信访按期办结率99.88%，信访工作机构和责任单位及时受理率分别为100%、99.95%，信访工作机构和责任单位信访事项处理群众满意率分别为97.61%、98.31%。

坚持人民信访人民评、群众诉求群众议，下大力气解决好群众的合理合法诉求。通过听证、评议化解信访矛盾598件，超额完成省分配的359件任务，其中经听证、评议后息访421件，息访率70.4%。完成听证任务数和占比均位居全省第一位。

聚焦网上受理办理，网下推进化解，不断提升网上信访办理质效，发挥网上信访主渠道作用。共接收群众网上信访17478件〔上级转送2923件、市（县、区）两级自收14555件〕，其中大部分涉及民生投诉件，及时化解一批事关群众切身利益的问题。

印发《2019年亳州市“四重”信访矛盾化解攻坚战实施方案》；国家、省、市、县共交办“四重”信访事项54件，其中已息访43件，占总交办件数的79.6%。

【“三无”县乡村“联建、联创、联评”】2019年，亳州市共有乡镇、街道89个，达到“三无”乡镇（街道）标准的有33个，占总数的37.08%；全市村、社区共1311个，达到“三无”村（社区）标准的有1095个，占总数的83.52%。实现全市年初确定的“全市‘三无’乡镇（街道）占30%、村（社区）占40%以上”的目标。

【“人民满意窗口”创建】2019年10月，市信访局在原有的来访接待大厅的基础上进行升级改造，市群众来访接待中心软硬件均得到提升，群众满意度提高。亳州市信访工作的创新举措和工作成效，受到省信访局肯定。12月9日至10日，全省人民满意窗口暨“三无”县乡村建设现场推进会在亳州市召开，省委常委、政法委书记姚玉舟对亳州市信访经验做法给予肯定，对亳州市将1704件信访事项纳入主题教育活动问题清单这一做法在大会上进行重点推介。省信访局多次到亳调研信访工作好的做法，淮南、宿州、滁州、阜阳等兄弟市到亳参观学习。

【"为民服务解难题"信访案件交办】2019年，市信访局成立专班对2009年之后的信访事项，按照属地、属事、上访类别、时间跨度等进行分类，梳理十年来有信访隐患的信访事项1704件(来访1513件+网上191件)，明确"为民服务解难题"(信访)交办件办理流程及有关要求，制定印发《〈亳州市"'四化三可'+信访积案"办理程序的指导意见(试行)〉〈亳州市"'四化三可'+初信初访"办理程序的指导意见(试行)〉的通知》，整合全市信访力量，根据职责、职能分解至相关县区、市直单位，分级负责、各负其责，全部列入主题教育问题、措施、责任、标准"四清单"，逐人逐项厘清合理合法诉求，制定工作方案，一案一策，加强调度，对账销号。

（姚　宁）

应急管理

【概况】2019年3月25日，亳州市应急管理局正式设立，职能是贯彻执行党中央关于应急管理工作的方针政策和决策部署，落实省委、市委的工作要求，在履行职责过程中坚持和加强党对应急工作的集中统一领导。亳州市应急管理局整合原亳州市应急办、市安全生产监督管理局、市水利局防汛抗旱、市民政局防灾减灾等职能，为市政府工作部门，级别正处级。内设机构有办公室、监督管理科（行政审批科）、综合协调科（政策法规科）、救灾减灾和应急指挥中心。

【减灾救灾】2019年，市应急管理局开展防范和化解自然灾害领域重大风险工作，牵头成立防范和化解自然灾害重大风险领导小组，制定专项工作方案和责任清单，排查存在灾害风险，明确防控目标、防控措施和责任单位。健全工作机制，开展风险隐患排查，共排查出农业病虫害、地质、道路交通等8个方面的重大自然灾害风险。组织各相关部门会商研判自然灾害防范30余次，调研自然灾害重大风险点25次，投入整改资金3295万元，对风险进行有效防范和化解。

开展报灾等业务培训。组织工作人员参加省应急厅举办的减灾救灾业务培训、举办乡镇报灾信息员业务培训班，提高市县两级救灾工作人员，以及各乡镇基层报灾员业务素质。全面及时上报灾情信息。7月底，全市遭遇风暴灾，各级报灾信息员24小时值班在岗，及时上报灾情。全市上报冬春救助人口226816人，向省应急厅申报救助资金5464万元，省应急厅共下拨亳州市救助资金3100万元，蒙城县配套200万元、涡阳县配套10万元。联合地震局、气象局联合启动综合减灾示范社区创建工作，经社区自创、县区指导、市级督察审核，共上报创建社区15家，其中国家级社区7家，省级社区8家。经省应急厅、地震局、气象局全面考核，创建国家级社区3家、省级8家。

【地质灾害防控】2019年年初，亳州市原有地质灾害隐患点5处，均为小型。其中地面沉降1处，分布范围为亳州市谯城区—涡阳、利辛大部地区；崩塌4处，分别为涡阳县义门镇胜利居委会涡河河岸崩塌、涡阳县石弓山耿楼窑厂取土坑崩塌、蒙城县坛城镇小山村采石坑崩塌、蒙城县王集乡石山采石坑崩塌。截至2019年年底，消除涡阳县涡河河岸崩塌和石弓山耿楼窑厂取土坑崩塌2处地质灾害隐患点，剩余3处地质灾害隐患点。完成省级地质灾害工程治理验收。

开展地质灾害网格化管理。制定下发《亳州市自然资源和规划局关于印发亳州市地质灾害防治网格化管理工作实施方案的通知》。涡阳、蒙城县均按照方案要求，印发地质灾害防治网格化管理工作实施方案。

推进地面沉降防治。市政府发布实施《亳州市地面沉降防治规划（2018—2025年）》；依托已有的68个地下水监测孔为基础，进一步优化监测网布局，加强地下水水位动态监测工作。推进光纤监测孔、基岩标、分层标建设，构建区域地面沉降监测网络，及时监测地面沉降的沉降量和沉降速率，提出防治措施。利用已有的BR01地热井作为基岩标对市辖区开展测量工作。水利部门根据划定的地面沉降控制区范围，编制亳州市地下水压采方案，确保地面沉降防治实效。

【防汛抗旱】2019年，亳州市应急管理局根据机构改革要求，承接防汛抗旱相关责任任务，压实抗旱责任。印发《地方各级人民政府行政首长防汛抗旱工作职责》任务分解。制定市防指会议召开、响应决定、应急值守、信息报告、指挥协调、信息发布、调查评估等7项工作机制。储备应急物资，开展6次828人次参加的防汛抢险知识培训和演练，排查整改14项重要问题隐患，有效应对2019年4次强降雨过程和2次旱情。全市全年灌溉补墒农作物510万亩次，安全度汛。

【危化品监管】2019年，亳州市应急管理局推进企业安全生产标准化工作，通过安全标准化创建，提高企业负责人安全生产意识，履行安全生产法律职责，提升企业安全生产管理水平。按照“成熟一家创建一家”的原则，共创建安全生产标准化企业26家，其中二级标准化企业1家，三级标准化企业25家。

开展危险化学品领域安全防控监测信息系统建设。按照省应急厅的统一部署，会同市数据资源局、市公共资源交易管理局完成全市危险化学品领域安全防控监测信息系统平台建设，实现对全市193家危化品生产、经营和使用企业及13家涉氨制冷企业互联网的信息和人员与证书录入工作。亳州司尔特生态肥业有限公司、涡阳华夏气体按时落实每日的安全承诺公告。完成亳州司尔特生态肥业公司的物联网系统接入工作，实现信息预警功能。市、县（区）局危险化学品和涉案制冷安全监管工作具办人员可通过系统（手机）实时查询有关企业信息。

（邓　波）

招商引资

【概况】2019年，亳州市本级及各县区均成立驻外招商组，全市招商一线干部共计236人。其中市本级成立三个驻外招商组24人，亳州高新技术产业开发区驻外招商组60人，蒙城20人，谯城区20人，利辛县25人。

印发《关于亳州市现代服务业项目招商引资扶持奖励办法的通知》，对商业综合体、专业市场、星级酒店、总部企业、会展经济招商引资政策进行修改完善。

深化审批事项改革，从立项到开工建设环节，报建审批事项由56项减少为23项，压减项目前期工作时限；开展“四送一服”活动，开通“我要贷款”和政企直通车微信平台，“互联网+政务服务”经验在全国推广，“倾尽全力、竭尽所能、依法依规”的工作要求得到落实，全市营商环境改善。

同年，全市实际利用市外内资2079.9亿元，增长10.6%，新签约各类项目525个，总投资1598.8亿元，其中亿元以上工业项目236个，总投资900.1亿元，完成政府工作报告任务的143.1%。全市亿元以上省外资金项目实际到位资金830.9亿元，总量居皖北六市第二位、全省第七位，到位资金总额同比增长15%，增速居皖北六市第一位、全省第二位，新建亿元以上省外投资项目213个，项目总投资648.1亿元，其中10亿元以上项目19个，全市在建亿元以上省外投资项目364个，项目个数位居全省第九位。

【重大项目签约】2019年，亳州市共签约投资5亿元以上的工业项目52个，总投资596.6亿元，完成政府工作报告任务的173.3%，包括29个10亿元以上的重大工业项目，同比增长31.8%，总投资469.8亿元。

【药博会招商】2019年9月9日，2019年中国（亳州）投资环境说明会暨项目签约仪式在亳州市举行。全国20余个省、直辖市、自治区和香港特别行政区，以及德国、澳大利亚等国家的400余家企业参会，其中上市公司、知名企业83家。集中签约59个合作项目，项目总投资514亿元，其中工业项目54个，签约金额379.4亿元。

【世界制造业大会招商】2019年9月19－22日，世界制造业大会召开。亳州市在全省“六百项目”专场签约活动中，共签约重点项目26个，总金额178.22亿元。其中，央企项目6个、签约金额86.23亿元；民企项目10个、签约金额73.5亿元；港澳企项目2个、签约金额8.4亿元；台湾企业项目5个、签约金额5.7亿元；侨企项目1个、签约金额1.2亿元；外企项目2个、签约金额3.19亿元。

9月19日，2019世界制造业大会亳州市投资环境说明会举办，邀请全国各地20余个省份150余家企业以及部分侨商共200余人参会。集中签约招商引资项目35个、总投资408.6亿元，其中工业项目33个，签约金额238.6亿元。

（王　猛）

中国人民政治协商会议
亳州市委员会

图 8　“美丽亳州”系列图片——2019 年 10 月 12 日，市政协专题协商会　　（张延林　摄）

概　述

【概况】2019年，中国人民政治协商会议亳州市委员会(以下简称“市政协”)及其常委会高举中国特色社会主义伟大旗帜，坚持以习近平新时代中国特色社会主义思想为指导，全面学习贯彻中共十九大，十九届二中、三中、四中全会精神，深入学习贯彻习近平总书记关于加强和改进人民政协工作的重要思想，在中共亳州市委的坚强领导下，坚持“三心两进一流”工作思路，履行政治协商、民主监督、参政议政职能，发扬民主和增进团结相互贯通，建言资政和凝聚共识双向发力，发挥专门协商机构作用。全年组织开展各类协商活动59次，形成调研成果540篇，收集社情民意信息1154条，交办提案450件；向市委、市政府报送建议(案)8件、信息专报9期、社情民意信息16期，编撰文史资料130万字。122项重点工作任务全面完成。

坚持把思想政治引领落实到履职工作各方面和全过程，着力筑牢团结奋斗的共同思想政治基础，确保人民政协事业始终沿着正确的方向前进。

加强理论学习，提高政治站位。健全完善以党组理论学习中心组学习为引领，主席会议集体学习、常委会议专题学习、专题辅导学习、委员培训集中学习等相配套的学习制度体系。全年举办集体学习活动29次(期)，深入学习贯彻习近平新时代中国特色社会主义思想和中共十九大，十九届二中、三中、四中全会精神及省委、市委重要会议精神。中央政协工作会议和省委政协工作会议召开后，迅速掀起学习热潮，推动参加政协的各党派团体和各族各界人士，不断增进“四个认同”，增强“四个意识”，坚定“四个自信”，做到“两个维护”。

强化党建引领，推进党的建设。贯彻中央《关于加强新时代人民政协党的建设工作的若干意见》、省委配套实施意见和新修订的党组工作条例，全面推进政协党的各项建设。制定出台《党组工作规则》，发挥党组把方向、管大局、保落实的领导作用。围绕实现党的组织对党员委员的全覆盖、党的工作对政协委员的全覆盖，组织调查研究和考察学习，召开全市政协系统党的建设专题研讨会，推进以“委员全员入委”为基础，建专委会功能型党支部、建委员小组、建委员党小组、建委员联系机制的“一入四建”工作，落实政协全会、重要活动、委员培训期间建立临时党组织要求，推动建立乡镇(街道)政协工作召集人制度，全市政协系统党建“两个全覆盖”初步实现。涡阳县提名推荐镇(街道)党委专职副书记为县政协委员兼政协工作召集人，在全市率先全面落实。

抓好主题教育，落实问题整改。按照中央及省委、市委统一部署，推深做实“不忘初心、牢记使命”主题教育，紧紧围绕“五句话”的具体目标，组织班子成员和机关党员领导干部系统学习“两书一章”，跟进学习习近平总书记最新重要讲话和中共十九届四中全会精神，扎实开展革命传统教育、先进典型教育、形势政策教育和警示教育。市政协党组成员深入基层开展专题调研29次，召开调研成果交流会，对查找的53个问题提出解决对策。召开对照党章党规找差距专题会、主题教育专题民主生活会，深入查摆剖析，确定整改任务，拟定整改方案和清单，逐项抓好整改落实，取得实实在在的成果。

【参政议政】2019年，市政协常委会把主动服从和服务全市发展大局作为履职的重点任务，聚焦市委、市政府中心工作，精心议政、深度协商，助力党委政府集众智、谋良策、抓落实。

助推经济高质量发展。为进一步推动民营经济发展，组织委员深入调研，召开“支持民营经济发展”专题议政性常委会协商建言。市委书记汪一光同志到会听取发言并作重要讲话，对履职成果和协商成效充分肯定，要求对协商会反映的有关问题进行梳理，形成清单交办落实。组织开展“普惠金融服务实体经济发展”对口协商和“供应链创新与应用”等4个界别协商活动，提出多项建议。服务全市乡村振兴战略规划实施，就“推动乡村产业兴旺”“发展生态农业”“培育新型职业农民”“发展农村电商产业”等课题，组织开展对口协商或界别协商精准建言，为推动农村经济发展献计发力。

助推世界中医药之都建设。连续第3年围绕中医药产业发展深入协商建言。围绕“推进现代中药产业高质量发展”进行专题协商，结合贯彻落实新《药品管理法》、中央《关于促进中医药传承创新发展的意见》，对推进亳州市现代中药产业高质量发展提出意见和建议。市长杜延安出席协商会并对协商成果给予高度评价，要求市直有关部门将61篇协商发言材料逐一梳理，形成问题清单、意见建议清单交有关部门办理，许多意见建议已经转化为建设世界中医药之都的重要举措。围绕“加快医疗器械制药设备产业园区建设”“促进中医药养生产业发展”“推进药膳产业发展”等开展界别协商，提出了有针对性的意见建议。

助推文化旅游强市建设。召开“加快文化旅游深度融合发展”专题议政性常委会，形成调研报告和大会发言材料73篇，就加强文化旅游资源开发利用、提升文化旅游公共服务水平、打造文旅融合新产品新业态等方面，提出了意见建议并得到市委、市政府及相关部门研究落实。围绕“加强城区文化旅游基础设施建设”“加快乡村旅游业发展”“推进道家文化的保护与利用”等课题，开展了界别调研和考察活动，形成的意见建议得到市党政领导批示和相关部门吸纳办理。

【民主监督】2019年，市政协常委会着眼更好满足人民对美好生活新期待，开展协商议政、民主监督，积极推动民生持续改善与社会和谐稳定。

图10　2019年5月27日，省政协调研组到亳州调研经济社会发展情况

（李先锋　供图）

聚焦脱贫攻坚出实招。支持各民主党派开展常态化脱贫攻坚民主监督，全年累计开展监督活动144次，走访贫困户1937户，发现问题319个，提出意见、建议256条。围绕“两不愁三保障”推进情况，选派40多名政协委员组成8个小组开展民主监督，实地走访贫困户412户，发现问题45个，并及时通过微信平台移交办理。持续推进全市政协组织、政协委员与困难群众结对帮扶活动，连续第五年举办“扶贫慰问月”“捐资助学月”活动，全年向贫困村、贫困户捐献款物200余万元。利辛县政协委员萧相为救助他人，半年内两次捐献造血干细胞和淋巴细胞，获中国红十字会先进工作者，受到习近平总书记亲切接见。

聚焦环境保护谋良策。针对大气、土壤、水等污染防治问题组织委员开展专题调研活动，召开“加大城区扬尘污染防治力度”专题协商会、“加强土地污染防治”对口协商会和“水污染防治工作”“农作物秸秆综合利用工作”界别协商会，就打赢污染防治攻坚战综合建言，许多意见建议得到市党政领导的重视采纳，其中报送的《关于加大城区扬尘污染防治力度的建议》信息专报，汪一光书记等多位市领导作出批示，要求相关部门研究办理，确保落实见效。

聚焦群众关切建诤言。针对社会反映强烈的城区三轮车乱象问题，组织开展专题协商，汇总78篇协商发言并报送《关于加强中心城区电动三轮车整治的建议》，市政府高度重视并开展了集中治理活动。组织开展“构建社会养老服务体系”专题协商、“老旧城区电梯改造”界别协商，推动发展成果更多地惠及人民群众。组织开展“纵深推进扫黑除恶专项斗争”监督性调研、“健全自治、法治、德治相结合的乡村治理体系”对口协商和“坚持发展新时代‘枫桥经验’，加强人

图11　2019年6月27日，市政协组织人员到建行指导普惠金融业务　（薛　敏　供图）

民调解员队伍建设”界别协商，助力依法治市纵深推进。推荐84位委员担任特（邀）约监督员，参加评议、执法检查、绩效管理第三方评估等民主监督活动211人次，履行民主监督职责，促进政风行风建设。

聚焦教育发展献智慧。召开“推进城区公办幼儿园建设”监督性调研座谈会，就市民反映的“入园难”“入园贵”等方面的问题，提出具体对策，受到市委、市政府高度重视，多项建议被采纳办理。如增加亳州老城区公办幼儿园数量、解决幼儿午餐午休和健康安全问题、禁止幼儿园“小学化”等建议，得到市政府及相关部门现场积极回应。组织开展了“民办教育发展”“义务教育均衡发展”“儿童健康心理培养”“中小学生科技创新教育”等议题界别协商，助推教育事业高质量发展。

【团结协作与对外交流】2019年，市政协常委会坚持大团结大联合，调动一切可以调动的积极因素，努力把更多的人团结在党的周围，最大限度地为亳州改革发展凝聚共识、凝聚智慧、凝聚力量。

深化合作共事。落实党的统一战线工作的职责要求，加强与市各民主党派、工商联和无党派人士的团结合作。建立各党派参加政协工作共同性事务的情况交流机制，召开民主党派负责人、无党派人士座谈会，征求对政协工作的意见建议。通过优先安排大会发言、联合开展调研、重点办理党派提案、及时报送社情民意信息等形式，发挥好他们在政协工作中的重要作用。坚持党外副主席列席市政协党组扩大会议等制度，充分听取意见。支持市各民主党派开展常态化民主监督，通过多种方式为他们更好地发挥监督作用创造条件。

深化联系交往。通过举办少数民族界、宗教界委员座谈会，组织开展“坚持我国宗教的中国化方向”界别调研活动，派员参加少数民族和宗教节庆活动等方式，宣传党的民族、宗教政策，听取和反映意见建议，协助党委政府做好民族宗教工作。开展

"加快少数民族民营经济发展"对口协商活动，研究民族村经济发展问题。建立"委员接待日"制度，密切与委员的联系，邀请党外知识分子、非公有制经济人士、新社会阶层人士等参加政协活动。组织开展3次"亳州之友"联谊活动，扩大联谊交友范围。增进政协组织间互动合作，主动向省政协及各专委会加强工作汇报与沟通，推进与兄弟市政协之间的学习交流。强化对县区政协工作的指导，整体推动民主协商、党的建设等工作创新。谯城区"发挥界别小组秘书作用，提升界别履职成效"做法入选省政协《人民政协工作案例选编》。

【工作创新】2019年，市政协常委会围绕更好地发挥专门协商机构作用，积极创新协商内容和形式，提升协商质量和成效，努力"专"出特色、"专"出质量、"专"出水平。

首次开展网络议政和远程协商。在2018年10月12日举办的"构建社会养老服务体系"专题协商会上，首次引入网络议政和远程协商新形式，打破参与协商的空间和时间障碍，扩大参与面、增强互动性。会议期间，12名委员和相关专家或在会场或通过远程视频作了发言，市直相关部门现场积极回应，17168名网民观看直播，386名网民留言提出问题和建议，形成线上线下沟通交流、各界人士广泛参与的协商格局，引起社会热烈反响。

首次开展重点议题问卷调研。在年度重点协商课题调研中，首次引入第三方专业机构，以问卷调查的方式提供履职参考和数据支撑。先后开展了"构建社会养老服务体系""支持民营经济发展"问卷调查，分别在全市发放1182份、876份调查问卷，通过统计分析、数据图说，形成调查分析报告，真实呈现存在的问题，推动了民主协商更加充分、更加深入，协商成果更具针对性、时效性。

首次建立履职质量评价标准和评价办法。围绕推进政协工作从注重"做了什么""做了多少"向"做出什么成效"转变，制定出台《政协亳州市委员会协商议政质量评价工作办法》，对协商活动、调研考察、提案和社情民意信息等重点履职成果进行质量评价。完善委员履职评价、激励和约束机制，进一步提升了履职质量。全年有300多条意见、建议被采纳，市领导35人次对履职成果作出批示。《建议加快构建大别山等革命老区防范返贫长效机制》社情民意信息被全国政协采用，实现零的突破。

首次推行常委口头述职。建立政协常委书面与口头相结合的年终述职制度，规定每位常委每年都要向常委会书面报告工作，并在届内轮流口头述职。2018年所有常委均提交年度履职报告，8名常委进行口头述职。大家通过"晒"成绩、讲体会、谈经验、找差距，进一步激发履职的责任感、使命感，促进了政协常委示范作用的发挥。该做法受到省政协的充分认可，并被《人民政协报》等媒体宣传报道。

首次列入全省政协特色工作联系点。持续推进委员进社区活动，建立市政协领导联系指导工作机制，不断丰富活动内容和形式，积极融入基层社会治理，推进活动往深里走、往实里走。全年市、县（区）政协委员共有7680人次参与活动，收集社情民意信息967条，转成提案42件，协助社区开展聚共识、谋发展、解难题、送服务等活动513场次，为推动经济发展、民生改善与社会和谐稳定发挥了重要作用，被省政协列入全省政协特色工作联系点予以重点关注和支持。蒙城县政协率先创建"委员个人工作室"的做法，被省政协称赞为"最有特色的创新工作"。

首次登全省政协宣传工作榜首。适应新时代政协工作的新要求，持续推进亳州政协网站、微信公众号等新媒体平台建设，形成新兴媒体和传统媒体共同发力的新闻宣传新格局。全年在市级以上新闻媒体发表作品941篇，其中在省级以上纸质媒体发表98篇。市政协网站宣传作品被省政协网站转载量位居全省地级市政协第一名。

【提案工作】2019年，市政协四届三次会议期间提案542件，平时提案14件。经审查，立案450件。立案提案中，委员提案362件，市各民主党派、工商联提案85件，专门委员会提案3件。从提案内容看，经济建设方面提案123件，占27.3%；政治建设方面提案41件，占9.1%；文化建设方面提案75件，占16.7%；社会建设方面提案164件，占36.4%；生态文明建设方面提案47件，占10.5%。4月12日，市委、市政

图 12 2019 年 10 年 11 日，市政协组织人员考察开发区光大生物质发电项目 （董成成 摄）

府、市政协联合召开政协提案交办会议，把市政协四届三次会议提案集中分交市直有关党政部门和县区政府办理。截至 2019 年年底，所有提案均已办复，所提问题已解决或正在解决的 429 件，占 95.3%；因条件限制以后解决或留作参考的 21 件，占 4.7%。

党政主要负责人领衔督办重点提案采取“1+N”形式。聚焦“全力推进亳州市精准脱贫工作”，举办市委书记领衔督办重点提案专题协商会，市委书记汪一光集中督办“1+6”系列提案（即民革亳州市委 1 件主提案及民主党派其他 6 件提案），对精准脱贫工作作出重要部署，并要求提案工作要抓好选题策划、抓好结合转化、抓好民主监督。市长杜延安领衔督办重点提案，聚焦“推进世界中医药之都建设”，集中督办“1+4”系列提案（即农工党亳州市委 1 件主提案及其他 4 件提案），协商会现场解决有关问题，要求相关部门在“办”字上下功夫，打好医药制造、科技创新、优质服务、文化传承“四张牌”。在市党政主要负责人领衔督办重点提案示范引领下，蒙城县、利辛县及时跟进，先后开展县委书记、县长领衔督办重点提案工作。

多举措提升提案质量。首次实行提案并案，并案处理 52 件，占会议收到提案总数的 9.6%。首次开展提案质量评议活动，向 57 个主办单位发函评议提案质量。通报年度优秀提案 23 件，树立“好提案”标杆，激励委员撰写高质量提案。

完善制度机制。出台《关于提案工作提质增效的意见》，修订《市政协提案工作条例》《市政协提案审查工作细则》，建立提案质量评价机制，修改提案履职计分办法，努力营造“重质量不比数量”氛围。完善提案办理评价反馈机制，修改提案办理效能考核计分标准，促进办理质量提升。

【社情民意信息和宣传工作】2019 年，市政协研究室共收到社情民意信息 202 条，其中采用编发 16 期，市领导批示 7 期。1 条信息经省政协转报全国政协办公厅后被采用。《建议加快构建大别山等革命老区防范返贫长效机制》社情民意信息被全国政协采用，实现零的突破。全年在市级以上新闻媒体发表作品941篇，其中在省级以上纸质媒体发表98篇。市政协网站宣传作品被省政协网站转载量位居全省地级市政协第一名。

【文化文史工作】2019年，市政协文化文史和学习委员会完成《安徽人民政协简史2009—2019（亳州卷）》编撰工作。组织召开亳州历史文化研讨会，推进政协文史资料内容系列化、编撰精品化、成果品牌化建设，编辑出版亳州历史文化丛书——48万字的《亳州方言土语》（之七，作者佘树民）和30万字的《影像亳州》（之八，作者王淳杰）等文史书籍。加强市政协书画院建设，组织举办庆祝中华人民共和国成立70周年暨人民政协成立70周年鄂豫皖三省政协书画联展亳州巡展，开展书画笔会、交流等活动。蒋秀娟委员主持编排的大型扶贫题材舞台剧《春暖花开》，获“安徽省十大名剧”称号和“全国现实题材原创剧目优秀奖”。

重要会议

【政协亳州市委员会四届三次会议】政协亳州市委员会四届三次会议于2019年2月21—23日召开。会议审议批准汤涌代表政协第四届亳州市委员会常务委员会所作的工作报告、宋峰代表政协第四届亳州市委员会常务委员会所作的关于四届二次会议以来提案工作情况的报告。通过了政治决议。增选李松、李龙杰、胡平3人为政协第四届亳州市委员会常务委员。

【常委会议】四届十三次常委会议于1月22日召开。会议审议通过市政协四届十三次常委会议议程；传达学习省政协十二届二次会议精神；表彰2018年度优秀提案、优秀调研成果、优秀社情民意信息和第二届“政协好新闻”；审议通过关于召开政协第四届亳州市委员会第三次会议的决定、政协第四届亳州市委员会第三次会议议程（草案）、政协第四届亳州市委员会第三次会议日程、政协第四届亳州市委员会常务委员会关于调整专门委员会设置的决定；协商通过有关人事事项；审议通过市政协四届三次会议分组办法、分组名单、各组召集人名单，市政协四届三次会议常委会工作报告和关于四届二次会议以来提案工作情况的报告，关于授权主席会议审议市政协四届十三次常委会议未尽事宜的决定。

四届十四次常委会议于2月21日召开。听取分组讨论情况的汇报。审议政协亳州市委员会四届三次会议选举办法。

四届十五次常委会于2月22日召开。听取分组讨论情况的汇报。审议通过政治决议、提案审查情况的报告。协调通过补选常委候选人名单、选举办法和总监票人、监票人名单。

四届十六次常委会议于3月21日召开。市政府负责人作关于亳州市文化旅游深度融合工作情况通报。咨询交流。专家讲座。传达学习全国政协十三届二次会议精神。市政协常委述职。协商通过有关人事事项。汤涌主席讲话。

四届十七次常委会议暨加

图13 2019年市政协委员培训班 （李先锋 供图）

快文化旅游深度融合发展专题协商会于2019年4月30日召开，听取市政协调研组调研报告。大会发言。市长杜延安讲话。市政协主席汤涌讲话。

四届十八次常委会议于2019年11月19日召开。听取亳州市民营经济发展环境调查问卷分析报告。听取市政协调研组关于亳州市民营经济发展情况的调研报告。协商发言。市委书记汪一光讲话。听取《不忘初心、牢记使命，做忠诚干净担当的好干部》辅导报告。审议通过《市政协常委会关于支持民营经济发展的建议案》；审议通过《政协亳州市委员会全体会议工作规则》《政协亳州市委员会常务委员会工作规则》《政协亳州市委员会委员履职工作规则（试行）》；协商通过有关人事事项；汤涌主席讲话。

市政协办公室工作

【概况】2019年，市政协办公室起草并报请市委批转市政协2019年工作要点、重点民主协商活动计划安排、主席领衔督办重点提案方案等文件。组织保障市政协四届三次全会、6次常委会议、17次主席会议、24次党组中心组理论学习扩大会议、市政协党组及机关“不忘初心、牢记使命”主题教育活动、市政协主席读书班等重要会议活动的成功召开。和市委办、市政办共同召开提案交办会，450件政协提案得到交办。做好市委、市政府主要领导和市政协主席、副主席领衔协商督办重点提案的协调服务工作。完成市政协组织开展的民营经济发展、现代中药产业高质量发展、加快文化旅游深度融合、加强中心城区电动三轮车整治、城区公办幼儿园建设等59次协商活动，提交各类调研报告540余篇。

进一步加强委员培训工作和管理工作，累计培训委员176人，全面提升委员履职能力。进一步加强委员管理，修订《政协亳州市委员会委员履职量化考核办法》，对5名违法违纪政协委员予以撤销委员资格。

完成《安徽人民政协简史2009—2019（亳州卷）》的编撰工作和《亳州方言土语》《影像亳州》的出版工作，编撰文史资料130万字，成功举办庆祝中华人民共和国成立70周年暨人民政协成立70周年鄂豫皖三省政协书画联展亳州巡展。

推进市政协宣传工作，在市级以上新闻媒体发表作品941篇，其中在省级以上纸质媒体发表98篇，网站宣传作品被省政协网站转载量位居全省地级市政协第一名。

【承办重点协商计划】2019年，市政协办公室按照《2019年度重点民主协商活动计划安排》，围绕支持民营经济、加快文化旅游融合发展等8大重点协商议题，及时协调有关部门筹备协商事项，及时组织有关单位和人员参加协商会议，及时整理意见建议上报协商成果，向市委、市政府报送建议（案）8件，得到各级市领导批示14次。

【市政协牵头改革任务的服务工作】2019年，市政协办公室协助新设专委会和更名专委会进行职能设立和工作调整，完成市政协委员“全员入委”工作。修订《中国人民政治协商会议亳州市委员会全体会议工作规则》《中国人民政协协商会议亳州市委员会常务委员会工作规则》等制度，使深化改革在政协工作中持续推进。

【推进委员进社区工作】2019年，市政协办公室印发《关于建立市政协领导同志联系县区政协委员进社区工作的通知》，市、县（区）政协委员共7680人次参与活动，协助社区开展聚共识、谋发展、解难题、送服务等活动513场次。

【扶贫帮扶活动】2019年，市政协办公室推进全市政协组织、政协委员与困难群众结对帮扶活动，连续第五年举办“扶贫慰问月”“捐资助学月”活动，组织向贫困村、贫困户捐献款物200余万元。

【招商引资】2019年，市政协办公室组织外出招商320人次，拜访企业280余家，接待外地客商到亳考察96批次。完成市政协在哈尔滨成功举办“亳州之友哈尔滨经贸文化交流会”的协调服务工作，与200余名企业家进行座谈交流。

（李先锋）

中国共产党亳州市纪律检查委员会
亳州市监察委员会

图 9 “美丽亳州”系列图片——2019 年 3 月 13 日，亳州市乡镇纪检工作协作区座谈会 （邓士强 摄）

概　述

【概况】2019年，亳州市纪检监察机关共处置问题线索4475件，立案1872件，其中县处级干部24人；接受信访举报2333件次，同比下降14.4%，反映基层党员干部的纪检监察信访量下降40.4%；运用"四种形态"处理5008人次，其中第一、第二种形态占91%。纪检监察信息得分382.25，位列全省第一位。

同年，亳州市乡镇纪检监察工作协作区做法，被新华社《国内动态清样》、中央纪委国家监委《纪检监察信息》、省委《安徽信息》《安徽纪检监察信息》等专篇刊载，《中国纪检监察报》头版头条报道，得到中央纪委和省委、省纪委监委主要负责人批示肯定。

【巩固拓展作风建设成果】2019年，亳州市开展以"严规矩、强监督、转作风"为主要内容的形式主义、官僚主义集中整治专项行动，对形式主义、官僚主义问题进行大排查大起底，共摸排问题1410个，制定整改措施1973条，立行立改1297个。

开展"以案示警、以案为戒、以案促改"警示教育，以李某案和谯城区魏岗镇金刚石企业环境问题整改弄虚作假为镜鉴，拍摄《让教训铭记在心》等警示教育专题片32部，列入"主题党日"活动内容，用身边事教育身边人。通过"自己找、群众提、上级点、互相帮、集体议"5个渠道，紧盯"多、推、虚、浮、横、贪"6类问题，全市检视发现问题1198个，完成整改1078个。落实为基层减负部署要求，出台《关于整治文山会海的二十条具体措施》，实行"周三无会日"制度，将精文简会情况列入市委巡察内容。市本级发文同比下降36.9%、召开会议下降47.7%、督察检查考核下降89.3%。全市共查处形式主义、官僚主义问题218起，处理375人，给予党纪政务处分107人，通报曝光典型问题28期145人。

【纪检监察体制改革】2019年，亳州市深入贯彻全省推进基层纪检监察体制改革座谈会精神，处理好协作区与县级纪委监委、乡镇党委、乡镇纪委、村党组织的关系，5次修订完善《协作区业务指导手册》，推行"看问听查"四字工作法，加强制度化、规范化建设，推深做实乡镇纪检监察工作协作区。协作区协助指导乡镇纪委处置问题线索2954件，立案845件，给予党纪政务处分712人，移送司法机关处理20人；对受处分人员开展"暖心回访"2021人次，为55名受到错告误告的党员干部澄清正名，帮助38名受处分影响期满干部（含村干部）提拔重用。对村级纪检委员开展培训2次，选派村级纪检委员到乡镇纪委、协作区工作锻炼、以干代训，加强村级纪检委员与村务监督委员会的良性互动，发挥监督"前哨"作用。对全市监督监察对象建立廉政档案40409份，并实行动态化更新管理。加强政治生态分析研判，对镇村开展探索性的政治生态"画像"。通过构建"协作区+村级纪检委员+廉政档案"联动监督网络，强化基层正风反腐，提升社会治理水平。

【综合运用"四种形态"】2019年，亳州市把握"两个维护"首要任务，加强对党的路线方针政策和决议、习近平总书记重要指示批示精神贯彻落实情况的监督检查，做到党中央重大决策部署到哪里，监督检查就跟进到哪里，推进政治监督具体化、常态化。深化落实全面从严治党主体责任谈话制度，督促各级党组织开展谈话4.28万人次，推动管党治党责任落实。

强化日常监督，综合运用约谈提醒、谈话函询、线索处置、参加民主生活会等方式，让监督常在、形成常态。贯通运用监督执纪"四种形态"，抓早抓小、防微杜渐，使监督更加聚焦、更加精准、更加有力。运用"四种形态"处理3252人次、1308人次、209人次、239人次，分别占比64.9%、26.1%、4.2%、4.8%。

开展专项监督，分两批次开展党员干部违规"结干亲"专项整治，谈话函询县处级领导干部97人，约谈正处级干部19人；研究制定《亳州市党政干部"结干亲"监督管理办法（试行）》，规范"结干亲"行为。

注重联动监督，加快市县直机关纪委建设，举行机关纪委书记培训班，加强机关纪委与派驻机构协作配合。研究制定《关于进一步加强派驻监督工作的实施意见（试行）》，发挥派驻机构审查调查协作组作用，全市派驻机构共处置问题线索768件，立案197件，给予党纪政务处分177人。依规依纪依法严肃规范精准慎重问责，实施问责130起，处理253人，其中给予党纪政务处分25人。落实中央八项规定及其实施细则精神，查处违反中央八项规定精神问题186起，处理224人，给予党纪政务处分155人，点名道姓通报曝光22期85人。

【反腐败工作】2019年，亳州市强化反腐高压态势，坚持有贪肃贪、有腐反腐，有力削减存量、有效遏制增量。全市纪检监察机关处置问题线索4475件，立案1872件，给予党纪政务处分1693人，其中县处级干部24人，移送司法机关处理49人。其中，市政府党组成员、秘书长吴某某严重违纪违法被开除公职、开除党籍，判处有期徒刑12年；公共资源交易监督管理局党组书记、局长石某某严重违纪违法被开除公职、开除党籍，判处有期徒刑5年6个月；市卫健委正处级调研员杜某某严重违纪违法被开除党籍、开除公职；利辛县统战部副部长高某某严重违纪违法被开除党籍、开除公职；市退役军人事务局局长孙某某涉嫌严重违纪违法接受纪律审查和监察调查，因涉嫌违法犯罪已移送检察机关审查起诉。

建立完善问题线索“三级排查”等制度，规范问题线索管理处置。把审查调查安全工作摆在突出位置，建立审查调查安全隐患自查自纠、立行立改长效机制，从严从实规范“走读式”谈话工作。探索建立专业化审查调查看护队伍，在全省率先组建一支正科级建制由100名事业编制人员组成的看护队伍。修订《亳州市党纪政务处分决定执行工作暂行办法》，对2016－2018年纳入案管系统的5706个案件开展“地毯式”专项检查，发现问题37个，全部整改到位。加强信息化建设，推进办案点信息化升级改造，亳州市被列入全省纪检监察信息技术工作第一批试点单位。修订完善反腐败协调小组议事规则，召开3次市委反腐败协调小组会议，建立成员单位联络员制度，落实中央办公厅《执法机关和司法机关向纪检监察机关移送问题线索工作办法》，规范问题线索双向移送工作，提升反腐败整体合力。发挥市党风廉政教育中心作用，221家单位7910人次接受警示教育。

【监督审查与审查调查】2019年，亳州市开展漠视侵害群众利益问题专项整治，整治对群众关心的利益问题漠然处之、空头承诺、推诿扯皮以及办事不公的问题，发现问题425个，处理243人，其中给予党纪政务处分100人，通报典型案例12期41人。开展扶贫领域“懒政怠政、不作为慢作为”专项整治，查处扶贫领域违纪违法问题307起，处理534人，其中给予党纪政务处分165人，移送司法机关处理3人。开展“作风不实，政绩观偏差，搞政绩工程、面子工程问题”集中治理，发现问题1350个，完成整改957个。开展纪检监察信访举报处理工作中形式主义、官僚主义问题专项整治，围绕信访举报受理办理、处置管理、督察督办等环节进行重点查摆；制定《亳州市纪委监委机关信访举报闭环管理制度(试行)》，对举报件的受理、处置、办理、反馈等环节实行全流程闭环管理；开展百名纪检监察干部“进基层、抓监督、解难题、暖民心”工作，实行领导包案、带案下访，办结重点信访件106件；做好信访反馈工作，分查证属实、部分属实、反映失实3类情况开展信访反馈，既通报案情、以案示警，又予以澄清正名、加强纪法教育；做好纪检监察系统检举举报平台推广运用工作，提升服务群众水平。

【扫黑除恶专项斗争】2019年，亳州市开展扫黑除恶专项斗争监督执纪问责工作，设立“打伞破网”办公室，深挖彻查涉黑涉恶腐败及“保护伞”问题，立案104件，查处163人，给予党纪政务处分97人，移送司法机关处理15人；涉及“保护伞”“关系网”30件68人，失职渎职、工作不力23件50人。中央督导组移交督办类问题线索117件，办结115件，办结率98.3%。

【纪检监察队伍建设】2019年，亳州市纪委监委以“谈纪说法”大讲堂为载体，开展全员培训，提升干部履职能力水平。市县两级纪检监察机关共举办大讲堂64期，101人授课，9193人次参加学习。学习李夏先进事迹，落实“十佳先进个人”“二十优基层单位”评选制度。聘请10名特约监察员，接受监督。

重要会议

【中国共产党亳州市第四届纪律检查委员会第四次全体会议】2019年1月25日，中国共产党亳州市第四届纪律检查委员会第四次全体会议举行。出席会议的有市纪委委员36人，116人列席。

全会以习近平新时代中国特色社会主义思想为指导，全面落实中共十九大精神，贯彻十九届中央纪委三次全会和省纪委十届四次全会精神，回顾全市2018年纪检监察工作，研究部署2019年任务，审议通过市委常委、市纪委书记、市监委主任吕剑代表市纪委常委会所作的《奋力推进纪检监察工作高质量发展，为现代化五大发展美好亳州建设提供坚强保证》工作报告。

市委书记汪一光出席会议并讲话，对全市全面从严治党取得的成效给予肯定，分析全市管党治党面临的形势，对下一步工作提出明确要求。

【全市纪检监察机关党风政风监督工作推进会】2019年5月23日，亳州市纪检监察机关党风政风监督工作推进会在涡阳县纪委监委第五纪检监察工作协作区召开。

会议听取各县、区党风政风监督工作和市扶贫领域“懒政怠政、不作为慢作为”专项整治行动督察工作情况汇报，通报全市“严、强、转”专项行动、扶贫领域监督执纪问责、违规“结干亲”专项整治等工作开展情况，对乡镇纪检监察工作协作区特别是监督检查职能发挥、推动基层党风廉政建设进行座谈研讨，安排部署下一步工作任务。

【全市纪检监察工作调度推进会】2019年7月18日，上半年全市纪检监察工作调度推进会在市行政会务中心召开。会议传达省辖市纪委书记座谈会（北片会议）精神，各县、区纪委监委进行交流发言。市委常委、市纪委书记、市监委主任吕剑主持会议并讲话，回顾总结上半年工作，部署安排下半年任务。

市委书记汪一光出席会议并讲话，对全市纪检监察机关工作给予肯定，要求全市纪检监察机关要提高政治站位，切实增强思想自觉，推动全市纪检监察工作再上新台阶。

【亳州市加强市直机关（企事业单位）基层纪检组织建设工作推进会】2019年9月19日，亳州市加强市直机关（企事业单位）基层纪检组织建设工作推进会召开。会议就着力构建全覆盖的党内监督体系进行部署。市委常委、市纪委书记、市监委主任吕剑主持会议并讲话，市委常委、组织部部长秦凤玉参加会议。

会议宣读《关于做好市直机关（企事业单位）纪委选举工作的实施方案》和《关于加强新形势下机关基层纪检组织建设的意见》。会议要求，市直机关和企事业单位党委在10月底前完成机关纪委的组建任务。

【全市乡镇纪检监察工作协作区观摩调度会】2019年10月24日，市纪委监委召开全市乡镇纪检监察工作协作区观摩调度会。市委常委、市纪委书记、市监委主任吕剑出席会议并讲话。

会议指出，乡镇纪检监察工作协作区，推动乡镇纪委“三转”，提升基层监督质效，密切了党群干群关系，锻炼了纪检监察队伍。会议要求，全体纪检监察干部，要进一步增强“四个意识”，坚定“四个自信”，做到“两个维护”，践行“不忘初心、牢记使命”。突出工作重点，推动协作区建设高质量发展。

【亳州市监委第一届特约监察员聘请会议】2019年10月31日，亳州市监委召开第一届特约监察员聘请会议，优选聘请10名特约监察员。市委常委、市纪委书记、市监委主任吕剑为特约监察员颁发聘书并讲话。省监委第一届特约监察员、市政协副主席马露参加会议。

会议指出，建立特约监察员制度，是深化监察体制改革的重要内容，是加强对监察权监督制约的有力举措，是依靠群众开展党风廉政建设和反腐败工作的现实需要。

会议要求，特约监察员要发挥外部监督、参谋咨询、桥梁纽带和舆论引导作用，旗帜鲜明讲政治，牢记职责使命，提高能力本领，从严修身律己，以强烈的责任感使命感履行好职责。

（梁　鑫）

民主党派

图 10 “美丽亳州”系列图片——2019 年 6 月 8 日，亳州市花戏楼文艺演出 （王长江 摄）

中国国民党革命委员会亳州市委员会

【概况】2019年，中国国民党革命委员会亳州市委员会（以下简称“民革亳州市委会”）发展党员6人，共有民革党员123人。组织开展“思想政治建设年”活动。召开市委会议6次、中心组学习（扩大）会议3次，参加各级各类培训125人次，学习中共十九大和十九届二中、三中、四中全会精神，习近平总书记系列重要讲话精神等，确保民革工作的正确政治方向。

民革亳州市委会开展“不忘合作初心，继续携手前进”主题教育活动。参加庆祝中华人民共和国成立70周年相关活动；组织党员代表拜谒中山陵，重温民革党史，传承民革优良传统；开展爱国主义教育活动，激发培养爱国情感。

加强对党员的管理和教育。制作并颁发党员证；与省内其他民革组织开展交流活动；优化调整基层支部，将老年支部党员编入其他支部参加活动，增强基层组织活力和凝聚力。

开展示范支部创建活动。印发《关于开展“基层组织建设年”活动的通知》，推进市示范支部创建工作。谯城支部被评为民革安徽省第一批示范支部。

在《团结报》《亳州晚报》等媒体刊发稿件。亳州民革网站、微信平台运行良好，“亳州民革”公众微信平台全年推送信息97条，成为宣传民革、教育党员、传递党派信息和有关知识的重要平台。

发挥民革“党员之家”阵地作用。和谯城区薛阁社区共建的亳州民革“党员之家”揭牌，遵循同心共建、同心同行、同心共赢的原则，组织开展普法宣传、法律援助、关爱弱势群体、文化服务等活动，成为亳州民革服务社会发展、树立党派形象的重要载体。

发挥党派优势，加强与台湾的交往交流，帮助在亳州工作、生活的人员和涉台企业解决实际困难，深化与台湾的经贸文化交流，密切海峡两岸普通民众的联系。

同年，亳州民革“党员之家”被民革中央评为首批“全国优秀民革党员之家”。

【参政议政】2019年，民革亳州市委会健全工作机制，召开参政议政工作会议3次，组织参政议政培训。围绕“四个点”问题，结合“三农”、社会法治等民革参政议政重点领域，开展调研，形成多篇调研成果，多次在市政协专题协商会上进行口头、书面发言。在市政协四届三次会议开幕式上，市委会负责人作题为《精心谋划乡村振兴　实现业强村美民富》的大会口头发言；提出的《当前脱贫攻坚工作中存在的问题及建议》被列为重点提案，由市委书记领衔督办；《关于深化北关历史街区深度开发的建议》被列为重点提案，由市政协主席领衔督办。社情民意工作迈上常态化、制度化轨道。

【民主监督】2019年，民革亳州市委会结合所对口的亳州高新区，共开展脱贫攻坚民主监督工作22次，走访45个自然村贫困户143户，参与党员121人次，下发督察情况通报22期，提出书面意见建议79条，提出的问题均得到亳州高新区的及时回应和办理，整改率100%。脱贫攻坚民主监督工作多次得到民革中央、民革安徽省委会的肯定。

【社会服务】2019年，民革亳州市委会到谯城区张店乡开展“三下乡”志愿服务活动，看望慰问部分贫困家庭；多次组织帮扶慰问贫困户、关爱农村未成年人、义诊贫困户、“八一”建军节走访慰问退伍军人、“12·4”宪法宣传日等公益活动；推荐党员中的优秀企业家参加民革安徽省企业家联谊会；促进民革省委会脱贫攻坚定点帮扶村太和县吴桥村与市民革党员企业的产业发展对接。到谯城区古井镇北曹行政村开展走访调研6次，与贫困户沟通交流；举行关爱留守儿童捐赠活动，向北曹小学捐赠80张松木床；为北曹寺遗址的保护和开发寻求支持和帮助。

（田　露）

中国民主建国会亳州市委员会

【概况】2019年，中国民主建国会亳州市委员会（以下简称“民建亳州市委会”）发展4名会员，共有会员114人，经济界人士占72.8%。全市民建会员中，省人大代表1名，市人大代表7名；省政协委员1名，市政协委员23名。

同年，民建亳州市委会获评民建中央民建脱贫攻坚奖“先进集体”；民建安徽省委脱贫攻坚民主监督工作先进集体；民建安徽省委社会服务工作先进集体；民建安徽省委组织工作三等奖；民建安徽省委2019年度新闻宣传先进单位三等奖；民建安徽省委2019年度全省民建参政议政工作先进集体三等奖及反映社情民意信息工作三等奖。何颖川被民建安徽省委评为2019年度参政议政工作先进个人，杨铁博被民建安徽省委评为2019年度反映社情民意信息工作先进个人及新闻宣传先进个人；周学华、于萍、翟海伟被评为社会服务暨脱贫攻坚民主监督工作先进个人。

【参政议政】2019年，在省、市、县(区)各级“两会”上，民建亳州市委会各级人大代表、政协委员共提交人大议案8件，建议12件，政协提案48件(其中民建集体提案13件)。参加市政协各类专题协商会、对口协商会、界别协商会，根据协商议题深入调研，提交口头及书面发言材料20余篇。民建亳州市委会提出的《统筹社会扶贫资源汇聚脱贫攻坚合力》提案被市政协评为2019年度优秀提案，撰写的《落实政策提信心提升服务促发展》《认真做好“五个明确”实现招商引资新飞跃》两篇调研报告获市政协2019年度优秀调研成果奖。李长春、董艳慧、何颖川、李阳等撰写的《关于精准扶贫的几点思考》等10篇材料，分别被省政协、中共安徽省委统战部采用，其中，何颖川撰写的《关于完善污水处理厂第三方运营机制的建议》被民建中央采用。

【民主监督】 2019年，民建亳州市委会开展对口利辛县的脱贫攻坚民主监督工作。民建市委会采取“四不两直”工作法，随机进村入户走访，累计遍访利辛县24个乡镇、95个行政村(社区)，随机深入走访427户建档立卡贫困户，起草脱贫攻坚专项民主监督报告20篇，发现问题45个，提出建议4条，均得到及时解决和采纳。

【社会服务】2019年，民建亳州市委会引导广大会员特别是企业家会员开展系列社会服务活动，增强会员的社会责任感。组织会员参与所在地或单位的捐款、捐物活动，参与市妇联、团市委等部门的捐资助学和捐款捐物活动。春节期间组织会员企业家开展慰问活动，为对口帮扶的利辛县马店孜镇双沟社区贫困大中专学生、高中生送去学费4.7万元。全市民建会员共帮扶贫困户186户283人。周学华、翟海伟等企业家会员参加民建安徽省委庆祝中华人民共和国成立70周年书画作品义购义卖扶贫济困活动。

【“不忘合作初心，继续携手前进”主题教育】2019年，民建亳州市委会开展“不忘合作初心，继续携手前进”主题教育活动。召开二届九次全委扩大会议，专题部署主题教育活动，审议通过《民建亳州市委会“不忘合作初心，继续携手前进”主题教育活动方案》，成立由主委李长春任组长，副主委任副组长，市委委员、各支部主委和谯城总支主委任成员的民建市委会“不忘合作初心，继续携手前进”主题教育活动领导小组，到各支部指导主题教育活动开展。领导小组成员参加各自联系支部的主题教育活动。市委会领导坚持每月带队到定点扶贫单位调研，把主题教育活动成效转化为助力脱贫攻坚实效。市委会召开专题民主生活会，按照主题教育活动方案，突出问题导向，对照检查不足，立查立改。组织市委会机关全体人员参加民建安徽省委组织的“不忘合作初心，继续携手前进”主题教育活动培训班。组织会员参加民建中央和民建安徽省委举办的庆祝中华人民共和国成立70周年、人民政协成立70周年、多党合作制度确立70周年等系列活动。李培华获民建安徽省委“不忘合作初心，继续携手前进”书画摄影展书画一等奖，贾玉麟、孙利娟获书法二等奖，杨铁博获摄影作品优秀奖，陈龙、董玉泉、林达、方艺等会员的作品均获入展。组织骨干会员32人次，到福建古田会议旧址、陈独秀纪念馆、淮海战役总前委旧址和彭雪枫纪念馆等接受革命传统教育。民建市委会获评民建安徽省委“不忘合作初心，继续携手前进”主题教育活动先进集体。

【泛中原区域民建工作经验交流会第十六次会议】 2019年4月27日至30日，民建亳州市委会承办的泛中原区域民建工作经验交流会第十六次会议暨中医药文化旅游融合发展论坛在亳州市召开，来自8省22市民建地方组织150余人参加会议。中共亳州市委常委、组织部部长、统战部部长秦凤玉到会指导并致辞，市政府副市长曹振萍在会议上推介亳州中医药文化旅游融合发展情况。会议旨在强化民建组织之间的横向交流和联系，擦亮亳州名片，提升亳州影响力。

（杨轶博）

中国民主促进会亳州市委员会

【概况】2019年，中国民主促进会亳州市委员会(以下简称“民进亳州市委会”)有会员90人，其中，教育出版界人士占58.3%。会员中，市人大常委2名，市人大代表2名;全国政协委员1名，市政协常委2名，市政协委员11名。

民进亳州市委会组织市委会委员和支部班子开展集中学习研讨3次，发挥“关键少数”的表率作用，带头学、带头写、带头讲;组织会员40余人次参加新会员培训班、党外代表人士培训班等各类培训活动。

组织会员参加民进中央、省委会、市委统战部举办的征文、报告会和参观廉政教育基地等活动，纪念中华人民共和国和人民政协成立70周年，激发会员爱国热情。向会员发放《民进会史人物传略》《地方组织创建纪实》等会史资料选辑，结合民进中央网站、公众号等在线学习资料进行会章会史教育。宣传会员履职成果和优秀事迹，在省级及以上媒体发表宣传稿件26篇，在市级媒体发表宣传稿件43篇。

【政治协商】2019年，民进亳州市委会增强协商履职责任意识，围绕市委、市政府的中心工作、人民群众关心关注的热点问题、社会各界反映强烈的焦点问题等，多次在政党协商、政协专题协商、监督性调研等协商活动中履职建言，集思广益、凝聚共识，发挥好民主党派在政治协商中的作用。市委会共向各级政协上报协商会发言材料22篇，其中1篇被全国政协选为“加强农村基本公共文化服务建设”专题协商会口头发言，4篇被市政协选为口头发言，2篇被评为市政协2019年度优秀调研报告。

【参政议政】 2019年亳州市“两会”期间，民进亳州市委会向市政协提交大会发言材料3篇，提案建议17篇，反映社情民意信息11篇。其中1篇材料被选为市政协大会发言，2篇材料被评为市政协年度优秀提案，2篇社情民意信息被评为年度优秀社情民意。在民进中央2019年参政议政年会上，安徽民进获二等奖3项、三等奖1项，其中马露提交的《建议优化农村公共文化服务建设财政资金的配置效率》、蒋召亮提交的《关于提升产业扶贫效能的提案》获评二等奖。

【民主监督】 2019年，民进亳州市委会坚持常态化、制度化开展脱贫攻坚民主监督工作，到基层走访调研，察民情、知民意，确保问题真实准确。开展脱贫攻坚民主监督工作43次，入户走访273户，提出建议29条，反馈问题52条。

【亳州民进组织工作获民进中央表彰】2019年10月16日，在北京召开的民进全国组织工作会议上，对民进全国组织建设先进组织、先进个人进行表彰。其中，民进亳州市委会被授予“民进全国组织建设先进地方组织”称号，民进亳州市委会医卫综合支部被授予“民进全国先进基层组织”称号，民进亳州市委会教育二支部主委柴大勇被授予“民进全国组织建设先进个人”称号。

2019年是民进中央确定的基层组织建设主题年，民进亳州市委贯彻落实民进中央和民进安徽省委关于组织工作的部署，将年度工作重点同“不忘合作初心，继续携手前进”主题教育活动结合，同履行参政党职能结合，按照“四新”“三好”要求，围绕“强组织、增活力、有作为”的工作目标，推进“三个全覆盖”工作任务，组织建设卓有成效。

补齐基层组织建设短板，完善规章制度，指导各支部健全学习制度、会费收缴制度等，规范会员发展程序，完善工作机制，提高基层组织自主开展调查研究、社会服务的能力。成立亳州“民进会员之家”，初步解决基层组织缺少活动场所的难题。

推动组织建设争先进位。增强市委会保障支持力度。改进机关工作作风，提高工作效率，打造高效服务型机关，支持各基层组织开展活动。推动基层组织活动常态化。医卫综合支部挂牌成立医疗专家帮扶点，建立专家定期问诊制度，常态化帮扶对口卫生院和周边群众。

支持基层组织和会员个人投身公益。支持市、县（区）直机关支部联合公益组织启动“小手拉大手，环保齐动手”公益活动，组织引导各支部开展开展义诊、送教下乡、“春联万家”、公益普法进校园、“急救演练进单位”等社会服务活动。

【亳州民进医疗专家帮扶点挂牌成立】2019年9月5日，亳州民进医疗专家帮扶点在谯城区十九里镇卫生院挂牌成立。民进安徽省委副主委、亳州市政协副主席、民进亳州市委主委马露出席挂牌仪式并致辞，谯城区卫生局、十九里镇卫生院相关领导参加仪式。

仪式上，民进亳州市委会副主委陈杰介绍亳州民进的基本概况。医卫综合支部主委魏敏汇报医疗专家帮扶点的前期筹备工作，计划每月均组织亳州民进医疗专家组成员进基层坐诊并开展医疗培训活动、健康知识普及活动等。仪式后，医疗专家组为周边群众开展义诊活动，向群众免费提供测量血压、血糖等常规服务，对常见病、慢性病进行初步筛查、诊断和治疗。

成立医疗专家帮扶点，旨在通过开展医疗义诊、专题培训等活动，帮助基层医疗卫生机构提高诊疗服务水平，让群众直接获得市医院专家的诊疗。

（李　磊）

图14　2019年9月6日，亳州民进医疗专家帮扶点在十九里镇卫生院挂牌成立　（李　磊　摄）

中国农工民主党亳州市委员会

【概况】2019年，中国农工民主党亳州市委员会（以下简称“农工党亳州市委会”）有医卫总支部委员会、市直总支部委员会、联合总支部委员会，以及3个总支下设的6个支部，有党员89人。

农工党亳州市委会组织召开专题学习会议6次，组织学习习近平新时代中国特色社会主义思想和中共十九大精神。组织党员参加各类市级、省级培训学习8次，共计78人次。组织党员参加各类活动，龚艳玲主委以《不忘初心 赓续荣光——做新时代高素质中国特色社会主义参政党》为题为亳州全体农工党员讲授党课；组织党员赴安庆市参观独秀园等爱国主义教育基地参观学习；组织党员观看纪录片《启航》。

“不忘合作初心，继续携手前进”主题教育活动开展之后，农工党亳州市委会3次组织开展集体学习活动，选派1人参加中共安徽省委统战部第7期党外中青年干部培训班，选派4名基层组织负责人和骨干党员参加中共亳州市委统战部组织的培训班。召开由市委委员、各支部负责人、机关工作人员参加的委员扩大会议，学习部署“不忘合作初心，继续携手前进”主题教育活动内容，成立主题教育活动领导小组，印发《农工党亳州市委深入开展“不忘合作初心，继续携手前进”主题教育活动方案》。召开“不忘合作初心、继续携手前进”主题教育活动座谈会。组织合唱队参加亳州市教育系统举行的“不忘初心使命　歌唱伟大祖国”为主题的合唱比赛。组织部分党员共同观看中华人民共和国成立70周年阅兵式。组织30名党员到六安市开展“不忘合作初心　继续携手前进”主题教育活动，并撰写《却顾所来

图 15 2019 年 12 月 12 日，农工党亳州市委会医卫总支开展健康义诊活动
（李道远 供图）

径 苍苍横翠微》一文，向农工党安徽省委开展的征文活动投稿。

【参政议政】2019 年，在省政协十二届二次会议上，农工党亳州市委会提出 4 件提案，主委龚艳玲报送的《关于进一步完善医保基金监管机制》被列为重点提案。在省政协“保护好青少年视力健康”月度协商会上，农工党亳州市委会提出的《实行科学干预实现亮眼护眼》被选为书面发言。在市政协四届三次会议上，以农工党名义和党员中的市政协委员共提出 40 件提案。其中，马峰提出的《优化中药企业发展环境的建议》被定为市长领衔督办系列提案的主提案，蒋长征提出的《打通断头路 疏通微循环》被列为重点提案。在市人大四届三次会议上，农工党的 3 位代表共提出 7 件建议案，其中田兵、从民等 10 位代表联名提出的《关于制定亳州市城市市容和环境卫生管理条例的议案》被列为议案。9 月 27 日，在省十三届人大常委会第十二次会议上获得批准，于 2020 年 1 月 1 日实施。

市委会围绕政协大会主题、协商会主题和农工安徽省委课题，组织参政议政骨干党员到市内外调研 2 次，形成调研报告。在市政协的 6 次专题协商会上，共报送 30 篇发言材料，其中 8 人次作大会口头发言，10 人次作书面发言。此外，市委会同年所报送的信息被农工党中央采用 7 篇，被农工党安徽省委采用 22 篇。

【民主监督】2019 年，农工党亳州市委会到涡阳县开展脱贫攻坚民主监督工作 23 次，走访 93 个自然庄 275 贫困户，反馈的 56 个问题，均及时解决，提出 53 条建议，均得到采纳。市委会通过民主监督、建言献策、办理实事，助推涡阳县打赢脱贫攻坚战。市委会到涡阳县涡北街道办事处涡北社区开展精准帮扶 6 次。农工党亳州市委会参与配合市扶贫局开展的专项扶贫督察活动 4 次，9 天集中走访 185 户贫困户，发现 61 条问题，提出的相应建议也均被采纳。6 月，农工党安徽省委会在亳州市召开农工党全省脱贫攻坚民主监督工作会议，主委龚艳玲在大会上介绍亳州经验，市委组织部部长秦凤玉到会并讲话，对工作成效给予肯定。

【社会服务】2019 年，农工党亳州市委会联合王继峰党员所在的心理学会，多次开展心理咨询和心理学讲座活动。中、高考期间，在三县一区分设服务点，开展现场公益心理咨询活动；组织亳州心理学会在亳州职业技术学院开展大型心理讲座活动 2 次。原三支部党员联合亳州市华佗中医院的专家在花戏楼广场开展冬病夏治咨询义诊活动。原一支部的部分医疗专家赴涡阳县开展送医送药义诊活动。市委会组织党员参加市政协开展的扶贫捐款活动，共募集捐款 16900 元。董成彬对青少年关爱协会和脑动脉瘤患者捐款 8000 多元，并带领亳州肛肠医院三次开展义诊活动，送出价值 5000 多元的药品。购买贵州省大方县贫困户生产加工的农产品，支持其产业扶贫。各总支围绕“不忘合作初心，继续携手前进”主题教育活动组织社会服务活动。医卫总支组织 8 名医疗专家前往谯城区最偏远的龙扬镇开展健康义诊服务活动；市直总支联合亳州市心理学会多次开展系列心理讲座活动；联合总支组织人员参加法律宣传活动。

【基层组织建设】2019年11月，农工党亳州市委会召开总支及下设支部的成立大会，将上届3个支部的党员进行调整，新成立3个总支和6个支部。选举出一批支部主委、副主委和委员。共发展党员5名，共有农工党员89名。其中研究生学历9人，博士1人，省政协常委1人，市人大代表3人(常委2人)，市政协委员17人(常委3人)。在党员的发展上既兼顾数量、质量、界别优势，又突出代表性，为新形势下更好地履行参政党职能增加新生力量。

(李道远)

九三学社亳州市委员会

【概况】2019年，九三学社亳州市委员会召开11次市委会委员、全体社员会议，学习习近平新时代中国特色社会主义思想、中共十九大、十九届四中全会精神，学习贯彻九三学社第十一次全国代表大会、九三学社中央委员会、九三学社安徽省委员会和中共亳州市委有关会议和文件精神。参加九三学社省委会、市政协、中共亳州市委统战部组织的征文、理论研究等纪念中华人民共和国成立与中国新型政党制度确立70周年活动。组织九三学社亳州市委员会委员和支社委员到安庆九三学社全国传统教育基地学习考察和开展市政协协商会课题调研活动。组织8名社员参加市委统战部组织的党外代表人士培训班。全市109名社员下载“社员之家”App，80%以上的社员登录平台。

履行“参加中国共产党领导的政治协商”职能，参与政党协商和其他形式的协商活动，坚持围绕中心、服务大局，深入实际调研，察实情，出实招，求实效。召开支社班子成员会议4次，明确细化支社工作任务、班子成员职责和有关制度。

同年，机关3人分别获九三学社中央委员会、九三学社安徽省委员会表彰。社员刘国英被市委统战部推荐为“最美奋斗者人选”，带领的工作室被市人社局评为“2019年亳州市技能大师工作室”。发展程诚、马骥等7名社员。九三学社亳州市委员会被九三学社安徽省委员会表彰为“2017－2019年度先进市级组织”“2018－2019年度新闻宣传工作先进集体”“2019年度社会服务工作先进集体”。刘云飞被九三学社安徽省委员会表彰为“2017－2019年度先进个人”。方林飞被九三学社中央组织部表彰为“2019年度九三学社组织工作先进个人”。

【参政议政】2019年，在省十三届人大二次会议上，人大代表韩青、沈晓燕、刘国英提出3件建议。在省政协十二届二次会议上，委员张国芳提出2件提案。在市人大四届三次会议上，人大代表刘云飞等4人领衔提出2件议案、3件建议。在市政协四届三次会议上，以党派名义和社员中的市政协委员共提出提案48篇；在市政协全体会议上作“加强农村污水治理 促进美丽乡村建设”大会发言。组织骨干社员到蒙城县、金寨县等地开展“农村环境治理”“提升产业扶贫项目实施水平”“城市三轮车治理”“城市扬尘治理”等专题调研活动16次。向九三学社安徽省委员会、市政协、市委统战部报送社情民意信息稿件42篇、调研报告20篇，报送宣传报道材料122篇。《关于硬化美化涡河大堤的建议》《关于加强农村道路安全监管的建议》《关于加强林拥城管护的建议》社情民意信息得到市长杜延安和市有关领导的批示，建议被有关部门采纳。《加快构建大别山等革命老区防范返贫长效机制》建议被全国政协采用。在市政协召开的全委会和6次专题协商会上，九三学社亳州市委员会及社员提供发言材料56篇(其中社市委提供36篇)，占全部协商会523篇发言材料的10.7%，8人次作大会口头发言。在2019年中共亳州市委书记领衔督办脱贫攻坚重点提案座谈会上，提交的《关于进一步提升亳州市产业扶贫工程实施水平的建议》得到中共亳州市委书记领衔督办。在“2019年市长领衔督办推进世界中医药之都建设系列提案”专题协商会上，《加强人才培养 推进中医药“四名工程”建设》《大力提升亳州市现代中药产业基地建设水平的建议》提案得到市长领衔督办。《加强普惠性幼儿园建设 提升幼有所育水平》提案被市政协评为2018年度优秀提案，《农村污水治理应综合施策》获市政

图16　2019年7月7日，九三学社亳州市委会开展“设施蔬菜、设施花卉发展情况”专题调研活动　（方林飞　摄）

协2018年度优秀调研成果奖。《关于加强亳州市中药材标准化种植的对策建议》调研报告获市政协2018年度优秀调研成果奖。《情系贫困户，点亮微心愿》宣传作品获市政协第二届“政协好新闻”三等奖。

【民主监督】2019年，九三学社亳州市委员会组织按照“四不两直”要求，到蒙城县16个乡镇(办事处)开展走村入户调研，79天时间到123个自然庄走访812户贫困户，反映87个问题，提出88条建议。就2018年民主监督脱贫攻坚和污染防治工作情况向中共蒙城县委、县政府进行反馈。配合九三学社安徽省委员会在亳州举办九三学社脱贫攻坚民主监督培训班，九三学社中央委员会社会服务部部长徐国权出席培训班并作《聚焦重点、创新实践、提升脱贫攻坚民主监督实效》专题报告，九三学社亳州市委员会介绍脱贫攻坚民主监督工作经验。安排业务骨干参加市扶贫局组织的脱贫攻坚问题专项调研和检查活动4次。

【社会服务】2019年，九三学社亳州市委员会组织开展“百名专家乡村学堂讲科普”活动，邀请中科大、亳州学院和市中医院的8位专家分别走进亳州学院和“三县一区”10所学校，开展11场讲座，为3500余名学生讲授科普知识。开展公益普法活动。组织律师走进亳州学院、中药科技学校、职业技术学院、亳州幼儿师范学校开展“大学生就业刑事法律风险防范”公益普法活动，为2000余名大学生送去4场专题普法课。开展扶贫济困活动。书画家社员参与书画义卖，义卖所得善款全部用于慈善事业，累计捐款捐物价值35万元，6人次被市民政局等部门表彰。

组织机关工作人员、九三专家型社员9次到蒙城县岳坊镇翟湖村，走访慰问贫困户189户次，宣传扶贫政策，落实贫困户“微心愿”。对该村4名贫困大学生和6名中学生发放助学金14000元，市中医院4名医疗专家为群众进行爱心义诊，受益群众超过120人。亳州学院副教授徐婧到该村四门小学开展乡村学堂讲科普活动，同村委会干部座谈，帮助村里解决实际困难。

【“不忘合作初心，继续携手前进”主题教育活动】2019年，九三学社亳州市委员会组织开展“不忘合作初心，继续携手前进”主题教育活动。

制定主题教育活动方案，召开动员部署会议和主委、副主委谈心会、纪念九三学社成立74周年和中华人民共和国成立与新型政党制度确立70周年座谈会。组织骨干社员参加中共十九届四中全会精神报告会。市委会成员12次走访支社，征求对主题教育活动意见，指导支社工作。开展市政协协商课题调研16次、捐资助学活动1次、爱心义诊活动1次、九三讲堂2次、科普活动3次、公益普法活动4次、走访慰问贫困户8次、脱贫攻坚民主监督调研33次。参加1次由中共亳州市委书记领衔督办重点提案专题协商会、1次由市长领衔督办重点提案专题协商、2次监督性调研、6次市政协专题协商会。举办“不忘合作初心，继续携手前进”征文、演讲活动。组织支社领导班子成员和部分骨干社员到皖北烈士陵园开展革命传统教育。组织骨干社员到市廉政教育基地开展廉政教育。

（方林飞）

群众团体

图 11　“美丽亳州”系列图片——2019 年 5 月 28 日，团市委 组织举办庆祝中国少先队建队 70 周年活动（张延林 摄）

亳州市总工会

【概况】2019 年，亳州市总工会下辖涡阳县总工会、蒙城县总工会、利辛县总工会、谯城区总工会 4 个县级总工会和市高新经济技术开发区、亳芜产业园区 2 个经济开发区总工会。直属职工服务中心、职工学校 2 个事业单位。全市基层工会 5508 家，工会会员 454711 人。

以基层党组织建设带动基层工会组织建设，全市通过党建带工建，组建基层工会组织 522 家，发展会员 35589 人。

开展第五个宪法宣传日活动、“尊法守法·携手筑梦”服务农民工公益法律服务行动。联合市司法局、律师协会共同下发《关于联合开展“尊法守法·携手筑梦”服务农民工公益法律服务行动实施方案》，共开展公益法律服务活动 17 场次，为农民工书写赠送春联，发放宣传资料 7500 余份，现场答疑 400 余人次。开展“尊法守法·携手筑梦”农民工维权知识微信竞答活动，计 3071 人次参与。结合农民工免费体检活动，到建筑企业开展“尊法守法·携手筑梦”服务农民工法治宣传活动 4 场，发放劳动法律法规宣传资料 900 余份。与“送法进企业、普法进园区”活动相结合，组织律师开展《劳动法》讲座 2 场。

动员全社会力量为城市低保户解决“不愁穿”问题。全市共捐款 114.9 万元，8206 人受益。

组织开展亳州市庆“五一”职工文艺展演暨颁奖活动。活动现场为亳州市“十大最美劳动者”“脱贫攻坚十大工程劳动竞赛先进集体、先进个人”和宋佳伟等 15 位市“五一劳动奖章”获得者颁奖。

联合市直工委、市文旅体育局举办市直机关职工春季运动会，市直 70 余个单位 2798 名运动员参赛。组织参加安徽省第四届职工运动会，参加 12 个项目的比赛活动，并承办桥牌比赛项目。

在《亳州晚报》开设“每周一星”专栏，每周宣传一位劳动模范、先进人物，并通过市总工会网站、“职工之家”微信公众号和其他媒体广泛宣传劳动模范、先进人物 100 余位。组织市劳模开展劳模先进事迹宣讲进校园活动。

组织召开全市新时代产业工人队伍建设改革工作推进会。督促企业加大职工培训力度，拨付 5 万元经费，会同市住建局对建筑工人进行安全、技能等专题培训，提升农民工的素质和能力。

动员部署全市工会户外劳动者“幸福驿站”创建工作，全市共创建“幸福驿站”30 家，重点解决户外劳动者饮水、休息、饭茶加热、取暖纳凉、手机充电、临时避雨等实际问题。万家乐物业有限公司工会户外劳动者“幸福驿站”是全市首家。

【参与社会治理】2019 年，亳州市总工会加强厂务公开民主管理工作，学习宣传贯彻落实《关于进一步加强职工代表大会规范化建设的意见》，推动职代会建设，提高建制率。开展全市厂务公开民主管理示范单位创建活动，继续在全市创建 5 家国有企业和 5 家非公企业示范单位。组织参加《安徽省企业民主管理条例》颁布五周年网上知识竞赛活动，获安徽省总工会表扬。在全市企事业单位中开展“聚合力促发展”优秀职工代表提案征集推荐活动，各级工会共推荐优秀提案 10 个，择优向安徽省总工会推荐 3 个。加强集体合同工资协商工作、组织集体协商“春季要约”活动。召开亳州市协调劳动关系三方会议，并联合制发文件，对全市“春季要约”活动进行具体部署。全市共发出集体协商要约书 490 份，收到回复 490 份，签订集体合同 423 份，覆盖企业 423 家，职工 34947 名。举办 2019 年全市工会普法暨集体协商工作培训班，近 80 人参加培训。

【“四个年”建设】2019 年，亳州市总工会推进“四个年”建设。

实施“地方工会规范化建设年”，建立权责明晰、有据可依、行为规范、运转协调的工会工作规范化运行机制。

实施“城市困难职工解困脱困攻坚年”，制发《亳州市城市困难职工解困脱困攻坚年实施方案》《亳州市困难职工帮扶民生工程实施办法》，开展困难职工医疗救助、生活救助、助学救助等各项工作。全市大病救助 312 人次，发放救助金 282.13 万元；生活救助 417 人次，发放救助金 216.23 万元；助学救助 363 人次，发放助学金203.28万元。

实施“基层工会组织建设年”，研究制定《亳州市基层工会组织建设年工作方案》，明确工作计划、目标、重点和措施，坚持党建带工建，与市非公企业党工委联合举办第四批党建带工建指导员培训班，推动非公企业和社会组织工会建设。协调交通、邮政、住建等部门，推动货车司机等八大群体入会工作。全市新组建基层工会773家，新发展会员51208人。市党建带工建工作得到安徽省总工会充分肯定，并在亳州市召开全省基层工会组织建设年现场会。

实施“智慧工会建设年”，全市数据库已录入工会组织5508个，会员信息454711条。拓展职工网上办事渠道，全市共办理931件网上事项。开展各类答题活动、普惠性活动40场，参与150000人次；开辟“职工书屋”功能，“职工书屋”注册用户60375人，浏览量共330万次；市总工会微信公众号关注度119562人次。新开发“网聚职工正能量 争做中国好网民”和普惠商场两套系统，利用市总工会微信公众号开辟“好网民”专栏，为基层组织提供线上素材上传平台，已收集素材42篇图文类作品。创新职工医疗普惠模式。再次提高医疗普惠系统标准，将慰问金提高至600元，全市慰问职工580人，发放慰问金95100元。开展工会会员普惠卡服务。举办工会会员卡发放仪式，与市邮储银行联合制发工会会员普惠卡，择优签订普惠商家定点户72家，开展普惠活动30期，银行补贴近60万元，截至2019年年底，全市共发放会员卡21000张。

【“安康杯”竞赛暨“安全生产月”活动】2019年，亳州市总工会联合市应急管理局下发《关于2019年度开展亳州市“安康杯”竞赛活动的通知》，明确目标，强化措施，努力提高竞赛活动的覆盖率和培训力度。要求要按照文件精神落实“安康杯”竞赛活动弘扬企业安全文化，全面推进安全文化建设。全市共有628个企业3327个班组72667名职工参加“安康杯”竞赛活动。会同市应急管理局评选2018年度“安康杯”竞赛活动先进集体和先进个人。通过选树典型推动“安康杯”竞赛提质增效、向中小企业延伸。举办网上“安康杯”竞赛活动，在市总工会微信公众号上进行“安康杯”知识竞赛，数千人参与竞赛活动，提高“安康杯”竞赛的宣传广度，普及“安康杯”竞赛知识。配合市安委会、并动员全市各级工会开展第18个全国“安全生产月”活动。

【“四季送”活动】2019年，亳州市总工会开展“冬送温暖”活动，全市共筹集送温暖资金470.9万元，慰问困难职工（农民工）及困难劳模8402户，发放款物418.95万元。开展“春送岗位”活动，在春节期间农民工返乡之际，开展接送农民工服务，并联合人社部门开展返乡就业创业宣传活动，全市共举办就业招聘会97场，发放各类宣传资料10万余份，免费提供公共就业创业服务68021人次，实现省内转移就业35365人次，跨省转移就业27058人次。开展“夏送清凉”活动，全市各级工会投入送清凉资金141万元，覆盖职工45105人。开展“金秋助学”活动，为363名困难职工子女实施资助，发放助学金203.28万元。

图17 2019年6月17日，亳州市开展“安全生产月”宣传活动
（金 兴 供图）

【亳州市劳模馆对外开放】2019年5月1日，亳州市劳模馆正式对外开放。该馆位于亳州市高新区，在亳州城市展览馆一楼，为市展览馆的馆中馆，布展面积约200平方米，始建于2018年9月，项目建设投资约80万元。展厅分为旗帜引领、国家级劳模、省市级劳模、劳模工作室、劳模风采等版块内容，采用图片、文字、电子屏幕等形式，展现劳模风采，讲述劳模故事，体现劳模精神，发挥先进典型的示范带动作用。共收录亳州籍劳模498位。自开放后，接待游客5000人次。

（张光宇）

图18　2019年9月26日，风华桐乡路小学学生手绘70米长卷祝福祖国

（刘　翔　供图）

中国共产主义青年团亳州市委员会

【概况】2019年，中国共产主义青年团亳州市委员会（以下简称“团市委”）用创新宣传凝聚青年。防范化解意识形态领域风险。对共青团系统意识形态工作涉及的职责风险进行全面排查；召开全市学校意识形态工作座谈会，明确学校领域意识形态风险防控的重点和措施。开展团属新媒体平台信息登记和微博“僵尸账号”清理整治，加强网络意识形态安全管理。制作发放数据线、钥匙扣、T恤等多种形式文创产品3000余件，制作播放视频《我和我的祖国》、原创歌曲《青春有梦》、弘扬五四精神H5等，吸引受众20余万人次。分类宣传、教育、引导。编发信息109条、手机报19期、抖音384条、微信300余条、报纸专版11个，相关信息被中央级媒体采用8篇，省级媒体采用65篇，被市级媒体采用117篇。

组织举办纪念五四运动100周年优秀青年代表座谈会，传达学习全国纪念五四运动100周年大会精神、中共中央政治局第十四次集体学习会议精神和省纪念五四运动100周年座谈会精神，市青年科技创新人才代表、青年志愿者代表、脱贫攻坚青年代表等进行座谈发言。举办亳州市第三届六一嘉年华系列活动，“争做新时代好队员”雏鹰争章系列活动，庆祝中华人民共和国成立70周年、中国少年先锋队建队70周年，纪念和回顾中华人民共和国成立以来取得的伟大成就，继承和发扬少先队的光荣传统，增强少先队员光荣感。举办纪念少先队建队70周年暨“争做新时代好队员”主题队会，表彰全市优秀少先队员、优秀少先队辅导员；举办亳州市少先队知识及历史图片展、少先队员爱国绘画展等。与文化旅游体育局共同主办“我和我的祖国——亳州青年音乐会”。举行亳州市青少年发展基金会揭牌仪式；“情暖童心·微爱圆梦”关爱困难青少年活动和“情暖春运”青年志愿者服务春运暖冬行动启动仪式。举办庆祝中华人民共和国成立70周年暨纪念五四运动100周年合唱比赛，全市160余所学校和单位参与活动。

【青少年思想引领】2019年，团市委组织成立青年宣讲团，通过全市各级团组织开展青年宣讲进基层活动近300场，累计参与17.5万人次；围绕庆祝中华人民共和国成立70周年，举办“青年榜样进校园”活动7场，近4000名青年学生参与。将“青年大学习网上主题团课”与线下主题教育相结合，在全市青年中掀起学习贯彻中共十九大精神和习近平新时代中国特色社会主义思想热潮，90.3万人次参与学习。

图19 2019年10月12日，“争做新时代好队员”主题活动

（刘 翔 供图）

用主题教育实践活动引领青年。围绕纪念五四运动100周年，举办“青春心向党·建功新时代”特别主题团日活动、“五四精神·传承有我”网络主题传递、优秀青年座谈会、主题作品征集、五四知识有奖测试、青年“快闪”等，激发青年弘扬五四精神建功新时代的热情。围绕庆祝中华人民共和国成立70周年，举办“青春心向党·建功新时代”合唱比赛、“绿水青山就是金山银山——我和祖国共成长”演讲比赛、“我和我的祖国——国旗下的演讲”特别主题团日等，激发广大青少年爱国热情。围绕纪念少先队建队70周年，举办“红领巾心向党·争做新时代好队员”主题队会、少先队知识及历史图片展、青少年爱国绘画展等，增强少先队员光荣感和责任感。

用先进典型激励青年。开展“寻找身边的雷锋榜样”“向上向善好青年”、优秀少先队员少先队辅导员、优秀共青团员评选等。全市青年积极向榜样学习，涌现出全国“向上向善好青年”1名、优秀共青团员1名、五四红旗团委1个，全省“向上向善好青年”9名、“五四”青年奖章1名，省“两红两优”23个。

【服务青少年成长成才】2019年11月，团市委在全省率先建立青年工作联席会议机制，召开亳州市青年工作联席会议第一次全体会议，审议通过《亳州市青年工作联席会议工作规则》《亳州市青年工作联席会议办公室工作细则》《〈亳州市贯彻落实安徽省中长期青年发展规划（2018—2025年）实施办法〉实施重点工作》等文件，构建青年发展政策实施机制，促进青年全面发展。

深化权益维护品牌，服务青少年健康成长。深化“青”字号品牌创建。创建市级“青年文明号”38个，评选市级“青年岗位能手”50人，完成市级“青年安全示范岗”创建报备34个，推报6个省级“青年文明号”创建集体及2家标兵单位，6人获第五届“全省农村青年致富带头人”称号。深化青少年权益维护。举办“大学生新生入学法治第一课”公益普法进校园系列活动、“大学生就业刑事法律风险防范”公益活动、2019年亳州市大学生禁毒舞台剧大赛、“健康人生、绿色无毒”主题禁毒宣传暨文艺会演活动。推进县区“青少年零犯罪零受害社区（村）”创建。开展各类普法宣传活动109场，发放“平安亳州·青春自护”教育手册、防溺水宣传单、普法宣传材料等7400余册，覆盖青少年近万人。组织开展青少年模拟政协提案活动，推进“共青团与人大代表、政协委员面对面”活动，开展调研，撰写《亳州市快递行业从业青年工作现状》，获安徽省思想政治工作研究会2018年优秀研究成果评选二等奖。

【青春创业就业】2019年，团市委打造“互联网+”创业示范园亳州市青年创客空间，形成“基础服务+创业辅导+孵化加速”的“一条龙”服务模式，累计孵化企业302家，孵化项目总产值11.75亿元。举办青年创新创业大赛、创业之星和农村致富带头人评选，激发青年创新创业热情。举办青年创业企业专题培训、创业沙龙、项目路演、电商培训等，提升青年创业能力。争取皖北地区青年创业贷款财政贴息项目资金、市创业办大学生创业补贴、青年创客圆梦计划项目资金等160.5万元，补贴青年创业贷款项目78个、帮扶创业大学生36人次、扶持青年创客优质项目10个。面向高校及大中专院校毕业生举办“建功新时代·奋斗正当时”青年就业创业分享会，引导广大青年毕业生就业创业。建设以“互联网+农户+商品+快递”为基础的“亳品集”网上电商平台，采取新的电商及零售模式，打破物流、信息流瓶颈，实现农产品进城、网货下乡。

【青春脱贫攻坚行动】2019年，团市委组织动员青年，助力脱贫攻坚。动员青年社会组织开展扶贫结对共建，为贫困村捐款捐物、一对一帮扶；举办“红领巾公益课堂”，组织青联委员和志愿者到贫困村小为青少年免费送课，500余名青少年受益；开展“情暖童心·微爱圆梦”活动，号召广大青年关爱留守儿童和困难青少年成长，为留守儿童和困难青少年送去爱心大礼包1200余件，帮助建档立卡贫困户家庭青少年实现微心愿1600余个；开展希望工程“圆梦大学行动”和“成长助力计划”，募集爱心资金154.6万元，帮助1748名青少年圆梦求学路。组织青年志愿者开展关爱农民工子女结对帮扶活动，为留守儿童提供心理健康咨询、安全自护教育、法治宣传等服务30余场次。

【志愿服务】2019年，团市委组织助力生态环保，开展“保护蓝天绿水，争做环保雷锋”活动、垃圾清理挑战赛、保护母亲河志愿服务行动等，全市60余个团组织、14个青年志愿者团队参与活动。开展春运暖冬行动，为往返旅客提供便民利民服务，610名志愿者参与，累计服务510余万人，服务时长12810小时。开展文明交通劝导、城区电动三轮车专项治理志愿服务。志愿服务药博会、（国际）马拉松赛等重大赛会。发起2019“爱心助考”青年志愿服务行动，吸引亳州市爱心协会、亳州市青少年关爱协会、亳州市药都拥军协会、谯城区爱心协会、谯城区青年志愿者协会、天狼救援队、谯城区学联等10余家青年志愿组织200余名青年志愿者参与。

【从严治团】2019年，团市委组织召开全市基层团组织规范化建设推进会，明确各县区团委书记为第一责任人，定期听取各级团委书记关于基层团组织规范化建设工作汇报。制定《关于进一步完善团市委机关干部密切联系青年机制实施方案》，实行包片包点负责制，开展包点互比互学。建立市级示范性团组织和青年之家，明确退出机制，重长效、重引领，推动古井集团团委完成质量体系认证，打造亳州市之意书社青年之家，树立全市基层团组织和青年之家建设模板。树立“数字意识”，研判全市数据，制定团的基层组织建设PPT，印发《共青团基础业务工作指导手册》《非公企业和社会组织团建工作手册》，细化《团支部整顿参考标准》，开展业务培训6次，发放各类指导材料2000余份。依托“青”字号品牌创建评选、皖北财政贴息、青年创客圆梦计划等团的业务，增加非公企业团组织覆盖面。

打造网上共青团，全面落实智慧团建建设。打好“学社衔接”攻坚战。制作“智慧团建”系统操作PPT、“学社衔接”注意事项指南，并对各基层团组织一对一指导。对3252个学校领域团支部进行毕业时间标记，各乡镇街道建立学社衔接临时团支部，转出团员30255人，转出发起率100%，转出成功率99.9%。全面开展团支部整理整顿。制定团支部整理整顿计划，开展团支部评估整顿，全市所有团支部全部完成评估，实现评估完成率100%，列为重点整顿的团支部584个，全部完成整顿。

加强团干部队伍建设。及时向市委分管领导和组织部门汇报各级团的领导机关班子和干部配备和在岗情况，与县区组织部门沟通，督促配备率达不到要求的县区团委尽快进行干部调配。加强机关专兼挂职人员队伍建设，落实改革举措。开展分级分类培训。推动新任职团干部培训班纳入全市干部培训主体班次，举办全市基层团组织建设工作培训班，共计开展培训班10次，覆盖团干部1500余人。坚持党建带团建。举办十九届四中全会精神专题讲座暨全市共青团学习研讨班，开展“不忘初心、牢记使命”主题教育，团省委主要负责人到会指导民主生活会。开展调研，撰写《关于亳州市基层团组织“三会两制一课”开展情况的调研报告》，争创五星级党组织。

【亳州市青年联合会第四届委员会会议】2019年12月26日至27日，亳州市青年联合会第四届委员会会议召开。省青联主席、团省委副书记杨正、亳州市委副书记陈军出席会议并讲话。大会审议通过亳州市青年联合会第三届委员会题为《不忘跟党初心 牢记青春使命 团结带领全市各界青年为加快建设现代化五大发展美好亳州贡献智慧和力量》的工作报告，选举产生亳州市青年联合会第四届委员会主席、副主席、常委、秘书长。张建影任主席；于新辰、刘超、李丹崖、杨小梅、高亚飞、董思记6人任副主席；万洪超、王大云等34人任常委；王磊任秘书长。

【首批未成年人检察工作社会支持体系建设试点】2019年4月，共青团中央、最高人民检察院在全国确定40个地区开展首批未成年人检察工作社会支持体系建设试点，其中"蒙城县未成年人检察社会服务中心"作为安徽省受委托的服务机构承接试点工作。

成立一个服务中心。共青团蒙城县委、蒙城县人民检察院在蒙城县城南新区"智慧城市运营中心"设立"蒙城县未成年人检察社会服务中心"。服务中心占地面积240余平方米，划分为综合服务区、心理疏导区、亲职教育多功能区、职业技能培训区4个服务区，实现从团检共管逐步过渡至独立运行。

完善一套工作机制。以团检联席会议为核心建立起共商、互联、协同机制，统筹未成年人检察工作社会支持体系建设。按照"预防+观护+重塑"的总体思路，建立健全涵盖未成年人犯罪工作各个环节的工作机制。围绕未成年人犯罪预防工作，制定三年法治教育大纲，坚持小班教学模式，设立法治课程，建立常态化、规范化、体系化的法治教育模式。落实刑事诉讼法关于未成年人特别程序的要求，整合共青团组织、检察机关、司法行政机关、教育主管部门及社会公益组织等多家单位、组织建立起涉案未成年人观护体系，组织开展社会调查、心理疏导、附条件不起诉考察帮教等工作，依法全面保障涉案未成年人的合法权益。构建针对涉罪未成年人的职业技能培训和就业指导工作机制，为涉罪未成年人重新融入社会提供帮助，降低未成年人再犯风险。

探索一批典型做法。按照边建边运行的方式推进试点工作，开通"7812355"服务热线，搭建针对未成年人的法律服务平台；依托"希望工程——成长助力计划"，拓宽涉案未成年被害人救助渠道；协同民政部门解决对涉案未成年人的临时安置难题；探索建立由学校团组织、少先队组织、班主任及优秀教师组成的涉案在校生帮教团队；创新包括阅读、观影、团队活动在内的特色帮教举措；构建针对未成年人家长的"整体预防+个案干预"的亲职教育模式。

共转介司法行政机关开展社会调查8人次、转介心理咨询专业人员开展心理疏导4人次、转介民政部门安置未成年被害人1名、开展未成年人法治教育活动7次。

【青春心向党·建功新时代——特别主题团日】2019年4月12日，亳州市"青春心向党·建功新时代"特别主题团日活动在皖北烈士陵园举行。全市各级团组织的团员、团干代表以及团市委、各县区团委和市直有关单位团委负责人，计500余人参加活动。

清明至五月中旬，全市各级团组织围绕庆祝中华人民共和国成立70周年、纪念五四运动100周年，集中组织开展"青春心向党·建功新时代"特别主题团日活动，突出仪式教育感召作用，依托各地红色教育资源，组织全体共青团员走出教室、车间、办公楼、会议室，到五四运动相关的纪念场馆、各地标志性的革命遗址、红色纪念场所、烈士陵园等教育阵地接受精神洗礼。全市共组织开展特别主题团日活动30余场，238个团组织2670余人次参与活动。

【"建功新时代·奋斗正当时"亳州市青年就业创业分享会】2019年5月31日，团市委在亳州学院创新楼报告厅举办"青年就业创业分享会"，通过树立典型、表彰先进、宣传政策，激发全市青年干事创业热情，建功新时代。全市高校、高职、中职毕业生代表，全市青年企业家代表，共计1000余人参加会议。

活动现场播放亳州市2019年"创业之星"和"农村青年致富带头人"事迹短片，为2019年亳州市"创业之星"、2019年亳州市"农村青年致富带头人"颁奖。5位创业就业典型进行事迹分享。现场设立创业咨询服务台，由青年创客空间、市人社局、市创业办、市商务局相关工作人

图 20　2019 年 6 月 18 日，安徽优秀青年典型事迹分享活动走进亳州

（刘　翔　供图）

员为青年解答就业创业政策，团市委、市青年创客空间编印发放《亳州市青年创业就业服务手册》。团市委组织利辛、涡阳两县团委同人社局联合编印《“扶贫驿站”推介手册》，发放给与会人员，“扶贫驿站”的信息同步上传至“亳创平台”供有创业意向的青年选择。会上对创业驿站进行推介，并现场呼吁有入驻意向的企业及时和团市委、团县委进行对接联系，参与扶贫事业。

【亳州市创新创业大赛暨第四届亳州青年创业大赛】2019 年 8 月 24 日，亳州市创新创业大赛暨第四届亳州青年创业大赛决赛在亳州市希尔顿酒店举行。由市委、市政府主办，亳州青年创客空间承办，市委组织部、市委宣传部等 16 家单位组成大赛组委会，组委会办公室设在团市委。以“青春建功新时代，创业追梦新征程”为主题，共收到参赛项目 54 个，涉及文化创意、互联网、医疗健康、现代农业、现代服务业等领域。20 支参赛队伍入选决赛。“团结坊”项目、“药都亳州特色芍药花护肤品”项目分别获创新组和创业组金奖。获奖项目可以按需优先入驻政府扶持的创业孵化载体，获创业导师“一对一”创业辅导，享受政策支持、融资服务，优先申报“创业之星”“农村青年致富带头人”等奖项和创业扶持政策。

（刘　翔）

亳州市妇女联合会

【概况】2019 年，亳州市妇女联合会（以下简称“市妇联”）组织实施“基层妇联领头雁培训计划”，在市委党校举办第五期女干部培训班，81 名乡镇（街道）妇联主席参加培训。各县（区）分别实现乡镇、村妇联主席培训全覆盖。

完善基层妇联执委长效工作机制，各县区分别选择 1 ～ 2 个乡镇（街道）作为试点，建立基层妇联执委议事工作、乡镇妇联主席轮值、执委联系妇女群众等制度。蒙城县启动“我为群众办实事，当好妇女娘家人”执委活动，各级执委承诺践诺，主动联系服务身边群众，结合实际广泛开展形式多样的活动。

在 7 乡镇试点实施“基层妇联亮牌服务”，动员各级妇联执委，珍视执委身份，展现执委风采，落实妇联标识上桌牌、胸牌，落实妇联组织架构、工作职责制图上墙，在妇联活动中佩戴妇联 LOGO 胸针及执委名牌，在公开栏公开妇联活动内容等。

与省妇联《恋爱·婚姻·家庭》杂志社建立合作关系，请专业人员管理新媒体。针对所属社会组织负责成员，围绕新时期党员干部应该具备的媒介素养、中国特色社会主义进入新时代、国家安全教育专题，举办 3 次培训讲座；对所属协会举办的讲座报告实行报备制。

组织开展多项活动庆祝中华人民共和国成立 70 周年，持续开展“万名巾帼大宣讲”和“巾帼传习走基层”，加大“当代木兰风采”宣传力度，选树各类先进典型，全方位宣传巾帼事迹、讲好巾帼故事。

加强基层妇联干部队伍建设，实施“基层妇联领头雁培训计划”，建立基层妇联执委议事工作、乡镇妇联主席轮值等制度，推进基层妇联开展亮牌服务。

加强对妇联所属各协会的党建工作指导，及时传达市委非公委文件精神，在市心理咨询师协会、家教协会、木兰文化研究会、木兰巾帼志愿者服务中心等社会组织中开展走访调研，摸排党员信息，及时传达全市“不忘初心、牢记使命”主题教育精神，非公党建指导员为协会党员上党课4次。

制定《亳州市离婚现状调研》工作方案；成立由市妇联主席戴爱霞任组长、分管领导和具办部室负责人及4名律师任成员的调研组；进行乡镇街道妇联主席座谈、市民政局和区婚姻登记处走访、协议离婚办理旁听等，梳理汇总调研情况，进行补充调研，形成调研报告并上报。

参与全国文明城市、全国双拥模范城创建活动。制定《亳州市创建全国文明城市市妇联社区包保工作方案》《关于进一步加大工作力度服务文明城市创建大局的通知》，部署推动参与创建工作。县（区）妇联及木兰巾帼志愿服务中心，组织志愿者开展发放文明城市测试调查问卷、担任街头劝导员、为无物业小区清理杂草等工作。举办“军民一家亲共话鱼水情”春节联欢会、迎“八一”双拥慰问联欢等活动；慰问谯城区光荣院老人，为老人修剪指甲、理发，唱军营歌曲。

同年，市木兰巾帼志愿服务中心春运服务工作获2019年志愿汇“新时代继续向雷锋同志学习”全国联动活动第二名。

图21 2019年1月10日，省、市、县三级“三下乡”活动在涡阳县举办（张兰兰 供图）

【“巾帼心向党·礼赞中华人民共和国”群众性宣传教育活动】 2019年，市妇联组织开展“万名巾帼大宣讲”和“巾帼传习走基层”活动。各级妇联组建巾帼传习队伍，采取专题讲座、党课宣讲、座谈交流、文艺演出等方式，用群众听得懂的语言宣讲传播“新思想”，让党的理论“飞入寻常百姓家”。各级妇联及市直单位妇委会组织开展2400余场次(其中谯城283、涡阳1572、蒙城270、利辛243)，受益群众达8万余人。其中市妇联处级干部赴基层宣讲共13次(党组书记、主席宣讲6次)。谯城区妇联把“巾帼大宣讲”工作同区委中心工作结合起来，开展一月一主题宣讲。组织妇联执委及新入职女大学生组成的各级巾帼宣讲员队伍，定期入村开展宣讲，《谯城周刊》《谯城清风》等以《巾帼宣讲员，进村来宣讲》为标题进行报道，“巾帼大宣讲”作为区妇联的创新工作品牌在全区岗责目标督察中被区委督察办通报表扬。

组织开展庆祝中华人民共和国成立70周年活动。联合有关单位举办“时代新人说——我和祖国共成长”之“大家小官”演讲比赛、庆“七一”大型诗歌朗诵会、庆祝中华人民共和国成立70周年征文及摄影比赛、“我心中的巾帼好网民”征文比赛、“我心中的最美女性”推选、“巾帼心向党·礼赞中华人民共和国”亳州市各界妇女庆祝中华人民共和国成立70周年联欢、《一脚乡村一脚城》常河作品分享会、《我本行者》范秋荣新书品读会等。利辛、蒙城两县组织各行各业先进女性拍摄“我和我的祖国”“今天是你的生日”快闪，在“学习强国”发布。谯城区组织开展“守初心、树美德、巾帼好故事宣讲报告会”，展示新时代巾帼新形象。蒙城县围绕国庆和重阳两个节日节点，提前谋划，寻访100余位与共和国同龄老人，将“繁花盛世·礼赞祖国”插花技能大赛中获奖的鲜花作品，赠送给老人，表达对老人的祝福，对祖国的祝福。

联合亳州晚报社、市木兰文

图22　2019年5月11日，市妇联联合市木兰文化研究会举办“木兰故里春风行”——知名作家亳州采风活动　（张兰兰　供图）

化研究会举办“木兰故里春风行——知名作家亳州采风”活动。邀请许辉、常河、闫红、钱红丽等20多名省内外知名作家、记者以及省、市作协会员共计50余名作家，走进亳州、感受亳州、记录亳州，全方位多角度推荐宣传亳州。亳州晚报社、亳州移动对分享会进行全程网络直播，点击量超过2万次，《新安晚报》、亳州电视台、中安在线、搜狐网、新浪网等知名媒体网络同步报道，当天活动亳州地区覆盖读者560万人。38位作家围绕亳州写下9万余字的文章。钱文丽作品《亳州记》被国家级文学刊物《散文》采用；董静作品《水晶薄荷》被《安徽电视报》《新安晚报》《合肥晚报（副刊）》采用；闫红《迷人的曹操》被《文汇报（副刊）》采用；王小玲《我在亳州十七年》及戴旭东《走读亳州》被搜狐文学平台采用。作家们推介亳州的文章在国家、省、市级各新媒体传统媒体刊出15篇，拟结集成书《大家写亳州》。

加大当代木兰风采选树宣传力度。在市、县妇联新媒体平台更新“巾帼传习所”79期（其中市41期、蒙城28期、涡阳15期），“三八红旗手”68期（其中市38期、蒙城13期、利辛17期），“最美家庭”（成员）事迹57期（其中市41期、利辛16期）。市、县（区）表扬“三八红旗手”337名，“三八红旗集体”49个，“优秀妇女组织”12个，我“心中的最美女性”出61名。推荐获评省“三八红旗手”（标兵）7人，集体1个。三八国际劳动妇女节期间，蒙城、涡阳两县电视台、妇联微信公众号对巾帼创业女性、“最美家庭”进行集中宣传报道。

【引领“巾帼建新功”】2019年，市妇联推进“巾帼脱贫行动”，帮助贫困妇女创业增收脱贫。开展“家政机构牵手贫困妇女”活动，各级妇联依托木兰皖嫂职业培训学校等机构培训家政技能人员3610人，就业1822人，举办公益家政讲座（培训）20期。注重扶贫先扶志，将“爱心传递·赠衣扶贫”活动募集的捐款14余万元及鞋服全部用于支持涡阳县的383个村“爱心超市”建设，助力脱贫攻坚工作。

实施“乡村振兴巾帼行动”，引领妇女建设美好乡村。利用省、市、县（区）三级妇女专项经费项目的实施，扶持53个巾帼创业就业基地，开展农业实用技术和就业技能培训182场，培训3200余人次。带动妇女长期就业1756人（其中贫困妇女36人），短期就业4110人（其中贫困妇女652人），就业妇女人均月增收1500～2000元不等。涡阳县推动协调建立来料加工厂280个，解决就业17500人。开展2019年“春风行动”，组织专场招聘活动31场次，为3.2万人提供免费服务，介绍6000多名女性成功就业，组织跨地区妇女劳务输出200人，为1650名妇女提供职业技能和创业培训，为356名妇女提供劳动权益维护或法律援助服务。

拓展“创业创新巾帼行动”，搭建妇女创业创新服务平台。开展民营女企业家走访活动，联合市女企协、市木兰文化研究会走访民营企业13家，在“木兰之声”微信公众号开设“巾帼心向党·礼赞中华人民共和国”分享女企业家创业故事宣传连载10篇。开展巾帼文明岗创建活动，全市评选22个巾帼文明岗、30名巾帼建功标兵。推荐省级巾帼文明岗9个、先进集体1个、巾帼建功标兵3名。市检察院刑事检察一部、利辛农商银行营业部获“全国巾帼文明岗”称号，蒙城县禾

图23　2019年9月21日，亳州市各界妇女庆祝中华人民共和国成立70周年联欢会
（张兰兰　供图）

兴蔬菜专业合作社理事长陈文芳获“全国巾帼建功标兵”称号。联合邮储银行启动“金融支持妇女创业创新”工作，签署《金融支持妇女创业创新战略合作协议》，20天内，召开银企对接会3场，走访对接企业22家，拨付贷款280万元。

【推动“巾帼树新风”】2019年，市妇联推进“最美家庭”等文明创建活动。各级妇联发动近10万户城乡家庭30余万人次参与推评，各地涌现出“最美书香阅读家庭”“最美绿色环保家庭”以及清正廉洁、移风易俗、爱岗敬业、科学教子、孝老爱亲、邻里互助、心系国防、自主脱贫等类型的最美家庭，推出县区、乡镇、村居级最美家庭11293户（含平安家庭，其中谯城721户，涡阳2450户，蒙城8046户，利辛76户），推出市级“最美家庭”340户。推荐获评全国“最美家庭”1户、省最美家庭13户。各地各级征集“我家最美一瞬间”短视频521个，组织家教家风巡讲587场；开展“最美家庭”道德讲堂、座谈演讲、征文摄影比赛、文艺展演等活动1089次。50个“木兰书香驿站”开展读书悦享亲子活动370余场，参与12268人次。推荐获评安徽省亲子阅读体验基地1个，省级家庭教育创新实践基地1个。组织开展“给妈妈的一封信”活动，收到孩子来信426封，选取部分优秀作品陆续在妇联公众号发表。启动“关爱最美家庭，守望幸福生活”婚纱摄影公益活动，为1860对最美家庭夫妇拍摄婚纱照。

【“巾帼促和谐”活动】2019年，市妇联持续推进“建设法治中国·巾帼在行动”工作。

成立“亳州市家事维权中心”。依托北京京师（亳州）律师事务所专门场所和工作平台，整合妇联、司法、律师协会、心理咨询师协会等组织机构在涉妇、涉老、涉少、涉弱等矛盾纠纷调处中的资源优势开展工作，运用专业婚姻咨询调解、心理问题疏导和法律帮扶、维权诉讼等多个支持路径，为妇女儿童和广大家庭提供更为整合专业的综合服务。开辟家暴案件“绿色诉讼通道”，帮助开展法律援助、协助取证等反家暴综合防治举措。共接收妇联转办婚姻家事类信访案件27起，并均妥善处理。

开展普法维权宣传活动。依托三八国际劳动妇女节、国际禁毒日、安全生产月、江淮普法行等重要节点集中开展主题宣传。依托“政风行风热线”广播栏目，连续3期邀请资深法律人士、全国妇代会代表做客直播间，围绕《中华人民共和国反家庭暴力法》《婚姻法》及相关司法解释在线宣传普及法律知识。利用妇联微信公众号等网络新媒体平台推送普法内容、提供法律服务。继续开展“送法到身边”活动，各县区累计深入基层乡镇（街道）、村（社区），举办法律讲座213场。

健全婚姻家庭纠纷化解工作机制。整合综治、法院、司法、妇联等多方资源，利用各乡镇木兰维权驿站、基层综治维稳信访工作中心（站）、社区（村）“妇女之家”等工作阵地，依托婚姻家庭调解委员会、婚姻家庭诉调对接机制、婚姻家庭调解工作室、婚姻家庭指导服务中心等工作平台，在累积实践经验的基础上，开展婚姻家事调解工作，市、县（区）共参与调解297件，新增17名兼职家事调解员。市、县（区）妇联妥善处理妇女信访296件（市67件、谯城26件、涡阳52件、蒙城78件、利辛73件）。

推动妇女儿童工作目标任务落实。完成年度监测任务。针对儿童之家情况进行调研，加大推动亳州市儿童之家建设工作力度。指导利辛县完成省“两纲”示范县创建自查，并按要求做好验收工作；指导谯城区赵桥乡双楼村儿童之家对接省妇儿工委办开展的“儿童之家 相伴成长”项目，结合实际组织开展活动，对该村儿童少年因需施教，效果很好。

【“巾帼暖人心”活动】2019年，市妇联依托各种节日送去慰问关爱。坚持每月深入群众家中走访，宣传党和政府的扶贫政策。元旦、春节、中秋节期间，市妇联全体干部及社会各界爱心人士3次赴双楼村，为72户贫困户送去价值3万余元的生活用品。三八国际劳动妇女节前夕，号召各级机关企事业单位开展关爱女性健康体检活动。六一儿童节期间各级妇联动员各界力量，组织志愿者，深入多所小学幼儿园，走访看望残疾儿童、留守儿童，送去精美礼物。

关爱帮助妇女儿童。实施“春蕾计划10元捐”，全市各级妇联募集捐款165.97万元，资助1527名女童、女中小学生、女大学生继续学业。人民网、《亳州晚报》、亳州文明网等媒体对谯城区该项工作进行了宣传报道。增拨24万元继续实施困难妇女儿童救助项目，帮助417户家庭解决燃眉之急。在10个乡镇实施“农村留守儿童关爱服务”项目，持续开展关爱留守儿童系列活动。实施市级“美丽家园行动”项目15个，支持基层乡风文明和家风文明建设。实施贫困母亲两癌救助项目，2018年度筛查出的110名农村“两癌”贫困妇女得到110万元救助；2019年，各地分别开展“两癌”业务知识培训、农村贫困妇女“两癌”筛查及“两癌”救助系统填报工作，有97名农村患病妇女详表审核通过，获得2019年度救助。实施儿童工作阵地建设项目，培训家教专兼职工作者310人，开展家教公益讲座23场，受益家长2100余人次，开设微信课堂受益家长500余人次。

开展巾帼志愿活动。市木兰巾帼志愿服务中心开设“木兰一日一元捐”平台，所得资金帮助了许多重病患者，被区文明办评为志愿服务优秀组织和优秀项目。市妇联兼职副主席曹洁率志愿者，奔赴几千里，帮助走失20余年的李姓贵州女子与亲人团聚。蒙城县探索打造扶持巾帼志愿服务项目，筛选旗袍协会的“女性文明礼仪”、阳光公益的“阳光女孩”、小小少儿绘本的“故事妈妈”、手舞足蹈的“亲子陪伴教育”等项目，重点打造、重点推动，为每个志愿服务项目提供5000元项目经费。

【“木兰讲堂”】2019年，市公益讲座“木兰讲堂”持续走进城乡家庭。继续组织专业力量，进社区、进家庭，开展“木兰讲堂”心理健康公益讲座196场。联合市家教协会组织家长课堂、读书分享会、亲子诵读及中华人民共和国成立70周年大典亲子集体观礼活动36场次；组织家长课堂、亲子诵读等活动进幼儿园、早教中心、小学16场次；开展以夫妻关系、婆媳关系、亲子关系等为主要内容的线上“智慧父母”微课堂21期，参与线上听课6153人次。

【专题广播栏目服务】2019年，市妇联继续联合市广播电视台新闻综合广播，直播《882幸福密码》栏目17期，重播200余天。重点围绕家庭教育内容，对情绪管理、儿童心理发展健康，以及亲子沟通、教育技巧等内容，进行专业知识分享，并融合具体事例，达到浅显易懂、有益实操的栏目制作宗旨。音频同步传输喜马拉雅App后，共计收听5000余人次，广受各界好评，在一定程度上满足全市城乡家庭亲教育的需求。蒙城县妇联联合县广电局，依托融媒体平台开设“家有妙招”专栏，每天通过覆盖全县所有镇、村、庄的广播，定期播放生活技巧、习惯养成、文明风尚等，服务每个家庭，已播17期。

（张兰兰）

亳州市工商业联合会（总商会）

【概况】2019年，亳州市工商业联合会（总商会）有主席（会长）1人，副主席13人，其中，企业家副主席11名；市总商会副会长19人，其中，企业家副会长17名；执委137名，其中，常委51名。机关编制6名，科室2个，科室负责人2名。市工商联联系和指导的行业商会和协会有22个，团体会员13个。

【行业商会（协会）党组织建设】 2019年，亳州市工商业联合会（总商会）探索党建与服务“两个健康”融合并进，通过“支部+”系列活动，与4个商会党支部，5个会员企业开展主题党日活动，以党建促会建，教育引导年轻一代非公有制经济人士坚定理想信念做爱国敬业的模范、树牢诚信意识做守法经营的模范、坚定发展信心做创业创新的模范、坚持致富思源做回报社会的模范，初步实现“教育要深、融合要快、服务要新、工作要进”的目标。

【参政议政】 2019年，亳州市工商业联合会（总商会）为民营经济发展建言献策。贯彻落实习近平总书记关于民营企业发展系列重要指示精神，到商会、会员企业调查研究，倾听企业诉求和意见，向市政协四届三次会议提交提案5件、省政协专题会议供稿1篇。在市政协协商会上作专题发言3次，完成专题专访材料2篇，牵头组织市政协工商联界别委员开展民营企业发展和商会工作调研活动2次。

【招商引资】 2019年，亳州市工商业联合会（总商会）围绕市重大发展战略，加强与异地商会联系衔接，进行招商推介，开展招商活动，到北京参加中国贸促会举办的企业家交流活动，组织企业家代表团开展面对面的集中招商；借助福建安徽亳州商会、芜湖亳州商会、西安亳州商会成立大会和杭州亳州商会召开一届三次会员大会时机，配合市、县（区）招商局和市高新区、亳芜现代产业园区，举办4场招商推介会，拜访当地知名企业40余家。

发挥工商联组织优势，邀请上海亳州商会、浙江亳州商会、广州安徽商会、广西玉林亳州商会、福建亳州商会、西安亳州商会、新疆亳州商会、合肥亳州商会等9个异地商会和浙江嘉兴正森贸易公司、商丘正大集团、河南省新兴信息科技有限公司、金锣集团等企业到亳考察16批次180人次。招商引资确认项目3个，在谈项目6个，意向投资项目4个。

做好服务引导工作，组织协和成药企业、广印堂药业参加省制造业大会期间举办的“外交官与民营企业家交流活动”；组织正宇面粉、东升食品、德昌药业、远大房地产等15家企业参加安徽省“民营经济百强排序”活动，扩大市民营经济影响力。

【市工商业联合会四届三次执委会议】 2019年2月20日，市工商业联合会召开四届三次执委（扩大）会议，市委常委、组织部部长、统战部部长秦凤玉参加会议并讲话，副市长、市工商联主席、市总商会会长曹振萍参加会议并作工作报告。市委统战部副部长、市工商联党组书记、副主席管卫东主持会议，市工商联副主席郑勇及120余位民营企业家执委、商（协）会代表等参加会议。

会议听取并审议通过《亳州市工商联（总商会）四届三次执委会工作报告》，传达习近平总书记在庆祝改革开放40周年大会上的讲话、习近平总书记在民营企业座谈会上的讲话、省工商联十一届二次执委会议精神等。

会议要求全市各级统战部门、工商联机关要把深入学习贯彻习近平总书记重要讲话及省促进民营经济发展大会精神作为当前和今后一个时期的首要政治任务，更好地服务全市非公经济健康发展和非公经济人士健康成长，促进民营企业实现高质量发展；要担当新使命，做好思想教育引领工作，推动构建亲清政商关系，发挥商会平台载体运用，促进非公经济人士健康成长；全市工商联要强基固本转作风，加强自身建设，在促进民营经济高质量发展中发挥重要作用。

【市工商联“政企直通车·规下工商业”微信服务平台】 2019年，亳州市工商业联合会（总商会）开展“四送一服”双千工程活动，走访企业86家，收集资金要素需求17个，收集问题62个，全部转至相关单位办理。与市检察院共同探索建立服务民营经济工作联系机制，联合印发《关于建立健全亳州市检察机关与工商联沟通联系机制的意见》。坚持周报告、月调度，加大对企业通过“政企直通车·规下工商业”微信服务平台反映问题的协调力度。入群企业达8001家，居“政企直通车”5个平台之首，平台反映问题552个，办结497个，办结率91%。发挥民营企业调查点平台功能，开展民营企业运行状况调查和专项问卷调查5次，发放并回收调查问卷488份，为党委政府科学决策提供大数据参考。利辛县工商联被全国工商联评选为2019年度民营企业调查点工作示范单位。

【民营企业“百企帮百村”精准扶贫】2019年，亳州市工商业联合会(总商会)召开“百企帮百村”精准扶贫调度会暨“百企帮百村”精准扶贫工作培训会2次，通报情况、学习文件、解读政策、对接问题。组织企业填报民营企业“百企帮百村”精准扶贫台账，273家企业参与“百企帮百村”精准扶贫，帮扶贫困村413个(建档立卡贫困村202个)，帮扶贫困人口24223人，累计新投入产业扶贫资金7232万元。推进机关帮扶、执委帮扶、异地帮扶等工作，到涡阳县临湖镇黄古同村开展帮扶活动5次，送去款物合计6500元；26名执委4次走访慰问结对帮扶49名贫困户，送去款物合计1.4万元；组织开展异地帮扶工作，广西玉林亳州商会为涡阳县义门镇赵屯村家乡建设捐助10万元；动员工商联副主席(副会长)、所属商会开展“暖冬行动”，为贫困户送去慰问金和米面油等物资。

【商会人民调解委员会】2019年，亳州市工商业联合会(总商会)按照省工商联统一部署，召开全市商会人民调解工作会议，在全市设立市县两级商会人民调解委员会和法律援助中心工商联工作站，全面开展商会人民调解工作，开展诉调对接、裁调衔接，多元化解民营企业矛盾纠纷。与市检察院联合在安徽省协和成药业挂牌成立“民营经济检察服务站”；与市司法局共同举办民营企业“法律体检”专题培训班；与亳州市中级人民法院在亳芜现代产业园区管委会召开依法保障和服务民营企业发展座谈会，听取企业意见，现场解决问题。调解委员会工作经费纳入2020年财政预算。

图24 2019年8月9日，亳州市总商会人民调解委员会成立(杨 宇 摄)

【异地亳州商会建设】2019年，亳州市工商业联合会(总商会)按照“应建尽建，成熟一个发展一个”的原则，因地制宜、创新思路，全方位推进异地商会建设。福建、芜湖、西安、兴安盟、义乌5个异地亳州商会正式成立，完成年度岗位责任目标。南京亳州商会在向民政部门备案，无锡、成都、舟山、济南、郑州等亳州商会在筹备中。

(冯 刚)

亳州市科学技术协会

【概况】2019年，亳州市科学技术协会(以下简称“市科协”)组织开展科普活动、科技创新活动；承办第四届亳州菊花产业学术交流会暨金秋菊展；承办2019“华佗杯”中国(亳州)药膳大赛。成立亳州市科技社团党委，指导推动11家市级学会建立党组织。新成立市级学会2个，吸纳市无线电运动协会为团体会员。

拓展科普渠道。建立“亳州市科协”微信公众号，定期推送科普资源和全市科协系统工作动态，打造弘扬科学精神、传播科学思想、普及科学知识、倡导科学方法的主阵地和联系、服务及展示广大科技工作者形象的新平台。开办《科普大讲堂》电视栏目，定期播放科普节目。组织开展全民科学素质网络知识竞赛，线上线下有机结合，引导社会公众参加活动。开展科普信息化建设专题调研，全面了解掌握科普中国e站运行现状，制定《亳州市科普中国e站建设管理办法》，全市新建科普中国e站16个，举办科普信息化工作培训班，提高管理应用科普中国e站的能力和水平。

同年，亳州市组队参加安徽省全民科学素质网络知识竞赛总决赛，获二等奖，亳州市科协被评为优秀组织单位。

【科普活动】2019年，安徽省暨亳州市文化、科技、卫生“三下乡”集中示范活动在涡阳县西阳镇范蠡社区文化广场举行。市科协设立科普服务台，分发科普书籍、讲解科普知识。活动现场，共发放捐赠各类科普书籍3000册。9月17日，由市科协主办、谯城区科协协办、亳州学院承办的2019年亳州市全国科普日主场活动在亳州学院举行，市政府副市长曹振萍、市区两级全民科学素质工作领导小组成员单位、市级学会及亳州学院的学生共600多人参加启动仪式。邀请中科大王永教授为亳州学院的学生作题为《月球探测与载人航天》的科普报告。活动现场共设置科普咨询服务台40个，展出科普展板60块，成员单位及市级学会共发放各类科普宣传材料1万余份，亳州学院1000多名学生参与活动。开展“科普大篷车进校园”巡展活动，进驻全市十余所学校，共有126个班的4000多名学生参观展览。实施科普关爱计划行动，开展“科普惠民乡村行”“智爱妈妈行动”“农村少儿爱科学”等活动20余场。

【青少年科技创新大赛】2019年，市科协联合团市委、市教育局、科技局、亳州市新华书店等5家单位举办亳州市第九届青少年科技创新大赛。参赛作品共计1253项，经初评、展示、终评、公示等环节，评出一等奖145个、二等奖321个、三等奖430个和基层赛事优秀组织单位20个。遴选52个优秀项目参加安徽省青少年科技创新大赛，获一等奖2个、二等奖7个、三等奖27个。联合市教育局、市航模协会举办首届青少年航空航天模型大赛，400余名选手参加。组织19个代表队参加安徽省机器人竞赛，获一等奖2个、二等奖5个、三等奖6个；推选6部作品参加第十届全国青少年科学影像节活动，均获三等奖。

【第四届亳州菊花产业学术交流会暨金秋菊展】2019年国庆节期间，市科协与市菊花产业协会联合承办第四届亳州菊花产业学术交流会暨金秋菊展活动。展出菊花造型65组、盆景菊60盆、七彩菊30盆、其他菊花3万余盆、花卉和配景绿植1000余盆和书画作品25幅、摄影作品60幅，人流量约12万人次。

【2019年“华佗杯”中国（亳州）药膳大赛】2019年9月8日，古井贡酒·年份原浆2019“华佗杯”中国（亳州）药膳大赛开幕。

大赛以“饮贡酒，食药膳，品药膳文化，论产业未来”为主题，由亳州文化旅游年活动组委会和中国药膳研究会联合主办，亳州市科学技术协会、亳州市文化旅游体育局、亳州市药业发展促进局、亳州市药膳养生协会、安徽省药膳研究会、中国药膳研究会药膳制作专业委员会承办，旨在传承交流药膳技艺，弘扬中医

图25　2019年9月8日，2019“华佗杯”中国（亳州）药膳大赛

（周同超　供图）

药膳文化，助力亳州打造“世界中医药之都”。中国药膳研究会会长杨锐、安徽省药膳研究会会长马宗华，亳州市政府副市长郑超等领导出席相关活动。

大赛共有五项主题活动：开幕式、药膳制作技术大赛、2019全国（亳州）药膳发展研讨交流会、药膳食材原料及商品展销会、闭幕式暨颁奖仪式。在活动开幕式上，亳州市副市长郑超、冠名单位古井集团副总裁程莉分别致辞，亳州市药膳养生协会会长怀凯致感谢词，中国药膳研究会会长杨锐、评委代表曹垦、参赛选手代表王凯、参赛队代表李彦龙共同宣誓。郑超宣布大赛开幕，开幕式上，中国药膳研究会授予亳州药膳养生协会“药膳人才培训基地”的牌匾。

来自全国10个省份30个市以及来自俄罗斯和古巴的选手总计308人参加大赛，其中团体赛队伍37个，个人参赛选手160名。山西岳师傅面来香餐饮有限公司、北京都市快捷餐饮管理有限公司、亳州宾馆获本次大赛最高奖团体“金杯奖”。谈中燃、李冰冰和聂艳获个人“金杯奖”。

活动现场展示了各地药膳技艺；研讨交流会现场专家学者以药膳为媒，交流探讨；展销会现场展示各类药膳食品、原材料、养生商品，现场签约全国首家药膳购销联盟，为全国各地药膳商家搭建购销平台。闭幕式上，中国药膳研究会杨锐会长为古井集团颁发本届药膳大赛“顶级战略合作伙伴”荣誉。

（周同超）

亳州市文学艺术界联合会

【概况】2019年，亳州市文学艺术界联合会(以下简称“市文联”)有蒙城文联、谯城文联、利辛文联、涡阳文联、古井文联、作家协会、书法家协会、摄影家协会、美术家协会、音乐舞蹈家协会、戏剧曲艺家协会、收藏家协会、民间文艺家协会等19个团体会员；各文艺家协会、学会共有会员6300人，其中国家级会员109人，省级会员1315人。6人晋级国家级会员(书协1人、美协2人、摄协2人、民协1人)，63人晋级省级会员、新发展市级会员269人。在省文艺家协会换届选举中，孙志保再次当选为省作协副主席，刘传师再次当选为省戏剧家协会副主席，王蒙林当选为省曲艺家协会副主席。16人当选为省文艺家协会理事。

严格落实意识形态责任制，发挥协会会员微信群优势，加强政治引领，牢牢掌握文艺领域意识形态工作领导权。

开展“四力”教育实践活动，开展“崇德尚艺、潜心耕耘，做有信仰、有情怀、有担当的新时代文艺工作者”主题实践活动。举办全市文艺界学习习近平新时代中国特色社会主义思想培报告会，引导文艺工作者坚持以人民为中心的创作导向，不断增强脚力、眼力、脑力、笔力。摄影家协会举办6次摄影培训，共培训会员300余人次。市篆刻学会在市文化馆义务举办篆刻培训班4期，培训学员80多人次。与市作协在蒙城县联合举办韦如辉小小说研讨会。

组织开展“到人民中去”亳州市文艺界主题创作实践活动，创作作品1000余件。50余件作品在省级以上比赛、展览中获奖、入展，其中，4件作品入选第十三届全国美术展览，刷新入选纪录；2件书法作品入选全国第十二届书法篆刻展览，实现亳州市此项展览“零”的突破。在第六届安徽省美术大展中，亳州市17件中国画作品入展，6件作品获奖，占全省获奖总数的1/10。歌曲《使命担当》获安徽省第十五届精神文明建设“五个一工程”奖。舞蹈《暖暖的麦田》（蒙城县佳艺舞蹈培训学校原创）获第二届安徽省群星奖。涡阳县青年泗州戏剧团有限公司《桂花开放幸福来》入选2019年戏曲创作孵化计划项目(新创小戏项目20部)，梆剧《穆桂英挂帅》等在中央电视台看戏曲频道《九州大戏台》播出。民间艺术家丁广云参加中国民协在深圳举办的全国民间艺术会演中获优秀表演奖；面塑、烙画、锡包壶等民间工艺代表亳州市参加第十五届中国（深圳）国际文化产业博览交易会，受到国内外游客的喜爱。

编印《亳州文艺》，宣传亳州市经济社会发展重大成就，为各文艺家协会和广大文艺爱好者提供展示交流平台。与全国60余家地市级文艺刊物、省内20余家文艺刊物建立交流关系。《亳州文艺》自2012年初创刊，截至2019年年底已编印48期。

图 26　2019 年 12 月 31 日，亳州市举办“话说初心”张向东 李景国 马骥中国画作品展　（王长江　摄）

【市文联工作座谈会暨四届十一次主席团扩大会议】2019 年 7 月 4 日，市文联工作座谈会暨四届十一次主席团扩大会议召开。文联主席团成员、各县区文联主要负责人、办公室负责人，市属各协会主席、秘书长，市硬笔书法家协会、市刻字协会主要负责人参加会议。会议传达全市“三个以案”专项警示教育、集中整治形式主义、官僚主义动员部署会议精神，安排集中警示教育工作。市属各文艺家协会、各县区文联主要负责人交流上半年工作开展情况，存在问题、建议和下半年重点任务。市文联党组书记、主席张弘主持会议并作总结讲话。会议要求，全市文艺界要坚持以习近平新时代中国特色社会主义思想为指导，围绕庆祝中华人民共和国成立 70 周年，开展增强“四力”教育实践，坚持以人民为中心，坚决反对形式主义、官僚主义，以优秀的作品和多彩的活动讴歌党、讴歌祖国、讴歌人民、讴歌英雄。

【文艺活动】2019 年 1 月，市文联与市文化旅游体育局、谯城区文联在建安文化广场鼎诚美术馆举办亳州“非遗”传承——王炳华剪纸作品展，展出作品 100 余件。丰富节日文化生活，传承优秀的传统文化。

3 月 6 日，到涡阳调研新文艺组织发展和新文艺群体思想状况，召开座谈会，听取基层文艺工作者学习习近平总书记在看望出席全国政协十三届二次会议的文艺界、社科界代表时的重要讲话精神的感受，以及对全市文艺事业发展的意见建议。

5 月 28 — 29 日，与省音协、芜湖市文联联合举办“歌唱祖国”合唱交流活动，市 2 支合唱团赴芜湖演出。

7 月 22 日，在市文化馆举行庆祝中华人民共和国成立 70 周年“歌唱祖国”歌唱展演活动，市清雅合唱团等 6 个合唱团参加演出。

7 月 23 日，到谯城区牛集镇文联召开座谈会，听取牛集镇文联主席和各协会负责人对文艺事业发展的建议意见。

9 月 23 日，组织市清雅合唱团赴合肥参加省文联组织的庆祝中华人民共和国成立 70 周年“歌唱祖国”合唱展演活动，被省音协授予“安徽省优秀合唱团”称号。

9 月 28 日至 10 月 10 日，与市文化旅游体育局在市文化馆举办“向共和国献礼”亳州市书法美术摄影剪纸作品展，展出作品 280 余件。

10 月 9 — 10 日，与涡阳县委宣传部、市戏曲家协会联合举办“亳州市戏迷擂台赛”，全市 20 多个戏班演出 36 台戏。

10 月 24 日，到利辛县李奇茂艺术馆调研，了解基层文化基础设施建设运营情况，听取县文联以及民间艺人意见和建议。

10 月 — 12 月，与市委宣传部联合举办“说唱新时代”——庆祝中华人民共和国成立 70 周年全市文艺作品征集活动，评出优秀作品 20 余件。

11 月 30 日，与市作家协会联合主办，蒙城县文联、蒙城县作家协会承办的“海王银河药业杯”庆祝中华人民共和国成立 70 周年文学征文大赛颁奖典礼在蒙城县举行，评出优秀作品 60 余篇。

12 月 6 — 12 日，在市文化馆举办“江河之约”亳州—富阳（浙江）书法作品联展，展出作品 124 幅。

12 月 17 日，在蒙城举办亳

州市第二届书法临创展，展出作品150件。

12月中旬，市摄协与省摄协、蒙城县文联联合举办“皖美乡村 大美蒙城”全省摄影展。

【采风创作】2019年4月10日，市文联与谯城区文联联合举办“到人民中去”亳州文艺界主题采风创作示范活动，参加人员30余人，到亳州高铁南站工地、魏岗镇中心卫生院医养服务中心、魏岗镇刘小庙村党党员活动室、方敏药业有限公司、金不换酒业有限公司，实地考察采风，了解建设者、企业管理人员、企业一线生产工人、失能“五保”老人的生活状态和精神追求，感悟五大发展美好亳州建设成果，引导广大文艺工作者坚持以人民为中心开展采风创作活动。

5月12日，市作家协会组织30多名作家赴谯城区城父镇采风创作。

5月19日， 市作家协会组织开展“到人民中去”采风活动走进千年古镇——涡阳县高公镇，并召开涡阳县女作家李芳诗集《山巅》研讨会。

8月22日，组织民间曲艺创作人才——谯城区五马镇杨楼村李心清老师到利辛县城北镇大管敬老院采风。

【“互联网+文艺”】2019年，市文联推进文联改革任务落实，加快推进“互联网+文艺”建设步伐，提升亳州市文学艺术界联合会官网、“文艺亳州”微信公众号、亳州文联微博的引导力、吸引力。“亳州文联”微博发布信息177条，“文艺亳州”微信公众号发布信息140条，亳州市文学艺术界联合会官网各栏目频繁发布活动报道、通知信息等90余条，更新及时，影响逐渐增强。开展庆祝中华人民共和国成立70周年亳州文艺名家宣传活动，在“文艺亳州”微信公众号、市文联官网等媒体宣传优秀艺术家40余人。

【联络交流】2019年4月－5月，市文联组织到中华文学基金会、江苏省苏州市吴中区学习考察，探索研究由中国作家协会、中国文学艺术基金会联合设立“建安文学奖”工作事宜。

4月28日，江苏省画院画家杨运高到亳举办“无垠之门”杨运高山水画展。

8月31日，组织市艺术家创作的16件书画作品参加“向共和国70华诞献礼”苏皖两省六市书画精品展。

8月31日，与徐州市、淮北市、宿州市、蚌埠市、阜阳市等签署合作备忘录。

12月7日，组织市美术创作骨干，到中国美术馆、北京画院等地观摩学习交流。

12月6日，与杭州富阳区文联、作协开展工作和书法创作交流。市戏曲家协会组织参加中国·博兴“非遗”(稀有)剧种小戏展演、第八届全国小戏小品精品剧目展演、四川南充第四节嘉陵江灯戏及地方戏剧艺术节等活动。

【文艺志愿服务】2019年，市文联制定《亳州市文艺志愿服务管理办法(试行)》，市文联成立志愿服务总队，市属各文艺家协会成立志愿服务分队。

春节期间，市戏曲家协会在魏武广场等地开展多场慰问演出。市书协、市美协、市摄协、市刻字协会、市硬笔书法家协会组织开展多场“义写春联”“为亳州好人拍全家福”等活动。

1月11日，组织艺术家参加安徽省暨亳州市文化、科技、卫生“三下乡”集中示范活动，到涡阳县西阳镇范蠡社区，向当地群众义写春联，赠送图书、杂志等。

4月16日，开展“到人民中去”送文艺进乡村活动，组织张守清艺术团、丁延果艺术团以及李景芝、张桂银等戏曲名家，到贫困村涡阳县店集镇洪光村慰问演出。

7月30日，市音舞家协会送文艺志愿服务走进亳州武警支队，与武警官兵一起庆祝第92个建军节。

7月30日，市书法家协会家组织6名书法家到市消防支队开展文艺志愿服务活动。

10月30日，市书法家协会组织书法家走进谯城区青云中心校景福小学，开展文艺志愿者服务，与学校师生互动交流，讲授书法知识，现场为师生创作、赠送60多幅书法作品。

11月6日，市文联举办“文艺名家进高校”活动，组织作家范秋荣为亳州学院学生举办文学讲座。

11月20日至26日，组织著名曲艺表演艺术家张桂银到

图 27　2019 年 1 月 1 日，亳州文化旅游年广场文艺惠民演出　　（张延林　摄）

涡阳县高炉镇、谯城区龙扬镇等 7 处敬老院慰问演出。

【亳州市第二届（2019）现实题材文学创作扶持工程】2019 年 4 月，亳州市第二届（2019）现实题材文学创作扶持工程启动，至 9 月底结束，共扶持 14 位作家的 14 个重点选题。召开 3 次创作培训、研讨会议，完成 14 篇现实题材文学作品。编辑出版《向共和国献礼——亳州市第二届（2019）现实题材文学创作作品集》，计 23 万字，发放至市直各单位，省内各市文联、作协，省文联有关协会。宣传全市经济社会发展取得的成就，展现亳州的历史文化和风土人情。

（李兴田）

亳州市残疾人联合会

【概况】2019 年，亳州市有县区残疾人联合会 4 个，乡镇（街道）残疾人联合会 89 个。共有持证残疾人 187355 人，占总人口的 2.9%。

全市有扶持残疾人创业就业基地 3 家，扶持残疾人个人创业就业 863 人，补贴资金 218.9 万元；实施阳光大棚补贴 126 个，补贴资金 72 万元；资助贫困残疾大学生 61 名，资助金额 9.45 万元；对 346 名残疾人实施社保补贴，补贴资金 40.22 万元；为残疾人精准适配辅助器具 5000 余件。

全市办理“12345”市长热线、政风行风热线中残疾人办证、救助、就业、教育等咨询件 200 余件，政风行风热线上线直播 5 次；共对 1000 余户贫困残疾人家庭实施残疾人家庭无障碍改造；制定和印发《关于印发〈亳州市城区残疾人电动三轮车和电动四轮车专项治理实施方案〉的通知》，开展城区残疾人电动三轮车和电动四轮车专项治理。借助“七五”普法、“全国助残日”等节日开展法治宣传活动，开展《中华人民共和国宪法》《中华人民共和国残疾人保障法》《安徽省残疾人保障条例》等法律法规的学习和宣传活动。

开展第三次全国残疾预防日宣传教育活动、“全国第 20 次爱耳日”宣传教育活动；开展第

图 28　2019 年 8 月 16 日至 8 月 19 日，亳州市残疾儿童康复救助制度暨康复教师专业技能培训班　（王国栋　供图）

36 届国际盲人节、国际残疾人日暨残疾人文化进家庭宣传教育活动、第十次全国肢残人日活动等。举办 2019 年亳州市“就有未来”残疾人专场招聘会以及“残疾人文化进家庭”活动。开展以“自强脱贫，助残共享”为主题的第 29 次全国助残日活动。

残疾人证办理送上门服务。残疾人脱贫攻坚共鉴定 1.2 万余人，符合条件的已办理残疾证 11140 本。促进残疾人之家（工作站）建设。在全市推广利辛县的做法，建成残疾人之家 90 个，残疾人工作站 1182 个，覆盖全部乡镇（街道）和 90.1% 的村（社区），残疾人基本康复服务录入率 90.53%。

同年，亳州市围棋运动员吕少玲获全国第十届残疾人运动会围棋比赛肢体组个人赛银牌，田径运动员李曼获女子 F36 级别铅球项目铜牌，乒乓球运动员张劲松获 TT8 乒乓球团体和双打第五名。

【残疾人康复工程】2019 年，亳州市残疾人联合会牵头实施残疾人康复工程。贫困精神残疾人药费补贴，省残联下达救助任务数为 7040 人，实际完成 12363 人，超任务数 5232 人，完成任务的 175.6%，发放资金 1236.3 万元，其中省补助资金 563.2 万元，县区政府配套资金 673.1 万元，基本做到持证精神残疾人药费补助全覆盖。贫困残疾儿童抢救性康复工作，全市四类残疾儿童康复省指标任务数 924 人，完成 1360 人，完成任务的 147%。儿童辅助器具类任务为 132 例，完成 132 例。

【信息数据动态更新】2019 年，亳州市残疾人联合会开展残疾人基本服务状况和需求信息数据动态更新工作，完成 189915 名持证的残疾人的数据核实、注销、走访、需求调查、录入数据和上报，为中国残联制定惠及残疾人的有关政策提供数据依据。

【残疾人劳动就业服务】2019 年，亳州市残疾人联合会开展残疾人劳动就业培训服务，共培训 2760 人，超额完成省残联下达的 650 人的培训任务。为 40 名建档立卡就业年龄段的视力残疾人举办盲人按摩培训。开展 2019 年度家庭经济困难残疾大学生资助工作，完成 60 名家庭经济困难大学生资助。

【亳州市残疾儿童康复救助制度暨康复教师专业技能培训班】2019 年 8 月 16 日至 8 月 19 日，亳州市残疾人联合会组织举办亳州市残疾儿童康复救助制度暨康复教师专业技能培训班。各县区残联分管副理事长、康复工作人员和全市 12 家残疾儿童定点康复机构的康复教师等 150 余人参加培训。培训内容主要为四类儿童康复的新知识和新技术，旨在提升残疾儿童康复教师的教学技能，更好地服务残疾儿童。

（王国栋）

法　治

图 12　“美丽亳州”系列图片——2019 年 7 月 29 日，亳州特警夏季练兵　（刘　军　摄）

政法委及综治

【概况】2019年，亳州市政法机关开展对黄赌毒和黑恶势力听之任之、失职失责甚至包庇纵容、充当“保护伞”问题专项整治，常态化开展“三查三问”，组织专题培训16场4200人次。推进改革创新，法院系统建立6个速裁团队，推广令状式、表格式文书，平均审理周期减少6天，卷宗流转周期缩短13天。检察院系统严格执行检察长列席审委会制度，两级院领导办理各类案件587件。公安机关深化“放管服”改革，创新推出144个高频事项“一窗办”，182项业务“全程网办”。12月，全省公安机关深化“放管服”改革现场会在市召开。司法行政机关建立落实了执法全过程记录、行政执法公示以及重大行政执法决定法治审核制度。全面推进干部交流轮岗，率先试点公检法重要岗位交流轮岗，共交流轮岗180人。中央政法委到亳州市就此项工作进行调研，并列入2020年政法工作要点推广；省委书记李锦斌、省长李国英分别批示给予肯定。

打击经济领域犯罪，实施“六大实招”护航民营经济发展。全市法院委派调解率、调解成功率、司法确认率均居全省法院前列。司法行政机关持续开展“减证便民”，取消市本级证明事项26件；建立市级公共法律服务大厅1个、县级服务中心4个、乡镇服务站86个、村居服务室1311个。

同年，全市政法系统有78个集体、550名个人受到表彰，其中省部级以上表彰集体7个、个人23名。据省委政法委通报，亳州市群众安全感为97.95%，同比提高1.46个百分点；群众对政法机关或政法队伍执法工作满意度为96.65%，同比提高3.15个百分点。

【扫黑除恶】2019年，亳州市构建党政“一把手”任双组长的组织领导体系和五级书记抓整改的责任体系，市委书记汪一光18次主持召开市委常委会议、领导小组会议、书记专题会议，研究推进重大事项，协调解决重大问题。市委副书记、市长杜延安每周召开市政府常务会议，听取行业领域专项整治工作开展情况汇报，督促落实整改。市扫黑办每周召开“大小三长”和纪检监察机关负责人参加的工作例会，会商重大案件，安排重点工作。出台《涉黑恶犯罪常见九种罪名证据规则和证据指引》等文件规定15个，建立政法机关与金融部门协查工作机制等制度机制19个，科学规范的扫黑除恶制度体系基本形成。5252名公检法公职人员签订坚决杜绝对黄赌毒和黑恶势力听之任之、失职失责甚至包庇纵容、充当“保护伞”问题公开承诺书。在教育、交通、水利等10个重点行业领域开展专项整治。选派99名干部组成69个工作队，进驻软弱涣散村驻村整顿。市委政法委、市委组织部对基层组织薄弱、存在黑恶问题的4个村(社区)实行“双挂点”联系，查摆整改问题38个。

【维护稳定】2019年，市委政法委于每月21日召开全市安全稳定工作例会，市直相关部门主要负责人和各县区委政法委书记参加，市县协同联动，排查矛盾问题、分析研判形势、部署重点攻坚、督导调度工作。出台《关于全市政法机关维护国家政治安全的实施意见》，对重点工作对象和关注群体人员，一人一策、分级管控，没有发生漏管失控。持续推进互联网金融风险排查，提前做好风险预判应对。印发

图29　2019年2月6日，亳州市特警、武警春节联勤巡逻

（吴　辉　摄）

《关于进一步规范社会稳定风险评估工作的通知》，实施重大决策事项评估87件。建立网上舆情监测平台，防范化解网络安全风险。

【平安亳州建设】2019年，亳州市完善平安建设领导体制，成立由市委书记汪一光和市长杜延安任双组长的平安亳州建设领导小组，市、县、乡、村层层签订平安建设目标管理责任书，建立党政领导干部平安建设实绩档案，形成主要领导负总责、分管领导具体负责、其他领导“一岗双责”的领导机制。全市乡镇（街道）全部配备政法委员，落实政法工作津贴，在乡镇（街道）党组织领导和县区党委政法委员会指导下开展工作，形成问题联治、工作联动、平安联创的工作格局。健全群防群治基层网络，推进社区警务和“一村一警（辅警）”包村联系工作，实现城市社区和农村行政村全覆盖。推进“红袖标”工程，登记在册群防群治力量4.7万人。深化多元化解机制建设，建成各类调解组织1548个，人民调解员7414人，在乡镇（街道）、村（社区）综治中心普遍设立调解工作室。

（蒋　灿）

公　安

【概况】2019年，亳州市公安局贯彻落实全国、全省、全市公安工作会议精神，推进“四轮驱动”（稳定、平安、改革、保障），公安工作和队伍建设呈现出“六降四没有”“一个更加注重”态势。“六降”，即治安案件发案总数、命案发案数、“两抢一盗”案件发案数、交通事故起数、交通事故死亡人数、交通事故受伤人数环比下降26.51%、34.6%、6.81%、0.46%、0.55%和7.46%；“四个没有”，即没有发生危害国家政治安全的敏感案事件、没有发生暴力恐怖事件、没有发生个人极端暴力犯罪、没有发生重大以上公共安全事故。“一个更加注重”，即更加注重政治建警、从严管党治警，持续打造药都公安铁军。

同年，市公安局交警四大队被公安部评为集体一等功。市车管所被评为全省政务服务系统最佳服务窗口。市交警支队被评为全省2019年春运道路交通安全管理工作先进集体。

【公安工作改革】2019年，亳州市公安局创新推出交管、出入境等144个高频事项“一窗办”，户籍等182项业务“网上办”以及为新开办企业免费刻章等服务举措。对户籍业务逐项梳理，开发户籍业务相关功能模块，挂接到“安徽政务服务网亳州分厅”“皖事通”“皖警便民服务e网通”，群众可通过以上平台申请网办户籍业务。全市投入249万元为市区5459家新开办企业免费刻制公章2.73万枚，累计为新开办企业节省成本490余万元。

【大型活动安保】2019年，亳州市公安局完成“两会”、2019亳州国际马拉松赛、康美华佗中药城药市开市仪式、亳州市文化旅游年系列活动、五马桃花节暨2019年乡村旅游节、药博会等活动现场安保工作，中华人民共和国成立70周年大庆及军运会、中国国际进口博览会安保工作，实现“零失误、零差错”。共完成万人大型活动20项，参与群众30万余人次，出动警力3万余人次。

【打击涉黄、涉赌违法犯罪】2019年，亳州市公安局围绕扫黑除恶专项斗争，持续开展打击涉黄、涉赌违法犯罪专项行动。共侦破涉黄、涉赌刑事案件54起，采取刑事强制措施涉黄、涉赌人员214人，移送审查起诉181人；查处涉黄、涉赌行政案件342起，行政处罚涉黄、涉赌人员1419人。全市接报涉黄、涉赌警情同比下降10%。

【打击农村赌博】2019年，亳州市公安局共打掉涉赌犯罪团伙2个，破获涉赌刑事案件23起，采取刑事强制措施94人，移送审查起诉80人；查处涉赌行政案件169起，行政处罚涉赌人员715人。蒙城县2019年3月被列为涉赌重点地区后，破获涉赌刑事案件13起，同比上升333%，采取强制措施25人，上升212%，移送审查起诉13人，上升30%。涉赌警情下降35%。11月27日，省厅治安总队决定对涉赌重点地区（蒙城县）予以摘牌。

【打击涉食药环违法犯罪】2019，亳州市公安局共破获食药环（食品安全、药品安全、环境保护）刑事案件16起，采取刑事强制措施71人，移送起诉56人。查处适用行政拘留环境违法案件38起，行政拘留35人。

【校园安全网建设】2019年，亳州市公安局开展“全市治安系统集中开展校园及周边风险隐患排查整治专项行动”“全国中小学生安全教育日”主题活动、中小学幼儿园安全岗建设工作等系列活动，共排查校园周边治安乱点300余处，开展法治教育活动1200余次，指导中小学校开展演练380余次，摸排消除校园安全隐患1300余处，查处涉校案件17起，抓获违法嫌疑人17人。集中清查，消除治安隐患，逐一梳理检查学校、幼儿园内部安全防范情况、校园周边治安情况等，加大对校园周边流动人口、暂住人口和出租房屋、中小旅店、娱乐服务场所、治安复杂地区的排查和管理力度，清查、整改各类安全隐患。推进校园“安全岗”建设，全市现有中小学幼儿园2442所，符合建设“安全岗”要求的321所中小学，全部完成“安全岗”建设。对没有建设“安全岗”的学校要求辖区民警落实“护学岗”高峰勤务，在早、中、晚上学、放学前15分钟组织指导各中小学校、幼儿园护学岗参勤人员开展“护学”工作，确保学生、儿童安全。完善学校软硬件设施建设，聘有专（兼）职保安的1368所，聘用专（兼）职保安数达标的755所；安装视频监控设施的2081所，安装视频监控设施达标的1919所；与公安机关“110”指挥中心联网的1613所；配备防护器材的2088所，配备防护器材符合要求的1426所。

【春节为民办证】2019年1月1日至2月28日，亳州市公安局为方便群众，开展春节期间户口和居民身份证办理工作。各派出所户籍窗口采取延长工作时间、安排专人值班、网上办事大厅在线申办等方式，为群众办事。春节期间全市治安部门共受理居民身份证业务12.14万人次，制发临时身份证1.16万张。

图30　2019年4月23日，亳州市举办校园安全教育活动（张延林　摄）

【户籍制度改革】2019年，亳州市不断深化户籍制度改革，全面放开农业转移人口落户城镇政策限制，确保到2020年完成户籍人口城镇化率达到20.8%的既定目标。共办理农业转移人口落户城镇5.99万人，户籍人口城镇化率20.06%。

【“一村一警”“一村一辅警”建设】2019年，亳州市公安局制定工作方案、成立领导小组，采用选派机关民警回原籍包村、交警沿交通线包村、刑警到案件高发地区、国保民警到社情复杂地区等分配原则，科学选派包村民警577人、驻村民警667人，确保全市每个行政村都有一名民警驻村或包村。包村民警进行普法宣传1780余次、包村民警下村1.23万人次，入户走访群众2.43万户，发放警民联系卡2.26万张，为群众发放办理身份证300余张，为老弱病残上门送证72次，为群众办好事实事454余件，参与调处各类矛盾纠纷390余起。全市1244个行政村已全部配备辅警，发挥“一村一辅警”人熟、地熟、情况熟的优势，配合乡镇党委政府和村（社区）“两委”开展服务人民群众、化解矛盾纠纷工作，全市1244名“一村一辅警”人员共收集各类基础信息1.6万条，协助抓获逃犯41人，排查消防隐患2.18万处，参与排查化解矛盾2726余件，组织开展巡逻防范7238余次。

【特警巡逻防控】2019年，亳州市公安局共出动特警警力2.27万人次，出动特警车辆7000余台次，动态巡防接处警790起；盘查可疑人员6000余人，可疑车辆4800余台；抓获移交违法犯罪嫌疑人146人，刑事拘留7人，抓捕归案网上在逃人员6人。开展特警武警联勤武装巡逻12次，累计联勤天数135天，出动警力3300余人次（特警警力1700余人次）。开展联勤卡控5次，累计执勤80余天，出动警力600余人次，车辆170余台次，盘查车辆5300余台，盘查人员5000余人，查控管制刀具6把，收缴烟花爆竹、斧头、仿真玩具手枪等物品17件，确保亳州地区出入车辆“车干净、人干净、物干净”。救助群众210余起，救助走失儿童43人、老人25人、残疾人26人，参与解救跳河、跳楼轻生群众11人，中高考安保执勤期间帮助救助困难考生15人，紧急救助突发疾病群众3人。

图31 2019年12月17日，亳州市公安局组织民警进社区开展“向人民汇报、创人民满意”活动 （卞洪锋）

【扫黑除恶】2019年，亳州市公安局通过举报电话、来信来访、警情梳理、基础摸排、入户调查等渠道拓宽涉黑涉恶线索来源。组织开展公安民警“走基层、访平安”活动，发动群众举报线索，讲清讲透有关政策，发动在押人员检举揭发。压实各地公安机关各警种各部门主要负责人线索核查责任，成立线索核查专班，线索不查清不放过，线索不办结专班不撤销；组织专家团队对查否线索逐一评查。全市公安机关共接收涉黑涉恶举报线索3184条，办结1725条。其中，共接收中央督导组交办线索196条，已申请办结193条（具有涉黑涉恶犯罪嫌疑16件，具有其他犯罪嫌疑54件，无犯罪嫌疑124件）；申请办结率98.47%，在核线索3件。市公安局成立涉黑涉恶案件集中攻坚指挥部，市县两级公安机关领导领办45起重点案件。对侦办的涉黑案件开展破案攻坚，在全市范围内选拔具有丰富侦查经验及精湛法律业务的民警组成“破网打伞、打财断血、法律政策、审讯取证”4个专家组，采取“1+1”办案模式，专家组与涉黑案件专案组捆绑作业，集中办案，合力攻坚，同时邀请检法办案力量提前介入，强化证据指引，提高办案质量。全市公安机关侦办黑社会性质组织案件11起，打掉涉恶犯罪集团12个，摧毁涉恶团伙28个，抓获团伙成员515人；查封、扣押、冻结涉案资产2.3亿元。接报刑事警情6941起，同比下降4.12%；查处治安案件2.7万起，下降22.96%；立“两抢一盗”侵财案件3360起，下降11.71%。

【道路交通治理】2019年，亳州市公安局坚持“人命关天、责任如山，事故可防、事在人为，有责必尽、执法必严，科技创安、机制保安”的公共安全工作理念，制定全市《加强营运车辆动态监控及营运客车安全带使用工作方案》《2019年全市公路交通安全整治工作方案》《2019年全市打击假牌套牌假证违法行为工作方案》《亳州市2019年酒驾醉驾违法犯罪行为常态治理方案》，共查处各类道路交通安全违法行为126.73万起，其中超速14.29万起，违反禁令标志24.72万起，不礼让斑马线1.68万起，酒后驾驶2800余起，涉牌涉证8600余起。加强交通安全宣传宣传教育和重点违法行为警示曝光，开展交通宣传“七进”活动1.21万次，全市21所驾校开展文明交通进驾校“五个一”活动，举办交通安全法治课364次。整治道路交通安全隐患，排查114处挂牌道路交通安全隐患点，全部完成治理。

检　察

【概况】2019年，亳州市检察机关共办结各类案件6874件，同比上升14.66%。其中，审查逮捕1987件，上升14.5%；审查起诉2978件，上升3.5%；办结刑事、民事、行政监督案1498件，上升38.7%；办结公益诉讼案411件，上升35.64%。

同年，全市检察机关获“全国检察宣传先进单位”“全国巾帼文明岗”“全省文明单位”和全省检察机关“人民满意的基层检察院”等集体荣誉37项，蒙城县检察院立集体“二等功”。85名干警获“全国检察宣传先进个人”“全省检察机关扫黑除恶个人三等功”等市级以上荣誉。缪某某羁押必要性审查案、武某某父子黑社会性质组织案等6个案件被高检院、省检察院评为优秀案例、典型案例，并在2019年度各市检察工作考评中获全省第一名。市检察院、蒙城县检察院机关党委被评为“亳州市先进基层党组织”，涡阳、利辛县和谯城区检察院机关党委被评为第三批“五星基层党组织”。蒙城县检察院党建工作创新做法被省检察院薛江武检察长在《检察日报》推荐。在《检察日报》《新安晚报》、正义网等媒体发布检察新闻1286篇。

图32　2019年12月4日，亳检干警江淮普法行　（陈新永　供图）

【刑事检察】2019年，亳州市检察机关共决定不捕473件611人，不诉160件192人。监督公安机关有案不立86件95人，法院已做有罪判决43件66人；监督公安机关不应立案而立案90件96人，公安机关已经撤案87件93人。建议行政执法机关向公安机关移送案件线索24件29人，公安机关立案21件26人。纠正刑事办案程序违法157件，纠正漏捕50人，纠正遗漏同案犯52人，纠正34人犯罪嫌疑人的遗漏罪行。对确有错误的刑事裁判提出抗诉48件。办理当事人不服生效刑事判决申诉案57件。捕后轻刑率为4.46%，下降0.49%。强化刑事执行活动监督，纠正刑期计算错误9人，对32件重大刑事案件开展讯问合法性核查。办理羁押必要性审查案178件。深化社区矫正检察监督，监督收监执行17人，针对脱漏管现象发出检察建议59份。科学运用“案件比”考核，减少退回补充侦查次数，办案效率有效提高。在赵某亮强奸抗诉案办理中，监督公安立案侦查赵某亮遗漏的罪行和再犯的新罪，并查办2名法官的徇私枉法行为。

【民事检察】2019年，亳州市检察机关办结各类民事监督案件851件，办案数量较比上年同期上升183.67%，其中，提出抗诉130件，提请省检察院抗诉15件。加大对民事虚假诉讼案件的监督力度，提出抗诉107件，发出再审检察建议26件。强化民事执行监督，促进人民法院依法履职，共提出检察建议212件，法院采纳202件。维护人民法院正确裁决，不支持监督申请76件。强化民事检察环节矛盾化解工作，共息诉和解6件。强化审判程序监督，对法院在简易程序适用、缓交诉讼费等审判程序中存在的问题，发出检察建议126件，法院采纳124件。

张某忠与马某合同无效纠纷案提请抗诉报告书被评为“全省检察机关十佳法律文书”，丁某与邓某君民间借贷纠纷案检察建议被评为“全省检察机关优秀检察建议”。

【行政检察】2019年，亳州市检察机关办结行政生效裁判监督案12件，同比上升20%，其中提请省院抗诉3件，不支持监督申请案件9件。开展行政非诉执行监督活动，规范法院执行行为，办结行政执行活动监督案107件，同比上升347.8%，对于存在问题的执行行为，提出检察建议93件，全部被法院采纳。办结行政机关不当履职案件83件，向行政机关发出检察建议82件，采纳80件。利辛县检察院办理的西淝河非法养殖督促行政机关履职案，与生态环境、水利、农业农村等部门合力解决养殖污染饮用水问题。

【公益诉讼检察】2019年，亳州市检察机关开展"守护绿色江淮美好家园""保障千家万户舌尖上的安全"专项监督活动，开展生态环境、食品药品安全、国有资源保护等领域公益诉讼检察工作，共立案332件，同比上升10%，其中，行政公益诉讼274件，民事公益诉讼58件。落实食品安全"四个最严"要求，对某实业有限公司、韩某辉、刘某权等生产、销售注药注水猪肉民事公益诉讼案，主张10倍惩罚性赔偿，该案已被高检院挂牌督办。为更好地保障食品安全，推动市农村农业局在全市开展了生猪屠宰行业专项整治工作，坚决防止注药注水肉重现市场。积极、稳妥拓展公民信息、安全生产、文物保护等领域公益诉讼，办理侵害公民信息案4件，安全生产案73件和全省第一例文物保护行政公益诉讼案。

落实认罪认罚从宽制度。认罪认罚从宽制度对于落实宽严相济政策、强化人权保障、溶解社会戾气、维护社会稳定具有重要意义。在制度适用中，贯彻"修复性"司法理念和"协商式"司法机制，坚持"以适用为原则，以不适用为例外"，发挥检察官主导作用，推进认罪认罚从宽制度落实，对1130名犯罪嫌疑人、被告人适用认罪认罚从宽制度，并探索办理全省首例在二审抗诉案件中适用认罪认罚从宽制度案。在确保检察权规范运行和"防懈怠、防违规、防造假、防围猎"前提下，12月份认罪认罚适用率77%，减少了社会对抗、修复了社会关系、彰显了司法温度。

【扫黑除恶】2019年，亳州市检察机关共批捕涉黑案件13件64人，涉恶案件152件388人；起诉涉黑案件10件86人，涉恶案件73件383人。通过提前介入、领导领办等提升办案质量，改变黑恶定性案件9个，不批捕19件68人；提前介入案件39件，提出引导侦查意见建议658条。坚持"打财断血"与"破网打伞"并重，坚决摧毁黑恶犯罪"经济基础""背后伞网"。建议公安机关查封、扣押、冻结现金及银行账户1270余万元，房产52套，车辆22辆，股票30余万元，股权110万6430股；发出财产刑执行监督检察建议8份，法院全部采纳落实。摸排黑恶"伞、网"线索703条，依法起诉高光华、孙亚峰等人充当黑恶势力保护伞案件。坚持治标与治根并重，整治行业乱象，铲除黑恶犯罪滋生土壤。针对校园安全、市场监管、金融监管等行业领域存在的管理漏洞，向有关部门发出社会综合治理类检察建议27份，全部得到反馈。

【助力"三大攻坚战"】助力防范化解金融风险。建立打击和防范涉众型金融犯罪的长效协作联动机制，坚持防控相结合、打防"两手硬"，主动向金融监管局送达金融涉稳相关材料，针对发现的制度机制弊端，提出完善建议。依法严惩非法吸收公众存款、集资诈骗等破坏金融管理秩序犯罪，办理蒙城县某地产公司、涡阳县席某、谯城区范某海等涉案金额巨大、社会影响恶劣的涉众型经济犯罪案件，共审查逮捕金融领域犯罪22件34人，已起诉13件21人。

开展"美丽乡村检察行"活动，深入农村宣传144次，发放宣传资料1.8万余册，救助贫困群众81人，发放救助资金103.8万元。把农民工权益保障与精准扶贫相结合，支持起诉拖欠农民工工资案件35件，解决拖欠农民工工资280.57万元。市检察院和利辛县检察院"美丽乡村检察行"活动经验被省检察院推广。薛某某、卢某某销售伪劣种子、伪劣产品案被省检察院评为"美丽乡村检察行"十大典型案例。协调解决扶贫资金533万余元，支持贫困村基础设施建设和产业发展。12名检察干警奋斗在脱贫攻坚一线，1人被评为"亳州市优秀选派扶贫干部"和全省"最美巾帼脱贫攻坚人"。

开展"淮河沿线水污染防治、资源保护、大气污染防治"三

图33 2019年11月18日，亳检青年干警为企法律服务队（陈新永 供图）

个专项监督活动，监督环境保护领域刑事立案12件13人，批捕19件26人，起诉33件67人；向生态环境、水利、自然资源等部门发送检察建议101份，已督促整改问题88件；提起生态环境领域公益诉讼案件16件。探索跨区域协作机制，蒙城县检察院与凤台县检察院共同推动两地行政机关签署水源地保护协议，建立保护茨淮新河水资源长效协作机制。贯彻恢复性司法理念，监督补种树木5000余棵，恢复林地耕地340余亩，收缴生态修复费用40万元。

【服务保障民营企业发展】2019年，亳州市检察机关依法保护民营经济发展。出台促进民营经济健康发展的10条意见、与工商联建立沟通联系机制、设立民营经济检察服务站、成立为企法律服务工作队、办理一批涉民营企业案件、举办检企交流活动等“六大实招”服务民营经济健康发展。走访民营企业90余家，赠送《案说民营企业法律风险》书籍200余册；70余名民营企业家在“一对一”法律帮扶活动和法律风险防范专题培训中受益。依法严惩侵害民营企业权益犯罪，审查逮捕32件38人，起诉 28件29人。办理涉民营企业民事行政诉讼监督案45件，涉民营企业公益诉讼案14件，办理非涉民营企业立案监督案2件。开展涉民营企业家羁押必要性审查案4件，均由羁押改为取保候审。

（陈新永）

法 院

【概况】2019年，全市法院受理各类案件72631件，结案70375件，同比分别上升14.66%和18.63%，收结案首次突破7万件，再创历史新高。诉前委派调解23365件，结案21348件，调解成功9235件，调解质效居全省法院第二位。全市员额法官人均结案257件，居全省法院第四位。市中级人民法院（以下简称“市中院”）受理案件6022件，结案5963件，结案率99.02%，居全省中院第一位。

组织参与各类业务培训班86期，培训干警1500余人次，全市法院11篇学术论文、案例在最高法院、省高院评比中获奖，6篇调研信息受到省市领导批示。开展干部轮岗交流工作，20名基层法院班子成员跨县区交流，39名中层干部轮岗交流，经验做法被最高法院《简报》刊载。

同年，全市法院共有33个集体、131名个人受到最高法院及省、市表彰，其中市中院获全国法院司法宣传先进集体。

【案件审判】2019年，市中院依法严惩各类刑事犯罪，审结刑事案件4012件，判处罪犯5685人，一审生效判决中判处5年以上有期徒刑276人。受理民商事案件46184件，结案44627件，结案标的额132.98亿元。加大司法审查力度，监督行政机关依法履职，保护行政相对人合法权益，审结行政案件856件。

发挥审判职能，服务经济高质量发展。与市法学会联合举办民营企业发展座谈会，开展专题调研，出台《关于充分发挥审判职能服务保障民营经济发展的意见》，提出15条措施，保障民营企业发展。防范金融风险，参与现金贷、P2P等专项整治，助力破解民营企业融资贵等问题，审结金融借款、民间借贷等案件12081件。与5部门联合出台《关于办理职业放贷案件的若干意见（试行）》，明确职业放贷合同无效，高额借款利息不予保护，民间借贷乱象得到有效遏制，新收民间借贷案件下降。保障创新引领，审结知识产权案件488件。对假冒名优产品行为，依法适用惩罚性赔偿，审结侵害古井、高炉、云南白药等商标权案件143件。创新知识产权案件“四集中”审判模式，最大限度实现权利人利益，审判经验被写进最高法院知识产权司法保护白皮书，《人民日报》、新华社等中央媒体专程到亳州采访报道。

【扫黑除恶】2019年，全市法院受理涉黑涉恶案件92件，审结87件，创造全省首例涉黑案件当庭宣判、全部庭审直播等多个第一，受到省委指导组和省高院、市委领导的肯定，《人民法院报》整版报道亳州法院工作举措。坚持依法从严，已结涉黑恶案件中，判处5年以上有期徒刑49人，武某某、程某某等黑社会性质组织首要分子被判处20年以上重刑。加强释法说理，推动认罪认罚，已结涉黑案件认罪认罚率70.68%，位居全省法院前列。严把案件质量，市中院成立专门指导组，开展全员培训，出台证据指引等文件18份，建立“一案一报告”制度，既不人为拔高，又不降格以求。与纪委监委、检察、公安等部门协作，建立线索快速移送反馈和情况通报机制，全力“打伞破网”，拉网式排查近年来办理的涉黑案件、黄赌毒案件和民间借贷案件1.2万件，移送涉黑涉恶涉“伞”线索292条。抓好提前介入、审查受理环节、庭审调查、文书制判“五个环节”，环环相扣“打财断血”。全市法院判决案件中查封、扣押、处置黑恶资产8500余万元，执行到位罚金540余万元。

【强制执行】2019年，全市法院受理执行案件19953件，结案19428件，结案标的额82.57亿元。开展小规模机动执行127次，抓获被执行人1512人。动用警力3000余人次、车辆480余台次，现场直播15次，21万余人次观看。加大惩戒力度，拘传1878人，拘留1163人，罚款368.19万元，纳入失信被执行人13035人，限制高消费16243人。利用邮政“政讯通”，在全市1325个行政村、社区精准曝光老赖，促使1518名被执行人主动履行义务，到位金额6309.17万元。优化执行模式，实行分段集约执行，成立30个执行团队，5个司法警察执行直属中队（大队）。开通“执行110”，配备“执行110”专车，24小时值班，自9月开通后接警224次，抓获被执行人192人，执结案件101件。全市法院均上线“易执行”，“老赖地图”覆盖全域，主动推送手机使用者身边的老赖信息，让老赖无所遁形。

【司法为民】2019年，市中院制定反家庭暴力审判指导意见，与市妇联联合出台保护妇女儿童权益工作办法，妥善化解家事纠纷，审结家事案件8567件。畅通民意表达渠道，制定当事人约见法官暂行规定，出台涉诉信访处置“三个办法”，严格执行院长值班、带案下访等制度，解决群众诉求。加强司法救助，救助347名特困刑事被害人和申请执行人，为485名当事人缓减免交诉讼费575万余元。加快建设现代化诉讼服务中心，推广网上立案、跨域立案、电子送达、云柜自助材料递转等应用，诉讼服务大厅接待群众7.27万人，“12368”接听电话1.33万次，网上立案6124件，提供跨域立案服务142次。自觉接受社会监督，推进“四大公开”，做好法治宣传，上网法律文书4.3万篇，直播庭审1.4万场，邀请1.2万余名公民走进法院、走近法官，让社会大众更直观感受司法温度。

【矛盾纠纷多元化解】2019年，市中院传承发扬“枫桥经验”，加大矛盾纠纷多元化解力度，促进纠纷有效分流、高效化解。一审民商事案件委派率65.84%，居全省第一位。实施“八个一”工程，推动诉前调解工作向人民法庭前移开展，全市27个法庭均建立诉调对接工作站。涡阳县义门法庭根据回、汉聚居地域特点，聘请当地回族乡贤担任特邀调解员，负责委派调解和协助送达，化解案件227件，协助送达成功率在85%以上。在乡镇建立“两员一站”说事劝和机制，发挥乡镇政法委员、信访专员作用，协助化解相邻权、土地权属等邻里纠纷。组织法官走进乡村社区，指导基层自治组织开展调解，促进法治与自治有机融合。蒙城县法院在王集乡杨沟村设立法官工作室，指导化解纠纷208起。针对建筑工程、婚姻家庭、物业管理等诉讼多发领域，推动主管部门建立专业调解组织，法院派员参与指导，合力防范化解纠纷。利辛县法院在交警队设立巡回法庭和诉调对接中心，调解成功率96.71%，调解赔偿金额3134万余元，均主动履行。打造金牌队伍，推动委派调解从大众化向专业化转变，金牌调解员人均调解案件142件，调解成功率47.93%，远超全省平均水平。

【改革创新】2019年，市中院全面落实司法责任制，加强专业化团队建设。落实主审法官、合议庭办案责任，强化院庭长监督示范作用，院庭长办案32615件，占全部案件46.34%，依规监督4类案件及29项程序事项。开展长期未结案件、审限变更、卷宗流转、文书送达4项专项整治，出台问责规定，促进多办案、快办案、办好案。推进繁简分流，建立速裁团队，推广令状式、表格式文书，提高办案效率。全市法院成立6个速裁团队，平均审理周期减少6天、卷宗流转周期缩短13天。出台打击虚假陈述的会议纪要，依法拘留2人，罚款7人。推进基层法院内设机构改革，基层法院内设机构减少27个。

【重大案件审理】武某等15人涉黑案。该案系全省首例适用认罪认罚制度的涉黑案件，也是认罪认罚人数最多的涉黑案件。法院在审理过程中，坚持依法严惩与宽严相济结合，对被告人武某某等2人分别判处有期徒刑25年，对认罪认罚的11名被告人依法予以从轻处罚，节约了司法资源。

郁某诉李某某、侯某某民间借贷纠纷一案。依法认定郁某为职业放贷人，民间借贷合同无效。李某某于2015年1月14日向郁某借款15万元，李某某给郁某出具借条，郁某当天将借款通过银行转账支付给李某某14.4万元，后李某某将该借款转给侯某某使用，李某某、侯某某庭审时认可侯某某按月息为4分支付利息，到期后郁某多次催要，李某某、侯某某一直未还。郁某诉至法院，一审法院判定：李某某、侯某某于判决生效之日起20日偿还郁某借款14.4万元及利息（利息按年利率24%计算）；驳回郁某其他诉讼请求。二审查明事实同一审，另查明案外人宋某某与郁某原系夫妻，郁某承认本案借款系和宋某某共同出借。二审法院认为，本案借条虽然载明出借人系郁某，郁某确认系其与宋某某共同出借。借条形式看，系格式借条。本案预先扣除1个月利息。同时，借条未约定利息，但侯某某每月支付利息6000元，符合交付本金时预扣借款利息、被告实际支付的利息明显高于约定的利息的特征。2017年起，以宋某某或郁某提起的民间借贷纠纷共9件。出借人郁某、宋某某通过对外出借资金以赚取高额利息，出借行为具有反复性、经常性，借款目的具有营业性。其未经批准，擅自从事经常性的贷款业务，属于从事非法金融业务活动，违反了《中华人民共和国银行业监督管理法》第十九条的规定，根据《中华人民共和国合同法》第五十二条第四项、第五项的规定，本案民间借贷应为无效。《中华人民共和国合同法》第五十八条规定，借款人仍应返还借款本金，并按照6%年利率给付资金占用使用费用。因截至2018年2月15日，侯某某已经支付利息超过应当偿还的本息，故李某某、侯某某不应再承担还款责任，遂驳回郁某的诉讼请求。

亳州市农机公司100余名职工诉谯城区政府房屋行政强制案。亳州市农机公司因经营困难，自2000年起一直拖欠职工工资。经该公司100余名职工申请，市劳动仲裁委员会作出裁决，由农机公司支付职工工资。后因农机公司未履行，职工向谯城区法院申请执行。谯城区法院依法查封了农机公司的土地及房屋等财产。2016年8月，谯城区政府实施旧城区改造，将农机公司土地予以征收，并对相关房屋进行强制拆除。职工认为该行为侵犯其合法权益，遂提起行政诉讼。本案涉及多重法律关系，案情十分复杂，职工情绪激烈。市中院受理该案后，在掌握案情的基础上，向谯城区政府发出专题“司法建议书”。谯城区政府充分认可司法建议，督促相关部门将职工工资本金及利息1500万元汇入法院执行账户，职工工资得到兑现，自愿撤回起诉。该案入选安徽省行政诉讼十大典型案例。

（张广军）

【武某某涉黑案】2019年3月27日，武某某涉黑案一审获刑。 2011年11月，武某某成立利辛县云海担保有限公司（以下简称“云海公司”）从事非法吸收公众存款、发放高利贷等业

图 34　2019 年 3 月 27 日，武某某涉黑案宣判　　　（汪亮超　摄）

务以获取非法利益，2013 年 7 月，其在云海公司基础上与李某合伙成立利辛县中鑫担保有限公司（以下简称“中鑫公司”），以李某某为该公司法定代表人，后李某退出经营，武某某为实际控制人。有组织地通过非法吸收公众存款、发放高息贷款牟取非法经济利益，并通过非法拘禁、寻衅滋事及跟踪、滋扰、用车辆堵门等“软暴力”手段索取债务。至 2015 年 6 月，形成以中鑫公司为依托，以武某某、武某某为组织领导，成员有 15 人（其中三人有犯罪前科），以非法吸收公众存款用于发放高利贷牟取非法利益，有组织地实施违法犯罪活动的黑社会性质犯罪组织。该组织还拉拢腐蚀审判人员、司法工作者，通过虚假诉讼获取非法利益。2015 年 6 月始，该组织非法吸收公众存款 1.7 亿元，实施寻衅滋事、虚假诉讼、强迫交易、诈骗、组织卖淫、实施非法拘禁多起。致使 480 余名受害人的生产、生活受到严重侵害，严重危害社会，影响极其恶劣。

2018 年 5 月，在省公安厅的统一指挥和参与下，亳州市公安机关与市纪委监委联合行动，成功打掉利辛县以武某某为首的涉黑犯罪组织。查明该犯罪组织涉嫌组织、领导、参加黑社会性质组织，寻衅滋事，诈骗，非法拘禁，强迫交易，组织卖淫，非法吸收公众存款 7 项罪名，形成卷宗 140 余册，光盘 400 余张，查封房产 23 套，扣押车辆 7 部，冻结资金 163 万元，涉案财物总价值 3000 余万元。同时深挖出武某某等人向国家工作人员行贿并充当保护伞的案件线索并及时移交纪委监委，采取留置措施 4 人。该案于 2018 年 9 月 3 日被省公安厅列为挂牌督办案件；11 月 28 日侦查终结并移送审查起诉；2019 年 3 月 27 日，谯城区人民法院以组织、领导、参加黑社会性质组织罪，非法吸收公众存款罪等 7 项罪名，一审判决首犯武某某有期徒刑 25 年，并处没收财产人民币 500 万元，罚金人民币 408 万元，剥夺政治权利 5 年。判决另一武某某有期徒刑 25 年，并处没收财产人民币 500 万元，罚金人民币 403 万元，剥夺政治权利 4 年。判处李某某等其他被告人 1 － 17 年不等有期徒刑，并处罚金。11 名组织成员当庭自愿认罪认罚。利辛县公安局原党委副书记孙某因包庇、纵容黑社会性质组织罪和受贿罪被谯城区人民法院判处有期徒刑 6 年零 3 个月。

（陈新永　杨　光）

【沙某某、陈某某黑社会性质组织案】 2019 年 12 月 31 日，沙某某、陈某某黑社会性质组织案一审获刑。

2018 年 3 月，亳州市公安局谯城分局接安徽省公安厅转交亳州市沙某某等人涉嫌违法犯罪线索，该线索先期由亳州市扫黑办负责线索核查，并于 10 月 18 日对沙某某、陈某某等人涉嫌寻衅滋事案立案侦查。2019 年 3 月 18 日，市政府副市长、市公安局党委书记、公安局局长孟祥国主持召开会议，要求成立专案组，案件指定涡阳县公安局指定管辖，孟祥国领办该案件，自此“3•18”专案组成立。3 月 21 日，该案正式指定涡阳县公安局管辖，抽调刑侦、技侦、网侦、法治等部门 30 余人脱产参与侦办，对该团伙的组织架构、团伙成员、犯罪线索、资金状况等基础情况进行调查。涡阳县公安局“3•18”专案组，奋战 5 个多月，远赴吉林长春、海南海口、北京、上海等地，行程数万千米，抓获犯罪嫌疑人 24 名，梳理出涉案被害人20余名，整理各类案事件50起，筛选重点案件42起，调取各类资金流水100余万条，固定完整的资金链6条，勘验现场20余起，固定现场证据，审核电子证据百余万条，提取有价值电子数据千余条，查封扣押资金1107万余元，查封房产11套，车辆2台，冻结股权110.64万股，价值700余万元。

以沙某某为首的黑社会性质组织为攫取巨额非法经济利益，依托至汇公司、康年宾馆，骗取贷款，通过发放工资、在康年宾馆安排吃住、给好处费等方法笼络控制成员、大肆敛财，实施违法犯罪行为，并以暴力逼债、讨债，胁迫借款人或担保人偿还高额的本金及利息。对受害人实施寻衅滋事、非法侵入住宅、非法拘禁、敲诈勒索、诈骗等多起违法犯罪活动，通过插手民间纠纷、经济纠纷等手段实施违法犯罪活动，破坏他人正常生产、生活，干扰、破坏公司、企业的正常生产、经营、工作秩序、致使多个公司、企业难以正常生产、经营。严重破坏亳州市经济、社会、生活、金融秩序。该案涉及寻衅滋事51起，非法拘禁7起，诈骗4起，敲诈勒索4起，骗取贷款23起、危险驾驶1起。

该案于2019年9月30日被省扫黑办列为挂牌督办案件；9月16日被省公安厅列为挂牌督办案件；9月20日，侦查终结并移送审查起诉；12月31日，涡阳县人民法院以组织、领导、参加黑社会性质组织罪，骗取贷款罪，诈骗罪，敲诈勒索罪，寻衅滋事罪，非法拘禁罪，危险驾驶罪7项罪名，一审判决首犯沙某某有期徒刑24年，并处没收个人全部财产，剥夺政治权利5年，其余16名黑社会性质组织成员分别判处有期徒刑1年至20年不等刑罚。

（杨　光）

司　法

【概况】2019年，机构改革重组后的市司法局核定中央政法专项编制32个，设置10个职能科室，1个高新区分局，下设市法律援助中心、亳州公证处2个事业单位，代管亳州仲裁委秘书处。职能定位为一个统筹、四大职能：统筹全面依法治市，行政立法、行政执法、刑事执行、公共法律服务。

投资105万元、39万元分别建设社区矫正远程督察系统和加密机房项目，投资23万元推进社区矫正与省委政法委“206”系统实现数据对接和业务协同共建共享项目，投资2万元建设视频点名系统，配合法律职业资格考试购置8万元的专用设备，推动“互联网+应用”，完善“12348”安徽法网功能，打造公共法律服务自助式、电商式和互助式网上服务模式，推进亳州市法律网上设立店铺223个，开通率100%，涉及6大类法律服务产品，上架884个小类，发布1108个产品，产品发布数居全省前列，网上办理业务545件。

落实国家统一法律职业资格考试全国统一网上报名、网上缴费政策，报名人数770人，分两天举办客观题考试，118人取得资格。首次实现全程监控与数据实时上传司法部云平台，首次实行主观题可以分批次举办。

同年，市司法局被评为全国公共法律服务先进单位、全

图35　2019年5月22—24日，市司法局工作人员到铜陵监狱开展帮教活动
（高　坤　供图）

国"七五"普法中期先进集体，并获省关工委"法治教育工作先进集体"称号。市法律援助中心被评为全国法律援助工作先进集体，市法律援助民生工程工作受到市政府表彰，获省厅考核第一名，《法律援助工作者之歌》获司法部十大原创金曲称号。徐云被评为全国法律援助工作先进个人，葛菲被评为全国公共法律服务先进个人，律师张芳春被评为2019年全省十大法治人物。

【全面依法治市】2019年，亳州市成立市委全面依法治市委员会及办公室，设立法、执法、司法、守法普法4个协调小组，制定市委全面依法治市委员会及办公室、4个协调小组工作规则，召开2次市委全面依法治市委员会会议。开展全市食品药品监管执法司法专项督察、营造法治营商环境保护民营企业发展专项督察、法治政府建设全面督察，督察中发现问题30余条，市委、市政府主要负责人督办问题整改。

【法治政府建设】2019年，亳州市召开推进依法行政工作领导小组会议。印发《亳州市人民政府2019年依法行政重点工作安排》。开展法治政府示范县区创建活动，蒙城县作为全国首批法治政府建设示范创建地区，通过中央依法治国办实地评估阶段。参与《亳州市城市市容和环境卫生管理条例》立法工作。

【规范性文件审查】2019年，亳州市司法局加强规范性文件监督管理，印发《亳州市人民政府办公室关于贯彻落实〈安徽省人民政府办公厅关于全面推行行政规范性文件合法性审核机制的实施意见〉的通知》，审查市委、市政府各类重大事项143件，其中规范性文件事项审查97件、重大决策事项46件。

【行政复议应诉】2019年，亳州市本级受理行政复议案件136件、办结128件，综合纠错率16.92%，办理应诉案件34件。

【行政执法监督】2019年亳州市制定印发《关于全面推行行政执法公示制度执法全过程记录制度重大行政执法决定法治审核制度的任务清单》，全面推行行政执法"三项制度"。推进市场监管、生态环境、文化市场、交通运输、农业五大领域综合行政执法改革。完成司法行政系统22个法律服务单位"双随机、一公开"监管抽查。组织举办全市领导干部法治能力建设、两期通用法律知识教育培训班，全市130余人和200名市直单位行政执法人员参加培训。组织2019年度全省行政执法人员资格认证通用法律知识考试和补考工作，1240余人参加考试。开展行政执法资格证审核，审验执法证6702个，其中合格6569个，收回注销133个，审验行政执法监督证79个，其中合格69个，收回注销10个，变更机构改革后执法单位名称和种类，开展"减证便民"，精简政务服务申请材料404项，精简率66.42%，县区共取消1027项，精简比例61.55%，公布取消市本级自行设定的证明事项26项，加强行政裁决工作，梳理行政裁决事项12项。

【普法依法治理】2019年，亳州市推进国家工作人员学法用法制度，举办宪法报告会5场，组织全市领导干部宪法法律知识测试，参加比例99.37%。落实"谁执法谁普法"责任制，建立月督办考核制度。开展"送法进万企""法治体检"活动，走访企业300多家，开展法律宣讲300多场，开展法律援助宣传390场，受理企业劳动纠纷案件1800多件，化解各类企业矛盾1700余个。举行2019年"江淮普法行""12·4"宪法宣传周系列活动，2万多人次在线观看直播。举办全市法治文艺会演，2000多人次参与现场活动，5000多人次观看网上直播。召开全市法治乡村建设工作推进会，编印培训教材，举办"法律明白人""法治带头人"培训。完成100多部（幅、篇）法治文艺作品创作，开展法治文化"三巡"活动400多场。

【法律援助】2019年，亳州市修订《亳州市法律援助经费管理使用办法》，提高案件补贴标准。提前完成城乡困难群体法律援助民生工程案件任务，办理法律援助案件8459件，完成年度目标务135.3%。开展"法援惠民生 助力农民工"专项维权活动，受理农民工案件1168件，为农民工讨薪1365万元，为受援人挽回经济损失4801万元。

图 36　2019 年 10 月 23 日，亳州市组织律师进行民营企业法治体检
（高　坤　供图）

【人民调解和司法所建设】2019年，亳州市实施人民调解民生工作，成立5个商会人民调解委员会，共聘任专职调解员13人，兼职调解员26人。坚持发展新时代“枫桥经验”，组织开展“调百家事解千户结暖万人心”和“千村百镇人民调解大讲堂”活动，开展讲座咨询及大讲堂2612场次。调整人民调解案件补贴标准，办理调解案件5.28万余件，调解成功率99%。完成882名人民陪审员选任工作，人民监督员评议案件5件。开展司法所规范化建设活动，制订司法所提档升级三年行动计划方案。

【公证事务】2019年，亳州市司法局组织公证机构参加江淮普法行、“12·4”宪法宣传周活动和公证法专项宣传活动、公益活动。全市4个公证处办理公证案件25894件，推进公证诉前调解试点工作，办理公证诉前调解案件165件。

【律师事务】2019年，亳州市新设律师事务所3个，新增注册律师103人。全市39个律师事务所，执业律师542人，其中专职律师397人，公司律师19人，公职律师114人，法援律师8人，兼职律师4人。持续开展民营企业法治体检活动，组织律师等到民营企业开展活动一次，为民营企业撰写法治体检报告150余份，梳理法律风险点近3000个。“一乡镇一团队，一村居一顾问”全部落实。深化律师刑事辩护案件全覆盖、律师参与民商事调解改革和律师专业水平评价三项改革，与市法院、市检察院、市公安局协调建立律师值班制度，探索试点认罪认罚从宽制度，办理律师参与民商事调解案件1592件，律师代理案件20487件。

【社区矫正与安置帮教】2019年，亳州市构建“1334”社区矫正工作新格局，推进刑罚一体化建设，与蚌埠监狱联合挂牌成立社区矫正警示教育基地，监狱安排5名干警到市高新区、县区矫正工作机构驻点挂职，县区矫正机构安排30人到监狱开展分批次跟班学习，实施社区矫正对象电子定位管理2888人，定位率达96%以上。在中华人民共和国成立70周年前夕，全市共分三批报请市中院裁定特赦社区矫正对象105人，报请特赦裁定率100%，圆满完成特赦任务。在全省“我和我的祖国”主题社区矫正系列活动竞赛中，亳州市获一、二、三等奖6个。

到蚌埠监狱、铜陵监狱等地开展黄丝带进监帮教“四送活动”4场次，签订就业意向书50余份。全市安置帮教对象3815人，重点帮教对象216人，刑满释放人员衔接1000余人。

开展扫黑除恶专项斗争，开展社区矫正、安置帮教、律师行业等领域重点问题攻坚活动，移送涉黑涉恶线索58条，确认55条，律师参与涉黑涉恶案件辩护654件。开展为期2个月的扫黑除恶知识有奖竞答活动，通过微信答题的方式，普及扫黑除恶知识，20多万人次参与答题抽奖。

【司法鉴定】2019年，亳州市共有5个司法鉴定机构，71名司法鉴定人，涵盖法医类、物证类鉴定。加强行业监管，开展司法鉴定行业警示教育活动和血液中乙醇含量司法鉴定飞行检查活动，全年办理司法鉴定案件3542件，采信率100%。

【仲裁】2019年，亳州市司法局受理民商事仲裁案件394件，上缴市财政仲裁费用332.26万元。

（高　坤）

军　事

图 13　“美丽亳州”系列图片——2019 年 7 月 14 日，亳州市组织军地联合防汛抢险救灾演练　（刘　洋　供图）

驻　军

【概况】2019年，亳州军分区在省军区党委和亳州市委的坚强领导下，坚持以习近平新时代中国特色社会主义思想为指导，全面贯彻习近平强军思想，全面贯彻中共十九大和十九届二中、三中、四中全会精神，坚决维护核心，坚定看齐追随，坚持国防动员练兵备战与经常性工作整体谋划、同步推进。

把学习贯彻习近平新时代中国特色社会主义思想和习近平强军思想作为首要政治任务，深入抓好军委党的建设会议、基层建设会议精神学习，坚持在学习上见思见悟、调研上见微见情、检视上见筋见骨、整改上见行见效，高标准落实四个季度党委中心组理论学习。开展"不忘初心、牢记使命"和"传承红色基因、担当强军重任"主题教育，官兵自觉增强"四个意识"，坚定"四个自信"，做到两个维护，贯彻军委主席负责制，学讲话讲看齐真行动更加坚定自觉。

聚焦备战打仗职能使命，每季度专题召开党委议战议训会，研究解决分区部队练兵备战重大问题；严格落实日常战备值班制度，购置民兵应急应战装备器材；修订完善方案预案，提升两级机关国防动员组织指挥能力；开展群众性练兵比武考核活动，参加省军区尖子比武，取得综合第四名、教练员第三名的好成绩。

贯彻军委党的建设会议和基层建设会议精神，围绕建过硬班子、带一流部队目标，加强班子民主集中制经常性学习，党委工作运行规范，班子作用发挥明显。开展"一专多能、一岗全能"活动，干部履行新时代职能使命任务能力素质提升。

落实党管武装制度，完善党管武装工作考评机制，规范各级党管武装的组织领导、目标要求、工作任务，落实双重领导、双向兼职、党委议军、领导干部过"军事日"、现场办公、党管武装工作述职等制度，提高武装工作地位作用。市委专题召开常委会，学习习近平强军思想和国防动员重要论述，研究推进民兵调整改革措施办法、国防教育基地建设，现场办公研究解决市民兵应急营成立、征兵工作相关事宜，"四纳入"作为落实党管武装制度的重要举措被省军区要讯刊发。

召开常委会、专题会，学习贯彻习近平总书记关于扶贫工作重大战略思想，研究部署助力帮扶村脱贫攻坚事宜。军分区领导、机关7次深入帮扶村检查督导工作，与联系村及相关部门召开座谈会议，分析形势，找准症结，协商致富办法，完善帮扶计划，切实把助力脱贫攻坚作为践行初心使命的最直接检验，不断增强政治自觉和行动自觉。遵循部队所能与地方所需，解决突出问题。支持村内太阳能路灯等基础设施建设。购置空调，帮助改善宋圩村小学教学条件。开展结对助学活动，捐助10名小学生，每人1000元。慰问困难党员，走访贫困户，开展精准帮助，发放扶贫基金。协调宣城军分区跨区支援53万元，为宋圩村修建电灌站、水渠二期项目，覆盖全村近46.67公顷，受益群众近500户，亩均增收350元。组织专武干部和民兵骨干100余人次参与美丽乡村建设、秸秆禁烧等工作。

（刘　洋）

【全民国防教育】2019年，亳州军分区推进国防教育"三进""五

图37　2019年5月26日，亳州市组织小学生进军营体验（张延林　摄）

覆盖”，协调推进军营向社会开放活动。六一儿童节前夕，协调市武警支队共同组织军营开放日活动，组织1000余名小学生走进军营，接受国防教育，活动做法在中央电视台报道。完善市、县（区）两级国防教育组织领导机构。突出党政领导机关和学校两个重点，推进习近平强军思想宣讲，军分区、人武部两级主官为地方党政机关做国防形势报告15场。开展第十九个全民国防教育日活动，在市区悬挂横幅、制作展板、设置宣传标语，营造宣传氛围。结合全民国防教育日，开展“国防教育进校园”活动，向大、中、小学生宣传普及国防法规，讲解国防知识，相关做法被中央广播电视总台报道。配合地方推进国防教育综合基地项目建设。

（刘　洋）

【征兵宣传】2019年，亳州军分区注重在征兵宣传中强化军民融合观念，创新形式方法，动员社会各方力量共同参与。军地联合，会同市委宣传部、市教育局、市退役军人事务局，召开征兵宣传工作推进会、院校班主任政策宣讲会，印发征兵宣传计划，组织征兵宣传进校园、进社区活动，共同推进宣传工作落实。驻军协作，协调市武警支队官兵参加大学生征兵工作启动仪式，特战队员现场进行擒拿格斗术演示，大学生士兵现身说法，激发青年学生应征热情。全媒互动，注重利用地方全媒体优势，发挥“互联网＋宣传教育”功能，整合当地“两微一端”网络平台资源，官方信息同步发送，工作动态实时更新，宣传活动网络直播，用“微宣传”推动征兵工作“接地气”。社会参与，会同市退役军人事务局发动地方拥军协会、爱心协会、雷锋车队等社会组织，通过健身途步行、文艺活动进社区、爱心车队市区巡游等活动，丰富征兵宣传形式，为征兵工作营造良好的社会氛围。

（刘　洋）

【双拥共建】2019年，亳州军分区配合地方做好全国双拥模范城创建工作。协调地方党委政府，走访慰问驻军部队、军烈属、立功受奖官兵。开设“亳州儿女建功军营荣誉榜”，对2019年在部队立功受奖的亳州籍官兵事迹在《亳州晚报》整版进行刊载，按标准落实奖励措施，进一步强化军人的荣誉感自豪感，营造良好的社会舆论导向。协调30余名亳州籍官兵子女落实优待入园入学政策，开展“军民共建八一林”活动，活动做法被中央广播电视总台报道。

（刘　洋）

【市基干民兵应急营成立大会】2019年4月26日，亳州市基干民兵应急营成立大会暨市（县、区）应急营（连）拉动点验大会在亳州职业技术学院举行。市委、市政府主要领导和市民兵调整改革暨组织整顿工作领导小组成员单位领导，军分区、各县（区）人武部首长，市基干民兵应急营、县（区）基干民兵应急连和参与演练的民兵分队参加成立大会。会议明确了强化思想自觉，坚持军地共建，加强作用发挥等具体要求，并进行授旗活动。

（刘晓亭）

【亳州军分区党委三届四次全体扩大会议】2019年1月11日，亳州军分区党委三届四次全体（扩大）会议召开。

会议传达中央军委、军委国防动员部、东部战区和省军区党委全体（扩大）会议精神，总结年

图38　2019年4月26日，亳州市民兵应急营成立大会（刘　洋　供图）

度工作部署新年度任务。

会议指出，2018年，亳州军分区深入学习贯彻习近平新时代中国社会主义思想和强军思想，部队建设得到全面加强，理论武装入脑入心，动员战备扎实推进，军民融合深入发展，退役军人妥善安置，党的建设持续发展，服务地方更加有为有效。

会议要求，下一步，要强化政治建军，铸牢强军之魂；要强化打仗备战，提升强军之能；要强化军民融合，汇集强军之力；要强化从严治党，夯实强军之基。市委书记、军分区党委第一书记汪一光参加会议并讲话。

（刘　洋）

【学生军训】2019年，亳州军分区联合市教育局成立“学生军训办公室”，把学生军训纳入学校教育、教学计划，统筹安排各学校军训时间。通过集中培训考核后择优选拔教官，共安排35名教官完成21所院校3000余名学生军训任务。通过军训，培养了参训学生令行禁止、严守纪律的优良作风。

（牛浩南）

【大学生参军一次性奖励金标准提高】2019年7月1日，市委副书记、市长杜延安在市行政中心四楼第一会议室主持召开市政府第109次常务会议。会议研究同意提高亳州市大学生参军一次性奖励金标准，区分大学新生、专科在校生、本科在校生、专科毕业生、本科毕业生、硕士及以上研究生6个层次。

（刘晓亭）

武警部队

【概况】2019年，中国人民武装警察部队亳州支队（以下简称“武警亳州支队”）下辖1个教导队、6个中队。主要承担亳州市、涡阳县、蒙城县、利辛县4个看守所的外围武装警戒任务和驻地处突、反恐、抢险救援等临时任务。

武警亳州支队坚持以强军目标为引领，紧盯“聚力一流，锚定争先”建队目标，围绕“六个起来”（党委立起来、机关谋起来、基层转起来、干部严起来、经常实起来、正能聚起来）工作部署，在“提升忠诚度、聚焦打胜仗、依法严治警、发力抓经常、持续正风气”上下功夫，完成以执勤处突为中心的各项任务，部队内部安全稳定，全面建设呈现良好发展态势。

纪念五四运动100周年，组织“激扬青春、矢志强军，争做习主席的好战士”主题演讲比赛，感悟革命先烈不屈的奋斗史，弘扬“爱国、进步、民主、科学”的精神，传承红军部队优良传统。

举行“军营开放日”活动，邀请亳州学院附属学校等小学的600名学生走进军营，接受国防教育，体验部队生活。让孩子们了解国防科技知识，感受新时期武警战士的风采，树立正确的国防观念。

组织“书香润心灵、逐梦强军路”读书分享会，来自支队和亳州市广播电视台的10名读书嘉宾以“立身做人、爱军精武、英模事迹”等为主旋律，讴歌历史，致敬英模，帮助官兵牢固树立“在学习中工作、在工作中学习”的理念，增强读书学习的积极性，使业余时间多读书、读好书蔚然成风，让建设学习型军营、争当学习型军人成为官兵的自觉行动。

联合市退役军人事务局、共

图39　2019年5月26日，武警支队联合亳州军分区共同组织“军营开放日”活动　（刘　洋　供图）

青团亳州市委员会、亳州市文学艺术界联合会、亳州市音乐舞蹈家协会、亳州市拥军协会和亳州市追梦艺术团举办庆祝建军92周年暨“奋斗的青春最美丽”主题文艺演会演，增进官兵与驻地人民群众的感情。

到利辛县阚疃镇宋圩村开展扶贫帮困活动，为村民送去生活用品、进行义诊、赠送药品，研究讨论“点亮工程”帮扶项目，营造和谐融洽的军民关系。

组织军嫂进警营活动，邀请官兵家属到队参观，实地了解亲人平时的工作环境和特点，体验军旅生活的严肃紧张，也感受部队建设的发展变化，更加坚定军嫂支持部队工作的决心，有助于官兵家庭和睦，帮助官兵安心本职，为官兵解决后顾之忧。

举办第二届“榜样的力量”十佳标兵颁奖晚会。坚定支队官兵不忘初心、牢记使命的决心，鼓舞和激励广大官兵在新的起点上锐意进取、众志成城、续写辉煌。

同年，武警亳州支队在年终考评中，被评为“基层建设先进支队”“武警部队2019年度安全工作先进单位”“正规化执勤先进单位”。在总队年终考核中获团体第三名。在总队“四会”比武考核中，涡阳中队指导员获个人第二名。

【思想政治教育】2019年，武警亳州支队围绕学习中共十九大、习近平总书记系列讲话精神和总队第四次党代会精神，理解“三步走”发展路径和“四个坚持”基本要求，围绕总队党委“创建一流、走在前列”的决策部署，分析部队建设形势，查找“五不”短板，瞄准“聚力一流，锚定争先”建队目标，确立“六个起来”工作思路，定实四项抓建举措。开展“奋进怎么看、争先怎么办”讨论征文活动，坚持“三个突出”，用好“三个结合”，组织“传承红色基因、担当强军重任”“不忘初心、牢记使命”主题教育，按照“1+2+3”组教模式，丰富教育内容和形式。开展“书香军营”活动，利用驻地传统文化资源，购买“五战”丛书，供官兵学习。

【组织建设】2019年，武警亳州支队深入学习习近平新时代中国特色社会主义思想，严格落实“三项制度”，组织学习体会交流。深刻领会总队政委卢凌保在新调整班子和新任书记培训授课上讲话精神，按照“七个共性”要求，抓理论武装。支队党委书记带头为部队上党课，班子成员带头给支部上党课，提升党员党性修养，明确政治纪律，巩固思想阵地，更加坚定“三个维护”，强化“四个意识”。专题召开党委会，组织班子成员学习《军队党委工作规范》《民主集中制读本》和《总队党委加强自身建设八条班规》等制度，研究制定《党委会议事规则》和《加强党委班子建设若干措施》，剖析张某、房某某违纪违法案件教训，2次召开专题组织生活会，班子成员深刻自我剖析。组织党员观看《铁纪强军》《蜕变》等警示录像片，参观市廉政教育基地。在工程建设、经费开支、干部调整、选改士官、发展党员等工作中，阳光操作，公平公正，部队上下无杂音。

【队伍建设】2019年，武警亳州支队开展知识竞赛、函授作业、队列会操、宣讲授课等，贯彻落实新条令。强化作风养成，组织军容风纪和内务秩序大检查。修订《抓基层领导小组工作规范》，审定基层《按纲建队规划》，按照《党委常委包队、室队挂钩帮建机制》，采取“调研与帮建、蹲点与考评、督导与服务”相结合的方式，对所属6个中队实施考察帮带。截至2019年年底，武警亳州支队共组织部门以上领导蹲点帮建15次，安排机关干部代职13人次。贯彻总队党委纠治“五多四过”问题措施，按照“七个不准”要求，用好“三会一统”和“周工作提示”机制，合并会议，压减文电，管控微信群，科学统筹工作。

【执勤处突】2019年，武警亳州支队坚持日汇报、周讲评、月播放执勤问题录像，规范“三班、四哨”和“三员一兵一组”执勤，组织“学规范、查隐患、抓建设、守底线”和“查隐患、找问题、定措施、保安全”执勤安全教育整顿。学习贯彻总队“五长”集训精神。开展“冬季百日大练兵”“学训词、当尖兵”和“打擂台、创纪录”等活动，营造比学赶帮超氛围。设立机关干部“龙虎榜”，周计划、日考勤、月讲评，激发机关干部练兵热情。开展“和平积弊大起底大扫除”活动。出动兵力2400余人次，完成长途武装押解、城市联勤武装巡逻、春运火车站执勤等勤务72起，巡逻官兵成功处置突发情况6起。

【后勤保障】2019年，武警亳州支队落实伙食管理五项制度。落实兵器室管理制度，完成所有器材室、兵器室、军械库安防系统升级改造，支队兵器室连续3年被总队评为“红旗兵器室”。落实车场日制度，定期开展车辆维护保养检测、检修，全部安装行车记录仪。开展后勤人员岗位练兵、专业技能竞赛等活动，提高后勤人员专业技能水平。加强后勤应急保障力量建设，制定完善抢险救灾等各类应急保障预案，组织9次“一组五队”应急战备拉动演练。开展卫生防病工作，防治训练伤，与驻地市、县人民医院建立应急救治绿色通道，组织军医下基层巡诊送药11次，为官兵看病246人次，到上级医院送诊81人次。

（房亚军）

人民防空

【概况】2019年，亳州市人民防空办公室（市地震局）开展人防宣传“五进”活动，指导社区建立人防宣教室，指导学校开展应急疏散演练，在市委党校春季主体班学员开设人防课程。全市中学人防普及教育率在98%以上，高等教育制订人防教育计划，人防部门参与建设的市防灾减灾科普教育中心运营使用。

完成《亳州市城市地下空间暨人防工程综合利用规划（2016－2030年）》修编工作。依据城市地下空间和人防工程规划开展人防工程建设管理，落实新编城市控制性详细规划人防工程规划目标、政策要求，参加市政府规划审批暨市规委会，核实人防工程建筑规模，确保符合人防设计标准要求。

研究优化市人防系统审批流程、精简审批环节、压减审批时限等各项具体措施，推进人防设计审批纳入施工图联审、联合验收、联合勘探等工作。大幅度精简行政许可事项及行政审批时限。减少行政审批申请材料事项54项，行政审批材料减少62%。审批时限由过去的5～15天，压减至1～3天，部分事项实现一日办结制。

严格按照新修订的《安徽省人民防空工程建设与维护管理规定》（省政府令第286号）要求，按照规划及《安徽省人民政府关于依法加强人民防空工作的意见》规定的比例落实人防工程行政审批。落实“房地产企业使用人防工程信用承诺制”“证照分离”“工业项目承诺制”等。

落实《安徽省人民政府关于降成本减轻实体经济企业负担的实施意见》《安徽省人民政府关于去库存促进房地产市场稳定发展的实施意见》文件精神和省人防办相关对工业企业和房地产企业减免人防工程易地建设费政策。

加大对设计、审图、监理、施工、检测、防护防化设备安装单位和人员的监督管理，落实防护防化网上备案，严格资质管理，组织人防工程建设市场检查，按照规定报告建设单位不良行为和“黑名单”信息。

制定并落实人防工程维护管理实施方案，组织开展人防工程维护管理检查，明确人防工程维护管理费用和保障渠道，健全规范平时使用证颁发，安全管理制度健全，机构和人员分工明确。

明确拓展人防工程综合利用，推进建设和开发利用人防工程为城市建设和经济社会民生服务，发挥公共服务功能，推动利用人防工程作为应急避难场所，为政府应急管理服务。

履行行业安全监管职责，落实安全生产责任制，规范安全监管执法，完善安全生产考核责任制，推动主体责任、领导责任、监管责任落实，提升安全监管成效。按要求开展安全生产隐患排查、“安全生产月”“安全生产江淮行”活动。

【指挥通信建设】2019年9月18日，市人民防空办公室组织开展亳州市防空警报统一试鸣活动；在谯城区黉学育才小学开展“9·18”人防疏散演练和人防宣传活动，参演师生300余人次。购买电声警报器21台，防空警报器净增长率大于5%。

开展人防指挥通信训练。按照省人防办统一要求部署，3月、6月、9月、11月分别参加省人防组织的全省指挥通信训练考核活动。每周按要求参加省人防办组织的视频点名联调，参加省人防办指挥通信系统联调，每月按时参加战备大交班，按时参加并有训练记录。完成第二代人防机动指挥平台建设任务，按要求开展测试训练，安排专人培训，熟悉设备能独立操作。

（陆　军）

发展　改革

图 14　“美丽亳州”系列图片——2019 年，亳州中药城美景　（刘勤利　摄）

发 展

【概况】2019年，亳州市地区生产总值（GDP）实现1749亿元，增长9.4%；固定资产投资增长13%；第三产业增加值889亿元，增长10.2%；战略性新兴产业产值增长25.4%，居全省第二位，占规模工业增加值比重26.2%。

加强重点用能单位能耗监管，单位GDP能耗完成省下达目标任务。其他营利性服务业营业收入同比增长33.3%，有力支持了GDP增长；三次产业比例由2018年的16.5∶38.8∶44.7调整为13.6∶35.6∶50.8，服务业对GDP的贡献率50.3%，成为拉动经济增长的重要引擎。

争取国家和省政策支持，中国物流亳州综合物流园获批省级服务业集聚区，组织神农谷中药电商物流城、亳州农贸城冷链农副产品交易区、亳州中联物流园等项目申报国家、省级服务业发展引导资金和中央预算内资金，全年累计争取上级专项资金2120万元、粮食进口关税配额6426吨、棉花进口关税配额555吨。

【规划编制】2019年，亳州市贯彻落实国家、省乡村振兴战略规划要求，制定《亳州市乡村振兴战略规划（2018－2022年）》，推进农业现代化进程。制定各项规范性文件。出台《中共亳州市委 亳州市人民政府关于贯彻落实长江三角洲区域一体化发展规划纲要行动计划实施方案》《亳州市人民政府关于印发亳州市加快发展现代服务业若干政策的通知》《亳州市人民政府办公室关于印发〈亳州市促进物流园区规范发展若干意见〉的通知》等规范性文件。《关于亳州市2019年国民经济和社会发展计划上半年执行情况与下半年意见的报告》经市四届人大常委会第26次会议审议通过，对提出的审议意见进一步明确分工，细化措施，强化跟踪落实。

起草《亳州市2019年国民经济和社会发展计划执行情况与2020年计划草案的报告（讨论稿）》，2019年12月31日通过市人大财经工作委员会初审，2020年1月8日经市委常委会研究通过，1月20日经市政府常务会议研究通过。

启动“十四五”规划编制工作，开展“十四五”规划前期课题研究。优选《亳州市“十四五”区域协调发展大背景下的战略定位及路径选择》等8个课题由第三方机构承担、《亳州市“十四五”农村环境综合整治研究》等22个课题由市直相关部门承担、《亳州市“十四五”经济社会主要发展目标研究》等8个课题由市发改委承担。稳步推进“十四五”规划前期课题研究工作。

【项目建设】2019年，亳州市已获批中央预算内投资项目51个，项目总投资152.4亿元，其中中央预算内投资8.74亿元，已开工项目48个，开工率96%。2017年至2018年，全市共获批中央预算内投资项目83个，总投资165.15亿元，其中中央预算内投资15.09亿元。截至2019年年底，83个项目全部开工，开工率100%；累计完成投资142.74亿元，其中中央预算内投资14.6亿元，投资完成率分别为86.4%、96.8%。

2019年，849个市重点项目投资完成率117.4%，超额完成年度目标任务。422个省重点项目投资完成率137.6%；新开工项目258个，开工率120%；竣工项

图40 2019年12月29日，亳州市一批重大项目开工 （张延林 摄）

目90个，竣工率123.3%，投资完成率、开工率和竣工率持续位居全省前列。涡阳县鸿路建材绿色钢结构生产基地三期、蒙城县垃圾焚烧发电、利辛县伯希和户外装备用品生产、谯城区盛海堂现代中药生产等99个亿元以上产业项目建成投产或主体完工。涡阳县金沙河生产基地、蒙城县比太新能源年产1GW黑硅片和1GWN-HIT太阳能电池片生产、谯城区万达广场、亳州高新区绿地城际空间站、亳芜现代产业园区浪潮云计算产业园等44个超10亿元重大产业项目加快建设。

亳州机场经国务院、中央军委立项批复。蒙城县、利辛县通用机场纳入《安徽省通用机场布局规划（2019—2035年）》。商合杭高铁亳州段通车运营。淮宿阜（双堆集至阜阳西）城际铁路、亳蚌城际铁路、亳蒙高速前期工作推进顺利。引江济淮工程、亳州调蓄水库土方消纳及水土保持工程、涡河蒙城枢纽工程加快建设。西淝河等沿淮洼地治理工程及淮干一般堤防除险加固工程通过验收。建设农村公路扩面延伸工程1431千米，提档升级国省干线公路143.6千米。

2019年市本级计划实施政府投资重点项目52个，总投资87.6亿元，年度计划投资22.0亿元。其中，续建项目24个，总投资63.8亿元，年度计划投资15.4亿元；计划新开工项目28个，总投资23.8亿元，年度计划投资6.7亿元。49个市本级政府投资项目建设平稳推进，完成投资20.8亿元，占年度计划100.6%；其中24个续建项目

图41　2019年，嵇康路社区服务中心项目　　（刘兵剑　屈建龙　摄）

完成投资15.7亿元，占年度计划109.5%；25个计划新开工项目完成投资5.2亿元，占年度计划80.7%，已开工项目24个、开工率96%；市第三十一中学、第三十二中学、亳州南站站房、龙凤新河治理等15个项目完工。

【固定资产投资】2019年，亳州市固定资产投资同比增长13%，民间投资同比增长1.4%，占全部固定资产投资比重65.6%。849个市重点项目投资完成率117.4%，超额完成年度目标。其中，369个续建项目投资完成率115%，480个年度计划新开工项目开工470个，开工率97.9%，投资完成率120.9%；计划外新增开工项目10个。167个计划新开工工业项目开工166个，开工率99.4%。竣工项目323个，竣工率38%。444个省重点项目（含补录项目22个）投资完成率137.7%；215个计划新开工项目开工258个（含储备项目开工61个），开工率120%；竣工项目90个，竣工率123.3%，投资完成率、开工率、竣工率均位居全省前列。

企业登记全程电子化系统与省政务服务网无缝对接，开办时间压缩至1个工作日以内。

推进工程建设项目审批制度改革和投资承诺制改革，在全省率先上线运行工程建设项目审批管理系统，13个承诺制改革试点项目如期开工。

【社会信用体系建设】2019年，亳州市发展和改革委员会发挥社会信用联席会议办公室职责，出台《亳州市信用修复管理暂行办法》，制定《亳州市加快推进社会信用体系建设构建以信用为基础的新型监管机制任务清单》，信用制度进一步完善。

社会信用体系建设以数据归集为基础，以平台建设为支撑，继续实施“月统计、月调度、月通报”信用数据报送机制，全年市级信用平台共归集信用数据3240万条，其中信用目录数

据2914.3万条、“双公示”数据325.7万条。

组织召开全国中小企业融资综合信用服务平台推介宣传会议，号召金融机构开发推广“信易贷”产品，帮助中小微企业环节“融资难”“融资贵”压力；配合开展党建引领信用村建设，牵头制定《亳州市“信用村”“信用户”联合激励措施清单》，涉及市直部门15家、激励措施32项。

联合《中国改革报》《江淮晨报》《亳州晚报》等媒体开展“‘诚’市发现”“信用进企业、进社区”等宣传活动，召开亳州市诚信建设工作新闻发布会，弘扬“守信处处受益、失信寸步难行”的社会诚信理念。

亳州市全年城市信用监测排名在全国261个地级市中稳定在80名左右。

【服务业发展】2019年，亳州市服务业增加值889亿元，增长10.2%。出台《亳州市加快发展现代服务业若干政策》《亳州市促进物流园区规范发展实施意见》，为服务业发展提供政策支撑。

培育服务业集聚区，中国物流亳州综合物流园项目获批省级服务业集聚区，全市省级服务业集聚区（含示范园区）数量达9家，共实现营业收入44.7亿元，带动就业30306人次，缴纳税收3.3亿元。

建立并完善全市服务业重点项目库，全年入库服务业重点项目202个，其中亿元以上重点项目178个，总投资2258.6亿元。

及时兑现2018年新增规模以上和省重点服务业企业奖励资金，奖励企业103个，兑现资金785万元；康美（亳州）华佗国际中药城商业有限公司、中国物流亳州有限公司等6家企业获批2019年市级服务业发展引导资金500万元。

【园区转型升级】2019年，亳州市出台《亳州市人民政府关于加强全市开发区规范管理促进高质量发展的实施意见》，指导、规范开发区发展。

推进开发区集中供热，4个开发区实现集中供热，2个在建。指导开发区开展经济运行分析，强化指标调度；加强调查研究，形成《亳州市开发区高质量发展研究》。确定亳州高新技术产业开发区作为全市承接产业转移试验区先导区，强化基础设施建设，提升承载能力。摸排亳州高新技术产业开发区和全市开发区基础设施项目，申报政府债券基金专项和承接产业转移集聚区试验区中央预算内资金专项。加强考核引导，市发展和改革委员会牵头组织开发区做好省考核各项工作。

同年，在全省省级以上开发区考核中，亳州高新技术产业开发区和谯城经济开发区分别以第18名、24名的成绩入围全省“前30强”。

【清洁能源产业】2019年，亳州市严格落实能源消费总量和强度“双控”制度，推进工业、交通、建筑、商贸流通、农业农村和公共机构节能，加强重点用能单位能耗管理。统筹推进太阳能、风能、生物质能等新能源产业发展。全市建成并网太阳能光伏发电装机规模101万千瓦。核准风电项目14个，开工建设6个，完成投资近9亿元。新增并网农林生物质发电3万千瓦，在建3万千瓦，核准3万千瓦；新增并网生活垃圾焚烧发电1.5万千瓦，在建3.7万千瓦。光大涡阳县生物质能热电联产、蒙城县生活垃圾焚烧发电项目投运，利辛县生活垃圾焚烧发电项目加快建设，涡阳县生活垃圾焚烧发电、亳州洁能生活垃圾焚烧发电二期项目开工，全市新能源产业规模持续壮大。全市新能源消费量占全部能源消费比重约10%。

推进开发区集中供热，全市省级开发区实现集中供热规划编制全覆盖，市高新区、亳芜现代产业园区、谯城经济开发区实现集中供热，涡阳经济开发区集中供热项目建成运营，铺设供热管网13千米，具备集中供热条件；蒙城开发区集中供热开工建设，利辛经济开发区集中供热项目开工建设。

推进节能与生态建设，涡阳经济开发区获批省级园区循环化改造试点，利辛县入围国家和省大宗固体废弃物综合利用基地备案名单。《亳州市新能源电动汽车充电设施规划》《亳州市中心城区集中供热专项规划》修编完成。

【物价管理】2019年，亳州市CPI同比上涨2.7%，与全省持平，低于全国0.2个百分点。

市发展和改革委员会开展保供稳价工作，保障猪肉替代品、蔬菜等食品供应，逐渐恢复全市生猪产能，防止食品价格再次出现较大波动。

启动价格补贴联动机制，及时发放价格临时补贴。5－11月累计向保障范围内群众发放价格临时补贴182.7万人次，发放临时价格补贴4667万元。

截至12月18日，完成国家、省发布的监测任务393个。对普通鸡蛋、小麦、生猪、房地产市场行情等开展调研，形成小麦生产和市场情况调研报告，普通鸡蛋、生猪市场行情调研报告等材料。报送各类价格动态信息143篇，发布"价比三家"信息85条。

在全省率先建成运行亳州智慧物价系统，每天采集发布生鲜食品批发和零售价格，超市商品"价比三家"价格，174个市人民医院医疗服务和大型设备检查费用，近百个药店9214个品种的医保药品价格，1568个品种及规格的中药材价格信息，市区新售商品房备案价格，65种建材主材价格。网站访问量超23万次。

开展应急价格监测。春节、端午、中秋等重大节假日开展价格巡视，及时准确掌握节前、节中、节后3个节点粮油肉蛋菜等重要民生商品价格变动情况，共开展7次节日期间应急价格监测，编发简报5期，报送价格报表18期。在"亳州物价"微信公众平台发布"价比三家"、市场动态等各类民生价格信息47期、135条。

【特色小镇建设】2019年，亳州市继续推进特色小镇建设。谯城区古井白酒小镇、涡阳义门中药养生小镇获批省级第二批特色小镇。蒙城县立仓农旅小镇获批省第三批特色小镇。

图42 2019年，亳州市推进特色小镇建设，图为5月18日，谯城区淝河镇第二届桑葚节 （张延林 摄）

谯城区十河芍花养生特色小镇计划总投资42.3亿元，截至2019年6月共完成投资2.8亿元，其中，2019年完成投资0.3亿元；成功举办2019年中国亳州第五届生态旅游节；在省特色小镇官网发布的安徽省第一批25个特色小镇影响力指数6月份榜单中居全省第三位。

谯城区古井白酒小镇规划面积3.48平方千米，计划总投资31.42亿元。截至2019年年底完成投资12.49亿元，其中2019年完成投资3.29亿元；小镇内有白酒企业89家，白酒产业实现产值158.1亿元，白酒业及上下游产业吸纳就业人员2.6万人；成功举办2019年第二届桃花酒曲节、2019年亳州紫藤风铃吃货狂欢节等活动。

涡阳县义门中药养生小镇规划面积约4平方千米，总投资25亿元，2018年起至2019年年底完成投资8亿元；成功举办义门芍花节，开展品药膳、赏芍花、采苔干首季活动；被命名为安徽省第二批千年古镇地名文化遗产、安徽省优秀旅游乡镇、千年古镇、省级电子商务示范镇、安徽旅游十大古村镇。

【"三重一创"】2019年，亳州市发展和改革委员会组织企业申报各类省"三重一创"政策支持事项，组织申报省第四批重大工程和重大专项。开展2019年省工程研究中心和工程实验室申报及验收评估工作，其中：东方帝维兽用生物制品工程研究中心评估优秀、新健康快速检测试剂工程研究中心通过认定。

组织申报省"三重一创"支持事项16个，其中9个事项获省支持；组织7家企业参加"创响中国"安徽创新创业大赛。获省"三重一创"、现代医疗和医药产业发展支持资金5010.93万元，其中亳州市现代中药产业集聚发展基地获省考核奖励资金2000万元，重大工程和专项获省级引导资金1957.9万元。市级“三重一创”及现代医疗和医药产业发展政策支持事项9个、奖补资金498.1万元。

基地全年产值增速15.2%，同比提高4.9个百分点；完成投资126亿元，实现税收6亿元。新增博士后工作站1家，工程研究中心1家，高新技术企业12家，转入药品技术品种14个、127个在推进。

基地有中医药百强企业57家，现代中药产业国家级检验中心2家，国地联合工程研究中心2家，院士工作站6家，博士后工作站7家，高新技术企业56家，省工程研究中心3家，省级企业技术中心20家，省级工程技术研究中心10家，其中高新技术企业、企业技术中心、院士工作站、博士后工作站分别较2015年基地设立之初增加40家、13家、3家、3家。

【长三角一体化发展】2019年，亳州市出台《实施长江三角洲区域一体化发展规划纲要行动方案》，成立推动融入长三角一体化发展领导小组，建立推动融入长三角一体化发展工作机构。

印发《亳州市实施长江三角洲区域一体化发展规划纲要行动方案重点任务分工方案》，明确任务分工，落实各级各部门单位工作责任，建立定期调度机制。三县一区政府均出台实施方案，市推动融入长三角一体化发展领导小组主要成员单位制定工作推进措施，全市各级各部门各行业按照市委、市政府工作部署，推进皖北承接产业转移集聚区、长三角绿色农产品生产加工供应基地和“世界中医药之都”建设，在产业协同分工、教育卫生体育和文化旅游等各方面加强与长三角中心区对接合作。

申请加入长三角一体化发展城市合作平台，在长三角城市经济协调会第19次会议上，亳州市成为长三角三省一市41个地级市会员城市之一。

（卢仁浩）

改　革

【概况】2019年，亳州市深入贯彻习近平总书记关于全面深化改革重要讲话精神，把思想和行动统一到中央和省委部署要求上来，围绕全市重点改革任务，狠抓落实、持续推进，深化经济和行政体制改革、深化社会事业改革等各方面改革，形成乡镇生态环保工作站、乡镇纪检监察工作协作区、“一月一课一片一实践”等一批特色改革，以深化改革促高质量发展。

【经济和行政体制改革】2019年，亳州市着力构建产业新体系。坚持以药立市，编制完成《世界中医药之都（安徽亳州）发展规划》，全年现代中药产业集聚发展基地产值增长15%。第三产业对经济增长贡献率为54.4%，拉动GDP增长5.3个百分点。深化“互联网+政务服务”。7075项网上可办事项实现“一次上网，事就办成”，全省公安“放管服”改革现场会在亳召开，搭建企业联办服务平台实现企业快速开办做法被国务院第六次大督察作为典型经验通报表扬。

打好脱贫攻坚战。创新设置扶贫小组长，所辖县区全部脱贫摘帽，在省脱贫攻坚工作成效考核中连续三年获得“好”等次。实施乡村振兴战略。推进土地增减挂钩，组卷766.67公顷，上报各类建设用地74批次1333.33公顷。提高农村集体经济收入，全市农村集体产权制度改革1296个村。

推进机构改革。市本级设置党政机构47个，全市调整理顺部门间职能104个，推动44个事业单位完成机构和职能调整。

亳州市经济和行政体制改革专项小组承担改革任务25项，涉及任务牵头单位14家。市经济和信息化局出台《关于大力促进民营经济发展实施意见》。市数据资源局完成持续推进数据资源整合年度任务，完善政务信息资源数据中心建设，汇集76家单位2202类44.79亿条数据。市委机构编制委员会办公室完成市机构改革任务深化权责清单制度建设和深化承担行政职能事业单位改革等任务，印发涉改部门“三定”方案或职责机构编制调整事项文件和印发调整有关事业单位行政职能、名称等相关文件。市司法局出台《亳州市全面推行行政执法公示制度执法全过程记录制度重大执法决定法治审核制度实施方案》。市人力资源和社会保障局配合市国资委出台改革国有企业工资决定机制实施意见。市农业农村局完成推进农村集体产权制度改革和“三变”改革年度任务，全市农村集体资产清产核资数据全部统一纳入全国平台管理，农村集体产权制度改革完成1296个村，完成“三变”改革860个村；完成建立新型职业农民制度，培育新型农业经营主体，推进多种形式适度规模经营年度任务。出台《亳州市2019年新型职业农民培训实施方案》，完成培训5574人，新增省级农民合作社示范社14家，新增省级示范家庭农场21家，适度经营面积30.07万公顷。市委组织部完成加强农村基层党组织领导、扶植壮大村级集体经济年度任务，完成各县、区村级集体经济发展专项规划编制，建立村级集体经济项目库10类801个，筛选村级集体经济发展典型案例32个，《多元发展，做大集体经济“蛋糕”》入选省《集体经济案例选》，为全省唯一市级层面的案例。市市场监管局完成推行市场主体简易注销改革，办理简易注销3282件；完成修订《亳州市涉企信息归集资源目录（2019版）》，依托安徽事中事后监管平台，率先取得企业信用信息查询接口，并完成企业信用分类工作，标注为警示、失信及严重失信企业共计14979户，将6365家完成整改企业移出经营异常名录。限制失信自然人担任企业管理人员258人次。市住房城乡建设局完成推进工程建设项目审批制度改革年度任务，将工程建设项目审批时限缩短至90个工作日内，工程建设项目审批管理系统上线运营。市财政局完成推进相关领域财政事权和支出责任划分改革，印发《医疗卫生领域财政事权和支出责任划分改革实施细则》；完成推进市直机关单位经营性国有资产统一监管试点年度任务，将规划设计院和施工图审查中心纳入城建集团统一监管。市发展改革委完成推进军民融合体制机制建设年度任务，设立亳州市委军民融合发展委员会，印发《亳州市委军民融合发展委员会工作规则》和《亳州市委军民融合发展委员会办公室工作规则》。亳州军分区完成深化国防动员体制机制改革，调整国防动员委员会成员，组织国防动员演练，修订国防动员基本案、配套案等。市药业发展促进局完成制定《世界中医药之都（安徽亳州）建设发展规划（2019－2030年）（讨论稿）》，报省政府；《世界中医药之都（安徽亳州）建设发展规划（2019－2030年）环境影响篇章》和《市生态环境局关于世界中医药之都（安徽亳州）建设发展规划（2019－2030年）环境影响篇章审查意见》报省政府，待省政府常务会研究。

【民主法治领域改革】2019年，亳州市完善立法协调机制。内务司法工作委员会更名为监察和司法工作委员会，表决通过《亳州市城市市容和环境卫生管理条例》。首推政协委员社区联络室。建设73个政协委员社区联络室，6013人次进驻联络室，收集729条社情民意信息，转成122条提案，为社区群众办了583件好事实事。探索建立协商议政质量评价体系。印发《建言资政质量的评价标准和评价办法》，共收到提案542件、立案446件，首次探索实行提案并案处理52件，评议为“良好”以上等次444件。

图43 2019年12月，亳州市农村敬老院集成改革被评为“2019中国改革年度优秀案例”

（市民政局 供图）

【文化体制改革】2019年，亳州市加强新时代文明实践中心建设。完善新时代文明实践中心、所、站三级组织架构，建设4个县(区)文明实践中心、96个实践所、1344个实践站，志愿服务8400场次。

加强县级融媒体中心建设。通过组织机构、生产流程、体制机制、人才资源等方面深度融合，成立3个县级融媒体中心，拨付专项资金164万元。

推进应急广播体系建设。在利辛县试点，建成以1个县级平台、23个乡镇分控平台、4332个村级终端、喇叭9000余只为主体的应急广播系统，其他县区平稳推进，全市村村通铺设喇叭3万余只。

【社会治理体制改革】2019年，亳州市以"最多访一次"为目标，建设标准化信访窗口，全省信访系统人民满意窗口暨"三无"县乡村建设现场推进会在亳州市召开。

建设实现精准打防的智能化社会治理体系。建立"1+8+12"方案体系，深化视频数据平台应用，新建、接入高清摄像机70682台，平均在线率95%以上。

创新民宗网格化管理。全面实施乡、村、自然村宗教工作网格化管理，配备88名统战委员、96名民宗干事、1348名民宗联络员。

深化矛盾纠纷多元化解机制建设。研发矛盾纠纷多元化解网络平台，实现矛盾纠纷网上流转，诉调对接网上运行；建立2个矛盾纠纷调处中心，聘请特调组织128个、调解员2099名。

【社会事业改革】2019年，亳州市推进农村敬老院医护养改革。整合卫生院、敬老院资源，将医疗融入养老，实现敬老院里看病、卫生院里养老"医养结合、两院合一"，全市132家敬老院进行清产核资和人财物托管，农村敬老院改革入围"2019中国改革年度优秀案例"。

实现医改扎实落地。列入医保支付方式国家改革试点，蒙城县、涡阳县被列入县域紧密型医共体改革试点，城乡居民基本医保和城镇职工医保实施按病种付费。

深化教育事业改革。中小学幼儿园教师无校籍管理交流轮岗3365人，持续推进智慧学校建设，新投入使用公办中小学15所、幼儿园68所（含附属园33所）。

【生态文明改革】2019年，亳州市创新设置乡镇生态环保站。做好机构改革后半篇文章，设立环保工作站88个，落实人员编制821个，解决基层环保"平时无人问，忙时全上阵"难题。

推深做实河长制林长制改革。河长制从"有名"向"有实"转变，对3000余名县、乡、村三级河长履职尽责情况进行排查，解决问题195件。完成人工造林6266.67公顷，建设森林生态廊道110千米。

建设环境空气质量智能管控系统。建成"智慧亳州——大气环境管理平台"和"车载大气传感监测系统"，推进大气污染防治实施智能化管控和精准治污。

【党的建设制度改革】2019年，亳州市推进公检法重要岗位交流轮岗工作。适应扫黑除恶新时代要求，确定公检法重要岗位已交流轮岗185人。

创新开展了"一月一课一片一实践"。推动党内政治生活经常化、规范化开展，创新开展"一月一课一片一实践"，拍摄27部警示教育片，13万名党员登台授课，数十万人次党员观看警示教育片。不断丰富组织建设内涵。分两批命名挂牌"五星基层党组织"191个、"五星远教站点"88个。设立51个非公有制企业党建工作指导站，全市新派驻475名党建工作指导员。配强中小学校党务工作者3598人，有党员的1668所中小学校全部组建党组织。

【纪检监察体制改革】2019年，亳州市深化乡镇纪检监察工作协作区。利用过去闲置的"七站八所"，推动建立21个乡镇纪检监察工作协作区，实现乡镇(街道)全覆盖。11月，中央政治局常委、中纪委书记赵乐际专程到亳州调研并给予肯定。持续强化政治巡察。探索出台《亳州市加强领导班子和领导干部政治建设监督检查参考指标》，围绕"四个落实"，设定20项分类指标、133个检查要点和170个常见问题，增强政治建设的针对性、实效性。

（卢　健　卢仁浩）

经济管理

图 15　“美丽亳州”系列图片——北部新城美景　　（张延林　摄）

审　计

【概况】2019年，亳州市审计局本级（以下简称“市本级”）共完成审计项目239个，其中政府投资审计项目167个，审计核减政府投资工程价款1.45亿元。市本级审计查出主要问题金额742741万元。其中：违规金额556万元、损失浪费金额617万元、管理不规范金额741568万元，提交审计报告239篇，提出审计建议700余条，向纪检监察机关和有关部门移送案件线索12起。

建立整改问题清单，对账销号，提升审计整改成效和审计成果运用水平。市本级对2013年之后审计发现的各类问题进行梳理，审计发现问题共计1452个，完成审计整改1425个，整改率达98.14%，审计整改成效明显。

【政策跟踪审计】 2019年，市本级完成政策跟踪审计4次，抽查25个单位，涉及财政资金19.13亿元，审计发现问题16个，全部完成整改，提出审计建议9条，促进重大政策落实4项。

【扶贫专项审计】2019年，市本级完成对利辛县2018年度扶贫审计与“一卡通”惠农补贴资金审计，审计共发现4大类14个问题全部整改到位，惠农补贴资金审计发现闲置资金115万元上缴国库，审计移送纪委监委案件线索1起。

市本级完成对涡阳县、蒙城县、谯城区2017至2018年度产业扶贫专项审计调查项目4个，审计发现6大类15个问题全部整改到位。市本级开展扶贫跟踪审计4次，审计共发现6大类53个问题，全部整改到位。

【财政审计】2019年，市本级完成2018年度财政预算执行和其他财政财务收支审计、市直部门公务支出和公款消费审计、市公交公司2018年度盈亏情况审计。其中：市本级2018年度预算执行和其他财政财务收支审计揭示了预算编制管理、预算收入管理、预算支出管理等方面的问题。审计查出主要问题金额615718万元，维护了财政资金的安全，推动财政资金管理更加规范。

【经济责任审计】2019年，市本级共完成经济责任审计项目24个，审计查出违规金额390万元，损失浪费金额617万元，管理不规范金额39502万元，向纪检监察机关和有关部门移送案件线索7起，出具审计报告47篇，提出审计建议84条。对领导干部进行经济责任审计旨在提高领导干部履职尽责能力，强化领导干部守法守纪守规尽责、廉洁用权意识。

【政府投资审计】2019年，市本级完成政府投资建设项目审计167个，涉及项目资金23.49亿元，审减工程价款1.45亿元，审减率6.19%；实施政府投资重大跟踪审计项目21个，涉及合同金额近110亿元，规范支付工程进度款近1120万元，提出审计建议260余条。政府投资审计，旨在规范政府投资行为，节约政府投资建设资金，提高政府投资效益，预防建设领域腐败，促进经济社会持续健康发展。

（代鹏山）

统　计

【概况】2019年，亳州市统计局编发《亳州市2018年国民经济和社会发展统计公报》《2018年〈亳州市儿童发展纲要〉统计监测报告》《2018年〈亳州市妇女发展纲要（2011—2020年）〉统计监测报告》，编辑《亳州统计年鉴（2019）》《亳州市统计局2018年下半年及2019年上半年优秀统计分析汇编》，发布反映全市国民经济和社会发展情况的统计数据，起草《关于2019年政府目标管理绩效考核工作的通知》。

组织2019年度统计执法证考试工作，全市申请执法证考试人员10人，通过5人。制定《亳州市统计造假专项整治工作方案》，成立亳州市统计局统计造假专项整治工作领导小组，列出30项统计造假专项整治问题清单、责任清单和进度安排，对需要整治的问题、采取的措施以及责任部门进行任务分解。围绕工业、投资、商贸、服务业等重点领域，开展执法巡查3次，开展执法“双随机”抽查1次，共检查单位128家，其中省局移交案件10家，发现问题企业7家，立案2家。对存在的基层基础工作薄弱、培训不到位、提供不完整统计数据等问题及时进行整改。开展“送法进商户”“两会”代表赠阅读本、桃花节普法、送法到企业、“江淮普法行”系列活动、“9•20”中国统计开放日、“12•4”宪法日、“12•8”统计法颁布纪念日等活动，加强统计法治宣传教育，受教群众3500余人次。

制定亳州市统计基层基础规范化建设检查方案，召开规范化建设会议及工作推进会议，学习借鉴先进地区好经验好做法，完善基层统计相关制度。制定部门统计综合报表制度，规范部门统计规范化建设标准，将部门统计纳入市直单位效能考核。明确乡、村两级首席统计员，完善首席统计员和助理统计员聘任制度，做好人员调整变动和业务交接手续。联合市委组织部举办全市统计法治与实务培训班，市、县、乡三级统计人员、乡镇（街道）分管负责人及部门人员共350人参加培训。

收集、整理、梳理市直各部门上报的省对市考核指标完成情况的报告，提请市政府印发《亳州市人民政府关于2018年政府目标管理绩效考核工作完成情况的报告》。做好省对市考核现场考核所需材料的收集、整理、完善等工作。对照考核细则及评分标准，依据省直各部门反馈的位次情况，测算出市直各部门省对市考核争先进位考核得分，并按程序上报给市效能办。草拟《亳州市人民政府关于2019年政府目标管理绩效考核的通知》，并提请市政府印发。落实市对县区政府目标管理考核季度考核机制，分季通报县区经济运行季度考核得分。收集整理汇总市直部门对县区政府打分。依据市对县政府目标管理考核办法，测算2018年各县区政府目标管理考核得分。各县区考核得分提请市政府常务会议研究通过后，以市政府名义下发2018年县区政府目标管理考核通报。

图44　2019年9月5日，国家统计局亳州调查队开展消价数据质量检查
（刘家初　供图）

国家统计局亳州调查队完成国家统计局布置的居民收支调查、居民消费价格调查、工业生产价格调查等统计调查任务和有关地方统计调查任务。

同年，市统计局编发统计分析报告等41余篇、快报37篇，专报1篇、公报3篇，被市政府领导批示15篇。上报“两办”信息202条，被采用107条。向省局内网上报信息140篇，其中一级栏目采用62篇。在2019年度全省“经普杯”统计分析大赛中，获二等奖1个、三等奖3个。亳州市统计局副局长王仲成、四级调研员修志两人获“亳州市优秀选派帮扶干部”称号。国家统计局亳州调查队撰写经济信息130条、政务信息232条、调查分析报告71篇，印发60期《亳州调查》，向市“两办”报送信息共计134条。

（段晨旭　刘家初　邢良海）

【2018年亳州市经济运行情况新闻发布】2019年1月24日，亳州市统计局发布《2018年亳州市经济运行情况新闻发布稿》，向社会公众、新闻媒体通报2018年全市经济运行情况。2018年，全市生产总值1277.2亿元，可比价增长10.1%，其中，第一产业增加值210.4亿元，增长3.8%；第二产业增加值496.8亿元，增长11%；第三产业增加值570亿元，增长12.1%。一、二、三次产业比例为16.5∶38.9∶44.6。在23项主要经济指标中，全市多数指标增速进入全省第一方阵，其中13项指标增速居全省前三位，7项指标增速居全省第一位。并被人民网“安徽频道”、亳州《新闻联播》、“药都时空”“我家亳州”“掌

上亳州”“亳州统计”微博、“亳州发布”等媒体、媒介转载。

【社情民意调查】2019年，亳州市开展县区目标管理绩效考核群众满意度调查工作（第三轮），完成有效调查问卷2425份；完成2018年度县区领导班子综合考核第三方评价工作；开展2018年度县区领导班子综合考核群众满意度电话调查工作，完成有效调查问卷2400份；完成城区电动三轮车和电动四轮车专项治理工作群众满意度电话调查；完成2019年度县区政府目标管理绩效考核群众满意度调查（摸底）。为市委、市政府科学决策、开展工作，提供有效样本分析。

（段辰旭）

【居民收支调查】2019年开展城乡住户调查工作，通过“每月一个质量周，每季一次大检查”的方式，开展数据质量检查，共检查调查户391户。实施三级考核制度，开展县区、辅调员和调查户考核工作，层层管控，逐级夯实双基工作质量。开展业务培训工作，召开市、县队（局）现场交流及培训等会议3次，各县区召开住户业务培训会议在6次以上。推进全市电子记账，全市65个调查点，电子记账户已达513户，占总账户数的78.9%。

同年，亳州市常住居民人均可支配收入20756元，同比增长10.5%，分别位居全省第14位和第四位。城镇常住居民人均可支配收入32409元，同比增长9.1%，分别位居全省第15位和第十位。农村常住居民人均可支配收入14102元，同比增长10.6%，分别位居全省第12位和第三位。

【居民消费价格调查】2019年，新制定《亳州队采价员考核管理办法》《亳州队消价科争先进位计划》，每季度进行调度，找差补缺。每月5号前召开一次采价例会，全年开展12次例会，4次专题培训。按照“三定一直”采价原则，定点、定时、定人，直接采价。

同年，亳州市居民消费价格总指数较上年增长2.7%，其中食品类增长9.1%；衣着类增长2.9%；其他用品和服务类增长2.4%；娱乐教育文化用品及服务类增长2%；医疗保健和个人用品类增长1.9%；商品零售价格总指数增长1.7%。

【工业生产价格调查】2019年，结合亳州市统计局的规上企业名录库对关停并转和基础工作薄弱、配合度不高的调查企业予以调换，协助总队增补其他地区缺失规格品的企业。在每月报表完成后，对支柱性行业和敏感性规格品的价格监控，特别是医药制造业、农副食品加工业和酒、饮料和精制茶制造业和生猪的价格走势。结合数据质量大检查，对企业走访和检查，督促企业按质按量完成相关报表，并建立相关台账。全年共走访企业48家次。对联网直报数据采取“即报即审”和“直审直验”，每月完成对全部企业数据验收，上报率、直验率、验收率均达到100%。

同年，亳州市工业生产者出厂价格环比上涨1.0%，同比上涨1.6%，1—12月平均上涨2.9%。工业生产者购进价格环比上涨0.2%，同比上涨1.8%，1—12月平均上涨3.0%。

（刘家初　邢良海）

公共资源交易监督管理

【概况】2019年，亳州市完成公共资源交易项目61053个，成交金额393.85亿元，节约（增值）31.27亿元。其中：工程建设项目1205个，预算金额155.77亿元，中标金额139.47亿元，节约16.3亿元；政府采购项目1543个，预算金额29.6亿元，成交金额26.45亿元，节约3.15亿元；国有土地使用权出让项目274个，起始金额180.85亿元，成交金额192.2亿元，增值11.36亿元；国有产权交易项目474个，起始金额1.04亿元，成交金额1.17亿元，增值1282万元；PPP项目2个，成交金额26.53亿元；其他项目（土地增减挂）1个，成交金额4亿元；网上商城交易57554笔，成交金额4.02亿元。

开展公共资源交易法律法规宣传2次，发放宣传资料2800余份；针对市直各单位、代理公司、全市公共资源交易监督管理系统从业人员及供应商、评标评审专家，共开展公共资源交易业务培训5次，培训500余人次；将公共资源交易法律法规纳入市委党校第33期中青年干部培训班课程。

启动招标文件范本修订工作，修订工程建设招标文件范本

图 45　2019 年，市公共资源交易监督管理局被评为“2019 年度全国公共资源交易优秀监督机构”　（侯　祥　摄）

33 个，政府采购文件范本 12 个，产权交易文件范本 5 个，征求市直 20 家单位及三县一区意见，召开讨论会，修改完善，基本完成招标文件范本修订工作。实现公共资源交易服务平台、交易平台、监管平台分离；成功开发公共资源交易手机 App；建成公共资源交易项目电子档案系统并上线运行；农村产权纳入平台交易。

同年，《公共采购》杂志社、公共资源交易网在全国范围内评选 8 家公共资源交易优秀监管机构，亳州市公管局入选；在《公共采购》杂志社、公共资源交易网开展的 2019 年度全国公共资源交易科技成果大赛评比中，药都电子商城获三等奖。亳州市公共资源交易监督管理局在全省获“2019 年度招标信息公开阳光运行榜样单位”称号。

【公共资源交易三大平台分离】2019 年，亳州市按照《电子招标投标办法》等规定要求，制定亳州市公共资源交易服务平台、交易平台、监管平台分离的建设方案，投入资金 91 万元，完成软件开发并上线运行。进一步强化服务系统与省公共资源交易监管平台系统的互联互通，为在线实施交易监督提供支撑和保障，利于持续开放对接各类主体依法建设的电子交易系统，为各方交易主体提供更加多样和精准的技术服务。

【公共资源交易手机 App 成功开发】2019 年，亳州市坚持“互联网 + 招标采购”思维导向，落实“放管服”改革要求，从完善平台功能、提高服务质量的角度出发，投入资金 35 万元，开发公共资源交易手机 App，将电脑上的应用功能移植到手机终端上，业务处理更加高效便捷，尤其是对于突发、应急事件的处置更为及时、迅速。

【公共资源交易电子档案系统建设】2019 年，亳州市投入资金 45 万元，建设公共资源交易项目的电子档案系统，已上线运行。该系统根据国家档案局《电子档案管理系统基本功能规定》等要求进行开发，能够实现招投标档案的快速入档、对相关项目信息、档案信息进行在线阅览等功能，有利于数据的汇总分析，便于档案资料的保管，减少档案整理人力劳动投入和差错失误的产生，提高工作效率。

【农村产权纳入平台交易】2019 年，亳州市制定《亳州市农村产权纳入平台交易的实施方案》，规定农村产权纳入平台交易的基本原则、交易范围、交易程序等，明确各有关部门间的职责分工和平台建设要求，利于促进农村资源和资产的保值增值，保障农村产权交易的有序运行。同时，在亳州市公共资源交易网站上增设农村产权交易栏目，及时发布交易信息。

【药都电子商城服务】2019 年，亳州市在药都电子商城（政采）货物采购功能的基础上，进一步拓宽网上商城应用功能，将小额工程和中介服务纳入网上商城进行采购，400 万元以下工程建设项目、100 万元以下的中介服务项目，网上商城有适用类别的，均可通过网上商城竞价选择实施单位，节省招标采购时间 85% 以上，且节约采购成本。货物类涵盖体育设备、办公用品等 130 万种商品，小额工程涵盖建筑、绿化、交通等 7 个类别，中介服务涵盖勘察、设计、测绘等 21 个类别，经过三次供应商征集，共有 1075 家企业入驻网上商城，其中包括苏宁易购、晨光、史泰博等 7 家电商。

完善系统功能，优化服务流程。简化 10 万元以下中介服务项目和 30 万元以下工程建设项目需要提供的资料，5 万元以下工程建设项目可由采购人自行确定施工单位;10 万元以下中介服务项目和 5 万～ 30 万元的小额工程项目，可由采购人自行发布公告，不需审核。同时，对于服务项目，给予采购人自主设定竞价时间 1 ～ 3 天的权限。

《公共采购》杂志社、公共资源交易网发布的《2019 年 1—4 月份全国政府采购电子商城交易数据报告》显示，亳州市药都电子商城交易量在全国 42 家政府网上商城中，位列第 12 名。

【公共资源交易领域扫黑除恶】2019 年，亳州市公共资源交易系统成立招投标领域问题整改推进组，制定《关于开展亳州市公共资源监管系统招投标领域扫黑除恶问题线索大排查、大起底和专项整治实施方案》《亳州市公共资源交易领域扫黑除恶专项整治实施方案》，广泛开展宣传发动，部署开展大起底大排查活动，利用有关软件公司开展大数据预警分析，与市公安局建立协调联动机制，全面摸排公共资源交易领域的黑恶势力线索。全市公共资源交易系统共摸排涉黑涉恶线索 22 条，其中：房屋与市政工程领域 16 条，交通运输领域 4 条，政府采购领域 2 条。22 条线索中，移交公安部门 7 条，移交扫黑办 13 条，移交纪检 2 条。

【涡阳县公共资源交易中心投入使用】2019 年 8 月 15 日，亳州市公共资源交易中心涡阳县分中心投入使用。涡阳县分中心新场地建设对标全省先进地市经验，设施设备投入资金 1100 万元（其中信息化建设投入资金约 1000 万元），建筑面积 7500 平方米。设有开、评标室各 6 个，专家论证室 1 个，评委休息室 7 个，贵宾接待室 1 个。涡阳县分中心建设水平处于华东地区县级公共资源交易中心前列。

（陈　冰）

市场监督管理

【概况】2019 年 2 月 1 日，亳州市市场监督管理局（以下简称“市市场监管局”）挂牌成立。根据《亳州市机构改革方案》，将市食品药品监督管理局、市工商行政管理局、市质量技术监督局的职责，以及市发展和改革委员会的价格监督检查职责，市知识产权局的相关行政职能等整合，组建市市场监督管理局，作为市政府工作部门，挂市知识产权局牌子。

价格监督检查。加强市场价格监管，维护正常的价格秩序。加强事前引导、规范，多次召开价格提醒告诫会，宣传价格法律、法规，提醒经营者加强行业自律、规范经营。加强市场巡查和检查，元旦、春节等假日期间，采取市、区联动、划片包干的方式，全方位、多层次地加强市场价格行为监管，关注粮油、肉、蛋、奶、蔬菜等群众生活必需品价格变动情况，及时查处、纠正不规范的价格行为。受理、查处价格违法案件，受理各类价格举报件 974 件，其中价格政策咨询 827 件，行风热线 4 件，市长热线 109 件，电话举报 24 件，来访 1 件，其他 8 件，均按照规定的程序和时限办结，满意率 100%。2019 年 10 月根据消费者举报，查处亳州金瑞宏泰百货有限公司虚构原价促销案件。清理规范收费行为，对市人民医院、蒙城县中医院进行专项检查，全面清理计费系统、规范收费项目名称、确保收费标准调整到位、收费公示准确全面。建立各科室物价员联系制度，通过多次抽查、对照整改，共核对收费项目 4845 项，更正

图 46　2019 年 9 月 30 日，亳州市举办《中华人民共和国药品管理法》宣传贯彻培训会议
（张凌涛　摄）

315项，制作科室收费公示牌14个。开展涉企收费专项检查工作，按照“清理与规范相结合、清理与查处相结合、清理与减负相结合”的要求，分成5个检查组同时对涉企收费单位进行检查。共检查30家收费单位、35家行业协会和商会，在各收费点及收费单位网站公示收费项目359项，做到收费项目名称、标准、依据明确、规范。

专利管理。全市申请发明专利1779件，获授权发明专利501件。截至2019年年底，全市拥有有效发明专利1602件，每万人口发明专利拥有量3.06件，增幅为27.5%，增幅居全省第五位。亳州市新健康科技有限公司、亳药千草国药股份公司等2家企业获得第六届安徽省专利奖。2019年共办结专利资助、专利奖励申报事项1818件，兑现专利资助和专利项目奖补资金1120万元。26家企业开展专利权质押融资业务，质押金额21789万元。

工商行政管理。全市注册商标总量43376件，居全省第五位。新增驰名商标3件，培育申报驰名商标6件，全市拥有驰名商标13件。办理商标权质押贷款17件，助企融资33640万元。推进反垄断和反不正当竞争执法，加大对食品、医疗、装潢装饰、学生教育、房地产、白酒生产销售等行业存在虚假宣传、虚假标注、有奖销售等不正当竞争行为的打击力度。开展打击侵犯知识产权和制售假冒伪劣商品专项行动。组织开展以消费者个人信息保护为重点的专项执法行动。联合11部门开展“百日保健市场”乱象专项整治行动。严查传销违法行为，打造平安亳州。开展“网剑”专项行动。专项治理互联网广告。开展侵害消费者权益行为专项执法行动。受理咨询、申诉、举报共计15000余件，做到了件件有回音，事事有着落。推进“12315”的“五进”规范化建设工作，已建立五进消费维权服务站253个，其中商场20个，超市129个，市场15个，企业73个，景区5个。全市已建立消费者协会分会51个，“12315”联络站和消费者投诉站1208个，基本实现“一会两站”组织网络全覆盖。开展放心消费创建工作，市级放心消费示范企业（店）57家，县级放心消费示范企业（店）439家。

【创优“四最”营商环境】2019年，市市场监管局围绕市场主体“痛点”“难点”“堵点”，聚焦重点领域，开展企业开办、企业注销、知识产权创造保护运用、市场监管等“四个”提升行动，创优“四最”营商环境。全年新增企业23285户，增量居全省第三位。推进“一网、一门、一次”改革，设立市级企业开办“一窗式”综合服务窗口，整合企业开办各环节、各事项，实现“一窗受理、并行办理、统一发照”。与市数据资源管理局联手打造“亳州企业联办服务平台”，企业开办5项基本要素事项实现全流程网上办理，实现“一日办结”。亳州市搭建企业联办服务平台实现企业快速开办作为国务院第六次大督察发现的典型经验，受到国务院表彰。在全市1971个社区（行政村）免费代办网点基础上，与建行、中行、药都农商行合作，3家银行的86个网点均可代办工商登记业务。“企业注销一网服务专区”正式上线，全面公开注销流程、条件时限、材料规范、办事地点等信息，实行税务、商务、海关、人社等相关部门注销业务“信息共享、同步指引”，实现企业注销“一网服务”，全年办理简易注销4980件。取消13类工业产品生产许可管理，发证产品由24类减少为10类。

【搭建企业联办服务平台实现企业快速开办】2019年，亳州市以安徽政务服务网为依托，创新企业开办网上办理模式，搭建亳州市企业联办服务平台。8月23日，企业联办服务平台正式上线，联办平台在企业设立登记、印章刻制、发票申领3个事项基础上，再增加银行开户、社保登记，共五个事项，实现电子营业执照、企业人员信息、身份证以及公章章模等数据互通共享，推进审批结果互认，将群众原来需要重复提交的营业执照、身份证、从业人员信息、经营地址等材料重新整合，推行无纸化网上办理，实现企业开办“一窗受理、一网通办、一次采集、一套材料、一档管理、一日办结”。11月1日，《国务院办公厅关于对国务院第六次大督察发现的典型经验做法给予表扬的通报》正式下发，亳州市搭建企业联办服务平台实现企业快速开办这一典型经验受到表彰，也是全省唯一受到表彰的地级市。企业联办平台可办理事项增至5个，企业开办实现1日办结。截至2019年年底，企业联办平台办结7200件，免费刻制印章36000枚，为企业节省成本约648万元。

【“双随机、一公开”监管】2019年，市市场监管局梳理“双随机、一公开”的实施范围，全市各部门按照方案时间节点建立完善随机抽查“一单两库”。市县两级“双随机一公开”一单两库基本建立，共建立检查事项清单大类874项，检查事项清单细类2084项，检查对象库1919332户，执法人员库5608人。通过精细制定覆盖所有检查事项的随机抽查事项清单，确保清单之外“零”检查。全市各级执法部门制定每年度的抽查计划，拓展跨部门双随机联合检查范围，开展部门和跨部门双随机检查工作。明确31个市级双随机、联合抽查部门。拓展跨部门双随机联合检查范围，共发起联合抽查任务32个，接收任务56个，检查4509家企业，检查结果已通过国家企业信用信息公示系统进行公示。失信企业联合惩戒机制作用日显。全市被列入经营异常名录的市场主体均通过企业信用信息公示系统向社会公示。对被列入经营异常名录的企业在银行贷款、政府采购、工程招投标、国有土地出让、授予荣誉称号等工作中，依法予以限制或者禁入。建立覆盖全国的失信企业名单库，并在市场准入环节对相关失信自然人担任企业法定代表人、负责人、董事、监事及高管职务进行严格限制。通过事中事后监管平台实行联合惩戒，全市共列入异常名录企业24139家，列入严重失信违法企业3962家，建立信用修复机制，将6365家完成整改企业移出经营异常名录。严格落实联合惩戒目录。失信被执行人拦截(警示)人员399人次。

【商标品牌战略实施】2019年，亳州市新增“曹操贡”“浩翔”“店小二”3件驰名商标。全市共有驰名商标13件，即“古井”“古井贡”“高炉家”“药信”“金坛子”“芍花堂”“富亚”“广印堂”“恒盛”“力源”“曹操贡”“浩翔”“店小二”。当年新申报驰名商标7件，即“年份原浆”“华佗”“金皖”“绿呵”“正宇”“金不换”“店小二”。全市注册商标总量43376件，居全省第五位。全市拥有省级专业商标品牌基地5个，即安徽省白酒酿造(亳州谯城区古井镇)专业商标品牌基地、安徽省中药药业(亳州高新技术产业开发区)专业商标品牌基地、安徽省丝网纱门(利辛县)专业商标品牌基地、安徽省肉食加工(蒙城县)专业商标品牌基地、安徽省大豆种植加工(涡阳县)专业商标品牌基地。全市新增马德里国际商标22个，总量118个。

【企业年报公示】截至2019年6月30日，全市内资企业应年报79733户，申报户74976户，申报率94.03%；外资企业应年报140户，申报户139户，申报率99.29.56%；全市个体工商户应年报293037户；已申报283072户，申报率96.60%；农民专业合作社应年报20126户、申报18616户；申报率92.5%。

【“五线合一”】2019年，市市场监管局完成原工商、质监、食药、物价和知识产权投诉热线“五线合一”，实行“一个号码(平台)受理、一套流程处理、一个标准统计、一个窗口对外、一个部门负责”，“12315”平台实现从总局、省局、市局、县区局到基层所五级贯通。

【网剑行动】2019年，市市场监管局与市发改委、市公安局、市商务局、亳州海关、市数据资源局、市邮政管理局联合下发《关于印发亳州市市场监管局2019网络市场监管专项行动(网剑行动)方案的通知》(亳市监办〔2019〕53号)。宣传《电子商务法》等网络交易法律法规，指导电商企业建立健全合同管理、商标使用、广告审查、进销货查验、消费维权等相关制度，引导电商经营者诚信经营、规范经营。同时及时查办网络投诉案件，对于消费者投诉集中的网店，进行重点监督检查，并约谈网店负责人，通过彩页形式向其宣传《电子商务法》等法律法规，督促其合法守法经营。专项整治期间，共巡查网站、网店1357家次，实地检查网站、网店经营者502个次，督促网络交易平台删除违法商品信息40条，责令整改网店9个。 通过网页浏览、关键词搜索等途径，对网络经营主体开展全面巡查，实施动态监管，重点办理商标侵权、虚假宣传、违法广告、假冒仿冒等违法案件，全市共立案查处各类网络违法案件

65件，办结58件，案值16.8万元，罚没款39.35万元。

【“两节”打假】 2019年，市市场监管局开展元旦、春节期间打假专项行动，立案查处各类经济违法案件1406件，结案284件，罚款116.47万元，查扣侵权剑南春、古井、高炉家等3780瓶；查扣果蔬、粮油、水产、禽蛋食品商品4902袋(件)；查扣阿胶糕、鹿龟酒、红牛等保健食品2157件(瓶)；查扣假冒阿迪达、耐克、红蜻蜓等服装皮鞋499件；查扣洗发洗涤用品2397瓶(桶)；查扣电脑、手机、电子秤等商品80个；查扣家具、装饰材料等527件，以及其他制品，合计案值约185.16万元。

质量技术监督管理

【概况】2019年，亳州市构建“党委领导、政府主导、部门联合、企业主责、社会参与”的质量工作机制。首次将质量发展列入市委中心组学习内容，连续2年纳入市委党校主体班教学计划，连续4年举办县处级领导干部质量提升培训班。完善缺陷产品召回工作领导机构，县区均成立缺陷产品工作召回站。开展质量提升行动，推动亳州制造向亳州创造、亳州产品向亳州品牌转变。获安徽省政府质量奖组织1个，市政府质量奖组织9个、市政府质量奖提名奖组织3个。推进质量强市战略，开展质量提升标杆示范、组织示范、人物示范、教育示范和文化示范等“五大示范”，投入质量提升经费5120万元，培训“四上”企业1772家，实施质量提升项目73家，解决企业质量问题158例，开展质量提升行动企业634家，导入卓越绩效模式企业30家，实行全面质量管理企业318家，树立制造业质量标杆企业32家，参加质量提升产业集群数12个，缺陷产品召回数43180件，利辛县通过质量强县创建资料评审，被授予“安徽省质量强县”称号。

对79家工业产品生产许可证获证企业开展全覆盖监督检查，重点是41家食品相关产品企业，市县联动推进建材产品、化肥、食品相关、纺织服装等产品的监督抽查。全市完成食品监督抽检4271批次、合格率98.8%，完成工业产品监督抽检412批次、合格率95.87%。

认证认可与检验检测监管。组织开展资质认定获证检验检测机构的监督检查工作，对食品检验检测、机动车检验、环境检测3个重点领域监督检查全覆盖。立案查处4例，责令限期改正19例。联合市生态环境局、市公安局对市区内的8家机动车排放检验机构进行突击检查，责令限期改正4家。组织开展强制性产品认证、自愿性认证和有机产品认证的监督检查工作，查处强制性认证违法案例2件，有机产品认证违法案例1件。

计量工作。开展市级定量包装商品专项检查，检查定量包装商品净含量和标注是否合格，共抽查定量包装商品300批次，合格率为97%。对全市煤矿生产企业所用各类报警器、测定仪及压力表等强检计量器具共2880台件进行专项监督检查。开展加油机计量专项监督检查，347家加油站的1103台加油机进行了属地备案，指导301家加油站店公开向社会承诺诚信计量。加强民用“三表”管理，联合住房和城乡建设部门把好新建住宅民用“三表”质量关，2305726台民用“三表”已在县区市场监管部门备案。全年检定各类计量器具70841台件。

【标准化工作】2019年，市市场监管局主导制定国家标准2个、省地方标准6个、团体标准6个。申报省级服务标准试点8个、社会管理和公共服务标准化试点6个、农业标准化示范项目2个、标准化良好行业企业创建16家。

【特种设备监管】2019年，市市场监管局实施“一单四制”制度，推动特种设备重大事故隐患排查治理，共检查特种设备生产、经营、使用和检验检测单位1206家次，发现各类特种设备安全隐患390处，发出安全监察指令376份，责令停产停业18家，查封设备116台，立案处罚60件。开展制药企业提取容器及危化品安全生产隐患排查整治，检查132家特种设备企业，发现安全隐患16处，下达特种设备安全监察指令书13份，实施查封1家，对发现的安全隐患全部完成整改。举办特种设备安全监察人员继续教育培训班2期，培训基层特设安全监察人员181人。举办特种设备作业人员培训班8

期，培训特种设备作业人员721人次。开展电梯维保质量专项治理、燃气充装单位专项整治和煤矿特种设备隐患排查工作，对44家电梯维保单位进行现场执法检查，立案查处19家，检查燃气充装单位37家，立案查处8家，排查5家煤矿特种设备67台，发现各类安全隐患7处，全部完成整改。

【亳州市获“市级地方标准”制定权】2019年5月24日，安徽省市场监督管理局下发《关于批准铜陵等7市制定地方标准的通知》，亳州市名列其中。依据2017年11月4日修订、自2018年1月1日起施行的《中华人民共和国标准化法》，省市场监管局经过研究、论证和评估，批准了包括亳州市在内的7个市的地方标准制定权。此次亳州获批的标准制定范围包括：中药材及相关产业、白酒、特色农业及农产品加工、文化旅游、公共设施、社会事业、人文风俗、煤化工及新能源、电子信息、现代服务业、机械制造等领域。“三流企业做产品、二流企业做品牌、一流企业做标准”。亳州市获得市级地方标准制订权限，有利于提高白酒、中药材等特色产业领域地方产品的质量和竞争能力，同时也使标准的制定、修订工作更符合地方实际。

食品药品安全监管

【概况】2019年，市市场监管局强化食品生产、流通、消费各环节安全监管，开展食品生产企业风险分级排查工作，完成920家食品生产企业分级检查任务，分级率100%，对发现问题的146家企业，下达限期整改通知书。4家规模以上食品生产企业初步完成追溯体系建设。确定桶装水、肉制品、白酒、代用茶、糕点为重点品种，亚硝酸盐、食品添加剂、兽药残留、重金属为重点项目，对68家食品生产企业开展飞行检查，责令整改22家。对全市46家大桶水生产企业全覆盖检查，责令停产7家，抽检样品7个批次，全部合格。推进餐饮质量提升工程，开展校园及周边食品安全整治、养老服务机构食堂食品安全专项整治、餐饮服务环节食品安全风险隐患排查。开展农村集贸市场专项治理行动、农村食品安全专项整治、猪肉市场专项排查行动等食品流通环节系列整治行动，立案查处涉及流通环节食品安全的案件232起，查扣各类食品1121千克，涉案货值17.3万元，移交公安部门食品案件线索4起。全市130处食品检验（快检）室完成食品和食用农产品快速筛查检测43.1万批次，涵盖近400个食品和食用农产品品种，筛查检测合格率为99.1%，对筛查不合格的及时妥善处置。

加强药品药材安全监管，防范化解药品药材领域重大风险。开展中药饮片质量集中整治，对中药饮片企业监督检查全覆盖，收回GMP证书一张。强化对康美中药材市场执法检查，巡查市场交易大厅摊位13000余家次，检查固定门店1300家次，开展综合突击执法检查4次。强化药品监督抽检，共抽检药品药材2340批次、合格率97.6%。开展药品零售企业执业药师“挂证”专项整治，51人主动注销执业药师注册证。开展“药品安全春风行动”，撤销药品经营企业GSP证书1张，严格药品经营企业行政许可、GSP认证，受理零售企业筹建申请167家，变更89家，验收158家。

【网络餐饮服务专项检查】2019年，市市场监管局印制发放《网络交易管理办法》《网络餐饮服务食品安全监督管理办法》等法律法规宣传材料5000余份。专项检查期间，共出动执法人员2872人次，约谈指导网络餐饮服务第三方平台8家，检查入网餐饮服务提供者3647家次，发现违规经营行为45家次，下线30家次，受理网络消费者投诉（举报）共2件。小餐饮备案数量2868户。

【“明厨亮灶”工程】2019年，亳州市共有持证餐饮单位9727家，实施明厨亮灶3617家，完成建设率37%；学校食堂1135家，实施明厨亮灶1135家，完成建设率100%；集体用餐配送单位2家，实施明厨亮灶2家，完成建设率100%；养老机构食堂180家，实施明厨亮灶180家，完成建设率100%；特大型餐馆20家，实施明厨亮灶13家，完成建设率65%。

【安全用药大讲堂】2019年11月1日，市市场监管局在魏武广场组织举办“安全用药宣传月”

启动仪式暨安全用药大讲堂。12家药品经营企业代表上台发起并宣读遵守《中华人民共和国药品管理法》倡议。仪式前，数名老中医以及医务人员为200余名市民义务测量血压、血糖，提供医疗健康咨询。仪式之后，市人民医院药品专业人员开讲安全用药大讲堂，500余名市民参与。

【疫苗储存和运输专项监督检查】2019年6月1日至2019年12月31日，市市场监管局开展疫苗储存和运输专项整治。对市疾控中心开展飞行检查。与疾控中心联合对县区疾控中心和接种点抽查，共检查县区疾控中心4家，接种点18家。从检查情况看，自山东疫苗案、长生疫苗案之后，全市疾控中心、接种点加大硬件投入，市疾控中心统一为县区疾控中心、每个接种点安装了温度监控系统，市疾控中心可以随机监控到每个疾控中心和接种点。

【医疗器械监管】2019年，市市场监管局开展医疗器械“清网”行动、“免费体验”式销售医疗器械专项整治和无菌和植入性等医疗器械监督检查，打击医疗器械非法经营。医疗器械批发企业飞行检查覆盖率50%，检查医疗器械生产企业5家次，医疗器械经营企业、使用单位831家次，限期整改27家，立案查处6家，罚款28.6万元，注销“医疗器械经营许可证”12家、“第二类医疗器械经营备案凭证”29家。印发《2019年严厉打击免费体验式非法经营医疗器械行为专项检查方案》，开展为期7个月的免费体验式医疗器械销售专项整治。严把免费体验式经营医疗器械准入关，要求企业不得擅自异地设立经营地点，不得降低仓库标准，不得在未经许可备案的地点从事经营活动。在市广播电视台发布“免费体验”类医疗器械法规警示语18条，每月播放5天连续播放6个月。在市局网站和微信公众号发出医疗器械法规常识温馨提示15条，印发宣传资料等。对经营此类医疗器械的17家企业进行行政约谈。查处违法违规企业和个人13起，责令改正4起，取缔非法“免费体验”窝点9个，查处1家企业，处罚20万元。

【中药材专业市场监管】2019年，市市场监管局落实市场开办者主体责任，以“经营者准入”“经营者档案管理”“问题商品禁入”“突发事件应急管理”等37项内容为重点，定期对康美(亳州)华佗国际中药城商业有限公司落实主体责任情况开展检查，以列清单的形式督促指导康美公司严格落实市场开办者主体责任。共约谈康美公司负责人4次，下达责令整改通知书2份，督促康美(亳州)华佗国际中药城商业有限公司不断提升市场质量安全管理水平。该公司由质量部工作人员对市场实施划片包干并定期考核，确保每日巡查，及时下架问题商品并进行抽检。规范经营者准入机制，凡进入市场的经营者均首先签订《质量保证承诺书》，明确责任义务。完善实名备案工作，在掌握经营者的身份证、主营品种等信息的基础上，在国内率先实现摊位仓储信息的备案和公示。重新调整经营业态布局，以三七、天麻、贝母、全虫等药材为试点，实施统一区域，集中管理。

(王晓宏)

亳州市“驰名商标”一览表

表3

序号	商标名称	核定商品	注 册 人
1	古井贡	白酒	安徽古井贡酒股份有限公司
2	高炉家	白酒	安徽高炉酒厂
3	古井及图	白酒	安徽古井贡酒股份有限公司
4	药信	中药成药	安徽济人药业有限公司
5	芍花及图	中药成药	亳州市芍花堂药业有限公司
6	金坛子及图	白酒	安徽金口酒业有限公司
7	富亚及图	纱门纱窗	利辛县富亚纱网有限公司
8	广印堂	中药饮片	安徽广印堂中药股份有限公司

续表 3

序号	商标名称	核定商品	注 册 人
9	力源	白酒	华佗国药（安徽）保健酒业有限公司
10	恒盛	肉食品加工	安徽恒盛实业有限责任公司
11	曹操贡	白酒	亳州市板桥酒业有限责任公司
12	浩翔	猪育种	安徽浩翔农牧有限公司
13	店小二	白酒	安徽井中集团店小二酿酒有限公司

亳州市“商标品牌示范企业”一览表

表 4

序号	商标名称	核定商品	注 册 人
1	万礼	肉制品、农副产品、水产品、速冻食品加工与销售	安徽万礼食品有限责任公司
2	唯一佳缘及图	新材料、高分子材料新型纤维及复合材料制备技术	安徽省唯一纺织有限公司
3	凯烁及图	凯烁牌半挂车、自卸车、高空作业车销售	利辛县凯盛汽车有限公司
4	Ds 图	生产精密不锈钢带	安徽达顺不锈钢有限公司
5	德能康及图	面粉生产、销售，粮食购销、储存	安徽德鑫源食品有限公司
6	泓森高科及图	速生植物新品种“泓森槐”的研发	安徽泓森高科林业股份有限公司
7	三义堂及图	中药材饮片	安徽三义堂中药饮片有限公司
8	唐坊	白酒	亳州市唐坊酒业有限公司
9	田牛及图	杀虫剂、混合肥料	安徽田牛生物科技有限责任公司
10	贺林图型	中药材饮片	安徽贺林中药材饮片科技有限公司
11	永刚及图	中药材饮片	亳州市永刚饮片厂有限公司
12	陆野及图	杀虫剂	安徽陆野农化有限责任公司
13	源和堂及图	人用药、药草等	安徽源和堂药业股份有限公司
14	儒商及图	农业肥料	安徽儒商生物科技有限公司
15	农满忆及拼音	掺混肥、水溶肥料	安徽省农满忆农化有限公司
16	恒锐及图	面粉、挂面	安徽省蒙城县恒瑞面粉有限公司
17	蒙力及图	螺纹钢	安徽省蒙城县蒙力高速冷扎有限公司
18	桃园及图	水溶肥	安徽云峰农业发展有限公司
19	农施佳及图	肥料	安徽金辉肥业有限公司
20	盛海堂及图	中药材、中药饮片	安徽盛海堂中药饮片有限公司
21	南氟及图	金属阀门	安徽南氟化工设备有限公司
22	上上	白酒	安徽省上上酒业有限公司
23	骄阳及图	磁性软纱门、纱窗	安徽骄阳软门有限责任公司
24	亳桑	传统滋补营养品	安徽正杞人电子商务有限公司
25	苏子堂及图	中药饮片	安徽广和中药股份有限公司
26	酵密码	酵素饮料	安徽养生天下生物科技有限公司
27	伯希和及拼音	服装、鞋、帽	安徽伯希和户外装备用品有限公司
28	淝河湾	餐饮业	淝河湾餐饮管理有限公司
29	庄子（双图）	白酒	安徽庄子道酒业有限公司
30	漫画树及图	水性金能环保涂料、天然真石漆	安徽漫画树涂料有限公司
31	爱侣	软体家居、客厅家居、办公家具、床垫等加工销售	利辛县爱侣家俱加工有限公司

中药业

图 16 “美丽亳州”系列图片——2019 年 3 月，亳州市中药材专业市场 （张延林 摄）

亳州市现代中药产业发展

【概况】2019年，亳州市推动中药材种植、饮片加工、成药制造、物流贸易、保健医疗、科教研发等产业链环节发展壮大，中医药产业核心竞争力、品牌影响力提升。

全市中药种植面积稳定在8万公顷左右，达80266.67公顷，标准化种植2.4万公顷。其中谯城区种植面积55066.67公顷，约占种植面积的68.6%，涡阳、蒙城、利辛种植面积分别为9733.33公顷、8400公顷、7066.67公顷。全市规模化种植个数合计401个，中药材种植总产值约36.5亿元。

全市共有GMP认证企业187家。160家规上医药制造企业产值共计329.5亿元，增速7.5%，就企业个体统计，160家规上医药制造企业共有102家产值同比增长，其中增速50%以上企业21家，增速20%～50%企业27家，增速0～20%企业27家。58家规上医药制造企业产值同比下降，其中降速50%以上企业12家，降速20%～50%企业17家，降速0%～20%企业29家。

全市160家规上医药制造企业完成税收6.11亿元，同比下降23.5%。就企业个体统计，160家规上医药制造企业共有110家税收同比下降，其中降速50%以上的企业31家，降速20%～50%企业40家，降速0%～20%企业40家。50家规上医药制造企业税收同比增长，其中增速50%以上企业16家，增速20%～50%企业12家，增速0%～20%企业22家。

药业流通企业线上线下中药材交易额预计约782.9亿元，线下市场约411.5亿元，其中亳州市中药材专业市场400亿元，亳州市中药材商品交易中心11.5亿元。电商线上交易及促成线下交易总额约371.4亿元，其中药通网线上交易0.6亿元，促成线下交易200亿元，药博商城线上交易0.8亿元，促成线下交易约170亿元。

【中药材初加工产业化】2019年，亳州市制定“中药材初加工企业环境标准”，对厂区、废水、固废物、燃料等提出严格的要求，对中药材初加工企业制定工作细则、现场管理标准、上报加工量结算标准、车辆运输标准以及车辆行走路线，统一布置，要求企业按照标准组织生产，按照程序组织上报，污水治理不达标不生产。设定专项督察员，督办、协调和处理在加工中出现的问题。保和堂集团、盛海堂饮片公司、孟氏药业的供气问题，豪门饮片公司污水处理问题得到解决。媒体向全市药农宣传中药材集中初加工、趁鲜加工的益处和个体不按照中药材属性的标准加工出的中药材其药材含量很难达到标准的弊端。推进有条件的企业定点加工、重点乡镇建设初加工点，基本实现重点品种白芍等集中规范化初加工，改善种植户“小作坊”初加工带来的中药材质量难以管控，环境污染严重等问题。引进企业汉广集团，与亳州开展合作，共建中药材初加工产业园。

【支持仿制药研发】2019年，亳州市促进仿制药项目。仿制药一致性评价品种谯城区和亳州高新技术产业开发区企业分别申报83个、213个，谯城区和亳州高新技术产业开发区分别扶持品种55个、76个，与企业签订仿制药一致性评价框架合作协议，并签订“借转补”合同，谯城区拨付30个品种首批扶持资金，亳州高新技术产业开发区拨付9个品种首批扶持资金。

【中药配方颗粒试点】2019年，亳州市华佗国药、济人药业等5家中药配方颗粒试点企业完成1602个品种标准制定。12月3日，省卫健委、省中医药管理局复函安徽济人药业有限公司《关于同意药信中药配方颗粒在省内二级以上医疗机构开展临床科研使用试点的批复》（皖卫复〔2019〕96号），济人药业476个品种进入第一批医保支付范围的中药配方颗粒品种目录，在省内218家二级以上医疗机构开展临床科研使用试点。年底，济人药业拟报备520个品种，协和成药业236个品种获批备案。

【破壁饮片研究】2019年，亳州市9家企业完成27种中药破壁饮片研究及企业标准制定工作，5家破壁饮片企业制定的10个品种质量标准（不重复品种4个）通过安徽省食品药品检验研究院复核，并通过现场抽检合格，安徽省药品监督管理局同意企业继续开展研究。

【《世界中医药之都(安徽亳州)建设发展规划(2020-2030年)》编制完成】2019年,《世界中医药之都(安徽亳州)建设发展规划(2020－2030年)》(以下简称《规划》)编制完成,12月13日,经省政府第78次常务会议审议原则通过。

规划分使命与现实、战略与目标、功能与布局、产业与重点、支撑与服务、工程与项目、组织与实施七大板块、约12万字。

《规划》制定3个发展阶段。即2020年是研究谋划阶段,中药产业、中医医疗、中医药文化旅游三大体系基本建立;2021－2025年是潜能释放阶段,全面启动一批重大项目建设,构建行之有效的行业标准、质量追溯、诚信体系;2026－2030年是优势展现阶段,推进中医药标准化与国际化进程,建设中医药海外文化和产业中心,中医药医疗、保健、科研、教育、产业、文化各领域全面协调发展,"世界中医药之都"初具国际影响力。

《规划》明确了"54321"的战略定位。即坚持创新驱动、产业融合、开放合作、质量提升、品牌带动"五大战略",加快建设全球中医药贸易、中医药产品制造、中医药健康服务、中医药文化传承"四大中心",强化中医药文化、资源、市场"三大优势",彰显天下道源、华佗故里"两大名片",力争早日把亳州市建设成一个产业规模、创新能力、品牌塑造、文化建设等方面处于世界领先水平,充分体现中医药特点,符合集约化、现代化、国际化发展要求的"世界中医药之都"。

《规划》提出打造"一核一带三中心"。"一核"指中医药产业创新发展核心区,即以亳州市中心城区、安徽亳州高新技术产业开发区、安徽亳州谯城经济开发区、亳州芜湖现代产业园区为主体,打造涵盖中医药产品制造、贸易、文化传承、健康服务、科研教育五大主要板块的中医药产业创新发展核心区。"一带"指沿涡河绿色中药材种植及观光旅游经济带,主要发展以道地中药材为主的中药材种植、养殖、种药繁育等中药农业,融合发展生态观光旅游业;"三中心"指未来中医药产业拓展中心,即涡阳中医药产业副中心、蒙城中医药产业辅中心、利辛中医药产业辅中心,重点承接核心区产业功能外溢,实现亳州中医药产业全面协调与相对均衡发展。

《规划》制定了七大领域21项重点工程。着力实施中药农业、中医药制造业、中医药贸易、中医药健康服务、中医药文化旅游、中医药科技创新、中医药人才建设等7大领域21项综合实力提升的重点工程。

2019年国际(亳州)中医药博览会暨第35届全国(亳州)中药材交易会

【概况】2019年药博会是国际(亳州)中医药博览会暨全国(亳州)中药材交易会发展历程中的重要节点。根据全国清理和规范庆典研讨会论坛活动工作领导小组《关于省部级党政机关、人民团体举办展会清理规范的通知》精神,国际(亳州)中医药博览会暨全国中药材交易会属保留性展会,但政府机关应于5年内退出主办,进行市场化办会。2019是亳州药博会市场化办会的第一年,党政机关退出主办和承办,遵循自愿的原则,经过遴选,确定本届药博会由中国中药协会、亳州中药材商品交易中心有限公司和康美(亳州)华佗国际中药城有限公司主办,中国北京同仁堂(集团)有限责任公司、太安堂集团有限公司、安徽古井集团有限责任公司承办。本届药博会延续初衷,以服务亳州现代中药全产业链发展为出发点,围绕亳州中药产业发展战略规划,以"中医药,让人类更健康"为主题,按照传承、发展、开放、创新的发展理念,安排经贸、文化、学术三大板块10项活动。在充分发挥市场化办会的优势基础上,2019年药博会设计的10大项、15小项活动,结合当前亳州市现代中医药产业发展现状,并与当前中医药产业国际、国内形势和亳州市产业发展方向高度吻合,为亳州现代中药产业蝶变转型提供产学研全面支持,为亳州"世界中医药之都"建设提供强大助力。9月9日13:50,中央广播电视总台新闻频道《新闻直播间》报道2019年药博会开幕式盛况,时长1分10秒左右。

【经贸活动】本届药博会共安排经贸活动4项,分别是:2019年国际(亳州)中医药展、酒类产品展暨制药机械展，2019年中国（亳州）投资环境说明会暨项目签约仪式，2019年国际（亳州）药材药品交易洽谈会和2019年第一届中国（亳州）生物医药创新技术成果转化对接会。本届药博会期间共布设亳州中药材商品交易中心展区和亳州中药材专业市场两个展区，主展区完成招展计划，布设特展200家，其中境外企业40家，辅展区参展企业520家。总计参展企业共760家，折合国际标准展位1122个展位。在2019年中国（亳州）投资环境说明会暨项目签约仪式上，共邀请全国20多个省市及香港特别行政区、德国、澳大利亚的企业400余家，其中上市公司、知名企业83家，现场共签约59个合作项目，总投资514亿元，其中工业项目54个，签约金额379.4亿元，总投资5亿元以上的重大项目有35个，项目涵盖现代中药、生物医药、医疗器械、电子、电气、机械制造等多个产业。在2019年国际（亳州）药材药品交易洽谈会大会上，共签订贸易协议10个，签约金额6.34亿元，其中内贸2.36亿元，外贸5600万美元。在2019年第一届中国（亳州）生物医药创新技术成果转化对接会，对9个海内外创新项目进行路演，百余个创新项目进行现场推介。

【学术活动】本届药博会共安排学术活动7项，分别是：首届全国中医馆医事药事发展高峰论坛，世界中医药大会——中医药产业高端论坛，首届国际（亳州）中药材互联网高峰论坛，2019年中国中药协会中药材市场专委会年会暨全国中药材专业市场联盟成立大会，皖港中医药学术交流暨全国知名中医院院长论坛，中国中医药国际化质量论坛和2019中国白酒健康研究高端论坛。在各类学术活动举办期间，有诺贝尔奖获得者乔治·斯穆特，中国科学院院士陈凯先，国医大师徐经世、李业甫、唐祖宣等大师级行业专家，来自中国医学科学院、国家生物治疗重点实验室、清华大学、复旦大学、四川大学、中国药科大学等高校或科研院所的学者，来自阿里巴巴、京东等国内外知名的互联网企业专家，以及来自全国各地的中医院负责人、中医药企业负责人参会，并围绕各自专业领域演讲，为中医药各产业链发展提供了新的思路。

在世界中医药大会——中医药产业高端论坛上，诺贝尔奖获得者和中国科学院院士等顶尖专家，向与会人员分享当前国内外最前沿的高端中医药学术理论思想。2006年度诺贝尔物理学奖得主乔治·斯穆特教授以《人工智能和医疗诊断》为题作主题报告，并对亳州市中医的智能发展提出建议。中国科学院院士陈凯先作《中医药现代化研究的若干创新发展》主题报告，北京东方灵盾科技有限公司创始人兼董事长、国家级知识产权服务领军人物刘延淮作《大数据在中医药创新中的应用》主题报告。在首届全国中医馆医事药事发展高峰论坛上，来自全国各地的中医药馆、知名药房负责人以及国医大师们围绕“中医馆如何品牌化经营、互联网中医如何开展”等话题展开交流讨论，共同推动全国国医馆、中医药事业的繁荣发展。在首届国际（亳州）中药材互联网高峰论坛上，国家“千人计划”特聘专家蔡维德教授，清华大学、浙江大学专家，以及阿里巴巴、京东和部分国外企业专家围绕新时代中医药发展的机遇与任务、区块链网络与医药供应链管理、电子商务发展现状与趋势、5G时代的中药智能经济等议题开展精彩讨论和眼睛，探索中药材产业链重点环节的发展和未来走向。

【文化活动】本届药博会共安排文化活动4项，分别是：2019年药博会开幕式暨中医药文化展演活动，华佗诞辰1892周年祭祀活动，2019年第四届中国（亳州）国际健身气功博览会暨第十一届华佗五禽戏养生健身节、2019年世界健身气功日中国主会场开幕式和古井贡酒·年份原浆2019“华佗杯”中国（亳州）药膳大赛。从华佗精神的发掘与弘扬到国家级非物质文化遗产五禽戏的传承与创新，从中医药文化的舞台展现到中医食疗文化结晶养生药膳。2019年药博会的文化活动安排尽显中医药文化的厚重与源远流长，同时又充分展现了亳州中医药文化的特色。既有精彩文化展演满足“眼福”，又有精美养生的药膳满足“口福”。特别是在第四届中国（亳州）国际健身气功博览会暨第十一届华佗五禽戏养生健身节交流比赛上，共有包括中国、科特迪瓦、加拿大、马来西亚、日本、芬兰、俄罗斯、韩国、印度、南非等20个国家和地区的近200名健身气功爱好者参加，2019年世界健身气功日中国主会场开幕式期间，全球51个国家同练华佗五禽戏，亳州作为中国主会场，现场举办了万人五禽戏展演。这些活动的举办对推动中医药文化传承，让中医药文化走向世界的步伐不断向前迈进。

【2019年国际（亳州）中医药展、酒类产品展暨制药机械展】2019年9月10日，由中国中药协会、亳州中药材商品交易中心、中国·亳州中药材专业市场（药商协会）主办，中国北京同仁堂（集团）有限责任公司、太安堂集团有限公司、安徽古井集团有限责任公司协办的2019年国际（亳州）中医药展、酒类产品展暨制药机械展，在亳州中药材商品交易中心、中国·亳州中药材专业市场会展中心开展。

展会以“中医药，让人类更健康”为主题，邀请全国1000余家药企参展，其中市外参展企业数量在80%以上，部分境外企业参展。展会依托亳州中药材商品交易中心、中国·亳州中药材专业市场，布设一南一北共2个主展区，布展面积约5万平方米，创历史新高。首次设立境外展区，展示国内外药企在医药健康方面的成果。

【2019年中国（亳州）投资环境说明会暨项目签约仪式】2019年9月9日，2019年中国（亳州）投资环境说明会暨项目签约仪式在亳州市富力万达嘉华酒店举行，市长杜延安出席会议并致辞，介绍亳州市投资环境及招商引资政策。活动邀请了全国20余个省份及香港特别行政区、德国、澳大利亚的企业400余家，其中上市公司、知名企业83家；共签约59个合作项目，总投资514亿元，其中工业项目54个，签约金额379.4亿元；总投资5亿元以上的重大项目有35个，项目涵盖现代中药、生物医药、医疗器械、电子、电气、机械制造等多个产业。市委常委、常务副市长李军主持会议。

【2019年国际（亳州）药材药品交易洽谈会】2019年9月9日，2019年国际（亳州）药材药品交易洽谈会举行。副市长钟治峰致辞。与会嘉宾围绕“2019年中药材运营态势与发展方向”“中药材追溯信息标准与质量管控”“中药材电子商务应用实践及探讨”“中药材大宗交易现实问题及解决方案”“中药材品种价格变化及趋势分析”等进行交流发言。20家企业达成贸易成果，当场签下10个合作项目，金额6.34亿元。

【第一届中国（亳州）生物医药创新技术成果转化对接会】2019年9月9日，第一届中国（亳州）生物医药创新技术成果转化对接会在亳州市举行。全国工商联医药商会相关人员、国家生物治疗重点实验室负责人，以及来自全国各地的生物医药专家、学者、制药企业负责人参加会议。活动由全国工商联医药业商会与中国·亳州中药材专业市场（药商协会）等联合主办。活动邀请了四川大学生物治疗国家重点实验室杨金亮教授、中国药科大学临床药学系主任陈西敬教授、成都中医药大学罗德伦教授等专家作主题报告。会上，9个海内外创新项目进行路演，百余个创新项目进行现场推介。

【首届全国中医馆医事药事发展高峰论坛】2019年9月7日，首届全国中医馆医事药事发展高峰论坛在亳州举办。来自全国各地的中医药馆、知名药房负责人以及国医大师们围绕“中医馆如何品牌化经营、互联网中医如何开展”等话题展开交流讨论。

国医大师徐经世用小毛笔字所写的三页致辞，代表了一代中医学大家对中医药发展的期望。国医大师李业甫以自己数十年研究传统推拿治疗骨伤科疑难病症的经验，归纳总结出推争学术思想研究的理论体系。张世臣教授关于中药饮片炮制与中医辨证论治的分享，再一次讨论了中医中药不分家的经典中医药体系逻辑完整性问题。老字号同仁堂医院宋福印院长用百年老字号国企中医馆经营管理经验，提供了一个知名中医馆走名专科、名中医生模式、保持中医文化传承的可持续问题样板。北京鹤年堂曹希久总经理以600余年四位传人的品牌中医馆经营管理开放经验，回答了中医药文化传承与创新的鹤年堂模式。其中，鹤年堂尤其强调中医馆“前店后坊”是传承的基础和中医文化的核心竞争力。四川德仁堂邹康禄董事长以百年老店在升级版的中医馆医事药事发展问题上，如何借力最务实的方式，吸引新生代热爱中医馆服务所带来的病人断代风险和机会。安徽中医药大学中医堂惠燕主任认为，中医馆是中医药的基础，应该独立于综合医院中医科模式，而且有足够的发展空间，并给中国中药协会中医馆药事联合专业委员会提出了引领行业规范化发展的期望。云南圣爱中医馆创始人刘琼董事长，以实“继承”、敢“弘扬”、能“创新”、有“发展”总结自己15年来由创办连锁药店到创办连锁中医馆、成了忠实传承中医馆文化的经验和教训。广州固生堂严峻副总裁以他们同各大中医药名校创办“国医堂中青年医师培训计划”所取得的成效，回答了大家关注的中医馆人才青黄不接问题的解决之道。

论坛还颁发了中国老字号传承贡献奖、全国中医馆传承教育奖、全国中医馆功勋人物奖、全国中医馆创新发展奖几个奖项。

【首届世界中医药产业高端论坛】 2019年9月9日，由世界中医药联合会主办的首届世界中医药产业高端论坛在亳州市举行。国家中医药管理局原副局长、世界中医药学会联合会主席马建中，市长杜延安参加活动并分别致辞。2006年度诺贝尔物理学奖得主乔治·斯穆特教授作《人工智能和医疗诊断》主题报告，中国科学院院士陈凯先作《中医药现代化研究的若干创新发展》主题报告，北京东方灵盾科技有限公司创始人兼董事长、国家级知识产权服务领军人物刘延淮作《大数据在中医药创新中的应用》主题报告。学者专家围绕中医药产业发展的前沿学术展开交流，共话中医药产业发展的高端前景，把脉问诊中医药产业发展。市领导李军、吕剑、解杰昂，上海国医养生院董事长刘蔚，中医智库董事长王和平，中捷中医中心创始人、主席霍沃卡·扬，捷克支持中医药和替代医学基金会理事会主席马凯塔·泽林科娃，乌克兰东方医学协会副主席伟达理，贵州省农业农村厅副厅长向青云等参加活动。世界中医药学会联合会副主席兼秘书长桑滨生主持活动。

【首届国际（亳州）中药材互联网高峰论坛】 2019年9月9日，由中国中药协会主办的首届国际（亳州）中药材互联网高峰论坛在亳州市举行。来自国内外知名中医药和互联网专家学者围绕如何推动中药材产业“互联网+”建言献策，共商中药材互联网发展新模式。中国中药协会常务副会长、中国中药控股有限公司董事长吴宪，市人大常委会主任王玉玺出席活动。

论坛环节包括“产业主题报告”和“关键问题圆桌讨论”两大板块，邀请北京中医药大学中药学院副院长魏胜利，北航博导蔡维德，清华大学自动化系教授、电子商务交易技术国家工程实验室主任柴跃廷，浙江大学博导程翼宇等国内著名的中医药相关领域的专家学者作主题演讲。各位专家学者就亳州市中药材市场发展变迁以及供应链管理模式及其在医药行业的应用，云计算、云技术在产业互联网中的应用进行成果展示及座谈。

【中国中药协会中药材市场专委会年会暨全国中药材市场药商创新联盟筹备大会】 2019年9月9—10日，中国中药协会中药材市场专委会年会暨全国中药材市场药商创新联盟筹备大会举行。此次会议分为两个阶段，9月9日下午的第一阶段召开中药材市场创新管理与高质量发展论坛。在9月10日上午第二阶段的大会交流与讨论环节，与会代表就全国中药材市场药商创新联盟成立的可行性和必要性，运作章程及章程等进行讨论。本次活动旨在分析研判中药材市场面临的诸多问题，做好市场准入、标准与规范规定，建立中药材质量追溯、搭建产业对接平台、引领行业发展。

【皖港中医药学术交流暨全国知名中医院院长论坛】 2019年9月9日，皖港中医药学术交流暨全国知名中医院院长论坛在亳州市举行。全国知名中医院院长和知名中医药学会负责人、药企代表等200余人参加，对加强中医中药的融合发展建言献策。国医大师唐祖宣，广东省中医药管理局局长徐庆锋，安徽省中医院党委书记侯勇，香港中医药发展委员会委员、香港中医药管理委员会前中医组主席黄杰，经方大师许家栋等国内知名中医药专家学者现场作有关中药学术、应用政策法规等中医领域的报告，分享行业创新实践，交流经验。

【中国中医药国际化质量论坛】 2019年9月9日，中国中医药国际化质量论坛在亳州市举行。由中国医药质量管理协会主办。国内多位知名专家就提升中医药的质量和国际竞争力等主题发言。市委副书记陈军参加论坛并致辞，并向与会人员介绍亳州市中医药发展现状和规划。副市长钟治峰参加论坛。论坛邀请多位国内知名专家作主题报告。中国医药质量管理协会当值会长徐浩宇、国务院参事室研究员边振甲、中国医药质量管理协会副会长孙新生和中国医学科学院药用植物研究所所长孙晓波围绕提升中医药产业质量、加大创新药研发、医药质量管理和中医药行业高质量发展等主题作相关主题报告。钟治峰代表市政府和中国医学科学院药用植物研究所签订战略合作协议。

【2019中国白酒健康研究高端论坛】 2019年9月8日，以"大健康新时代"为主题的2019中国白酒健康研究高端论坛在亳州市举行。论坛由中国白酒健康研究院主办，安徽古井贡酒股份有限公司承办。与会国内白酒健康研究行业、医药专家，共同探讨"大健康 新时代"环境下中国白酒的健康研究及发展趋势，助力中国白酒健康化发展。

论坛特邀请清华大学化工系生物化工研究所所长、北京市侨联副主席邢新会，中国酿酒原料及品质安全研究院专家、江南大学生物工程学院教授范文来，中国药膳研究会首席专家、山东中医药大学博士生导师张文高，安徽中医药大学教授、博士研究生导师储全根，世界中医药学会联合会药膳食疗研究专业委员会副会长、安徽中医药大学兼职硕士生导师邓沂等专家共同对话"白酒健康"。

清华大学教授邢新会、江南大学教授范文来分别以《大健康时代中国白酒产业发展的思考》《白酒，为药而生，生而为药》作主题分享，论述中国白酒健康价值、药食同源健康文化。亳州市人大常委会副主任解杰昂出席论坛并讲话。

【2019年药博会开幕式暨中医药文化展演】 2019年9月9日，2019年国际(亳州)中医药博览会暨第35届全国(亳州)中药材交易会开幕式暨中医药文化展演在亳州市体育馆举行。

国家中医药管理局原副局长、世界中医药学会联合会主席马建中，中国中药协会常务副会长、中国中药控股有限公司董事长吴宪，2006年度诺贝尔奖获得者乔治·斯穆特，中国科学院院士陈凯先，国医大师唐祖宣，中国药膳研究会会长杨锐，中国医药质量管理协会副会长孙新生参加开幕式。市长杜延安致辞，市人大常委会主任王玉玺、市委副书记陈军等参加开幕式。开幕式由中国中药协会执行副会长刘张林主持。中国中药协会常务副会长、中国中药控股有限公司董事长吴宪，珍宝岛药业股份有限公司董事长方同华，康美药业股份有限公司董事长马兴田在开幕式上讲话。马建中宣布大会开幕。开幕式结束后，举行中医药文化展演活动。展演共有《迎宾天下》《养生药都》《壮丽药都》《和谐药都》《健康中国》5个节目，通过歌曲、舞蹈、情景剧等表现形式，展示近年来亳州市在中医药领域发展成就。

安徽省卫健委副主任、中医药管理局局长董明培，安徽省市场监督管理局副局长刘存俊，安徽省科协副主席魏军锋，安徽省贸促会副主任王消帆，北京同仁堂集团有限责任公司党委常委、副总经理丁永玲，太安堂集团公司总裁朱国忠，全国工商联医药业商会副秘书长殷海峰，古井集团董事长梁金辉参加开幕式。

【华佗诞辰1892周年祭祀典礼】 2019年9月9日，纪念华佗诞辰1892周年祭祀典礼在华祖庵景区举行。来自海内外的嘉宾齐聚华祖庵，一起缅怀外科鼻祖华佗悬壶济世的高尚医德。

上午8时18分，祭祀典礼正式开始。祭祀典礼经过敬献四宝、明烛、敬香、奠酒等礼节后，主祭员市政协副主席马露恭颂华佗诞辰1892周年祭文。此次祭祀典礼增加"敬献四宝"环节，"四宝"是中华药典中以亳字命名的亳芍、亳菊、亳桑皮、亳花粉四种药材，寓意着华佗精神和中医药文化的传承和发扬。华佗诞辰祭祀典礼是每年药博会的开头重戏。亳州文旅集团还策划了"华佗诞辰月祭祀典礼"活动，持续整个9月，汇聚欣赏、祭祀、教学、养生、体验各个方面，让游客在领略景区美景的同时，感受亳州中医药文化的独特魅力。

（李胜雨）

2019 年亳州市药业产业经济运行情况表

表 5　填表单位：市药发局产业科　　　　单位：亿元 、万亩、%

序号	项目 / 单位	全市医药制造业														中药材种植		省监测基地企业					招商引资签约项目			
		产值				国地税			固投										产值		国地税					
		企业个数	完成	增速	产值下降企业	小计	增速	税收下降企业	续建项目 个数	续建项目 投资	新开工项目 个数	新开工项目 投资	储备项目个数	竣工项目 当月	竣工项目 累计	面积	其中标准化种植	企业个数	完成	增速	小计	增速	个数	同比	投资	同比
1	谯城	80	191.4	7.8	27	3.46	−31.7	58	17	21.0	10	2.8		3	10	82.5	27	73	185.2	12.7	3.26	−29.8	19	18.8	12.6	−70.2
2	亳州高新技术产业开发区	67	109.4	12.3	26	2.37	−2.5	45	47	33.4	29	12.3		3	18			64	103.6	18.4	2.41	3.3	42	50.0	70.5	−46.6
3	亳芜	4	10.7	30.2	0	0.21	24.1	2	23	17.4	5	2.8		0	6			5	11.6	36.5	0.24	33.0	9	−62.5	15.0	−65.8
4	涡阳	6	15.1	−26.4	5	0.05	−83.0	5	1	0.8	2	4.2		0	2	14.5	3	2	1.7	−0.4	0.04	−10.3	7	133.3	2.2	−80.0
5	蒙城	1	0.9	3.1	0	0.00	76.3	0	0	0.0				0	0	12.5	3	2	0.7	20.5	0.00	−51.8	3	200.0	0.7	−87.0
6	利辛	2	2.0	12.8	0	0.02	49.5	0	1	0.5				0	0	10.5	3	3	2.6	12.3	0.03	45.1	8	100.0	1.1	−90.4
合计		160	329.5	7.5	58	6.11	−23.5	110	89	73.1	46	22.1		6	36	120	36	149	305.4	15.2	5.97	−17.3	88	−27.3	102	−61.2

2019 年亳州市药业产业经济运行情况说明

一、全市医药制造业产值比 2018 年同期（对比现统计的 160 家企业）增加 23.1 亿元，增速较 2018 年同期低 3.5 个百分点，其中，谯城区产值比 2018 年同期增加 13.8 亿元，增速与 2018 年同期高 2.7 个百分点；亳州高新技术产业开发区产值比 2018 年同期增加 12.0 亿元，增速较 2018 年同期低 8.8 个百分点；亳芜园区产值比 2018 年同期增加 2.5 亿元，增速较 2018 年同期高 17.3 个百分点；涡阳县产值比 2018 年同期减少 5.4 亿元，增速较 2018 年同期低 45.4 个百分点；蒙城县增速较 2018 年同期低 5.7 个百分点；利辛县产值比 2018 年同期增加 0.2 亿元，增速较 2018 年同期高 1.7 个百分点。

二、医药制造业企业产值下降企业 58 家，其中，下降 0-20% 的企业 34 家，谯城区 14 家，亳州高新技术产业开发区 18 家，涡阳县 2 家；下降 20%-50% 的企业 15 家，谯城区 4 家，亳州高新技术产业开发区 8 家，涡阳县 3 家；下降 50% 以上企业 13 家，谯城区 8 家，亳州高新技术产业开发区 5 家。

三、医药制造业企业税收下降企业 110 家，其中，下降 0-20% 的企业 40 家，谯城区 22 家，亳州高新技术产业开发区 15 家，亳芜园区 2 家，涡阳县 1 家；下降 20%-50% 的企业 40 家，谯城区 20 家，亳州高新技术产业开发区 18 家，涡阳县 2 家；下降 50% 以上企业 30 家，谯城区 16 家，亳州高新技术产业开发区 12 家，涡阳县 2 家。

农　业

图 17　“美丽亳州”系列图片——2019 年 5 月，谯城区双沟镇农民在麦田清除杂麦　（刘勤利　摄）

概 述

【概况】2019年，亳州市第一产业增加值238.2亿元，增长4%，增幅居全省第一位；农村常住居民人均可支配收入14102元，增长10.6%，增幅居全省第三位；规模以上农产品加工产值占比10.3%，居全省第二位，增速8.4%，增幅居全省第五位；粮食总产量49.97亿千克，居全省第二位，亳州市托市收购小麦一等麦占比92.4%，比全省托市收购一等麦占比70.6%高出21.8个百分点。

同年，亳州市成为全省唯一、全国5个率先实现主要农作物生产全程机械化的示范市之一。

【农业供给侧结构调整】2019年，亳州市持续推进优质专用粮食生产。全市建立66个粮食绿色增产创建示范点（示范片、示范村、示范家庭农场）和17.71万公顷优质专用订单粮食生产基地，辐射推动粮食生产稳步可持续发展。粮食总产量49.97亿千克，比上年增加1.19亿千克，增长2.43%。全省秋种结构调整现场推进会议在亳州市召开。

发展优质蔬果产业。全市蔬菜种植面积稳定在13.43万公顷，总产量497.8万吨，总产值81.3亿元，其中：设施蔬果面积新增2666.67公顷，面积达到5.47万公顷，产量254.5万吨，产值43.34亿元。全市水果面积8733.33公顷，比上年增加866.67公顷；产值14.3亿元。设施水果种植面积2600公顷，较上年增加466.67公顷，产量5.7万吨，产值5.6亿元。

全面提升中药材标准化种植水平。推进世界中医药之都建设，全市中药材种植面积8.03万公顷，比上年增加0.02万公顷；全市标准化种植面积2.4万公顷，新增0.13万公顷。亳州市被省认定为中药材安徽特色农产品优势区。“亳天花粉”入列国家农产品地理标志保护产品。

图47 2020年6月11日，在亳州市谯城区双沟镇王阁村金实种植专业合作社，村民在采摘“香妃蜜”哈密瓜（刘勤利 摄）

稳定畜牧业生产形势。开展非洲猪瘟防控，加大恢复生猪生产力度，开展畜禽养殖粪污资源化利用工作，生猪生产略有下降，牛羊、肉禽、蛋禽等市场行情企稳向好，饲料成本价格持续降低，畜禽及产品价格上涨，养殖场（户）养殖利润增加。全市创建1个部级标准化示范场、5个省级标准化示范场、60个市级标准化示范场，各类畜禽规模养殖比重达到85.2%。2019年，全市生猪存栏111.11万头，同比下降9.88%，出栏249.75万头，同比下降4.22%；肉牛存栏6.42万头，同比增长2.88%，出栏4.67万头，同比增长2.01%；肉羊存栏81.79万只，同比增长0.36%，出栏203.24万头，同比增长2.63%；家禽存栏1151万只，同比增长3.69%，出栏3525万只，同比增长3.86%。

推进农业“三品一标”认证工作。组织农业企业参加全国农交会、中国绿色食品博览会、中国农产品加工投资贸易洽谈会，引导农业企业培育品牌，“三品一标”品牌认证总数达到573个，农产品地理标志产品达10件。涡阳苔干获全国名特优新农产品称号，亳州市中药材产区获评“中国特色农产品优势区”和“安徽省特色农产品优势区”。

【农村人居环境整治】2019年，亳州市2018年度47个省级中

图 48　2019 年 9 月 19 日，涡阳大豆种植基地　　（张延林　摄）

心村全部建成并通过省级验收，2019 年度省级中心村 56 个全面开工完成序时进度。

全市完成改厕 6.2 万户，“砖砌三格式化粪池”改厕模式得到省肯定并在皖北地区推广，涡阳县改厕经验被全省学习借鉴，在全国改厕电视电话会议上做典型交流发言。

推进农村垃圾分类处理，全市清理农村生活垃圾 33.79 万吨左右，建设有害垃圾回收点 1315 个，回收有毒有害垃圾约 900 吨。

建立稳定的农村保洁队伍和行之有效的保洁机制。国务院农村人居环境整治大检查第九检查组对亳州市有害垃圾回收和第三方保洁托管工作给予肯定。全省农村改厕推进暨皖北地区农村改厕现场会在亳州市召开。

【农业基础设施建设】2019 年，亳州市 2.87 万公顷高标准农田建设（其中高效节水灌溉面积 6700 公顷）主体工程全面完成，整体工作进度快于全省其他地市。

农业机械化水平在全省领先。对补贴目录内的农机产品实行敞开补贴，应补尽补，对畜禽养殖、畜禽废弃物处置机械在目录产品优先补贴，全面完成农机补贴工作任务。全市农机作业托管服务面积在 90% 以上，农机托管工作走在全省前列，新增市级以上示范社 40 家，全市耕种收综合机械化水平在 92% 以上。

全面完成“两区”划定任务，全市划定“两区”耕地面积 41.22 万公顷。粮食生产功能区 41.22 万公顷，其中，小麦生产功能区 41.22 万公顷；玉米生产功能区 13.63 万公顷；重要农产品（大豆）生产保护区 25.61 万公顷。划定成果通过省级核验并汇交上报。

【新型农业经营主体培育】2019 年，亳州市新增省级示范社 15 家、省级示范农场 21 家；土地流转面积 30.07 万公顷，较上年增加 7333.33 公顷。全市拥有农民合作社国家示范社 32 家、省级示范社 95 家、市级示范社 511 家；省级示范家庭农场 121 家、市级示范农场 331 家；全市农民合作社总数发展到 21577 家，占全省的 21%，家庭农场发展到 9125 家，占全省的 8%。

【农产品质量安全监管】2019 年，亳州市三县一区均创建成为省级以上农产品质量安全县。

开展农药及农药残留、“瘦肉精”、兽用抗菌药及兽药残留、生猪屠宰监管、水产品兽药残留及非法投入品、生鲜乳专项整治行动和农资打假专项治理 7 个专项行动，出动农业行政执法人员 13643 人次，检查生产经营企业 9990 家次，查处问题 30 起，其中侵权假冒案件立案 15 起、办结 14 起，涉案金额 43.54 万元。

组织市级质量安全检测蔬菜 3 批次、360 个样品、检测畜禽产品 120 个、检测水产品 72 个，抽样委托检测生产经营环节兽药样品 20 个、农药 100 个，监测合格率 99.40%；全市 87 个快检点共速测蔬菜样品 86086 个、畜禽产品样品 26732 个、水产品样品 14112 个，合格率 99.99%；协助农业农村部监督抽检 12 个猪产品、12 个禽产品、3 个牛产品、3 个羊产品，未发现不合格样品；协助省厅对市辖区蔬菜基地、批发市场和超市蔬菜、水果、食用菌进行例行检验，抽取样品 180 个，未发现不合格样品。

建设 67 家农产品质量安全追溯试点，实施农产品质量安全追溯 67 批次；上传检测数据 126952 条，检测合格率 99.99%。

【特色种养业扶贫】2019 年，亳州市推行园区带动、龙头企业带动、农民合作社带动、经营大户带动和贫困户自身调整优化种养产业结构的特色种养业扶贫“四带一自”模式，推动特色种养产业扶贫发展。

投入支持特色种养业扶贫的资金共33883.6641万元，其中到村资金10118.7921万元，到户资金23764.872万元。

实施特色种养业扶贫项目6.9714万个，其中到村项目513个，贫困村覆盖率100%；到户项目69201个，覆盖贫困户65395个，占有条件贫困户71553户的91.4%。有676个带动主体带动286个贫困村、25574户贫困户发展特色种养业，占贫困村和有条件贫困户的比率分别为100%和35.7%。建设贫困村特色种养业扶贫基地288个，覆盖286个贫困村，覆盖率100%。

截至2019年年底，286个贫困村明确发展1项特色种养业，占全市286个贫困村的100%；62个贫困村形成“一村一品”专业村，占286个贫困村的21.7%；从事1项特色种养业贫困户53874户，占有条件发展特色种养业71553户贫困户的75.3%。

【农村综合改革】2019年，亳州市推进农村集体产权制度改革。全市农村集体资产账面资产总额136898.02万元，核实资产总额509150.23万元；确认农村集体经济组织成员身份5179907人，量化资产总额44973.48万元；1281个村完成农村集体产权制度改革，占清产核资村总数的96.8%，超额完成省下达的任务。

推进“三变”改革。完成“三变”改革村1083个，参与“三变”改革户数6.99万户，实施“三变”改革项目862个，村集体收益936.17万元，农户收益4537.54万元，其中农户分红收益860.7万元，开展“三变”改革的村达到75%，超额完成省下达任务。

推进农业综合行政执法改革。新设立市农业综合行政执法督察支队，核定事业编制14名，内设机构4个，加强了执法体系建设。

推进金融改革。涡阳县农村土地承包经营权抵押贷款试点工作位居全省前列，累计发放贷款10249笔，贷款额6.53亿元。

【生态农业建设】2019年，亳州市推进农作物秸秆“五化”利用。组织32家市内秸秆企业和14家国内外大型企业参展秸秆博览会，签约8个项目，投资额10.3亿元；蒙城县省级农作物秸秆综合利用现代环保产业园区建设加快推进，涡阳县、利辛县已申报2019年省示范园区；建设秸秆机械化粉碎还田示范点4处、还田566.07万公顷，新建商品化饲料试点或基料化试点2处，开工建设大中型秸秆沼气供气工程1处，新建发电规模3万千瓦秸秆电厂1座、秸秆固化成型燃料生产点5处、秸秆标准化收储点45个；对2019年新建1000平方米以上的农作物秸秆标准化收储中心给予补贴，全市建成标准化收储中心52个、秸秆收储点201个，收储能力92.4万吨；蒙城县安徽亿达、安徽上元绿能、安徽繁硕等23家生物质颗粒生产企业年产生物质成型燃料约18万吨，可消纳秸秆20.4万吨，率先示范推广秸秆热能托管工作走在全省前列。全市秸秆综合利用率92.6%。

强化日常监管，对畜禽规模养殖场废弃物资源化利用设施提标升级改造。蒙城县、利辛县国家级资源化利用整县推进项目加快实施，涡阳县完成申报工作。全市畜禽废弃物资源化综合利用率95.9%，畜禽规模养殖场粪污处理设施装备配套率99.8%，分别超省目标任务16.9和13.8个百分点。全市创建60家市级畜禽养殖标准化示范场，推荐上报1家部级示范场，3家省级示范场。

推进农业绿色生产。推广新型技术、新型肥料、新型药械，推广测土配方施肥面积97.67万公顷、测土配方施肥技术覆盖率88.7 %，化肥使用量比上年减少3.2%。主要农作物病虫害统防统治面积121.15万公顷次，覆盖率43.7%，农药使用量比基期减少23.4%。完成全市80个耕地土壤和农产品协同监测和耕地土壤环境质量分类划分试点工作。

（苏泓光）

种植业

【概况】2019年，亳州市贯彻落实中央“一号文件”精神，开展农业技术推广工作，推进农业现代化发展，提升农业综合生产能力、促进农业持续增效和农民持续增收。

【秸秆综合利用】2019年，亳州市推动秸秆综合利用龙头企业提升工程、秸秆综合利用产业园区示范工程、秸秆机械化还(离)田质量优化工程、秸秆能源化利用推广工程、秸秆饲料化(基料化)商品化利用工程、秸秆原料化利用培育工程、秸秆收储体系标准化项目建设工程、秸秆综合利用科技支撑工程8项重点工程。全市以小麦、玉米、大豆为主的主要农作物种植面积88.31万公顷，农作物秸秆产生量约81.28亿千克，可收集量约62.62亿千克，秸秆综合利用量57.28亿千克，秸秆综合利用率91.5%。其中，机械化还田利用量38.43亿千克，占秸秆利用总量的67.09%；秸秆产业化利用量利用量约18.85亿千克，占秸秆利用总量的32.09%，其中能源化和工业原料化利用量约11.86亿千克，占秸秆利用总量的20.71%。

【优质专用品牌粮食生产】2019年，亳州市贯彻落实国家和省关于"调、转、促"和供给侧结构性改革战略部署，发展绿色生产、专用品牌粮食生产。打造一批实行标准化生产、规模化经营、专业化服务的专用小麦种植基地和知名粮食产品品牌。建立优质强筋小麦、黑小麦、鲜食玉米等优质专用订单粮食生产基地17.71万公顷。

【中药材标准化提升工程】2019年，亳州市实施中药材绿色增效行动，打造涡河中药材种植优势产业带，推进中药产业持续健康发展。中药材种植面积8.03万公顷，标准化种植面积2.4万公顷，中药材标准化种植水平逐年提升。

【粮食绿色增产攻关示范创建】2019年，亳州市建设66个粮食绿色增产创建示范点(示范片、示范村、示范家庭农场)，在各绿色增产示范点全部落实"五有"(有明显的示范标志、有完整的技术方案、有行政和技术负责人、有配套扶持措施、有示范观摩活动计划)和"五统一"(统一技术规程、统一供种、统一机播、统一配方施肥、统一防治病虫草害)措施，大力推广了"三推"(推广高产高效多抗新品种、推广规模化标准化机械化的栽培技术、推进耕地质量建设)和"三节"(节肥、节药、节水)技术，全面普及平衡施肥技术，使用低毒、高效、低残留农药以及各类新型植保机械，采取粘虫板、杀虫灯、性诱剂等绿色防控技术。利用财政或项目资金购置粘虫板、杀虫灯和性诱剂等绿色防控农资，实现小麦、玉米绿色增产创建示范片(村、家庭农场)统防统治和绿色防控全覆盖，辐射带动全市主要农作物专业化统防统治121.15万公顷次、农作物病虫绿色防控42.80万公顷，有效减少农药使用量，促进粮食绿色增产增效。

【耕地保护与质量提升】2019年，亳州市持续实施中央财政资金"耕地保护与质量提升项目"，夯实土肥基础，促进农业增效、农民增收和现代生态农业产业化发展。落实耕地质量保护与提升技术面积累计192.85万公顷，其中，测土配方施肥技术应用面积97.67万公顷，技术覆盖率88.7%；秸秆还田技术应用面积59.67万公顷；新建高标准农田2.86万公顷；耕地深松深耕面积9.8万公顷；有机肥使用面积17.48万公顷；水肥一体化技术应用面积4.69万公顷。耕地质量稳步提升。

图49　2019年4月26日，农机植保现场　　(陈战志　供图)

全市共采集土壤样品750个，化验6070项；开展各类试验41项；发布小麦、玉米主要农作物配方40个；建立化肥减量增效示范片26个，示范区面积1.07万公顷；推广机械化施肥56.9万公顷；推广缓释肥、水溶肥料、生物肥等高效新型肥料11825万千克（实物量），应用面积17.42万公顷。统计部门数据显示，全市化肥使用量28376.7 万千克（折纯，下同），比2018年减少939.8万千克，减幅为3.21%。肥料利用率试验结果显示小麦、玉米氮素化肥利用率39.2%。建设耕地质量长期定位监测点90个，完成监测点土壤样品化验，形成亳州市2019年度耕地质量监测报告和2018、2019年耕地质量等级变化评价报告，全市59.95万公顷耕地质量平均等级为2.52，比2018年提升0.24个等级，耕地环境质量总体良好，没有发现因耕地质量引起的农产品质量安全问题。全市建设墒情固定监测点45个，年例行监测52次，并发布墒情监测报告。

图50 2019年11月12日，谯城区赵桥乡抗旱保苗 （张延林 摄）

【农业生态环保】2019年，亳州市坚持保护优先、绿色发展之路，以“源头减量、无害处理、资源利用”三个环节为重点，推广清洁生产技术，控制农业面源污染源头；集成推广畜禽粪污、秸秆、地膜资源化利用先进实用技术，防治农业废弃物污染，完成“一控两减三基本”的年度目标任务。

发展节水农业。累计落实保护性栽培、垄作、地膜覆盖、深耕深松、水肥一体化、管灌、滴灌等节水技术142.9万公顷次。推进农业投入品减量。农业生产化肥、农药使用总量稳定保持负增长水平。

农业生产化肥、农药使用量分别为28376.7万千克（折纯量）和671.2万千克（商品量），分别比上年减少3.21%和9.87%。开展废弃农膜回收综合利用工作，废弃农膜回收利用率86.4%。推进畜禽养殖污染综合治理，畜禽粪污资源化利用率86.12%。

持续开展耕地土壤—农产品协同监测工作。完成141个农产品产地土壤环境国控点信息核对工作。各县、区整合涉农项目资金，完成80个农产品产地土壤环境和农产品汞、镉、铬、铅、砷5种重金属协同监测工作，检测结果全部合格。耕地土壤环境质量良好。

耕地土壤环境质量类别划分。开展耕地土壤环境质量类别划分试点工作。蒙城县和谯城区两个试点单位按照省级文件要求，按时完成了耕地土壤环境质量类别划分工作，通过了安徽省农业农村厅安徽省农业生态环境总站组织的技术审查会，划分成果上报省农业农村厅。

（吴 雪）

畜牧业

【概况】2019年，亳州市实施“畜牧业升级工程”，加强非洲猪瘟等重大动物疫病防控，开展畜产品质量安全专项整治和规模养殖场提标升级试点改造，蒙城、利辛两县实施国家畜禽粪污资源化利用整县推进项目，全面推进畜禽养殖废弃物资源化利用，加快构建种养结合、农牧循环的可持续发展新格局，促进畜牧业持续规范健康发展。

【畜牧生产】2019年，亳州市生猪存栏111.11万头，同比下降9.88%；出栏249.75万头，同比下降4.22%。肉牛存栏6.42万头，同比增长2.88%；出栏4.67万头，同比增长2.01%。肉羊存栏81.79万只，同比增长0.36%；出栏203.24万头，同比增长2.63%。家禽存栏1151万只，同比增长3.69%；出栏3525万只，同比增长3.86%。肉类产量2.97亿千克，同比下降0.82%；禽蛋产量0.77亿千克，同比增长2.7%；牛奶产量0.69亿千克，同比下降28.16%。

【规模养殖】2019年，亳州市开展畜禽养殖场标准化创建活动。全市创建1个部级标准化示范场、5个省级标准化示范场、60个市级标准化示范场，各类畜禽规模养殖比重达到85.2%。

【动物防疫】2019年，亳州市按照“政府保密度、业务部门保质量”和“属地管理、分级负责”的总体要求，集中力量做好春秋重大动物疫病强制免疫和平时补免补防工作，开展抗体检测，确保重大动物疫情平稳。全市共调拨猪O型口蹄疫灭活疫苗355万毫升、猪合成肽苗130万头份；牛羊口蹄疫疫苗275万毫升；禽流感三价灭活疫苗1330万毫升；猪瘟疫苗346万头份；小反刍兽疫疫苗140万头份。应免畜禽免疫密度、家畜二维码耳标直挂率、免疫证明发放率、免疫建档率达到100%。全市没有发生“非洲猪瘟”等重大动物疫病。

【畜禽养殖污染治理】 2019年，亳州市组织对规模养殖场进行排查，建立清单管理台账和问题清单，制定《亳州市建立畜禽规模养殖场资源化利用长效机制的实施意见》，落实了包保责任制。市级每月开展督察暗访，对发现的问题逐一整改销号。全市畜禽规模养殖场粪污处理设施装备配套率99.8%。

（宿同宇）

水产业

【概况】2019年，亳州市渔业工作以市场为导向，以增加渔民收入为核心，以提高水产品质量和综合效益为目标，逐步理顺渔业管理体制，依靠科技进步发展名、特、优水产品，调整优化渔业结构，推进渔业科技创新和体制创新，建立渔业执法体系，实现全市渔业经济持续、健康发展。全市水产品总产量5295.1万千克，同比增长4.19%；淡水鱼苗4.235亿尾，同比增长3.14%；水产养殖面积1.26万公顷。

【渔业生产】2019年，亳州市围绕渔业绿色健康养殖模式攻关行动，共引进繁育推广以优质鲫鱼、泥鳅、秋浦花鳜等为主导品种的名优水产良种，重点推广池塘循环流水养殖技术、池塘健康养殖技术、河蟹生态养殖技术、水产养殖病害防治技术等水产先进适用技术。切实抓好新型渔民技能培训，培训以专业合作社、渔场、养殖大户为主，主要培训池塘80：20养殖、池塘生态无公害养殖、鱼用颗粒饵料的应用、鱼病防治等，把实用技术送到渔民手中。全市稻渔综合种养面积5553.33公顷，注册4个“虾稻米”品牌，虾稻产业年产值5亿余元，直接为农民增收2.8亿元，带动贫困户就业1200余人。

【渔政监督】2019年，亳州市全面实施禁渔制度，加大对渔业违规违法案件的处理力度，市、县渔业主管部门于3月1日至8月31日对涡河、武家河、茨河、北淝河、小洪河、西淝河、茨淮新河等河道水面实施禁渔，在禁渔期间，共印发宣传材料1100份，张贴标语21幅，出动宣传车船18次，出动执法人员150人次，出动执法车辆52车次，取缔违法渔具数量15件600米，收缴电捕鱼器具2套，行政处罚3人次，罚款0.7万元，震慑了渔事违法行为，切实保护了全市渔业资源和渔业生态环境。

（秦文学）

农业产业化

【概况】2019年，亳州市组织实施农业产业化转型发展行动计划和农产品加工业“五个一批”工程，培育龙头企业，加快食品产业园建设，农业产业化较快发展。全市规模以上农产品加工产值增速8.4%，位居全省第五位。市级以上农业产业化龙头企业组织560家，其中国家级龙头企业5家，省级60家。省级龙头企业甲级队 12 家，省级农业产业化示范联合体 43 家。全市涉农产品驰名商标发展到 12 个，农产品地理标志产品（商标）达到 12 件。

【食品工业发展行动计划】2019 年，亳州市推进食品制造及农产品加工产业发展。加快市食品产业园建设，组织开展食品及农产品加工业重大项目谋划和招商引资工作，签约入驻项目 46 个，总投资金额为 25 亿元。

【“一村一品”】2019 年，亳州市围绕优质粮食、中药材、蔬果、畜牧养殖等主导产业优势，促进“一村一品”向专业化、规模化、标准化和产业化发展，为美丽乡村建设提供经济基础和产业支撑。新增省级“一村一品”专业示范村 1 个。全市有国家级“一村一品”专业示范村 6 个，省级 39 个，市级 256 个。

【休闲农业】2019 年，亳州市依托田园风光、乡土文化等资源，利用美丽乡村、现代农业示范区等载体，推进农业与林业、康养等产业深度融合。利辛县、蒙城县、谯城区获省级休闲农业示范县，谯城区伊丽果园获省级休闲农业示范点称号。谯城区大周村获评“中国美丽乡村”。全市有“休闲农业与乡村旅游示范点”国家级 1 个，省级 8 个，省级“休闲农业与乡村旅游示范县”3 个。谯城区芍花景观被评为“中国美丽田园”。

【农产品市场开拓】2019 年，亳州市组织龙头企业参加“2019 中国安徽名优农产品暨农业产业化交易会（合肥）”“第十七届中国（南昌）国际农产品交易会”“中国安徽名优农产品暨农业产业化交易会（上海）”“中国农产品加工贸易洽谈会”等交易会，开拓农产品市场，200 多家龙头企业、合作社，900 个产品品种参展。

图 51　2019 年 3 月 10 日，谯城区十八里西苑草莓采摘园（张延林　摄）

农副产品管理

【概况】2019 年，亳州市蔬果产业发展和农产品质量安全工作成效显著。蔬果种植面积和总产量位居全省前列，全市瓜菜播种总面积 13.43 万公顷，蔬菜总产量 49.78 亿千克，蔬菜总产值 81.3 亿元；水果栽植面积 0.90 万公顷，水果总产量 3.79 亿千克，产值 12 亿元。农产品质量安全水平稳步提高，农业农村部抽检亳州市蔬菜水果食用菌样品 52 批次，合格率 100%；抽检畜禽产品 30 批次，未发现不合格样品；中国绿色食品发展中心抽检合作社认证产品风险监测样品 7 批次，未发现不合格产品；省厅对亳州市蔬菜、畜禽、水产品进行例行监测，监测合格率均为 100%。全市共速测蔬菜、畜禽、水产品样品 166217 个，合格率 99.99%。

【蔬果产业】2019 年，亳州市瓜菜播种总面积比上年增加 0.08 万公顷，增长率 0.6%。其中设施蔬菜 5.46 万公顷（与上年同期相比新增 0.23 万公顷）。蔬菜总产量较上年增长 2.5%。全市水果栽植面积 0.90 万公顷，与上年度基本持平。建设市级及以上蔬菜、水果标准园 6 个，新增绿色果蔬产地 23 个，认证无公害和绿色食品果蔬 51 个，全市抽检蔬菜样品 9.9 万个，合格率 99.99%。蔬果产业支柱地位提高，蔬菜产品市场竞争力增强。

【农产品质量安全】2019年，亳州市开展农产品质量安全专项整治。全市农药及农药残留、“瘦肉精”、兽用抗菌药及兽药残留、生猪屠宰监管、水产品兽药残留及非法投入品、生鲜乳专项整治行动和农资打假专项治理行动共出动农业行政执法人员35878人次，检查生产经营企业20110家次，查处问题55起，责令整改40起，查办案件15起，办结15起，涉案金额43.54万元。媒体宣传90次，印发宣传资料28.4万份，指导培训91场次，指导培训7340人次，专项整治成效显著。

追溯民生工程建设任务超额完成。全市87个乡镇站329套农产品快速检测仪器共检测并实时上传数据166217个，检测合格率99.99%，完成目标任务的336.8%；完成“三品一标”发展任务71个，完成目标任务的110%，带追溯码上市71批，完成目标任务的110%。

推进农业标准化工作。全市农民专业合作社、家庭农场等制定绿色农产品操作规程58项，并指导绿色食品申报主体按规生产。通过培训，内检员队伍壮大，注册绿色食品内检员300人。规范认证审核工作，对三县一区58家绿色食品申报主体实施现场检查，对申报资料进行合规审核，完成上报中国绿色食品发展中心申报资料30家。有24家、53个产品获得绿色食品认证。“亳天花粉”“涡阳苔干”“蒙城黄花梨”通过国家农产品地理标志登记评审会评审。蒙城县安徽精益诚食品有限公司认证的绿色食品“速冻西兰花”在第二十届全国绿色食品博览会上获金奖。

农产品质量安全监管体系逐步健全。市农业农村局成立农产品质量安全监管科，配备专人负责农产品质量安全监管工作，各县区农业农村局均明确部门和相关责任人。

农产品安全县创建。涡阳县被农业农村部正式命名为第二批国家级农产品质量安全县，谯城区、涡阳县通过安徽省首批农产品质量安全县复查认定。亳州市未发生重大农产品质量安全事件，人民群众“舌尖上的安全”得到有效保障。

【“菜篮子”工程建设】2019年，亳州市强化“菜篮子”市长负责制贯彻落实，推进“菜篮子”工程建设，对县区及市直各相关单位“菜篮子”工程建设工作进行考核，推动“菜篮子”生产能力建设、市场流通能力、质量安全监管能力和调控保障能力建设，保障市民“菜篮子”产品安全消费。

推进蔬菜标准园创建，示范带动蔬果产业发展，增加蔬菜基地生产能力，建设市级以上蔬果标准园6个。举办蔬果生产经营主体培训班15天，聘请中国农科院郑州果树研究所和省属农业院校、研究所专家教授授课，提升生产经营主体的专业技术水平和经营管理能力。开展土壤消毒试验，与中科院南京土壤研究所合作选取4家蔬菜专业合作社进行试点，取得初步成效。引进新品种38个、推广甜瓜吊秧栽培技术和肥水一体化灌溉设备。

【融入长三角一体化发展】2019年，亳州市依托资源优势和产业基础，发展优质蔬果生产，加快融入长三角一体化进程，建设长三角优质蔬果生产加工供应基地，推进农业转型升级，积极抢占长三角市场。

亳州市政府主要负责人带队赴上海农产品中心批发市场、上海浦商农产品企业管理有限公司等多家企业对接洽谈，达成优质农产品供应合作意向。蒙城县与上海农产品批发中心成功签约，成为安徽省首家“上海市外（蒙城）蔬菜主供应基地”，向上海供应马铃薯（土豆）、甘蓝（卷心菜）、冬瓜等3个蔬菜品种1万吨。利辛县与上海普陀区达成供应蔬菜等农副产品的战略合作协议。12月，在上海市举办亳州市建设长三角绿色农产品生产及加工供应基地暨农业招商推介对接座谈会，亳州市农产品协会与上海策嘉农业科技发展有限公司签订合作建设冷链物流配送中心协议，亳州市农产品产销合作社与联华超市股份有限公司签订优质果蔬供货协议。

（王　森）

农业机械化

【概况】2019年，亳州市农业机械总动力795.25万千瓦，继续位居全省第一。其中，拥有大中型拖拉机36561台（232.43万千瓦）；小型拖拉机137822台（158.14万千瓦）；稻麦联合收割机29488台(201.05万千瓦)；玉米联合收割机9400台(62.21万千瓦)；秸秆粉碎还田机16754台；秸秆捡拾打捆机2794台。农作物耕种收综合机械化水平92.09%，位居全省第一位。小麦、大豆生产实现全程机械化，玉米耕种收综合机收水平99.25%。全市各类农机作业服务组织2126个，农机户总数47.79万个，农机从业人员57.13万人，农业机械化经营服务总收入58.97亿元。

开展安全检查381次，检查农业机械3228台，排查隐患267个，整改隐患267个，纠正违章296起，全市无较大以上农机事故，发生一般农机安全事故7起，死亡0人，受伤人数0人，直接经济损失33.1万元。

同年，亳州市创建成整建制率先基本实现主要农作物生产全程机械化的地级市，为全国首次创建的5个地级市之一，安徽省第一个创建成的地级市。亳州市创建主要农作物生产全程机械化工作被安徽省《政务信息》以《亳州市创建主要农作物生产全程机械化示范工作取得“满堂红”》为题刊发，副省长张曙光指示表扬。亳州市农机作业托管工作取得新成效，农业农村部农业机械化管理司在2019年第22期《农业机械化情况》以《安徽亳州农机作业“网格化”托管创建小农户与现代农业对接新途径》专题刊发。

【农机管理】2019年，亳州市新注册登记农业机械5633台，其中拖拉机3706台，联合收割机1927台。年度检验农业机械55884台，其中拖拉机28412台，联合收割机27742台。新办农机驾驶证1385人，其中拖拉机驾驶证1137人，联合收割机驾驶证248人。拖拉机的上牌率、检验率、持证率平均分别为90.2%、90.4%、92.4%，联合收割机的上牌率、检验率、持证率平均分别为90.3%、90.5%、92.6%。全市有3641台农业机械参加保险，其中拖拉机2039台，联合收1602割机台；保费共计129.95万元，其中财政补贴保费50万元；发生理赔27起，赔付金额30.40万元。

图52 2019年6月11日，谯城区农机部门人员送技术下乡(陈战志 供图)

【农机服务】2019年，亳州市“三夏”(夏种、夏收和夏管)期间，机收小麦47.53万公顷，全市6月3日开始机收，受阴雨天气影响，6月11全部完成收割任务，较2018年推迟两天。秸秆粉碎还田24.84万公顷，秸秆打捆8.74万公顷，机播玉米27.69万公顷，机播大豆14.99万公顷。投入各类农机具14.03万多台，其中投入联合收割机2.28万台、秸秆综合利用机具1.67万台、玉米精量播种机3.18万台。

“三秋”(秋收、秋耕、秋种)期间，机收玉米26.68万公顷，机收大豆14.27万公顷，机播小麦44.64万公顷，深松深翻作业面积12.63万公顷。投入各类农机具12.54万多台，其中联合收割机2.56万台，大中拖拉机2.52万台，播种机3.03万台，旋耕机2.58万台，秸秆粉碎还田机1.85万台。

【农机购置补贴】2019年，亳州市对在补贴目录内的农机产品全部实行敞开补贴。其中，对畜禽养殖、畜禽废弃物处置机械，凡在目录内产品优先补贴。对植保无人机全面推广，应补尽补。年落实中央财政购置补贴资金1.53亿元。补贴各类机具20591台，其中，拖拉机2875台，小麦机1138台，玉米机676台，

图 53　2019 年 5 月 24 日，谯城区赵桥乡赵桥村村民在收割小麦
（刘勤利　摄）

其他机械 15902 台。

【农机作业托管】2019 年，亳州市出台《2019 年亳州市农机作业托管服务工作实施方案》，对 2019 年新增市级 61 家农机专业合作社开展农机作业托管服务工作培训。午季签订农机作业托管合同 50 万余份（以村民组或自然村为单位签订整体托管协议），参与农机专业合作社 1240 家，落实托管机械 14.03 万台，建立农机作业托管网格 1.21 万个，协议托管面积 47.77 万公顷，机收率 99.99%。秋季签订农机作业托管合同 46 万份，参与农机专业合作社 1280 家，落实托管机械 12.54 万台，建立农机作业托管网格 1.13 万个，协议托管面积 47.44 万公顷，机收率 99.89%。

【“变型拖拉机”专项整治】2019 年，亳州市继续开展“变型拖拉机”（以下简称“变拖”）专项整治。印发《亳州市变型拖拉机专项整治工作方案》，全面停止变拖登记业务，落实变拖安全技术每 6 个月检验 1 次，检测标准参照《机动车运行安全技术条件》（GB7258-2017）中低速汽车标准执行，按照营运货车标准购买交强险，参照《机动车强制报废标准规定》中低速货车标准进行强制报废。

路面检查变拖 2860 台次，纠正处理违法违章行为 735 台次，拘留驾驶人 6 人，收缴违章罚款 21.3 万元，强制变拖 38 台，在亳州广播电视台和安徽省农机监理信息网、亳州市农业农村局网站公告作废变型拖拉机 5534 台，全年检验变拖 643 台。

（陈战志）

水　利

【概况】2019 年，市级安排防汛抗旱预备经费 250 万元，物资存放于防汛抗旱抢险核心区域，确保防汛抗旱物资需要。组建水旱灾害防御抢险专家库共 25 人，汛前开展防汛抢险知识培训和演练 6 次，828 人参加。

完成市、县两级防汛抗旱工作机构调整，人员转隶，职责交接。

完成水利重点工程谯城区油河上段、涡阳县北淝河上段、蒙城县茨河治理工程建设，3 个中小河流项目累计完成投资 10350 万元，占下达投资任务的 100%；谯城区、蒙城县、涡阳县农村基层预警体系建设项目总投资 2480 万元（其中谯城区 840 万元、蒙城县 760 万元、涡阳县 880 万元），全部开工。投资 14.59 亿元建设涡河蒙城枢纽工程。建设赵坡河入涡河口翻水站、小洪河药王村翻水站，缓解亳州西北地区抗旱缺水问题。

【引江济淮亳州段工程建设】2019 年，亳州市境内已开工项目征迁任务完成。累计完成永久性征地 284.59 公顷，临时征地 431.01 公顷，拆迁房屋面积 1.65 万平方米，迁建企业 5 家，完成征迁投资 41012.44 万元。第一阶段实施的朱集站工程，除管理用房外的土建工程基本完成，主厂房、副厂房及安装间等进入装饰装修阶段；朱集站至龙德站段河道工程，河道土方开挖及填筑基本完成，护砌基本完成，绿化施工完成 80% 以上，沟口涵闸土建工程完成 80%，桥梁工程完工并通车；亳州城市供水工程管道工程 31.44 千米铺设完成并试压结束，水库主体工程基本完成，亳州加压泵站主厂房、副厂房及变压器室封顶，进入装饰装修工程施工。第二阶段西淝河入淮口至

图 54　2019 年 1 月，引江济淮供水管道工程施工现场（李伟奇　摄）

西淝河北站段河渠工程及西淝河龙德至省界段工程开工建设。亳州调蓄水库土方消纳及水土保持工程土方工程完成，主体工程建成，完成投资约 6000 万元。

【民生水利建设】2019 年，亳州市农村饮水巩固提升工程总投资 1.6 亿元，其中中央及省级资金 5408 万元，地方配套资金 10592 万元，实施巩固提升工程 77 处(涡阳县 38 处、蒙城县 8 处、利辛县 16 处、谯城区 15 处)，改善供水人口 72 万人(涡阳县 31 万人、蒙城县 21 万人、利辛县 13 万人、谯城区 7 万人)。全市 77 处巩固提升工程全部完工，受益人口 72 万人。

饮水型氟超标地区改水计划投资 1.2663 亿元，其中，中央预算内资金 7869 万元、地方政府配套资金 4794 万元；实施氟改水工程 33 处，改善氟超标人口 33.24 万人。全市 33 处氟改水工程全部完工，完成氟改水受益人口 33.24 万人。

【河长制工作全面推行】2019 年，亳州市全面推行河长制工作，累计巡河 6.5 万人次，整改西淝河船上养猪场、茨淮新河滩地违规建设停车场、涡河违规建设造船厂等突出问题。出台暗访工作制度，成立暗访工作组，不定期开展暗访督察，交办问题限期整改，共排查河湖“四乱”问题 394 个。按照“分工＋分级”的原则，建立“市直部门＋县区政府”的联合整改机制，394 个问题全部整改到位。

加强入河排污口监管。完成城市污水处理厂扩建，增加日污水处理能力 9.5 万吨，配套 80 座乡镇污水处理厂管网建设，提高城乡污水处理率。开展黑臭水体整治环境保护专项行动，累计完成城市黑臭水体整治 35 条，推行农村河道环境卫生纳入城乡环卫一体化管理，逐步消除农村河道水环境脏乱差的现象。涡河十八里、义门、龙亢，西淝河马店孜 4 个国控断面获省级生态补偿资金 2150 万元；对西淝河、涡河、茨淮新河的 11 个断面进行生态补偿，发放县区生态补偿资金 2540 万元。

完善基础设施，提升能力建设。购置无人机、开发“亳州河长制督察平台”系统，提高巡河及问题交办、督办工作质量和效率。完成流域面积 1000 平方千米以上河道管理范围划定工作，为依法管理河道提供依据。

【城区水系治理工程】2019 年，亳州市持续打造城区“水活”工程。龙凤新河(亳芍路—亳芜大道段)(现已更名为龙凤公园)、凤尾沟三期(现已更名为凤尾公园)、团结沟工程建设完成，宋汤河六期工程主体工程完成，在进行园路建设和绿化苗木栽植。铁路以东窑鸿沟及窑鸿支沟河道排涝应急工程完成。“一涵三闸”工程施工图纸及工程量清单编制完成，在准备招标工作。

随着市城区宋汤河、龙凤新河、凤尾沟等城区水系贯通治理工程全面完工，通过“一涵四闸”的科学调度，利用涡河大寺闸上下游水位落差和自然坡降自流贯通，亳州城区涡河以南实现初步“水活”目标，水体自净能力增强，城区河道水生态环境和水质明显改善，全市城区防洪排涝能力提高，水生态环境改善。

（王胜杰）

工　业

图 18　“美丽亳州”系列图片——2019 年 7 月 15 日，亳州高新区梧桐树纺织有限公司车间　　（张延林　摄）

概 述

【概况】2019年，亳州市新增规模以上工业企业101家，新增亿元以上企业38家，5亿元以上企业7家，规模以上工业增加值增速11.4%，居全省第二位。工业投资同比增长9.3%；工业技术改造投资同比增长56.8%，居全省一位。全市工业经济平稳运行。

加强工业经济运行分析调度，定期召开形势分析会。

加大全市砖瓦窑厂在排放数据监测和超标排放处罚力度。亳州市制砖企业污染整改工作得到省督察组肯定。督促整改砖瓦窑厂环境问题326件，核验销号问题128件，完成年度任务。督促指导工业企业加强安全生产，完成市级重大安全生产隐患挂牌的78家企业督办整改工作，安全生产隐患集中排查治理专项行动期间，全市经信系统共排查并整改一般隐患693余处。

开展全市降成本减轻企业负担工作，直接降低企业成本、减轻企业负担38亿元。开展清理拖欠民营企业中小企业账款工作，累计排查拖欠民营企业中小企业欠款103590122元，扣除进入司法程序的欠款，当年实际清偿率达100%。

印发《大力促进民营经济发展的实施意见》（亳发〔2019〕5号），按要求完成承担的全面深化改革年度任务。2018年度民营经济发展考核居全省第二位。加强“专精特新”企业培育力度，获批国家级专精特新“小巨人”1家，省级专精特新中小企业22家。组织开展累计8期约1400余人次的企业家培训。

出台《关于大力实施技术改造促进工业经济高质量发展的通知》。获批省级智能工厂2家，数字化车间2个。累计推广应用工业机器人233台。新增全省首版次软件产品1个，新增省级技术创新示范企业1家，省级工业和信息化领域标准化示范企业2家，省级服务型制造示范企业2家。

推进绿色制造工作，获批国家级绿色工厂3家，第二批省级绿色工厂4家。落实最严格水资源管理制度，提高工业用水效率，组织认定第五批市级节水型企业4家。加大全省工业领域节能环保产业“五个一百”活动推介力度，在数量和质量方面均大幅提升。加快淘汰落后产能，打击“地条钢”工作居全省前列。

培育省级企业技术中心11家，获批安徽工业精品5个，省级新产品36个。组织认定2019年度市级企业技术中心20家。制定《亳州市工业设计中心认定管理办法》，获批国家级工业设计中心1家、省级工业设计中心2家；培育申报国家工业遗产2家，获得认定1家；获批省制造业创新中心1家。实现全市国家级工业设计中心、国家工业遗产和省制造业创新中心“零”的突破。

图55　2019年9月24日，工信部专家组到古井集团开展工业遗产认定现场核查工作　（李　琼　供图）

【促进民营经济发展“亳州版政策包”“五十百千”落地】2019年2月24日，市委、市政府出台《大力促进民营经济发展的实施意见》（亳发〔2019〕5号）（以下简称《实施意见》）。政策主要概括为“五十百千”。

“五”即：建立民营经济产业引导基金，在现有各类基金基础上，统筹设立总规模50亿元的民营经济（产业发展）引导基金，以市场化、法治化方式，增加产业龙头、就业大户、战略性新兴产业等民营经济领域流动性。“十”即：统筹用好专项资金，整合现有各类发展专项资金，设立总规模10亿元的市民营经济（中小企业）发展专项资金，重点用于产业发展、创新创业、军民融合、项目建设、公共服务体系建设。同时要求各县区也要设立民营经济（中小企业）发展专项资金。“百”即：加大信贷投放力度，到2020年银行业金融机构新增对民营企业的贷款占新增公司类贷款的比例达到50%以上，实现年新增银行信贷规模100亿元以上。“千”即：加大融资担保力度，市财政每年增加1000万元担保资本金，支持政策性融资担保公司做大做强，放大担保倍数。

力争到2020年，全市新型政银担业务新增额达到50亿元。继续执行政策性融资担保业务费率不超过1%的规定，延长期限至2020年底。《实施意见》同时要求切实落实续贷政策，用足用好1亿元的续贷过桥资金，推动全市银行业金融机构无还本续贷业务稳步增长；鼓励直接融资，企业挂牌后在新三板、安徽省股权托管交易中心实现首次股权融资，市财政按首次股权融资额的2%给予奖励；做好金融服务工作，市政府每年对国有商业银行小微企业贷款情况进行综合评价，提高民营企业授信业务考核权重，提高小微企业贷款不良率容忍度。

【民营企业污染防治业务培训】2019年6月11日至12日，全市民营企业污染防治业务培训会议召开。会议由市经信局会商市生态环境局联合举办。旨在贯彻落实《关于聚焦打好污染防治攻坚战加强干部教育培训的实施意见》（亳组〔2018〕27号）和省专项督察工作要求。培训分两场进行。谯城区、市高新区、亳芜现代产业园区于6月11日在市行政会务中心第一会议室参加培训。涡阳县、蒙城县、利辛县参会人员于6月12日在涡阳县委党校参加培训。会议邀请安徽省环境科学研究院规划所所长、正高级工程师王晓辉和安徽省环境科学研究院高级工程师、公共管理博士孙雷授课，重点讲解习近平新时代生态文明建设思想和绿色发展理念、生态环境保护相关法律法规、企业污水粉尘废气（含VOCs）污染治理、开发区环境管理等内容。全市300余家民营企业负责人参加培训。

【“1+N”安全生产隐患集中排查治理专项行动】2019年，亳州市在工业企业范围内展开“1+N”安全生产隐患集中排查治理专项行动。亳州市工业企业安全生产形势总体稳定，但零星事故时有发生，纺织服装、木制品加工、建材制造、中药饮片生产等行业领域风险隐患较为突出。开展专项行动，旨在贯彻落实各级领导指示精神，刻汲取江苏响水“3·21”特别重大爆炸事故教训，全面查找全市工业企业在安全生产防范措施上的差距和不足。

“1”，是全市规模以上工业企业安全隐患排查治理专项行动；“N”，是劳动密集型产业、纺织服装、木制品加工、建材制造、中药饮片生产等重点行业领域涉及消防配置、有限空间、粉尘防爆等安全生产隐患排查治理专项行动。重点督导目标单位消防系统应用和管理；有限空间辨识、作业流程管控、安全标识设置、人员培训；粉尘易爆场所安全生产管理落实情况。

通过开展“1+N”安全生产隐患集中排查治理专项行动，推进工业领域安全生产社会化、法治化、智能化、专业化建设，切实减少一般事故，有效控制较大事故，坚决防范遏制重特大事故。

【工业企业科技研发投入统计培训】2019年2月20日至22日，市经信局联合市统计局、市科技局在全市各县区分别举办规模以上工业企业科技研发投入统计及政府支持企业发展政策解读培训班。旨在推进2018年度全市规模以上工业企业研发投入统计工作，帮助企业了解国家、省市支持企业发展政策。参加培训的有所在县（区）、市高新技术产业开发区、亳芜现代产业园区辖区内规模以上工业企业统计人员和项目研发负责人；所在县区经信委、统计局、科技局分管负责人和业务科室负责人；市高新技术产业开发区经贸局、亳芜现代产业园区企业发展促进局分管负责人。培训期间，市经信局和市科技局业务科长分别就工业企业科技研发投入统计和政府支持企业发展政策进行了讲解。此次培训共举办5场，820余家企业1000余人次参加培训。

【“安全生产月”活动】2019年，市经信局系统开展“安全生产月”活动。旨在贯彻落实党中央、国务院关于安全生产工作的要求和部署，牢固树立安全发展观念，提升全市工业企业安全生产水平，促进全市安全生产形势持续平稳。

组织全市重点企业参加“6·8”全市安全生产宣传咨询日活动。35家工业企业负责人进行履行安全生产主体责任宣誓，向过往群众宣传安全生产方针政策和安全常识，回答群众安全咨询。咨询日当天，发放安全宣传页1000余份，2000余人次受到安全教育。

起草并在市经信局网站上发布《致工业企业一封信》。对全市工业企业发出安全生产倡议，号召企业落实安全生产主体责任，企业员工坚决做好安全防范措施，作业现场进行科学管理。

开展主题宣讲活动29场次，相关行业、企业负责人宣讲10场次，邀请专家开展专题讲座、安全诊断10场次。聚焦重点行业，举办安全发展座谈5场次，1000余人次参加。开展网络公开课、专家访谈、网络直播等线上活动10余次。在新闻媒体开设安全科普专栏5个，在公开场所电子显示屏播放科普短视频、安全提示、公益广告5条次，参与安全知识网络有奖答题860人次，开展应急预案演练7场次，参与演练850人次。结合安全生产和消防工作现场考核巡查、全国行业企业明察暗访、安全执法和危险化学品重点县专家指导服务工作，开展问题整改和宣传曝光10余次。推广先进典型。开展安全生产重点区域、重点场所明察暗访活动，曝光反面典型5次。开通“12350”举报电话，开通微信短信等网络举报平台；网络征集问题线索，组织新闻媒体采访报道，征集问题线索2条次。在省、市等新闻媒体发表稿件11篇，曝光反面典型案例4条次。

【亳州市两家中小企业亮相第16届“中博会”】2019年6月24—27日，以“智能、智慧、智造、节能”为主题的第16届中国国际中小企业博览会在广州举行。经安徽省经济和信息化厅批准，亳州市利辛县富亚纱网有限公司、蒙城县永腾微型掌智能科技有限公司亮相第16届中国国际中小企业博览会。

利辛县富亚纱网有限公司专业从事纱网、磁性纱门、纱窗及系列产品制造和销售，拥有自营出口权，产品远销世界30余个国家和地区，是丝网纱门产业龙头企业。该公司曾于2018年被工业和信息化部授予“第三批制造业单项冠军示范企业”称号。公司先后获“中国驰名商标”“安徽省工业和信息化领域标准化示范企业”“安徽省‘专精特新’企业”“安徽省名牌产品”“安徽省工业精品”“安徽省工业和信息化融合示范企业”等称号。

蒙城县永腾微型掌智能科技有限公司参展的YT1六旋翼巡视无人机和YT2四旋翼植保机2个系列产品，均配备高精度微波雷达，GPS、北斗、GIONASS三频卫星导航设备，全自动自主作业、障碍点自动规避、自动航线、均速喷洒、一键起降、地形跟随、定高直飞、精确定点、断点续航、药量检测、雾化喷洒，手机监控、语音播报，革除了传统人工喷洒的弊端，避免了喷洒时药物对人体的直接伤害，节约了人力，物力及时间，提高了效率。独特的离心雾化喷洒，穿透性好，药物均匀，防治效果高，残留更少，可节约50%农药使用量、90%用水量，更环保，更安全。

【亳州市16家“专精特新”中小企业在安徽省股权交易中心挂牌】2019年6月21日，由安徽省经济和信息化厅与省地方金融监管局联合主办、省股权托管交易中心承办的安徽省第三批“专精特新板”企业挂牌仪式在合肥举行，全省有158家企业挂牌，亳州市16家“专精特新”企业成功登陆省股权托管交易中心“专精特新板”，占全省的10.13%，高于全省平均水平。

截至2019年年底，亳州市共有41家企业成功登陆省股权托管交易中心“专精特新”板。根据《安徽省人民政府关于印发支持制造强省建设若干政策的通知》，在省“专精特新”板挂牌的企业，省财政给予每户24万元奖补。

【亳州市3家企业入选工业和信息化部第四批“绿色制造”名单】2019年10月，工业和信息化部公布第四批“绿色制造”名单。亳州市的安徽古井贡酒股份有限公司、安徽恒盛实业有限责任公司、安徽江淮安驰汽车有限公司3家企业入选“绿色工厂”，安徽江淮安驰汽车有限公司的瑞风商务车入选“绿色设计产品”。截至2019年年底，亳州市国家级“绿色工厂”总数达到4个。按照现行的奖补政策，对入选国家级“绿色工厂”的企业，省财政给予120万元奖励，市财政给予20万元奖励，县区也有一定的奖励资金。

【亳州市4家企业通过2019年安徽省“绿色工厂”认定】2019年11月，安徽省经济和信息化厅公布安徽省“绿色工厂”名单，亳州市的安徽东方帝维生物制品股份有限公司、亳州市酒厂有限公司、安徽百盛源包装材料有限公司、安徽翰联色纺股份有限公司4家企业榜上有名。截至2019年年底，亳州市有省级“绿色工厂”9家。

近年来，亳州市引导企业绿色发展转型升级，打造“绿色制造”先进典型，具备用地集约化、原料无害化、生产洁净化、废物资源化、能源低碳化等特点的企业逐渐增多。通过认定的省级“绿色工厂”，应在全省同行业中具有明显的竞争优势，制定“绿色工厂”建设中长期规划、量化的年度目标和实施方案，并确保对“绿色工厂”创建项目的资金和资源投入等。省级“绿色工厂”每年评价1次，实行动态管理，满3年复审1次。省经济和信息化厅从中择优推荐申报国家级“绿色工厂”，并依据安徽省支持制造强省建设有关政策给予相关支持。

【亳州市多家企业进入省节能环保“五个一百”推介目录】2019年，省经济和信息化厅公布节能环保“五个一百”推介目录评定结果。亳州市的安徽上元新型家居材料有限公司等3家企业进入节能环保优质生产企业目录，安徽东方帝维生物制品股份有限公司的细胞悬浮培养生产技术等2家企业的2项技术进入节能环保先进技术目录，涡阳县晟丰新型建材有限公司的蒸压粉煤灰加气混凝土砌块等4家企业的4个产品进入节能环保新产品新装备目录，亳州杉尚纺织科技有限公司的杉尚布料前处理项目等18家企业的18个项目进入节能环保重点改造项目目录，亳州市中环环境科技有限责任公司进入节能环保服务机构目录。截至2019年年底，亳州市有9家生产企业、15项节能环保技术、7种节能环保装备产品、42个节能环保项目和2家节能环保服务公司列入全省工业领域节能环保产业“五个一百”推介目录。列入省节能环保“五个一百”推介目录的企业(产品、项目)，次年可申报工业强市发展专项资金支持，市财政给予10万元奖补。

▲全省工业领域节能环保产业“五个一百”推介活动，即100户节能环保生产企业目录、100项节能环保先进技术目录、100种节能环保装备产品目录、100个节能环保重点项目目录和100家节能环保服务公司目录。

【李培辉、张毅入围“2018年安徽省制造业50名优秀企业家”候选名单】2019年6月，“2018年安徽省制造业50名优秀企业家”候选名单公布。李培辉、张毅入围。

李培辉系安徽古井集团有限责任公司总裁。该公司是中国知名白酒企业，集酒业、酒店业、房地产业、金融业、制药业、高科技等产业为一体，是跨行业、跨地区的国家大型一档企业，多年来一直位列中国白酒企业前十强。

张毅系安徽翰联色纺股份有限公司总经理，该公司是一家集开发、生产和销售于一体的中高档新型混色纱线制造商和供应商，拥有16万锭色纺，有专业的技术团队从事新型纤维混色纺纱线开发。生产花灰纱系列和麻灰纱系列产品，主要包括针织、梭织、毛纺系列服装用色纱线，年产全棉、全黏、全涤、棉涤、涤／黏，黏棉色纺纱线18000余吨。多年来，公司取得1项国家发明专利、7项实用新型专利。

（陈玉强　申晶晶）

2019年亳州市营业收入排名前50位工业企业一览表

表6

名　单	位次
安徽古井贡酒股份有限公司	1
中煤新集利辛发电有限公司	2
涡阳县盛鸿科技有限公司	3
五得利集团亳州面粉有限公司	4
淮北矿业股份有限公司许疃煤矿	5
安徽江淮安驰汽车有限公司	6
利辛强英食品有限公司	7
亳州市华云中药饮片有限公司	8
安徽省亳州煤业有限公司	9
安徽正宇面粉有限公司	10
蒙城强英农牧有限公司	11
安徽省中联新型材料有限公司	12
安徽盛海堂中药饮片有限公司	13
蒙城强英食品有限公司	14
亳州联滔电子有限公司	15
亳州司尔特生态肥业有限公司	16
安徽协和成药业饮片有限公司	17
安徽省泽华国药饮片有限公司	18
安徽天祥药业有限公司	19
华佗国药股份有限公司	20
涡阳县鸿路建材有限公司	21
安徽广印堂中药股份有限公司	22
亳州市永刚饮片厂有限公司	23
亳州海螺水泥有限责任公司	24
安徽济善堂中药科技有限公司	25
涡阳县雪莲面粉有限责任公司	26
北京同仁堂（亳州）饮片有限责任公司	27
蒙城县金冠面粉有限责任公司	28
亳州市佰世信中药饮片有限公司	29
安徽省东升食品有限公司	30
安徽恒盛实业有限责任公司	31
亳州市沪谯药业有限公司	32
襄大农牧（蒙城）有限公司	33
安徽普仁中药饮片有限公司	34
太安堂（亳州）中药饮片有限公司	35
安徽济人药业有限公司	36
安徽鑫泰药业有限公司	37
安徽亳州喜宝鞋服有限公司	38

续表 6

名　　单	位次
蒙城万佛商砼有限公司	39
天马（安徽）中药饮片科技有限公司	40
安徽邦基饲料有限公司	41
亳州新奥燃气有限公司	42
安徽方敏医药科技有限公司	43
安徽省永香中药饮片有限公司	44
安徽同辉香料有限公司	45
亳州市众成混凝土有限责任公司	46
安徽人民中药饮片有限公司	47
亳州市善安堂中药饮片有限公司	48
安徽省金芙蓉中药饮片有限公司	49
安徽冯了性中药材饮片有限公司	50

2019 年亳州市利税总额排名前 50 位工业企业一览表

表 7

名　　单	位 次
安徽古井贡酒股份有限公司	1
中煤新集利辛发电有限公司	2
淮北矿业股份有限公司许疃煤矿	3
五得利集团亳州面粉有限公司	4
亳州联滔电子有限公司	5
信义新能源（亳州）有限公司	6
襄大农牧（蒙城）有限公司	7
安徽省中联新型材料有限公司	8
安徽天祥药业有限公司	9
华佗国药股份有限公司	10
利辛强英食品有限公司	11
太安堂（亳州）中药饮片有限公司	12
亳州新奥燃气有限公司	13
涡阳县盛鸿科技有限公司	14
亳州海螺水泥有限责任公司	15
亳州市沪谯药业有限公司	16
安徽协和成药业饮片有限公司	17
安徽普仁中药饮片有限公司	18
安徽正宇面粉有限公司	19
涡阳县鸿路建材有限公司	20
亳州市永刚饮片厂有限公司	21
安徽龙瑞玻璃有限公司	22
安徽黑娃食品科技有限公司	23
安徽华馨香料有限公司	24

续表 7

名　单	位 次
蒙城强英食品有限公司	25
安徽省泽华国药饮片有限公司	26
蒙城强英农牧有限公司	27
安徽济善堂中药科技有限公司	28
安徽德昌药业股份有限公司	29
涡阳县雪莲面粉有限责任公司	30
安徽省金芙蓉中药饮片有限公司	31
亳州国祯生物质热电有限公司	32
蒙城县海特燃气有限公司	33
安徽省东升食品有限公司	34
亳州市华云中药饮片有限公司	35
涡阳县铭城新型材料有限公司	36
安徽人民中药饮片有限公司	37
亳州普润药业有限公司	38
安徽鑫泰药业有限公司	39
亳州市天济药业有限公司	40
亳州市新健康科技有限公司	41
安徽爱家食品有限公司	42
安徽到家营养食品有限公司	43
涡阳县海特燃气有限公司	44
涡阳县建阳商品混凝土有限公司	45
天马（安徽）中药饮片科技有限公司	46
安徽和济堂中药饮片有限公司	47
安徽中嘉环保建材科技有限公司	48
安徽省东昕食品有限公司	49
利辛县亚升墙体材料有限公司	50

2019 年亳州市从业人员数排名前 50 位工业企业一览表

表 8

名　单	位 次
安徽古井贡酒股份有限公司	1
淮北矿业股份有限公司许疃煤矿	2
安徽省亳州煤业有限公司	3
涡阳县盛鸿科技有限公司	4
利辛强英食品有限公司	5
亳州联滔电子有限公司	6
蒙城强英食品有限公司	7
安徽亳州喜宝鞋服有限公司	8
亳州市永刚饮片厂有限公司	9
涡阳县鸿路建材有限公司	10

续表 8

名　单	位 次
杉杉时尚产业园亳州有限公司	11
安徽江淮安驰汽车有限公司	12
北京同仁堂（亳州）饮片有限责任公司	13
安徽广印堂中药股份有限公司	14
安徽协和成药业饮片有限公司	15
安徽金不换白酒集团	16
亳州市沪谯药业有限公司	17
安徽华扬服饰有限公司	18
安徽济人药业有限公司	19
安徽亚珠金刚石股份有限公司	20
安徽恒盛实业有限责任公司	21
安徽普仁中药饮片有限公司	22
华佗国药股份有限公司	23
安徽龙瑞玻璃有限公司	24
亳州讯安电子科技有限公司	25
安徽新莱都服装集团有限公司	26
亳州派瑞特包装制品有限责任公司	27
安徽福士特服饰有限公司	28
安徽源和堂药业股份有限公司	29
安徽井中集团总公司	30
亳州市裕同印刷包装有限公司	31
安徽盛海堂中药饮片有限公司	32
亳州司尔特生态肥业有限公司	33
蒙城通孚礼品有限公司	34
安徽省亳州鼎基鞋材有限公司	35
安徽正宇面粉有限公司	36
富威电子科技（亳州）有限公司	37
安徽天祥药业有限公司	38
安徽华兴车辆有限公司	39
五得利集团亳州面粉有限公司	40
安徽翰联色纺股份有限公司	41
亳州市京皖中药饮片厂	42
亳州市静全服饰有限公司	43
新诚达时装（安徽）有限公司	44
蒙城县日昌服饰有限公司	45
安徽上元新型家居材料有限公司	46
安徽双轮酒业有限责任公司	47
安徽德昌药业股份有限公司	48
太安堂（亳州）中药饮片有限公司	49
安徽中嘉环保建材科技有限公司	50

·安徽古井集团有限责任公司·

【概况】2019年，安徽古井集团有限责任公司（以下简称“古井集团”）围绕“双品牌、双百亿”目标，以“五化”“六工程”为施工图，推进“战略5.0”，弘扬“聂广荣精神”，古井贡品牌价值稳居安徽省酒企第一名，名列中国白酒行业第四位。

成立古井国际发展有限公司，以白酒为主，围绕产业链整合资源，配合古井贡酒的全国化，推进品牌、业务、人才、管理运营、资本的国际化，旨在逐步成长为专业一流的国际化酒水公司及世界名酒控股集团公司。完成海外市场战略及经销商布局调整和古井国际化战略重塑、国际化队伍组织搭建等工作。

依法治企，制定下发集团公司制度管理制度，完成古井集团权力清单梳理，完善优化“三会”运行机制。开展13次法律知识培训。

古井房地产公司和古井集团完成业务剥离工作，所有业务均剥离。瑞景商旅集团新增会员14.45万人，累计会员88.90万人，城市之家、君莱酒店新签项目41家，酒店存量总数236家。古井慧升楼、古井私房菜等单位推行内部市场化。 汇信金融集团围绕“金融+白酒”战略目标，聚焦白酒主业上下游，重点开展内部产业链金融。瑞能热电实现全年安全目标，企业扭亏为盈。古井健康产业有限责任公司市场实现收入1776.64万元，完成年初预算指标的118.44%；新拓展经销商9家，经销商总数22家。市场终端网点数量从年初的2000家增至近6000家。

2019年度，“古井贡酒·年份原浆传统酿造区”获第三批国家工业遗产认定。古井贡酒产品设计中心入选第四批国家级工业设计中心。古井集团获“中国轻工业酿酒行业十强企业”“全国质量检验稳定合格产品”“全国白酒行业质量领先品牌”“全国质量诚信标杆企业”“国家级绿色工厂”“全国产品和服务质量诚信示范企业”“全国模范劳动关系和谐企业”等称号。

图56 2019年9月21日，古井集团获评“全国模范劳动关系和谐企业”称号 （李 琼 供图）

【古井集团营业收入再破百亿】2019年，古井集团实现营业收入120.69亿元，同比增长15.22%；利润总额26.26亿元，增长13.97%；上缴税收34.65亿元，增长6.28%，集团总资产200.77亿元。

【“古井贡”品牌价值排名上升一位】2019年，“古井贡”品牌价值以1469.8亿元稳居安徽白酒行业第一位，名列中国白酒行业第四位，相比上年上升一位。

古井贡酒聚焦中央广播电视总台、安徽电视台等主流媒体，连续5年特约播出中央广播电视总台春晚，借势大事件营销，发出品牌最强音。2019年春节期间，古井贡酒应邀走进故宫，向观众“拜年”。黄鹤楼酒业登陆中央广播电视总台，品牌影响力增强。

古井集团举办第二届“桃花春曲”节，现场游客6.4万人次。“桃花春曲”节已成为独具特色的品牌活动和文化IP。持续打造高铁、地标IP，开展129组全国高铁列车冠名广告，黄鹤楼酒冠名京广线上16列高铁；精选上海、南京、杭州等6座城市投放地标广告。

古井贡酒·年份原浆入选2020迪拜世博会中国馆指定用

酒;"千年古井贡酒酿造工艺"在北京世园会展示;在首届上合组织地方经贸合作青岛论坛和世界制造业大会上,以"致敬贡献者"为主线开展系列推广传播活动。

策划发起全新升级的"全球读'亳'——挑战最易读错的汉字"首次亮相于第十四届中国国际酒业博览会,向海内外华人宣传亳州,首倡"中国酿,世界香",坚定中国白酒走向世界的自信。

【"数字化、国际化、法治化"建设】2019 年,古井集团"数字化、国际化、法治化"建设初见成效。数字化:围绕"战略 5.0",推进数字化转型,与 SAP、德勤、美云智数等战略合作,同步实施营销数字化和运营数字化系统开发。历时 9 个月,30000 人天的投入,前端上线古井云、移动业务、店店通,实现客户自助下单、进销存多层级透明化管理,以及业代、促销员数字化集中管控;后台上线 ERP(企业资源管理系统)、SRM(供应商关系管理)、TMS(供应链管理系统)、QMS(质量管理系统)、金税等系统,打造产供销一体化平台,实现端到端信息流、业务流、财务流协同一致;集团范围内全财务公司上线,实现会计核算统一,合并报表自动出具、多维度分析孤岛式的信息交换模式互联互通,管理数字化、业财一体化的目标初步实现。

国际化:在以前工作的基础上,扩充组织、增加人员,加大国际化力度,成立古井国际发展有限公司,明确以白酒为主,围绕产业链整合资源,配合古井贡酒的全国化,推进品牌、业务、人才、管理运营、资本的国际化,志在逐步成长为专业一流的国际化酒水公司及世界名酒控股集团公司。完成海外市场战略及经销商布局调整和古井国际化战略重塑、国际化队伍组织搭建等工作。

图 57 2019 年 10 月 8 日,古井集团的数字化营销系统与 SAP-ERP 系统成功上线 (李 琼 供图)

法治化:依法治企。制定下发集团公司制度管理制度,完成古井集团权力清单梳理,完善优化"三会"运行机制。开展 13 次法律知识培训。

【古井贡酒·年份原浆传统酿造区获批国家工业遗产】2019 年 11 月 28 日,工业和信息化部正式核定公布第三批国家工业遗产名单,古井贡酒·年份原浆传统酿造区入选。安徽仅 3 家单位入选,古井集团是亳州唯一有项目入选该名录的企业。

古井贡酒·年份原浆传统酿造区位于亳州市谯城区古井镇,其核心物项包括古井贡酒酿造遗址及古井贡酒二号窖池群,主体建成年代为明代至 20 世纪七八十年代。遗址本身即为全国重点文物保护单位,包括明井、宋井、明清酿酒遗址、明清窖池群 4 个单体,明清窖池群最早的建于明正德年间,距今有 500 余年的历史,是全国目前连续使用时间最长的古窖池群。

国家工业遗产是工业和信息化部经过申报、评审和现场核定认定的遗产保护项目,重点对记录全国工业发展不同阶段的重要信息,见证国家和工业发展的历史进程,并且具有重要的历史价值、科技价值、社会文化价值和艺术价值的工业项目进行保护。

【聂广荣先进事迹报告会在北京人民大会堂举行】2019 年 12 月 5 日,"不忘初心、牢记使命"主题教育暨聂广荣先进事迹报告会在北京人民大会堂举行。

会议由中国轻工业联合会、中国财贸轻纺烟草工会、中国酒业协会主办，古井集团协办。中国轻工业联合会党委书记、会长张崇和，中国轻工业联合会党委副书记王世成，中国财贸轻纺烟草工会副巡视员张晓冬，全国总工会机关工会副主席郭治政，中国轻工业联合会党委副书记徐祥楠，中国酒业协会理事长王延才，古井集团党委书记、董事长梁金辉等相关产业工会领导、白酒行业专家代表、古井集团高管、古井贡酒优秀经销商代表300余人出席报告会。中国酒业协会常务副理事长王琦主持报告会。

在人民大会堂新闻报告厅，与会人员共同聆听古井贡酒转制建厂后的第一位厂长——聂广荣的先进事迹。在“人担水，驴拉磨”的20世纪50年代末到80年代末，聂广荣带领老一辈古井人筚路蓝缕、艰苦创业，用勤勉耕耘的一生，践行了一名共产党人的初心和使命，奠定了古井贡酒百年长青的基石。

【古井集团成为中国企业文化两个团标起草单位】 2019年6月15日，中国文化管理协会发布《新时代企业文化绩效测评标准》《企业幸福指数评价标准》两个团体标准，古井集团成为中国酒业唯一参与起草单位。

多年来，古井集团重视企业文化建设，践行“做真人，酿美酒，善其身，济天下”的企业价值观。兴建中国企业第一家党建企业文化馆、第一家AAAA级中国酒文化博览园；打造文化旅游平台，提高消费者满意度；关爱员工，改善工作环境、提高员工待遇；推进白酒行业绿色酿造、智能制造；弘扬劳模精神、工匠精神；开展中央广播电视总台春晚全民读“亳”活动、回馈家乡人民；扶贫济困、担当国企责任等，体现企业文化绩效，彰显“贡献”精神。近年来企业先后获“全国企业文化优秀成果奖”，成为“全国企业文化示范基地”“改革开放40周年企业文化建设标杆单位”。

（吴 伟 李 琼）

其他工业企业选介

【安徽江淮安驰汽车有限公司】 安徽江淮安驰汽车有限公司成立于2010年9月，注册资本6亿元，是江汽集团股份公司MPV的生产制造基地，总占地面积73.33公顷，建筑面积23.5万平方米，总投资13.6亿元。拥有国内一流水平的冲、焊、涂、总四大工艺装备、厂房和生产线。其中，冲压车间采用高速液压机，最大冲压机达2000吨，空载可达7.5秒/冲次。公司投入760多万元进行冲压线自动化改造，实现冲压生产过程的全自动化。焊装车间拥有22台自动智能焊接机器人主线焊接；涂装车间，采用水性B1B2免中涂工艺，实现绿色、环保与节能；总装采用轿车化生产工艺布置，智能化物流配送，保障车辆装配品质。公司形成M3、M5产品单班年产5万台生产能力。

2019年，该公司实现销售24827台，销售收入13.93亿元，工业增加值2.08亿元，各项税费1.16亿元。直接和间接带动相关收入1.34亿元。直接和间接带动蒙城2000余人就业。

【安徽中嘉环保建材科技有限公司】 安徽中嘉环保建材科技有限公司从事建筑铝合金模板研发、设计、生产、销售、租赁和安装。公司注册资金1亿元，占地面积13.33公顷，厂房面积8万平方米，工人300余人。

该公司拥有铝合金模板数字化车间、铝合金模板标准件全自动化机器人生产线，各类型机器人设备、数控化设备及相关加工运输设备200余台套，年生产铝合金模板70多万平方米、租赁安装1500多万平方米。

该公司拥有专利技术和科研成果20项，产品通过ISO9001质量管理体系认证和职业健康安全管理体系认证。先后获评“中国模板脚手架行业重点推荐产品”“中国模板脚手架行业特级企业”“全国铝模板行业诚实守信企业”。2019年，实现产值2.2亿元，实现税收107.32万元。

（邓明强）

【五得利集团亳州面粉有限公司】 五得利集团亳州面粉有限公司位于谯城经济开发区庄周路东侧紫苑路南侧。是五得利集团第13家全资子公司，占地8.4公顷，总投资7亿元，其中固定资产4.1亿元。建有自动化控制系统生产线6条，日处理小麦4200吨。生产的面粉有超精粉、六星馒头王、三星馒头王等系列产品，出粉率高、灰粉低。产品畅销安徽、江苏、河南、湖北等10余个省份。生产原料主要是亳州当地小麦。公司采取优质优价，引导农户种植品质优良品种，平均价格较市场高2～3分，平均每年可增加农民收入6300万元。公司先后被评为安徽省农业产业重点龙头企业（甲级队）、安徽省民族企业、安徽省A级粮食经营活动守法诚信企业，安徽省小麦粉加工十强企业。

2019年，该公司有职工300人，实现销售123万吨，产值30亿元。

（王艳敏）

【安徽协和成药业饮片有限公司】 安徽协和成药业饮片有限公司位于谯城区药都路2008号，集中药材种植、中药饮片加工、中成药制造、产品研发、进出口贸易于一体，注册资金6660万元，总资产8亿多元，占地15.33公顷。于2005年2月投产。拥有安徽省本草国药饮片有限公司、亳州市中药材进出口检测中心、安徽协和成制药有限公司、安徽协和成典当有限公司4家全资子公司。

该公司以打造优质出口标准饮片为目标，从药材种植源头抓质量、上等级，采取“公司＋基地＋标准＋农户”、土地流转等多种方式建设820公顷规范化中药材GAP种植基地，2007年通过GAP认证。

该公司主要产品有中药饮片，中成药制剂、中药提取物、保健食品等。产品畅销全国各地，并远销韩国、美国、英国、匈牙利等20多个国家。生产能力：中药饮片年产2万吨；中成药年产颗粒剂1000万袋、硬胶囊剂3亿粒、片剂3亿片。

该公司是首批“安徽省中药配方颗粒试点研究单位”，建有“博士后科研工作站”“王广基院士工作站”“中药饮片制造新技术安徽省重点实验室”。曾获“中国海关高级认证企业”“国家创新型试点企业”“中华民族医药百强品牌企业”“国家火炬计划重点高新技术企业”“中医药国际化推进十强领军企业”“全国中药材饮片出口十强企业”“全国中药饮片诚信品牌”“安徽优秀农产品出口示范基地”等称号。

2019年，该公司有职工800人。实现销售收入9.2亿元，其中进出口额约3000万美元。

（王艳敏）

【安徽省亳州煤业有限公司】 安徽省亳州煤业有限公司位于涡阳县兴业路标准化厂房C1栋。是由淮北矿业（集团）有限责任公司和安徽省煤田地质局共同出资组建的，从事亳州境内煤炭及共伴生资源的开采、洗选、加工与销售。所属矿井有袁店二矿和信湖煤矿。

袁店二矿位于涡阳县曹市镇，面积约41.6平方千米，可采储量8052万吨，核定产能150万吨／年。

信湖煤矿位于省涡阳县境内，井田面积114.34平方千米。井田划分北区、东区、中央区3个开采块段。中央区面积约为45平方千米，占井田总面积的40%，中央区10～28线-1200米以浅水平达精查勘探水平。矿井可采储量4.21亿吨，设计生产能力3兆吨／年，服务年限63年，后备区另有服务年限37.2年。其中，中央区-1200米水平以浅8煤可采储量1.15亿吨。

截至2019年年底，该公司资产总额68.07亿元，负债总额22.84亿元，所有者权益45.23亿元，职工2206人，实现营业收入10.4亿元，利润总额1631.2万元。

（申晶晶）

【涡阳县盛鸿科技有限公司】 盛鸿科技有限公司于2016年11月成立，位于涡阳县经济开发区将军大道南侧、星园路东侧。占地约2.3平方千米，其中工业用地164公顷。注册资本11800万元，总资产171634万元。经营新型建筑材料研发、生产、销售；钢结构制作、安装、设计；焊接材料销售；厂房出租、厂房销售；钢结构设备制造、销售。年产240万吨钢结构、2000万平方米各类板材。

该公司引进钢结构龙头企业安徽鸿路钢结构（股份）集团有限公司，总投资36亿元，占地150.47公顷，建筑面积108万平方米的绿色生态建筑基地项目。

该公司在装配式建筑、智能立体停车库设备、钢结构制造等领域拥有近300项专利。“一体化装配式高层钢结构住宅成套技术”“高端智能车库存取技术”“装配式低层住宅集成技术”三大技术体系，处于国内领先地位。具备房屋建筑施工总承包一级资质、钢结构专项安装一级、钢结构制造特级资质，商务部对外承包工程经营资格证。先后获评“国家住宅产业化基地”“国家认定企业技术中心”“中国驰名商标”“国家高新技术企业”“钢结构制造企业检测综合特级”“安徽省行业技术中心”“安徽省建筑产业化基地”“安徽省两化融合企业”等荣誉。

截至2019年年底，该公司有职工2169人，资产总额17.16亿元，负债总额14.31亿元，所有者权益2.86亿元，实现营业收入30.15亿元，利润总额5886.7万元。

（申晶晶）

【安徽正宇面粉有限公司】安徽正宇面粉有限公司于2005年10月成立，位于涡阳县马店集镇省道202线和济祁高速交会处。注册资本5000万元。经营范围：面粉、挂面、其他粮食加工品（谷物碾磨加工品）生产、销售；小麦收购、仓储，农副产品购销，小麦胚芽销售，货物装卸搬运服务；普通货物道路运输；预包装食品（不含冷藏冷冻食品）销售；进出口经营（国家限制经营、禁止经营的业务和技术除外）。总资产36289万元。年产50万吨小麦粉、年加工15万吨挂面、年加工3万吨面叶。

该公司成立有“企业技术研发中心”“亳州市正宇面粉食品研究所”等研发机构，形成产、学、研相结合的产品研发体系。研发出“‘7+1’营养面”、面包、饺子、烩面等6种专用粉和8种风味营养挂面。

该公司拥有31项专利，其中实用新型专利11项，外观设计专利20项。生产流程实现PLC电脑自动化控制，引进瑞士布勒公司生产的全套配麦、配粉技术设备。其主导产品“豫隆”“正宇”“千家瑞”“喜由季”牌面粉、挂面及面叶系列产品，获“放心面”“中国著名品牌”“安徽名牌产品”“绿色食品”“安徽十佳粮油”等荣誉。产品畅销全国各地。

该公司曾被评为“全国小麦粉加工50强企业”“全国放心粮油示范加工企业”“全国主食加工业示范企业”“（国家级）守合同重信用企业”“安徽省农业产业化省级重点龙头企业”“安徽省粮食产业化行业排头兵”“安徽省民营科技企业”“安徽省民营百强企业”“农发行AA+级信用企业”“亳州市综合十强工业企业”“亳州市上市重点培育企业”“安徽省农业产业化龙头企业“甲级队”“安徽小麦粉加工企业10强”“安全生产标准化三级企业”“2017年涡阳县希望工程“爱心圆梦助力脱贫攻坚”爱心单位”。

截至2019年年底，该公司有职工356人，资产总额3.63亿元，负债总额1.24亿元，所有者权益2.39亿元，实现营业收入10.18亿元，利润总额4972.8万元。

（李莹莹）

【利辛强英食品有限公司】利辛强英食品有限公司位于利辛县经济开发区，是安徽强英鸭业集团有限公司全资子公司。该公司从事樱桃谷鸭规模养殖、屠宰加工、饲料生产。于2016年建成投产。占地15.67公顷，有职工2400余人，现代化肉鸭分割生产线4条，配套冷库库容1万吨，污水处理能力 6000立方米/日，日屠宰24万只肉鸭。与之配套的利辛饲料有限公司于2017年初投产，年产能60万吨。

2019年，该公司营业收入21亿元，其中食品公司营业收入13.6亿元。发展养殖大棚 600余个，带动1000余人从事养殖业。实现出栏肉鸭6500万只，为当地养殖业增加纯收入1.8亿元。

（邓　奇）

【金福瑞公司】金福瑞公司于2015年成立，位于蒙城县。公司总投资2.2亿元，总建筑面积5万平方米，拥有现代化厂区36000平方米，年产值6000余万元。是一家专业集研发设计、生产、销售为一体的大型家具制造企业。产品涵盖古典红木家具、新中式红木家具、古典实木家具等数十种款式。为客户提供红木全屋定制。

该公司有3万多平方米的现代化生产基地，引进意大利CNC隼牟数控全自动加工中心。

立项研发17个项目，取得科技成果10项，公司研发部通过自主设计研发，自主申请发明专利2项、实用新型8项。公司产品遍及江苏、河南、四川、山东、陕西等全国各大批发市场。拥有阜阳、淮北、灵璧、临沂等安徽、山东多个城市的优质代理加盟商。

2019年，该公司有职工100余人，实现主营业务收入4847.9万元，纳税总额78.25万元，同比增长16%。

（孙莉莉）

商　业

图 19　“美丽亳州”系列图片——2019 年，亳州市中药材商品交易中心　（张延林　摄）

商务工作

【概况】2019年，亳州市商务经济主要指标保持在合理区间，整体呈现总体平稳、稳中有进的良好发展态势。全市实现社会消费品零售总额662.7亿元，同比增长12.3%，增幅居全省第三位。外贸进出口总额突破10亿美元，达10.4亿美元，同比增长24.8%，增幅居全省第二位。其中，出口8.4亿美元，增长17%，增幅居全省第六位；进口2亿美元，增长72.3%，增幅居全省第二位。利用外商直接投资实现9.64亿美元，同比增长7%，增幅居全省第七位。

【商贸流通】2019年，亳州市新增限额以上单位276家，总计1017家，实现限额以上社会消费品零售额219.1亿元，同比增长11.5%，增幅居全省第四位。修编《亳州市城市商业网点规划（2015－2030）》，完善中心城区菜市场建设规划，印发《亳州市中心城区菜市场建设三年行动计划工作方案》《亳州市中心城区菜市场建设规范》，提升农贸市场和社区菜店建设水平。改造农贸市场5家，新建社区菜店5家。3家企业被评为国家四钻级酒家，9家企业申报“安徽老字号”，培育建安文化广场创建特色商业街区。亳州市百年老字号承庆堂第四代传承人李正风获评“中华老字号杰出贡献奖”。全国供应链创新与应用试点城市建设有序推进。

图58　2019年9月，亳州市世界制造业大会投资说明会（曹　艳　供图）

【农村电商】2019年，市商务局组织开展农村电商优化升级工作，拓展多渠道销售模式，围绕“一调整、两梳理、三项机制”重点工作，优化提升电商服务网点783个，其中综合服务点104个、便民网点679个；培育超1000万元的电商企业14家、超100万元的名优品牌18家。全市新增农村电商经营主体443个，实现农产品网络销售额51.7亿元。探索推进电商培训由集中培训向现场培训转变，对有需求的网点开展“一对一”现场指导，市、县两级商务部门共培训电商相关人员4864人次，培育一批农村电子商务创业创新带头人。

【行业监管】2019年，市商务局制定商务领域安全生产和消防安全检查计划。对全市加油站进行4轮检查，每季度抽查5%的加油点、限额以上商场、超市、餐饮企业等商贸企业，聘请第三方安全专家对部分加油站点、限额以上商场、超市等商贸企业进行生产评估试点，推进安全生产管理科学化、规范化。全市201座加油站，在营163座、停业16座、拆除22座。持续开展打击黑加油站点专项行动，采取停止经营、拆除加油机、罩棚、吊出油罐的方式取缔49座非法加油站点。

【对外贸易】2019年，亳州市新增进出口实绩企业83家，实现进出口额3.8亿美元，占进出口总额的36.5%；超千万美元企业40家，实现进出口额7.7亿美元，占进出口总额的74.1%。组织172家企业参加第29届华交会、第125届和126届广交会、2019年越南医药暨医疗设备展览会、淮北第八届食品工业博览会、2019年印尼医药展、2019年世界制造业大会、第二届中国国际进口博览会等展洽会和经贸活动。建立中美贸易摩擦受影响重点企业跟踪帮扶机制，加强形势研判和指导，对美进出口稳定。

【“引进来”和“走出去”】2019年，市商务局组织参加2019世界制造业大会，举办亳州市投资环境说明会，签约项目 35 个、总投资 408.6 亿元；列入省“六百项目”集中签约项目 26 个、签约总金额 178.22 亿元，邀请 200 余名重要客商参加大会，10 家企业参加展览展示。引导优质企业“走出去”开展投资，参与境外新兴市场建设、参与国际产能合作，融入“一带一路”建设，扩展亳州市企业开放发展空间。全年实现对外直接投资 100 万美元。

【李正风获评“中华老字号杰出贡献奖”】2019 年 9 月 13 日，第 16 届中国中华老字号百年品牌高峰论坛在杭州国际博览中心举办。亳州市百年老字号承庆堂第四代传承人李正风获评“中华老字号杰出贡献奖”，是此次安徽省唯一获此殊荣的老字号传承人。李正风是非遗代表性项目“承庆堂膏方制作技艺”的传承人。他将传统技艺与现代高新科技有机融合，推动膏方制作技艺在大健康领域的发展，对传承创新传统技艺、弘扬老字号工匠精神做出贡献。

亳州市“安徽老字号”企业一览表

表 9

序号	企业名称	注册商标	经营地址	认定年份
1	安徽古井贡酒股份有限公司	古井贡、古井	谯城区古井镇	2014
2	安徽双轮酒业有限责任公司	高炉	亳州市涡阳县高炉镇	2014
3	亳州市酒厂有限公司	金不换	谯城区古泉路 2 号	2014
4	谯城区瑞昌恒果子店	恒瑞昌	白布大街 87 号	2014
5	亳州正丰医药有限责任公司	承庆堂	亳州市经济技术开发区	2015
6	安徽一闻香清真食品有限公司	一闻香	工业园区长江路 10 号	2015
7	亳州市铜关粉皮有限公司	铜关牌	安徽省亳州市亳芜园区汤王大道 2777 号	2015
8	安徽张士奎食品有限公司	高工坛闷蒜	涡阳县	2017
9	亳州市酒厂有限公司	魏王	亳州市古泉路 2 号	2017
10	亳州市法普瑞食品有限公司	公元	十八里镇羊张路 1 号	2017
11	安徽王颖餐饮服务有限公司	王颖饭店	安徽省涡阳县西环路东侧	2019
12	安徽省义门苔干有限公司	义门	安徽省亳州市涡阳县义门镇工业区	2019
13	利辛县宝贵食品有限公司	阚疃百年王大块	利辛县阚疃镇民一农贸东街	2019
14	利辛展沟蒋家萍烧饼有限公司	展沟烧饼	亳州市利辛县展沟镇展沟村花园街	2019
15	安徽庄子道酒业有限公司	庄子	亳州市蒙城县淝河路 109 号	2019
16	安徽板桥酒业有限责任公司	曹操贡	亳州市谯城经济开发区华佗大道 1 号	2019
17	华佗国药股份有限公司	华佗	安徽省亳州市谯城区利辛路 23 号	2019
18	亳州市阿福食品科技开发有限责任公司	阿福	亳州谯城区亳魏路	2019
19	亳州市二合居餐饮管理有限公司	二合居	亳州市谯城区人民路 638 号	2019

2019 年亳州市销售额排名前 20 位批发零售企业

表 10

名　单	位次
亳州古井销售有限公司	1
安徽省烟草公司亳州市公司	2
亳州海中贸易有限责任公司	3
中国石化销售股份有限公司安徽亳州石油分公司	4
亳州市盖盛祥超市有限责任公司	5
蒙城县东方汽车销售服务有限公司	6
安徽海鑫药业有限公司	7
解放商用汽车蒙城销售服务中心	8
蒙城县鑫麦源粮油购销有限公司	9
利辛县粮油食品商厦	10
亳州新华书店有限公司	11
安徽中瑞粮油有限公司	12
亳州龙利再生资源回收有限公司	13
安徽孟氏医药有限公司	14
华润亳州中药有限公司	15
安徽高炉酒类销售有限公司	16
亳州春雨慧众汽车销售服务有限公司	17
亳州金色华联超市有限责任公司	18
亳州之星汽车有限公司	19
亳州市恒诚医药有限公司	20

2019 年亳州市营业额排名前 20 位住宿餐饮企业

表 11

名　单	位次
亳州市富丽华君悦酒店有限公司	1
蒙城庄子国际大酒店有限公司	2
蒙城玖隆国际大酒店有限公司	3
安徽好吃點餐饮有限责任公司	4
亳州宾馆有限责任公司	5

名　单	位次
亳州徽州百家宴餐饮有限公司	6
安徽金桂山庄度假村有限公司	7
亳州市新贵都城市酒店有限责任公司	8
亳州市富丽华假日酒店有限公司	9
利辛县天昱酒店管理有限公司	10
亳州古井慧升楼餐饮有限责任公司	11
蒙城县漆园国际大酒店有限公司	12
蒙城县锦泰餐饮服务有限公司	13
涡阳景源饭店	14
蒙城鸿业国际酒店管理有限公司	15
蒙城民和市民大食堂有限公司	16
亳州市妈祖海鲜岛餐饮有限公司	17
涡阳县侠玲饮食服务有限责任公司	18
亳州市都市之光休闲娱乐广场有限公司	19
蒙城县至尊国际酒店管理有限公司	20

贸易投资促进

【概况】2019年，亳州市商务局组织企业参加药博会、华交会、广交会等知名境内外展会，开展与境内外商协会的经贸交流，帮助企业开拓国际市场。参加贸促系统举办的商事法律培训，提高贸促会商事法律服务水平和覆盖面。邀请甘肃省贸促会项目促进部部长王海滨一行到亳州市调研考察中药材进出口情况，就亳州市与甘肃省中药材产业合作进行座谈；邀请中国国际商会企业家代表团赴亳州考察交流；邀请黑龙江海林市人民政府副市长齐景伟一行到亳考察中药产业发展情况。

【两岸（亳州）中草药交流会】2019年5月8日，两岸（亳州）中草药交流会在亳州召开。交流会由亳州市人民政府和安徽省贸促会、台湾贸易中心共同主办。来自台湾地区以及安徽省的中草药界人士，安徽省马鞍山、宿州、阜阳、芜湖、六安等市贸促会代表共200余人参加会议，共同探讨中草药交流及合作。市委常委、副市长李胜辉，安徽省贸促会副主任许俊东出席交流会并讲话。

【商事法律服务】2019年，市商务局组织参加“企业合规经营专题培训”“一带一路”倡议解读和中美经贸摩擦应对（合肥）培训班、中国贸促会举办的商事法律服务培训班等商事法律培训，1人取得签证资格。签发52份原产地证明书，代办商事证明书3份，代办使馆认证1份，新增注册企业5家。

（杨甜子）

供销合作

【概况】2019年，亳州市供销合作社联合社（以下简称“市供销联社”）有涡阳县、蒙城县、利辛县和谯城区供销社，全系统职工15882人，其中在岗职工13203人，离退休2679人。

新建村级社8个，总数达45个。涡阳县瑞丰年供销社开展日用品、农资销售和农产品收购等业务，销售收入4100万元，利润160万元，带动26人就业，其中贫困户6人，助农增收31.2万元。利用“新网工程”项目资金支持利辛县永兴供销社、谯城区十河供销社等3个传统基层社恢复重建。通过共同出资、共创品牌、共享利益等方式，创办一批制度健全、带动力强的农民专业合作社。全市系统领办创办30个专业合作社，全市总数达707个。利辛县畔畔种植专业合作社与城北镇徐田村、三合村等5个村和部分农户在城北镇扶贫产业园合作种植冬枣66.67公顷，为当地提供100余个就业机会，直接助农增收近150万元。清理“空壳社”43家。

同年，利辛县王人供销社被评为2018年度总社级基层社标杆社；涡阳县的东姬供销社、鼎发供销社、硕朗供销社被评为2018年度省级示范村级基层社。

【农业社会化服务】2019年，亳州市新建改建为农服务中心8个、农村综合服务社24个，进一步完善农业社会化服务网络。涡阳县农家福为农服务中心与中国储备粮管理总公司合作，开展粮食收储业务，午季共收储小麦1万多吨。谯城区焦魁为农服务中心开展跨区域农机作业，年作业面积6666,67公顷。全市供销社系统土地托管面积2.67万公顷，占全市耕地面积的5.26%。完善农村现代流通服务网络。全市系统新建改建“新网工程”农家店160个。近三年全市利用省级、市级新网工程资金355万元完善农村现代流通网络，健全农资、农产品、日用消费品、再生资源等流通服务网络，初步形成连锁化、规模化、品牌化经营服务新格局。编制《亳州市供销社“新网工程”建设规划（2020—2025）》，增加“新网工程”项目储备。开展农村生产生活废弃物回收利用，改善农村人居环境。涡阳县农芯农业科技有限公司参与秸秆禁烧收储工作，在涡阳、蒙城两县3个乡镇建秸秆收储场10个，收储秸秆10万吨，实现秸秆打捆面积1万余公顷。蒙城县天基正方养殖场利用猪粪生产沼气，再用沼气发电，沼渣、沼液肥田，生产成本降低、农村人居环境改善。

【社有企业管理】2019年，市供销联社加强对社有企业的监管。监督社有资产管理公司规范运营并起草《亳州市社有资产监督管理暂行办法（草案）》，进一步明确资产管理、产权管理、资产收益和监管责任等社有资产管理机制。对市社社有资产管理公司参股各企业开展清产核资，摸清现实情况、分类处置。加强项目资金和项目建设监督检查。对2015—2018年度农发、新网工程项目进行监督检查，共检查项目10个，对检查中发现的问题，督促其立即整改。督促社有企业完善内部控制制度。严格按照《中华人民共和国会计法》等法律法规及时进行会计核算，准确反映财务收支情况。督促系统企业在财务管理、内部审计、股权投入监管等方面强化工作举措，规范工作程序，加强管理制度建设。

【农产品销售服务】2019年，亳州市发展电商，助力网络扶贫。安徽好品快购电子商务有限公司在利辛县胡集镇设立电商扶贫驿站，建成48家电商扶贫网点，帮助做好贫困地区农产品上行工作。蒙城县供销社负责运营的蒙城县电商孵化园入驻企业63家，实现线上销售7.2亿元，带动就业2000余人。组织贫困地区农产品参加产销对接会。10月24—27日，市供销社组织系统内12家企业，近100个品种农产品参加在江西省余干县举办的中国特色农产品产销对接会。对接会上，蒙城润鑫电子商务有限公司与福建省鑫盛进出口贸易有限公司、江西如意食品批发部等5家企业达成合作意向。线上线下多渠道推介农产品。推进消费扶贫工作开展，在商贸经营企业设立消费扶贫专区（柜）7个、农产品批发市场专设贫困地区产品销售展区2个、设立供销社网络扶贫电商专区1个。

（马守华）

粮食管理

【概况】2019年，亳州市组织最低价小麦收购128余万吨，市场化粮食收购82万吨。落实政策性粮食收购和轮换资金26亿元。支持辖区内粮食企业运用信用保证基金开展市场化收购，全市有5家以上企业签订信用保证基金贷款协议。受理各类涉粮举报案件105件，其中，全国粮食流通热线“12325”转办案件3起，市长热线转办6起，省粮食和物资储备局转办28起，直接受理查办的举报68起；对4家企业在粮食收购中的违规行为进行通报，对2家违反国家政策性粮食收储的企业进行经济处罚。开展专项检查活动5次。全市区域粮食安全。

【粮食仓储物流设施建设和管理】2019年，亳州市粮食收储企业共筹措资金6397万元用于粮食仓储物流设施建设，并全部投入使用。实现地方储备粮业务信息化全覆盖和地方储备粮在线监管全覆盖。19家粮食产后服务中心项目通过县级初验和市级抽验。3家粮食产后服务中心项目建设基本建成。

对粮油仓储物流设施实行常态化的动态管理。推进“安全、绿色、智能、精细”仓储管理，实现全年无事故。开展惰性粉在保粮防虫中的试应用，效果良好。

【地方粮食储备】2019年，亳州市建立和完善地方储备粮监管机制。确保地方储备粮数量真实、质量良好、储存安全。

制定地方储备粮保管费用、贷款利息和轮换费用补贴管理办法，按规定标准足额落实地方储备粮保管费用、贷款利息和轮换费用补贴。

市县储备粮食和食用植物油规模库存达到省核定下达的规模，常年保持充足的实物库存量。各月末实际库存不低于规模库存的70%。轮换按期完成率100%。

【粮食市场秩序维护】2019年，亳州市出台粮食供应应急预案，组织培训演练。组织调度粮源，做好重点时段重点区域粮油市场供应。明确粮食产销合作具体支持政策措施。与贵州省遵义市粮食局签订粮食产销合作战略协议。创新粮食产销合作形式，利辛利丰粮食购销有限公司（粮食产业园）为贵州茅台酒厂（集团）习酒有限责任公司建立1000公顷红高粱粮食基地，被中央广播电视总台报道。

开展粮食收购市场专项检查，对夏粮收购期间随机抽查发现问题和举报核查情况进行通报。督促承储企业履行出库义务。推进粮食企业诚信建设，完成粮食企业经营活动等级评定工作，落实守信联合激励和失信联合惩戒制度。按照“应查必查、逢报必查”原则，开展信用信息查询工作，对严重失信黑名单的企业依规落实惩戒措施。

【粮情监测预警】2019年，亳州市落实粮食流通统计制度；开展粮食市场监测，及时发布粮食市场信息。开展统计调查。执行《安徽省粮食流通统计制度》，配备专职统计人员，组织全市国有粮食企业及民营企业统计人员开展统计培训。完成52周粮食价格监测，在亳州市人民政府网站上进行发布。上报12期以上粮食流通分析报告和价格市场情况分析报告。

【新型粮食市场主体培育】2019年，亳州市持续深化国有粮食企业改革，全市地方国有粮企土地确权率81%；一级法人企业户数由63家整合为6家；落实董事会、监事会等现代企业制度。亳州金仓粮食储备库与古井瑞福祥食品有限公司合资发展混

图59　2019年，亳州市开展粮食消防演练　（卢仁浩　供图）

图 60　亳州市组织参加全省粮食安全技能大赛　（卢仁浩　供图）

合所有制粮食经济，合作建设亳州粮食储备库。

实施“科技兴粮”，促进粮食科技创新、成果推广和创新体系建设等相关优惠扶持政策。对粮食科技成果给予奖励，对高级粮食专家型人才给予市政府津贴。粮食加工龙头企业设立专家工作站（室），与大专院校进行对接，开展科技成果的对拉服务。

培育龙头企业，推进粮食产业园区建设。完成招商引资近100亿元，其中，投资20亿元的金沙河面粉深加式项目、投资16亿元的亳州食品产业园项目及投资5亿元的德运粮油加工项目在建设中。完成粮油加工业产值181亿元。

市财政安排粮食产品质量安全监管专项资金38万元，用于粮食产品的质量监测；完成挂牌认定“放心粮油”示范店9家、“主食厨房”加工配送中心和直营店9家。

开展“中国好粮油”行动，支持中国好粮油质量品牌创建，组织参加“中国好粮油”产品遴选活动，正宇面粉、恒瑞面粉、金冠面粉等企业获“中国好粮油”产品称号，各县区均获评“中国好粮油”示范县称号。

【粮食生产禁止区划定】2019年，亳州市在谯城区、蒙城县开展耕地土壤环境质量类别划分试点工作，确立安徽农业大学为第三方技术协作单位。两试点县（区）均完成耕地土壤环境质量类别划分野外边界核实工作，并通过省级审查，完成耕地土壤环境质量类别划分试点任务。

制定《亳州市受污染耕地安全利用与严格管控实施方案》，明确目标，落实责任。完成省下达亳州市的141个农产品产地耕地土壤环境监测网国控监测点位信息核对上报和80个点位农产品产地土壤环境以及农产品协同监测任务。

【健全粮食质量安全监管保障体系】2019年，亳州市完成“放心粮油”、地方储备粮日常质量监测、政策性粮食入库验收、库存粮食质量检测、粮食质量田间调查、品质测报、粮食收购期间入库粮食质量巡查等各项监测任务；未发现国家有关部门监测抽检及其他途径发现不符合食品安全指标粮食流入口粮市场。

受理进口粮食调运业务2.79万吨，涉及6家进口粮食指定加工企业，未发生粮食疫情扩散风险。

对已备案的10家进口粮食指定加工企业在备案考核期均按要求建立进口粮食风险防控制度体系及调控方案，对有实际调运进口粮食的6家定点加工企业的进口粮食安全风险防控制度体系及调控方案运行情况进行监管。

出台《亳州市激发重点群体活力带动城乡居民增收实施方案》，明确对新型农民给予鼓励，对申报成功驰名商标的，每件补助30万元；对申报成功地理标志商标的，每件补助20万元。

“涡阳大豆”地理标志商标得到运用和保护；“恒盛”“力源”“曹操贡及图”被纳入驰名商标保护。

【粮食质量安全监管机构及质量监测机构建设】2019年，亳州市安排财政资金用于粮食质量检测，其中，市财政落实38万元粮食质量检测费用、蒙城县财政安排20万元监管专项资金，利辛县粮食和物资储备局申报40万元粮食质量检查经费，监管工作任务得到保障。利辛粮食质检体系建设项目建设和市级粮食质量监测站功能提升项目建成并通过验收。

（卢仁浩）

旅游业

图 20　“美丽亳州”系列图片——2019 年 5 月，亳州市芍花盛开　　（郭飞雨　供图）

概　述

【概况】2019年，亳州市国内游3129.89万人次，增幅16.01%，增幅居全省第一位；国内游收入246.77亿元，增幅20.76%，增幅居全省第二位；旅游总收入248.33亿元，增幅20.64%，增幅居全省第二位。新增国家AAA级旅游景区7处。

推进基础设施建设。林拥城、亳州市展览馆通过国家AAAA级旅游景区景观质量评定，汤王温泉创建省旅游度假区待省厅验收。利辛治未病养心园、蒙城森林公园、涡阳辉山红色村落等单位获评AAA级旅游景区，推进古井乐酒家园、利辛武子古酿、蒙城梦蝶谷等景区创国家AAA级旅游景区工作，全市A级旅游景区达46家。省级及以上中医药健康旅游基地5家、省研学旅行基地3家、省旅游商品特色街区2个、省优秀旅游乡镇及示范村46个，AAA级旅游村庄5个。亳州富丽华君悦酒店获评四星级旅游饭店，亳州万达嘉华酒店创建成“金树叶级绿色旅游饭店”。

宣传营销。依托中央广播电视总台、《人民日报》《中国旅游报》等传统主流媒体，策划发声，《人民日报》《中国旅游报》《中国文化报》《经济日报》19次头版聚焦报道亳州旅游，中央广播电视总台《新闻联播》《新闻直播间》《东方时空》共计8次直播报道亳州文化旅游。微信、微博、抖音、微电影等新媒体方式并用，设计制作亳州精品旅游线路、“月月花相伴·幸好在亳州”等H5宣传画报15期，芍花养生文化旅游节、全国跳绳联赛等系列文旅活动微信微博抖音平台直播42万人次观看，全国象棋甲级联赛一局赛事的网络直播有226万人次观看。打造一批“网红”级旅游活动；上线亳州旅游App，实现“一机在手，玩遍亳州”。亳州旅游宣传画面在上海铁路局动车组、北京地铁、合肥地铁站和火车站循环刊播。在全省旅游“厕所革命”现场会、全省旅游业发展大会、春游江淮行全省启动仪式和全省旅游业“一体两翼”发展工作推进会上，亳州市均作经验交流发言。在第二届海峡两岸台北夏季旅展、第六届四川国际旅游交易博览会、2019年广东国际旅游产业博览会、北京国际健康旅游博览会及中国国际健康旅游高峰论坛上，向全国、全世界推介亳州文化旅游。

打造旅游名片。持续开展2019亳州文化旅游年活动，系列活动共计19项。组织参加安徽省导游大赛获银奖。

（李　新）

图61　2019年3月4日，亳州旅游厕所建设　（市文旅体局　供图）

【旅游重点项目建设】2019年，亳州市推进旅游重点项目建设。亳药花海休闲观光大世界、林拥城、郑店子温泉度假区等项目列入省“512”重点项目。新开工文化旅游项目15个，总投资38.7亿元。亳药花海休闲观光大世界计划投资40亿元，累计投资5亿元。林拥城计划投资21亿元，累计投资7亿元。全市旅游强省“五个一批”建设工程项目库新开工和续建两类重点项目完成投资130亿元、累计投资完成110亿元，较2018年增长12%。建成亳州南北旅游集散服务中心、药王村田园综合体、涡阳全域旅游示范项目等重点文化旅游项目。义门古镇、古井白酒小镇、蒙城立仓荷花龙虾小镇3个旅游类特色小镇获评省特色小镇。

【旅游品牌创建】2019年，亳州市林拥城、亳州市展览馆通过国家AAAA级旅游景区景观质量评定，汤王温泉创建省旅游度假区待省厅验收。利辛治未病养心园、蒙城森林公园、涡阳辉山红色村落等单位获评国家AAA级旅游景区，推进古井乐酒家园、利辛武子古酿、蒙城梦蝶谷等景区创建国家AAA级旅游景区工作，全市A级旅游景区增至46家。创建省级及以上中医药健康旅游基地5家、省研学旅行基地3家、省旅游商品特色街区2个、省优秀旅游乡镇及示范村46个，AAA级旅游村庄5个。亳州富丽华君悦酒店获评四星级旅游饭店，亳州万达嘉华酒店成功创建“金树叶级绿色旅游饭店”。

【乡村旅游】2019年，亳州市完成15个旅游扶贫重点村旅游规划编制和“八个一”工程建设任务，并对重点村“八个一”工程进行全面提升。蒙城立仓镇薛庙村、利辛马店孜镇双沟社区、谯城五马镇桥口村等10个重点村获评A级旅游村庄。创新开展亳州旅游扶贫新貌游、旅游扶贫农家小院、旅游扶贫就业培训和“百企帮百村”等工作。推进辉山红色村落、治未病养心园、五马桃花园等乡村旅游扶贫示范项目建设，药王村田园综合体项目完成基础设施和景观提升，刘庄民俗村、科普馆、大食堂，枇杷园、番石榴园等一批休闲农业项目建成运营。

【精品旅游线路建设】2019年，亳州市制定印发中华传统文化研学之旅活动方案，完成线路总体策划。提升古井、康美、润耕3家省级研学旅行基地旅游业态，建成运营“火星时代”、气象科普公园2家研学旅行基地。举办中华传统文化研学之旅启动仪式暨“火星时代”亳州市文化科技研学基地开幕式。以亳州为主体的皖北文化之旅获评“省十大自驾游精品线路”。

【旅游商品开发】2019年，亳州市引导和推动旅游商品开发。组织开展旅游商品创意设计大赛活动。组织参加国家旅游商品大赛，“亳·千古一亳系列”商品获2019年中国旅游商品大赛金奖、填补了全省空白。文石玲珑熏香炉获2019年中国特色旅游商品大赛银奖；曹操运兵道智慧迷宫、一芍佐料罐获大赛铜奖。涡阳辉山红色文创系列4件作品获评全国优秀红色旅游文创商品。

【企业培育】2019年，亳州文化旅游控股集团、古井集团等亳州旅游业发展领军企业发展壮大。涡阳县宏飞文化旅游集团有限公司、蒙城县梦蝶旅游有限责任公司、谯城区文旅等国有文旅公司成立。

【旅游“厕所革命”】2019年，亳州市出台旅游“厕所革命”工作方案和奖补方案，43座旅游厕所全部建成，提前两年完成旅游“厕所革命”新三年行动计划。全市352座A级旅游厕所全部完成百度电子地图上线工作，实现国家AAA级及其以上旅游景区、乡村旅游集聚区、重要旅游节点A级旅游厕所全覆盖。

（潘承尧）

【亳州旅游App暨综合监管平台上线运行】2019年，亳州旅游App暨综合监管平台上线运行。此款App着力打造“一个中心、三大平台、十二大功能板块”，为游客和市民在亳州开展文化旅游体育活动提供便利，为行业管理者提供更为便捷迅速的监管手段。“一个中心”就是大数据中心。主要通过亳州旅游App的建设，把亳州文化旅游体育新闻出版广电行业的公共服务场馆、主要经营企业、重点建设项目、游客信息、视频监控、活动资料、应急广播、市场执法等基础数据进行广泛收集、全面汇总、系统集成和综合分析，建立综合数据库。“三大平台”就是行业综合监管平台、智慧营销平台和游客服务平台。行业综合监管平台是供市局和县区局公务人员使用的平台，通过对全市文化旅游体育新闻出版广电场馆场所、旅游景区、星级饭店等经营企业视频接入、数据采集和网络连接，实现对游客属性大数据分析，满足行业监管需求，提升行业监管效能。智慧营销平台主要通过展示亳州景区景点、旅游线路、特色商品、美食名吃等丰富内容，宣传亳州、推介亳州。公共服务平台主要面对服务对象、游客等不同群体的不同需求，通过App满足网上报名、网上办事和线上查询预订、智能导航、语音服务等不同需求。“十二大功能板块”包括城市指南、文旅资讯、企业查询（景区景点、旅行社、星级饭店、公共场馆等）、各种预订（线路、景区、住宿、美食、购物等）、语音导游、交通出行、导游核验、文旅活动、游记攻略、旅行圈、“我的定制”、旅游投诉主要功能。

（张立辉）

2019年亳州文化旅游年活动

【概况】2019年，亳州文化旅游年活动围绕一个定位、培育两个市场、打造三个节庆、突出四个品牌，共举办31项文旅体活动，活动高潮不断、亮点纷呈，既丰富了文化旅游内容，提升了游客的参与度，又吸引了眼球，凝聚了人气，提高了亳州文化旅游的知名度、美誉度和影响力，助力亳州旅游加速发展。

立足市场定位，突出节庆品牌。立足“天下道源·圣贤故里·世界药都·养生亳州”城市形象定位，突出亳州名人、名城、名胜、名产四大品牌，培育以亳州为中心半径300公里范围内周边旅游客源市场，策划举办中国（亳州）芍花养生文化旅游节、国际中医药博览会和中国（亳州）白酒文化节三大节庆品牌活动吸引国内外游客，仅在芍花养生文化旅游节期间接待游客136.88万人次，推动了亳州地接旅游的增长。

立足资源特色，突出主题主线。亳州人文历史厚重，特色资源众多，围绕历史文化、中药、白酒等特色资源，突出文化、旅游、体育主题和养生亳州主线，策划举办“天下道源·问道涡阳——已亥年传统老子庙会”“道源问道——中华传统文化研学之旅”“畅游桃园·体验乡情——亳州五马桃花文化旅游系列活动”“亳览天下·穿越古今——中心城区景区旅游体验活动”“牵手亳州·筑梦药都——2019亳州国际马拉松”和“品味亳州·养生药都——第三届华佗杯全国药膳大赛”等活动，突显了亳州城市特色品牌，展示了亳州文化旅游魅力，丰富了文化旅游活动内容。

立足政府主导，突出市场运作。2019文化旅游年活动积极探索市场化运作模式，实行政府资金引导，鼓励社会资本投入，不断完善政府主导、部门协作、企业参与、社会跟进的文化旅游发展机制，收到了良好的社会效果。全年31项活动，有14项主要是通过市场化运作、有企业和社会资本出资举办的。如市文旅集团主办的“相声新势力卢鑫玉浩欢乐亳州站”、市文旅体局主办的“华佗故里·曹操论剑——世界搏击王者争霸赛”，完全是由承办方自己找市场、自主筹措资金运行、自行完成活动，市文化旅游年组委会办公室根据承办方事前的申请、加强活动指导、宣传报道

图62 2019年5月1日，亳州芍花养生文化旅游系列活动开幕式暨芍药特种邮票全国发布仪式举行（张延林 摄）

和安全保障，综合评估活动效果分别给予一定资金补助，既调动了企业和社会资本的积极性，又发挥了财政资金的最大效益。

立足节约办会，突出务实高效。2019亳州文化旅游年本着从简节约、注重实效的原则，市文化旅游年组委会办公室审核把关每一项活动方案和资金预算，进行综合评估，提出指导性意见和建议，立足亳州本地实际，突出活动实际效果和影响。“来亳州·品年味——红红火火过大年活动”突出了传统年俗文化的“红”和“火”，为新春佳节增添了喜庆氛围，中央广播电视总台第13频道对亳州红红火火过大年进行了7分钟专题报道。

立足规范运作，打造品牌活动。借鉴前两年文化旅游年活动经验，大幅压缩活动项目，保留一些特色鲜明，影响广泛，深受游客和市民喜爱的品牌活动项目，并结合实际，大手笔、高起点策划了一批新的文化旅游体育活动，活动数量由2017年的127项、2018年103项，压缩至2019年的31项，文化旅游年活动资金投入由2017年的3000多万元、2018年的2000万元，到2019年1100多万元，经费大幅下降，活动的规模和影响力有效提升。2019亳州高铁嘉年华高铁主题营销活动，选择在12月1日高铁开通当日举办活动仪式，影响大、效果好，广泛宣传推介了亳州。加大活动审核程序，规范资金补助流程，严格把关活动项目，确保各项活动安全有序成功举办，不断把亳州文化旅游年活动打造成为亳州文化旅游发展的知名品牌，助推亳州文化旅游加速发展。

【活动项目】主题活动20项：

来亳州·品年味——红红火火过大年系列活动；

冬养亳州·乐锶温泉——汤王温泉体验月活动；

牵手亳州·筑梦药都——2019亳州国际马拉松；

芍药花开·爱上亳州——知名媒体、旅游达人、摄影爱好者亳州采风活动；

我运动·我健康——中国·亳州三国篮球邀请赛；

木兰故里·春风颂——知名女作家亳州采风活动；

童话世界·乐享亳州——六一卡通游园会；

速度激情·决战药都——2019亳州电子竞技大赛；

相声新势力卢鑫玉浩欢乐亳州站；

庆祝中华人民共和国成立70周年——第四届“我在博物馆画文物”全市青少年儿童绘画大赛；

健康安徽——环江淮万人骑行大赛（亳州站）；

活力亳州·动感药都——2019年中国国际健身气功博览会暨第十一届华佗五禽戏养生健身节活动；

品位亳州·养生药都——第三届华佗杯全国药膳大赛；

多彩亳州——亳州市书法、美术、摄影、剪纸作品展；

道源问道——中华传统文化研学之旅；

满城尽带黄金甲——第四届亳州金秋菊花盆景展；

江淮鉴宝行——2019安徽亳州鉴宝大会；

穿越亳州·体验药都——全民城市定向赛；

YAO青春“亳”未来——2019亳州首届青年电子音乐节；

新时代·新未来——2019亳州青年文化创意大赛。

系列活动2项：

古井贡酒·年份原浆——第二届白酒文化暨桃花春曲系列活动；

偶遇亳州·情定芍花——2019亳州芍花养生文化旅游系列活动。

全年固定活动5项：

亳览天下·穿越古今——中心城区景区旅游体验活动；

曹操故里·演义三国——《魏武雄风》演出活动；

有戏亳州·亳州有戏——2019亳州戏曲文化活动；

分享·传递快乐——文化沙龙系列活动；

一路有你·约惠亳州——亳州文化旅游推介营销活动。

县区活动4项：

天下道源·问道涡阳——己亥年传统老子庙会；

畅游桃园·体验乡情——2019亳州五马桃花文化旅游系列活动；

皖北水乡·淮上江南——2019西淝河湿地音乐节；

庄子故里·逍遥蒙城——2019庄子文化周系列活动。

【利辛县首届“皖北水乡·淮上江南”音乐帐篷节】2019年10月19日，利辛县首届音乐帐篷节在王市镇西淝河畔的未病村举行。

近500名户外运动爱好者参与，以帐篷为媒介，集公益徒步、文化演出、旅游交流于一体，通过新兴的户外活动形式，展现利辛县特色文化。

【第二届“庄子文化周”系列活动】2019年，亳州市举办“庄子文化周”活动。共邀请或吸引全国各地领导嘉宾、艺术大师、专家学者以及爱庄敬庄人士400余人直接参与或间接参与活动，蒙城县参与系列活动10万余人次，主流媒体新闻报道网络阅读点击量2000余万人次。

“庄子文化周”是中国社会科学哲学研究所、安徽省庄子研究会与蒙城县人民政府联合打造的弘扬庄子文化、推进中华优秀传统文化创造性转化和创造性发展的重要平台；是全国庄学研究专家学者和庄子文化爱好者交流学习、互鉴共进、展示成果、增进友谊、增强文化自信、提升学术价值的广阔舞台；是以“哲学观照现实”为指导、以庄子文化为核心，以蒙城地方文化为基础，以文化品牌为载体，推进学术、楹联、曲艺、吟诵、书画、古琴、养生、美食、非遗、产业等文化融合发展的创新举措。

【《华佗故里·曹操论剑》“一带一路”亳英荟世界搏击王者争霸赛】2019年10月12日，《华佗故里·曹操论剑》“一带一路”亳英荟世界搏击王者争霸赛在亳州市体育馆内开赛。本次比赛媒体宣传覆盖全省重点门户网站以及新媒体门户网，辐射全省，覆盖亳州本地媒体。

【博物馆“欢乐奇妙夜”活动】2019年2月1日16:00－19:00，亳州市举办博物馆“欢乐奇妙夜”春节专场活动。活动期间，观众可以自由选择“夜游”博物馆，参与博物馆大院庆春节文艺会演，送春联送福活动，剪纸、拓片、制陶、皮影戏四大“非遗”展演，文物拼图等夜间活动，体验不一样的传统年俗。参与群众2000余人次。

【“我最喜爱的亳州民俗”征文】2018年12月27日，自市文旅体局、市文化馆在微信公众平台发布征文公告，截至2019年1月20日，共收到来自全国各地的亳州籍老乡以及在亳州生活过的各省友人发来的投稿100余篇，吸引百位文学写作爱好者参与。作品展现亳州深厚的历史文化和独特的民风民俗、人文内涵。

【2019亳州芍花养生文化旅游系列活动开幕式暨芍药特种邮票全国发布仪式】2019年5月1日，2019亳州芍花养生文化旅游系列活动开幕式暨芍药特种邮票全国发布仪式在亳药花海休闲观光大世界润耕广场举办。芍花养生文化旅游系列活动续半个月，其间，印发《汤都芍花之韵》诗集，举办“偶遇亳州·情定芍花”——青年交友活动、“花海走起来”——安徽省行走艺术皖北区芍花海行走展示活动、“花海嗨起来”——谯城区十河镇第四届农民文化艺术展演活动、“花海舞起来”—优秀舞蹈艺术展演、“花海唱起来”——传统曲艺展演、“亳鸡大战”——全国斗鸡邀请赛、“花海玩起来”——儿童游乐嘉年华等活动。《芍药》邮票一套四枚，邮票表现内容为芍药、美丽芍药、草芍药和川赤芍。在此次全国发布仪式上，游客可直接在开幕式现场进行登记，5月11日后，邮票陆续邮寄至游客手中。

【中华传统文化研学之旅启动仪式暨火星时代研学旅游基地开幕仪式】2019年，亳州市举办中华传统文化研学活动。邀请亳州旅游企业、苏鲁豫皖合作旅行社及研学机构代表和亳州市中小学生代表400余人。分为亳州研

图63 2019年10月1日，火星时代研学旅游基地 （刘 天 摄）

学旅行产品推介会、火星时代研学旅游基地开幕仪式两部分。

10月2日，亳州研学旅行产品推介会在亳州希尔顿欢朋酒店召开，共邀请亳州旅游企业、苏鲁豫皖合作旅行社及研学机构代表100余人，亳州市文化旅游发展有限责任公司总经理助理芮瑞主持会议，总经理何远江出席会议并致辞。

10月3日9时，火星时代研学旅游基地开幕仪式在亳州北游客集散中心正式举行。

火星时代研学旅游基地共设置星际探索馆、机器人馆、航空航天馆等12个主题场馆，以及3D打印、智慧编程、无人机等数十个主题课程。

图64 2019年4月8日，谯城区问礼广场 （刘 天 摄）

亳州文化旅游控股集团有限公司

【概况】2019年，亳州文化旅游控股集团有限公司(以下简称"文旅集团")有员工372人，下属全资、参股、控股公司35家，集团总资产规模225.13亿元，净资产104.26亿元，实现经营收入9284.53万元。文旅集团旗下各景区共计接待游客730.58万人次(不含南湖水舞灯光秀)，同比增长18.76%。

同年，林拥城景区、亳州城市展览馆通过国家AAAA级旅游景区验收。曹氏家族墓群获评国家AAA级景区。华佗诞辰祭祀大典入选第七批市级民俗类非物质文化遗产。文旅集团旗下商标知亳文创研发的特色旅游商品获"2019中国特色旅游商品大赛银奖""第三届中华商标创意设计大赛银奖"等奖项。汤王温泉获"第四届金汤奖"最佳创意奖。文旅集团讲解员代表亳州市参加全省导游大赛，获"安徽省导游大赛银奖"和安徽省"青年岗位能手""巾帼建功标兵""优秀导游员"等称号。

【项目建设】2019年，文旅集团开工建设项目16个，累计完成产值2.13亿元。建成项目10个，完成投资4.47亿元。

道德中宫问礼广场于4月8日基本完工并向市民开放。广场位于市区新华路与老祖殿街交叉口道德中宫对面原停车场区域。该项目包括牌楼和广场两部分，广场总占地面积1200平方米，其中硬化面积620平方米，绿化率48.3%，广场内建设有问礼雕塑、景观小品、文化墙、"福禄寿"地雕等。牌楼于4月底完工建成。

亳药花海休闲观光大世界一期工程于4月20日全部完工。该项目位于谯城区十八里镇和十河镇，总投资40亿元，内含耕地1000余公顷，通过政府补贴、引导种植形成特色药材花海景观，重点打造四季药材花卉景区百花园。项目内18个村的村土地利用规划获省自然资源厅批复，成为省内第一个村级土地利用规划试点。

亳州市南部游客集散中心于10月1日投入使用。该项目位于亳芜大道与307省道交叉口西南侧，亳州南高速出入口，项目总占地面积约0.8公顷，建有大型综合停车场、游客服务中心、旅游餐厅，完成加油站选址，是首个亳州南部游客接待的窗口。

亳州北游客集散中心于10月3日投入使用。该项目位于药王大道与北一环交叉口东南角，项目总投资2亿元，占地面积约0.62公顷，总建筑面积约3.14万平方米，建成大型综合停车场(包含地下停车场)、火星时代研学旅游基地、上居雅途酒店，并规划建设游客服务中心、新能源电动汽车充电桩、旅游餐饮、亳州之窗特色商品展示区等，是集“吃、住、游、学、购”于一体的北部旅游综合体。

火星时代研学旅游基地于10月19日对外开放。基地由文旅集团联合合肥清大中创教育科技有限公司打造，位于药王大道与北一环交叉口亳州北游客集散中心院内。基地一楼为科技型展馆，内设星际探索体验馆、机器人体验馆、航空航天体验馆，二楼为STEAM科创研学体验馆，内设机器人馆、无人机馆、3D打印馆、VRAR馆、科技创造馆、智慧编程馆、工程搭建馆、五感体验馆、数字探究馆。该项目填补了市科技研学旅游的空白。集团旗下知亳文创商标完成注册，研发文创产品60余件，在五大景区开设“知亳文创”形象店，在亳州市展览馆、之意书社设置知亳文创形象展示区。

【融资合作】2019年，文旅集团累计完成融资授信额度33.56亿元，落实资金19.18亿元。对接各金融机构，协同推进直接融资、项目贷款、融资租赁等多种融资项目。保证亳药花海、北部游客集散服务中心等重点项目的建设，形成融资拓展和项目建设相互促进的局面。重点融资项目包括完成集团15亿元债券融资计划项目授信及5亿元资金发放，完成3亿元融资授信及2.4亿元资金发放，完成2亿元兴业信托项目授信工作。

【宣传推介】2019年，文旅集团共开展节庆活动9项、主题活动6项，各大景区组织演出活动685场。通过举办推介座谈会、铺设宣传广告等举措，逐步拓展“晋冀鄂沪”等400千米以外市场，签约城市达89个，与宿州、济宁等地市达成研学合作协议。全面拓展高铁沿线市场，启动“亳州文旅高铁嘉年华主题年”宣传活动，市场覆盖范围持续扩大。

“畅游亳州”公众号发稿719条，阅读量85.75万人次；集团官网、官微发稿573条，阅读量59.27万人次。200余篇推文被安徽文化和旅游厅、头条号等新媒体转载，各项活动被省、市主流媒体报道逾60次，其中火星时代研学活动被新华社、《经济日报》报道。

（郭飞雨）

图65　花戏楼　（刘勤利　摄）

景区选介

【花戏楼】国家AAAA级旅游景区，全国重点文物保护单位。位于亳州北关历史文化街区花戏楼街北段。花戏楼是以大关帝庙为主体建筑，由张飞庙、岳飞庙、朱公书院、火神庙和粮坊会馆等组成的古建筑群，是明清时期山西、陕西商人聚会的地方。清康熙十五年（1676）始建花戏楼，乾隆年间增添许多彩绘和雕刻。建筑面积3163平方米，有戏楼、钟楼、鼓楼、座楼和关帝庙大殿等。1988年1月，花戏楼被国务院公布为全国重点文物保护单位。

花戏楼有“三绝”：

大关帝庙山门前耸立铁旗杆一对，每根重6吨，高16余米，直插云霄，是花戏楼一绝。旗杆分5节，每节分铸八卦蟠龙，顶端铸丹凤1只，造型生动，旗杆上有三层方斗风铃24只，迎风叮当作响，清脆悦耳。花戏楼的木雕是第二绝，共雕有三国戏文18出，人物数百人，神态各异，龙争虎斗，呼之欲出。花戏楼的第三绝在山门。花戏楼的山门是一座仿木结构的三层牌坊式建筑，上面镶嵌着闻名天下的立体水磨砖雕，玲珑剔透，琳琅满目。花戏楼的砖雕，属徽派微雕艺术，在不足5厘米厚的水磨青砖面上，共雕人物115人、禽鸟33只、走兽 67 只，楼台殿阁多处，花草树木无数，内容涉及中国的历史、政治、军事、风俗民情等诸方面。

【曹操运兵道】国家 AAAA 级旅游景区，全国重点文物保护单位。曹操运兵道位于亳州市老城区地下，以大禹首为中心，向四面延伸，分别通达城外。整个地道经纬交织，纵横交错、布局奥妙，规模宏大，已发现长度近 8000 米，被誉为“地下长城”。2001 年 6 月 25 日，被国务院公布为全国重点文物保护单位。古地道距地表深度一般在 2 ~ 3 米之间，最深处超过 7 米。结构有土木结构、砖土结构、砖木结构、砖结构 4 种形式。有单形道、平行双道、上下两层道、立体交叉道等几种形式。道内高一般在 1.6 ~ 2.1 米之间，宽 0.6 ~ 0.9 米，道内转弯处均为“T”形道口连接，平行双道相距约 2 ~ 3.5 米，中间砌有方形传话孔。设有猫耳洞、掩体、障碍券、障碍墙、绊腿板、陷阱等军事设施，还有通气孔、灯龛等附属设施。近年来，在古地道的发掘、维修过程中，出土有汉、唐、宋各代文物，有铁刀、铁剑、弹丸、衔枚、铜镜、铁钉、瓷器、围棋子、钱币等，对研究我国古代军事建筑、军事战术以及曹操军事思想具有重要的参考价值。

【南京巷钱庄】国家 AAAA 级旅游景区，全国重点文物保护单位。位于亳州北关老街南京巷 19 号。是以货币为经营对象的民间金融机构旧址。1998 年 5 月，被安徽省人民政府公布为全省文物保护单位。2013 年 3 月，被国务院公布为全国重点文物保护单位。

图 66　南京巷钱庄　（孙甜甜　供图）

清末民初，全城大小钱庄有 33 家，南京巷钱庄建于清道光年间（1821—1850），清末平遥“日升昌”票号的分号，经营范围主要包括存款、放款、货币兑换、发行与兑换钱票、银票。

南京巷钱庄为面阔 3 间的三进四合院，存有门厅、正厅、后厅、柜房、账房、掌柜房、灶房等建筑 30 余间，建筑风格中西合璧，布局严谨，保存完整。景区内采取实物、蜡像等手法，再现当时钱庄经营的场景；同时陈列有中国历代钱币展览，从原始的贝币直至中华人民共和国法定货币人民币等，共展出文物 3588 件。

【曹氏宗族墓群】全国重点文物保护单位。位于亳州魏武大道两侧，主要包括董园汉墓群、曹四孤堆、刘园孤堆、薛家孤堆、观音山孤堆、张园汉墓、马园汉墓、袁牌坊汉墓群、元宝坑汉墓群等。始建于东汉末年。占地约 10 平方千米。2001 年 6 月 5 日，被国务院公布为全国重点文物保护单位。

曹氏宗祖墓群的形制基本相同，为砖石结构的多室墓，一般均具有前室、中室、后室以及数量不等的耳室或偏室组成，其中最具代表性的是石结构的曹腾墓和砖结构的曹嵩墓。

曹氏宗族墓群，墓门多为石结构，饰有画像刻石，墓室墙壁，券顶绘有彩色壁画。出土有玉刚卯、玉猪、银缕玉衣、玉枕、象牙石等珍贵文物。出土的 800 多块带文字墓砖，有隶、篆、草、真、行等书体。记载内容有曹氏宗组成员或地方官吏姓名等，对研究我国古代书体演变等具有重要价值。

【尉迟寺遗址】全国重点文物保护单位。位于亳州市蒙城县许疃镇毕集村。遗址现存面积 10 万平方米左右。东西长约 370 米，南北宽约 250 米，现存崮堆面积约5万平方米为遗址中心部位，其中埋藏着壕沟环绕的主要居住区。1988年安徽省文物考古所对该遗址进行调查，确认为新石器时代遗址。从地层情况和碳14测定的年代看，尉迟寺遗址的年代大约距今4600～4800年。尉迟寺遗址是皖北地区规模最大的一处原始聚落遗址，其发现对大汶口文化的全面研究是一项巨大的突破。

【万佛塔】全国重点文物保护单位。又名插花塔。位于蒙城县万佛塔公园内，因塔身内外嵌砌琉璃小佛近万尊而得名。占地面积约2500平方米，周长250米，呈长方形，是一处保存完整的宋代古塔。万佛塔为八角十三层楼阁式砖塔，高42.6米。塔的四正面辟门，其余四面砌作假窗，外檐第二、第三层用砖砌作塔檐平座。自四层以下只出小平台，无平座。此塔自第四层以上有变化，下面几层穿心式楼梯，上面则改成盘旋式楼梯，第七层以上门窗位置不规则。万佛塔体型不很大，但造型秀丽，结构富于变化，保存亦较完整。

【古井酒文化博览园】国家AAAA级旅游景区。位于亳州古井镇，为仿明清宫廷建筑，园区内有景点40余处，包括古井酒文化博物馆、地下万吨酒库、醉酒屋、古井园、酒神广场等，其中两口千年古井及明清窖池群、明清酿酒作坊遗址为全国重点文物保护单位。古井酒文化博物馆作为安徽十大行业馆之一，连同古井酒厂、魏井、宋井，被国家旅游局命名为“工业旅游示范点”。

【薛阁塔】又名文峰塔，位于亳州市薛阁路中段路南。清乾隆三十七年（1772）亳州知州郑交泰，为兴文风始建，初为五层。嘉庆十七年（1812）州绅何天衢投资续建两层，成为七级玲珑宝塔。因塔建在明代吏部考功司郎中薛蕙的家庙薛家阁附近，故当地人称此塔为薛阁塔。

图67 亳州薛阁塔 （张延林 摄）

塔为砖结构，楼阁式建筑造型，直椎八角形，共七层，高34.15米，底层周长23.36米，塔座为8块大清石奠基。每层外转角为砖砌仿木方柱，柱上是砖枋，枋上为塔檐，枋下饰砖刻斗拱、禽鸟、花卉图案。塔内为“壁内折上式”，从第二层至第六层内壁上各有一面南小龛，为供神之处。塔顶八角飞檐、翘角垂脊、风铃叮当，筒瓦屋顶，玲珑剔透。塔尖为铁铸莲花座，座上铸葫芦式塔刹，直插云霄。2019年10月，被国务院公布为全国重点文物保护单位。

【天静宫】国家AAAA级旅游景区、省级文物保护单位。又称太清宫，位于涡阳县城北郑店村。太清宫始建于东汉延熹八年（165），始称老子庙。因桓帝梦见老子降于殿廷，乃颁旨在老子故里建庙立祠，祀奉老子，并命陈相边韶撰《老子铭》碑。李唐王朝，以老子为始祖，尊此庙为祖庙。唐武德三年（620）、贞观六年（632）、乾封元年（666）、光宅元年（684），曾相继于此营建宫阙殿宇。天宝二年（743）钦封此宫为太清宫。唐末毁于兵火，几成废墟。北宋大中祥符七年（1014）至天禧二年（1018）间奉敕重建，规模比唐时还大。元世祖之后，道教再度兴盛，此宫得以新建，并根据道教教义易名为天静宫。明崇祯年间（1628—1644）和清康熙八年（1669）均进行过装修。历史上的太清宫占地200公顷，食业数千人。今太清宫是20世纪90年代由海外华人捐资在原址上重建的，其主要建筑按宋代规制建设，有老君殿、三清殿、灵官殿、天师殿、重阳殿、吕祖殿、老祖殿、元辰殿、财神殿、慈航殿、道士舍、迎仙桥、钟楼、鼓楼、两庑、长廊、山门及门前广场等。

（孙甜甜）

【庄子祠】国家AAAA级旅游景区。位于蒙城县漆园办事处，道教庙宇。始建于北宋，宋元丰元年（1078），知县王竟创建于涡河北岸漆园城，后被黄河水淹没，明万历九年（1581），蒙城知县吴一鸾于今址重建。有逍遥堂、梦蝶楼、卷篷各3间，道舍3间，鱼池桥1座。左为梦蝶楼，右为观鱼台。逍遥堂居中，堂中塑庄周像，每年春秋祭祀。明崇祯五年（1632），知县李时芳重修逍遥堂，增建五笑亭，辟池为庄子濠上观鱼园，并撰《新修庄子祠记》，刻碑立于祠内。门前立丈余高的石碑，镌刻“庄周故里”4个大字。

现存庄子祠是蒙城县政府在宋代庄子祠旧址上新建的，总占地面积3.47公顷，总建筑面积1086平方米，全祠由祠堂建筑群与万树园两部分组成。主要建筑有大三门、影壁、山门、逍遥堂、古衡门、濮池、五笑亭、观台、观鱼桥、梦蝶楼、南华经阁、东西碑廊、道舍、客舍等。

【亳州市博物馆】国家AAAA级旅游景区，爱国主义教育基地。位于谯城区芍花路209号，馆名由1963年时任中国科学院院长的郭沫若先生题写。为仿汉城堡式建筑，在原三国揽胜宫基础上改建而成，占地2.5万平方米，建筑面积5200平方米，室内陈列面积2800平方米，馆藏文物2687余件。陈列的主题为“穿越五千年——亳州文化寻源”，按照历史发展的脉络，展示亳州的厚重历史。展厅由序厅、涡河文明、商汤都亳、道源圣地、汉魏风骨、天下望州、亳商市井、近代和当代亳州8个部分组成，共展出文物810余件套。

亳州博物馆集声、光、电等现代传媒技术为一体，采用文字、图片、实物、动画、沙盘等多种表现手法，再现亳州千年文明的历史画卷，成为展示亳州历史文化名城的标志性建筑。

【华佗纪念馆】国家AAA级旅游景区，全省文物保护单位。又名华祖庵、华佗庙，位于亳州市永安街中段路北，东邻三神庙和神农衣冠冢，南邻曹操的斗武营，是祭祀神医华佗的庙堂。因庙的历代主持皆为女僧，故称华佗庵。1961年郭沫若到亳州，亲题“华佗纪念馆”馆名。

华佗辞世后，家人流散，故居被水冲坏。唐初尚文，谯人便在他的故居前建华佗庙，而后又多次修建。现存华佗纪念馆与华佗故居连为一体，占地1.3万平方米，有山门、耳房、大殿、东西殿、禅房、元化草堂、存珍斋、益寿轩、课徒馆、自怡亭、五禽戏台、药圃、洗芝池、碑廊等建筑。大殿上方悬有清嘉庆二年（1797）安徽巡抚朱圭题写的“燮理通微”的匾额。殿内金柱上有朱圭题写的楹联：“五戏转灵枢道本皇轩仙位业，四轮消劫运功参地释佛菩提”。店内供奉着雕塑大师钱绍武为华佗雕塑的铜像。碑廊上襄着古今名人为华佗题写的诗文。整个纪念馆，古朴典雅，环境优美，凝聚了中医药文化的精髓。

【蒙城板桥战斗纪念馆暨雪枫公园】国家AAA级旅游景区，位于蒙城县板桥镇，是为纪念八路军第四纵队在淮北板桥集抗击日伪军进攻的战斗而建。纪念馆占地1.32万平方米，建筑面积980平方米，馆内设2个展厅和一个多媒体放映厅，展示100余幅珍贵图片和部分实物，并收藏有120名将军的题字。

【陈抟庙】国家AAA级旅游景区。又名希夷故里，位于谯城区城南宋塘河西岸陈家营村。是道家著名人物陈抟的出生地，陈抟庙始建于宋，后历代维修，保留至今。2007年市政府斥资重建，在各殿内围绕着陈抟及道家文化进行布展，2009年1月对游客开放。陈抟庙占地5000平方米，有山门、碑亭、三教殿、老祖殿、图南堂、扶摇堂和希夷睡洞等建筑组成，殿内陈列内容是以陈抟生平、学术成就及其对中国文化、哲学思想和道教贡献为主题，展示涡水道家文化，弘扬中华文化精神。

【白鹭洲国家级水利风景区】国家AAA级旅游景区。位于利辛县阚疃镇。由茨淮新河、利阚新河、白洋沟、月牙河和利阚新河公路桥、永幸河公路桥等水利工程设施以及几条水系围合而成的3个岛屿共同组成。岛屿上水杉参天挺立，四季松柏常青，环岛有护坡、沙滩，四周水面宽阔，水质优良，清澈见底。景区总占地面积120 公顷，其中陆地面积80公顷，水面40公顷。2009年8月，被水利部批准为国家级水利风景区。

【汤王陵】省级文物保护单位。位于谯城区谯陵北路东侧，涡河北岸，是商汤王的衣冠冢，又称“汤王墓”。汤王墓的记载，最早见于三国时期曹丕著的《皇览》：“涡北凤头村，有成汤故垒。”郦道元在《水经注》中记载“商成汤葬于涡河之阳”。据《亳州志》记载：“汤陵西有桑林，是成汤王祈雨处。”东北有桐宫，是伊尹囚禁太甲之处，今具无存。民国25年（1936）辟为“汤陵公园”，园内广植花木，松柏常青，亭榭翼然，曲径通幽。

现存汤陵为一高大圆形土丘，高6米余，周长近60米。墓冢前竖“商成汤王陵”石碑，墓南一棵500余年树龄的黄楝树生长顽强。历代重修汤陵碑刻，由于战争破坏，仅存清康熙十二年（1673）和乾隆三十六年（1771）“重修汤陵碑记”立于左右，记录历次维修汤陵的情况。园内古树、寝陵、墓碑，构成帝王园林特色。

【道德中宫】省级文物保护单位。又名老祖殿，位于亳州市老祖殿街东首，坐北朝南，山门正对问礼巷，是祭祀春秋时期伟大的思想家、哲学家、道家学派的创始人老子的庙祠。道德中宫始建于汉代，据《亳州志》记载：汉桓帝、唐高宗、唐玄宗、宋真宗等，都曾前来拜谒过老子庙祠。后因战乱，洪水等颓废。

现存道德中宫是明万历年间（1573—1620）重修的，整个建筑坐北朝南，存有山门、拜殿、大殿、东殿、西殿等古建筑20余间，占地面积约2000平方米。布局对称，金碧辉煌。山门镶嵌“道德中宫”4个砖雕大字，步入山门，悬挂在拜殿门上的是“道法自然”巨型匾额。明间屏风，绘道教“太极图”。穿过拜殿为道德中宫的大殿，大殿3间，高大宏伟，正门上悬“上德若谷”巨型匾额，是祭祀老子的地方。殿内塑有3米多高的老子塑像。东殿3间题“紫气东来”匾额，敬奉鲁班，西殿门悬“返璞归真”匾额，敬奉财神。1991年重新镌刻的《道德经》石碑镶嵌在院内西墙上。

【新四军第四师司令部旧址】省级文物保护单位。位于涡阳县新兴镇，占地3000平方米，是安徽省爱国主义教育基地。1939年9月初，彭雪枫带领新四军游击支队到新兴集，开创以新兴集为中心的豫晚苏边抗日根据地。1940年2月，游击支队改番号为新四军六支队；6月又与黄克诚领导的八路军二纵队合编为八路军第四纵队；1941年新四军组建后改番号为新四军第四师，同年彭雪枫率新四军四师转移到津浦路东。四师在新兴集期间，司令部直属机关有政治部、锄奸部、民运部、参谋部、军法处、副官处、供给处、拂晓剧团、拂晓报社等十多个部门。四师司令部旧址为砖木结构的四合院，分东西两个院子，有房34间，包括刘少奇、彭雪枫旧居，彭雪枫德政碑，陈列有各种图片和革命文物等。

【蒙城文庙】省级文物保护单位。又名孔庙，始建于元至元二十一年（1284）。是封建时代祭孔、演礼和办学的地方。文庙院长54.54米，宽37.45米，面积2042平方米。文庙自前而后有大成门和大成殿。大成门又名戟门，面阔五间，是通向大成殿的过道门。大成门东连名宦祠，西接乡贤祠。大成殿，原名先师殿，是文庙的主体建筑。殿阔5间，进深3间，为歇山顶抬梁式建筑。东西庑各7间，为灰色筒瓦覆顶。2008年，文物部门对文庙进行维修，增添文庙文化内涵，塑孔子及四配圣像，立碑悬匾，添置香炉，增设至圣堂、崇教堂、才俊堂、国学堂，成为“探询古文化，接受传统教育”的基地。

（孙甜甜）

【亳州北关历史街区】又称北关老街。位于谯城区北关，面积约90.67公顷，在明清时期是集商贸、居住、金融于一体的商业街区。北关老街依涡河而建，街道多顺河而行。历史上有“72条街，36条巷”之称。

清光绪年间（1875—1908），亳州有大小街道146条，其中北关商业区街道57条，大多以行业命名，一街一市，如：花子街、白布大街、牛市、驴市等。汇聚全国10多个省和地区的33家商业会馆，其中湖广会馆、河南会馆、山陕会馆（花戏楼）、江宁会馆等规

图 68　亳州北关历史街区　（孙甜甜　供图）

模最大，功能也较齐全。到清末民初，有大小钱庄 33 家，各类商店、栈、号、行、庄近千家，被称为“小南京”。现在的亳州老街主要指北门口以北，涡河以南的老街区，保存古街近 20 条，街貌依旧，建筑典雅，是研究明清中原商贸文化不可多得的实物资料。

【明王台】明王台在谯城区大有街路北通真观内，西、北两面靠哑巴坑，地面建筑早毁，现为一略高于周围地面的台地，是元末红巾军农民起义领袖刘福通拥韩林儿称帝时的宫殿遗址。《亳州志》载：“刘福通自砀山清河迎韩林儿为帝，据亳继位，遗台尚存。”韩山童与刘福通于元至正十一年（1351）聚众起义，韩山童被推奉为明王，后被元军擒杀。韩林儿号“小明王”，立国号宋，都亳州，建元龙凤。以亳州通真观设为宫殿，并拆城西太清宫建筑材料扩建宫殿。1981 年 9 月，被安徽省人民政府公布为全省文物保护单位。

【江宁会馆】位于亳州市古泉路中北侧，是南京药材商人为经销方便，于清嘉庆十二年（1807）在圆觉寺的基础上集资改建的（圆觉寺自康熙年间就由南京商人管理使用）。

会馆坐北朝南，青砖灰瓦。现存山门、戏楼、配楼、钟楼、鼓楼、看楼、正殿、偏殿等古建筑，计 52 间。山门 3 间，明间正门匾额镶嵌砖刻“江宁会馆”4 个大字，东西次间匾额，分别镶嵌“钟山”“分秀”碑刻大字，意为将中山之秀分到亳州来。进入山门即是戏楼，戏楼与大殿南北相对而建，舞台前突、木结构，屏风彩绘“二龙戏珠”图案，上悬“秀接钟山”匾额，整座戏楼建筑，集南北风格于一体，秀丽多姿，看楼与钟鼓楼分列东西两侧，檐廊弯绕，构成一个古老的四合院，具有鲜明的亳州地方特色。江宁会馆对研究清代早期建筑艺术，宗教、商务具有重要价值。1989 年 5 月，被安徽省人民政府公布为全省文物保护单位。

【金不换亳州酒文化生态博览园】金不换亳州酒文化生态博览园位于涡河三十里画廊景观带，陵西湖畔。景区内有明代永昌酒号遗址、清代天吉长酒坊遗址等古窑池群，古泉、地下酒窖等历史文物。园区内明、清古窑池遗址为安徽省文物保护单位。金不换酒传统酿造技艺被列入安徽省非物质文化遗产名录。园区内有原酒品鉴体验中心、私人酒道馆、万吨酒封坛储酒区等景点，停车场、游客服务中心、酒店等配套设施。

【林拥城·药都林海景区】林拥城·药都林海景区位于亳州南部新区亳芜大道南侧，西起105国道，东至师专南路。东西全长约5.1千米，南北纵深不一，最大约1.6千米，最小约0.4千米，项目总占地约446.67公顷。林拥城·药都林海景区绿道全长约20千米，栽植苗木约17万棵，共计150余种苗木，林草覆盖率96.63%。2017年，林拥城景区获评“安徽省省级林业示范基地”。

林拥城·药都林海景区通过种植药用苗木改善生态环境的同时，兼顾旅游服务功能。景区内规划呈现“一环五区”的布局，即一条20千米的森林休闲运动健康生态廊和华德福自然体验区、魔幻森林探秘区、蜜恋花海创艺区、绿野体育休闲区和综合服务区五大综合游乐区。

【汤王温泉】汤王温泉位于谯城区西北角涡河与洪河两河相汇处，是以中医药文化为精髓融合道家文化思想理念，集温泉养生、健康理疗、中医保健、餐饮娱乐和水上乐园于一体的综合性养生度假体验中心。占地面积约6.4公顷，总投资约1.6亿元。温泉泉水取自于地下2300米，出水温度达60℃，日出水量1600立方米。因泉水中富含锶元素，对改善骨质结构、促进骨细胞生理活性、活血化瘀、美容养颜均有良好的功效，被称为“天然养生黄金汤”。温泉内设有66个特色温泉池在内的85个项目，另配有中医养生馆、木屋汤院，水上乐园等养生休闲娱乐项目。配套有1200个更衣柜、可容纳300多人的休息大厅和自助餐、SPA、鱼疗、健身等项目，日最大接待量2000人。

（潘承尧　孙甜甜）

亳州市2000—2019年国内旅游主要经济指标

表12

年份	人数（万人次）	总收入（万元）	一日游		过夜旅游	
			人数（万人次）	收入（万元）	人数（万人次）	收入（万元）
2000	73	30547	2	182	71	30365
2005	132	58219	9	1502	123	56717
2010	448	274753	183	63961	265	210792
2011	719	466096	281	99273	438	366823
2012	935	642917	420	201710	515	441207
2013	1095	759713	463	200594	632	599199
2014	1258	878020	571	268144	687	609857
2015	1505	1084400	684	392909	821	691491
2016	1776	1303600				
2017	2279	1704500	1098	601400	1181	1103100
2018	2708	2058400	1322	735700	1376	1307800
2019	3140	2483300	1716	887829	1424	1595471

财政　税务　金融

图 21　“美丽亳州”系列图片——2019 年 7 月 16 日，建设银行亳州市分行打造的劳动者港湾　（薛　敏　供图）

财 政

【概况】2019年，亳州市财政总收入完成214.3亿元，同比增收14.1亿元，增长7.1%。其中：地方财政收入完成126.1亿元，同比增收14亿元，增长12.6%；中央收入完成87亿元，同比减收0.2亿元，下降0.3%；国有资本经营预算收入完成1.1亿元，同比增收0.3亿元，增长30.6%。全市税收收入完成179.4亿元，同比增长5.1%，占财政收入比重83.7%，其中：地方税收收入92.9亿元，同比增长10.2%；中央税收收入86.5亿元，同比增长0.1%。

分部门看：税务部门完成185亿元，同比增长5.2%。财政部门完成29.3亿元，同比增长20.9%。

分级次看：涡阳县完成27.5亿元，增长12.5%；蒙城县完成35.2亿元，增长6%；利辛县完成24.8亿元，增长10.7%；谯城区完成44.9亿元，增长6%；亳芜产业园完成3.2亿元，增长23.4%；开发区完成20.3亿元，增长17%；市本级完成58.4亿元，增长1.1%。

分重点企业看：古井酒厂（含销售公司）入库税收29亿元，同比增收1.5亿元，增长5.5%；高炉酒厂（含销售公司）入库税收0.9亿元，同比增收0.1亿元，增长9%；许疃煤矿入库税收2.1亿元，同比减收0.3亿元，下降11.2%；涡阳煤矿（含涡北煤矿、袁店二矿）入库税收2.1亿元，同比减收0.7亿元，下降24.9%。

分产业结构看：亳州市三大产业实现税收185.3亿元（含省级分成5.9亿元）。其中：第二产业实现税收61.2亿元，同比减收0.2亿元，下降0.4%；第三产业实现税收123.8亿元，同比增收8.5亿元，增长7.4%，拉动税收收入增长4.8个百分点。

分重点行业看：亳州市税收收入贡献较多的8个重点行业依次是：房地产业、酒制造业、批发和零售业、金融业、建筑业、煤炭开采和洗选业、交通运输仓储和邮政业、医药制造业，共实现税收146.4亿元，占税收收入的79%，同比增收5亿元，增长3.5%，拉动税收收入增长2.8个百分点。

分税种看：全市15个税种10增5降，按增量居前5位的分别是增值税、土地增值税、耕地占用税、企业所得税、契税。

增值税完成79.4亿元，同比增收7亿元，增长9.6%，累计增收占全市税收收入增量80.4%。主要是房地产业增收3.3亿元，批发和零售业增收1.6亿元，酒制造业增收1.4亿元，废弃资源综合利用业增收1.1亿元，石膏、水泥制品及类似制品制造业增收0.5亿元，租赁和商务服务业增收0.6亿元，金融业增收0.3亿元。另外，医药制造业减收1.4亿元，煤炭开采和洗选业减收1.1亿元，交通运输、仓储和邮政业减收0.9亿元。

土地增值税完成9.2亿元，同比增收3亿元，增长48.5%，累计增收占全市税收收入增量34.6%。主要是房地产业增收3亿元。

耕地占用税完成4.8亿元，同比增收1.4亿元，增长39.7%，累计增收占全市税收收入增量15.8%。主要是公共管理、社会保障和社会组织增收1亿元，煤炭开采和洗选业增收0.1亿元。

企业所得税完成28.5亿元，同比增收1.2亿元，增长4.2%，累计增收占全市税收收入增量13.3%。主要是房地产业增收2.9亿元，金融业增收0.7亿元，酒制造业增收0.5亿元。另外，批发和零售业减收0.8亿元，交通运输、仓储和邮政业减收0.6亿元，建筑业减收0.6亿元，医药制造业减收0.4亿元，汽车制造业减收0.3亿元，租赁和商务服务业减收0.2亿元。

契税完成14亿元，同比增收0.8亿元，增长5.8%，累计增收占全市税收收入增量8.9%。主要是公共管理、社会保障和社会组织增收0.8亿元，租赁和商务服务业增收0.2亿元，批发和零售业增收0.1亿元。另外，水利、环境和公共设施管理业减收0.1亿元，房地产业减收0.1亿元，建筑业减收0.1亿元。

城市维护建设税增收0.4亿元，增长8.4%；资源税增收0.2亿元，增长37.8%；印花税增收0.1亿元，增长9.9%；房产税增收434万元，增长2.4%；环境保护税增收37万元，增长14.7%。

消费税完成14.8亿元，同比减收1.8亿元，下降10.8%。主要是酒制造业减收1.2亿元，汽车制造业减收0.3亿元，批发和零售业减收0.3亿元。

个人所得税完成3.4亿元，

同比减收1.4亿元，下降28.4%。主要是金融业减收0.7亿元，公共管理、社会保障和社会组织等行业减收0.4亿元，居民服务、修理和其他服务业减收0.1亿元，卫生和社会工作减收0.1亿元，煤炭开采和洗选业减收0.1亿元。

车辆购置税完成9.5亿元，同比减收1.3亿元，下降11.9%。主要是个人购车引起的其他行业减收1.1亿元，交通运输、仓储和邮政业减收0.1亿元。

城镇土地使用税完成4.8亿元，同比减收0.5亿元，下降9.1%。主要是批发和零售业减收0.1亿元，房地产业减收0.1亿元，建筑业减收0.1亿元，医药制造业减收0.1亿元，租赁和商务服务业减收0.1亿元。

车船税完成1.4亿元，同比减收0.2亿元，下降14.6%。主要是金融业减收0.2亿元。

2019年，全市财政支出完成373.3亿元，较上年同期增支29.8亿元，增长8.7%。分级次看，涡阳县完成75.2亿元，增长7.5%；蒙城县完成70.9亿元，增长9%；利辛县完成72亿元，增长6.7%；谯城区完成80.6亿元，增长6.1%；亳芜产业园完成2.9亿元，增长8.2%；开发区完成9.8亿元，增长85.1%；市本级完成61.9亿元，增长8.4%。

同年，市财政局被财政部《中国财政》杂志社授予“三刊两鉴”宣传工作先进单位。在省财政厅2018年政府性债务管理评分中获全省第一名，在2018年度财政金融业务报表工作评比中居全省第一位，在2018年度安徽省非税收入收缴执行情况分析工作评比中居全省第一位，受到省财政厅通报表彰；2019年度全国会计专业技术资格无纸化考试工作受到省财政厅表扬；“全国减税降费知识竞赛”组织工作受到省财政厅致信感谢。

【财政收入管理】2019年，亳州市落实减税降费政策、应减尽减。坚持围绕年初人代会确定的收入预算目标，分解落实收入任务、责任。坚持完善收入考核和奖惩机制。坚持依法征收、应收尽收。市政府每月组织调度财政税收工作，强化财政税收工作协调，及时解决财政税收工作问题，促进财政收入持续增长。全市财政收入完成214.3亿元，增长7.1%，财政收入总量排名全省第十位，增幅排名全省第七位。其中，地方级收入完成126.1亿元，增长12.6%。

【财政支出管理】2019年，亳州市坚持过紧日子思想，强化财政资金统筹，严格控制和压减一般性支出，从严管控“三公”经费，集中财力保障“三保”（保工资、保运转、保基本民生）支出、保三大攻坚战（防范化解重大风险、精准脱贫、污染防治）、保重点项目建设。坚持先有预算、后有支出。印发《关于传达全省加快财政支出进度专题会议精神的通知》，通过支出调度会、实行每月调度制度等方式，统筹调度财政支出进度，指导督促各县区、各预算单位加强支出管理、加快支出进度。全市财政支出373.3亿元，同比增支29.9亿元，增长8.7%，其中财政八项支出293亿元，增长13%，全面完成省下达的财政收支调度目标。

【财政支持脱贫攻坚】2019年，亳州市大幅增加财政专项扶贫资金投入。全市共安排脱贫攻坚专项资金10.4亿元，较上年增列1.2亿万元；增列资金占地方财政收入增量3.6亿元的33%。全市各级安排的专项扶贫资金共计17.2亿元，较上年增加1.2亿元，其中市本级安排专项扶贫资金5.62亿元（包括革命老区专项扶贫资金1亿元），资金投入满足打赢脱贫攻坚战需要。清理收回存量资金用于脱贫攻坚。全市共清理收回的可统筹财政存量资金3519万元，其中2162万元用于脱贫攻坚，占可统筹财政存量资金61%。统筹整合涉农资金支持脱贫攻坚。全市共整合资金16.59亿元用于支持脱贫攻坚工作。加强扶贫资金绩效监管。对县区扶贫资金使用管理情况开展7次专项检查，发现的超范围使用1.2亿元资金问题已整改。

【财政支持污染防治】2019年，亳州市加大对大气污染源治理、水环境综合整治、土壤污染防治等重点项目投入，及时保障重点污染源在线监测设备第三方运维、市主城区餐饮油烟在线监控项目等资金需要。支持农村环境“三大革命”，促进乡村人居环境改善。推进监管制度建设。参与制定《亳州市2019年市中心城区环境空气质量考核办法》等污染防治制度。严把资金支出关口。严格审核“主城区18座垃圾中转站除臭设备安装”等政府采购项目，严把资金审核关、支付关。会同市生态环境部门，研究制定并以市政府名义印发《亳州市环境空气质量生态补偿暂行办法》，建立考核奖惩和生态补偿机制。

【债务风险防范】2019年，亳州市强化政府债务预算管理。严格在省财政厅下达限额内举借政府债务，依照经省财政厅批准的债务限额，提出市本级当年政府债务举借和使用计划，列入年初预算方案，报同级人大常委会批准，把政府债务分类纳入全口径预算管理。持续深化隐性债务“四清四实”专项整治。规范政府举债行为，坚持“开前门、堵后门”，严禁违法违规新增任何形式的隐性债务，通过发行自求平衡收益专项债券等合规方式保障重大项目建设融资需求。多渠道筹集资金，积极化解存量隐性债务。积极争取新增债券额度。省财政厅下达亳州市新增债券额度103.1亿元，其中市本级20.2亿元全部发行完毕。强化债务风险管理。建立政府性债务风险预警机制，加强动态监控。全市政府债务余额529.7亿元，市本级政府债务余额144.72亿元，均未突破省财政厅下达的限额；按照2018年综合财力计算，全市债务率79.89%、逾期债务率为零；市本级债务率72.05%、逾期债务率为零，上述风险指标均在预警值以下，全市政府债务风险可控。

【民生工程】2019年，亳州市委、市政府将民生工程纳入市委常委会重点工作和市政府岗位目标重点工作，召开全市财政暨民生工程工作电视电话会议，部署推进民生工程工作。筹集资金，保障民生工程配套资金及时足额落实。完成民生工程项目任务分解及分项目行事历，落实目标任务，推进项目实施。坚持“四个一”制度（每月一调度、每月一排名、每月一通报、每月“一封信”），加强过程管控。建立问题清单，梳理问题143个，已整改141个。选取30个点开展暗访督察。通过亳州晚报社、亳州广播电视台开展《探访民生工程》等系列报道。开展民生工程宣传月活动。

33项民生工程全部完成目标任务，累计支出资金195.5亿元，资金支出率94.9%。其中，有14项工程提前一季度完成任务，分别是城乡居民基本养老保险、妇幼健康计生特扶和职业病防治、贫困残疾人康复、农村危房改造、农村电商优化升级工程、农村环境“三大革命”、美丽乡村建设工程、资产收益扶贫工程、城乡困难群体法律援助、技工大省技能培训工程、农产品质量安全追溯工程、智慧医疗与家庭医生签约服务、秸秆综合利用提升工作、“四带一自”产业扶贫工程。

有16项工程超额完成任务，分别是棚户区改造，新开工、基本建成完成率分别为104.5%、111.4%；农村环境“三大革命”，其中农村改厕完成率114.2%；学前教育促进工程，其中，幼儿资助、幼儿教师培训完成率分别为119.2%、443.1%；城乡困难群体法律援助，法律援助案件完成率127.2%；智慧医疗与家庭医生签约服务，其中，家庭医生签约服务完成率106.7%；妇幼健康、计生特扶和职业病防治，其中，婚前健康检查、计生特扶、职业病劳动者培训、监测信息完成率分别为106.5%、118.9%、458%、170%；贫困残疾人康复，其中，贫困精神残疾人药费补助、残疾儿童康复训练完成率175.6%、104.8%；城乡居民基本医疗保险，参保完成率101.7%；城乡居民基本养老保险，参保完成率107.8%；就业创业促进工程，其中，公益性岗位开发、就业见习完成率分别是120%、119.1%；技工大省技能培训工程，其中，技能脱贫培训、企业新录用人员培训、新技工系统培养、退役士兵培训、新型职业农民培训分别完成238.1%、144.7%、112.9%、104%、105.4%；农产品质量安全追溯工程，其中，“三品一标”获证企业、带追溯二维码上市检测数据完成率均为110.9%；“四带一自”产业扶贫工程，建成特色产业扶贫园区、新型农业经营主体带动贫困户、开展自种自养贫困户完成率分别为102.4%、140.2%、116.4%；困难人员救助暨困难职工帮扶工程，其中，困难职工帮扶提供生活救助、子女助学、医疗救助完成率分别为110.8%、103.7%、100.5%；文化惠民工程，其中，文化信息共享工程补助、农村演出、体育活动分别完成110%、100.3%、619.6%；农村电商优化升级工程，其中，培育电商示范镇、电商示范村、超1000万元的电商企业、超100万元的名优品牌完成率分别为400%、134.4%、175%、225%。

【财政重点改革】2019年，亳州市落实基本公共服务领域财政事权与支出责任划分改革。印发《亳州市人民政府办公室关于印发亳州市医疗卫生领域财政事权和支出责任划分改革实施细则的通知》（亳政办〔2019〕10号），对市以下医疗卫生领域财政事权和支出责任进行划分。全面实施预算绩效管理。印发《亳州市关于全面实施预算绩效管理的实施办法》（亳财预〔2019〕373号），明确全面实施预算绩效管理的总体要求和基本原则，对实施范围及内容、绩效目标管理、绩效运行监控、绩效评价管理、结果应用管理等方面作出规范。推进政府购买服务改革。印发《亳州市本级政府购买服务指导目录（2019年修订版）》，推进政府购买服务项目绩效评价试点，选择30个项目开展绩效评价。推进便民服务改革。完成市属高校收费与省统一公共支付平台对接。全市中小学学费收缴通过省统一公共支付平台办理，实现“让数据多跑腿，群众少跑路”。统一市直单位会计核算软件。完成市直单位会计核算系统与国有资产管理系统对接。

【服务发展】2019年，亳州市争取上级对亳州市经济社会发展政策、资金支持。统筹安排产业发展资金4.5亿元，支持“三重一创”、农业产业化、中医药、商业贸易、制造业等重点产业发展，促进经济转型升级。设立10亿元民营经济（中小企业）发展专项，重点用于产业发展、创新创业、军民融合、项目建设、公共服务体系建设。兑现招商引资优惠政策资金2亿元。市级安排1亿元用于循环经济产业园项目建设。拨付3349万元支持亳州高铁南站站房建设。拨付1209万元支持老旧小区整治改造。安排6亿元用于中心城区公办中小学校及幼儿园项目建设。落实普通国省干线建设省级补助资金5194万元。推进三清大道和11条黑臭水体生态修复及后期管护工程PPP等项目实施。拨付540万元用于企业上市挂牌和直接融资奖励资金。对小额担保贷款贴息2165.76万元用于支持就业创业。出台《亳州市信息化条件下的“一卡通”操作规程》，率先在全省推开惠农补贴“一卡通”业务延伸工作，全市通过“一卡通”累计打卡发放各类惠农补贴资金28.1亿元，较上年26.9亿元增长4.5%，惠及农户118万户。

【国资国企管理】2019年，亳州市完成驻亳央企、市属企业“三供一业”分离移交工作。剥离驻亳央企、市属企业供水1613户、供电1036户、供气570户，完成物业管理分离移交2764户。推进监管制度建设。出台《亳州市市属企业负责人履职待遇业务支出管理实施细则》《亳州市市属企业工资总额管理暂行办法》，规范市属企业收入分配。出台《关于开展市属企业逾期应收款项专项风险排查的通知》，防控市属企业风险。出台《亳州市人民政府办公室关于印发亳州市市属企业重大决策事项管理暂行办法的通知》《亳州市市属企业违规经营投资责任追究实施办法（试行）》，加强和规范市属企业重大决策、经营投资。完成经营性国有资产集中统一监管试点。将市住建委下属亳州市规划设计院和亳州市施工图审查中心2家企业纳入城建集团统一监管。推进安徽古井贡酒股份有限公司实施酿酒生产智能化技术改造项目。及时审批建安集团、城建集团、文旅集团、城建集团发行企业债、相关融资工具，支持市属企业融资和做大做强。加强市属企业财务监管。加强行政事业国有资产监管。印发《关于做好亳州市市级机构改革有关国有资产管理工作的通知》，确保资产随机构改革及时有序调整到位。依法依规审批市农业农村局等部门资产处置事项。完成向市人大常务委员会报告行政事业单位国有资产管理情况。

（宋德良）

【亳州市国有资本运营有限公司】亳州市国有资本运营有限公司于2019年3月12日成立，是在市国资委授权范围内履行国有资本出资人职责的国有独资公司，是国有资本市场化运作的专业平台。公司以资本为纽带、以产权为基础依法自主开展国有资本运作，以提升国有资本运营效率、提高国有资本回报为目标，以财务性持股为主，通过股权运作、基金投资、培育孵化、价值管理、有序进退等方式，盘活国有资产存量，引导和带动社会资本共同发展，实现国有资本合理流动和保值增值。公司旨在争取和创造条件，发挥国资运营公司的资源整合优势；坚持尽力而为，确保企业高质量发展；坚持监管与服务并重、风险防控与推动发展相统一。

推动股权划转，坚持监管与服务并重，对所属企业开展股权管理工作。2019年所属企业古井集团实现营业收入120.69亿元，同比增长15%；实现利润总额26.26亿元，增长14%；累计上缴税收34.65亿元，增长2%。

（张振朋）

税　务

【概况】2019年，亳州市税务部门共组织各项税费收入256.09亿元，同比增收25.59亿元，增长11.1%。其中：税收收入完成185.26亿元，同比增收8.19亿元，增长4.6%；非税收入完成6.36亿元，同比增收0.24亿元，增长3.8%；社会保险费收入完成59.6亿元，同比增收18.26亿元，增长44.2%；办理各类减免税27.16亿元，同比多办理4.24亿元，增长18.5%；预计全年新增减税降费26.11亿元，其中减税22.11，降费4亿元。

国家税务总局亳州市税务局（以下简称"市税务局"）制定为基层减负的15条具体措施。削减文件141个，发文数量同比减少25.7%；削减会议45个，会议数量同比减少39.34%。3月1日，实现金税三期原国税、地税系统合并运行。开展"夯基础、建制度、促规范"等重点事项调研和明察暗访，通报5大类12个问题。14个基层分局全部完成工程结算审核和竣工财务决算审核。制定2019年度组织绩效规则和指标，调整优化考评指标96个。推行"数字人事"上线，实现上线率100%和工作纪实完成率100%。

参与搭建"亳州市企业开办网上联办平台"，实现发票申领业务压缩至0.5个工作日，获国务院第六次大督察通报表扬。

组织各类培训34期，累计培训1761人次。组织参加2019年全省税务系统"业务大比武、岗位大练兵"，5人入选素质提升"'115'工程——专业骨干"名单，8人获评"2019年全省税务系统业务大比武优胜个人"。

同年，市税务局获第五届全国文明单位、安徽省职工职业道德建设标兵单位，市局党委获亳州市直机关先进党组织，机关团委获亳州市五四红旗团（总）支部、亳州市优秀志愿者组织、安徽省优秀志愿者组织。全市税务系统新增青年文明号4个、安徽省优秀青年志愿者5人、哈媛媛获安徽省十佳县（市、区）税务局长、陈小路获安徽省税务系统优秀办税服务厅主任。

【减税降费】2019年，亳州市成立减税降费工作领导小组推进减税降费工作。组建包保宣传辅导团队和网格团队，举办纳税人学堂79期，减税降费专题培训150场次，办税服务厅开设"小课堂"263场次，累计培训纳税人10.2万人次。组建退税团队，以集中电子退税为手段，累计完成疑点数据整改64196笔，退税费3050万元。实行包保责任制，全系统包保企业71794户，截至12月31日，累计完成33.6万户次企业的实地调研、集中培训、电话沟通等，发放宣传资料20.9万余份，帮助61468户享受税费减免额1.47亿元。组织开展全市税务系统减税降费"四查四看"专项整治活动，对总局减税降费专项督察等督察审计发

图69　2019年3月6日，省税务局督导组到亳州调研减税降费工作落实情况

（杨宇航　供图）

现的39项问题，整改到位。1—12月，全市累计减免税收27.16亿元。1—11月，全市累计新增减税20.54亿元，新增减免社保费3.51亿元。

【征管改革】2019年，亳州市完成社会保险费划转工作。开展2020年度城乡居民基本医疗保险费集中征收，拓展线上线下多种缴费渠道，线上，继续开通“安徽政务服务网”和“我家亳州”App缴费入口，新增“皖事通”App缴费入口，缴费人可以通过网络缴费入口实名注册、自助缴费。线下，在村、社居设立1200多个网上办事大厅代办点。缴费人可以携带身份证、户口簿到代办点进行缴费。截至12月31日，全市城乡居民基本医疗保险费缴费人数559.62万人，共筹集资金13.99亿元，户籍人口城乡居民参保率88.6%，常住人口城乡居民参保率121.7%。

【税务监管】2019年，亳州市做好个人所得税专项附加扣除。土地增值税清算管理显成效，累计清算入库土地增值税26729万元，同比增收24318万元，增幅1008%。开展交通运输业等重点行业风险核查，推送风险应对任务2410条，查补入库税款7363.9万元，加收滞纳金396.52万元，风险识别命中率86.74%。开展木业、纺织业等高风险行业专项整治，查实涉嫌虚开发票企业25户。继续开展打击虚开骗税两年专项行动，进一步推进“黑名单”联合惩戒。制定本级“三项制度”工作任务分解表，规范进户执法，共检查企业331户，查实虚开214户，移送公安65户，查补税款总额7327万元，查补入库税款、罚款及滞纳金5331万元。

【税收营商环境优化】2019年，亳州市梳理37项“放管服”改革任务，制定优化税收营商环境“三单”（任务清单、责任清单、销号清单）。开展“便民办税春风行动”，集成推出5大类15项101条便民办税服务措施。在2019年纳税人满意度调查中综合排名位居全省第五位。推行服务厅分类管理，推进“一网办”，做实“最多跑一次”，推行“承诺制”容缺办理，以邮寄配送等方式兜底。开展分级分类税法宣传，提高个性化政策推送服务。实现出口退（免）税一、二类出口企业无纸化管理全覆盖，并扩大到符合条件的三类出口企业，全市正常退税业务平均办理时间为4.5个工作日。全市各级金融机构共为734家公司累计发放“税融通”贷款19.26亿元。

【税收经济分析】2019年，亳州市完成10篇经济分析报告，受到市委、市政府主要领导肯定性批示6次，《中国税务报》以《亳州税收经济分析出彩了》为题作出评价。

【首创“税银互动”新模式】2019年，市税务局与药都农商行、航天信息协作，由药都农商行出资，在其网点配置自助办税终端，为纳税人提供领票、开票、银行一体化自助服务，属全省首创。在蒙城县、谯城区、利辛县人社局以及药都农商行等金融部门部署16台自助终端。

（杨宇航）

金　融

·地方金融监督管理·

【概况】2019年，亳州市地方金融监督管理局成立，是市政府组成部门，正处级单位，加挂亳州市人民政府金融工作办公室牌子。主要职责是围绕服务实体经济、防控金融风险、深化金融改革三大任务，改革创新落实，推进解决企业融资难、融资贵问题，加大陈案化解工作力度，完善金融机构管理机制，做好稳金融工作。

截至2019年12月末，全市银行业金融机构各项存款余额2288.15亿元，较年初增加175.23亿元，增长8.29%，高于全省平均增幅0.99个百分点，增幅居全省第六位；各项贷款余额1989.96亿元，较年初增加323.29亿元，增长19.4%，高于全省平均增幅8.56个百分点，增幅居全省第三位（自2014年起连续第六年增幅居全省前三位），完成市政府岗位责任目标240亿元的134.7%；存贷比86.97%，高于全省平均数5.52个百分点，全省排名第四名。

【直融和基金工作】2019年，亳州市地方金融监督管理局抢抓列入国家申请企业债券“直通车”政策机遇，指导市属企业和县区谋划、申请。全市实现直接融资220.02亿元，居全省第三位、皖北第一位。完成市政府岗位责任目标80亿元的275.03%，完成省下达140亿元任务的157.18%。发挥产业投资基金对重点工程、重大项目带动作用，截至12月末，8支市级产业投资基金到位资金42.95亿元，投资亳州企业35家、投资金额10.07亿元。

【续贷过桥资金解难题】2019年，亳州市地方金融监督管理局创新设立过桥续贷服务公司——亳州市创智金融服务有限公司，注册资金1亿元，累计扶持企业181家，周转贷款金额15.19亿元，周转率15.19次。落实省、市、县三级共建的财政过桥资金2.35亿元，累计扶持企业1095家，周转贷款金额36.36亿元，周转率15.47次。

【多层次资本市场建设】2019年，亳州市地方金融监督管理局修订《亳州市鼓励企业上市挂牌及直接融资奖励暂行办法》，对原有奖励政策进优化，进一步扩大奖补范围、提高奖补标准。新增新三板挂牌企业3家，新增家数居全省第一位；省区域性股权市场挂牌企业新增69家，其中科创板挂牌51家、专精特新板挂牌16家、亳州专板2家。完成市政府岗责目标挂牌30家任务的240%，完成省下达50家科创板任务的102%。

【信贷产品创新】2019年，亳州市地方金融监督管理局推广“互联网+金融服务”，通过“我要贷款”平台，搭建起银行和客户之间的桥梁，有效解决金融机构和客户信息不对称等问题，提高金融机构与个人、小微企业融资沟通的效率，提高获得贷款的成功率。截至2019年12月末，平台注册用户62989户，其中：个人用户57073户，企业用户5916户；接受贷款咨询次数70993次，已发放贷款51064笔，金额275.43亿元。鼓励金融机构借助互联网渠道创新信贷产品牌，药都农商行创新的“金农易贷”全市累计发放贷款1044.9亿元，贷款余额220.79亿元；“金农信E链”，为供应链核心企业及其上下游提供全流程线上贸易融资，实现盘活核心企业上下游资产，降低融资成本，服务实体经济。截至12月末，共计授信326户，金额6.83亿元。徽商银行“信e贷”产品，合法合规运用小企业及其法定代表人的内外部数据信息，设计具体的信用类融资产品，实现受理、审批、发放全流程线上操作。截至12月末，贷款余额1.25亿元。

【税融通覆盖面扩大】2019年，亳州市地方金融监管局印发《关于进一步推进全市“税融通”业务工作的通知》，将B级以上（含B级）民营企业纳税人列入支持对象，政策性担保机构对“税融通”贷款给予增信支持，对资质条件好的民营企业，放开“税融通”额度5倍上限限制。截至12月末，全市“税融通”贷款余额14.47亿元，累计发放19亿元，为全市734家中小微企业缓解融资难问题。

【金融风险防范】2019年，亳州市地方金融监督管理局成功结案鑫博电子案、伊西安案、孙保信案3起非法集资陈案，完成年度省对市非法集资陈案化解目标任务。结合非法集资风险排查、金融领域涉黑涉恶线索排查、互联网金融清理整顿、各类交易场所清理整顿回头看等工作组织开展集中涉金融领域风险排查工作，对9家违规从事金融业务机构采取关闭营业场所、移入异常经营名录、吊销营业执照等措施分类处置。全市暂无经注册设立的互联网金融机构，全市保留的交易场所无风险和信访投诉事项。对全市范围的融资担保机构、小额贷款公司开展全面现场检查，并根据现场检查中发现的问题，组织开展整改工作。组织县区监管部门对全市小额贷款公司、典当、融资租赁、商业保理领域开展专项摸底清查和整治工作，全市注销非正常经营典当企业2家，1家正在办理注销手续，2家被列入异常经营企业名录。

（孙　伟）

·中国人民银行亳州市中心支行·

【概况】2019年，亳州市金融稳健运行。社会融资规模增量为488.77亿元，比2018年少65.5亿元；与GDP之比为27.95%，较2018年低7.78个百分点。2019年年末，全市金融机构人民币各项存款余额2288.15亿元，较年初增加175.23亿元，同比增长8.31%，增速较全省平均水平高1个百分点，居全省第六位；

全市金融机构人民币各项贷款余额1989.96亿元，较年初增加323.3亿元，同比增长19.67%，增速高于全省平均水平5.57个百分点，居全省第三位。

【金融风险防控】2019年，中国人民银行亳州市中心支行配合做好涉包商银行相关工作。加强金融风险监测，重点做好金融机构信用风险、房地产金融风险、地方政府隐性债务风险等领域风险防控。开展重大金融风险调研督导，了解辖区金融风险状况，推动落实金融机构强化防范风险的主体责任。结合摸排情况，就防范流动性风险及央行金融机构评级发现问题约谈2家村镇银行，防范村镇银行金融风险。做好保费归集，完成投保机构保费交纳工作。对4家村镇银行开展存款保险核查，针对核查发现的风险类别、共性问题，制发风险提示函，并组织相关监管机构召开存保核查问题通报会，及时提示相关风险，推动风险早发现、早纠正。开展央行金融机构评级，运用评级结果，引导金融机构审慎稳健经营。

【民营小微企业金融服务】2019年，中国人民银行亳州市中心支行强化政策工具运用，在安徽省率先探索支小再贷款"先贷后借"等模式，发放支小再贷款16.5亿元，同比增长21.3%。联动推进"千名行长进万企"和"四送一服双千工程"，搭建银企对接、政策宣讲、问题帮办平台。全市银行业金融机构与623家企业建立常态化联系，累计成功对接534家企业融资需求23.8亿元。做好"四送一服"省平台问题督办工作，帮助20户企业成功获贷款1.1亿元。到园区、企业开展政策宣讲15场次，覆盖企业550余家。2019年年末，全市普惠口径小微贷款余额415.9亿元，同比增长11.5%，加权平均利率5.8%。

【金融供给侧结构性改革】2019年，中国人民银行亳州市中心支行推动银行机构创新基于大数据、纳税信用、供应链、动产增信的信贷产品。年末，亳州市企业线上信用贷款余额66亿元，同比增长28%。创新推广农村承包土地的经营权抵押贷款业务，年末，农村承包土地的经营权抵押贷款余额6.2亿元，同比增长10.3%，相关经验做法被《金融时报》《安徽日报》刊载。推进"金融扶贫·增信·增收"，截至年末，累计向474家新型农业经营主体发放扶贫增信贷款4.38亿元。落实利率市场化改革要求，全面推进贷款市场报价利率(LPR)改革措施落地。全市法人银行业金融机构新发放贷款中参考LPR定价的贷款占比100%。践行绿色发展理念，推动金融机构加大绿色领域信贷投放力度，年末，全市绿色贷款余额同比增长31.74%，高于各项贷款增速12.07个百分点。

【金融支持乡村振兴】2019年，中国人民银行亳州市中心支行印发《关于进一步加强金融助推产业扶贫工作的通知》《关于提升乡村振兴金融服务工作的方案》，推动完善有关政策和机制衔接，提高乡村振兴金融服务质量。全市金融系统聚焦贫困地区产业发展、农村一二三产融合发展等领域，创新推动"金融扶贫增信贷""农地抵押贷""粮食收购信保基金贷""农业担保劝耕贷""乡村振兴带头人贷款"等系列产品，累计发放上述新型扶贫支农贷款17.6亿元，惠及各类农业主体1.1万户。年末，全市涉农贷款余额1156.3亿元，同比增长15%，其中农户贷款同比增长15.8%、农村企业贷款同比增长22.3%。

【基础金融服务】2019年，中国人民银行亳州市中心支行按照上级统一部署，落实取消企业开立银行账户许可工作，配合参与搭建企业联办服务平台，打造便民互联网"一站式"服务大厅。推进亳州市移动支付便民工程建设，全面开通云闪付App电子社保卡签发功能，实现银联移动支付在全市公交领域全覆盖。加强货币发行管理，全辖累计投放现金160.17亿元，累计回笼现金161.93亿元。联合公安部门加大反假货币工作力度，净化人民币流通环境。完成全市减税降费集中退库工作，退税业务88033笔，金额12.31亿元。推进金融消费权益保护工作，依法受理办结金融消费投诉164起。围绕促进贸易投资便利化，按照上级部署推进外汇管理"互联网+政务服务""互联网+监管"等系统上线，实现外汇行政许可业务网上办理。组织开展专项整治，重点打击出口不收汇、少收汇行为，注销9家企业名录，下调4家企业分类等级。

【党建引领信用村建设】2019年，中国人民银行亳州市中心支行依托亳州大数据平台开发建设信用信息平台，完成蒙城县庄周街道和岳坊镇两个试点乡镇的23501户农户的信息采集和信用评级，采集数据量41.9万条。制定《亳州市货币信贷政策支持党建引领信用村建设工作方案》，引导金融机构加大对信用村的信贷支持力度。推动金融机构在风险可控和商业可持续的前提下，探索设计低成本、可复制、易推广、量体裁衣式的“党建引领信易贷”产品。信用信息平台采用“信用＋融资平台”模式，农户可登录“皖事通”App浏览信贷产品，实现线上贷款“一键申请”。截至年末，全市15家金融机构在信用信息平台发布24款“党建引领信易贷”产品，为622户农户授信3546万元，为275户信用户发放信用贷款1445万元。

【亳州“金融之声”讲师团】2019年6月，中国人民银行亳州市中心支行牵头成立亳州“金融之声”讲师团，首批聘任讲师37名，涉及课程项目20项。亳州“金融之声”讲师团共开展金融知识宣讲20场次，受众3500余人次，被市级媒体报道15次。

开展亳州“金融之声”讲师团课件评选活动，共收到参评课件11件，评出优秀课件6件，其中安徽谯城湖商村镇银行贾梦雨的《预防电信诈骗》获一等奖，中国农业银行亳州分行陈辉的《电信诈骗、网贷知识》、中国交通银行亳州分行方慈的《如何预防金融诈骗》获二等奖，徽商银行亳州分行穆清的《防范电信网络诈骗》、中国工商银行亳州分行李博的《请对“校园贷”说不》、中国银行亳州分行李玉玲的《防范“套路贷”》获三等奖。

（王小郑）

图70　2019年6月27日，亳州“金融之声”讲师团成立仪式在中国人民银行亳州市中心支行举办（王小郑　供图）

·中国银行保险监督管理委员会亳州监管分局·

【概况】2019年，中国银行保险监督管理委员会亳州监管分局优化网点布局，新增县域乡镇网点10个，新增保险县级分支机构1个，保险中介分支机构5家，设立“三农”保险服务站(部)86个，基层金融服务体系进一步完善。

深化公司治理体制改革，强化股东股权管理，推进解决建安集团“两参一控”超标问题，坚持“回归主业”思路，同业规模明显压降，资产负债配置更趋合理，药都农商行进入主板上市工作有序推进。

鼓励金融产品和服务创新，“金农易贷”获“全国农村金融十佳品牌创新产品”，推进“中药材供应链金融”试点工作。

改善地方金融环境，持续推进银行保险业扫黑除恶斗争工作，化解银行业保险业矛盾纠纷，维护良好金融生态。

截至2019年年末，亳州市有各类银行业金融机构17家。其中，1家政策性银行、5家大型商业银行、1家邮政储蓄银行、1家城市商业银行、4家农村商业银行、4家村镇银行及1家异地农商行分支机构。有营业网点452个，从业人员5806人；保险公司36家，其中，产险公司18家、人身险公司18家、保险专业代理机构43家。保险公司分支机构、服务部合计166家，营销员23802人。全市银行业和保险业整体呈现稳健运行态势，主要监管指标较为稳健，整体风险可控。

【风险防范化解】2019年，中国银行保险监督管理委员会亳州监管分局围绕股东股权和关联交易、车险乱象、保险中介等乱象开展专项整治。组织开展资产负债全科目排查，指导法人机构推进落实不良贷款处置3年规划，推进联合授信试点工作，确保试点企业融资始终在联合授信额度内进行，针对辖内所涉包商银行同业债权，推进大额贷款风险处置，辖内银行业资产质量保持全省优良水平．至12月末，全市银行业不良贷款1.10%，贷款质量居全省第三位。

【服务实体经济】2019年，中国银行保险监督管理委员会亳州监管分局制定《亳州银行保险业支持民营企业发展的实施意见》，从7个方面提出24条措施，引导银行业和保险业立足实体经济，主动服务融入国家和地方重大战略，加大对重点领域、重点项目的资金支持力度。全市银行业新增贷款321.77亿元，增幅19.39%。全市保险业提供各类风险保障2.74万亿元，赔付支出26.54亿元。深化普惠金融发展，全市法人机构普惠型小微企业贷款增速13.94%，高于同期各项贷款增速1.75个百分点。

（余晓郁）

·中国农业发展银行亳州市分行·

【概况】2019年，中国农业发展银行亳州市分行（以下简称“农业发展银行亳州市分行”）发挥政策性银行逆周期调节的重要作用，服务国家粮食安全和乡村振兴。全年累计投放贷款83.46亿元。年末各项贷款余额319.88亿元，占全市贷款余额总量的16.07%，较年初增长34.83亿元，增幅12.22%；精准扶贫贷款余额188.98亿元，占贷款余额的59.08%。继续保持零不良贷款。

同年，在全省农发行系统综合绩效考评中位列A+等级。

【支持粮油收购】2019年，农业发展银行亳州市分行围绕服务国家粮食安全，充分认识粮油购销体制市场化改革的必然性，开拓粮食市场化业务，发挥战略性和优质客户支持收购的骨干支柱作用，着力夯实粮棉油产业主导银行地位，保障粮食安全。按照粮棉油信贷业务“保作用、保份额、保地位”要求，发挥农发行粮食收购资金供应主渠道作用，保护种粮农民利益，防止出现区域性“卖粮难”。夏粮收购累计投放粮油收购贷款33.7亿元，同比多发放28.24亿元，增长517.22%；累计支持企业收粮油15.735亿千克，同比多收购11.935亿千克，增长314.08%，占亳州市全社会收购量的50%以上。

【金融扶贫】2019年，农业发展银行亳州市分行加强精准扶贫项目营销力度。结合转型升级和亳州实际，根据财政部PPP项目库和省发改委第二批补短板项目库创新开展业务。围绕“十三五”脱贫攻坚规划，运用健康扶贫、贫困村提升工程、基础设施扶贫等专项扶贫品种，推动涡河蒙城枢纽自营模式、利辛县城市基础设施建设项目PPP模式、涡阳县美好乡村PPP模式项目落地。新增审批精准扶贫贷款项目6个、审批金额43.49亿元，投放20.38亿元。制定《支持深度贫困地区金融服务方案》，加大对国定贫困县政策倾斜和支持力度，及时跟踪服务，优先初评申报。

【创新业务】2019年，农业发展银行亳州市分行贯彻落实党中央、国务院及监管部门关于支持

图71 2019年9月30日，蒙城县岳坊镇党建引领授信贷发放仪式（张弛供图）

小微企业发展的工作要求，支持民营小微企业，提升小微企业金融服务质效。排查筛选，锁定目标客户，加快评级授信工作进度，在风险可控的前提下加大信贷支持力度，累计新营销准入6家民营小微企业，投放贷款6050万元，贷款余额4332万元，新增贷款客户数、贷款余额新增数均占全省系统前列。落实党中央关于减费让利工作的要求，通过降低服务收费标准、免费提供金融服务、精简整合服务收费项目等措施，减轻企业负担。支持农村土地适度规模经营，做好项目储备工作，加入项目储备一级库项目7个，总投资36.23亿元，拟申请贷款28.4亿元。

（张　弛）

·中国工商银行股份有限公司亳州分行·

【概况】2019年，中国工商银行股份有限公司亳州分行（以下简称“工商银行亳州分行”）下辖涡阳、蒙城、利辛3个县支行和城区10个支行，营业网点19个，自助银行44个，智能银行网点19个，全辖区有107台自助ATM设备，在职人员392人。

各项业务平稳发展。本外币各项贷款累计投放44.74亿元，其中公司贷款累计投放12.59亿元，个人贷款累计投放29.81亿元，小微企业贷款累计投放2.34亿元。运用“我要贷款”平台，解决客户融资难问题，累计投放个人和小企业贷款共计6.3亿元；通过“税融通”业务发放贷款2.6亿元。本外币全部存款增加11.91亿元，其中储蓄存款增加10.97亿元，对公存款增加0.69亿元，同业存款增加0.25亿元。实现净利润、拨备前利润分别为2.79亿元和4.01亿元，分别同比增加5426万元和6870万元，实现中间业务收入8387万元。

贯彻资产质量管控各项工作要求，稳控信贷资产质量，建设信贷基础工程，推进内控案防，促进全行信贷业务的健康可持续发展。不良贷款余额4867.39万元，不良率0.36%，全年累计清收转化不良贷款3939.06万元，其中：现金清收813.5万元、转化2673.97万元、证券化451.59万元，不良清收处置完成省行下达全年清收目标。

同年，工商银行亳州分行综合绩效考核居全省工行系统前五位；蝉联六届“安徽省文明单位”；被总行评为“文明单位”、被省行评为“定点扶贫先进单位”“金融扶贫先进集体”。城市金融学会获评全省先进单位。

【风险防控】2019年，工商银行亳州分行深化“从人到事、以事找人”风险排查机制，突出对“关键少数、关键岗位”异常行为排查力度，强化员工异常行为动态排查。推进内控合规“压实责任年”活动，开展“牢记合规红线　增强规则意识”大讨论活动，员工对合规红线的理解和认同加深。围绕“讲”“训”“做”“评”“罚”，开展“讲榜样故事”“学制度规章”“练合规内功”“建长效机制”“抓整改评价”“严问责追究”等各项活动内容，建好载体、用好平台、做好宣导，推动合规文化建设。完善和推进运营改革，强化管理意识，创新管理模式，实现网点运营风险分级管理在全省领先。落实全辖各级机构安全生产主体责任，加强检查整改，实现全行安全运营。

【金融改革创新】2019年，工商银行亳州分行全面深化“第一个人金融银行”战略，推动智慧银行战略升级，加快场景化项目建设，通过科技手段促进营销手段和维护方式转变，布置精准营销，提升产品营销成功率，开展精细维护，提高维护满意度。加快融e行、三方绑卡等互联网金融产品的营销拓展，截至年末，手机银行净增客户数为7.3万户，第三方支付绑卡净增14.3万张。

抓好新岗位体系建设，推进“5改4落地”实施，不断优化调整劳动组合。推进智慧运营模式改革，智慧型管理方式投入运营，ATM动态密码、智能查库方式、智能上门收款落地实施。推进信贷经营体制改革，完成本部城区支行个人按揭贷款“经营下沉”各项体制、机制建设并顺利开展工作；推进城区一级支行建设，提升营销层级，提高联动效率；提高服务能力，优化网点布局，完成谯陵支行和新华路支行的迁址；提升服务水平，改善营业环境，对支行进行装修、改造，在全辖网点设置工行驿站。

（张玉华）

·中国农业银行股份有限公司亳州分行·

【概况】2019年，中国农业银行股份有限公司亳州分行（以下简称“农业银行亳州分行”)辖4个一级支行,共有营业网点43个,其中城区网点24个,农村网点19个,在职员工611人。坚持金融服务“三农”,提供优质金融服务,加大对实体经济的支持力度。截至年末,农业银行亳州分行存款余额251.1亿元,存量市场份额居四大行第一位。各项存款增量31.2亿元,增量市场份额居四大行第一位;各项贷款增量43.1亿元,增量市场份额居四大行第一位;存量存贷比65.77%,较上年末提高10.28%,新增存贷比138.24%;新增“4321”比例再担保贷款11.99亿元;累计发放税融通贷款1.96亿元。全面超额完成市委、市政府安排的各项重点工作任务和上级行分配的各项主体经营目标计划,综合考评排名居全省农行前列。

截至年末,农业银行亳州分行银保监口径的小微企业贷款余额73194.55万元,较年初增加36401.11万元;小微企业贷款平均成本为4.387%,保持较低水平;普惠法人贷款无不良,贷款整体质量较高;产业精准扶贫贷款余额1.95亿元,较年初增加1.42亿元,项目精准扶贫贷款余额1.88亿元,较年初增加1.61亿元。

【风险防控】2019年,农行亳州分行开展“双基管理深化年”“问责强化年”和内控一类行创建活动,推进运营风险“强管理”、智慧运营体系建设。落实“两个责任”,加强员工行为管理,推进“三线一网格”管理。实施网点分类分级考核评价方案,提高辖内网点竞争力。风险控制评价为A类行,“三农”风险评价全省农行第一位。全行贷款不良率0.19%,较年初下降0.2个百分点,不良率在全省农行最低。

【支持重点项目】2019年,农业银行亳州分行围绕市委、市政府重点工作部署,抓住水利交通、文化旅游、教育医疗、棚户区改造、城市基础设施建设等重点领域,支持全市重大项目和重点工程建设。支持亳州学院1.65亿元、福寿陵园1亿元、亳州中铁4亿元房地产项目、华能小涧3亿元风电项目、华能许疃3.2亿元风电项目、华能小涧6.8亿元风电项目、皖能1.86亿元垃圾发电项目、国电投2.56亿元垃圾发电项目贷款、中煤新集5000万流动资金贷款、光大能源5000万流动资金贷款等。

【服务“三农”】2019年,农业银行亳州分行推进乡村振兴带头人业务,与涉农网捷贷、涉农微捷贷和涉农抵押e贷同步推进,助力乡村振兴战略。设立惠农圈场景服务点商户55个,完成599个行政村、3780户农户信息建档,累计发放贷款2.23亿元;以“丰收贷”产品为抓手,累计投放4100万元,支持本地区粮食流通行业资金需求;配合地方党委政府开展党建引领信用村建设,率先为蒙城县岳坊镇戴尧行政村109户A级以上授信农户发放贷款1050万元,这是全省农业银行系统中首次发放,也是全省金融系统中首批发放,得到地方政府和监管部门的肯定和认可。新华社、人民网、《中国城乡金融报》《亳州晚报》等媒体相继予以报道,新华社客户端浏览量一度突破50万人次。截至年末,农行亳州分行惠农e贷余额6.98亿元。

【普惠金融】2019年,农业银行亳州分行累计发放小微企业贷款136户,金额3.37亿元。为安徽华馨香料有限公司、安徽精益诚食品有限公司、亳州通润建材有限公司等一批优质企业客户提供信贷支持。推出一系列针对小微企业的创新型金融产品,包括“纳税e贷”“乡村振兴带头人”贷款、“抵押e贷”取得实效。主动服务,走进市场上门营销。实行包片包点制,从市分行领导到基层员工,主动走向市场、走向基层、走向客户,对全市10930户纳税A、B等级以上的客户,逐户电话或上门营销推介,取得良好效果。围绕康美中药材市场,加大金融支持力度,累计向康美中药材中心投放个人生产经营贷款4.9亿元,支持亳州中药材经济发展。根据大市场药商资金需求急、快、频的要求,创新推出“药商e贷”小额自助信用贷款业务,筛选优质客户预授信,实现掌银申请、自动审批、实时发放、随借随还,方便药商的经营周转资金需求,受到广大药商欢迎。执行优惠利率,解决小微企业融资贵问题。努力降低小微企业融资成本。严格按照监管部门“七不准、四原则”要求,通过降息、免费等手段为小微企业减负。在利率上,一律执行低利率政策,在抵押登记上,全部承担客户抵押登记手续费。同时,明令禁止收取小微企业的承诺费、咨询费、顾问费、银团费等各类杂费。

【金融产品创新】2019年，农业银行亳州分行发行全省首单亳州文旅15亿元债券融资计划、发放全省首单1亿元绿色融资租赁项目资金，主承销发放亳州金地PPN3.3亿元。加快全辖网点转型，增加多功能新型超级柜台18台，更新替换老旧存取款一体机及自助服务终端20台，超级柜台分流率维持在90%以上，排名居全省农行前列。创新推出助业E贷、烟商E贷、医保E贷、药商E贷、万家E贷等等金融产品。

（钱　行）

·中国银行股份有限公司亳州分行·

【概况】2019年，中国银行股份有限公司亳州分行(以下简称“中国银行亳州分行”)人民币各项贷款余额160.4亿元，较年初新增32.7亿元，新增占比在安徽省中行系统内排名第二位。其中公司贷款余额43.6亿元，较年初新增7.8亿元，新增占有率在四行排名首位。个人贷款余额108亿元，较年初新增24亿元，余额及新增额占比分别居全省系统内第六位、第二位。

人民币各项存款余额186.9亿元，较年初新增15.9亿元，增长率9.3%。其中公司存款余额87.5亿元，新增5.4亿元。个人存款余额99.4亿元，新增10.8亿元，余额及新增额占比均居全省系统内第六位。

实现营业收入6亿元，全省系统内排名第六位；实现净利润3.1亿元，全省系统内排名第七位。

在辖内网点投产对公开户一体机，优化开户流程，缩短开立对公账户柜面等待时间，提升广大客户的用户体验。与工商局合作，在营业部投产对公商事一体机，为客户免费代办营业执照，提供包括申请营业执照、打印营业执照、开立对公账户一揽子服务。

联合亳州市总工会，在营业部大厅设立“幸福驿站”。配备纸杯、雨伞等日用品，重点解决广大户外劳动者和环卫工人饮水、休息、饭茶加热等实际问题。

开展“3·15”金融消费者权益宣传、人民币国际化十周年主题宣传活动，以及“千名行长进万企”“跨境人民币十周年”宣讲会、“诚信兴商”主题宣传活动等，提升广大消费者金融安全意识，保障消费者合法权益。

同年，中国银行亳州分行获亳州市外汇监管A类行、反洗钱工作人行分类评级全市唯一“AA”级，所辖康美支行获中国银行业协会亳州市首家五星级网点。

【风险防控】2019年，中国银行亳州分行开展“内控质量提升年”合规主题活动。继续开展内控合规大讲堂、基层机构“一日体验”、评定“内控红牌”和“内控金牌”机构、“个人中高端客户金融资产对账”等活动；开展重点领域业务检查，完善内控案防基础；加强反洗钱日常管理工作，开展2019年度反洗钱工作劳动竞赛，建立反洗钱专题部门联席会议制度，落实反洗钱监管重点工作。

开展案例巡回宣讲、扫黑除恶和案件警示教育专题讲座、党委书记上党课和亲自讲合规专题案例、邀请市纪委专家专题授课、参观警示教育基地等各类警示教育活动，引导全体员工从案例中吸取教训，知敬畏、存戒惧，提升内控意识和拒腐防变的能力。加大员工异常行为排查力度，对重要岗位、重点人员，开展法院查询涉诉情况、个人账户大额异常交易审查等工作。组织签订承诺书，强化各级人员风险意识，促进内控合规。

【助力绿色信贷】2019年，中国银行亳州分行推进基础设施建设、美好人居、PPP等民生项目。实现谯城区1.5亿元棚改项目、谯城区“2017－2018年改善农村人居环境”6亿元PPP项目、谯城区万达地产开发有限公司5亿元房地产开发项目、蒙城县新城建设投资有限公司3.5亿元安置房项目等重点项目落地，促进亳州市基础设施补短板及改善民生。

履行大行担当，引领全市绿色信贷发展。绿色信贷余额5.5亿元，较年初新增1.3亿元，增速30%。实现亳州国祯生物质热电有限公司2亿元、上海电气(蒙城)生物质发电有限公司2亿元、光大绿色环保生物能源(涡阳)有限公司2.46亿元等多个绿色信贷项目落地，助力亳州绿色发展。

【支持普惠金融发展】2019年，中国银行亳州分行贯彻落实国家、上级行关于支持小微企业发展的要求，成立普惠金融工作领导小组，坚持批量化发展思路为工作导向，以重点产品为抓手，立足亳州特色产业，对接市经信委、市中药材商会、工业园区管委会，通过银企对接等形式增加获客。银保监口径下该行普惠金融贷款余额16亿元，较年初新增2.8亿元，在全省系统内排名第二位。

聚焦民企融资难题，着力解决民营企业发展中的困难。民营企业贷款余额18.8亿元，较年初增加5亿元，增长率35.8%。

【支持高速公路ETC应用】2019年，交通部下发《交通运输部办公厅关于大力推动高速公路ETC发展应用工作的通知》后，中国银行亳州分行加大资源配置力度，全员外拓营销，强化驻点营销，挖掘行内存量客户资源、寻找外部客户资源。ETC净新增量为3万户，任务完成率90%，在全省系统内排名第五位。

【跨境金融服务】2019年，中国银行亳州分行作为亳州地区最早的外汇指定银行，为全市进出口企业提供跨境结算服务，为进出口实体经济提供专业的贸易融资业务。进出口业务量合计1.8亿美元，国际贸易结算市场份额为31.5%，在四行排名首位；跨境人民币业务量合计3.6亿元，市场份额为39.5%，在全市排名第一位。分析中药材出口企业的贸易特性，为企业推出出口商业发票贴现业务，提供融资、应收账款催收、销售分户账管理等服务，助力企业扩大经营规模，实现出口收汇明显增加。

（王　静）

·中国建设银行股份有限公司亳州市分行·

【概况】截至2019年末，中国建设银行股份有限公司亳州市分行（以下简称“建设银行亳州市分行”）各项贷款较年初新增34亿元，超额完成全年任务的161.28%。新增存贷比256.37%。“我要贷款”平台贷款累放4.63亿元，计划完成率463%。表外业务融资增加15亿元，计划完成率300%。税融通业务年内累放1.82

图72　2019年1月28日，建设银行亳州市分行与康美中药城签订战略合作协议扶持药商　（薛　敏　供图）

亿元、完成率121.3%，均实现超额完成目标任务。新增自助银行一处，网点布局进一步优化。全面落实“两增两控”要求。考核排名全面进位，KPI、等级行、综合考评稳居全省第一方阵，三季度，综合考评位居全省第三位，等级行跻身全省第三位，KPI考核居全省第四位，实现各项贷款余额等11项指标居四行第一位。有效客户增速等13项指标居系统内第一位。8个考核单元居全省前五位，3个网点进入全省前十位，三县支行全面进位。

各项贷款余额超过187亿元，连续5年居四行第一位，一般性存款日均余额保持超过12%的高速增幅突破178亿元。存贷款增速稳居全省前列，存贷比位居全省第一位。对公账户新增连续四年位居四行第一位，个人全量客户数量和有效客户新增创历史最好水平。

同年，建设银行亳州市分行获市政府支持地方经济发展二等奖。

图73 2019年7月11日，建行亳州市分行为乡村裕农通业主授牌
（薛 敏 供图）

【风险防控】2019年，建设银行亳州市分行推进全面主动风险管理。坚持党委管、全面管、主动管，服务三大战略、调整信贷结构。推进“预监管”体系建设，构建多指标监测体系，形成定期“体检”机制。出台“合规工作十件事”，构建员工行为网格化管理体系，落实员工行为管理责任。完善柜面风控第一道防线作用，履行反洗钱管理核心义务。

超额完成不良资产处置任务，不良贷款余额8245万元、系统排名第一位，不良率0.44%、系统排名第二位。个人客户身份基本信息总体完整率居系统内第五位。获人行2018年度反洗钱分类评级A档，内控评价实现“三级连跳”，稳居系统内A档。获亳州市第六轮银行业金融机构安全评估第一名。

【金融创新】2019年，建设银行亳州市分行普惠金融纾困民营小微，贷款新增位列全省第四位，普惠型小微企业贷款余额四行占比超过51%，成为全市唯一全面完成“两增两控”指标的国有银行，贷款余额及新增、客户总量及新增等4项指标均居四行第一位。住房租赁培育新生态，综合排名位于系统前列。为高铁南站独家上线无感支付，成为省内首个实现高校收费与政融支付系统有机结合平台的二级分行。成功为康美大市场打造便捷支付场景，为地方主要医疗机构搭建线上支付、线上就诊。“裕农通”服务点覆盖乡村1299个。“劳动者港湾”App有效注册完成率居全省第五位，获安徽省总工会“幸福驿站”示范点、省分行“青年文明号”称号。

【服务实体经济】2019年，建设银行亳州市分行加大信贷投放力度，助力地方经济。截至12月末，城镇化贷款累计发放20.45亿元，贷款余额达5.9亿元，实现三县一区及亳州芜湖现代园区全覆盖。投放医院类客户4000万元，棚户区改造贷款4900万元，电力企业贷款5500万元，累计向白酒企业、药业企业投放贷款10.86亿元。累计为“四送一服”企业发放贷款3200万元。实现银企对接企业10户，融资金额达5000万元。

小微企业金融服务。为双轮、古井集团等核心企业上、下游客户累计实现投放E信通、E销通贷款6783万元。创新推广全流程网上自助贷款新品种“小微快贷”，新增350户小微快贷企业，较年初新增2.78亿元。大力推进企业“建行惠懂你”App，实现贷款投放5200万元。推进线上产品，实现小微快贷客户较年初新增350户，贷款余额较年初新增2.78亿元，增幅155%。

创新金融服务方式，成立“信贷工厂”，实行“一站式”服务，实现资产业务全面下沉网点，率先推出“银行网点代办工商注册登记”服务，成功上线“互联网+不动产抵押登记”项目，打通便民利民服务“最后一公里”。

推广特色产品，实现“比例再担保”贷款较年初新增8300万元，累计为39多户企业发放“助保贷”2.1亿元，为企业节约担保费等费用1500多万元。

深化新型政银担合作。实现政银担信贷业务余额3.56亿元，较年初新增8300万元。累计举办超过12场不同规模的银企对接会，安排专人在“我要贷款”平台提供咨询服务，继续扩大续贷过桥规模，累计为220家小微企业提供9.6亿元周转资金。

（薛　敏）

·交通银行股份有限公司亳州分行·

【概况】截至2019年年末，交通银行股份有限公司亳州分行（以下简称“交通银行亳州分行”）共有营业部、康美支行、天润支行（普惠型网点）3家营业网点，光明西路、希夷大道和古井剧院、三曹路4家离行自助区，在编员工50人。

各项存款与年初相比增长23.55%，人民币各项贷款较年初增长29.11%。盈利能力提升。突出“价值创造”经营导向，提升经营管理能力。经济利润、非息收入均超额完成年度任务，经济利润增幅73.19%，年度计划完成率134.57%。手续费及佣金收入增幅20.43%，计划完成率112.34%。其中零售非息收入年内保持稳健增长态势，增幅15.06%，计划完成率130.2%。存贷款业务稳步增长。

加大基础客群建设，开展各类宣传活动维持存量个金客户；通过竞赛考核激励，拓展公司类客户。年末个金客户指标在高位基本稳定，对公板块客户类指标实现较大突破。其中对公达标客户、代发源头客户、沃德客户、有效活跃户、信用卡活户等客户指标超额完成任务。

严把资产质量关，分行不良率万分之0.75，不良贷款保持较低水平，全年资产质量保持稳定。

同年，交通银行亳州分行经营绩效考核得分排名居发展优先类排名第五位，消保服务排名居第四位，人行综合评价为B等。天润支行员工李晶晶在安徽省分行“走进交行 感受温馨”活动中获评“优秀大堂经理”。

【风险防控】2019年，交通银行亳州分行坚持“合规创造价值”理念，筑牢“红线”和“底线”思维，落实贷前核查、授信审查工作制，把好准入关，做实审查关，开展贷后管理、临期业务管理，推动不良贷款法律诉讼，严把资产质量关。

对员工征信进行排查、通过查询红盾系统经商办企业情况、查询“全国法院被执行人信息网”和“裁判文书网”等，重点关注员工异常情况。组织党员干部员工接受警示教育，让干部员工存戒惧、知敬畏，促进全员严守职业操守和行为规范。

严守案防合规风险底线，开展案件风险排查，组织开展员工行为排查“回头看”、案件警示教育活动、案件防控“5+N”专项治理等，加强对员工的教育警示和行为管控。开展谈心家访，了解员工八个小时以外的生活情况，针对检查发现问题及时整改上报，密切防范员工道德风险、操作风险。坚持“人防+物防+技防”，确保安全运营。

【服务地方实体经济】2019年，交通银行亳州分行为重点企业发行5亿元中票，撮合1亿元融资租赁业务，营销14亿发债资金，有力支持地方经济建设。

支持地方实体经济发展。把普惠业务作为重要的政治任务和转型发展重点推进，多次召开普惠业务推进会，加大实体经济支持力度，对接实体经济需求。截至12月31日，分行普惠贷款增幅41.62%。分行涉农贷款增幅174%，高于各项贷款增速145%，全面完成普惠贷款“两增两控”及涉农贷款“一个不低于”监管目标。

支持刚需改善型住房需求。贯彻落实“房住不炒”理念，适应信贷结构调整要求，适时调整定价策略，与房地产开发商保持良好的业务合作关系，提升房贷业务运行时效。截至2019年12

月末，个人住房按揭贷款全年投放3795笔，全年稳步增速。

【消费者权益保护】2019年，交通银行亳州分行开展常态化培训、加大服务检查考核，推动消保服务技能和水平提升，为客户提供细致、周到、贴心服务。

落实金融扶贫。截至年末，建档立卡贫困人口贷款余额379.5万元，精准扶贫贷款笔数13笔。开展“暖冬行动”，组织帮扶责任人参加脱贫攻坚大走访专题培训。走访慰问退役军人，与村委会开展联学联建，组织金融知识公益宣传，涉及假币识别、警惕非法集资、征信、扫黑除恶等内容，帮助村民提高金融安全意识和防假防骗能力。

开展“3·15”消费者权益保护主题活动、“普及金融知识万里行”主题宣传、“守住‘钱袋子’”主题宣传、“九月金融知识普及月”主题宣传、“走进交行、感受温馨”主题宣传等宣传活动累计18次。向公众普及金融基础知识，引导消费者树立科学投资理财理念，向消费者进行警示案例宣讲和风险提示，普及金融知识。

（李　伟）

·徽商银行股份有限公司亳州分行·

【概况】截至2019年年底，徽商银行股份有限公司亳州分行（以下简称“徽商银行亳州分行”）非信贷资产投放余额91.8亿元，较年初增长9.05亿元，增幅10.93%，储蓄存款较年初增长6.14亿元；各项贷款余额149.89亿元，较年初增长42.42亿元，增幅39.47%，其中对公贷款较年初增长40.82亿元，个人贷款较年初增长1.5亿元。12月末余额存贷比112.73%，较年初上升40.8%。

同年，徽商银行利辛淝河路支行开业。

【助力城镇化建设】2019年，徽商银行亳州分行投放金额合计约21.95亿元。投放PPP项目8个，其中，股权端投放2.2亿元；贷款端累计投放约54.01亿元，其中徽商银行亳州分行40.72亿元，参团行13.29亿元。8个PPP项目覆盖亳州市谯城区、涡阳县、蒙城县；行业覆盖水利、环境和公共设施管理、文化、体育和娱乐业；建设内容覆盖市政道路、地下管廊、大桥新建、危桥改造、沟渠综合治理、旧城改造、美丽集镇公共设施建设、河道防洪除涝工程、滨水环境改善工程和水质保护工程、体育场馆、运动员公寓、综合训练馆、室外全民健身设施以及景观绿道等。项目助力改善市民住、行、旅游、健身等生活设施，提高市民生活幸福指数。同时实现投资主体多元化，减轻财政负担；有助于转换政府职能，提升管理理念；有利于降低运行成本，提高资金使用效益；有利于统筹社会经济效益，提高公众满意度，支持地方经济发展。

【普惠金融】2019年，徽商银行亳州分行聚焦城市和农村两个市场，围绕个人和小微企业两类主体，创新产品、渠道和机制，推出个贷产品线上化、“徽银e+”平台、“月得利”“聚得利”“岁得利”、主题特色存单等特色产品，缓解小微企业“融资难、融资贵、融资慢”问题，提高金融服务的普惠性。加大产品创新和营销宣传，提升客户对普惠金融产品体验，推动普惠金融业务健康、快速、可持续发展。

【风险防控】2019年，徽商银行亳州分行坚持党的建设同步谋划、党群组织及工作机构同步设置、党组织负责人及党务工作人员同步配备、党的工作同步开展，所属分行党委相继设立纪检监察室、党委组织部和党群工作部，坚持支部建在支行、部室的经验做法。创新“徽银”党建品牌，组织实施“徽银党建+”品牌创建工程，把党的建设融入全行战略决策、业务发展、风险防控、内部管理、队伍建设、意识形态、脱贫攻坚、企业文化、文明创建、廉政建设等领域；组织指导各支行党委开展“一行一品”创建活动，注重总结提炼基层的优秀经验和典型做法。印发《员工应知应会手册之员工行为禁止性规定篇》《员工应知应会手册之案件警示教育典型案例篇》《员工应知应会手册之异常行为管理篇》等系列员工应知应会知识，提高员工合规意识，弘扬内控合规文化。

（樊　静）

·中国邮政储蓄银行股份有限公司亳州市分行·

【概况】2019年，中国邮政储蓄银行股份有限公司亳州市分行

(以下简称“邮储银行亳州市分行”)个人储蓄存款新增10.61亿元,增幅17%,公司存款日均净增1.24亿元,公司贷款年净增2.67亿元;信用卡新增客户3.48万户,新增手机银行5.42万户,新增快捷支付绑卡8.45户,代理保险销量1.61亿元,年日均保有量16.67亿元。全行总资产规模达374.40亿元,同比增长10.54%;零售贷款净增18.53亿元,零售信贷规模突破百亿大关;各项贷款余额147.71亿元,信贷年内新增21.49亿元,增幅达17.04%,信贷规模同业市场占有率7.38%;人均创收、人均创利分别居全国第九位和第五位;成本收入比24.03%,居全国第一位;人均经济增加值43.6万元,居全省第一位。

推行“归口服务”“送服务到基层”“帮扶支撑”“网点瘦身”等活动,为群众办实事、办好事、解难事,为基层减负。

加大网点装修改造力度,年内完成4个装修改造工程项目,改善办公和营业环境;升级增值服务,落实“放管服”要求,优化提升不动产登记服务和金融便民服务水平,在网点布放征信自助查询机,设立房产抵押登记点和汽车抵押登记服务站。

同年,邮储银行亳州市分行在全省经营管理绩效考核中获第一名;获金融机构支持地方经济发展先进单位三等奖、金融创新奖三等奖、市直单位效能考核优秀单位、人民银行综合评价最高档次A档第一名、省职工职业道德建设标兵单位、省工人先锋号等荣誉。涡阳、蒙城县支行蝉联全省“十强县支行”。

图74 2019年10月10日,邮储银行亳州市分行与亳州市中药饮片协会、亳州市融资担保公司签订银担协战略合作签约仪式 (蒋 冲 摄)

【风险防控】2019年,邮储银行亳州市分行持续推进案件防控和风险合规工作进党委常态化制度化,开展“质量提升年”“内控提升年”活动,树立“合规先行”“展业不违规、违规不展业”理念,巩固银行业乱象治理成果,推动高质量发展;强化“五位一体”全流程限时管理,高质量完成资产保全工作,资产保全走在全省前列;高质量召开风险例会,坚持问题导向,实际解决一些风险问题。

【助力三大攻坚战】2019年,邮储银行亳州市分行履行金融扶贫责任,金融精准扶贫贷款结余5941万元,带动上百户贫困户实现脱贫。助力打好防范化解重大风险攻坚战,加大清收核销力度,开展不良清收外拓培训实战及不良清收“突击月”活动,清收完成进度居全省第一位。发展绿色信贷,加强绿色银行建设,绿色信贷投放2亿元,完成率689%。

【服务小微企业】2019年,邮储银行亳州市分行发展普惠金融,做“实”小微金融服务。与中药饮片协会召开中小企业融资对接会,组织民营企业座谈暨“四送一服”培训会,与高新技术产业开发区管委会召开走进民营企业政策宣讲会;行领导担当“首席客户经理”,开展大走访,共走访企业322户,走访机构平台34次,实现小企业贷款年净增11906万元,完成率180%,居全省第三位;普惠小微企业贷款结余24.77亿元,净增5.83亿元,完成率237%,全面完成“两增两控”目标。

【助力乡村振兴】2019年,邮含储银行亳州市分行围绕农村市场,发展小额贷款,开展“夏粮收购走访”“乡村振兴、服务‘三农’”“整村推进”“双千授信”等营销活动，推行零售“批量营销”服务模式，全面推行包村到人和包镇到支行制度；与融资担保公司开展“银担共建”活动，实行“1+1共建”创新模式，锁定优势行业、优质客户，联合开发个商贷款。“三农”贷款净增3.04亿元，居全省第三位，涉农贷款余额80.66亿元，较年初增加14.77亿元，增幅22.43%。

（岳胜楠）

·亳州药都农村商业银行股份有限公司·

【概况】截至2019年年末，亳州药都农村商业银行股份有限公司(以下简称“药都农商行”）资产规模499.22亿元，贷款余额328.53亿元，较年初增长42.82亿元，增幅14.99%；负债规模449.67亿元，各项存款余额362.37亿元，较年初增长45.07亿元，增幅14.2%；实现各项收入26.15亿元，同比增加0.63亿元，增幅2.47%。流动性比率51.64%、优质流动性充足率206.04%、贷款损失准备充足率644.66%、资本充足率14.54%、拨备覆盖率289.56%、年化资产净利率1.22%、年化资本净利率13.94%，各项指标持续向好。

搭建“药都农商行App”，下载超11万人次，“金农信e链”办理授信7.6亿元、用信4.45亿元；信用卡发卡4.90万张、激活4.16万张、激活率84.82%，“信用卡+惠借钱”累计授信12.25亿元。截至年末，手机银行用户83.56万户，较上年增加14.16万户，月均交易80万笔，金额193.77亿元；“金农信e付”签约6.34万户；社区e银行累计注册用户18.48万户，较上年增加6.8万户。

实现个人信用卡用户翻倍增长。截至年末，信用卡授信金额12.25亿元，其中“惠借钱”授信7.01亿元，成为本行新的利润增长点之一。通过“金农信e链”开展线上全流程操作，提高业务办理效率和客户体验度。截至年末，“金农信e链”业务已合作核心企业42家，仓储4家，办理授信323户7.6亿元，用信504笔，4.45亿元。与濉溪、临泉、颍泉、霍山农商行等签订代销协议，累计代销个人理财9.81亿元，降低理财销售起点至1万元，同时增加募集期次，增强个人理财募集力度。营业收入17.23亿元，利润总额7.31亿元，成本收入比30.20%。

同年，药都农商行获“2019中国普惠金融十佳县域银行”“全国农村金融十佳科技创新机构”“2019年中国B2B供应链金融创新大奖”“亳州市公益扶贫爱心单位”等称号；“小红帽”志愿者服务队获“安徽金融行业十佳优秀事迹”称号。

【普惠金融】2019年，药都农商行将信贷资源进一步向50万元以下贷款倾斜，满足“三农”及小微实体经济需求。截至年末，药都农商行普惠型小微企业授信14.43万户；普惠型小微贷款余额274.44亿元，较年初增速15.01%，高于各项贷款增速0.03个百分点。各项存款362.37亿元、净增45.07亿元，各项贷款328.53亿元、净增42.82亿元。开展电子银行“三通”工程，推动移动金融向农村延展；发挥电子银行渠道作用，提升电子银行交易替代率，实现减负增效；实现企业开户线上办理、社保卡换卡数据与财政无缝对接等，逐步归拢财政资金。通过“小红帽”志愿者服务队、异地支行建设等方式，扩大药都农商行客户群体。

截至2019年年末，药都农商行创业担保贷款余额1.38亿元，全年累计贴息634万元；发放“一自三合”（户贷户用自我发展、户贷户用合伙发展、户贷社管合作发展、户贷社管合营发展）扶贫贷款1037户、4521.19万元。投入上线自助银行智能管理系统，实现对本行112个离行式自助网点、325台机具的智能化管理；推进聚合扫码支付“圈圈通”，将“金农信e付”“社区e银行”“金农易贷”等产品精细化整合，实现经营商圈全覆盖；开展汽车银行“乡村通”，流动金融服务上门。全年流动服务车累计服务客户3100余人次，发放宣传资料6700余份，办理取款1812笔、手机银行772个。打通农村支付“最后一千米”；强化手机银行营销；以“小红帽+流动服务车”为主要方式，创新融合金融服务与志愿活动，启动普惠金融战略。截至年末，发展手机银行用户83.56万户，个人网银用户9.6万户，“社区e银行”累计注册用户18.48万户。开展金融知识普及宣讲活动；坚持对公业务无休、代办营业执照、代开完税证明，成为全市第一家与政府数据对接开户的银行。“5296669

客服”团队共接听热线电话10.3万余次，实现7×24全天候接听。

【金融创新】2019年，药都农商行优化“金农易贷”，实现全流程授信改造以及同党建引领信用村平台的顺利对接。截至年末，“金农易贷”平台累放211.64万笔、753.17亿元，累收226.84万笔、609.7亿元，用信户数14.75万户，余额143.46亿元。

推出“一手房按揭”“二手房按揭”、个人其他经营贷款等信贷产品。完成授信1.74万笔、123.82亿元。

截至年末，“金农信e链”业务已合作核心企业42家，仓储4家，办理授信323户、7.6亿元，用信504笔、4.45亿元。在2019年第二届中国供应链金融峰会上，“金农信e链”被授予“2019年中国B2B供应链金融行业卓越产品奖”称号。

研发“普惠快付”平台，为城乡居民的日常生活提供新型金融服务。建设“智能营销平台”，实现“客户网络化、管理精细化、考核科学化”。

实现企业开户线上办理，成为全市第一家与政府数据对接的开户银行，实现72家区直预算单位日常业务代理。“金农信e付”营销推广，对商户突出“快银行”特色，累计调整实时到账商户超2万户，对客户突出“便捷性”优势，强调“多码合一”使用体验；实现ETC业务一级支行办理，挖掘优质客户。开启信用卡智能进件、大数据实时授信的快速办理新模式，加速金融科技应用。

药都农商行大数据仓库系统共完成价值客户143个指标汇总、企业客户5个模块指标体系建设。

采用“大数据分析模型”，打通亳州市政府智慧城市平台、本行历史存量数据和信贷核心系统数据，搭建数据平台，进行储存和有效分析，实现社会化数据和支付类数据的整合，综合评定个人信用，提升授信合理性。

【风险防控】2019年，药都农商行统筹抓好信用风险与交叉性风险、表内与表外、增量与存量的风险管控。严格落实员工行为排查“回头看”工作，做好“员工行为18种人”“三十个禁止”“十个一律”等排查，开展自查、检查和督察；强化合规审核制度，做到审核规范性、统计准确性和资料完整系，保障制度、合同、规范的合规有效，规避法律风险；强化制度建设，成立业务连续性管理委员会，完善风险管理程序。

授权管理、层级签订授权书，增强授权风险防范和控制能力；创新审计方式，开展突击审计，促进合规经营。各项检查87项，共计扣分2330人次、2849.6积分，登记罚款50.57万元。

加大不良贷款清收盘活力度，遏制不良贷款反弹势头；微信公众号按月推送、全辖走字屏滚动失信人员名单，披露“老赖”信息，增强震慑；推进智能催收系统建设，进行不良贷款压降催收。截至年末，药都农商行共起诉不良贷款393笔1.95亿元，收回或部分收回191笔6229万元，申请拍卖抵押物71处6818万元，成功拍卖32处3134万元；认定不良贷款责任人14人，金额1340万元。

加强市场动态监测。逐步化解同业业务存量风险，严防新增风险；逐步调整负债结构，提高优质流动性资产占比；强化对市场的分析研判能力，提高资产配置整体水平。推进理财业务经营架构和产品转型。截至年底，理财总余额38.91亿元，其中个人理财余额22.68亿元，保本理财、同业理财规模按计划压降。

（杨 帆）

·国元农业保险股份有限公司亳州中心支公司·

【概况】 国元保险亳州中心支公司是亳州市保险业中唯一一家搭建起“市－县－镇（乡）－村”四位一体的农业保险专业服务机构，按照省政府“尽可能减少农民因灾损失、尽可能减少农民负担”要求，立足亳州，服务“三农”。在农业保险提标、扩面、增品和有效发挥保险增信功能破解“融资难”等方面实现“三个全国首创”，在亳州市金融行业中创造了“五个唯一”。

2019年，国元保险亳州中心支公司实现总保费收入3.15亿元，保费规模在公司系统内全省名列第三位。政策性种植业保险稳中有升。承保午、秋两季作物面积86.47万公顷，保险覆盖面在92%以上（统计局种植面积数据）。

利用《走进农家》《行风热线》《亳州晚报》等地方媒体，对农业保险进行宣传，做客《行风热线》4期。开展“3·15”消费者权益保护日”“7·8全国保险公众宣传日”“扫黑除恶专项斗争宣传”“防范打击非法集资宣传月”、2019年全国“质量月”等宣传活动。

▲“三个全国首创”：全国首创“互联网+农业保险”手机App操作模式、全国首创无担保、无抵押“532”贷款保证保险业务模式、全国首创“扶贫猪”和“扶贫羊”养殖托管模式助力脱贫攻坚模式

▲“五个唯一”：唯一连续五年被中共亳州市委、亳州人民政府考评为市直效能建设“优秀单位”；唯一自2000年亳州市升格为地级市以来被亳州市政府单独通报表扬；唯一被中共亳州市委深改组评为全面深化改革“十佳案例”；唯一上榜中国保险行业协会首期“保险扶贫先锋榜”十佳榜单；唯一在国元保险全国系统内连续五年被评为“先进集体”。

【农业风险保障升级】2019年，国元保险亳州中心支公司推动农业保险转型升级。政策性农业保险提标扩面，全市大宗农作物保险覆盖面在98%以上，超过安徽省政府提出的95%的目标，有效防范风险。特色农业保险增加品种。开发并实施中药材、大棚蔬菜、生猪、牛、羊等近20余个特色农产品保险，险种数量位于全省地市前列，保障更为完善。按照中央“1号文件”要求，在全省创新开展“保险+期货”业务试点，解决农产品因市场价格波动造成的损失，变往年有时出现增产不增收（价格下跌）为增产又增收，化解市场价格风险。根据农业生产需要建立大宗农作物“基本险+补充险+商业险”三级保障体系，在蒙城、谯城种植大户中试点，风险保障由过去的单一险种保障为现在的“三险”叠加保障，保障额度（小麦为例）由原来的每亩367元为现在的每亩817元，逐步建成“保障充分、覆盖广泛、服务精准、持续发展”的现代农业保险体系。亳州市政策性种植业保险覆盖面位于全省第一位，群众满意度2018年经第三方测评位于全省第一位。

【“532”贷款保证保险模式】“532”贷款保证保险业务模式即若贷款本息出现损失，国元保险亳州中心支公司承担50%、地方政府承担30%、银行承担20%，无担保、无抵押。此业务模式为国元保险亳州中心支公司在全国首创。截至2019年年底，国元保险亳州中心支公司运用“532”贷款保证保险业务模式为亳州市845家中小企业（新型农业经营主体占95%以上），解决贷款4.96亿元。有效缓解新型农业经营主体“融资难”“融资贵”问题。

“532”贷款保证保险模式连续四年被写入亳州市政府工作报告，获农业部、中国保监会、安徽省政府的肯定。被中国保险行业协会从全国具有119个具有代表性的优秀保险扶贫案例中精选收入《保险业助推脱贫攻坚优秀实践成果集》。

（宋　词）

·中国人民财产保险股份有限公司亳州市分公司·

【概况】2019年，中国人民财产保险股份有限公司亳州市分公司（以下简称“人保财险亳州市分公司”）实现保费收入12.44亿元，同比增长20.95%，保费规模晋级全省系统四强。全年上缴税收总额8633万元，其中，代扣代缴4658万元；全险种赔付率65.95%，高于行业7.49个百分点。业务规模、纳税额和赔付总额均居亳州产险行业首位。

同年，人保财险亳州市分公司获人保财险系统地市公司50强；获2018年反洗钱评级A级单位；获2018年度市直单位效能建设优秀单位；获2018年度保险业支持地方经济发展先进单位和金融创新一等奖。

【业务创新】2019年，人保财险亳州市分公司助力脱贫攻坚战略。实现县域大病保险经办全覆盖，社会医疗保险服务人群400余万人，以优质服务承接政府职能转型；连续两年在利辛县实施“深贫保3+4”民生工程，为7.6万户建档立卡贫困户提供综合保障；为全市26家中药企业提供保障，承担风险责任总额15亿元，助力亳州现代中药产业转型升级；开办个人贷款保证保险业务，累计贷款金额5112万元，为个人创业搭建新的融资平台。

支持实体经济发展，参与政府职能转型，服务社会民生。履行反洗钱义务，树牢底线思维意识，坚持合规经营。推进警保联动，稳步提升理赔质量，打造市

图75 2019年11月25日，警保合作 （高闪闪 供图）

民“家门口的车管所”。车辆年审、核发临牌、新车上牌等人保特色服务广受认可，服务品质和客户体验提升。

（李 浩）

·中国人寿财产保险股份有限公司亳州市中心支公司·

【概况】2019年，中国人寿财产保险股份有限公司亳州市中心支公司实现保费收入3.39亿元，承保客户11万余人，承担风险保额1053.58亿元，给付各类赔款1.56亿元，上缴利税2750余万元。

开展反洗钱暨合规知识专题培训，提升员工对反洗钱的认识。开展“3•15”消费者权益日系列宣传活动，普及保险知识，引导客户理性保险消费；“提高灾害防治能力，构筑生命安全防线”系列活动，帮助客户完善灾害风险管控，提升防灾减灾能力。发挥科技在理赔中的有效作用，通过云诊断检测仪系统检测，确保理赔案件的精确。

同年，中国人寿财产保险股份有限公司亳州市中心支公司获2018年度保险业金融机构支持地方经济发展先进单位二等奖，所辖蒙城县支公司获2018年度全县金融机构支持地方经济发展目标考核先进保险业金融机构财产保险公司第二名。

【警保合作】2019年11月，中国人寿财产保险股份有限公司亳州市中心支公司与亳州市公安局交通警察支队签订“警保合作”协议。双方在深化警保合作方面达成一致共识，发挥资源优势、领域优势，确保为群众交通安全出行提供坚实保障。

（高闪闪）

·建安投资控股集团有限公司·

【概况】2019年，建安投资控股集团有限公司（以下简称“建安集团”），实际管理二级子公司4家，控股、参股公司27家，业务范围涉及股权投资、风险投资、资产管理、基金管理、融资担保、典当、融资租赁、小额贷款、互联网金融、金融服务外包等多个金融领域。截至2019年年底，集团公司资产规模1263.29亿元，净资产453.62亿元。

建安集团立足资本和金融市场，以资本运作和类金融为主业，秉承“以金融支持实体经济，以资本助力产业升级”经营宗旨，立足亳州合肥两地，优化产业布局，辐射安徽、走向全国，围绕核心主业，打造专注于中医药大健康领域的产业投资集团。

【融资工作】截至2019年年底，建安集团新增直接融资到位资金76亿元，完成2019年市政府下达任务目标的190%；新增直接融资审批金额75亿元。在债券发行上，2月28日完成2019年第一期11亿元PPN发行，发行利率5.5%；4月12日完成2019年第二期10亿元PPN发行，发行利率5.18%；6月17日完成2019年第一期15亿元超短期融资券的发行，利率3.8%；6月22日完成2019年第二期10亿元中期票据的发行，发行利率4.5%；7月24日完成2019年第三期20亿元中期票据的发行，发行利率4.38%；11月21日完成2019年第四期10亿元中期票据的发行，发行利率4%。以上融资项目发行利率均达到同级别同期限债券发行的较低水平。在债券审批上，5月31日取得40亿元中期票据注册通知书、15亿元超短期融资券注册通知书，12月11日取得20亿元短期融资券注册通知书，以上债券注册成功。

【服务实体经济】2019年，建安集团担保业务余额67.76亿元，租赁、保理、小额贷款、典当等债

图76 2019年7月26日，建安集团旗下全资子公司安徽安诚资本有限公司与安徽东方新新生物技术有限公司签订股权投资协议 （张贵龙 供图）

权类业务余额53.34亿元，直接股权投资金额6.4亿元。

落实普惠政策。落实“4321”政银担风险分担机制，通过新型政银担合作、扩大续贷过桥规模、创新抵质押、稳定年周转率等方式扩大对中小微民营企业的融资性担保业务规模，贷款担保费率执行不超过1.2%的标准，以融资担保业务支撑中小微企业进行科技创新、产业升级、扩大销售等，累计扶持民营企业6899户次，提供担保376.55亿元，为民营企业直接降低融资成本约2亿元。

创新业务模式。针对亳州市中医药饮片民营企业量身定制中药材质押业务，与银行合作创新中药材仓单质押贷产品，便利企业快速、小额分散融资；对处于财务成本压力较大但基础及发展前景好的民营企业实施“债转股”，缓解企业成本压力；探索开发供应链金融产品，研究适合中医药领域中小民营企业的金融服务模式；与省股权服务公司合作，设立亳州市股权运营中心，提高直接融资比重，促进多层次资本市场健康发展。

产业扶持引导。建安集团谋划设立安诚中医药产业母基金、安元现代健康基金、创晟基金、康安基金等各类基金，整合旗下各类基金，聚焦全市中医药产业，加大基金支持和股权投资力度，扶持包括安徽东方帝维生物制品股份有限公司、安徽亳药千草国药股份有限公司等一批新三板挂牌企业。

【业务拓展】2019年，建安集团坚持市场化经营理念，推动战略转型，拓展新业务。

资本运作方面，成立安徽安诚资本有限公司，注册资本40亿元，主要业务涵盖股权投资、债权投资、资产管理等，通过“母基金+直投”的投资模式，围绕企业全生命周期，建立多元化的股权投资体系，致力于成为中医药大健康领域的专业投资机构。拥有2家私募股权投资基金管理人牌照，发起和受托管理了安徽建安投资基金、安徽创晟投资基金等7支投资基金，管理认缴资产规模约120亿元，投资金额约34亿元。

类金融方面，成立安徽安诚金融控股集团有限公司，注册资本36.2亿元，拥有融资担保、小额贷款、典当借款、融资租赁、商业保理、股权投资、资产管理等近10种类金融牌照，以“服务地方经济、服务中小企业”为宗旨，重点布局中医药大健康、冷链冷库、文化教育领域，打造专注于为中小企业提供融资服务的金融服务提供商。总资产76.5亿元，净资产42.9亿元，各项业务余额81.11亿元，为全国超过3000家客户提供各类融资规模近千亿元。

安全服务业务方面，以全国武装守押首家新三板挂牌企业——亳州市保安公司为基础，组建金融外包服务平台——安保科技，巩固传统武装守押业务，通过创造、引导市场需求拓宽服务领域，创新服务板块，打造服务一体化产业链，构建专业化、集中化的安全服务平台，业务覆盖合肥、安庆、池州等10余个地市。

中医药大健康产业投资运营方面，发挥金融服务和股权投资方面优势，组建中医药产业领域运营实体——安晨医药有限公司，为全市中医药企业提供信息咨询和增值服务，帮助其在财务规范、管理提升、产品研发、市场渠道拓展等多方面提档升级，助力全市符合产业发展方向的战略性新兴产业，促进亳州医药大健康产业高质量发展。

（张贵龙）

交通　邮政　通信

图 22　“美丽亳州”系列图片——2019 年，亳州市寄递渠道“平安信使”服务队　　（张　艺　供图）

交　通

·概　述·

【概况】2019年，亳州市完成交通项目投资33.19亿元，其中国省干线完成建设投资9.41亿元，农村公路完成投资17.35亿元。国省干线公路超额完成投资，省道307一级公路通过竣工验收，获评优质工程。建成农村公路扩面延伸工程1431千米，路长制全面推行，大中修养护加大，亳州公路客运高铁枢纽站、亳州北公交客运枢纽站投入使用。查处超限超载车辆数、罚款数等各项指标均位居全省前列，获2019年全省道路治超专项经费600万元，奖励数额居全省第一位。全市1141个建制村全部通客车，涡阳县所有乡镇全面开通城乡公交。国省干线公路环保工作得到地方政府财政支持。涡阳县财政每月补贴保洁经费约5万元；利辛县财政投入230余万元，对全县193千米的路肩进行综合整治；蒙城县财政安排152万元用于国省干线公路日常保洁工作，并形成长效机制，纳入地方财政预算。全市交通重点工程质量保持在高位运行，农村公路质量稳定可控，施工安全持续无责任事故。交通运输安全形势平稳有序，全年无安全责任事故，水上交通连续18年无安全责任事故。

同年，亳州市交通运输局在全省交通运输工作会议上作治超经验介绍。苏鲁豫皖四省十市区域治超协作会在亳州召开。亳州市公路管理局直属分局获评2019年度全国交通运输文化建设卓越单位，并被省厅推荐申报“全国交通运输系统先进集体”。利辛县获评全国“四好农村路”示范县。

【项目建设】2019年，亳州市完成汤王大道涡河隧道一期暗埋段23节、二期暗埋段施工围堰建设，敞开段完成10节，挡墙段完成10节，累计完成工程投资约2.5亿元，其中2019年完成工程投资约1.1亿元；涡河高等级航道整治工程01标段(蒙城闸下一入淮口段)在建设；工程02标段

图77　2019年，亳州市建安隧道　　（王玉侠　供图）

全面开工建设。

国省干线提档升级。2019年省交通运输厅和市政府明确的建设任务和目标为开工和建设10条国省干线公路，总里程224.83千米，年度计划总投资9.3228亿元。各项目按照要求均开工建设，完成建设投资9.41亿元，投资完成率100.9%。

客运站场顺利搬迁。亳州北公交客运枢纽站和亳州公路客运高铁枢纽站完工。10月26日，临时客运西站、临时客运东站搬迁至亳州北公交客运枢纽站；11月29日，临时客运南站搬迁至亳州公路客运高铁枢纽站。

【"四好农村路"建设】2019年，亳州市完成省厅下达农村公路扩面延伸工程1431千米任务，完工率100%，累计完成投资15.5亿元，基本实现40户以上较大自然村通硬化路的目标。

开展"四好农村路"创建。按照"市有示范县，县有示范乡镇，乡有示范路"的要求，推进"四好农村路"创建工作，通过市级验收正式命名示范乡镇6个，创建农村公路品质示范路131.4千米。利辛县成功创建全国"四好农村路"示范县。

客运一体化建设。完成省厅考核亳州市新增建制村通客车任务，全市1141个建制村全面通客车。涡阳县实现所有乡镇通城乡公交，谯城区、蒙城县、利辛县城乡公交工作取得新进展。

【行业治理】2019年，亳州市交通运输局全面贯彻落实省厅《关于加强交通运输系统涉黑涉恶涉乱问题综合治理工作的意见》，开展扫黑除恶专项斗争，坚持打防并举，整治交通运输领域黑恶势力滋扰乱象。上报线索57条，被公安局立案16条。

治超工作。开展路警联合治超，在全市7个固定治超站点、33处非现场科技卡点及亳州市区3处高速公路出入口、国、省、县、环城道路等重点路段不定时、不定期开展路警联合执法，打击冲闯卡、短途驳载、绕行执法站点等违法超限行为。共称重检测车辆183.6万辆次，查处违法超限车辆4110辆，卸载各类货物5.9万吨，交通部门罚款1472.5万元，查处非法改装车辆120辆，吊销从业资格证21本，吊销车辆营运证83本，公安交警罚款121.4万元、驾驶证记分13262分。

运输市场净化。开展客运市场整治"百日行动"和火车站、客运站站外揽客整治行动，严查违法违章行为。加强道路运输管理，净化道路运输市场，共出动执法车辆1.6万辆次，执法人员6.5万人次，查处黑车204辆次，客运班车788辆次，出租车辆454辆次，货运车辆756辆次，罚款467万元；共注销违法违规道路运输经营许可证件97家，吊销道路运输证102本，吊销从业人员资格证件109本。

水运治理。推进内河船型标准化建设，发放补贴资金1733万元；开展2019年水运企业核查，核查水运企业18家；组织外出船检5期，共检验营运船舶1600艘；水上交通安全检查过往船舶1880艘次，查处违章船舶610艘次，责令整改船舶341艘次，办理行政处罚案件305件，处罚48.66万元。

质量监督。制定下发《关于加强全市在建交通重点工程关键节点质量安全监督管理的通知》，组织业务学习20期，办理交通重点工程项目质量监督手续13个，开展交通重点工程工地试验室备案核查24项次、工程质量安全综合督察4期、质量安全监督检查96项次，下发质量安全监督检查告知单22份。受理3个农村公路中桥监督项目，对亳药花海四期工程进行全过程质量监督，开展2016－2017年县乡公路畅通工程竣工复测跟踪监督83项次，出具竣工质量鉴定报告23份。

【行业管理】2019年，亳州市交通运输局开展路政管理。共拆除非交通标志943块，清理摊点223处、堆积物648处计4057平方米，治理非法经营砂石料厂25处，骑路逢集209处。

公路养护。争取上级养护资金补助6000余万元，路网编号命名调整项目全部完成；亳州市国道105京珠线（K811+490～K839+076）修复养护工程完成投资1600万元；安全生命防护工程完成投资260万元；小修保养完成投资520万元；投入资金1100余万元开展路面保洁及扬尘治理工作。完成农村公路大中修养护工程217千米，养护里程占全市县乡公路总里程的6%。

规范码头建设。印发《关于规范港口码头建设的通知》，明确港口码头建设程序，做好"一站

图 78　2019 年，亳州市银杏路下穿工程　　（刘兵剑　屈建龙　摄）

式”审批服务。涡河郑店子旅游码头完成审批并投入运营。全市 5 家单位提出港口岸线选址意见获初审，建设 48 处泊位，占用岸线约 3690 米。

【交通安全监管】2019 年，亳州市交通运输局开展交通隐患排查整治。整改市政府挂牌督办的重大安全隐患 96 处、省市两级道交联督办的道路交通安全隐患 80 处；开展专项整治行动，排查一般隐患和重大隐患共 811 处，完成整改 737 处，74 处正在落实整改。

推进公交车防护和公路安保。根据《省安委会加强公交车行驶安全和桥梁防护工作实施方案任务分工的通知》要求，全市 1859 辆公交车辆安装防护设施。完成安全生命防护工程建设里程 475.336 千米，累计完成投资 5474.6 万元。

完成“千灯万带”示范工程。按照《关于实施农村公路平交道口“千灯万带”示范工程的通知》要求，全市 3 个农村公路平交道口增设信号灯，40 个农村公路平交道口增设减速带。

（杨华卿）

·公　路·

【概况】2019 年，市公路局完成 2019 年度国家公路网技术状况监测迎检工作。争取上级养护资金补助，提升全市国省干线公路服务水平。

加强治超站日常管理。实行治超工作月会议制度，每季度组织人员对各治超站各项工作开展情况进行互查并印发通报；开展为期 1 个月的治超人员春季培训。

开展安全生产隐患集中排查治理专项行动，排查一般隐患 220 处，整改 220 处，投入整改资金 95 万元。完成市政府及省、市道交联挂牌督办重大安全隐患合计 79 处整改工作。投入挂牌隐患治理资金约 260 余万元。开展节假日及重要时段安全生产检查，对发现的问题、隐患及时整改，安全形势稳定。

上报扫黑除恶线索 33 条，被认定 8 条。长期被占用的基层闲置道班资产被顺利收回。

【路警联合执法】2019 年，市公路局参加路警联合执法行动 18 次，参加执法人员 370 余人次，查处超限车辆 143 辆（其中严重超限运输车辆 17 辆）。在亳州南、亳州东、亳州北 3 个高速出入口、省道 307 亳州段、古井大道设立流动治超执法点，路警联合执法，查处超限超载车辆 544 辆（其中严重超限车辆 51 辆）。

【基础设施建设】2019 年，市公路局完成城关稽查站治超信息化建设，投入资金 115 万元，有效控制国道 105 线环城段、花海大世界等路段的货运车辆超限超载运输行为。投入资金 307 万元在部分固定治超站和科技治超卡点安装 7 个交警抓拍系统，对过往货运车辆违反道路标线行驶的行为进行处理，完成验收。7 个治超站精检 185.5 万辆，查处 2199 辆，车货总重 75 吨以上或超限率 100% 以上车辆 156 辆，罚款 465 万元，卸载货物 3.8 万吨，交警罚款 87.8 万元，记分 9212 分，拘留 3 人。

【省道 307 线一级公路通过竣工验收】2019 年，全长 152 千米的省道 307 线亳州段一级公路顺利通过竣工验收，被评为优良工程。该道路等级为一级公路标准，双向四车道，设计速度80千米/小时，路基宽度24.5米(其中县区绕城段采用城市主干道设计标准，双向六车道，路基宽度60米，设计车速60千米/小时)，全线采用沥青混凝土结构。项目总投资约52亿元。项目由涡阳县政府、蒙城县政府、谯城区政府和市公路局分别招标实施，自2012年开工建设，至2017年年底全部建成通车。

（王玉侠）

·铁 路·

【普通铁路】2019年，中国铁路上海局集团有限公司阜阳北站亳州站(以下简称“亳州火车站”)运输安全持续稳定。截至12月31日，京九线经过亳州火车站共有48列车在亳州火车站办理客运业务。亳州火车站发送旅客296万人，实现安全生产3774天，完成运输收入2.2亿元。

旅客安全风险控制。组织客流，促使旅客流动有序，控制拥挤、踩踏风险；计划管理，严控列车超员。加强旅客乘降组织，照顾好重点旅客，防止幼童坠下站台造成伤害；加强危险品检查，防止火灾爆炸造成群死群伤；与阜阳利捷公司配合，抓好售货点检查管理，杜绝销售“三无”食品，预防旅客食物中毒。加强设备设施检查，做好广播、导向、电梯、消防器材等设备的检查，落实管、用、修制度，确保设备使用安全可靠。

客车安全风险控制。将行车设备质量、穿越正线调车、车辆防溜、非正常行车、试风作业、限速命令管理、施工安全、客车防火防爆、作业通道管理等，纳入客车安全重点风险进行管理和控制。穿越正线调车作业时，在作业计划中注明客车接发时刻，加强把关干部作业盯控，按规定时机停止调车作业。执行接发列车作业纪律，执行临客“一日一表”制度，核对阶段计划、日班计划和客调命令，按图行车。

接发列车安全风险控制。对大客流和旅客上车困难的列车，及时汇报调度员，控制好后续列车的运行。对于可能出现的机外停车等情况，果断报请调度员，安排邻站“扣点”；临站已报点列车，提前呼叫司机“慢行”，避免列车责任晚点和机外停车等问题的发生。以防止电力机车进入无电区（停电区）为重点，核对机车属性，填划停电占线板，核对停电命令、车机联控电力机车戴帽等安全措施。严控非正常行车安全，把关人员不到岗不得办理非正常接发列车作业，加强对进路、命令、行车凭证、运统-46登销记等关键环节控制。遇设备故障时，执行“一扣停、二汇报、三通知、四登记、五销记、六组织行车”的作业程序。抓好重点列车安全风险控制，加强行车联合检查，确保行车设备良好使用。加强重点列车的把关，督促作业人员按标准作业，加强助理立岗接车，确保军运专运安全正点。加强“4·10”“7·1”新图实施安全的控制。按图行车，确保4次调图实施安全。

调车作业安全风险控制。加强调车作业计划编制、审核、传达、执行和干部把关等全过程控制；调车作业的计划组织，落实穿越正线、“问路式”调车制度。关键点、关键人、关键时段控制，发挥调车长在作业中的指挥、布置、提醒作用。调车作业关键环节控制，对调车进路不确认、领车不到位、压岔调车不执标、防溜不彻底、以车代步等突出问题进行整治，确保调车安全。开展调车安全整治活动，查找整改调车安全隐患。

施工安全风险控制。2019年，亳州火车站施工较多，货场改造施工、商合杭垮京九线施工、上半年和下半年的集中修施工、工务电务供电的设备维修施工，车站重点抓好施工方案、调度命令、作业防护、放行列车条件，以及路用列车和机具管理等关键。制定施工安全把关预案，落实施工会议制度，严把施工前准备，施工中控制，施工后总结“三关”，加强施工过程把关写实和监控。非正常行车时，执行作业人员、把关人员双确认双汇报“两条线”制度。落实天窗修制度。坚决做到“施工不行车、行车不施工”。针对电化天窗计划，严控检修作业车安全动态。

劳动安全、职工上下班交通安全风险控制。组织传达学习多次劳动安全事故通报，吸取教训，引以为戒。整治作业环境。加强对调车平台、作业通道、货物线等环境的排查整治。抓好关键人员控制。以强化调车、助理试风等作业控制为重点，集中整治违章上道作业、调车作业进档不防护、电气化区段作业中不执行有关规定等行为。明示劳动安全关键处所。上线作业，必须固定走行线路并在岗位揭示。加强职工上下班途中道路交通安全防范教育，对职工上下班时间范围、交通方式、行走路线进行重新登记建档，防范和消除职工上下班途中安全风险。

路外安全风险控制。加强对防护栅栏的日常检查，发现破损、残缺及时上报，实现站区全封闭管理。与驻站公安配合，加强路外安全宣传教育。加强电气化铁路安全对外宣传、告知和教育工作，创造良好的运营环境。

防火防爆安全风险控制。落实安检查危管理制度，落实作业标准，加强“进京”“进沪”等方向列车二次安检，确保旅客和携带物品一人不漏、一件不漏地“全覆盖”安检。突出季节性消防安全和票厅、候车室公众集聚场所以及信号楼等消防安全重点，加强消防安全知识教育和宣传，强化电化区段防火应急教育。开展火灾隐患普查整治，梳理问题，落实责任，抓好整改。加强消防监督管理，抓好候车室、信号楼、仓库以及站区结合部的日常消防安全管理，发现隐患及时整改。

季节性安全风险控制。利用现代化通信手段，及时了解掌握暴风雨雪等特殊天气下信息，做到提前准备。加强值班，督促作业人员按标作业。明示防洪危险地段，制定防洪工作细化措施，完善防洪预案，明确责任，落实防洪检查制度，完成汛期运输任务。制定扫雪防冻预案，组织扫雪队伍，以雪为令，及时清扫道岔、站台积雪，确保运输畅通和安全。

（张　邺）

【高速铁路】亳州南高铁站总建筑面积10万平方米，设有5个站台11条线路，开通2个站台6条线路，预留3个站台5条线路。候车室站房面积1.5万平方米，候车室为两层，一层6500平方米，二层4200平方米，设计2小时最高可以容纳6000人，一、二层进站口共设闸机口16个，人工进站口4个；出站口设闸机10个，人工进站口1个，可以满足现有旅客使用。进站天桥1座，长120米、宽15米。出站地下通道1个。北部售票厅面积460平方米，有8个售票窗口。2019年12月1日，亳州高速铁路开通。新冠疫情前平均日发送旅客6000人左右，到达5800人左右。受新冠疫情影响后，日发送旅客4500人左右，到达4000人左右。亳州高铁南站属于上海铁路局管辖，二等站，职工46人，外包工和劳务工56人。亳州南高铁站运行办客高铁72列。其中始发到上海、温州、合肥、宁波、黄山，芜湖、池州等地始发17个车次。西安、兰州、福州、深圳、南阳等方向已开通。

（彭传伟）

·航　运·

【概况】2019年，亳州市共有航运企业18家，港口企业5家，拥有船舶1700余艘，160万载重吨，船员5300余名。其中，渔船493艘(涡阳县113艘，蒙城县114艘，利辛县80艘，谯城区186艘)。

实施渡口分类监管，定期开展渡口安全检查，发现问题及时跟踪督办；加强节假日期间渡运巡（检）查频次，防止超载等违章行为发生；加强涉水工程水上安全监管和通航维护，督促企业按要求落实各项安全措施，保障船舶通航安全；根据天气预报，及时发布预警信息。要求船舶所有人、经营人切实做好应对恶劣天气的安全防范措施和应对措施，杜绝在恶劣天气期间运输生产的违法违规行为。对新增旅游码头进行日常巡航监管，重点时段进行全天候“旁站式”安全监管。优化渡口布局，协调撤销渡口3道。防治港口码头扬尘污染，推动船舶和港口污染物接收、转运、处置方案建设内容在75%以上。开展“打击无证经营码头回头看”工作，严防无证码头反弹。全市水上交通安全保持形势平稳。

【执法管理】2019年，亳州市推进内河船型标准化工作，共发放补贴资金1733万元。组织开展2019年水运企业核查，年度核查水运企业18家。船检质量稳步提升，组织外出船检5期，共检验营运船舶1600艘。共办理网上行政审批937件，为2000余名船员进行信息采集，帮助船员融资贷款2亿余元；组织开展行政处罚330起，处罚50.3万元。

【渔船检验和监督管理机构职能划转】2019年3月25日，根据中共亳州市委办公室、市政府办公室《关于调整市交通运输局职责机构编制的通知》将原农业委员会的渔船检验和监督管理职

图 79　蒙城县海事救助基地　（杨华卿　供图）

责，划入市交通运输局。随之涡阳县、蒙城县、利辛县，谯城区明确将原县区农业委员会承担的渔船检验和监督管理职责，划入县区交通运输局。渔船检验职能划转后，市、县交通运输局均按转入事项列入交通运输主管部门本级权责清单。

【港口码头建设审批】2019 年，亳州市地方海事局针对全市合法码头偏少，水运物资供需矛盾突出的实际情况，印发《关于规范港口码头建设的通知》，明确港口码头建设程序，并做好“一站式”审批服务。涡河郑店子旅游码头完成审批，是全市首家审批的旅游码头。涡阳县 2 家、蒙城县 1 家、利辛县 1 家、谯城区 1 家等 5 家单位提出港口岸线选址意见并获初审，项目共建设 48 处泊位，占用岸线约 3690 米，其中：涡阳县建设 6 处泊位，占用岸线 540 米；蒙城县建设 3 处泊位，占用岸线 270 米；利辛县建设 12 处泊位，占用岸线 900 米；谯城区建设 27 个泊位，占用岸线 1980 米。

【涡河航道整治工程】2019 年，亳州市成立涡河航道整治工程指挥部。总投资近 50 亿元，分三期建设的涡河航道整治工程 01 标段（蒙城闸下一入淮口段）正在建设；工程 02 标段（大寺闸—蒙城闸段）完成招标并签订合同，施工单位进场，项目部驻地建设完成。完成土地拆迁勘察定界、公示等工作，土地组卷上报省自然资源厅。

（孙立生）

·亳州交通投资控股集团有限公司·

【概况】截至 2019 年年底，亳州交通投资控股集团有限公司（以下简称“交控集团”），下属全资、控股、参股子公司 37 家，员工人数共计 1682 人。集团公司总资产 87.12 亿元，净资产 47.32 亿元，资产负债率 45.69%。实现经营性收入 6.45 亿元，完成目标值的 230%，较上年增长 143%；缴纳税费 1037 万元，其中经营性税费 759 万元，完成目标值的 152%，较上年增长 65%；经营性利润 1584 万元，完成目标值的 264%。亳州通润建材有限公司

图 80　谯城区石大营渡口　　　　（杨华卿　供图）

收入增速超过 180%，安徽省安车交通运输集团有限公司利润突破 1000 万元。

推出《交控报》25 期，《筑路》杂志 5 期，微信公众号每日推送 3～8 条。“志慧美”（“日志”“集慧”“大美交控随手拍”的合称）活动常态性开展，收集合理化建议 1.5 万余条，反映集团发展缩影照片 1.7 万余张。开展迎新春文艺会演、春游、趣味运动会、红歌比赛、演讲比赛、“青春心向党建功新时代”作品征集、主题征文、秋季运动会、春联征集等活动，开展“向上向善好青年”“交控最美职工”“交控好青年”“青年文明号”“青年安全生产示范岗”等各类先进的评选与创建。参加“爱心车队”“公益献血”等活动，涌现好人好事 340 余起，拾遗归还现金 13 余万元，收到锦旗 40 余面。驾驶员英勇救火、助人为乐等事迹被中央媒体、亳州主流媒体报道。

同年，交控集团党委获市“先进党组织”“学习型党组织示范点”称号；交控集团获“爱心单位”“爱心集体”等称号；安车公务用车调度中心获全国“青年安全生产示范岗”称号；公交 5 路巾帼木兰线获省“巾帼文明岗”称号，11 人获评省、市级先进个人。

【项目建设】2019 年，交控集团推进项目建设，完成多项市重点项目。亳州公路客运高铁枢纽站建成通车；公交线路优化，“横平竖直”公交线路运营体系初步形成；省道 309 收费站建成并启动收费；亳州北公交客运枢纽站交付使用；4 号、5 号还原小区和百合路公交首末站建成并投入使用；再生资源交易市场项目厂区建设完成，配套用房主体封顶。

投资项目 10 个，总投资规模 63.15 亿元，年度完成投资 13 亿元，其中亳州公路客运高铁枢纽站项目年度投资 2.44 亿元，亳州高新技术产业开发区还原小区项目年度投资 6.65 亿元，崇文路加油站项目投资 8289 万元。安徽通庐置业有限责任公司成功中标产值 8 亿元的谯城区保障房项目开工建设。合作开发的玺樾府房地产项目销售情况良好，目前认购收入 3.38 亿元。成立安徽通享交通科技有限公司，依托现代信息化技术手段，构建全新、高效、透明的“互联网+停车”智能化泊车服务及监管体系，对城区1200个停车泊位试行停车收费，获市政府常务会批准。安车职业培训学校投入使用，安行天下驾校小车培训在全市占比超过20%，位居前列。通润建材实现销售收入4.3亿元。亳州上善环保科技工程有限公司推进道路保洁业务开展，改善城市环境，助力文明城市创建。安徽通茂再生资源有限公司推进再生资源交易市场项目建设，项目建成后有效缓解全市废品回收站管理无序、布局散乱、污染环境、隐患突出等行业问题。

【安全管理】2019年，交控集团拓宽融资渠道，通过可转换债券、短融、公司债、流贷业务等方式，累计取得授信9.6亿元，实际放款5.83亿元，保障项目建设资金和还本付息资金支出。其中，华夏银行债务置换项目是全市第一笔落地的标准债务置换项目，完成省道309项目PPP项目融资资金22.5亿元，解押存单质押2亿元，该项目作为典型案例，被农发行总行推荐全行参考、借鉴，为化解政府隐性债务提供了新的方式、方法。落实企业安全生产主体责任，定期开展隐患排查、定期召开专题会议，发现隐患及时消除。集团获“安徽省‘安康杯’竞赛优胜单位”称号。安车交通公司深入一线送安全、讲安全；公交集团通过开展线上安全教育，加大安全培训，注重驾驶员心理疏导，公交车内安装驾驶员防护装置，确保行车安全；通达利公司建立联勤制度，实现收费区域安全防护全覆盖；上善环保、通润建材、通康公司开展安全事故警示教学，杜绝安全事故发生，实现全年安全生产。

【亳州公路客运高铁枢纽站建成通车】2019年11月27日，亳州高铁南站客运站交付使用，12月1日，亳州高铁南站正式通车。亳州公路客运高铁枢纽站项目是亳州高铁南站配套项目，汇集高铁、城际、汽车客运、公交场站、出租场站、社会车辆等综合性交通枢纽项目。项目位于亳州高新技术产业开发区酒城大道北、京九铁路东、神农大道西、银杏路南；总用地面积13.16万平方米，总建筑面积约6万平方米。项目总投资约6亿元。

【公交线路优化】2019年，亳州市城区公交线路由25条增至42条，定制公交42条，公交站点增加一倍，500米覆盖率由原来不足60%增至100%，平均发车间隔缩短10%，车辆运营速度提高8.1%，线网密度提升52%，初步形成“横平竖直”公交线路运营体系，实现路路通车。开展义务导乘100余次，参与人数600余人，运送乘客1889万人次。

（刘正广）

邮　政

【概况】2019年，亳州市邮政、快递企业（含总部直营分支机构）54家；邮政营业场所139处，其中普遍服务场所130处，村邮乐购站点1325个；快递企业分支机构273家，快递末端服务网点97个；全行业从业人员6000余人。完成邮政业务总量26.32亿元（全省第五位），同比增长48.04%（全省第一位）；完成邮政业务收入13.83亿元（全省第五位），同比增长24.46%（全省第二位）。其中，快递业务量完成8343.9万件（全省第六位），同比增长60.96%（全

图81　2019年亳州市邮政行业职业技能大赛（张艺　供图）

图 82　2019 年，涡阳县乡镇电商快递综合服务中心　　（张　艺　供图）

省第一位）；快递业务收入完成 8.03 亿元（全省第三位），同比增长 35%（全省第二位）；快递与包裹业务量合计完成 1.099 亿件，首次突破亿件大关。

同年，安徽省圆通速递有限公司亳州市分公司被国家邮政局授予“2019 年度全国邮政行业青年安全示范岗集体”。亳州市邮政管理局获评“市安全生产先进单位”等称号。蒙城县乐土镇电商快递服务中心、涡阳县健康邮政所获评“市青年文明号”。涡阳县申通快递服务有限公司快递员王计法获第二届全国邮政行业职业技能竞赛安徽省赛区第四名，亳州市申通快递公司快递员徐文浩当选市青联常委。1 人获评“市直机关优秀党务工作者”，1 人获评“市青年文明号先进工作者”。2 人获评“市五一劳动奖章”，2 人获评“市青年岗位能手”。亳州韵达、利辛申通等 6 家快递企业成立企业工会，市邮政行业工会联合会读书园地被市总工会授予“市级职工书屋”称号。

【行业监管】2019 年，亳州市邮政管理局推进“放管服”改革，优化精简快递许可，办理末端网点备案 24 个，核实认定“三新”企业 13 家。推进快递业信用体系建设，成立市快递业信用评定委员会。按照“双随机”抽查细则，完善邮政普遍服务和快递市场主体名录库，组织市场随机督察和跨区域互查。开展违规实施快递业务经营许可专项整治行动，协助注销快递法人企业 5 家，公告注销快递企业分支机构 21 家，新增企业分支机构 31 家。开展快递末端服务违规收费清理整顿专项整治，实施行政处罚 23 起，罚款金额 17 万元。

【邮政普遍服务】2019 年，亳州市邮政普遍服务营业场所分级监管全面实行，检查邮政普遍服务网点 120 处。组织开展专用信箱寄递服务保障，确保中央“扫黑除恶”督导组和各专项巡视组在亳期间专用信箱信件安全。强化机要通信监督管理，邮政机要通信营业场所全部实现标准化。邮政普遍服务监管信息化水平提升，建制村投递服务信息化系统、新邮政普遍服务监督管理系统、监督员 App 等试点使用。县级以上城区党政机关《人民日报》《安徽日报》当日见报率稳定在 100%。《芍药》特种邮票全国原址发布仪式在亳州市举办。

【邮政行业绿色环保试点城市】2019 年，亳州市成为全省首批邮政行业绿色环保试点城市，成立市邮政行业生态环境保护工作领导小组。推广电子面单使用，主要快递品牌快递电子面单使用率超过 95%。包装材料实现循环使用，268 处邮政、快递网点配备快递包装回收利用装置。

【寄递渠道安全保障】2019 年，亳州市完成全国“两会”、第二届“一带一路”国际合作高峰论坛、国庆 70 周年、第二届进博会等重大活动敏感时段和“双十一”业务旺季期间寄递渠道安全保障工作。持续开展寄递渠道涉枪涉爆隐患集中整治、危险化学品寄递专项整治和实名收寄专项整治行动。全市所有县、区全部成立寄递渠道安全管理领导小组。市快递协会牵头组建“平安信使”志愿服务队，辖 1 个大队、3 个中队，首批“平安信使”志愿者 1200 人。

【“快递 + 电信”合作】2019 年，亳州市在全国率先全面推行“快递 + 电信”合作，建设“乡镇电商快递综合服务中心 + 电信营业厅”，快递企业与电信企业采取互相进驻、新建网点等方式在乡镇开展合作,实现“快递+电信”的融合发展。建成并运营“快递+电信”营业场所203处,实现效益进一步增加、形象进一步改善、安全基础进一步夯实、人民群众用邮体验进一步提升。中国电信集团公司将亳州“快电合作”模式向全国推广,山东、江苏、贵州及省内多个地市到亳州学习。

(刘虎诚)

通 信

【电信】2019年,中国电信股份有限公司亳州分公司(以下简称“市电信公司”)全面深化改革,开展划小承包,提升主动支撑意识和专业支撑水平,提升客户服务能力,实现企业经营快速健康发展。

响应政府信息化建设,整合各类资源深耕“互联网+”领域,推动信息技术在亳州广泛应用,助力政府提升管理效能。以大数据分析为基础,运用智慧营销不断提升服务群众的能力和水平。

推进光网和移动网络建设,新增光端口17.5万个,光端口数和光端口占用率均居全省前列。4G网络采用多频段混合组网方式,实现光纤和4G网络全面深度覆盖。完成亳州城市5G网络建设规划,实现政务、商圈等高流量区域5G网络覆盖。

同年,市电信公司基础服务达标,8次获AAA达标,客户满意度测评排名居全省前列,无服务风险事件发生。

(段伟甲)

【移动】2019年,中国移动通信集团安徽有限公司亳州分公司(以下简称“市移动公司”)通信服务收入14.52亿元。宽带满意度80.76%,网络满意度77.19%,均居全省排名前列。

在国际(亳州)中医药博览会暨第35届全国(亳州)中药材交易会亳州移动“5G+中医药”信息化展台,全市第一个5G电话打通,标志着全市5G网络建设进入新阶段,从核心网到无线网全面具备商用能力。12月31日,亳州移动5G网络正式商用。

加大网络提速降费力度,实现高速宽带城乡全覆盖,家庭宽带、企业宽带和专线使用费降低,手机上网流量资费下降59.4%,中小企业宽带和专线资费分别下降37%、23%。

在政企市场加快企业专线、物联网、ICT、云产品等重点业务拓展,以信息化手段助力“智慧亳州”建设。电信业务收入总量143.8亿元,同比增长123.7%,居全省排名第二位。

保障客户权益,规范外呼、营销管理,落实“服务领先工程”,推进“全球通”品牌重塑,开展12次总经理接待日活动。

加强外部监督,聘任社会各界代表25人为亳州移动服务质量监督员。

同年,市移动公司获“全国市场质量信用A等用户满意企业”称号。2个支部被评为市直单位“五星”基层党组织;市分公司及蒙城县分公司分别获“安徽移动2017—2018年度企业文化示范单位”。

(李晓波)

【联通】2019年,中国联合网络通信有限公司亳州市分公司(以下简称“市联通公司”)主营收入份额14.7%,较上年提升0.46PP,同比下降2.28%,位居全省前列,中高端用户发展总量及占比均位列全省第三位。宽带增幅亦在全省居中上等。

聚焦中高端产品,产品、场景、渠道三匹配实现高价值发展。聚焦宽带需求,推动宽带覆盖和融合发展,实现新增和存量双促进。网络建设全市累计自然村覆盖率51.42%,同比提升21%。4G人口覆盖率91.6%,其中新增行政村覆盖率81.67%。强化质量管理。适应市场变化,以收定支、转型赋能、金融拉动,多举措力挽渠道稳盘托底。

聚焦重点产品,实施重点攻坚,用户规模提升。优化销售组织,发展效益与能力提升。围绕能力建设和基础搭建,依托沃行销系统,“轻触点”“重装甲”“王卡专员”行销队伍等新型渠道协同建设均居全省前列。

加强客户存量价值运营,公司效益提升。精准在网运营,提升客户价值。通过强化考核、荣誉激励、过程监督,推进投诉处理和重点问题改善,客户满意率排名居全省第五位。

依托“鹰眼”监控和人工每日核查涉嫌诈骗骚扰、垃圾短信、漫游高发地和轰炸号码,打击整治骚扰诈骗电话,保障信息安全。成立“建维优”一体化工作小组,通过“方法论”操作模式,依托大数据支撑平台,支撑网络及用户发展。加强宽带中台建设,宽带装、修、移机时长等重点网络服务指标改善。

2019 年度，市联通公司被评为第十二届“安徽省文明单位”。

（孙瑞雪）

【无线电】2019 年，亳州市无线电管理处推进“互联网 +”政务服务，所有行政审批事项均实现网上办理。网上办理行政许可 21 件，其中频率使用指配 1 件，设台申请 11 件，业余无线电呼号指配 6 件，受理通信运营商基站设台申请 3 件，核换发无线电台执照 18367 个。

监管 5G 系统频率的使用。召开全市 5G 基站规范管理工作会议，掌握 5G 基站建设工作中的难点，做好相关服务，明确 5G 基站建设审批流程、要求，建立干扰协调机制，及时协调处理 5G 基站建设过程中的各类问题，确保 5G 基站建设规范有序进行。

结合“扫黄打非”、考试保障、重大活动和重要时期无线电安全保障等工作，开展常规监测和专项监测。监测总时长 10000 余小时，编发无线电频谱监测统计报告 10 期，多次受到省无线电监测站表扬。受理亳州移动公司 5G 干扰和 4G 干扰各 1 起，受理市气象局雷达干扰 1 起，及时排查干扰源消除干扰。

履行市“扫黄打非”领导小组成员单位职责，开展 6 次信号专项巡查活动，共查处蒙城县、涡阳县“黑广播”2 起，谯城区手机屏蔽器 1 个，监测追踪非法电视台信号 3 个，将信号源定位在相邻省、市境内，已请相邻省市无线电管理机构进行查处。

联合市文化旅游局、市公安局发文，开展打击“黑广播”“伪基站”专项行动，组成联合执法组赴县区开展巡查活动。针对广播频段、电视频段、航空频段和电视增补频段进行监测监听，共监测广播信号 28 个，电视信号 23 个，航空信号 5 个，净化全市电磁环境，保障全市广播电视播出和航空通信信号安全。

图 83　2019 年 12 月 31 日，亳州市组织检查无线电发射设备备案备案情况

（张　耀　供图）

完成中华人民共和国成立 70 周年大庆、世界制造业大会和全国、省、市“两会”等期间的无线电安全保障任务 6 次。做好教育、人事、卫生等各类考试无线电安全保障任务 38 次，出动无线电技术人员 266 余人次，出动无线电监测和管制车辆 86 台次，保障各类考试期间的无线电安全。

对无线电发射设备生产经营活动开展长效监管，结合“双随机一公开”工作开展执法检查 2 次，检查对讲机使用频率、发射功率、型号核准等情况，基本掌握全市生产和销售无线电发射设备的情况。

新建蒙城县小型监测站一处，用于蒙城县境内日常无线电监测保障工作。更新亳州固定站监测设备，实现市区监测频段至 8G 赫兹，对市区信号实现交叉测向定位。截至 2019 年年底，固定无线电监测设施覆盖全市三县一区主城区，市无线电监测能力和监测覆盖面积提升。

开展广场现场宣传 1 次，发放《中华人民共和国无线电管理条例》《安徽省无线电管理条例》等近千份，电视宣传报道 2 次，举办无线电管理培训班 1 次。在政府信息公开网上发布信息 50 条，向省经信厅报送信息 18 条，国家无线电管理网采用信息 2 条，《人民邮电报》采用信息 1 篇，在全省位居前列。

（张　耀）

城乡建设与管理

图 23　“美丽亳州”系列图片——2019 年 12 月，亳州市东外环涡河大桥　　（刘兵剑　屈建龙　摄）

城乡规划

【概况】2019年，亳州市城乡规划院协助市政府组织召开32次市政府规划审批暨市规委会全体成员会，共计审议228个议题，其中工业项目55个，商住项目34个，中小学及幼儿园项目21个，地块控规、专项规划等其他议题118个。助市自然资源和规划局初步审查受理“一书两证”。其中《建设项目选址意见书》49件，拟用地面积235.94公顷；“建设用地规划许可证”121件，拟用地面积596.79公顷；“建设工程规划许可证”193件，建筑规模872.65万平方米。

根据第一次市城建例会要求，“31+X”专项规划由各行业主管部门牵头编制，并于6月底前完成。市城乡规划院多次召开推进协调会，督促各牵头单位按时间节点完成规划编制工作。卫生、排水、城市公厕、教育4个专项规划通过市规委会审议；商业布点、燃气、供热、供电、通信、养老、绿地绿线7个专项规划完成。市经济开发区道东片区14个地块控规图则经第32次规委会研究通过，道东2号地控规图则均经市政府研究通过，图则设计工作完成。院每月对市规委会审议通过的建设项目容积率执行情况进行梳理汇总，分季度上报市政府。共核实已批建设项目103个，均满足规划设计条件等相关容积率设定要求。高铁站站房及广场亮化方案通过第12次市规委会审议，施工图、工程量清单已移交市交控集团和机铁办，下一步配合市交控集团和机铁办做好高铁站站房及广场亮化工程施工工作。

【推进“四个点问题”解决】2019年，市城乡规划院围绕市委“四个点问题”清单，解决群众关切的热点、难点问题。落实办理市人大议案、政协提案21件，办理市长热线约300件；通过政民互动系统办理群众反映问题263件。做好规划核实工作，全面启动经营性项目第三方复核，并参照《亳州市城乡规划局技术复核第三方机构管理条款》，加强对第三方复核单位进行管理，确保规划核实工作规范、高效、有序完成。第三方复核共68件，通过规划核实项目共68件。市直管项目经第三方验线共19个，移送违法建设函29起。办理公文1456件、市领导批示件236件。落实市领导安排任务61项、政府工作问题清单任务11项。落实办理市人大议案、政协提案21件。网上办事大厅办结506件，网上办理率100%，群众满意率100%。办理市长热线、网友留言600余件。

（刘　俊）

住房和城乡建设

【概况】2019年，亳州市住房和城乡建设局（以下简称“市住建局”）共承担市政府投资项目120项，主要包括房建项目、市政道桥项目、园林绿化项目及公用事业项目，总投资约103.6亿元。完成37项重点项目建设，完成投资额约39亿元。

房建项目33个。完成亳芜还原小区一期、刘庄棚户区改造工程（一标段）、安置还原小区G区、市特教学校、市第三十二中学、亳州学院附属学校多功能教学楼、安置还原小区F区小学及配套项目、市妇幼保健计划生育服务中心项目、G区幼儿园、市嵇康路社区服务中心10个项目建设；推进亳芜还原小区二期、刘庄棚户区改造工程（二标段）、市第三十三中学、市第二小学、市第三十六中学、亳州一中综合馆项目、亳州一中升级改造、市百合路社区服务中心、高新技术产业开发区人民法庭9个项目建设；推进市第三十四中学建设项目等11个教育类项目和亳州市海关、杜仲路消防站、百合路消防站等3个项目前期工作。

市政路桥项目共63个，总投资约58.1亿元，完成投资额约7.5亿元。完成高铁片区综合管廊机电工程、6条下穿京九、商合杭铁路立交工程、Y083桥等8个项目建设；推进东外环涡河大桥、亳州市道东片区2#地路网工程（含18个子项）、亳州市道东片区3#地路网工程（含13个子项）等项目建设；完成海棠路（文苑路—亳城路）、百合路桥（跨宋汤河）、崇文路（银杏路—迎春路）工程（包含莲花路幼师段污水）3个断头路项目施工招标任务，发放中标通知书；推进养生大道、药都大道、光明路、老君大道4座涡河大桥，三清大道、

图 84　2019 年 5 月，亳州市体育公园　　（李　金　供图）

合欢路、涡河北路、杜仲路、古泉路、光明路 6 条下穿京九铁路工程；桐花路等 7 条人行道；银杏路（省道 307 —涡河大桥）、酒城大道（省道 307 —三清大道）、养生大道（木兰大道—济广高速）3 个断头路项目前期工作。

园林绿化项目 20 个。完成亳州高新技术产业开发区 14 个垃圾中转站及高铁站房亮化工程 15 个项目建设任务；推进市体育场改造提升工程、市体育训练中心 2 个项目建设；推进南湖周边夜景亮化提升工程、希夷大道夜景亮化提升工程及酒城大道、希夷大道、S307 高速入口绿化亮化工程 3 个项目前期工作。

公共事业项目 4 个。完成市污水处理厂中水回用一期管道工程、药都大道南侧供水管道工程、市污水处理厂扩建工程、西关排涝泵站工程 4 个项目建设，并全部投入使用，完成中央环保督察目标任务。

【建筑施工扬尘污染防治】2019 年，亳州市开展非道路移动机械设备专项治理。对主城区在建工地非道路移动机械设备进行摸底调查，完善管理台账，对尾气排量不达标的机械设备清理出场。

推进扬尘治理示范工地创建工作，创建市级示范工地 36 个，创建省级示范工地 12 个。

检查建筑工地 4468 次（含重复检查项目），依法立案处罚 223 起，约谈施工企业 97 家，下达限期整改通知单 895 份，停工整改通知单 96 份，对 4 家违法违规施工单位记不良行为记录，对 4 个项目负责人记不良行为记录。

督促建筑面积 5000 平方米及以上的建筑施工工地现场出入口、加工区和主作业区等区域必须安装视频监控系统并与当地数字城管指挥中心平台联网。市中心城区符合安装条件项目 187 个，已安装视频监控的 131 个，长期停工和即将完工的项目 56 个，符合安装条件的全部安装完成。

编制并下发《亳州市施工工地扬尘治理分类管控工作方案》，根据工程规模、标准、建设持续时间、距离国控点远近、工程施工期间工艺和工序要求进行分类指导、分类管控，提升扬尘治理实效。

编制并印发《亳州市建设施工扬尘治理手册》。对建设主管部门、网格管理人员，建设、施工、监理单位的所有管理人员开展建筑施工扬尘防治知识与防治标准的宣传教育培训，共培训 3658 人次。

【建设工程质量管理】2019 年，市住建局对预拌混凝土生产企业质量、技术负责人定期开展业务培训。杜绝企业使用违规海砂及不合格原材料，保证混凝土产品质量。定期开展预拌混凝土生产企业混凝土质量专项检查，督促企业规范生产过程管理。开展工程质量专项检查，对钢筋等主要原材料和结构实体、基桩承载力及完整性检测，引入“第三方”监督检测机制，重点检查各参建主体履行质量责任情况，以及地基与基础、主体结构等关键部位的质量控制和常见问题治理情况，确保建筑工程质量。

引入“第三方”检测机构对符合龄期要求的混凝土构件进行抽测，掌握施工现场混凝土强度情况。完成施工现场混凝土构件全面检测工作。

组织全市在建工程施工质量

执法检查4次，中心市区在建工程施工质量专项检查3次（在建项目逐一排查），检查后均下发检查通报，对违法违规项目相关责任主体及责任人进行处理，对施工现场存在问题进行通报，并督促问题整改落实。

组织验收监督组，并聘请社会化质量专家协同监督验收组人员对工程进行查验。严把工程竣工验收关，以确保使用功能完善。

推行建设工程质量保险试点工作，印发《亳州市工程质量保险试点工作实施方案（试行）》。亳州市新发地农产品交易市场及冷链物流园7#地块、古井上善名郡幼儿园和东方名府4个项目签订工程质量保险合同。

【建筑节能、绿色建筑与装配式建筑】 2019年，亳州市开展全市建筑节能、绿色建筑工作，推动装配式建筑发展。全市新建建筑节能设计、施工标准执行率均达100%；新建绿色建筑占新建民用建筑开工面积比例达100%；绿色建筑占新建民用建筑面积比例为49.59%，装配式建筑占新建建筑面积比例为11.69%。

全市保障性住房和政府投资的公共建筑全部执行绿色建筑标准；全市城镇新建民用建筑全面按绿色建筑标准设计建造，民用建筑无绿建设计的施工图一律不得通过图审；新建绿色建筑占新建民用建筑开工面积的100%。加强工程设计、建设、竣工验收过程的监管力度；提高建设工程执行建筑节能及绿色建筑标准的规范化水平。截至2019年年底，亳州市完成绿色建筑面积386.21万平方米，装配式建筑竣工面积102.3万平方米；正在建设的装配式建筑面积130.2万平方米，其中蒙城县阳光花园南区和五里高安置小区二期工程建筑面积37.3万平方米，涡阳县鸿路建材有限公司装配生产基地和涡阳鸿路绿色装配式建筑产业园二期项目等建筑面积92.9万平方米；市高新区丁庄安置还原小区装配式建筑约6万平方米开工建设；谯城区前李安置还原小区装配式建筑面积32万平方米完成工程招投标。

【2016—2019年建筑节能、绿色建筑与装配式建筑示范项目】 2019年，亳州市以省级试点示范项目为载体，推动绿色建筑、建筑节能相关新技术、新产品、新工艺、新模式示范推广。开展省级绿色建筑示范项目、装配式建筑示范项目培育和申报工作。完成2016年申报获批的省级绿色建筑示范项目3个专项资金项目（亳州市人民医院内科及妇产科大楼、国家中药材产品质量监督检验中心、亳芜国际会展中心工程）的验收评估工作（示范面积约25万平方米）；完成2018年申报获批的省级建筑节能示范项目亳州富丽华君悦酒店（示范面积2.95万平方米）和省级装配式建筑示范项目蒙城县森林公园东区工程（示范面积23.3万平方米）的专项资金项目验收评估工作；完成2019年申报获批的省级装配式建筑示范项目涡阳鸿路橘子洲项目（示范面积10.2万平方米）的主体结构。

开展绿色建筑标识评价。完成涡阳县“五馆两中心”等11个项目绿色建筑设计标识评价；完成亳州市万达大商业综合体项目绿色建筑运行标识评价。

开展公共建筑能耗监测。建设大型公共建筑和国家机关办公建筑能耗监测项目一期工程，建成19栋一级计量监测级别项目，实现建筑能耗监测实时上传。

【黑臭水体整治】 亳州市持续推进水系治理，截至2019年年底，

图85 2019年，亳州市污水处理厂扩建工程 （刘兵剑 屈建龙 摄）

全市完成市中心城区建成区范围宋汤河、凤尾沟、龙凤新河、丁家坑、鳖疙瘩坑、柴家沟、汤陵沟、陵西湖、东风沟、羊建沟、东城海子、饮马坑12处黑臭水体的整治,并通过省级核验。

水环境明显改善。全市水质得到提升,2018年、2019年亳州市水环境质量持续改善,4个国控考核断面均达到或优于考核目标,获省级地表水断面生态补偿共计4050万元。

群众获得感提升。结合城市水体整治,同步实施沿河公园、水系公园、城市绿道、海绵工程等项目,在改善水环境的同时,增加市民健身休闲场所,提升城市节水防涝能力,周边群众获得感、幸福感提升。

促进经济良性增长。城市黑臭水体整治提升城市的品质,促进文化旅游业发展,同时黑臭水体治理工程实施后,周边区域的商业价值均大幅度增加。水环境整治等污染防治措施,有利于去落后产能,优化产业结构,一定程度上促进经济稳步增长,使亳州更加宜居宜业。

【农村建档立卡贫困户等四类重点对象危房鉴定全覆盖】2019年,市住建局组织开展贫困户住房等级鉴定全覆盖排查工作。县区住房城乡建设部门、乡镇政府会同村两委有关人员,依据扶贫、民政、残联等部门提供的建档立卡贫困户等4类重点对象名单,逐户开展房屋危险等级排查鉴定,对建档立卡贫困户等4类重点对象居住房屋排查为A类和B类的,出具鉴定意见,证明其居住房屋安全;对排查鉴定为C类或D类的出具鉴定报告,纳入年度危改计划实施改造或以其他方式保障住房安全。

完成全市建档立卡贫困户等四类重点对象232604户(其中建档立卡贫困户177673户,占比76.39%;低保户29572户,占比12.71%;分散供养特困人员6684户,占比2.87%;贫困残疾人家庭18675户,占比8.03%)贫困户居住房屋安全性的排查鉴定工作,做到排查鉴定全覆盖。鉴定房屋安全等级为A级的196080户,占比84.3%;安全等级为B级的31516户占比13.55%;安全等级为C级的2557户占比1.1%;安全等级为D级的2451户占比1.05%。

对鉴定房屋安全等级为C、D级的5008户情况进行实地调研,对相关数据进行分析。符合危房改造政策应适时改造的1563户。此类情况为动态调整增加的四类重点对象(含未脱贫建档立卡户216户、低保户971户、分散供养特困人员141户、贫困残疾人家庭235户),占全部四类重点对象的0.67%。虽有C级、D级危房,但不需要实施危房改造或需县区其他方式解决危房问题3445户。主要原因是有C级、D级危房,同时有安全住房或长期在外工作,短期内无住房需求;已享受危房改造,因自然原因又需要加固或重建的共7户。督促县区对建档立卡贫困户等四类重点对象居住房屋标注安全等级,并采取"一户一表"的模式标明鉴定时间、鉴定人员等信息。

此次排查是全市首次实施四类重点对象房屋安全性鉴定全覆盖工作,为全面掌握全市农村危房存量提供了实践支撑。

针对本次摸排,市住建局、扶贫局召开专题会议,要求各县区实施贫困户危房改造,按照房屋危险性等级的先后顺序制定推进方案,年底前完成四类重点对象C、D级危房的改造。有C、D级危房又有安全住房的,县区要按照《亳州市农村破旧废弃房屋整治工作实施方案》要求,开展破旧废弃房屋拆除工作,彻底消除安全隐患。

【住房保障】2019年,亳州市超额完成省政府下达的住房保障年度目标任务。

棚户区改造任务超额完成。2019年,省下达亳州市棚改目标任务为新开工28224套、基本建成15753套、2010－2016年棚改开工项目竣工交付率在92.76%以上。全市实际完成棚改新开工29489套,开工率104.48%;基本建成17553套,基本建成率111.43%;2010—2016年棚改开工项目年内新增竣工交付12541套,竣工交付率96.59%。超额完成省下达的棚户区改造各项年度目标任务。

公租房保障有效供应。2019年,省下达亳州市政府投资公租房目标任务为:公租房竣工交付100%,分配率在98.52%以上,租赁补贴发放848户。全市47879套政府投资公租房全部竣工交付,累计分配入住47360套,分配入住率98.92%;租赁补贴发放880户,完成率103.77%。

图 86　2019 年，宋汤河西岸刘庄安置还原小区　（刘兵剑　屈建龙　摄）

【工程项目审批政府“代办帮办”服务】2019 年，亳州市按照创优“四最”营商环境和放管服改革任务要求，压减一般工业项目建设审批时限、优化审批流程，提高审批效率，工程建设项目审批系统在全省率先上线试运行，让“数据多跑路，企业少跑腿”“不跑一次”成为可能。坚持“四个统一”要求，亳州市工程建设项目从立项至竣工验收时限压减一半以上，即从由 200 余个工作日压减至 90 个工作日以内，其中一般工业项目审批时限压减至 27 个工作日。

成立以市政府主要负责人任组长的工程建设项目审批制度改革工作领导小组，出台《亳州市工程建设项目审批制度改革实施方案》，市住建局牵头负责落实此项改革任务。工程建设项目审批制度改革工作领导小组办公室分类设立工程规划许可、施工许可联合验收、系统建设管理 3 个专项工作组，从各有关单位抽调业务骨干集中办公，开展工程建设审批制度改革工作。市政府主要负责人、分管负责人多次召开专题会和调度会，协调解决改革工作推进过程中遇到的问题。市财政部门及时安排专项改革经费，保障工程建设审批制度改革工作顺利推进。

再造审批流程，实现“一减到位”。按照“能简则简”原则，进一步压减企业进入市场前后的各类涉企证照事项，整合企业登记、审批、许可、备案等事项，实现多证合一，以“减证”推动“简政”。经过精简合并、转变受理方式等，将原来 70 多项审批事项精简至 43 项。对需企业提供的材料进行全面清理，对没有法律法规依据的，一律不要求企业提供相关材料；对上一环节和部门之间可以提取的材料，一律不要求再提供，将原来需由建设单位提交的 400 余项材料精简至 60 余项，精简 85%。对项目审批过程中涉及的各项审批事项进行并联审批，将企业开办事项审批时限压减到 1 个工作日。下放审批职能和权限，将政府投资项目初步设计审批、企业投资项目备案、节能审查等 5 个事项，下放到项目行业主管部门或属地发展改革委办理（施工许可和质量安全报监 3 个事项自 2014 年起下放各县区主管部门办理）。同级部门间横向权责清晰，市、县、区纵向间权责明确可控。

开展综合服务，实现“一窗受理”。整合 16 个有审批权限的市直部门服务窗口，统一在市政务服务中心设立工程建设项目审批综合服务窗口，集中办理全流程各类事项的审批。“综合服务窗口”前台有 12 个办事分窗，后台 13 个工位，集中入驻发改、自然资源规划、住建、人防、城管、水利、生态环境、亳州高新区、亳芜园区、谯城区等政府审批部门和公用服务企业共计 20 个部门的审批和服务人员。加强综合服务窗口管理。定期召开项目审批会商例会，对重大事项实行“一事一议”，适时召开会商专题会议，解决疑难问题。

完善审批系统，实现“一网通办”。进行数据整合共享，全市政务服务数据系统入库 77 家单位 2211 类数据，汇集库数据总量 349.63 亿条，共享库数据 47.84 亿条，数据交换总量 10407.82 亿条，每日交换数据量约 5.6 亿条。运用大数据资源优势，推进工程建设项目审批制度改革工作，推进并联审批，推动更多跨层级、跨部门事项“一次上网、事就办成”。适时主动关闭被工程建设项目审批系统业务取代的现有审批系统，与安徽政务服务网、投资项目在线审批监管平台等进行对接和互联互通，实现项目信息的提取、共享和应用，减少项目信息资料的重复填写和重复提交。

针对系统运行中存在的问题，分地区、分系统进行培训。亳州市工程项目审批系统与安徽政务服务网、安徽省投资项目在线审批监管平台、“多规合一”业务协同平台等信息系统建立共享交换体系，与住建部“四库一平台”对接，实现全市工程建设项目审批业务在线申报、一窗受理、并联审批、一网归集、跟踪督办、数据共享、在线监管、全程公示。自系统上线后，共受理项目总数637个、办理审批事项16491个。

推行全程代办，实现“代办帮办”。创新施行工程建设项目审批事项政府代办服务制度，明确代办项目范围、服务内容、服务流程、业务培训、督察考核等，为项目单位提供全流程专业化业务咨询、指导、代办帮办服务。通过政府购买劳务服务方式，采取“基本工资＋绩效”薪酬模式，招聘政府代办员，组建专职代办队伍，实行“一对一”对接和“保姆式”服务，为企业做好从立项到竣工验收各阶段所有审批业务的代办帮办服务，解决建设单位在“多个部门多头跑、来回跑”的问题。压缩审批时限，提高审批效率，实现高效、便民。

（葛　伟）

·亳州城建发展控股集团有限公司·

【概况】亳州城建发展控股集团有限公司（以下简称“城建集团”）于2017年9月2日成立，主要承担市政府委托的城市基础设施和公共事业的建设、融资，运营和管理等职能，产业涉足投融资、房地产开发、工程施工和设计、物业管理、商业运营、工程咨询、中药材初加工等产业领域。2019年，城建集团完成经营性收入39亿元（含房屋销售额30.56亿元），完成全年任务的122%；上缴经营性税费2亿元，完成全年任务的125%；落实融资资金73.98亿元，完成全年任务的211%，其中，完成间接融资审批18亿元，并落实间接融资资金9亿元，完成直接融资审批65.75亿元，并落实直接融资资金64.9815亿元。薛阁粮站停车场、建安零工市场项目移交使用；魏武广场停车楼完成商业部分封顶；华佗广场项目开工建设；国药科技产业园一标段、中心汽车站停车场项目建成并具备使用条件。承建的老烟厂项目一期、二期、创客空间二期项目通过“芍花杯”评审；国药科技产业园项目、建投御景湾项目通过市质量标准化工地评审；该公司旗下亳州建工获“市级安全文明标准化示范工地”称号4项，连续两年获省级“安康杯”优胜单位。

同年，城建集团及旗下子公司、项目获省级以上荣誉12项。其中，城建集团获评“2018年度安徽省卫生先进单位”，城建集团团委获评“团省委纪念五四运动红色信息征集评选活动二等奖”，建投地产获评“2018－2019年度安徽省房地产行业优秀品牌房企”“安徽省劳动保障诚信示范单位”，亳州建工获评“安徽省安康杯竞赛优胜单位”，鼎诚商管评获“国家企业安全管理创新奖”和“中国AAA级信用企业”称号，宜居物业获评“AAA级重合同守信用企业”，亳州市体育公园项目获评“安徽省省级体育生态公园”称号，之意书社项目获评“第六届安徽文化惠民消费季重点单位”和“2019年度安徽省实体书店示范店”，建投御景湾项目获评“2018－2019年度安徽省房地产行业品质优秀奖”。

【融资工作】2019年，城建集团落实融资资金73.98亿元，其中完成间接融资审批18亿元，已落实贷款资金9亿元，具体包括中安租赁资金1亿元、皖江金租2.4亿元，江苏金租1.5亿元、平安租赁3.1亿元、徽行循环贷1亿元。其中，完成直接融资审批65.75亿元，落实直接融资资金64.9815亿元。直接融资审批具体包括20亿元PPN、14亿元企业债券、10亿元债权融资计划、15亿公司债券和6.75亿理财直接融资工具。落实直接融资资金64.9815亿元，具体包括8亿元中期票据、20亿元PPN、8815万元地产可转债、2亿元建工可转债、14亿企业债券、2.1亿债权融资计划、15亿公司债券和3亿元理财直接融资工具。

【项目建设】2019年，城建集团推行“一周一调度、半月一分析、一月一总结”及“一线工作法”等工作制度，保障了各项重点工程项目顺利实施。其中，华佗广场项目进行土方施工；薛阁粮站停车场、建安零工市场项目移交使用；魏武广场停车楼完成商业部分封顶工程；国药科技产业园一标段、中心汽车站停车场项目建成并具备使用条件，国药科技产业园二标段等项目按计划持续推进。

【首期10亿元PPN成功发行】 2019年3月27日，城建集团成功发行10亿元非公开定向债务融资工具（PPN），发行票面利率6%。该次非公开定向债务融资工具的成功发行对于优化该公司债务结构、提升直融比例、降低成本、提升公司市场认可度以及满足公司战略转型资金需求具有重大意义。

【14亿元企业债券成功发行】 2019年7月26日，城建集团克服债券市场资金面收紧、利率波动较大、投资者谨慎心理和流动性风险加剧等多重不利因素，成功发行14亿元企业债券，票面利率6.3%，较2019年同期限同评级企业债券均值低84BP，创当年安徽省内同期限同评级企业债券利率最低水平，在发行规模较高的情况下，达到1.54倍认购倍数，得到资本市场的高度认可。

【房屋销售】 2019年，城建集团实现房屋销售额30.56亿元。8月，建投泊湾项目460户业主顺利交房；玫瑰园、桐华郡热销全城；御景湾项目作为公司年度倾情打造的精品项目，二季度顺利实现住宅清盘；东方名府玖著、金桂湾首开即售罄，后续加推持续畅销。

【华佗广场项目全面开工】 2019年3月，由城建集团投资建设的华佗广场项目全面开工建设。该项目位于亳州市老市区新华路东侧、州后街北侧，占地面积5.2公顷。该项目为市重点工程，规划为集休闲、健身、商业、餐饮、娱乐于一体的综合性商业广场。

【魏武广场停车楼项目商业部分封顶】 2019年，魏武广场停车楼项目商业部分完成封顶和部分外墙砌筑工作。该项目位于魏武广场北侧，总用地面积8930.6平方米，总建筑面积33368平方米。建设内容包括智能立体式停车库及附属配套商业。停车楼按阶梯状建设，东北侧最高18层，西南侧16层，中间西北侧13层，共可停放755辆车，其中地面无障碍停车位5个。停车楼设有19个入口、17个出口。

（李　金）

图87　2019年3月，华佗广场全面开工　（李　金　摄）

城市管理

【概况】2019年，亳州市城市管理局开展市容管理和城市基础设施管养维护。立案查处各类案件219件，行政处罚200件，在办理19件，罚款金额620万元。“数字城管”立案572764件，应结案件558379件，结案541891件，结案率97.05%。共拆除违法建设34227平方米。谯城区拆除21284平方米，蒙城县拆除4213平方米，利辛县拆除8010平方米，涡阳县拆除720平方米；清理运输生活垃圾27.04万吨，清除小广告等城市“牛皮癣”1.5万张。

【市容市貌和环境管理】2019年，亳州市制定《市中心城区道路清扫保洁实施方案》《城市重点区域道路保洁标准》，细化城市道路保洁作业模式、保洁频次、质量标准。采取人工、科技相结合的监管模式，建立由属地监管巡查、“五车”（清扫车、洒水车、生活垃圾运输车、商砼车、渣土车）平台监控系统监管、市城管局督察的三级监管模式，共处罚道路保洁公司1500万元。印发《亳州市主城区出店、占道经营专项整治行动方案》的通知，加强主次干道、背街小巷、商业网点、校园周边等占道经营集中区域和高发时段的整治、共清理店外营业7000家，乱摆乱放摊点12000处，暂扣流动摊贩车辆1300辆次。动态调整保洁方式，由$PM_{2.5}$专家组每天根据气象条件发布道路保洁指令，两区环卫部门根据专家组指令开展保洁作业，实现防尘效果最大化。推进柴油车更换为燃用清洁能源车，上善公司采购4辆新能源保洁车，亳州高新技术产业开发区招标的两家保洁公司各采购1辆新能源保洁车，用于重点区域道路保洁。

【《亳州市城市市容和环境卫生管理条例》出台】2019年，亳州市城市管理局承担《亳州市城市市容和环境卫生管理条例（以下简称《条例》）（草案）》的起草工作。1月15日，发函征求县区人民政府、市直相关单位意见；2月2日，将《条例（草案）》提交市司法局进行审核；2月28日，市城市管理局邀请市人大法治工委、市司法局、人大代表、政协委员等召开座谈会；3月7日，市城市管理局委托安徽省建设法治协会邀请法学、市容环卫等方面的专家进行专家论证；3月26日，市政府第95次常务会议研究通过，将《条例（草案）》作为议案提请市人大审议；9月27日，在省十三届人大常委会第十二次会议上获得批准，于2020年1月1日实施。《条例》共六章41条，总则部分规定了立法目的、适用范围、工作原则、工作保障、部门分工、公众参与等内容。正文部分明确了市容和环境卫生责任、市容管理和环境卫生管理内容，以及违反相关规定应承担的责任。该《条例》结合亳州市容和环境卫生管理的实际需求，坚持树立“为人民管理城市”的工作理念，以打造整洁、优美、文明的城市环境为目标，将现行有效的政策措施法治化，具有突出为民服务、强化责任管理、突出精细化管理和突出严格执法等特色。这是亳州市获得地方立法权以来制定的第三部实体性地方法规，对加强亳州市市容和环境卫生管理工作，创造整洁、优美、文明的城市环境，提高群众幸福感、获得感，助推全国文明城市

图88 2019年12月7日，亳州市开展垃圾分类宣传活动（刘勤利 摄）

创建有着重要意义，标志着亳州市市容和环境卫生管理工作迈向法治化的轨道。

【大气污染治理】2019年，亳州市城市管理局组织对城区内餐饮经营户落实环保制度情况进行排查，摸排餐饮经营户3700多户，实行“一街一档、一店一卡”，全部安装油烟净化器。每日两次对所有餐饮门店拉网式巡查和检测，查看油烟净化设备的安装、使用、清洗情况，对不符合标准的及时进行停业整改。市城市管理局成立3个督察组，对餐饮单位重点经营时段的油烟排放进行检测，发现问题及时交办督办，督促落实整改。共责令餐饮门店停业整改287家，处罚15家，罚款15.8万元。对在建项目实行驻点监管员网格化管理，规范整治混凝土搅拌站扬尘防治。制定《亳州市城市房屋拆除扬尘防治标准（试行）》，所有征收项目均落实扬尘治理标准。加大机动车污染防治力度，淘汰国家第三阶段汽车排放标准以下老旧柴油货车1200辆。对738辆遥感监测超标排放车辆进行处罚。摸排非道路移动机械1353台，对使用不合格非道路移动机械进行立案查处。

【城市绿化】2019年，亳州市完成新增（改造）绿化492万平方米、建成绿道42.5千米，实施绿化精品示范工程10个。建成亳芜产业园、魏武大道等12条道路绿化、酒城大道和望州路道路外侧绿化以及柴胡路游园等15个街头游园项目，新增绿化面积约74万平方米，相比2018年新增绿化建成规模145.6%。结合环保督察、路段长制、河长制等管理工作，办理市长热线等交办的有关绿化方面的督办件8600件，办结率100%。城区绿化管养面积约592万平方米，同比增长21%。开展城市裸露土地整治专项行动，采取空闲地绿化覆盖、花灌木和地被栽植、撒播草籽等方式全面治理，完成治理裸露地面4.5万平方米。

图89　2019年3月20日，亳州市开展节水宣传活动　（王纪福　供图）

【老城区主干道雨污分流改造完成】2019年，亳州市城市管理局完成魏武大道、药都大道、建安路、和平路、新华南路、州后街、涡阳路、新兴路8条道路雨污分流改造，共新建和改造管网22千米。希夷大道北段和人民路由于地下运兵道文物保护规划调整为清淤截污，现状管网利用。市城区所有主干道路均完成雨污分流改造，雨污水实现各行其道，汛期“城市看海”的现象得到解决。

【省级节水型城市创建】2019年，亳州市编制海绵城市建设规划、城市节水规划和亳州蓝线规划；对全市公共供水的年取水量3000立方米以上的298户非居民用水户和所有取用自备水的用水户实行计划用水管理，按季度考核。通过价格杠杆鼓励引导用水单位优先选择使用再生水，城区再生水利用量1058万立方米，再生水利用率达20%。落实节水管理“三同时”制度。强化节水单元创建，市第一批省级节水型企业16家、节水型单位24家、节水型小区10家创建成功。城区各项节水指标提升，6月，通过省住建厅和省发改委的省级节水型城市验收。

【城市服务保障】2019年，亳州市区完成市政燃气中压管网建设74.9千米，新建房产配套22049户，工商户接驳157141立方米/日。加强应急储备，启动建设4个LNG应急储罐，新增储气量40万立方米，建成后累计储气量将达到60万立方米，可满足全市3天的应急供气需求。

采用市政“小修机制”，投资2000多万元，维修路牙石78878.51米，沥青路面24879.48平方米，混凝土路面15243平方米。对老城区与主干道相连的16座桥梁进行专项技术检测，对其中4座进行维修加固。

完成制水量4536万吨，完成全年任务的112.5%。与上年同期4039.30万吨相比，增长496.7万吨，同比增长12.3%。分批建设6组应急备用水源井，其中城南水厂院内2组，一水厂院内1组，林拥城内3组。安装发展自来水新用户25228户，比上年同期增加4263户，增长率20.3%。

市主城区三座污水处理厂共处理污水6622.6264万吨，平均日处理污水约18.5万吨，实现全年出水稳定达标。市区3座污水处理厂共削减COD10804吨，氨氮1581.5吨。完成管网检测289.17千米；完成管网清淤近250千米，清淤检查井5627座，雨水篦子7034个；安装防坠网6941个；改造易涝点47处。

城区156个路段主次干道及小街背巷的路灯共计约53000盏，路灯控制箱约460台，路灯变压器约230台。路灯亮灯率在98%以上。

制定亳州市城市防汛应急响应工作流程，印发《亳州市城市防汛应急预案》，对城区24个易积水点实行点长制，对城区易涝点进行管网改造，建立定期排查、定期清理、定期检查工作机制。

（王纪福）

·房地产管理·

【概况】2019年，亳州市房地产开发累计投资415.26亿元，同比增长13.81%，投资总额居全省第六位，投资增幅居全省第八位。全市商品房总体供应752.75万平方米，同比增长20.42%，全市商品房销售面积658.49万平方米，同比增长4.2%，供需基本平衡。截至年底，全市商品房库存总量为414.59万平方米（去库存周期8.01个月），其中住宅277.66万平方米（去库存周期6.64个月）；市区住宅库存量117.81万平方米（去库存周期6.02个月），均在合理范围，房地产市场总体态势平稳。

【市场管理】2019年，亳州市住房发展中心按照“一盘一人”要求，实时跟踪主城区在建在售房产项目，全面、及时掌握市场动态运行情况，形成《市场分析》11期，为宏观调控房地产市场提供第一手资料。起草制定《亳州市房地产经纪行业信用考评暂行办法》《亳州市房地产经纪机构和经纪人员红黑名单暂行办法》《亳州市房地产市场部门联合执法巡查管理制度》等，健全机制，提升监管效能。对全市56家房地产开发企业开发建设的66个房地产开发项目和52家房地产中介机构开展不定期巡查，查处违规住房租赁中介机构9家，下发整改通知书7份，对安徽晟铭置业、白果树置业、城房置业等4家房企违规销售、违规开发、违规预售的行为进行调查和线索移交，净化市场环境。

【房屋预售资金和存量房资金管理】2019年，亳州市住房发展中心修订《亳州市商品房预售资金监管实施细则》，适当降低重点监管资金标准；针对信誉良好的房产企业开辟资金使用审批快速通道，保障工程建设。严格预售资金拨付审批管理，市住房发展中心与37家房地产开发企业（涉及48个项目）签订三方监管协议，全部将签订协议的楼栋纳入监管系统，累计审批拨付预售资金近200亿元。存量房资金监管业务纳入存量房交易与登记网上办事大厅统一办理，办理存量房资金监管业务340件，签订存量房资金监管协议共计420份，合计监管金额2.6亿元，累计拨付790笔（含按揭贷款），合计2.8亿元（含2018年未拨付款项），结余资金281.1万元，实现存量房交易资金与合同备案的同步衔接，最大程度防范二手房交易风险。

【物业管理】2019年，亳州市住房发展中心以市政府名义先后出台《亳州市人民政府关于进一步加强物业管理工作的实施意见》《亳州市物业管理若干规定》《亳州物业管理考核办法》等，进一步健全物业管理制度，明确属地管理和部门工作职责，推动物业管理下沉。完善小区物业服务考核奖补机制。按新小区、老小区、安置还原小区3类5个等级定期进行测评打分，召开通报会6次，市财政列支300万元专项物业奖励资金，对考核先进的住宅小区、业委会（社区）、物业服务企业进行奖补，加强物企的动态管理。会同城管执法部门对多个小区违规建设强制执法100余次，对10个小区进行非机动车停车棚和充电桩建设试点，非机动车“飞线充电”问题得到初步遏制。挂牌督办小区消防安全和电梯安全各类安全隐患29件；对主城区部分老旧小区基础设施进行升级改造，各小区环境得到改善。联合下发《亳州市推进居民小区“红色物业”实施意见》，把对加强业主大会、业主委员会指导监督、规范小区自治作为小区物业管理工作的重点，加强社区等基层党组织对业主委员会的领导。

【房产交易服务】2019年，亳州市住房发展中心完成商品房买卖合同备案19523件，存量房合同备案3244件，存量房合同备案3244件，修改预售商品房合同2660件，撤销预售商品房合同备案636件，退房删除商品房买卖合同316件，实现在线办理率100%、限时办结率100%、满意率在99%以上。建立房屋测绘成果确认会审制度，测绘成果出具前必须经中心房屋测绘成果会审业务会议确认后方可出具，确保测绘数据零误差。共召开37次房屋测绘成果会审业务会议，完成1962幢房屋的测绘工作，测绘面积共计1428.62万平方米，向不动产登记中心传输数据3279户，全力维护购买人权益。建成房屋租赁信息平台，为办事群众提供“找房—签约—支付—备案—评价—投诉”的“一站式”服务，同时，加强与信息局、建行

2019年亳州市投资额排名前20房地产开发企业

表13

名单	位次
蒙城县新农村建设综合开发有限公司	1
安徽拓邦房地产开发有限公司	2
绿地集团亳州置业有限公司	3
亳州市中丞置业有限公司	4
亳州市谯城区万达地产开发有限公司	5
亳州嘉悦置业有限公司	6
亳州城房置业有限公司	7
亳州碧盛房地产开发有限公司	8
亳州鼎安置业有限公司	9
亳州中铁置业有限公司	10
亳州恒皖置业有限公司	11
亳州城建发展控股集团有限公司	12
亳州古井置业发展有限责任公司	13
蒙城皖新文化产业投资有限公司	14
涡阳县和顺房地产有限公司	15
亳州绿建置业有限公司	16
蒙城县名邦置业有限公司	17
涡阳圣火房地产开发有限公司	18
亳州通盛置业有限公司	19
涡阳县星港置业有限公司	20

与公积金部门的联动，房屋租赁信息发布、租赁合同签订及因租赁房屋提取公积金等业务均可在平台办理，减少因租赁房屋提取公积金的程序。受理房屋租赁网上备案622件，办结622件；发放房屋租赁合同备案证明290件，房地产租赁服务进一步优化、规范。

【拆迁工地扬尘防控】 2019年，亳州市拆除项目共计17个，拆除面积140.6万平方米，其中谯城区拆除项目4个，面积40万平方米；亳州高新技术产业开发区拆除项目2个，面积23.1万平方米。各拆迁项目均对照《亳州市城市房屋拆除扬尘防治标准》，签订《房屋拆除扬尘防治协议》等确保扬尘防控措施得到落实。全面加强扬尘治理巡查督察，共开展房屋拆除扬尘防治巡查工作55次，下发整改告知函13份；赴3县开展巡查督导4次；开展环保点位核验活动41个，全部完成整改销号，主城区扬尘防治合格率100%。

（陈　伟）

·安徽古井房地产集团有限责任公司·

【概况】 2019年，安徽古井房地产集团有限责任公司（以下简称“古井房地产集团”）是亳州市市属国有企业，有亳州古井置业发展有限责任公司、亳州古井大酒店有限责任公司、安徽金寨古井置业有限责任公司、安徽金豪房地产开发公司（合肥）、安徽澳鑫房地产开发公司（合肥）、安徽新鑫物业管理公司（合肥）、亳州古井物业管理公司7家子公司和1个合肥分公司。实现营业收入11.7亿元，上缴税收1.3亿元，利润总额7100万元。

古井房地产集团前身是古井集团下属企业古井房地产开发总公司。成立于1992年5月，是亳州市第一家房地产开发企业，也是安徽省最早成立的一批房地产开发企业之一。2001年7月，古井集团通过整合旗下在合肥等异地的安徽新鑫股份公司、安徽澳鑫房地产开发公司、安徽龙城房地产开发公司等房地产开发企业，重组设立古井房地产集团，注册资本1亿元，为二级房地产开发资质企业。2019年3月，古井房地产集团从古井集团划转至亳州市国资委管理，列为亳州市市属国有企业。

古井房地产集团依靠国企实力和品牌优势，立足亳州，着眼安徽，以“筑造美好生活”为使命，践行核心价值观“做好人，建好房，成为受人尊重的房地产公

图90　2019年12月21日，古井·上善名郡夜景　　（桑　雅　摄）

图 91　2019 年 10 月 21 日，古井房地产集团获评“2018—2019 年度安徽省房地产行业优秀品牌房企”　（穆　琳　摄）

司”。自成立起，在亳州、合肥、怀远等地，开发建设刘园新村、丹华山庄、州后街、文帝街、新华北路、丰水源、天一阁、合肥古井丰水源、百花大厦、府南花园、瑞景嘉园、上善名郡、城市广场、悦湖城、悦水苑等一批楼盘；投资建设灵津渡大桥、亳州剧场等具有标志性的市政公共服务设施；承建合肥古井假日酒店、上海古井假日酒店以及亳州宾馆等投资项目。在住宅开发、星级酒店承建等方面积累了丰富的经验，被推选为安徽省房地产协会副会长单位、亳州市房地产协会会长单位。

同年，古井房地产集团被授予“安徽省房地产行业优秀品牌房企”称号，是亳州市唯一获此荣誉的房地产开发企业。

【项目建设】2019 年，古井房地产集团建成上善名郡项目并交付；完成悦湖城项目单体竣工验收；完成金寨红郡项目单体竣工验收；完成悦水苑项目平均单体住宅楼主体结构 16 层建设；待开发项目有 3 个地块，共约 21.47 公顷。

上善名郡项目用地约 19.49 公顷，项目规划建筑面积 55.94 万平方米，总投资 17.22 亿元，分一期和二期开发。一期工程建筑面积约 26.68 万平方米，住宅 1557 套，于 2 月份验收合格并交付。二期工程建筑面积约 29.26 万平方米，住宅 1596 套，于 12 月交付。该项目获“安徽省建筑安全生产标准化示范小区”、安徽省“建设工程质量标准化省级示范工程创建项目”“亳州市建设工程施工质量标准化示范工程小区”称号。

悦湖城项目用地约 11.5 公顷，总建筑面积 33 万平方米，总投资 10.05 亿元，住宅 1622 套，按合同约定交房时间为 2020 年 5 月。2019 年，该工程单体竣工验收完成。项目获“安徽省建筑安全生产标准化示范小区”称号。

金寨红郡项目用地约 3.31 公顷，规划总建筑面积约 10 万平方米，总投资 3.74 亿元，住宅 476 套及一座酒店（约 18000 平方米）。按合同约定住宅交付时间为 2020 年 6 月，酒店营业时间为 2020 年 3 月。2019 年 12 月，单体竣工验收完成。该项目为金寨县招商引资建设项目，享受土地出让金返还及减免项目配套费等优惠政策。

悦水苑项目用地约 9.48 公顷，总规划建筑面积 24.31 万平方米，总投资 10.19 亿元。规划建设住宅 1216 套及一座酒店（约 25000 平方米）。2019 年，各项工程进展顺利，平均单体住宅楼主体结构完成 16 层。10 月 19 日，首推当天去化率达 75%，成为同年亳州市首开去化率最高的楼盘。

【古井物业管理有限责任公司】古井物业管理有限责任公司（以下简称“古井物业公司”）于 2001 年 11 月成立。其前身是 1994 年组建的古井房地产集团物业管理部。公司的注册资金是 100 万元，管理资质为三级。

2019 年，古井物业公司拥有物业管理、经济管理、计算机、工程、会计、水电技术等专业人员。公司主要管理人员全部持有物业管理行业上岗资格证书，其他相关技术人员持证上岗率在 95% 以上；参与物业管理的人员 100 余人。截至同年底，古井物业公司所管理的小区主要有西湖苑、合欢苑、瑞景嘉园、城市广场、天一阁、府南花园、上善名郡，管理区域面积约 123 万平方米，入住业主户数约 2994 户，各小区居民总数 10493 人。

同年，古井物业公司在亳州市物业服务行业“二十强”评选活动中获“最具影响力企业”称号。上善名郡小区获“园林式居住区”称号。

【安徽新鑫物业管理有限公司】安徽新鑫物业管理有限公司（以

下简称“新鑫物业公司”)成立于1997年6月,隶属于古井房地产集团,注册资金200万元,固定资产120万元,拥有国家物业管理三级资质,是合肥市物业管理协会理事单位。新鑫物业公司通过ISO9000质量管理体系认证和IB/TE-315:902信用体系标准和GB/TCCA9002企业信用评价审核授牌。获“安徽省重合同守信用企业”“AAA级信用企业”。新鑫物业公司以ISO9000质量管理体系认证落实管理流程,确保为业主及客户提供规范的星级服务。

同年,新鑫物业公司在管项目有合肥市瑶海区古井丰水源住宅小区、合肥市庐阳区百花大厦商住综合体,建筑面积共19.88万平方米。

(穆　琳)

国土资源管理

【概况】2019年,亳州市进行机构改革,整合原市国土资源局、市林业局和有关单位职责,组建市自然资源和规划局。市自然资源和规划局于3月1日挂牌,同时代管市政府直属事业单位市城乡规划设计院。设立办公室、政策法规和执法科、自然资源调查确权和测绘科、自然资源权益开发利用科等11个内设机构,下辖市森林公安局、市国土资源储备发展中心、市执法监察支队、市不动产中心、市林业技术推广中心等5个直属机构和城区分局、谯城分局2个派出机构。

制定《2019年法治宣传教育工作要点》《2019年度普法学习计划暨普法责任清单》《2019年度重点普法目录》,利用“4•22”世界地球日、“6•25”全国土地日、“8•29”测绘日、“12•4”宪法日开展普法宣传活动。开展扫黑除恶专项行动,全市自然资源系统共摸排上报线索51件,其中市局上报市扫黑办涉黑涉恶线索15件。办理行政复议案件35件、行政复议答复案件9件,参加应诉行政诉讼案件14件,局有关负责人出庭应诉5件。贯彻落实全省“321”自然资源系统信息化提升行动计划。推进以“智慧资源”为主要方向的自然资源电子政务升级改造,推行市局门户网站标准化建设,编制完善机房改造、云平台及安全体系建设方案。争取信息化提升行动建设资金,确保信息化提升行动计划落到实处。

全年报批各类建设用地2796公顷,通过开展土地复垦整治,新增耕地820公顷。共出让建设用地1195公顷,收取土地出让金220.33亿元。

【耕地保护】2019年,市自然资源和规划局坚持最严格的耕地保护制度,进一步加强耕地数量、质量、生态“三位一体”保护,构建保护有力、集约高效、监管严格的永久基本农田特殊保护新格局,牢牢守住耕地红线。落实耕地保护面积59.6万公顷,加强永久基本农田建设,落实永久基本农田保护面积51.3万公顷,初步划定永久基本农田储备区面积1.5万公顷,改进耕地占补平衡管理方式,新增耕地820公顷,超额完成省厅下达任务的33.7%。实施旱地改造为水田项目125公顷,完成市级验收并通过省厅备案批复,是全省第一个获批并可交易的旱地改造为水田项目。

图92　2020年3月12日,亳州市举办国土资源调查培训班(张启业　供图)

【土地“增减挂钩”】2019年，市自然资源和规划局完成2018年分配的2133公顷“增减挂钩”项目组卷实施验收工作。共完成组卷1496公顷，完成实施并验收1008公顷。同时，制定《亳州市城乡建设用地“增减挂钩”节余指标有偿调剂实施细则》，建立“增减挂钩”节余指标交易流转平台，成功通过交易平台将利辛县66.7公顷“增减挂钩”结余指标交易给市本级，交易额4亿元。

【建设用地报批】2019年，市自然资源和规划局制定用地计划，优化用地结构，加大建设用地报批力度，谋划大项目，争取独立选址指标和省预留计划指标。全市共组卷报批各类建设用地145个批次、面积2796公顷；其中市本级报批34个批次、面积626公顷。保障全市民生工程、城市基础设施和重大招商引资项目用地需求。

【土地市场建设】2019年，市自然资源和规划局组织召开39次土地管理委员会和9次自然资源和规划委员会，科学编制土地收储和出让计划，合理确定经营性用地上市规模和节奏，逐月排出供地计划，坚持“净地”上市，建立良性的土地收储、上市、资金回笼机制。全市共出让建设用地347宗、面积1195公顷，成交土地出让金220.33亿元。其中市本级59宗、面311公顷，成交土地出让金66.72亿元。

【国土空间总体规划编制】2019年，按照省自然资源厅的部署，市政府制定《亳州市国土空间总体规划（2020－2035年）编制工作方案》，成立国土空间总体规划编制工作领导小组及其办公室，开展国土空间开发保护现状评估，制定环境资源承载能力和国土空间开发适宜性评价、产业发展及空间布局研究、乡村振兴研究等11项重大专题研究，启动国土空间总体规划编制工作。

【不动产统一登记】2019年，市自然资源和规划局探索、实践“互联网＋不动产登记”新模式，3次压缩办理时间，第一个在全省实现“不动产登记5个工作日办结”的目标，实现国有建设用地使用权首次登记、抵押登记3个工作日内办结。全市共颁发不动产权证书12.8万本，证明16.6万份。其中，市本级颁发不动产权证书4.9万本、证明6.3万份。市本级不动产登记工作在全省营商环境评价排名中居第三位。

【第三次全国土地调查】2019年，《亳州市第三次全国国土调查实施方案》出台。亳州市举办业务培训，组织人员对县区工作开展情况进行督促和指导。采取不定点方式，到县区乡镇村开展暗访调研活动，了解三调外业与内业的进展情况，召开调研总结会，发现问题及时解决。对作业单位、监理单位开展循环现场督促与指导。按照“合格一批，上报一批”的原则，分批向省三调办上报成果；开展省级核查整改和“回头看”工作。截至2019年年底，各县区三调问题图斑全部按照规定整改完毕，三调成果数据上报国家三调办核查。

【“大棚房”清理整治】2019年，市自然资源和规划局组织开展“大棚房”问题专项整治行动，联合市农业农村局开展拉网式摸底排查，做到全面摸清底数、掌握实情，全市共出动1.2万人次，排查乡镇88个、行政村1323个，摸排园区495个，设施农业33839个，面积4825.13公顷。经排查，全市共上报“大棚房”问题41个，已全部整改到位并通过省级验收。其中全部拆除复耕24个，部分拆除复耕和完善手续17个，拆除违规建筑物128个，面积16.88公顷，恢复农业生产项目40个，面积16.88公顷。

【地质灾害防治】2019年，市自然资源和规划局制定《亳州市地质灾害防治方案》，全面开展汛前调查、汛中巡查和汛后核查，开展安全生产隐患排查。排查地质灾害隐患点5处，均为小型，其中，谯城区—涡阳—利辛县城区地面沉降1处，涡阳县崩塌2处，蒙城县崩塌2处。通过工程治理，投入治理资金1600万余元，消除地质灾害隐患点2处，其中一处为涡阳县石弓山耿楼取土坑隐患点，另一处为涡阳县义门镇涡河河岸崩塌隐患点。

（张启业）

林业资源管理

【概况】2019年，亳州市完成人工造林6273公顷，义务植树

305.2万株、森林抚育3560公顷，新建完善提高农田林网59733公顷。完成森林长廊示范段建设110千米，创建省级森林城镇4个、省级森林村庄36个。

【四级林长全覆盖】2019年，亳州市不断完善林长制制度体系，实现市县乡村四级林长全覆盖，设立各级林长3538名，全面建立林长制"五个一"服务平台。建立"一林一档"林长信息和资源档案2900份，编制"一林一策"规划实施档案1200本，落实"一林一技"科技服务人员173名，"一林一警"责任公安民警46名，"一林一员"护林员3400名。

▲林长制"五个一"服务平台：建立"一林一档"信息管理制度、"一林一策"目标规划制度、"一林一技"科技服务制度、"一林一警"执法保障制度、"一林一员"安全巡护制度，为各级林长履职、见效提供服务保障。

【依法治林】2019年，亳州市森林公安机关开展"打击破坏野生动物资源专项行动""2019护航行动"，打击各类涉林案件。全市共立刑事案件立案27起，查处野生动物行政案件3起、森林行政案件199起。共取保28人，刑事拘留8人，移送起诉刑事案件16起。

【林业有害生物防治】2019年，亳州市主要林业有害生物发生面积19833公顷，防治面积19676公顷，成灾面积110公顷，成灾率0.7‰，远低于省下达亳州市成灾率3.45‰的防治目标。完成飞机施药防治美国白蛾等食叶害虫，防治作业面积112867公顷，投入资金近600万元。

【野生动物管理】2019年，亳州市共受理野生动物制品经营利用申请60起，受理野生动物繁育许可14起。在全市范围内开展野生动物人工繁育清理整顿工作，对所有颁发的人工繁育许可的养殖场进行全覆盖，对不符合规定、场地设施不齐全的，下发整改通知书，拒不整改的予以吊销人工繁育证书。

【湿地保护】2019年，亳州市为利辛县西淝河国家湿地公园(试点)和阚泽省级湿地公园(试点)申请2019年省财政湿地保护补助资金475万元；开展2019年生态区域违法建设问题整改"回头看"和再排查活动以及湿地公园生态红线调整工作；开展湿地新增面积调查工作，全市新增湿地面积 22.93公顷。

(王　影)

水资源管理

【概况】2019年，亳州市用水总量10.65亿立方米，低于省水利厅下达的11.23亿立方米考核控制指标；全市万元GDP用水量69.7立方米/万元，较2018年的75立方米/万元下降7.06%。农田灌溉有效系数0.642，高于省下达0.629目标任务。纳入考核的重要水功能区9个，达标9个，达标率100%。创建涡阳涡北煤矿等市级节水型企业4家，累计创建省、市级节水型企业30家，国能蒙城生物质发电有限公司等5家企业申报省级节水型企业。创建公共机构节水型单位5家，累计创建97家。近几年全市累计投入财政资金300余万元用于取用水计量在线监控系统建设，构建监控平台，对全市133个取用水大户的281眼取水井进行在线监控。建立预警机制，及时采取有效措施管控超计划取水。

开展全市地下水管理专项行动，对全市自备井进行摸底排查、分类整治，共完善取水许可手续，纳入管理的取水户共138家；对临时取水的173个自备井进行安装计量收费；依法依规封闭取水自备井83眼，压采地下水开采量60万立方米，规范水资源管理秩序和取水许可制度，打击非法取水行为。

(王胜杰)

【供水】2019年，亳州市自来水公司完成综合水费收入9158万元，其中水费收入4792万元，比上年同期增加1478万元，增长率19.2%；完成安装工程产值1.04亿元，增加578万元，增长率5.86%；安装发展自来水新用户2.5万户，增加4263户，增长率20.30%。抢修管道漏水366处(100以上口径152处，100以下口径216处)，维修更换水表和设施1130处，排水排沙冲洗管道271次。热线电话接听来电16余万次，受理市长热线1456件，数字城管1805 件，行风热线57件，网上办事大厅办理4252件，管线报修1.4万件，停送水 2.3

图 93　2019 年，谯城区西关排涝泵站　（刘兵剑　屈建龙　摄）

万件。

加强管线巡查，提高抢修效率，减少管道漏水。将城区范围划分为南、北两个区域，实行责任到人、分区管理。同时增加抢修人员和抢修车辆，不间断巡查供水管线设施，发现漏水及时抢修。提高抢修效率，减少供水管道漏水；降低管道漏水对供水水压的影响，更好地保证群众用水。

严格抄表收费管理，加强内部稽查，做到应抄必抄、应收必收。

加强对园林绿化、环保环卫等使用市政消火栓用水的管理，增加巡查人员和巡查次数。园林绿化、环保环卫等能使用中水的，全部使用中水。中水不能满足使用，或必须使用自来水的，一定要在指定的消火栓接水，按表计量。

开展消火栓和供水管网等供水设施普查工作。普查消火栓 3564 套，存在问题不能正常使用 946 套，存在缺陷以及损坏较多的大部分在新区。道路供水管网普查。对 2018 年以来供水管网漏水频次及修复情况进行摸排统计，部分道路路段内的供水管道经常爆管漏水，急需进行改造。老旧小区供水管网普查。运通小区、市医院家属院等小区内供水管网是开发商自行建设的，无物业和业主委员会，小区内经常爆管无人管理，影响居民正常生活，造成用户投诉；有些小区地下室积水较深，加压泵毁坏，既浪费水资源，又存在严重的安全隐患，急需进行供水设施改造。

梳理排查出的问题，上报市政府，拟对上述供水设施分两年进行改造。对不能正常使用的 946 套消火栓，更换被损坏的 637 套（其中防撞消火栓 597 套，远传智能消火栓 40 套）；增补消火栓 130 套；改造消火栓控制阀门 173 套。对漏水频繁的道路供水管网进行改造，共改造管网长度 20423 米，费用 1968 万元。对老旧小区管网和小区内二次加压设备实施改造，共改造管网长度 1750 米。

做好供水管网排水排沙工作。对群众反映的水质问题，采取定期和不定期相结合的办法，利用排沙口对供水管网进行排水冲洗，提高管网末梢供水质量。

开展节水型城市创建工作。抽掉专职工作人员，协助市城市管理局，开展节水器具普查、节水单元创建、计划用水、节水宣传、节水“三同时”等各项工作。

同年，亳州市成功创建省级节水型城市。

▲“三同时”制度：新建、扩建、改建建设项目，应当制定节

水措施方案，配套建设节水设施，节水设施应当与主体工程，同时设计、同时施工、同时投产。

【供水工程建设】2019 年，亳州市自来水公司实施城市自来水管网延伸工程，解决中心城区控制区未建成区村庄居民用水安全问题。在 2018 年完成 9 个村庄的基础上，完成余下 8 个村庄的管网延伸，提前 20 天完成市政府下达的任务。总投资 650 万元，累计铺设自来水管道总长度约 37300 米。

完成 9 条路市政供水管道试压及竣工验收、31 条路市政供水管道试压及供水专项验收、17 条路市政供水管道安装试压和供水专项验收、E2 区改造、宋汤河还原小区供水及消防施工安装。

完成谯城区 5# ～ 9# 还原小区室外及室内供水管道安装试压及验收；郑店子及筛子市还原小区室外及室内供水管道安装。

实施谯城经济开发区计量试点工程，安装流量计 72 支，实时监控谯城经济开发区供水管网压力，降低供水管网漏损率。

（孔莉珍）

【制水】2019 年，亳州市制水公司累计完成制水量 4542.65 万吨，完成全年任务的 113.57%。与上年同期 4039.30 万吨相比，增加 503.35 万吨，增长 12.46%。

增加 6 组应急备用水源井区，关闭封停部分涌水量不足水源井，应对夏季高峰供水。亳州城区共有 60 处共 110 眼水源井，其中深井 60 眼，浅井 50 眼，日均供水量约 13 万吨，峰值供水 14.5 万吨 / 日。

委托汤泉水质检测有限公司按照饮用水源《地下水质量标准》（GB/T14848-93）规定的指标进行检测。对水源水、出厂水、管网末梢水进行日检测 10 项、月检测 42 项、半年 106 项检测分析，检测结果在市政府信息公开网站和亳州市制水公司网站予以公示，自觉接受群众监督。10 月底，按照省住建厅统一部署，到宣城、宁国等地，参加全省水质督促互查，进一步提升汤泉水质检测中心综合检测能力。

同年，汤泉水质检测有限责任公司被团省委授予“青年文明号”称号；田梦被省总工会、省创建文明行业活动指导委员会评为“标兵”。

【城南地表水厂主体工程完成】2019 年，城南地表水厂主体工程完成。城南地表水厂是“引江济淮、引淮济亳”工程的一部分，是亳州市重要的民生工程之一。旨在衔接“引江济淮入亳”，保护地下水资源，解决城市生产生活用水问题。

图 94　2019 年 12 月 9 日，亳州市城南地表水厂项目　（王纪福　供图）

该工程位于魏武大道和亳芜大道交会处，占地面积 11.2 公顷，项目总投资约 4.6 亿元，设计日供水量 20 万吨。于 2017 年 12 月开工建设，采用“预处理 + 常规处理 + 深度处理”工艺。建设项目包括厂区建设、取水泵站建设、配水管网建设、供电线路建设。其中厂区建设包括清水池、V 形滤池、平流沉淀池、活性炭滤池等 22 座单体工程和相应配套设施。2019 年年底，城南地表水厂主体工程完成，具备调试条件。

（李明田）

图 95　2019 年 6 月 5 日，利辛县公司员工向农民宣传午收安全用电知识

（刘　喆　摄）

电力资源管理

【概况】2019 年，国网安徽省电力公司亳州供电公司深化“党建 +”工程，创新实施“旗帜领航 · 创先争优”六大行动，创建“药都之光”共产党员服务队，开展各类服务 52 次。规范安委会议事规则和流程，审议制定安全考核奖惩办法等制度 6 项。滚动修编全员安全责任清单，压紧压实各级责任，运用科技手段加大监督力度，作业计划执行率、三级风险到岗到位率 100%。创新实行安全积分薪点奖励，实现安全量化管理和精准奖惩。连续 3 年实现 220 千伏变电站主设备零跳闸，变电专业精益化管理首次获省公司“红旗单位”称号。完成中高考、药博会等重大保电任务，成功应对雨雪冰冻、超强台风等恶劣天气影响，应急能力得到检验和提升。开展“安全生产活动月”活动。开通总经理信箱，成立职工诉求中心、女职工阳光家园。管理创新 4 项成果获省部级奖励。开展职工技术创新活动，2 项创新成果获行业三等奖，6 项 QC 成果获安徽省质量管理奖，其中 1 项成果获安徽省质量管理一等奖。

同年，国网安徽省电力公司亳州供电公司及涡阳、利辛县供电公司获全省“安康杯”竞赛优胜单位称号；1 人被评为安徽省劳动竞赛先进个人，被授予安徽省“五一劳动奖章”；3 个班组被评为省电力公司一流班组，3 人获省电力公司“劳动模范”称号。

【电网规划建设】2019 年，国网安徽省电力公司亳州供电公司加强规划和前期工作，开展地区“十四五”电网规划研究。完成电网建设投资 10.65 亿元，同比增长 21.63%，投资规模居全省第四位，加强重点工程里程碑计划管控，22 项基建工程投产，亳州商合杭 220 千伏配套送出线路工程等 6 个项目提前投产。

服务乡村振兴战略，累计完成投资 6.4 亿元，提前完成新一轮农网改造升级任务。实施贫困村电网改造升级，完成 239 个贫困村项目包改造。

【供电服务】2019 年，国网安徽省电力公司亳州供电公司持续优化电力营商环境，制订并落实两年行动计划，高、低压非居民客户平均办电时间分别压减至 48.45 天、1.35 天。“互联网 +”营销服务持续深化，实现 12 类业务“一次都不跑”、5 类业务“最多跑一次”。促成将窃电、违约用电纳入全市征信体系。

深化“全能型”乡镇供电所建设，优化设立中心供电所 51 个，蒙城许疃供电所被评为“国网五星级乡镇供电所”，并获第五届“中国最美供电所”称号。服务新能源发展，实现 100% 消纳。

（孙龙涛）

教　育

图 24　“美丽亳州”系列图片——2019 年 9 月 28 日，亳州幼儿师范学校体育文化节　（程晓清　供图）

概　述

【概况】2019年，亳州市共有各级各类学校2348所。其中，普通高等教育学校2所，成人高等教育学校1所，中等职业学校14所，普通高中学校28所，普通初中学校274所，小学1106所，特殊教育学校4所，幼儿园919所。共有各级各类在校学生1171178人，其中，普通高等教育学生18514人，成人高等教育学生16201人，中职学生58619人，普通高中学生89813人，普通初中学生247125人，小学生527962人，特殊教育学生1545人，在园幼儿211399人。共有教职工69762人，其中，专任教师62154人，公办学校教职工46881人，在编中小学教职工39252人。

亳州市教育系统贯彻党的教育方针，将2019年作为“公办教育建设年”，加快公办教育发展步伐，缓解公办教育资源供给不足的现状；中小学责任督学挂牌督导工作全省领先；教育民生工程位居全省第一方阵；蒙城县教师无校籍管理改革工作经验被《中国教育报》报道；智慧资助试点工作走在全省前列，受到国家学生资助管理中心的充分认可。市直学校亳州幼儿师范学校获“全国教育系统先进集体”称号。亳州市委及各县区委均成立教育工作领导小组，并在教育局设立秘书组，加强部门协调配合，推进教育改革发展工作。贯彻落实中央组织部、教育部党组《关于加强中小学校党的建设工作的意见》，以及省委教育工委和市委党建工作要求，立足基层组织标准化建设，加强中小学校党的建设。市委书记汪一光在全省教育工作会议上介绍亳州市中小学党建工作经验。安徽电视台公共频道《共产党人》栏目报道亳州市中小学把骨干教师培养成党员、把党员教师培养成教学骨干的“双培养”经验。亳州市幼儿园党支部书记王琼代表安徽省参加长三角一体化背景下中小学（幼儿园）党建高质量发展论坛，并作经验介绍。亳州市作为成员单位，加入苏浙皖沪4省市中小学党建工作联盟。蒙城实验中学党建经验被教育部列入全国中小学校党组织书记网络培训课程。

图96　2019年2月12日，亳州市教育系统党组织书记培训（张秀礼　摄）

健全党组织，确保党的工作在全市教育系统全覆盖。各中小学校根据办学规模、党员人数等分别成立党支部、党总支、党委，对暂时没有党员的学校，选派党建工作指导员和联络员。落实市委《关于进一步加强中小学校党务工作者队伍建设的实施意见（试行）》，全市中小学幼儿园共有党组织1048个，其中党委64个、党总支68个、党支部900个；配备党务工作者3598人（专职303人、兼职3295人），选派党建指导员和联络员123人。明确优秀党务工作者、优秀共产党员与同级表彰的优秀教育工作者、优秀教师等享受同等待遇，在同等条件下优先。推行党组织书记、校长“一肩挑”，为非党员任校长的学校配备党组织书记。为办学规模大、党员多的学校，配备52名专职副书记。开展全市中小学校“微型党课”比赛，组织“微型党课”优秀选手巡讲暨万堂党课进基层活动40次，受众8600人次。其中，涡阳一中党员教师蔡海侠在谯城区赵桥村进行“微型党课”巡讲时，在亳州检查指导的省委书记李锦斌现场听课，并给予充分肯定。举办2期全市中小学校党务工作者培训班，培训800余人次；举办4次市直学校教师思想政治教育报告会，1700多人聆听报告；举办3次预防宗教向校园渗透培训班，培训750多人；各县区教育工委举办党务工作者培训19次，培训近5000人。建立健全中小学校党建工作现场推进会制度，半年在县区召开一次现场推进会，组织教育系统党务干部现场参观，营造“比、学、赶、帮、超”氛围。75所学校通过市委组织部“五星党组织”验收，79所学校创建成“中小学党建示范校”，打造亳州中药科技学校党员名师工作室、《涡阳一中党建》(月刊)、利辛一中廉政教育进校园、蒙城道遥路小学党员示范岗、谯城区丹华小学校园文化等一批党建品牌。开展“不忘初心、牢记使命”主题教育，举办主题教育先进事迹报告会3次，组织集中学习7次，交流研讨6次，选树先进典型26人；开展革命传统教育等四项教育21次，并进行学习效果检测，领导班子成员开展专题调研35次，召开调研成果交流会2次，形成调研报告15篇。加强思想引领，局党组书记上4次专题党课，举办7次思想政治报告会。推进“学习强国”网络学习平台学习，市直教育系统在职党员参学率超过98%。

强化教育督导，营造风清气正氛围。对2018年度县区党政领导干部履行教育职责和县区教育局重点工作目标任务管理开展督导考核。配合省督导组对亳州市履行教育职责进行现场考核，配合市效能办对市直学校进行2018年度绩效考核。组织开展全市中小学春秋两季开学检查、中小学规范办学行为专项督察、暑期减轻学生学业负担专项检查、教育系统扫黑除恶专项督导。指导蒙城县（安徽省2019年国家义务教育质量监测10个样本县之一）做好国家义务教育质量监测工作，共有21个样本学校、593名学生、294名教师（含校长）接受现场监测。在全市教育系统开展“三个以案”警示教育活动、主题党日活动、“严强转”集中整治形式主义、官僚主义专项活动、防范化解教育领域重大风险活动，以及防范和处置非法集资等工作。加强市直学校及市高新区分局党风廉政建设责任制特别是“一岗双责”落实情况督察，编印《亳州市教育系统违规违纪典型案例警示录》，用身边事教育身边人。对市直教育系统2名教师违规补课和1名校长违反“八项规定”问题进行调查处理。开展主体责任谈话231人次、廉政谈话216人次、提醒谈话2人次、诫勉谈话3人次，维护教育系统健康政治生态。排查教育系统领导干部“结干亲”442人次，共排查出“结干亲”24人次。做好“政风行风热线”“市长热线”等投诉受理工作，办理群众来信112件，接待群众来访126人次，处理群众来电投诉83次，办理市领导批转的信访复查、复核件2件，办理省教育厅、省信访局、市信访局、市委督导考核办、市政府督导考核办批转件18件。4次参与政风行风热线、2次参与“市长有约”上线活动，回复办理咨询投诉126件。办理人民网网友留言回复34件、市长热线回复734件。完成议案、提案办理回复工作，共办理市四届人大三次会议期间人大代表关于教育方面的建议26件（主办24件、会办2件），办理市政协四届三次会议期间委员关于教育方面的提案65件（主办48件、会办17件）。

推进教育政务信息公开，主动公开各类信息9978条，其中，通过亳州政府信息公开网公开信息507条，通过市教育局门户网站等渠道公开信息9471条。推进“互联网+政务服务”改革，配合市数据资源管理局开展电子云签、电子材料库、电子印章、电子证照等重要支撑系统建设及对接，进驻安徽政务服务网的34个办事项均应用了电子证照，提供36项教育信息共享，形成教育信息电子材料库，7个事项应用了电子云签。推进智慧审批，自考成绩证明出具、普通话水平测试考务服务、义务教育入学、中考成绩查询、普通话水平测试成绩查询、教育缴费6个事项可由机器系统自动研判出具审批意见，实现“秒批秒办”。 梳理教育类政务资源，形成36项政务资源目录，全部纳入全市政务信息资源目录管理系统统一管理。通过安徽政务服务网和“皖事通”App共办理事项9058件，未出现超时办件和不满意办件。通过政民互动平台受理咨询5560件，投诉62件，办理数量位居全市第一位。

加强舆论引导工作，执行网络值班监控制度，规范管理教育网站、微信群、微博、宣传栏、电子屏等宣传平台；加强教育门户网站建设，优化栏目设置，编辑、更新各类稿件4521篇；加大宣传力度，在省教育厅网站发稿969篇，年发稿量连续三年位居全省第一位，总发稿量上升到全省前三位；与市公安局网监支队联合，在市直教育系统开展“网络安全宣传周”活动；召开新闻发布会4次，组织《中国教育报》《安徽日报》和安徽广播电视台等媒体记者到亳州采访报道中小学党建和教育扶贫工作；加强信息宣传队伍建设，举办3次专题培训，落实信息员发稿奖励制度，提高教育宣传工作水平。建立50人的市级网评员队伍，配合市委网信办加强涉教舆情引导工作。规范局官方微博和微信公众号管理，微博更新教育动态信息576条，粉丝关注量达到15233人；微信公众号更新180次，发布信息425条，订阅者达到42633人。

【教育民生工程】2019年度，市教育局牵头实施5项教育民生工程。实施义务教育经费保障机制工作，拨付免除城乡义务教育阶段学生学杂费及补助学校公用经费60658.85万元，资金拨付率为102.57%，惠及766380名学生；向义务教育阶段学生免费提供国家课程教科书，受益766380人；补助义务教育阶段家庭经济困难寄宿生生活费4086.47万元，资助88186名学生；完成465个农村义务教育阶段学校校舍维修改造项目，完工面积360800平方米，完工率100%，成投资15976万元，投资完成率为100%。

实施学生资助教育民生工程，推进教育脱贫攻坚。加大控辍保学力度，确保6～15周岁适龄人口无一人因贫失学辍学。组织各县区教育扶贫联络员对辖区内各学段建档立卡贫困家庭学生进行全面摸底，精准锁定贫困家庭学生，共排查出各学段建档立卡适龄儿童少年72892人。发放各类资助资金2.01亿元，资助学生17.5万人次，其中发放建档立卡贫困家庭学生资助资金6519.4万元，资助建档立卡贫困家庭学生7.3万人次。在全市38所高中阶段学校全面推开智慧资助试点，建立了亳州市大数据智慧资助系统，共享扶贫、残联、公安、卫计、民政、工商、国土、房产8个部门的数据，初步实现系统自动识别、自动分档、自动分配资金等功能，简化了操作流程，提升了资助的精准度和工作效率，吸引了芜湖、宿州两市考察团到亳州学习智慧资助经验。亳州市在全省建档立卡贫困户家庭学生资助工作推进视频会上分享了智慧资助试点的做法和成效，并在全国学生资助管理中心在安徽调研智慧资助试点工作时作经验介绍。

实施农村学生营养改善计划教育民生工程。国家级贫困县利辛县坚持应享尽享，共有23个学区、381所农村学校（含教学点）、123626名义务教育阶段学生享受营养餐，共拨付营养膳食补助资金9296.43万元。

实施学前教育促进工程。全市新建、改扩建幼儿园83所（新建53所，改扩建30所），投入资金44690.3万元。培训幼儿教师6467人次，投入培训资金212万元。发放幼儿资助资金381.8万元，资助贫困家庭在园幼儿10414人。

实施智慧学校建设教育民生工程。制定《亳州市智慧学校建设实施规划（2019－2022年）》，明确全市智慧学校建设的主要任务和实施步骤。在93个教学点、40个在线课堂主讲学校实施智慧课堂项目，建设175所乡村中小学智慧学校，落实建设资金6192.8万元。开展全市中小学联网攻坚行动，将宽带网络接入低于200兆的中小学校（含教学点）免费提速到200兆及以上，全市1495所学校达标，实现100%提速升级目标。举办全市乡村中小学（教学点）智慧学校建设专题培训班，所有列入实施智慧学校建设的项目学校分管负责人共320人参加培训。蒙城县城关三小仁和路校区的《给阅读插上智慧的翅膀——技术支持下的蒙城三小“智慧阅读”案例实践》被评为全国典型案例，是安徽省2019年度入选的2个学校典型案例之一。

【师资队伍建设】2019年，亳州市出台《关于进一步加强中小学领导班子建设的意见》，从规范职务任免、严格任期考核、健全培养制度、强化保障措施等方面提供制度保障，规范中小学领导班子建设。制定《亳州市中小学教师职业行为规范(试行)》《关于开展“铸师魂　守师道　立师表”专题教育活动实施方案》《亳州市市直教育系统领导干部管理制度十条》等文件，建立健全师德师风建设长效机制，将师德师风建设纳入开学检查、规范办学

图 97 2019 年 9 月 5 日，亳州市举办“药都最美教师”颁奖活动

（刘勤利 摄）

行为等督导检查内容，规范中小学教师职业行为。深化中小学（幼儿园）教师无校籍管理改革，推进“县管校聘”工作，共交流调配 3365 人，其中校长 118 人、教师 3247 人。12 月 17 日，全省中小学教师“县管校聘”管理改革现场推进会在亳州召开，亳州市分享了在建章立制、创新管理、优化师资配置等方面的经验做法。完善教师招聘机制，优化教师资源配置。全市公开招聘中小学新任教师 2110 人、幼儿园教师 707 人、特岗教师 396 人，定向培养乡村全科教师 498 人。市高新区面向全市公开选拔中小学带编教师 225 人，补充到新建学校。推进教师编制“周转池”改革试点，加强城区公办学校师资配备，落实教师编制 1174 个，为主城区公办幼儿园公开招聘 400 名在编教师。完成年度援疆援藏教师选派任务，选派 4 名援疆教师、2 名援藏教师。落实《亳州市优秀教育人才引进和奖励办法》，市直教育系统对 65 名优秀教育人才发放奖励资金 101 万元；开展全市名师、名校长工作室主持人遴选推荐工作，拨付市直学校 89 万元名师、名校长工作室建设资金。开展乡村中小学首席教师遴选推荐工作，经自主申请、学校推荐、县区遴选、市级审定，共遴选出 200 名乡村中小学首席教师，出台《亳州市乡村中小学首席教师管理考核办法》。实施名师培养工程，培养 357 名市级教坛新星、109 名市级学科带头人、43 名药都名师。开展 2019 年“药都最美教师”评选活动，评选 10 名“药都最美教师”、10 名“药都最美教师”提名奖，并组成师德巡回报告团赴各县区宣讲师德先进事迹。表彰市级优秀教师 320 人、亳州市优秀德育工作者 50 人、先进教育工作者 50 人、教育工作先进单位 50 家。全市 60 名优秀教师受到省级表彰，5 位优秀教师受到国家级表彰。开展全市“金牌思政教师”评选活动，从 41 名参评的中小学、中职学校和高校思政课教师中评选出“金牌思政教师”10 人、“金牌思政教师”提名奖 10 个，并设立思政课名师工作室。成立市教师管理服务中心，加强教师服务管理，开展教师职称评审工作。推荐王东颖等 7 位老师参评全省中小学和中职学校正高级教师评审；成立中小学教师专业技术资格评审委员会，严格评审制度，张侠等 1199 位教师通过高级教师任职资格评审，马侠等 1903 位教师通过一级教师任职资格评审，刘银燕等 74 位教师通过二级、三级教师任职资格评审。组织 2 次中小学教师资格考试面试工作，共有 15231 人（上半年 6061 人、下半年 7170 人）报考；开展 2 次教师资格认定工作，共认定 7814 人（春季认定 7029 人、秋季认定 785 人）。完成 2019 年中小学教师资格定期注册工作，共注册合格 2151 人（幼儿园 207 人、小学 1306 人、初中 349 人、高中 202 人、中职学校 87 人）。加强教师培训，提高教师业务素养，累计培训教师 116541 人次。举办 2019 年全市中小学教师全员培训培训者培训，培训 130 名培训者；举办 2019—2020 学年度全市中小学幼儿园教师集中培训，共培训 38788 名教师；举办 2018—2019 学年度全市中小学幼儿园教师远程培训，共培训 38602 名教师；举办全市思政课骨干教师培训，培训思政课骨干教师 206 人；举办 2 期新任教师岗前培训班，培训 444 名新任幼儿园教师（园长）和 454 名新任中小学教师；举办教师跨学科专业知识培训，

培训1313名教师；落实“国培”和“省培”计划，组织30477名教师接受“国培”、298名教师参加“省培”。推进公需科目“网络效应”培训，5829人接受远程培训。

【素质教育】2019年，亳州市落实立德树人根本任务，加强中小学生社会主义核心价值观教育。组织开展全市中小学“传承经典、爱我中华”演讲暨书写大赛活动，举办全市中小学第11届暑期“亲子读书”活动、第五届“传承国学、亲近母语”读书活动、“我和我的祖国”传承经典主题诵读比赛、“我爱祖国、同唱国歌”比赛，庆祝中华人民共和国成立70周年暨第26届青少年爱国主义读书教育讲故事和演讲比赛等系列活动。制定“书香校园”建设指导意见，推进“书香校园”建设，开展书香校园特色学校及书香校园“读书之星”评选活动；开展亳州市第四届“千名传承中华美德少年”评选活动；开展全市中小学优秀德育案例评选活动；组织学雷锋志愿服务活动，中小学生环保征文活动。组织参加主题为“做新时代的筑梦人”的安徽省第三届校园读书创作活动，分为小学生组、初中生组、高中生组、中职生组和教师组等5个组别，共有上万名师生参与。在本届活动中，亳州市共有1044篇师生作品获省级奖项，其中，一等奖107篇、二等奖224篇、三等奖350篇、优秀奖363篇，获奖作品数量在全省各地市名列前茅；73名教师获优秀指导教师奖；亳州市教育局和蒙城县教育局获优秀组织奖；利辛县利辛中学获全省贫困地区读书创作活动示范校奖；蒙城县逍遥路小学教师编排的节目《漆园怀古》获师生素养提升成果展演节目奖基础教育组一等奖，并应邀到合肥现场录制展演节目，亳州学院附属学校的节目《怀书阅读 泽润心田》《勿忘国耻 爱我中华》获师生素养提升成果展演节目基础教育组三等奖。

【教育科研】2019年，亳州市教育局加强教研队伍建设，市教科所选配9位学科教研员，开展亳州市优质课评选活动，涵盖小学、初中、高中、幼教、特教学段，共23个学科参评，200余名选手参加现场课评选，300余名选手参加教学设计评选，带动一线教师专业成长。举办主城区“幼儿游戏开放周”观摩研讨活动，开展第五届全市中小学体育与健康教师教学基本功比赛。“亳州小语之家”团队每月策划组织2期网络教研活动，在全省产生一定影响力。加强质量检测，提升教学水平。组织全市普通高中学校高三联考活动，对考试成绩进行统一分析。召开分学科组织研讨活动，组织各高中学校教科研中心主任、高三年级组组长、高三年级各学科备课组组长分9个学科分别交流研讨。对全市6所省、市示范高中进行教学视导，肯定亮点，分析不足，提出建议，促进高中学校提升教学管理和研究水平。更新全市学科评审指导专家库，规范各类评选活动。开展“一师一优课、一课一名师”评审，推荐部优课8节、省优课596节，评出市级一等奖 644节课、二等奖832节课、三等奖929节课。开展全市乡村教师教学信息化竞赛活动，评出市级一等奖82篇、二等奖116篇、三等奖247篇。开展第四届微课大赛评选活动，评出市级一等奖194个、二等奖238个、三等奖260个。开展课题研究，提升科研水平。2019年市级课题立项289个，年度结题79个，并对已立项的省、市级课题进行跟踪指导，规范管理。开展市级教研成果评选活动，评出市级一等奖982件、二等奖1235件、三等奖930件。组织高中数学、物理、化学、生物、信息学奥林匹克竞赛市级初赛，共有400余名学生参加省级奥林匹克竞赛。开展2019年春季义务教育统编三科教材网络培训活动。组织全市20名小学语文、小学道德与法治学科专兼职教研员参加省级骨干教研员培训。开展全市小学语文和小学道德与法治四至六年级全员培训及全市高中新课改暨高三数学一轮复习培训活动。举办全市中小学体育与健康教师教学技能培训班，举办首届思政课论坛活动，200多名思政骨干教师和首批“金牌思政教师”参加活动。召开全市综合素质评价工作推进会，解读《安徽省中学生综合素质评价工作指南》及操作流程。跟踪问效，每月对各县区综合素质评价工作进展情况进行通报。

【语言文字工作】2019年，亳州市教育局组织开展语言文字县域达标工作，在全市中小学开展第21届“推普周”活动，推进语言文字示范校创建活动，将语言文字工作重心向农村学校延伸。对全市首批申请语言文字工作达标建设验收学校进行抽查评估，每县区抽查评估12所学校（含民办学校）。优化普通话测试工作，全面实行网上报名、网上缴费、证书邮寄到家的信息化操作模式，共测试75批次7229人。

【平安校园建设】2019年，亳州市成立由市教育、公安、城管执法、交通运输、应急管理等18个成员单位参与的校园及学生安全工作领导小组，明确职责、协同共管。坚持每季度召开一次全市校园安全工作例会和校园安全视频专题会，覆盖各中小学幼儿园校（园）长、分管校（园）长及具办人。制定全市教育系统安全管理工作“党政同责、一岗双责”暂行规定，夯实校（园）长学校安全工作第一责任人责任。按照“分级负责、属地监管”原则，健全“一校两表、两长负责”工作机制。细化安全责任，层层签订责任书，将责任落实到每个职能部门、每个岗位和每位教职工。以排查隐患、解决问题为导向，以“全覆盖、零容忍、重整改、看实效”为方针，坚持做到“三个到位”：认识到位、措施到位、成果运用到位，建立校园安全台账，健全学校安全管理体系。建立校园安全网格化管理工作机制，坚持“四定”模式：定时、定人、定岗、定责；完善“三个融合”：把安全工作与养成教育相融合，与日常管理相融合，与考评机制相融合；健全隐患排查“四个一”制度：承包年级的领导每天进行一次安

图98　2019年11月7日，亳州市开展消防进校园活动　（张延林　摄）

全隐患检查，值班领导每周进行一次校园安全隐患排查，学校安全领导小组每月进行一次安全隐患清查，校主要领导每月进行一次安全隐患督察。建立隐患排查整改清单，及时整改。联合公安部门要求各地各校按照《中小学幼儿园安全防范工作规范（试行）》配足配齐专兼职保安、安保器械，确保校门口24小时有人值守。开展全市教育系统肇事肇祸等严重精神障碍患者专项摸排。印发致各县区政府一封信，督促解决学校专兼职保安配备不足、年龄偏大，以及视频监控及“一键式”报警装置联网和运行维护存在的问题。致函市公安局，解决上下学时段护学岗警察不能到位执勤问题。全市各学校专兼职保安、安保器械、一键式报警和校园封闭率均实现100%目标。举办市、县区两级中小学（幼儿园）校园安防技能培训班，3300余名安保人员及班主任代表接受培训，提高安保人员的实战技能和班主任处置突发事件的能力。联合市数据资源管理局开展全市中小学幼儿园视频监控接入视频数据平台工作，将中小学幼儿园重点部位及食堂“明厨亮灶”工程全部接入到市或县区视频数据平台。联合市市场监督管理局开展学校校园及周边食品安全专项整治，规范学校食堂、超市（食杂店）及校园周边食品经营行为。联合市城管执法、公安、市场监管等部门开展市中心城区学校周边食品摊点整治工作，净化校园周边环境。举办主城区学校食堂食品安全管理现场培训班，聘请省食品卫生专家授课，300余人参训。建立学校大宗食材集中采购制度，规范全市学校食堂食品原材料采购配送行为，保障师生在校集中用餐的食品安全与营养健康。围绕防溺水工作开展“十个一”系列宣传教育活动，发挥防溺水联席会议各成员单位的优势，形成“全方位、宽领域、立体式”的学生安全宣传大体系。采取政府购买服务的方式，设立“护塘员”公益岗位5046个，实现全市所有沟塘、河流全覆盖、全监督。联

合市委督导考核办、公安、市场监管等部门开展防溺水工作督察，确保乡镇政府各部门工作落实到位。开展道路交通安全教育活动及校车安全专项整治，落实《校车安全管理条例》，加强对校车驾驶人员的管理和对车辆的日常维护，确保学生上下学乘车安全。配合城市管理、公安等部门加强学校门口周边100米内电动三轮车和四轮车的管理，改善学校周边交通环境。开展“防风险 保平安 迎大庆”校园消防安全执法检查专项行动、暑期校舍消防等隐患排查工作。联合市文明办对市直学校的消防设施设备和消防通道进行立体式、全方位督察。联合市消防救援支队开展校园消防安全专项整治，消除各类消防违规违法行为。强化安全督察，利用每学期开学初、安全教育日、防灾减灾日、消防安全日等时间节点，督促各地各校全面开展以消防、校车、食品、安防、危化品及易燃易爆品、液化石油气、特种设备、校舍及校内建筑工地为重点的“1+4+16”安全生产隐患大起底大排查大整改活动。采取“四不两直”、明察暗访方式，开展校园食品、防溺水、消防、安防等专项督察。国庆节前，组成13个督导组到各县区及市直学校进行暗访；国庆放假期间，5次对校园安全应急值守、消防器材配备、安保人员及安保器械配备等进行督察暗访。学校自查自纠安全隐患共计440项，督察学校安全问题清单238个，全市重大安全隐患治理挂牌督办问题47件，均完成整改。上好“开学安全教育第一课”，做到课时、教材、师资、培训、经费“五落实”。联合市应急管理、公安、市场监督管理、消防救援支队等部门开展“安全生产月”“食品安全进校园”“‘11•9’消防安全月”“‘12•2’全国交通安全日”等主题宣教活动。联合市应急管理、公安、市场监管等部门举办全市学校安全管理人员培训班，对全市500多名中小学、幼儿园安全管理人员进行培训。指导各地各校结合实际，在“全国中小学生安全教育日”“‘5•12’防灾减灾宣传教育周”“消防安全宣传月”等时间节点，组织开展各种形式的应急演练活动。全市教育系统共开展各种安全应急演练活动约9578场次，参与师生达155万人次。

【教育项目建设】2019年，亳州市开展“公办教育建设年”活动，在主城区实施“2376”工程（新增中小学生就读学位23000个，解决7600名幼儿入园问题），对《亳州市中心城区中小学、幼儿园布局专项规划（2019－2030）》进行修编，并加快实施，补齐公办教育资源不足短板。全市新建、改扩建公办中小学15所，幼儿园68所。其中，市中心城区新建、改扩建公办中小学12所、幼儿园22所。在中心城区有条件的33所中小学开办附属园148个班，秋季学期全部投入使用，有效缓解“入园难”“入园贵”等问题。中心城区公办幼儿园在园幼儿占比从2018年不足20%提高到45.1%。探索在有条件的20所公办幼儿园开办食堂，为幼儿提供午餐。推进市直学校项目建设，改善提升市直学校办学条件，亳州特教学校新校区建成投入使用，亳州一中综合馆、亳州幼儿师范学校直属幼儿园项目完工，推进亳州一中校园整体升级改造项目建设。

【教育技术装备】2019年，亳州市教育局组织开展“基础教育装备质量年”活动，制定实施方案，明确目标任务、实施内容、实施步骤。全面摸排校园实验室危险化学品工作，掌握本地本校危化品的种类、数量、存储方式、危险点等基本情况，建立台账。开展初中学业水平理科实验操作考试工作，初三年级理科实验操作共有67600人参加考试，初二年级生物实验操作共有77000人参加考试。组织中小学实验教学说课大赛，全市118名教师参加。推荐18人参加省赛，其中3人获省一等奖，亳州十八中教师怀忠玲被推荐参加国赛，市教育局获优秀组织奖。开展教育装备管理、管养维护案例评比活动，推荐10件作品参加省教育装备管理、管养维护案例评比；开展信息化设备运维服务微视频评选活动，选送22件作品参加全省中小学信息化设备运维服务微视频评选活动，均获优秀等次。亳州市教育局获全省普通中小学教育装备管理使用、管养维护案例评选活动优秀组织奖和第二届全省中小学信息化设备运维服务微视频评选活动优秀组织奖。开展全市最美校园书屋、图书馆榜样人物遴选，组织阅读指导课优秀课件评比活动，2名教师获安徽省“2019中小学图书馆榜样人物”称号，2所学校获安徽省“2019最美校园书屋”称号。开展基础教育装备管理应用创新校建设，12所学校被评为安徽省基础教育装备管理应用创新校。

【教育招生考试】　2019年，亳州市教育局完成各项招生考试工作任务，实现“平安招考”目标。投入1545万元加强考点建设，所有中考考点设备与高考考点统一标准，90%以上考点都是高清设备。全市高考报名38015人，较上年增加3653人；其中，8517人参加高职院校分类考试，29498人参加普通高校招生考试。全市初中学业水平考试共有考生65578人，较上年增加4968人。推进普通高中招生网上填报志愿和网上录取改革，委托第三方完善平行志愿录取软件，最大限度提升考生志愿的满足率，共录取普通高中学生32544人，录取结果准确无误。组织开展成人高考，全市有11112人报名参加考试。组织全国硕士研究生招生考试，亳州考区共报名3873人，较上年增加1348人。举行2次全国高等教育自学考试。4月，有2919人报名参加8249科次的考试，10月，有2666人报名参加6595科次的考试。举办2次中小学教师资格考试，上半年共有13207人报名参加23574科次的考试，下半年共有24524人报名参加47266科次的考试。举办2019年全国计算机等级考试，1416人参加考试，涉及1426科次。举办2019年全国大学英语四六级考试，报考8619人次（四级6382人次，六级2237人次）。

（张秀礼）

图99　2019年8月30日，亳州市开展幼儿园校车安全检查（张延林　摄）

学前教育

【概况】2019年，亳州市共有独立幼儿园919所，较上年的840所增加79所。其中，公办幼儿园279所，较上年的246所增加33所；民办幼儿园640所。共有在园幼儿211399人，较上年的206991人增加4408人。共有学前教育教职工14409人，较上年的13674人增加735人，其中专任教师10199人，较上年的9479人增加720人。幼儿园占地面积2677024平方米，校舍建筑面积1212669平方米，各类图书1285494册。

【学前教育管理】2019年，亳州市教育局组织召开全市学前教育工作研讨会，落实《亳州市人民政府关于进一步加快推进学前教育发展的实施意见》，明确年度工作任务。制定普惠性幼儿园扶持和规范实施办法，开展普惠性民办幼儿园认定工作，共认定369所普惠性民办幼儿园，普惠性幼儿园覆盖率79.1%。开展省级、市级一类幼儿园评估工作，共有9所幼儿园通过省级一类园评估认定、30所幼儿园通过市级一类园评估认定；开展以“科学做好入学准备”为主题的全市2019年学前教育宣传月活动，落实零起点教学。开展城镇小区配套幼儿园治理工作，完成31所治理任务，其中移交办成公办园16所，转为普惠园4所，就近改建补建幼儿园11所。

（张秀礼）

义务教育

【概况】2019年，亳州市共有各类小学1106所，较上年的1115所减少9所；共有小学教学点227个。共有在校小学生

527962人，较上年的531121人减少3159人。共有小学教职工28154人，其中专任教师27401人。专任教师中本科及以上学历的14977人，专科学历的12424人；拥有中级职称的10309人，中高及以上职称的1402人。全市小学校园占地面积12321637平方米，校舍建筑面积3685023平方米，拥有各类图书8801020册，各类计算机59375台，固定资产总值429517万元。

全市共有各类初中274所，较上年的267所增加7所。共有在校初中生247125人，较上年的230108人增加17017人。共有初中教职工16908人，其中专任教师15002人；专任教师中本科及以上学历的12799人，专科学历的2203人；拥有中级职称的5288人，中高及以上职称的2183人。全市初中学校校园占地面积8540007平方米，校舍建筑面积3215528平方米，拥有各类图书6878338册，各类计算机34523台，固定资产总值327781万元。

【义务教育管理】2019年，亳州市教育局制发《关于做好2019年义务教育阶段学校招生入学工作的通知》，从招生原则、招生办法、规范管理3个方面对全市义务教育阶段学校招生工作进行全面部署。完善义务教育招生制度，执行“划片、就近、免试”入学政策，实行“五个坚持”：坚持属地管理原则、坚持免试就近入学原则、坚持公开公平公正原则、坚持网上报名入学原则、坚持“两个一致”优先保障原则。继续做好随迁人员子女入学工作，保证符合条件的进城落户农民和返乡务工人员子女与流入地儿童少年“一样就读、一样升学、一样免费”，平等接受义务教育。推进学校精细化管理，发挥98所示范校的引领作用，全面提升学校管理水平。统筹推进县域内城乡义务教育一体化改革发展，组建6个学校联盟，成立亳州二中教育管理集团。举办全市2019年义务教育学校内涵提升暨校长工作论坛，现场观摩谯城区大杨镇中心小学的素质教育大课间活动、智慧学校建设、艺术成果展、师生午餐就餐以及课后服务开展情况。承办安徽教育学会小学教育分会暨小学校长研究会第32届学术年会。召开主城区义务教育质量提升推进会议，共谋学校内涵提升。把控辍保学工作作为助推教育扶贫攻坚的重要政治任务，集中县区、乡镇、村、学校和家长力量，开展控辍保学攻坚行动。组织开展“控辍保学活动月”活动，进行控辍保学工作专项调研，做好控辍保学政策宣传、入户家访和劝返复学等工作。年底，全市九年义务教育巩固率为95.30%，涡阳、利辛、谯城、蒙城分别为95.2%、95.52%、95.31%、95.14%。在城区中小学实施“一拖X”联盟办学模式，建立名校为盟主、弱校为成员的学校联盟，共建立35个办学联盟。实施消除义务教育大班额专项规划，把义务教育学校起始年级班额控制在标准班额以内。全市义务教育阶段班级共21236个，其中小学15872个，初中5364个。56人以上大班额班级为142个，占比0.67%。其中小学108个，占比0.68%，初中34个，占比0.63%，全市各县区均完成专项规划年度实施计划目标任务。66人以上超大班额全部消除。制定《亳州市综合防控儿童青少年近视工作实施方案》，开展全市“爱眼日”活动和学校采光照明“双随机”抽检工作。开展学校春季传染病防控、结核病防控工作、入托入学儿童预防接种证查验工作和预防艾滋病宣传活动等。贯彻落实中小学生研学旅行的实施意见，规范研学旅行管理，谯城区润耕家庭农场研学基地被评为省级中小学生研学实践教育基地。

（张秀礼）

特殊教育

【概况】2019年，亳州市共有特殊教育学校4所。共有特殊教育学生4410人，其中特殊教育学校在校生1545人，普通中小学随班就读2173人，普通中小学送教上门学生692人。共有特殊教育教职工191人，其中专任教师184人。专任教师中本科及以上学历的123人，专科学历的57人；拥有中级职称的69人，中高及以上职称的35人。全市特教学校校园占地面积88636平方米，校舍建筑面积48303平方米，拥有各类图书54870册。

【特殊教育学校服务管理】2019年，亳州市教育局落实《“十三五”加快残疾人小康进程规划纲要》，继续实施《安徽省第二期特殊教育提升计划(2017 — 2020 年)》,加强特殊教育学校优质教育服务管理工作。开办特殊教育职业高中班,对特殊群体学生进行职业技能训练,增强学生就业意识和适应社会能力。推动特殊教育向学前特殊群体儿童延伸,开展学前康复教育。改善特殊教育办学条件,推进亳州中药科技学校与市残联共建亳州市残疾人康复中心,改善康复服务环境和师资整合,添置海豚教室、蒙特梭利教室、感统教室、多感官教室、律动教室等康复设备,安装大型悬吊康复系统。举办特殊儿童康复训练家长培训活动,帮助家长掌握特殊儿童康复训练知识,提高家庭康复训练质量。亳州特教学校新校区建成使用,是目前皖北地区规模最大、硬件设施最完备、最先进的特教学校。推进特殊教育资源教室建设,完成 20 间特殊教育资源教室建设规划。保障特殊群体受教育权益,开展重症残疾儿童送教上门工作,开展送教上门 1300 余人次。加强特殊教育中央补助资金使用管理,合理分配 198 万元特殊教育中央补助经费,供三县特教学校购置特教资源教室教学设备。加强特殊教育教师培训,通过“走出去”方式,组织教师到重庆师范大学、璧山特殊教育学校等进行跟岗培训。亳州特教学校牵头举办主题为“自强脱贫,助残共享”的第 29 次全国助残日文艺会演暨师生艺术展活动,展出上百件师生艺术作品。召开亳州市特殊教育年会,举行主题为“新时代 新梦想”的特殊教育成果汇报演出,部署“三残”儿童入学、特殊教育资源中心建设、送教上门、加强特殊教育教学研究等工作,邀请浙江省湖州市特殊教育实验学校校长、湖州市特殊教育指导中心主任陈正红解读特殊教育有关政策。

(张秀礼)

·亳州市特殊教育学校·

【概况】2019 年,亳州市特殊教育学校有特教编制 66 人,在职在编教师 59 人。其中,党员 26 人;本科毕业 52 人,专科毕业 4 人,高中毕业 2 人;退休教师 24 人。有市级教坛新星、学科带头人、骨干教师 9 人;正高级教师 1 人,高级教师 21 人,一级教师 26 人,二级教师 12 人;35 岁以下 24 人,36 ～ 45 岁 10 人,46 ～ 50 岁 6 人,51 ～ 55 岁 10 人,56 ～ 59 岁 5 人。有学生 491 人。其中,培智生 141 人,聋生 128 人,盲生 13 人,送教生 282 人。建档立卡贫困生 96 人。

开展学前康复教育,发展聋儿学前康复训练,让 36 名聋儿走出无声世界。

以班级为单位对送教学生进行综合评估,分类送教。共完成送教上门 1300 余人次。一类学生是重度残疾学生,以送温暖(每学期 2 ～ 3 次)为主要形式。二类学生是中度残疾学生,由送教教师每人每周 1 ～ 3 学时上门送教,做好送教计划和教学记录。

坚持外出培训与校内培训相结合,组织全体教职员工开展“走出去引进来”培训学习活动,利用学生调休时间,到重庆师范大学、璧山特殊教育学校,进行跟岗培训。开办特殊教育职业高中班,有计算机、服装设计与制作、工艺美术等 3 个专业。

培养学生的团体意识、提高学生的实践能力。组织学生到“润耕天下”、宿州皇藏峪开展研学旅行活动;举办学校运动会 2 次;组织举办以“自强脱贫,助残共享”为主题的“第 29 次全国助残日”文艺会演暨首届师生艺术展活动。

同年,教师尹珺获“药都最美教师”“药都名师”称号,张建忠、修艳秋获“亳州市学科带头人”称号,武孙静、孙雨瑞、薛楠楠获“亳州市教坛新星”称号,石露露参加皖北片新编教材展示课,张娜娜获亳州市优秀班主任。获亳州市先进班集体 3 个、亳州市“三好学生”称号 2 人。组织教师参与亳州市教科研成果评选,李胜男、叶青、张娜娜获亳州市优质课大赛一等奖,宁侠、何云侠获市优质课大赛二等奖,王婉婉获市第一届中小学青年教师教学竞赛小学组二等奖,何云侠获市第一届中小学青年教师教学竞赛中学组三等奖。市第四届“四有好老师”教育教学征文评选中,修艳秋、何云侠获一等奖,李欢欢、王婉婉获二等奖。修艳秋获市特殊教育教科研论文评选一等奖。市教育教学信息化评选中,修艳秋、张娜娜获二等奖。

【亳州特教学校迁新校区】2019 年 9 月,亳州市特殊教育学校新校区建设建成、完成搬迁并投入

图 100　2019 年，亳州特教学校新校区　　（程效朋　摄）

使用。

亳州特教学校创办于 1959 年，历时 60 年，几经搬迁。老校区位于谯城区利辛路 291 号。随着学生人数的增多，学校规模的壮大，建筑面积与硬件设施无法满足学校发展的需要。为突破发展规模限制的瓶颈，促进亳州市特殊教育的跨越式发展，新校区于 2016 年 10 月 13 日立项。

新校区位于市经济开发区百合路以北、菁华路以西。占地 5 公顷，建筑面积约 4.2 万平方米，总投资约 1.2 亿元。有教学楼 3 座，宿舍楼、综合楼、食堂，风雨操场各 1 处，有体育活动场、停车场、给排水系统、暖通空调、供电系统、弱电系统、消防系统等配套建设。配套设备约投资 2310 万元，其中：智能化校园建设项目约 800 万元，办公家具采购项目约 360 万元，配套设施多功能报告厅和风雨操场设备采购项目约 550 万元，配套设施校史展厅和律动室设备采购项目约 230 万元，语言康复训练设备项目约 73 万元，职业实训设备约 81 万元，送教上门设备约 30 万元，食堂设备约 66 万元，缝纫等设备 120 万元。各项设施均达到国家颁布的特殊教育学校建设标准和设施配备要求。

（孙雨瑞）

普通高中教育

【概况】2019 年，2019 年，全市共有普通高中 28 所。共有普通高中在校生 89813 人，较上年的 85194 人增加 4619 人。共有普通高中教职工 6350 人，其中专任教师 5881 人。专任教师中本科及以上学历的 5881 人；拥有中级职称的 1857 人，中高及以上的 1740 人。全市普通高中校园占地面积 2247052 平方米，校舍建筑面积 1813845 平方米，拥有各类图书 2085822 册，各类计算机 12031 台，固定资产总值 206514

万元。

【普通高中教育管理】2019年，亳州市教育局统筹制定高中阶段学校招生计划，推进普通高中招生制度改革。印发《亳州市教育局关于做好2019年初中学业水平考试和高中阶段学校招生有关工作的通知》（教基〔2019〕117号）和《关于进一步推进高中阶段学校考试招生制度改革的实施方案（试行）》（教办〔2019〕233号）等政策性文件。召开2019年全市中招工作会议，制定《亳州市2019年普通高中特长生招生实施办法》，录取303名特长生；鼓励亳州五中等高中学校举办艺体班，兴办职教班、日语班等，推进普通高中多样化、特色化发展。实行网上填报志愿，坚持网上录取，促进高中招生公平公正。实施建档立卡贫困家庭学生和“亳州好人”子女高中招生降分录取政策，助力教育扶贫工程，落实礼遇“亳州好人”要求。对返乡参加中考录取的学生，给予享受集中报名点省示范高中定向生待遇。扩充优质教育资源，在亳州高新区建成亳州三十二中，首届招生800人，填补了高新区没有公办普通高中的空白。继续落实《亳州市高中阶段教育普及攻坚计划（2017－2020年）实施方案》，制定《亳州市消除普通高中大班额专项规划（2019－2023年）》，完成年度任务。实施育人质量提升工程，召开2019年普通高中教育教学质量推进会议，各高中学校分9个学科进行交流研讨。举办全市高中学校德育教育师资培训班，利辛一中作经验分享。修订完善《亳州市2019年普通高中教育教学成果奖评办法》，对为提升高中教学质量做出贡献的县区教育局和学校给予表彰奖励。举办高中新课改研讨活动3次；组织4场新高考改革政策方案学习培训，培训高中教师3000人次。完善教育评价体系，围绕学生品德发展、学业发展、身心健康、兴趣特长和劳动实践等，按时录入学生综合素质评价成长记录数据，并定期通报，高一年级学生覆盖率在95%以上。

（张秀礼）

·亳州市第一中学·

【概况】2019年，亳州市第一中学，实施基层党组织“登高计划”，建立健全党组织，增补新的党委书记与纪委书记、纪委委员，按规定配备党务专（兼）职党务工作者，设立53个优秀党员示范岗。开展意识形态专题讲座，分别邀请市教育局、市委党校相关专业人士作专题培训，校党委进行《学校意识形态工作应知应做》专题讲座，严控课堂教学主阵地，加强学生问卷调查，排查思想异动，加强网络舆情监督，编辑出版《立德树人、守正创新》思政课校本教材。

高考成绩600分以上165人。全省理科前500名，亳州一中有8人，在全省所有高中学校中排名13位。全市理科前10名，亳州一中有5人；全市理科前15名，亳州一中有8人。理科特训班平均分628.98分；人文班平均分591.83分。一本达线人数1160人（不含艺体）。高二年级学生刘国鸿在中科大考试中，取得660分的成绩。魏浩森被英国曼彻斯特大学录取。杨雨辰被海军航空大学定选为海军飞行员；杨光明、张安伟被空军航空大学定选为空军飞行员。体育特长生全部本科双达线。

高清仓被评为正高级教师，正高级教师总计有4人；6人获高级教师职称，6人获一级教师职称，姚辉支教西藏，王娜到美任公派汉语教师；黄艳秋获亳州市十佳“金牌思政教师”；胡文霞获亳州市青年教师教学竞赛第一名；离休教师冯杰三、于颖生、杨文隆及李阜安获“庆祝中华人民共和国成立70周年”纪念章。获市教研成果一等奖31项，二等奖18项，三等奖11项；2项省级课题立项，申请市级课题4项，一项市级课题结题。

学生参加学科竞赛获省级二等奖24人，省级三等奖13人；获亳州市传承经典诵读比赛二等奖、亳州市“墨香书法”展示活动奖项共计12个，其中一等奖2个，二等奖2个；亳州市青少年科技创新大赛一等奖8项、二等奖9项、三等奖5项；安徽省青少年科技创新大赛二等奖1项、三等奖2项；安徽省足球联赛第七名；安徽省田径联赛第三名、第六名；安徽省传统项目学校第三名（两个）、第四名、第六名（两个）。在安徽省第六届中小学艺术展演活动中，学生杨怡凡、刘家垚绘画作品入选，并在安徽省教育厅网站首页滚动展示。

同年，亳州市第一中学获海军招飞工作先进单位、空军招飞工作先进单位、安徽省青年志愿者优秀组织奖、安徽省节水型单位、亳州市市直教育系统先进党组织、亳州市教育教学成果一等奖、亳州市教育工作先进单位、亳州市国学经典诵读特色学校、亳州市爱国主义读书特色学校、国防科技大学优质生源基地。

【教育科研】2019 年，亳州市第一中学加强教学常规督察，选聘学生校长助理 28 名，办理提案 45 份，完善师生信息沟通机制，及时发现解决教学中存在的问题。下发教学抽查通报 16 期，通报教师出勤情况 144 节次；班级实施“教室日志”管理，下发教室日志上交情况通报 16 期，教室日志反馈意见 16 期，通报教师出勤情况 114 节次，教学建议 22 条；每月开展一次教学专项检查，对任课教师的教学设计、作业批改情况、听课记录进行检查，及时下发通报，作为年终教师考核的依据，树典型，发挥引领作用。完善教学考评机制，加强业务学习交流，提高教师专业素养和教学水平，执行《亳州一中教学工作量绩效考核方案》《亳州一中教师教学工作量化考核办法》。开展“推门听课”制度，累计上报听课 11173 节次。组织 76 名骨干教师参加皖北协作区年会、江淮十校联考分析会、合肥、明光高考二轮复习备考会、阜阳一中联考分析会。树立“三年一盘棋”的总体思路，坚持教研以研课为主、研课以研教法为主，创新教研新模式，打造大教研品牌，推动名师工作室建设。共有名师工作室 3 个，名班主任工作室 1 个。建立校本教材库，开展高效智慧课堂应用活动，累计上课人数 128 人。组织第 12 届素质教育开放周活动，安排课堂教学及教学管理、主题教研活动、素质教育成果展、社团活动、家长会培训会、专家报告、综合实践活动、优质课观摩等 12 项教育教学活动。

【师资队伍建设】2019 年，亳州市第一中学出台队伍建设方略，构建培养运作机制，建立健全教师队伍建设、教育常规管理、教育科学研究、绩效奖惩、职称评审、评优评先等方案，以制度规范打造公平公正环境。组织教职工学习《教师职业道德规范》《中华人民共和国教育法》《中华人民共和国未成年人保护法》等内容，提高教师职业道德水平。实行师德师风一票否决制，制定《亳州一中师德师风考核办法》，签订《亳州一中教师规范教学行为承诺书》。实施“双培养”机制、校本名师制度，通过课堂观察、学术交流、学术报告等活动，辐射带动课堂教学、教育科研工作。开展校内“十佳教师”评选活动、学科组专家交流活动，校内示范课、公开课、观摩课活动，发挥骨干教师的辐射作用、示范作用。加强培训与交流，分期分批选派各学科教师赴省内外名校学习考察，推出学有专长、教有特色的教师举办“专家论坛”，举办青年教师培训专题讲座，开展青年教师演讲比赛、书法比赛、授课比赛等活动，促进青年教师快速成长。尊重、关心教师，提升教师幸福感、归属感，开展教职工文化活动，丰富教职工业余生活。

【师生素质教育】2019 年，亳州市第一中学全面贯彻落实“立德树人”根本任务，以综合素质为抓手，提倡五育并举，开展德育活动，组织师生开展文体活动，丰富校园文化生活，提升师生综合素养。开展“六个一”文体项目（一项创作：清泓杯书香校园；一次爱心：向困难同学张雪晴献爱心；一脉传承：传承·2019 清明祭英烈；一场仪式：2019 届高三成人礼；一种精神：五四精神 传承有我；一份荣耀：文体活动成绩斐然）。开展阳光体育锻炼，增强学生体质，举办第 60 届田径运动会，完成省教育厅“国家学生体质健康标准”抽查工作，组织“国家学生体质健康标准”专项测试，完成 4489 人的数据测试及上传，提高体育教师业务水平，组织教师参加第八届中小学优秀体育课教学展示活动，啦啦操教练员培训等。制定志愿活动量化考核表，开展 20 余次志愿服务活动，参与网上主题团课青年大学习，累计超过 3 万人次学习。亳州一中青年志愿者协会被亳州市教育局评为“学雷锋先进集体”称号，被共青团安徽省委、安徽省青年志愿者协会评为“第 12 届安徽省青年志愿者优秀组织”称号。推进和拓展学生“第二课堂”教育，建立演讲社、演讲社、篮球社、足球社、科技创新社等 21 个学生社团，制度社团考评制度，扩大社团活动规模和影响力，发挥学生的兴趣爱好，发掘潜力特长，促进素质教育发展。

图 101　2019 年 11 月 6 日，亳州一中团体心理辅导课　　（张　峰　摄）

【和谐校园建设】2019 年，亳州市第一中学加强学校安全工作，强化值班值守，实行 24 小时值班制，每周一次校园安全隐患排查，每月一次综合治理大检查，排查整改风险点 11 处；签订安全责任状，配备 8 套安防器材，开展 3 次安全和消防知识培训、夜间应急疏散演练。严管食堂安全卫生，多次召开专题会议，专人负责食堂管理，开展学生满意度问卷调查，对食堂安全卫生进行全面排查，发现整改问题 6 项。加强学生的思想道德教育和文明养成教育，召开校风校级报告会、法治教育报告会，组织爱国主义教育、励志教育、文明守纪教育等专题升旗仪式，表彰校园“诚信之星”“拾金不昧之星”和“文明创建之星”等美德少年，开展学生常见病、传染病宣传教育，开展普法宣传活动，设立亳州一中法治宣传台，组织青年志愿者开展迎接“12•4”法治宣传活动和“预防未成年人年犯罪”法治教育活动。启动校园文化建设活动，打造优美典雅、厚重古朴的校园文化硬件环境，以雅致优美、催人奋进的氛围感染人、教育人。开展楼层文化建设，在行政楼、主教学楼和求真楼楼道、卫生间、办公室等场所设立励志文明宣传标语，培养学生勤学向上、重德尚美的精神品质。

【心理健康教育】亳州市第一中学校为教育部首批全国中小学心理健康教育特色学校、亳州市未成年人心理健康辅导中心。心理健康辅导中心成立 20 年，始终坚持把心理教育纳入课程。2019 年，亳州市第一中学有新老两校两个辅导中心，专兼职教师 15 人。新开设入学适应、学习心理、自我意识、生涯探索、人际交往、团队熔炼等六大模块心理专题教育，实行班级心理委员制，发挥班级心理委员“宣传员”“疏导员”“预警员”的作用，开展徒步和拓展活动、团体游戏、团体沙盘、心理讲座等形式的成长团体活动 9 次。

定期开展全校心理安全普查，普查出需重点关注学生 30 人左右。按照预约咨询制度，每周二到周五两校区分别安排两位专兼职心理老师值班给予学生个体辅导，累计接待学生、家长 120 余次，平均每周接待来访人员 6 ～ 8 名（预约除外）。同年，心理专职教师张峰应邀在安徽省心理健康教育观摩研讨会上上示范课。

【校园整体升级改造项目和综合馆建设】自 2018 年起，市委、市政加大投资用于亳州市第一中学的校园整体升级改造项目和综合馆建设。

校园整体升级改造项目包括新建教学综合大楼 17747.2 平方米，学生宿舍（两栋）11116.56 平方米，食堂扩建 2868.71 平方米，泵房 154.9 平方米，新建大门 89.34 平方米，实验室改造与设备添置，教学楼、图书馆、宿舍等设备添置及装修，教学附属设施等工程。截至 2019 年年底，升级改造工程招标 12232 万元，完成投资 5800 万元，其中采购类 3570 万，全部招标，并全部完工。

综合馆建设包括体育场馆、报告厅、篮球场、羽毛球场、智能化工程等项目。截至 2019 年年底，综合馆工程封顶，在安装消防管道，完成工程投资 3700 万元。

（高　剑）

职业教育

【概况】2019年，亳州市共有中等职业学校14所。其中，普通中专10所，成人中专2所，职业高中2所。共有在校中职生58619人，其中，普通中专32387人，成人中专18530人，职业高中7702人。共有中职学校教职工2703人，其中专任教师2553人；专任教师中本科及以上学历的2553人；拥有中级职称的1504人，副高及以上职称的476人。全市中职学校校园占地面积2024650平方米，校舍建筑面积1291566平方米，拥有各类图书2013079册，各类计算机12459台，固定资产总值125239万元。

【中等职业教育管理】2019年，亳州市教育局落实《亳州市“十三五”现代职业教育发展规划》，完善现代职业教育体系，提升职业教育办学水平。制定2019年亳州市职业与成人教育重点工作任务分解表，将目标任务完成情况作为县区教育局、市直中职学校年度目标管理绩效考核重要内容。召开全市职业教育工作推进会，通报上年度全市中职教育重点工作完成情况，动员部署2所市属高职院校扩招工作。启动普通中等专业学校办学水平初期评估工作，制定年度任务清单，明确亳州幼儿师范学校、亳州中药科技学校、亳州工业学校、蒙城建筑工业学校、亳州汽车工业学校、亳州新能源学校、亳州机电信息工程学校在2020年达到省教育厅规定的B类办学水平，跟踪指导问效，对各中职学校办学水平进行评估。推进中职教育质量提升工程，亳州中药科技学校等10所中职学校所承担的48个省级质量提升工程项目已全部通过省级验收，其中16个项目为优秀等次。加快职业教育融合发展，深化人才培养模式改革，组织全市中职学校与66家企业开展校企合作，推进产教融合。亳州中药科技学校入选安徽省首批“1+X”证书制度试点单位，现代学徒制试点通过教育部验收。在2所中职学校开展现代学徒制试点，在4所中职学校开展学分制试点。推进服务外包企业人力资源库建设，完成新增1万人的任务。举办中职技能大赛，共685名学生在9个赛点学校参赛，择优推荐选手参加全省职业院校技能大赛中职组比赛；参加全省中等职业学校技能大赛教学能力比赛，有6名教师在省级比赛中获奖，2人被推荐参加国赛。举办全市职业教育活动周宣传展示活动，展示职教成果，亳州中药科技学校、亳州幼师等城区中职学校师生代表1000余人参加活动。开展2019年“职业教育进校园”专题宣传活动，完成省下达的30822人中职招生任务，各县区均实现职普比大体相当的目标。承办2019年安徽省暨亳州市全民终身学习活动周开幕式，包括亳州市在内的21名“百姓学习之星”及18个“终身学习品牌项目”接受表彰。

（张秀礼）

【亳州幼儿师范学校】2019年，亳州幼儿师范学校占地面积22.87公顷，建筑面积10.5万平方米。有电脑1100台，数码钢琴600架，钢琴450架，古筝100架及扬琴、二胡等各种民族乐器。纸质图书22万册、电子图书20万册。教职工236人，特级教师

图102　2019年5月10日，亳州幼儿师范学校“职教周”活动

（程晓清　摄）

2人，高级讲师54人，“双师型”教师105人，研究生及在读研究生56人，市级名师20人，受国家、省、市级表彰的优秀教师52人。拥有直属幼儿园2所，附属幼儿园2所。

设有五年制学前教育大专和三年制学前教育中专两个办学层次，有教学班92个，在校生4697人。与淮北师范大学联合举办继续教育专科、本科函授教学班，在籍函授生1000余人。

严格教学常规工作检查，开展教学工作专题汇报会，提升教务管理质量。按照国考标准每月组织一次学科竞赛和国考模考，提升学校教师资格证笔试通过率。82名学生升入本科院校，创专升本录取率的新高。在全国率先探索制定学前教育类课程标准，形成《亳州幼儿师范学校课程标准》，加强课程体系建设。2016级幼师中专班441名学生参加教师资格证国考，双科笔试通过406人，通过率92.17%。

注重养成教育。每天晚自习文明礼仪一刻钟视频教育、每周主题班会、有序排队走课、女生安全讲座、“八礼我践行”千人签名、“五jing（即静、净、敬、精、竞）”教育活动月、文明礼仪知识竞赛等，在仪容仪表、文明礼仪、考勤纪律等方面对学生加强监督管理。

深化爱国教育和道德品质教育。对入学新生实行军训。每周一晨会教育，加强爱国主义教育、学生思想品德、学习行为规范教育。组织高年级学生进行户外拓展训练。邀请革命前辈到校开展主题教育、组织学生到光荣院聆听英雄故事、承办“安徽省道德模范与身边好人进校园”活动等。

丰富教育实践活动。开展班级环境创设比赛、开展“讲文明话、做文明事、成文明人”系列活动；开展“亳州幼师校园形象大使选拔赛与决赛”；举行“校园安全”系列活动，加强学生反对“校园凌辱”、反邪教、预防校园贷、禁毒教育；宪法晨读活动。

以体育、艺术、生活3个文化节为载体，举办师生技能、教师说课、教师书画、学生学科竞赛四项赛事，开展校园文化活动。举办、参加“心连新”迎新晚会、周末大舞台、校园好声音、社团风采展等活动。参加亳州市2019年职业教育活动周启动仪式、市全民终身学习活动周开幕式、国际马拉松（亳州站）等。承办“安徽省道德模范与身边好人进校园”活动、亳州市网络安全周启动仪式、安徽省暨亳州市全民终身学习活动周开幕式。举办第三届“逐梦新时代 礼赞70年”校园体育文化节。

同年，亳州幼儿师范学校获“全国教育系统先进集体”称号。

（张　丹）

【亳州工业学校】 2019年，亳州工业学校有教职工151人、兼职教师43人，“双师型”教师比例占61.3%，有“省优秀教师”1名、“省级岗位能手”1名、市级名校长工作室1个、市级名师带高徒工作室1个、名师带高徒”首席专家1名、市级“金牌思政课十佳提名教师”1名、“市级优秀教育工作者”等12名。邓艳美老师在全国中等职业学校数学课“创新杯”教师说课大赛中获国家级三等奖、学校教师在省市级“校企合作典型案例及征文”“科技创新大赛”“三优评选”“信息化教学大赛”“四有好老师教学论文大赛”中获省级奖项17个、

图103　2019年8月，亳州工业学校汽修专业学生在上实训课

（罗　奔　供图）

市级奖项共29个、完成1个市级课题申报、承担安徽省名师线上教学视频资源的部分录制工作。

实际录取学生1226人，连续4年突破1000人大关；2019届毕业学生1100人，其中有1070人顺利就业，总体就业率在97%以上，初次就业起薪月平均收入3050元，学生就业满意度95%，就业单位满意度90.3%。完成社会培训人员2800余人次，职业技能鉴定1400余人次。

将军事教育与养成教育结合，注重学生一日常规养成教育。壮大社团规模、开展社团活动，推进社会主义核心价值观教育。开展“学雷锋”系列活动、举办周末大舞台、秋季田径运动会、第四届校园服装文化艺术节、纪念五四运动100周年和中华人民共和国成立70周年系列活动等近百场。在全市“青春心向党·建功新时代”庆祝中华人民共和国成立70周年暨纪念五四运动100周年主题合唱比赛中获特等奖和优秀组织奖。

新增文化元素、展板、景观石以及宣传栏100多处，新增绿化面积2000余平方米，完成校园围墙、教学楼、宿舍楼、办公楼等文化建设。“美丽、活力、诚信”三维校园文化建设目标基本实现。

完善内部治理体系，推行中层干部轮岗、校务党务公开、完善会议议事、中层干部述职等。推动外部宣传，展示学校新形象。《中国劳动保障报》《人民日报（海外版）》《职业杂志》《安徽商报》等国家、省级媒体关注学校的办学经验和成绩；安徽国防科技职业学院等省内外十余所中高职学校到校交流考察。

同年，亳州工业学校获安徽省第二批校企合作示范基地、亳州市教育工作先进单位、亳州市学校安全管理工作先进单位、亳州市直教育系统先进基层党组织、亳州市示范实训基地、亳州市美丽校园等称号。17级汽车制造与检修班、2019届九年级一班均获2019年亳州市先进班集体。学生获市中学生排球联赛高中女子组二等奖、男子组二等奖、市青少年校园足球联赛中高中男子组获三等奖和优秀组织奖、市首届职工气排球比赛女子组二等奖；在技能大赛上获国家级三等奖1个、省级奖项6个、市级奖项99个。

（罗　奔）

【亳州中药科技学校】2019年，亳州中药科技学校为三年制普通中专、“3+2”五年制大专、高级技术工人培养等多层次办学体制，基本实现“一专业、一实体、一基地”的办学模式，被认定为国家级高技能人才培训基地。新增电子竞技运动与管理、无人机应用技术、新能源汽车制造与装配、交通客运服务、消防工程技术、城市轨道交通运输与管理、美术绘画专业，停招计算机应用与维修和医学影像技术市场需求不旺或考生报考率较低的专业，专业结构进一步优化。有32个专业，在校生13458人。

有专任教师343人，具有硕士及以上学位的教师27人；大学本科及以上学历的294人；专业课教师256人；“双师型”教师

图104　2019年3月25日，亳州中药科技学校校园一景　　（供图：张秀礼）

152人；兼职教师56人。教师情况与2018年基本持平。

2019年招生3661人，其中安徽亳州技师学院全日制2434人，亳州中药科技学校1227人。2019届中专毕业生总数2843人，就业人数2786人。

开展创业培训、残疾人就业技能培训、贫困残疾人农村实用技术培训、建筑施工特殊工种培训、建档立卡创业意识培训、养老护理员、企业工学一体、新型学徒制培训等各种培训6363人次。

建有中药、中药制药、护理、机械加工、现代信息服务、现代艺术实训基地、中药检测中心等校内实训基地。与11家企业、医院签订校企（医）合作协议，合作单位60余家，形成颇具特色的校外实训基地群。申报的中药、中药制药、护理专业省级示范实训基地项目建设通过省级验收。成功申办2020年安徽省职业院校护理、中药技能大赛。在全省中等职业教育管理干部培训班作经验交流发言。

2018－2019学年度为1021名学生发放中职国家助学金，发放资金201.32万元；5361名学生享受国家免学费政策，免除资金1560.9万元；为1211名学生发放46.869万元的校内奖助学金，为902名建档立卡、低保和孤残学生免除书本费、住宿费和服装费等费用，共免除资金58.892万元。

同年，亳州中药科技学校被认定为国家级高技能人才培训基地；获评安徽省校企合作示范基地；被授予"第一届安徽省文明校园"称号；入选"春游江淮请您来"百家媒体旅游推介活动皖北行线路景点。在安徽省中等职业学校质量提升工程15个项目省级专家终期评估中，获4个优秀11个合格，项目通过率100%。在安徽省2019职业技能大赛（中职组）获1枚金牌、3枚银牌、3枚铜牌，其中参加护理技能比赛的3名选手均入围国赛选拔赛，1人获铜牌。在全国中医药职业教育技能大赛中获2枚银牌、4枚铜牌。安徽广播电视台公共频道《名校名企》特别报道栏目首期播出，报道其办学特色和工作亮点；选送的节目《华佗五禽戏》在教育部主办的《传承的力量》学校体育艺术教育弘扬中华传统文化成果展示活动之"礼敬先贤　亲近自然——清明节全国大中小学体育艺术教育成果大型联播"播出。

（张晓银）

民办教育

【概况】2019年，亳州市共有民办学校785所，在校生330264人，教职工23201人（专任教师17227人）。其中，中等职业教育学校4所，在校生8499人，教职工413人（专任教师399人）；基础教育学校（高中、初中、小学）141所，在校生205853人，教职工11644人（专任教师9535人）；幼儿园640所，在园幼儿115912人，教职工11144人（专任教师7293人）。

【民办学校管理】2019年，亳州市教育局制定《关于规范民办学校办学行为促进民办教育健康发展的意见》《关于实行民办学校教师资格审查备案制度的通知》《亳州市民办中小学收费管理暂行办法》《亳州市民办学校名称管理规定》等文件，加强日常监管，促进民办教育健康发展。出台《亳州市清理整治非法办学机构专项行动实施方案》，在全市集中开展清理整治非法办学机构专项行动，按照"审批一批、整改一批、取缔一批"的原则，全市取缔非法办学机构132所（其中小学14所），审批134所。落实《亳州市中心城区非营利性民办学校财政补助方案》，对在市中心城区城市规划区内竞买土地兴办的非营利性民办学校给予财政补助，市政府拨付风华中学南校区和黉学高级中学财政补助资金共计8411万元。对亳州十八中国际部资产进行评估、回收，协调其搬迁到黉学中学新校区办学。出台《亳州市教育局关于规范民办学校办学行为促进民办教育健康发展的意见》，把党建工作纳入民办学校注册登记、年审年检、评估考核、管理监督的必查内容，积极推进党组织和党的工作全覆盖。开展民办学校年检工作，清查民办学校法人资资质、财务管理和收费情况，对存在问题的个别学校，年检直接定为"不合格"等次。加强义务教育阶段、高中阶段民办中小学招生工作统筹管理。统筹主城区公办与民办中小学招生工作，严禁有偿招生或利用中介机构组织生源。逐一摸排民办学校办学情况，研判苗头性风险，共发现六大类64个问题，督促整改到位。开展校外培训机构整

图 105　2019 年 12 月 14 日，中央广播电视总台《传承的力量》学校体育艺术教育弘扬中华优秀传统文化成果展示活动节目组到亳州十八中拍摄师生习练五禽戏　　（张秀礼　摄）

治活动，联合工商、人社、民政等部门进行摸排，分类建立台账，全市登记在册开展学科类培训的校外培训机构共 318 所，已办证 168 所，停办 97 所，完成整改待发证 53 所。校外培训机构“黑白名单”在市及各县区教育门户网站公布，接受社会监督。

（张秀礼）

高等教育

【概况】2019 年，亳州市共有高等教育学校 3 所，其中，全日制普通高等教育学校 2 所(亳州学院、亳州职业技术学院)，在校生 18514 人(本科生 5559 人)，教职工 924 人，其中专任教师 858 人；成人高等教育学校 1 所(亳州电大)，在籍学员 16201 人，教职工 123 人，其中专任教师 76 人。

（张秀礼）

·亳州学院·

【概况】2019 年，亳州学院围绕建设地方高水平应用型本科高校目标，坚持“地方性、应用型、特色化”办学定位，提升学校学科专业与区域主导产业的契合度；开展“双一流建设”，推进“转型发展、开放发展、创新发展、服务发展”战略，提升师资队伍对应用型人才的支撑度；推进教学改革，提升学生专业素质与就业岗位的适合度；传承创新文化，提升校园文化与地方文化的融合度。

学院占地面积 61.67 公顷，建筑面积 32.8 万平方米。教职工总数 511 人，高职称高学历人数 171 人。在校生人数首次突破万人，达 11022 人。学院图书馆纸质藏书 79 万册，中外文期刊 837 种，电子图书 80 余万册，中外文数据库 35 个。

2019 年度，亳州学院基层党组织建设达标率 100%；学生参加各学科技能竞赛，获国家级奖项 8 项，省级一等奖 33 项，省级其他奖项 140 余项。其中在大学生“创新创业”管理决策模拟大赛全国总决赛中获一等奖，在安徽省高等学校师范生教学技能竞赛中获 3 个一等奖，吴可以小学数学组第一名的成绩代表安徽省参加长三角师范生教学基本功大赛总决赛获二等奖。

【学科专业建设】2019 年，亳州学院提升专业建设与地方主导产业的支持度，年度新增药学、食品科学与工程、网络与新媒体、数据科学与大数据技术、体育教育、环境设计、音乐学7个本科专业。共有22个本科专业，34个专科专业，其中本科专业中，应用型学科占比86%，形成应用型学科为主的学科专业体系。

【师资队伍建设】2019年，亳州学院引进教授、博士高层次人才18人(含柔性引进)，紧缺专业人才38人。顺利推进182名教师入编工作。汤建、吴文睿2名教师获批高校学科(专业)拔尖人才资助重点项目人选，胡秀建、魏小红2名教师获批高校优秀中青年骨干人才国内访学研修重点项目人选，叶紫琳获批高校优秀青年人才支持计划重点项目人选，沈悦、裴培、刘晓莉、王文静、任群5名教师获批高校优秀青年人才支持计划一般项目人员，欧阳文竹获“第八批战略性新兴产业技术领军人才”称号。14名教师入选亳州市信息化专家库，孟祥松、包根胜2名教师获批亳州市第二届首席专家工作室人选。新晋升4名教授，15名副教授；7人攻读博士学位。4人到企业挂职锻炼，认定260名本科课程主讲教师资格。

【教学科研】2019年，亳州学院优化课程体系，深化教学改革，推进课程思政，打造“金牌课程”。继续推行体育俱乐部和艺术俱乐部制；探索“互联网+教学”新模式，开展研讨式、案例式、探究式教学。全年获批省级质量工程项目35项。科研水平提升，省(部)级课题立项77项，地市级立项37项，立项总经费602.9万元。发表论文221篇，二类以上27篇，发明专利60项，其中发明8项授权(抗电磁干扰式网络信息服务器、一种具有选择性探测Fe3+离子的发光晶体材料及其制备方法、一种物流系统用方便装卸货品的车厢设备、一种电塔检修用便携式工具箱装置、一种芳香醛及其合成方法、一种智能化校园路灯照明系统、治疗亚急性重型肝炎的中药组合物及其制备方法和用途；一种多功能服务器)，实用新型及外观设计52项，新建1个省厅级科研平台(中药原料产品研发安徽普通高校重点实验室)，获批建立1个地市级重点实验室(药食同源功能食品亳州市重点实验室)。

图106 2019年9月19日，亳州学院第一届社会扩招新生入学第一课

(李飞 摄)

【创业就业】2019年，亳州学院开展创业培训5期，培训1600人次。毕业生大多数选择在省内特别是亳州市主导产业领域就业，全年毕业生人数1210人，省内就业1027人，占就业人数的84.9%。624人在亳州市就业，其中262人为亳州本地毕业生生源，与本地生源数相比，就业数净增加362人，增比138.2%。中药学院、经济管理系、生物与食品工程系毕业生就业率98.5%，在亳州本地就业占比约80%。

【亳文化研究】2019年，亳州学院促进地方传统文化的创造性转化，实施文化育人，坚持文化研究和服务地方相结合，把“亳文化”元素融入校园文化建设和课程建设，推进“亳文化”进社区、进校园、进课堂、进教材。利用亳文化广场、亳文化馆等场所开展展演和参观活动；开设《亳文化概论》《亳文化十讲》选修课；五禽戏教学活动进社区，并列为学校第二套广播体操。出版亳文化研究专著2部——《文化传播视域下亳州方言熟语研究》《庄子生命哲学的酿生及其社会效应》，发

图 107　2019 年 4 月 21 日，亳州职业技术学院学生诗歌朗诵会　（张延林　摄）

表三类以上学术论文 32 篇。

（王晓军）

·亳州职业技术学院·

【概况】亳州职业技术学院是安徽省高职院校 A 联盟成员单位、中华全国总工会“职工教育培训示范点”、安徽省中药天然药专业委员会主任委员单位、安徽省中医药现代化研究会中药分会会长单位、安徽省文明单位、安徽省无烟校园、安徽省首批校企合作示范基地、安徽省就业先进单位、安徽省创业示范点、安徽省绿化工作模范单位、安徽省节约型示范单位、安徽省红十字先进模范校、安徽省高职扩招标杆校。

2019 年，学院占地 37.33 公顷，总建筑面积 23.2 万平方米，校内实验实训基地建筑面积 4.2 万平方米，是一所以医药类专业为龙头，电子、信息、管理、建筑类等专业为支撑的综合类职业院校。设有药学院、医学院、教育与管理学院、智能工程系、信息工程系、建筑工程系、继续教育学院、基础教学部和思政部 9 个二级教学单位，共 38 个专业。其中，中央财政支持建设专业 4 个，高等职业教育创新发展行动计划骨干专业 5 个，省级高水平高职专业、特色专业、综合改革试点专业 15 个。建有国家级职业技能鉴定站、安徽省中医药科学院亳州中医药研究所、五禽戏大师工作室，与安徽古井集团、安徽济人药业、华佗国药、亳州永刚饮片厂、北京同仁堂、蒙城中医院、华佗中医院、商鲲高铁等亳州市内外 73 家企事业单位联合开展订单班培养，建有国家级实训基地 3 个，省级实训示范中心（实践教育基地）17 个。

拥有专兼职教师 431 人，其中校内专任教师 334 人，校外兼职教师 97 人，正高级职称 17 人，副高级职称 64 人；“双师素质”教师 282 人（占专业课教师 81.5%）；享受国务院津贴 1 人，省级学术和技术带头人、中医药领军人才、战略新兴产业领军人才、教学名师、专业带头人、教坛新秀、技术能手 19 人，享受市政府特殊津贴 6 人，市级突出贡献人才、首席专家、优秀人才、专业技术拔尖人才、学术和技术带头人 26 人，海外留学、访学经历的领军人才 3 人；省级教学团队 10 个。教师获各类省级教师教学能力大赛20项。

有各类全日制在校生9402人,学院以“培养学生就业竞争力和发展潜力”为核心目标,在全国职业技能大赛中,获国家级奖项11项,省级奖项200项。近五年来,培养高职大专毕业生万人以上,年均就业率在97%以上,其中安徽本省就业率占三分之二,亳州本地就业率达40%。学院是安徽省唯一与安徽中医药大学联合举办本科教育的高职院校,自2014年开办起,连续6年招生,招生人数达417人,培养毕业生人数达236人,年均考研率在40%以上。

与市内外大中型企业开展交流与合作,分别与源和堂药业、济人药业合作举办全国中医药知识暨中药技能大赛、安徽省中医药健康文化知识大赛。牵头承担市委政策研究室2018年市直党群部门调查研究重点课题2项。参与市政协组织的专题调研工作,为亳州打造世界中医药之都建言献策。参与中医药“一带一路”倡议,承担完成新加坡南洋理工大学、马来西亚中医师总会选派的学生到校培训学习任务。继续教育、社会培训等业务不断拓展。完成职业技能鉴定7469人次;与沈阳药科大学、安徽中医药大学、蚌埠医学院、合肥工业大学等合作,函授在籍生2300人。

与古井集团签约共建古井管理学院,采用“双院两治”的模式,致力打造全省乃至全国范围内产教融合的特色示范项目。

同年,在全省高职教育工作会议中,亳州职业技术学院获评“高职扩招标杆校”。学校医护系获评全省“三全育人”综合改革试点院系建设单位。在全市纪检监察系统微型党课比赛中获得一等奖。在亳州市“举旗帜·送理论”暨庆祝中华人民共和国成立70周年微宣讲比赛中,获二等奖2项,三等奖1项,学院获优秀组织奖。国家奖学金获得者8名、国家励志奖学金获得者161名、省级双优生39名,市级先进班集体1个、优秀学生干部2名、“三好学生”3名。

【专业与课程建设】2019年,亳州职业技术学院调停食品检测技术、药品服务与管理、导游等3年制专业13个,申报物流管理、机电一体化技术、高铁客运乘务等五年一贯制专业12个,学前教育、广告设计与制作、食品生物技术、现代农业技术、行政管理等三年制专业5个。母婴护理、电子商务数据分析两个职业技能等级证书试点入选教育部“1+X”证书制度试点单位,中药学获批国家级骨干专业。

【教学科研】2019年,亳州职业技术学院被国家中医药管理局和全国中医药教学指导委员会推荐为全国职业院校技能大赛中药传统技能赛项承办院校。获省级及以上职业技能大赛奖项共31项,其中国家级二等奖2项、三等奖1项,省级一等奖5项、二等奖7项、三等奖14项、优秀奖2项。

组织各类教科研项目申报工作,立项省级质量工程项目31项,校级教学研究类和课程建设类内涵建设项目76项。获批安徽省教育厅人文社会科学重点项目4项,省教育厅自然科学重点项目10项,市科技重大攻关项目2项,市社科联项目20项。教科研论文发表数量与层次逐年攀升,基于CNKI的全国高职院校论文发表数量排行榜显示,2018年共发表CNKI论文280篇,居于全国100强的第71位,安徽省第二位。

【校企合作与实训基地建设】2019年,亳州职业技术学院新建古井集团、科大讯飞、蒙城县中医院、亳州市食品药品检验中心等校企合作单位12家,与古井集团联合成功申报安徽省第二批校企合作示范基地。成立古井管理学院、科大讯飞人工智能学院两个特色产业二级学院。完成21项实验实训建设项目招标,超过年初制定的10个实训项目的目标。

【招生就业】2019年,亳州职业技术学院招生录取人数5207人,在校生人数9402人,提前实现“十三五”规划万人大学的目标,学院获评为安徽省“高职扩招标杆校”。强化就业指导和服务,大学生创业孵化基地入驻学生创业团队30家以上,6个优秀创业团队到亳州市青年创业平台筑梦社区进行深度孵化。2019年毕业生1951人,就业率97.56%。

【师资队伍建设】2019年,亳州职业技术学院组织开展3次紧缺专业人才招聘,共招聘紧缺专业人才29人。完成职称评审工作，评聘教授1人、副教授4人、高校讲师9人。加强教师教学能力提升与培养，在全省2019年教学能力大赛中，获一等奖1项，二等奖1项，三等奖5项，学院获安徽省高等职业院校教学能力大赛最佳进步奖。医护系教师闫岩获“安徽省技术能手”称号。

【校园基础建设】2019年，亳州职业技术学院启动二期工程建设，校园东区土地征用、规划方案完成。完成学生宿舍楼建设及改造、学生运动场地翻新等建设项目。推进数字化校园建设，开通网上缴费系统和网上报账系统，初步完成基础平台、OA办公、人事等系统建设，制定统一的学校信息化建设数据标准，实现学校各业务系统的数据对接。

【2019年安徽省职业院校中药传统技能大赛】2019年3月28日，安徽省职业院校中药传统技能大赛在亳州职业技术学院举行。

本次大赛由安徽省教育厅、安徽省经济和信息化厅、安徽省人力资源和社会保障厅主办，亳州职业技术学院、安徽省中医药科学院亳州中医药研究所承办，亳州市药业发展促进局、安徽省药学会中药天然药专业委员会、亳州市药业行业协会协办，安徽国胜大药房连锁有限公司冠名支持。赛项设中药性状鉴别、中药真伪鉴别、中药调剂、中药炮制4个子项目。省内开设中医药相关专业的13所高校共计39名选手参加比赛，是该赛项举办规模最大的一次。

【2019年亳州市中等职业学校技能大赛】2019年12月14日，亳州市中职学校“数字影音后期处理和计算机平面设计”技能大赛在亳州职业技术学院举行，45人参赛，其中数字影音后期制作技术18人，计算机平面设计27人。计算机平面设计大赛分别以“2018年第四届合肥国际旅游商品博览会”“2018年第三届合肥茶文化暨紫砂陶瓷红木家具工艺品博览会” 和“中国梦”为主题设计宣传海报、参会门票和邀请函。数字影音后期处理以素材管理、素材制作、影视编辑、音画合成为题目进行比赛。

【“职业教育活动周”活动】2019年5月6—12日，亳州职业技术学院组织开展“职业教育活动周”系列活动，活动以“迎祖国70华诞，展职教时代风采”为主题，展示学院教育教学成果和办学特色。各院系结自身特色，组织“爱心相伴 救在身边”应急救护、“电器控制系统安装与调试”“建筑绘图”和“艺术插花”技能大赛，开展“加快推进智慧城市建设 不断提高亳州市信息化水平”主题讲座。其间，学院与新加坡南洋理工大学开展为期两天的中医药知识交流学习活动。

（张　珺）

·安徽广播电视大学亳州分校·

【概况】2019年，安徽广播电视大学亳州分校（以下简称“亳州电大”）有编制21个，实有教职工49人，聘用30人。其中，本科以上学历36人，硕士3人，高级职称7人，中级职称17人。学校占地3.4万平方米，建筑面积2.3万余平方米，拥有教学楼、培训楼、学生宿舍楼和食堂等。有200人多功能会议室2座，100人多功能会议室2座，多媒体教室8个，计算机机房9座，联网计算机500余台。

全市共招生5304人，其中校本部1607人。亳州奥鹏学习中心与中国人民大学、西安交通大学、东北大学、北京语言大学、福建师范大学5所学校联合办学，在籍生966人。

面向社会举办乡村振兴与乡村旅游发展高级研修班等创业培训多期，培训人数共计420人。承办创业大讲堂4期，每期200余人近百家企业参会。与安徽广播电视大学、亳州工业学校三方签订办学协议，开办第一届“学前教育班”，有学生97名。

同年，亳州电大共有48人获国家开放大学学士学位。连续第九年获安徽电大“办学先进单位”。何劲松被评为国家开放大学优秀班主任。

【“国开”、安徽电大奖学金颁发仪式】2019年12月27日，亳州电大举行2018年度“国开”、省电大奖学金颁发仪式。2018年度奖学金分为国家开放大学奖学金、国家开放大学“希望的田野”奖学金和安徽电大奖学金。经三县学院及分校本部评选、推荐，省校初审、公示，国家开放大学终审及公示，亳州电大共有73人获得奖学金，其中国家开放大学奖学金42人，国家开放大学“希望的田野”奖学金3人，安徽电大奖学金28人。

（孙能顺）

科　技

图 25　“美丽亳州”系列图片——2019 年 5 月 29 日，国网亳州电力公司技术人员在用无人机进行线路检查

（张延林　摄）

概　述

【概况】2019年，亳州市科技局实施创新驱动发展战略，不断优化科技创新发展环境，培育创新主体，强化创新平台建设，推进科技成果转化，提升企业创新能力建设，助推经济高质量发展。

同年，安徽亳州国家农业科技园区通过科技部验收。华佗国药股份有限公司的“华佗牌救心丸工艺研究及质量标准提升”项目获省级科学技术奖二等奖。安徽邵氏华艾生物医疗电子科技有限公司的“高压超短脉冲肿瘤治疗装置（纳米刀肿瘤消融系统）”项目获第八届中国创新创业安徽赛区二等奖，在第八届中国创新创业大赛先进制造行业总决赛中获优秀企业奖。

【科技创新主体培育】2019年，市科技局按照企业发展的三期（初创、成长、成熟期）时序，分类建立高新技术企业培育库；新认定高新技术企业51家、高新技术企业总数达120家，全市高新技术企业总数首次突破100家。

推进高新技术产业发展，全市高新技术产业累计实现增加值比上年同期增长14.7%，增幅居全省第八位。

突出科技项目示范带动作用，凝练一批科技含量高、市场前景好、示范带动强的科技重大项目。组织申报各类科技项目31项，其中2019年度安徽省重点研究与开发项目11项、2019－2020年度安徽省中央引导地方科技发展专项资金项目4项，省科技重大专项16项。

开展市重点研发计划自筹经费项目申报立项工作，同意28项重点研发计划自筹经费项目立项。开展市科技重大专项申报工作，申报项目20项，立项7项、项目奖补资金321万元。

开展国际合作交流，济人药业和德国汉堡大学埃彭多夫医院之汉萨美安中医中心合作，开展高质量中药配方颗粒的研究工作。

财政资金的投入带动企业研发投入增加，全市2019年全社会研发（R&D）经费10.5亿元，比2018年增加2.3亿元、增长27.9%，高出全省平均水平11.7个百分点，居全省第四位。全社会研发投入强度（R&D经费与GDP的比值）为0.6%，增加0.07个百分点。

【科技创新平台建设】2019年，亳州市开展市级工程技术研究中心、重点实验室认定，批准组建3家重点实验室。支持鼓励企业和大院名校合作共建高水平研发平台，推进省级工程技术研究中心和重点实验室、“一室一中心”等研发平台建设，8家企业参加省工程技术研究中心验收；推荐安徽瑞思威尔科技有限公司申报安徽省重点实验室；开展省级众创空间、孵化器申报推荐工作，推荐申报国家级众创空间1家，省级孵化器1家，省级众创空间2家。组织2家企业申报2019年安徽省院士工作站备案。

【科技创新创业环境】2019年，市科技局组织开展市级科技创新政策修订工作。兑现市级科技创新奖补资金，对2018年度亳州市198个科技创新政策奖补项目给予支持，兑现资金2845万元，提升和增强企业科技创新的积极性和主动性。

深化产学研合作。1－11月，企业吸纳技术成交额15.04亿元，全社会吸纳技术成交额16.31亿元，比上年增长277%，增速居全省第一位。

举行科技型企业政银企对接会，为全市70余家科技型企业提供资金支持，签约资金5900万元。

【科技成果转移转化】2019年，市科技局推进科技成果转化，申请安徽省科技成果登记发布234项。推荐成长组和初创组企业参加中国创新创业大赛安徽赛区总决赛。组织企业参加安徽科技创新成果转化交易会，推荐企业参加第一届长三角一体化创新成果展，组织济人药业等药企与安徽中医药大学开展科技合作、养生天下等企业与江南大学进行对接合作，组织吉林大学生物与农业工程学院、云南省科学技术院、清华大学中药研究院与亳州市对接合作。

2019年亳州市第一批高新技术企业名单

表14

序号	企业名称	证书编号	所在县区
1	安徽瑞思威尔科技有限公司	GR201934000355	市直
2	安徽龙瑞玻璃有限公司	GR201934001625	市直
3	安徽伊法拉电气有限公司	GR201934000281	亳芜园区
4	亳州讯飞信息科技有限公司	GR201934001084	亳芜园区
5	安徽伊法拉电力科技有限公司	GR201934001483	亳芜园区
6	亳州市隆泰药业有限公司	GR201934000154	高新区
7	安徽谓博中药股份有限公司	GR201934000489	高新区
8	安徽健诚中药饮片有限公司	GR201934000802	高新区
9	安徽天祥药业有限公司	GR201934001318	高新区
10	亳州蜀中药业有限公司	GR201934001716	高新区
11	利辛县富亚纱网有限公司	GR201934000577	利辛县
12	安徽骄阳软门有限责任公司	GR201934000661	利辛县
13	安徽和邦纺织科技有限公司	GR201934000726	利辛县
14	安徽华兴车辆有限公司	GR201934000918	利辛县
15	利辛县东华面粉有限责任公司	GR201934000965	利辛县
16	安徽百盛源包装材料有限公司	GR201934001795	利辛县
17	蒙城县虹升塑粉有限公司	GR201934000338	蒙城县
18	蒙城县弘文信息科技有限公司	GR201934000382	蒙城县
19	安徽亿达新能源科技有限公司	GR201934000521	蒙城县
20	安徽兆鑫集团汽车有限公司	GR201934001000	蒙城县
21	蒙城信和汽车有限公司	GR201934001032	蒙城县
22	蒙城县洪图纺织有限公司	GR201934001196	蒙城县
23	安徽林驰电子有限公司	GR201934001696	蒙城县
24	亳州市中正中药材饮片有限公司	GR201934000026	谯城区
25	芍花堂国药股份有限公司	GR201934000088	谯城区
26	亳州市京皖中药饮片厂	GR201934000191	谯城区
27	安徽松山堂国药股份有限公司	GR201934000524	谯城区
28	安徽盛海堂中药饮片有限公司	GR201934001204	谯城区
29	亳州市贡药饮片厂	GR201934001761	谯城区
30	安徽佳源油脂有限公司	GR201934000045	涡阳县
31	安徽爱家食品有限公司	GR201934000063	涡阳县
32	安徽道源堂中药饮片有限公司	GR201934000224	涡阳县
33	涡阳县晟丰新型建材有限公司	GR201934000447	涡阳县
34	新诚达时装（安徽）有限公司	GR201934000703	涡阳县
35	安徽安盛农业科技发展有限公司	GR201934000857	涡阳县
36	涡阳县利达塑料包装制品有限公司	GR201934001201	涡阳县
37	安徽儒商生物科技有限公司	GR201934001372	涡阳县
38	涡阳县康仕达机电有限公司	GR201934001768	涡阳县

2019年亳州市第二批高新技术企业名单

表15

序号	企业名称	证书编号	所在县区
1	亳州市银桥中药饮片有限公司	GR201934001978	高新区
2	涡阳县华夏气体有限公司	GR201934002011	涡阳县
3	亳州市药通信息咨询有限公司	GR201934002034	高新区
4	安徽安旺门业股份有限公司	GR201934002047	蒙城县
5	安徽华鼎堂中药饮片科技有限公司	GR201934002148	高新区
6	涡阳凯达机械制造有限公司	GR201934002172	涡阳县
7	安徽冯了性中药材饮片有限公司	GR201934002277	高新区
8	安徽金福瑞家具有限公司	GR201934002305	蒙城县
9	蒙城县振兴永发农机有限公司	GR201934002401	蒙城县
10	蒙城县富源有色金属材料有限公司	GR201934002485	蒙城县
11	安徽佳凯药业股份有限公司	GR201934002510	高新区
12	安徽翰联色纺股份有限公司	GR201934002517	利辛县
13	涡阳县沪涡多孔矸石砖有限公司	GR201934002535	涡阳县

（郭学彬）

气　象

【概况】2019年，亳州市年平均温度16.5℃，比常年显著偏高1.3℃，为1966年（有完整气象资料）以来最高年，其中春季（3—5月）显著偏高1.4℃、夏季（6—8月）显著偏高1.3℃，秋季（9—11月）异常偏高1.7℃。年降水量596.6毫米，较常年偏少3成，除冬季显著偏多5成外，其他季均偏少，其中春季、秋季降水显著偏少5成以上，夏季降水偏少2成，出现伏秋连旱。根据气候年景等级评估，2019年为正常气候偏差年。

市气象局印发《亳州市防雷安全监管工作职责清单》，加强防雷安全事中事后监管。发布“亳州市防雷安全公告”落实企事业单位防雷安全生产主体责任。举办全市防雷行业和气球施放企业技能培训。开展全市气象部门依法行政和标准化培训。开展执法检查15次，部门联合检查5次，完成职能范围内的行政许可审批46件。

更新各级党政领导、25个行业主管部门、重点防御单位、防汛责任人等气象灾害预警责任人信息，将3万余预警责任人信息纳入预警服务平台。实现短信、邮件、传真、微博、微信等预警信息发布手段多样化，预警信息覆盖面更广。

完成省气象局科研项目2项、市气象局科研项目3项，《亳州市重污染天气气象服务系统》获2019年度亳州市重大科技专项立项。年内发表科技论文22篇，其中2篇被评为优秀论文。年内举办各类业务培训班14期，新增高级工程师1人、工程师3人，高工占比21.4%，工程师以上人员占比50%。

组织大型科普宣传活动8次，举办科普宣传讲座11次，发放科普材料4.6万份。与市科协联合举办中学生气象科技论文竞赛，在全省气象科普作品创作大赛中获优秀组织奖。

同年，市气象局获全省气象部门综合考评优秀达标单位、全省重大气象服务先进集体、全省职工职业道德建设标兵单位、全省气象部门创新工作奖。组织申报第五届国家级和省级文明单位。职工袁启情获市五一劳动奖章和市“爱岗敬业好青年”称号。

【年度重大气候事件】2019年平均气温居历史第一位。2019年全市平均气温16.5℃，居历史高温年第一位。其中春季16.6℃，与2014年、2017年并列第三位，夏季平均温度为27.9℃，居历史第五位，秋季为17.8℃，居历史第二位(仅次于1998年的18.2℃)。

夏季全市连续高温日数长达13天。全市平均高温日数为21.8天，较常年偏多5.2天，其中7月20日至8月1日出现持续13天高温天气(利辛和蒙城连续14天)，占全年高温日数61%。全市极端最高气温38.4℃(7月23日，蒙城)，其中蒙城7月21—24日最高气温均超过37℃。

冬季降水偏多5成，2月低温阴雨不利农作物生长。冬季(2018年12月—2019年2月)全市累计降水98.5毫米，较常年偏多5成。其中2018年12月上旬降水异常偏多3.8倍，2019年1月下旬降水异常偏多3.3倍，造成土壤过湿。2月份全市仍多低温阴雨天气，其中6—22日出现14～17天连阴雨天气，2月全市平均日照时数60.2小时，较常年同期偏少5.5成，长期阴雨寡照对农业生产影响很大。

出现伏秋连旱。夏秋季(7—11月)全市平均降水量为294.9毫米，较常年同期偏少4成以上，平均气温22℃，较常年同期显著偏高1.4℃，出现伏秋连旱。其中7月上、中旬全市降水量异常偏少近9成左右，大部分地区出现中到重旱;8月中旬至9月底全市降水持续偏少5～8成，大部分地区再次出现重度气象干旱;10月4—6日全市出现一次中到大雨，全市大部旱情基本解除，利于秋种，但10月中旬至11月底全市降水较常年同期显著偏少6～8成，气象干旱再次发展并持续到12月15日。

图108 2019年11月2日，亳州晚报小记者参观防灾减灾科普教育中心
(马魁侠 供图)

【防灾减灾科普教育中心开放】 2019年10月20日，亳州市科普公园内市防灾减灾科普教育中心正式对外开放。

科普教育中心由省气象局、市政府共同投资，于2016年动建，项目投资3500万元。总布展建筑面积约3720平方米，其设计理念是“科学识灾，科技防灾，全民减灾”。融合科技、气象、人防、地震、消防5个主题元素，建设科学识灾、消防安全、防空防震、科技体验、气象防灾减灾、美好家园、多功能科普报告厅7个展区，设有地球自述、台风灾害体验、地质灾害防护、灾害预警警示、消防逃生体验、地震逃生体验、火箭发射模拟、天气预报制作体验、人工智能和智慧城市等70余项体验展项。截至2019年年底，接待中小学生参观人数3000余人。

【综合观测网络建设】 截至2019年年底，亳州市建成85套多要素自动站、29套单雨量站、51套高速公路气象站、10套省道气象站、14套自动土壤墒情监测站、10套大气电场仪、4套闪电定位系统、4套卫星数据接收站、4套GPS/MET水汽通量观测站、4个国家自动站、4套生态气象监测站、2套车载移动气象站、1个机场气象站、1部C波段双偏振天气雷达和1部风廓线雷达。全市气象探测设备运行稳定，自动站业务可用性99.96%，气象数据可用率99.97%，数据传输率99.87%。综合观测网络更加完善。

【气象预报预警】 2019年，亳州市24小时晴雨预报质量90%，24小时暴雨(雪)预报质量59%。全年共发布寒潮、暴雨(雪)、强对流、雾霾等预警信号107次，平均预警时效4.8小时。制作各类服务材料284期，编发预报预警短信609条，发送微博1293条，其中新浪微博获市政府政务微博考评三等奖。预报预警质量稳步提高。

【气象防灾减灾】2019年，亳州市完成市县气象防灾减灾"六个一"标准化能力建设。联合市应急管理局、市地震局创国家级综合减灾示范社区3个、省级减灾示范社区5个。与市应急管理局签订《关于加强气象防灾减灾联动合作的协议》；与市自然资源与规划局签订《关于联合开展地质灾害气象风险预警业务合作协议》，联合开展防灾减灾工作。与河南商丘市等6市气象部门签订《豫鲁苏皖六市气象融合发展协作共建协议》，推进跨区域信息共享、重大气象灾害防御、科研学术、生态文明建设气象保障等多领域协作。

【生态气象保障服务】2019年，亳州市加强环保、气象、$PM_{2.5}$专家小组三方空气质量预报会商，共开展会商826次，其中加密会商96次，召开专题会议会商8次，启动重污染天气预警9次。

加强人工影响天气能力建设，率先建成人影作业实时视频指挥系统，建成亳州市人影弹药装备存储库，在涡阳县试点建设由退役军人组成的新时期新型人影作业队伍，开展全市人工影响天气技术培训。围绕大气污染防治和农业生产需求，常态化开展人工增雨作业，增雨123轮次，发射增雨火箭弹543发。

（马魁侠）

防震减灾

【概况】2019年，亳州市地震局完善防震减灾科普宣传教育联动机制，联合市委宣传部等单位在涡阳县开展"三下乡"集中示范活动；联合市科协等部门开展"全国科普日"宣传活动，发放科普图书、手册2000余份；组织开展防灾减灾识讲座；与亳州晚报社新媒体部合作开展防震减灾知识手机有奖测试活动；与市直相关单位在市区魏武广场开展大型广场科普宣传活动；到安徽斯力泰健康产业集团有限公司开展防震减灾科普知识"进企业"宣传活动；委托合肥金诺数码创作防震减灾科普宣传短片《震中自救》；组织开展全市防震减灾科普宣传队伍培训；组织开展第二届安徽省防震减灾知识大赛亳州赛区选拔赛。

成立亳州市震情监视跟踪工作领导小组，制定《亳州市2019年度震情监视跟踪工作方案》。涡阳地震台成功安装地震测震设备，省地震局安排技术专家现场进行测震仪器的安装、调试，并将监测数据接入省、市地震监测台网，实现信息共享。加强群测群防网点动态管理，对全市56个观测点人员进行优化调整，更换部分不符合要求的群测群防网点。组织开展全市"三网一员"科普知识培训，各县（区）宏观观测点人员及防震减灾助理员共100余人参加培训。

同年，市地震局组织参加安徽省第二届防震减灾知识大赛，市代表队获团体一等奖，代表安徽省参加全国灾知识大赛决赛，获全国防震减灾知识大赛优秀奖。市地震局获全省地市级防震减灾工作考核先进单位。利辛县地震局获全省县级防震减灾工作综合考核先进单位。

【震灾预防】2019年，市地震局按照"平台受理、在线办理"的要求，将抗震设防要求核定纳入政府投资项目在线审批平台。继续贯彻落实《中国地震动参数区划图》（GB18306－2015），到三县一区开展建设工程抗震设防监管情况检查。推进防震减灾科普示范工程建设。以开展创建"防震减灾科普教育基地"和"防震减灾科普示范学校"的双创工作为抓手和平台，普及市民防震减灾科普知识，提升群众自救互救能力。创建省级防震减灾科普示范学校4所、省级防震减灾科普教育基地1个。联合住建部门组织开展2019年亳州市暨谯城区农村建筑工匠抗震设防培训，各乡镇危房改造具办人、村镇建设管理员和农村建筑工匠共计600余人参加培训。推进城市地震活动断层探测工作，完成《亳州市城市地震活动断层探测及危险性评价项目建议书》编制，获市政府批复同意项目实施；安徽省地震局组织专家对该项目进行论证，并提出论证意见。

【应急响应】2019年，市地震局完成地震应急预案修订工作；指导开展地震应急演练工作。联合市减灾救灾委员办公室、市教育局、市消防救援支队等部门在亳州八中举办校园"5·12"防灾减灾应急疏散演练活动；组织开展市、县（区）现场工作队伍拉练暨地震应急第一响应人培训，提高地震应急处置能力。

（王洪仁）

文 化

图 26　“美丽亳州”系列图片——2019 年，亳州市之意书社一角　（刘勤利　摄）

概　述

【概况】2019年，亳州市巩固拓展文化阵地建设。市文化馆推出“人人有艺”全民艺术普及免费公益培训品牌活动。连续开展4期，有50多个艺术门类，共150个班级开课，惠及学员8800余人次，居全省排名第一位，被《人民日报》、新华网、《安徽商报》等多家媒体大篇幅报道。市博物馆坚持每周二至周日免费对外开放，重大节假日不闭馆，共免费接待游客51.8万人次。投资1.9亿元建设20个社区文体中心，建成12个并向市民开放。10个全民阅读基层示范点布点实施，全面打造亳州主城区“15分钟阅读圈”。建成村级综合文化服务中心1178个，覆盖率达87%，超过全省平均水平。发挥市图书馆、文化馆、新华书店等公益性场馆职能，开展“你阅读我买单”读书惠民活动；扶持之意书社、情恩书屋等社会书店开展摄影艺术分享体验、光明日报社安徽记者站站长常河佳作分享会、亲子儿童读物分享等30余场公益性文化活动，参与人数达6000人次。鼎诚美术馆开展庆祝中华人民共和国成立70周年主题书法展等展览，亳州相声馆邀请德云社等相声名家到亳演出，文化阵地影响力扩大。

文博“非遗”传承发展。完成国保单位花戏楼、省保单位华祖庵、城里清真古寺修缮工作，实施第三批市级文物保护单位标志牌、保护界桩安装工程。推进文保单位见成效，亳州薛阁塔被国务院公布为国家级重点文物保护单位，唐庄遗址、章华台遗址等7处被安徽省人民政府公布为省级文物保护单位。“亳·千古一亳系列”文创产品获2019中国旅游商品大赛金奖，填补全省空白。

惠民活动。送电影下乡17332场，送戏下乡2598场，送戏进敬老院296场，文化广场演出300场，丰富群众的精神文化生活。“街头艺人”招募工作完成，在林拥城景区、南湖公园、万达广场等11个人流密集场所进行表演。组织举办“大美亳州·芳影华光”摄影艺术作品展、“庆祝中华人民共和国成立70周年——亳州市上海知青老照片回顾展”“百岁画仙——萧龙士书画艺术特展”等书画、篆刻展览7次，开展“亳州文化大讲堂”12期，开展“博物馆文化馆欢乐奇妙夜”“流动文化馆暨非遗进校园”等多项惠民文化活动。“十一”假期，组织开展“弘扬民族戏曲文化、展现时代精神风貌”等90项活动庆祝中华人民共和国成立70周年。

文艺精品评选。开展全市优秀群众文化辅导员、优秀文化志愿服务团队评选，评选出12个优秀辅导员和10个优秀团队。市级戏曲孵化计划，共扶持1部新创大戏和4部新创小戏，开展全市十大名团十大名角评选活动。涡阳县青年泗州戏剧团有限公司原创小戏《桂花开放幸福来》入选2019年省戏曲孵化计划，《休丁香》《站花墙》《能干闹房》入选安徽省地方戏曲（声腔）会演，其中《休丁香》为全省五部入选大戏之一，作为全省泗州戏代表参与会演。

【文化市场管理】2019年，市文化旅游体育局开展乡镇综合文化站专项治理工作，定期对乡镇综合文化站服务效能进行抽查暗访，针对存在问题督促整改，提升公共文化场馆管理服务水平。对全市晨晚练体育活动点器材运行及维护情况进行摸排，发现问题199处，进行维修更换。组织开展行业扫黑除恶专项斗争工作，排查上报线索5条。文明城市创建期间，对主城区57家网吧进行全面排查，市、区两级安排57名人员对网吧进行包保，市局抽调37人组成3个检查组，对包保人员在岗情况、文明城市创建情况、问题整改情况等进行巡查并通报。市文化市场综合执法大队共检查经营单位16199家次，出动执法人员33928人次，立案151家，罚款45.66万元，停业整顿5家，吊销“网络经营许可证”5家。

（李　新）

【文物保护】2019年4月9日，安徽省人民政府公布第八批省级文物保护单位名单（207处），亳州市谯城区（4处）、蒙城县（3处）共有7处文物保护单位入选，包括唐庄遗址、章华台遗址、檀公城遗址、红城遗址、八角台遗址、一女孤堆、蒙城城隍庙，其中古遗址5处，古墓葬1处，古建筑1处。10月16日，国务院核定公布第八批全国重点文物保护单位名单，亳州薛阁塔入选。至此，亳州市拥有的全国重点文物保护单位数量由7处增至8处，省级文物保护单位数量增至44处，全市省级以上文保单位数量位居皖北第一位。

重点文物保护规划推进。全国重点文物保护单位花戏楼保护规划、尉迟寺遗址保护规划由省人民政府向社会公布；亳州古地道保护规划完成省级专家评审，待国家文物局批复。

重点文物修缮。争取落实中央及省市县各级财政资金1197万元，对花戏楼、南京巷钱庄、江宁会馆、城里清真古寺、新四军四师司令部旧址、万佛塔、尉迟寺遗址、蒙城文庙、华祖庵、阚疃天主教堂、纪家塔等11处国家级、省级文物保护单位进行修缮维护。

（余 艳）

亳州市国家级、省级非物质文化遗产项目一览表

表16

序号	编号	项目名称	申报地区或单位	省级传承人	备注
一、民间文学（6项）					
1	Ⅰ—7	老子传说故事	亳州市涡阳县	胡智（国家级传承人）	国家级第四批
2	Ⅰ—13	捻军歌谣	亳州市涡阳县	任 峰	省级第三批
3	Ⅰ—19	庄子传说	亳州市蒙城县		省级第四批
4	Ⅰ—20	蒙城歌谣	亳州市蒙城县		省级第四批
5	Ⅰ—26	柳下惠传说	亳州市利辛县	蒋家华	省级第五批
6	Ⅰ—23	陈抟传说	亳州市		省级第五批
二、传统音乐（0项）					
三、传统舞蹈（2项）					
7	Ⅲ—12	棒鼓舞	亳州市涡阳县	刘振平	省级第二批
8	Ⅲ—46	赶黑驴	亳州市利辛县	马建礼	省级第五批
四、传统戏剧（3项）					
9	Ⅳ—12	二夹弦	亳州市谯城区	付红伟（国家级传承人）	国家级第二批
10	Ⅳ—15	泗州戏（拉魂腔）	亳州市利辛县	葛仁先	省级第三批
11	Ⅳ—21	淮北梆子戏	亳州市谯城区	章宏伟	省级第四批扩展
五、曲艺（4项）					
12	Ⅴ—2	淮北大鼓	亳州市利辛县	宋玉伦、王学清	省级第二批
13	Ⅴ—3	清音戏	亳州市利辛县	谷秀芳	省级第二批
14	Ⅴ—2	淮北大鼓	亳州市蒙城县	林秀宽	省级第四批扩展
15	Ⅴ—13	扁担戏（利辛扁担戏）	亳州市利辛县		省级第五批扩展
六、传统体育、游艺与杂技（4项）					
16	Ⅵ—1	华佗五禽戏	亳州市谯城区	周金钟、陈静	国家级第一批
17	Ⅵ—3	晰扬掌	亳州市谯城区	颜勇	第二批省级
18	Ⅵ—12	陈抟老祖心意六合八法拳	亳州市谯城区	怀培元	省级第四批
19	Ⅵ—4	六洲棋（六国棋）	亳州市蒙城县		省级第五批扩展
七、传统美术（3项）					
20	Ⅶ—4	亳州剪纸	亳州市谯城区	王炳华、戴舫	省级第二批
21	Ⅶ—38	利辛面塑	亳州市利辛县	杨攀峰	省级第五批
22	Ⅶ—41	石弓石雕	亳州市涡阳县		省级第五批

续表 16

序号	编号	项目名称	申报地区或单位	省级传承人	备注
八、传统技艺（11项）					
23	Ⅷ—23	千年古井贡酒酿造工艺	亳州市谯城区	李天华、查枢屏	省级第二批
24	Ⅷ—58	高炉家传统酿造技艺	亳州市涡阳县		省级第四批
25	Ⅷ—59	卢家笙制作技艺	亳州市蒙城县	卢俊生	省级第四批
26	Ⅷ—90	金不换酒酿造技艺	亳州市	支训民	省级第五批
27	Ⅷ—92	彩曲原酒酿造技艺	亳州市谯城区		省级第五批
28	Ⅷ—95	陈氏锡包壶制作技艺	亳州市蒙城县	陈宝玉	省级第五批
29	Ⅷ—109	涡阳苔干制作技艺	亳州市涡阳县	张福顺	省级第五批
30	Ⅷ—120	阚疃大块板鸡制作技艺	亳州市利辛县		省级第五批
31	Ⅷ—123	蒙城油酥烧饼制作技艺	亳州市蒙城县		省级第五批
32	Ⅷ—124	王魁知麻花制作技艺	亳州市谯城区		省级第五批
33	Ⅷ—125	一闻香糕点制作技艺	亳州市		省级第五批
九、传统医药（1项）					
34	Ⅸ—13	华佗夹脊穴灸法	亳州市		省级第五批
十、民俗（4项）					
35	Ⅹ—12	九曲黄河阵	亳州市利辛县	侯福圣、蒋家华	省级第二批
36	Ⅹ—13	大班会	亳州市谯城区	李传友	省级第二批
37	Ⅹ—44	庄子祭祀大典	亳州市蒙城县		省级第五批
38	Ⅹ—56	马氏社火	亳州市利辛县	马西臣	省级第五批

新闻出版广播电视

【概况】2019年，亳州市广播电视新闻出版局完成中华人民共和国成立70周年、“十一”阅兵活动等系列重大主题的宣传报道。全市农家书屋更新图书117260册、采购报刊6288份，各县区围绕5种报纸、期刊更新，确保农家书屋“一屋一报一刊”。农村电影公益放映17572场。

开展出版物发行、印刷企业、报刊、记者站、记者证、内部资料性出版物的年度检验工作，开展印刷企业、出版物发行单位等新闻出版统计年报工作，完成全市131家出版物发行单位、96家印刷企业年度检验和资料上报工作。完成全市广电系统320名记者证年检工作，完善新闻记者管理制度，规范新闻采编行为。规范《安徽日报》等3家新闻单位驻亳州记者站的管理，完成记者站的年度核验；完成全市9家内部资料性出版物的年度核验工作。

开展全市广播电视新闻奖、文艺奖和播音与主持作品奖评选工作和季度创优申报工作。向省局推荐52件优秀作品，参评2018年度安徽省广播电视奖评选，新闻类获25个奖项、文艺类获10个奖项。征集“弘扬社会主义核心价值观 共筑中国梦”主题原创网络视听作品6件，其中亳州台4件，涡阳台2件。

【“小片网”专项整治】2019年，市广播电视新闻出版局推进“小片网”专项整治。建立推进机制，由市委常委、宣传部部长和政府分管领导牵头，市局具体负责，相关乡镇党委政府配合的联动机制，逐级压实责任。建立经费保障制度，资金采取“县级为主、市级补助一点、安广网络亳州分公司承担一点”的办法统筹解决。从市文化旅游发展资金中调剂58万元，按每个“小片网”前端1万元资金补助县区。对全市小片网分布进行2次排查。全市有“小片网”自建前端58个，“小片网”前端统一接入信号源23个。全市“小片网”整治工作严格按照“统一信号源、统一建设标准、统一管理制度、统一检查考核”的标准全面完成。

【应急广播体系建设】2019年，蒙城县是全省应急广播体系建设试点单位，全县应急广播体系建设完成。利辛县列入全省重点推进贫困县区应急广播建设项目，推进应急广播系统建设，县级平台设备安装和调试完毕，乡镇(马店孜镇)分控平台及其村级终端设备安装完成。谯城区应急广播技术方案通过省局应急广播体系建设领导小组办公室审核。涡阳县推进应急广播体系建设工作开展。

图109　2019年8月3日，建安文化广场读书活动　（王长江　摄）

【精品申报创优】2019年，亳州市组织参加省新闻出版广电局组织的2018年度安徽广播电视新闻奖、文艺奖和播音主持奖评选，有39件作品获省级奖项(一等奖6件、二等奖5件、三等奖28件)。组织开展广播电视节目技术作品评选工作，市文化旅游局获“2019年安徽省广播电视节目技术质量奖(金鹿奖)组织奖”，全市获“金鹿奖”录制技术奖一等奖1件作品、二等奖2件作品、三等奖6件作品；播出技术奖三等奖1件；亳州广播电视台获“2019年安徽省广播电视节目技术质量奖(金鹿奖)综合奖”。获“金帆奖”录制技术奖二等奖1件、三等奖1件；播出技术奖三等奖1件。

【全民阅读推广】2019年，市文化旅游局在主城区扶持建设10个图书基层阅读点，开展“4•23”世界读书日系列活动。开展2019年全省“书香安徽”全民阅读推荐工作，向省局推荐“书香之家”“十佳书香社区”“十佳书香之乡(镇、街道)”“十佳阅读推广活动”“十佳阅读推广人”“十佳阅读推广机构(组织)”“十佳阅读推广空间”“十佳阅读推广媒体”。之意书社获省局实体书店扶持奖励。市文化馆创建安徽省首个无人看管免费公益书吧；创建亳州市文化大讲堂，上千人参与现场互动。

【农家书屋管理】2019年，市广播电视新闻出版局指导各县区为1299个农家书屋更新图书117260册、采购报刊6288份，采购资金2544200元。联合市委宣传部、市文明办等7家单位制定《亳州市改进提升农家书屋工作举措》(亳广新〔2019〕21号)，坚持问题导向，列出任务清单，明确各单位具体工作任务。组织开展2019年“我的书屋•我的梦”少年儿童读书征文、绘画、手抄报活动，共征集读书征文优秀作品51篇、绘画作品20幅，参加全省和全国征文评审。截至2019年年底，共建设数字农家书屋1117个，全部投入使用。

【公益电影放映】2019年，亳州市农村电影公益放映任务是15588场，实际放映17572场，完成112.72%，新片率77.43%。三县一区42个农村公益电影固定放映点建设任务全部完成，其中室外40个，室内2个。各县区组织开展送电影进乡村、中小学生爱国主义教育影片、中华人民共和国成立70周年和红色电影展映等系列公益电影放映活动。

【城市院线】2019年，亳州市加强对城市院线的消防安全工作、城市影院电影放映质量和票房的管理，加大对辖区内电影市场的行政执法检查力度。全市共有城市院线11家，获省级电影事业发展专项资金74万元，中央级国家电影事业发展专项资金216万元。

（杜东波　张姗姗）

·亳州广播电视台·

【概况】2019年，亳州广播电视台组织在《亳州新闻联播》《药都新闻联播》等栏目推出“新时代 新作为 新篇章”“新春特别策划·奋斗的答卷”“壮丽70年 奋斗新时代”“爱国情 奋斗者”等系列报道，开设“环保督察整改”“文明创建”“扫黑除恶专项斗争”“榜样”“好人在身边”等专栏，组织开展重大主题宣传报道，节目总时长达1500分钟，平均每月推出3个主题策划，从经济、文化、社会等各个角度反映亳州市取得的成绩和变化。围绕中华人民共和国成立70周年，策划推出《你好·时光》《美好70年 这里是亳州》《美好70年 亳州一分钟》《我向国旗敬个礼》等融媒体产品。配合市委、市政府中心工作，加强脱贫攻坚宣传，亳州视听网和掌上亳州新闻客户端开设《脱贫攻坚在行动》专栏，先后发布脱贫攻坚相关稿件249篇，总阅读量17万多次。开设《“扫黑除恶”亳州在行动》《中央扫黑除恶督导组在安徽》专题，发布稿件751条，稿件《〔实拍〕亳州“王某某”被抓 警方带其指认犯罪现场》点击量10万多次。围绕高铁建设进行动态报道。高铁运行首日重磅推出《磅“亳”之路——商合杭高铁通车大型融媒体直播活动》，全方位、多角度展示商合杭高铁通车首日运营的盛况，点击量4万多次。

策划实施五马桃花节、龙扬梨花节等活动；组织落实微型党课大赛、最美教师颁奖、最美志愿者颁奖等活动；根据市委、市政府安排承办2019年药博会文艺演出，推出大型实景剧《魏武雄风》；承办“安徽省道德模范及身边好人进校园”文艺宣讲活动，受到省委宣传部的通报表扬。

通过公开招考，招录6名新闻采编、新媒体等岗位人员；选拔任用3位主管级以上管理人员；完成2019年度新闻系列专业技术资格评审申报工作；定期开展业务学习交流，对新闻采编、工程技术、播音主持等岗位的工作人员进行技能培训。

同年，亳州广播电视台6件电视作品获2018年度安徽广播电视新闻奖和安徽新闻奖，其中一等奖2件，二等奖1件，三等奖3件；17篇广播作品获安徽广播电视新闻奖（广播类），其中一等奖4件、二等奖3件、三等奖10件。获技术奖（金鹿奖）一等奖1个、二等奖2个、三等奖4个；技术质量奖（金帆奖）二等奖1个、三等奖2个。与安徽广播电视台并列获综合奖，这是亳州广播电视台首次获得广播电视节目技术质量一等奖和综合奖。制作专题、纪录片、宣传片等作品近40部，拍摄完成警示教育片15部，多部作品获国家级、省级奖项，其中《医养结合》和《聚指成拳 正风反腐》专题片得到中央领导高度评价。改革开放40周年主题纪录片《一张作战图》《庞工的朋友圈》入选优秀作品并被省音像档案馆馆藏，获奖补资金三万元。围绕弘扬社会主义核心价值观，创作播出公益广告，获全省广播电视公益广告优秀传播机构财政奖补资金2万元。

【媒体融合】2019年，亳州广播电视台围绕“融媒建设提升年”行动计划，制定《亳州广播电视台2019年融媒体建设提升行动方案》，推进媒体融合。制定《关于深化广播电视节目资源整合的实施方案》，推进广播电视资源深度整合。确立“移动优先”发展战略，打造移动传播矩阵，初步形成载体多样、渠道丰富、覆盖广泛的移动传播矩阵。通过采编流程的再造，实现新闻生产内容向新老媒体多屏分发传播，初步建立“前端采集一体化、终端播出多样化”的媒体融合采编流程，形成新闻客户端、网站、微博、广播、电视、微信多媒体滚动梯次发布、优势互补、双向互动的新型传播格局。“药都时空”微信公众号收获3个单篇阅读量10万多次，微信公众号的公信力提升。截至2019年年底，新媒体部旗下“掌上亳州”新闻客户端总用户数13.4万户，“药都时空”微信公众号用户总数29.9万户，“亳新闻”微博总用户数15.9万户，“亳视频”抖音号用户数6.4万户。

【对外宣传】2019年，亳州广播电视台电视方面在《安徽新闻联播》发稿520条，同比增加20条，完成2022.5分，增加300分；从排名看，共获1个全省第一名、3个全省第二名的好成绩，每月排名基本处于全省前五名；在中央广播电视总台发稿45条，其中《新闻联播》1条。广播方面在省台发稿337篇，其中在《全省新闻联播》发稿143篇，在中央人民广播电台《中国之声》和央广网发稿23篇。

【网络播出安全】2019年，亳州广播电视台通过软件升级解决“掌上亳州”新闻客户端在部分手机上的闪退问题；通过市数据资源管理局申请到8台性能配置更高的浪潮云服务器，实现亳州视听网服务器数据整体迁移，网络运行安全和数据安全有保障。针对省局安全播出大检查反馈问题，制定《亳州广播电视台关于省广播电视局安全播出大检查反馈问题整改方案》，对反馈的五个方面38个问题，逐项制定整改措施，确保按照标准、按照时间整改到位。集中开展台内安全隐患大检查，印发《亳州广播电视台“迎接中华人民共和国成立70周年百日安全生产专项行动”工作方案》，从落实安全播出责任制、网络安全责任制、消防安全责任制等5个方面，制定具体措施，层层分解责任，细化到人。制定《亳州广播电视台安全播出突发事件应急预案》，对突发事件的指挥体系、预警预防、处置方案、责任追究等作出明确规定。根据省局安全播出大检查反馈意见，抓好整改落实，采取开展应急演练、加强安全值守等措施，完成中华人民共和国成立70周年庆祝活动重要保障期的广播电视网络播出安全任务，实现安全播出“零事故”。

图110　2019年，亳州广电中心　（刘勤利　摄）

【广电中心建设】2019年，亳州广播电视台坚持每周工作例会调度制度，统筹推进广电中心主体工程和内部广电工艺建设。9月，广电中心土建工程竣工验收。截至年底，10千伏配电工程、广电工艺监理等项目完成合同签订，进场施工；高清数字电视播控系统、广电中心智能化项目、广播电视工艺等项目完成招标。

（夏丽丽）

·亳州晚报社·

【概况】2019年，亳州晚报社完善内部媒体融合各项机制，加大融媒体产品的策划、制作、推送力度，提升“两微一端”。全面完善报社新闻内容生产、协作、分发的机制和新闻采编业务模式，实现重大报道“一体策划、一次采集、多种生成、多元传播、全面覆盖”的传播效果。完成“商合杭高铁试运行”以及多次市政府新闻发布网络直播等报道，以及市政协网络议政、远程协商的平台搭建工作，其中商合杭高铁试运行的融媒报道被省委宣传部《新闻阅评》通报表扬。

中国亳州网迁移到市政务云服务器上，更名为“亳州新闻网”，并对网站进行了全新改版，把报社官方微博微信融于网站之中，页面更美观大气，读者体验增强。

践行“脚力、眼力、脑力、笔力”要求，组织记者深入社区、企业、乡村，开设“强‘四力’一线探访”栏目，采写《冷观猪周期　喜看补栏忙》《岗女工养孔雀打开“致富之屏”》《“银行”开到村民家门口》《因地制宜做活“水文章”》等一批“沾泥土”“带露珠”“冒热气”的稿件，展现新时代发生在亳州大地上的生动实践。

在《人民日报》及其海外版发表稿件6篇；在新华社发表署名通稿15篇（组），在《光明日报》发表稿件5篇；在《安徽日报》发表稿件71篇；在《江淮》杂志发稿1篇。

同年，汝平、陈璐撰写的通讯《现场直面问题　集体反思警醒开在臭水坑边的民主生活会》获安徽新闻奖二等奖。5篇通讯获安徽经济新闻奖，其中，魏军撰写的通讯《卫生院内养老 敬老院内看病——亳州市探索失能五保老人医养结合集中供养新模式》获一等奖；郭玉岩撰写的通讯《乡村教育：“麻雀学校变形记”》获二等奖；武景、张珍撰写的通讯《扶贫“四居家”脱贫有妙法——蒙城县双涧镇魏圩村创新脱贫新模式迎来春天》、陈璐撰写的通讯《“绿领”创客引领乡村振兴》、雷芳、于海博撰写的通讯《亳州吹响民营经济高质量发展“进军号”》均获三等奖。

【专题报道】2019年，《亳州晚报》连续策划推出2019亳马特别报道——《美丽亳州跑起来》、芍花节特别报道——《共赴春天的约会》、市区公交路线优化调整首日特别报道——《公益便民路 公交再出发》等多个专题报道，多版面多篇幅展现出新时代亳州故事和人民群众的获得感、幸福感。扫黑除恶报道获省委宣传部《新闻阅评》撰文点赞，《“亳州现象”背后的“发展密码”》《全省“大考”，亳州何以连续4年上榜》等系列重点稿件，为全市广大干群凝聚力量，传递经验，激发干劲，营造浓厚的舆论氛围。

【新闻评论】2019年，亳州晚报社围绕市委、市政府各项中心工作，组织撰写一批言论，发挥党媒在传递党和政府声音、沟通党和人民联系、引导社会舆论方向、激励民众意志的作用。从市区交通秩序“无以规矩不成方圆”的《任性电三轮、四轮车需要“严规矩”》到展现市委、市政府公交优先民生情怀的《用公交“速度”跑出民生“温度”》；从弘扬新风需要更多“见贤思齐”的《移风易俗需要更多“韩先生”》，到亳州三县一区全域脱贫的《脱贫“摘帽”是逗号 不是句号》……其中，省委宣传部《新闻阅评》对《亳州晚报》的通讯报道配发快评的做法给予表扬。

【“不忘初心，牢记使命”主题教育宣传】2019年，《亳州晚报》开设“不忘初心，牢记使命”“身边的初心使命”等专栏、专题，及时全面准确报道市委以及各地各部门主题教育部署以及各项活动开展情况，采写刊发《锤炼政治品格 砥砺初心使命——亳州市市直各部门积极开展“不忘初心、牢记使命”主题教育》等稿件，推出一批反映亳州市改革民生的新闻作品，如《政务服务更“聪明” 群众日子更舒心》《借力土地“增减挂”促城乡发展双赢》《守护乡村环保“最后一千米”——谯城区魏岗镇生态环境保护工作站碌的一天》等。

【庆祝中华人民共和国成立70周年宣传】2019年，亳州晚报社策划开设12个栏目庆祝中华人民共和国成立70周年。其中，“壮丽70年 奋斗新时代”报道全市发展进程中取得的重要成就，“亳州大事记”回顾亳州市在中华人民共和国成立后的代表性历史事件，“我的国庆故事”报道了亳州市若干位名叫“国庆”的人物的成长故事，“70年亳州影像 老照片里看亳州巨变”通过航拍亳州代表性景观反映城市的可喜变化，“我与共和国共成长”讲述从20世纪40年代到00后的不同时代70年七代人与共和国同发展、共进步的故事。

与社科联联合开办庆祝中华人民共和国成立70周年社科类征文活动，在文艺版开设“我和我的祖国 庆祝中华人民共和国成立70周年”文艺类征文活动。

与市妇联联合开展“知名作家看亳州”栏目，邀请省内外知名作家到亳州采风，撰写一批反映亳州人文历史风光的文学作品，部分文章在《文汇报》《散文》等国内主流报刊发表。

【脱贫攻坚宣传】2019年，《亳州晚报》开设“脱贫攻坚在行动”专栏，刊发《芜湖三只松鼠网上“吆喝”利辛牛肉》《产业活水进村来，浇开脱贫“迎春花”》《扶贫+扶志 让贫困户真正“跑”起来》《元旦不放假，他们永远在扶贫路上！》等70余篇稿件，及时报道全市脱贫攻坚举措、成果以及相关典型。在“贫困村的新愿景”栏目中，记者到脱贫攻坚一线，围绕脱贫之后“干什么、怎么干”，采写《水患频发贫困村 稻香鱼跃变水乡》《端稳技术“饭碗”脱贫更加牢靠》《脱贫“金点子”结出“金果子”》等10余篇稿件。

【榜样人物宣传】2019年，亳州晚报社以改革发展的丰硕成果和身边的榜样人物对应“初心、使命”，推出如《中华药都迈向“世界中医药之都”》《小作坊里走出“百亿酒乡”》《“量班定做”让课堂“动起来”——记“全国优秀教师”、蒙城二中英语教师任显智》《老“纪”伏枥地生金——记谯城区淝河镇退休干部、老纪科普协会关工委主任纪建立》等多篇报道。

（詹秀秀）

地方志

【概况】 2019年，中共亳州市委党史和地方志研究室（以下简称“市委史志研究室”）于年初启动《亳州年鉴（2019）》编纂工作。以市委、市政府名义下发《关于做好〈亳州年鉴（2019）〉资料征集工作的通知》（亳办明电〔2019〕9号），向各有关单位征集文字和图片资料。督促指导县区综合年鉴编纂工作。截至同年底，市、县（区）5部地方综合年鉴全部出版面世。

组织人员点校整理清道光《亳州志》，11月完成印刷出版面世。

指导完成《重修蒙城县志》（民国）点校整理出版；《涡阳县志》（民国乙丑刊）文稿报黄山书社审核。

推进乡镇志编纂工作。谯城区《城父镇志》由方志出版社出版；利辛县《阚疃镇志》送审稿完成、《解甲集村志》修改稿完成。涡阳县马店镇《大罗村志》启动编纂。协助《古井贡酒志》编纂工作，完成初稿和审读稿评审。

搜集整理编印《亳州大事记》月刊12期，总计近11万字，及时准确记述全市每月发生的大事、要事、特事、新事，为领导决策、改革开放和加快发展提供服务；编印《亳州大事记（2019）》合订本。县区志办结合各自实际编辑大事记月刊或季刊。

对全市地方志资源开发利用情况进行调研，撰写完成《充分开发利用地方志资源，为亳州经济社会发展服务》调研报告，并报至各相关部门；撰写《充分利用方志资源，促进民营企业文化发展》论文，并被作为市政协重要议题，在市政协专题会议上发言。

全市志办系统根据自身实际，做好志书、年鉴及各类地情资料的宣传、发行工作。开展“读志用志”活动，开展志书进机关、进军营、进企业、进学校、进社区、进农村活动，做好常规性赠书及来访咨询服务并组织宣传教育活动，提高地方志书的社会影响力。

全市、县（区）志办均按照编纂要求完成《安徽年鉴（2019年卷）》的资料撰写报送。及时更新“亳州史志网”内容，将出版史志成果及时数字化并上网站，为社会各界了解亳州、认识亳州提供服务平台。

同年，市委史志研究室被中国地方志指导小组评为全国地方志工作先进集体。《亳州年鉴（2018）》获评全国地方综合年鉴质量评比地市级序列二等奖。

【市委史志研究室获评全国地方志工作先进集体】 2019年11月，《关于全国地方志工作先进典型的通报》（中指办字〔2019〕143号）印发，对全国地方志系统先进集体、先进工作者进行表彰。市委史志研究室获评全国地方志工作先进集体。

近年来，市委党史和地方志研究室贯彻落实《地方志工作条例》《全国地方志事业发展规划纲要（2015－2020年）》以及市委、市政府和上级地方志机构的决策部署，推进全市地方志事业全面发展。2015年，全市5部二轮志书全部实现公开出版；2018年，全市5部地方综合年鉴全部实现“一年一鉴、公开出版”。提前两年完成中国地方志指导小组规定的到2020年完成志鉴编纂全覆盖，即“两全”目标任务，此项工作在全省居于前列。《亳州年鉴（2017）》获评全省年鉴综合奖项特等奖，被省推荐参加中国地方志指导小组组织的第五届全国地方志优秀成果（年鉴类）评审，获评地市级年鉴序列三等奖。是建市之后市级年鉴所获的最高奖，也是该次评比中全省地级市年鉴所获的最高奖项。《亳州年鉴（2018）》获评第六届全国地方志优秀成果（年鉴类）评审地市级序列二等奖。

2011年起，市委史志研究室组织点校整理出版清光绪《亳州志》、清乾隆三年《亳州志》、清顺治《亳州志》、明嘉靖《亳州志》、清道光《亳州志》5部旧志，影印出版清乾隆三十九年（1774）《亳州志》；督促指导完成《重修蒙城县志》（民国版）的点校整理出版；《涡阳县志》（民国乙丑刊）即将完成。亳州市旧志点校整理工作在全省领先，受到社会各界广泛认可。指导编纂出版《城父镇志》；指导编纂完成《古井贡酒志》，并作为唯一的酒志被纳入全省二轮志丛书出版；协助《古井贡酒志》成功纳入中国名酒志文化工程。编纂《亳州大事记》《历史典籍中的亳州》《亳州城镇历史变迁》《亳州民俗》《亳州药业发展史》等地情书，指导县区编纂《谯城古诗词》《亳州铁路发展纪实》《五亳边区县的光辉历程》等一批地情书，为社会各界提供地情服务，较好地发挥了地方志存史、资政、育人作用。

【《亳州年鉴（2018）》获评第六届全国地方志优秀成果（年鉴类）二等奖】 2019年10月29日，中国地方志指导小组印发《关于对第六届全国地方志优秀成果（年鉴类）的通报表扬》（中指组字〔2019〕8号）。其中，《亳州年鉴（2018）》获评地市级年鉴序列二等奖。这是亳州市建市之后首次获得此项殊荣，是亳州年鉴获奖史上的又一次突破。

本次评奖活动是在各省（自治区、直辖市）地方志工作机构和国务院有关部委局志鉴机构推荐、组织评审系列会议进行评审基础上，经第六届全国地方志优秀成果（年鉴类）评审活动领导小组办公室会议研究，产生的建议通报表扬结果。全国被推荐参加评比的有264部，其中，评出地市级综合年鉴二等年鉴11部。

【清道光《亳州志》点校版出版面世】 2019年11月，由市委史志研究室组织人员点校整理的清道光《亳州志》由黄山书社正式出版面世。

清道光《亳州志》始修于清道光三年（1823），亳州知事任寿世主修，刘开、陈恩德编纂，清道光五年（1825）完成。全书共44卷，卷首1卷，正文43卷。正文分舆地志、水利志、食货志、学校志、武备志、官爵志、选举志、人物志、列女志、艺文志和杂志11大类69小类。内容丰富，为后世研究亳州市地域文化留下宝贵资料。

【《亳州年鉴（2019）》出版面世】 2019年9月，由中共亳州市委、亳州市人民政府主办，市委史志研究室负责编纂的《亳州年鉴（2019）》由方志出版社正式出版。这是自2002年开编起，亳州市连续编纂出版的第18卷。

《亳州年鉴（2019）》以马克思列宁主义、毛泽东思想、邓小平理论、“三个代表”重要思想、科学发展观、习近平新时代中国特色社会主义思想为指导，全面系统地记载2018年亳州市政治、经济、文化和社会发展的基本情况，为广大读者了解亳州、研究亳州提供了权威性、系统性的信息资料。全卷设33个类目，166个分目，905个条目。总计68.9万字。卷首彩页设置“数字亳州”“亳州要事”“药都亳州”“酒乡亳州”4个系列，展示亳州的年度要事和“药都”“酒乡”亮点。正文设置“中药业”类目，突出亳州龙头产业——中药业的发展情况，展示了亳州作为全国中医药之都，努力打造世界中医药之都的各项举措和成就。正文收录部门图片184幅，图文相配，可读性更强。

【《中国名酒志·古井贡酒志》评议会、审读会】 根据中国地方志指导小组办公室《中国名酒志文化工程实施方案》要求，古井集团主动作为，经报中国地方志指导小组办公室审定后，于2018年6月启动《中国名酒志·古井贡酒志》的编纂工作，历时5个月，形成30余万字的初稿。

2019年，市委史志研究室协助指导古井集团召开《中国名酒志·古井贡酒志》评议会、审读会。两次会议上，中共安徽省委党史研究院（安徽省地方志研究院）副院长吴静，古井集团党委委员、副总裁杨小凡出席会议并讲话；古井集团文化管理中心总监吴伟主持会议；中国地方志指导小组办公室信息处副处长王超，中国地方志学会学术委员会委员、上海市地方志办公室市志处原处长梅森等10余位专家学者应邀参会；市委史志研究室主任时明金致欢迎辞。

2月28日，《中国名酒志·古井贡酒志》评议会在合肥召开。会上，与会专家对初稿进行评议，肯定志稿的成功之处与行业特色，指出志稿存在的疏漏和不足，提出一系列修改意见和建议。吴静要求，承编单位会后要及时组织协调相关专家、学者做好后续修改工作。在中指办指导下，省、市方志机构与承编单位齐心协力，对照中国名酒志丛书编纂的具体要求，严格把好志书的体例关、政治关、史实关、文字关，确保志书质量。

5月31日，《中国名酒志·古井贡酒志》审读会在亳州宾馆召开。根据2月召开的评议会上与会专家提出的意见和建议，古井集团组织编撰人员，对文稿进行修订完善，完成审读稿，并在会前半个月发至各位专家审读。与会专家结合各自对《中国名酒志·古井贡酒志》两次审读的体会，逐一发言，对审读稿再次进行点评。大家一致对审读稿给予很高的评价，并就下一步如何修改、完善，进一步提高质量，提出中肯的意见和建议。与会人员还就有关方面的不同见解进行探讨。吴静对《中国名酒志·古井贡酒志》审读稿的质量给予充分肯定并结合与会专家意见，从政治性、敏感性问题的规避和篇目设置调整、内容的增减等方面对志书审读稿进行指导，要求各方齐心协力，努力将《中国名酒志·古井贡酒志》打造成经得起历史检验的精品佳志。杨小凡表示，下一步，将结合与会领导和专家提出的意见和建议，组织编纂人员调整、修改、完善，精益求精，形成送审稿。

（孙　静）

档　案

【概况】2019年3月，按照《中共亳州市委办公室关于调整市档案馆职责机构编制的通知》（亳办〔2019〕75号）规定，将原亳州市档案局（亳州市档案馆）承担的行政职能划入市委办公室，单独设置亳州市档案馆，为正处级建制的市委直属公益一类事业单位，主要职责是对档案资源进行收集、管理、保存、利用。

市档案馆及时转换职能，围绕机构改革撤并单位开展档案处置工作。到涉改单位进行调研，摸清17家撤并单位档案管理情况；根据各单位情况，制订全年档案接收计划；在接收过程中，对档案整理不规范的进行指导，确保进馆档案符合质量标准。

利用网上办事大厅，开展网上档案查阅利用工作，让数据在网上跑腿，让群众少跑腿不跑腿，为群众办实事办好事。网上办理81件，查阅利用档案23卷100余件。

根据省馆工作部署，市档案馆建立查阅利用程序和制度，上传有关开放档案目录，提高查阅利用的效率。指定专人负责，每天登陆共享平台，办理档案查阅利用事项，实现全省范围内馆藏档案资料异地查档、跨馆出证。

在实现网上办事、全省跨馆出证的基础上，开展上海、江苏、浙江安徽等三省一市长三角地区民生档案"异地查档　便民服务"工作。如，为某上海籍在亳人士查阅上海徐汇区婚姻档案办理异地查档跨馆出证事项。

组织全馆人员到市消防科普教育基地观摩学习，提高全馆人员安全意识。对照《档案馆安全风险评估指标体系》指标，组织开展4次档案馆安全风险排查活动，解决存在的安全隐患。针对档案馆库房漏水、渗水等问题，联系市重点建设局进行整改。针对消防存在问题，联系消防施工单位，对消防罐进行维修，对消防泵进行更换，采购消防维保单位对消防设施设备进行维护。

【档案接收】2019年，市档案馆接收档案共计约27万余卷，刷新了全省一年接收档案案卷数量最多的纪录。

接收涉改撤并单位的档案，包括原金融办业务档案5000余卷、原市规划局业务档案3.5万余卷，确保涉改单位的档案安全。

接收市直单位档案室已胀库的档案，包括市委办公室文书档案和市委组织部的人事档案等。

对存在安全隐患且整理较规范的单位档案提前接收进馆，接收市法院的诉讼档案3.6万余卷和市不动产登记中心的不动产登记档案19.5万余卷。

【地方特色档案征集活动】2019年，市档案馆围绕"中华人民共和国的亳州记忆——庆祝中华人民共和国成立七十周年"主题，面向全市征集中华人民共和国成立70年来反映亳州社会记忆、乡村振兴、城市变化的声像、实物等档案资料。

接收有荣誉类的实物档案，有亳州籍全国党代表、全国妇代会代表证书、文书资料，获国家荣誉的匾牌、证书等，个人获得的全国荣誉证书、获全国劳模、获奖证书等；有反映亳州地方特色的档案，如晰扬掌文化资料邮票、文化遗产证书、武术之乡匾牌和晰扬掌书籍，亳州五禽戏文化宣传光盘和图书资料；有亳州各有关单位或个人编辑出版的书籍，如《张望原野》《亳州市志》《古井贡酒志》等反映亳州的历史资料；有散存在个人手中的其他类档案，如民国20年（1931）的地契档案，破产企业财务、文书档案等。

【数字档案馆建设】2019年，市数字档案馆存储有10余万卷档案数字化副本、2万余件文书档案。市档案馆委托合肥天帷信息安全技术有限公司对数字档案馆系统、信息系统进行网络安全测评，列出问题清单，进行整改，确保安全漏洞全部整改到位，保障数字档案馆信息系统存储的电子档案绝对安全。

推进数字档案馆局域网建设，争取市数据资源管理局的支持，购置局域网数据库服务器、应用服务器、数据存储系统、安全管理系统和防火墙等硬件，完成数字档案馆局域网整体布局、拓扑设计、数据通信，为档案利用网络化和电子化奠定基础。

推进档案数字化进程，优先接收已完成档案数字化的档案；对馆藏档案数字化副本进行检查整理，及时上传到数字档案馆中，确保档案信息安全管理；布置档案数字化加工技术室，购置相关设备，为下一步推进馆藏档案全部数字化奠定基础。

【主题教育档案文献展】2019年10月，市档案馆与省档案馆联系，从中央档案馆和安徽省档案馆精选328件珍贵红色档案引入亳州，推出“不忘初心、牢记使命”主题教育档案文献展，成为全市主题教育的重要平台。文献展持续2个月，共接待机关、企事业单位、群团组织和学校、医院、社区等218家单位4278人次参观，志愿提供讲解150余场次。

（潘小华）

博物馆

【概况】2019年，市博物馆坚持每周二至周日免费对外开放，重大节假日不闭馆，全天候接待观众。免费接待游客51.8万人次，完成政务接待180余场次。

开展安全应急大演练，强化各岗位之间快速反应和及时联动处置能力。对停车场进行全面改造，确保博物馆正门入口处安全通道畅通；完善国家AAAA级旅游景区基础设施，增加消防器材，在重点区域增加烟雾警报装置，完善博物馆消防系统。

对基本陈列中的“曹操宗族墓群文字砖展厅”进行提升改造，创新展陈方式，从600块曹操宗族墓群文字砖中精选出60多块极具代表性的文字砖进行展出，清晰展现中国字体的发展演变史及东汉末年历史发展脉络。展厅新融入多媒体触摸查询屏展台及小型影视厅，提升游客互动性，让游客更为直观地感受到文字砖历史的魅力。完成展厅展陈数字化提升设计施工一体化项目。

组织开展“来亳州·品年味——红红火火过大年”系列活动之“大美亳州·芳影华光”摄影艺术作品展、“庆祝中华人民共和国成立70周年——亳州市上海知青老照片回顾展”“百岁画仙——萧龙士书画艺术特展”“庆祝中华人民共和国成立70周年——第四届我在博物馆画文物全市青少年绘画大赛”获奖作品展、“全民国家安全教育主题展览”、庆祝中华人民共和国成立70周年亳州市中老年书画精品展等11场临时展览。

开展“向祖国献礼·我爱你祖国”千人快闪活动，组织汇集千余名青少年儿童、街头艺人和自行车骑手在博物馆院内用走方阵、大合唱、舞蹈等形式共同表达对祖国的热爱。开展“我对祖国知多少”“我为祖国献礼”“祖国，我想对你说”“义务讲解”等一系列活动项目，发挥爱国主义教育基地阵地作用。

举办第四届“我在博物馆画文物”全市青少年儿童绘画大赛。收到参赛作品3470幅，最终产生一、二、三等奖及优秀奖和入围奖710幅，参赛数量、作品质量均为历年之最。

受邀参加日本东京国立博物馆“三国志”特别展。市博物馆文物曹操宗族墓群出土的人物画像砖、文字砖吸引众多游客驻足观赏。亳州文物的亮相，让亳州文化、曹魏文化走出中国，走向世界。

参加“2019中国旅游商品大赛”，亳州市博物馆、文化馆自主研发的“千古一亳”系列产品获金奖，填补了安徽省在该大赛中金奖的空白。参加“2019年中国特色旅游商品大赛”，获铜奖，也是安徽省11年来在该大赛中获的最高奖项。

参与“2019中国国际旅游商品博览会”，共展出20余件套文化创意产品。建设“时光亳州老物件展示厅”，征集到老物件200余件，免费向社会开放。非物质文化遗产直播间完成各类政务

图 111 2019 年 9 月 28 日，亳州市博物馆举办快闪活动庆祝中华人民共和国成立 70 周年 （王长江 摄）

接待 20 余场，组织展演 60 余场，接待市民及游客 10 万余人。推进《梁巘全集》《我眼中的老亳州》《亳州市非物质文化遗产丛书》编辑出版工作。

发起"分享清凉 分享爱"亳城超人补给站夏日爱心关怀公益活动。市博物馆和非物质文化遗产直播间两处设置"爱心补给站"，免费为环卫工人、交警、快递小哥、外卖小哥等室外工作者提供冷饮、矿泉水等降温补给品。此活动被中国文明网、人民网、新华网等多家媒体宣传报道，获社会各界好评和效仿。

【"博物馆、文化馆欢乐奇妙夜"系列社教活动】2019 年，亳州市举办"来亳州・品年味——红红火火过大年"暨博物馆、文化馆欢乐奇妙夜春节专场活动。内容包括庆新春文艺会演，现场写春联，拓片、制陶、皮影戏等非遗活动，让市民、游客朋友在博物馆体验到不一样的传统年俗。博物馆联合市文化馆开展"探秘非遗"博物馆文化馆欢乐奇妙夜专场活动，"探秘非遗"主题社教活动注重文化传承的参与性，挖掘传统文化内涵，策划三大主题 10 项活动：大型古筝会演、皮影戏展演等传统技艺展示；旗袍秀表演、华佗五禽戏等互动即兴展演；剪纸动手做、拓片传承、DIY 制陶、面塑做不停等"非遗"互动游戏。在寓教于乐中，让青少年儿童与"非遗"项目进行"亲密接触"，亲身感受中国传统非遗技艺的乐趣和奥妙。

市博物馆、市文化馆联合开展"博物馆文化馆欢乐奇妙夜"端午节专场、"我和祖国一起成长"六一儿童节专场、"多彩中秋"中秋节专场、"献礼中华人民共和国 70 华诞"国庆专场活动，增加传统投壶项目、DIY 香囊、月饼，动手制作灯笼等互动项目，结合节日特色融入新的社教活动形式，用更贴近生活的形式，开展多途径、广范围的社教工作。成功开展 6 场次，参与市民和游客 8000 余人。

【"5・18"国际博物馆日"公益在亳博"系列活动】2019 年，市博物馆联合市文化馆围绕"作为文化中枢的博物馆：传统的未来”的这一主题，开展“追溯三朝古都 探寻奇幻之旅”主题文化宣传普及活动。内容包括在街道设置宣传和展示区，向公众宣传展示亳州深厚的历史文化；邀请亳州学院师生共同开展主题学习活动，提供参观导览、义务讲解、有奖问答三大项目活动，共同感悟亳州文化；带领师生及游客在市文化馆共同体验五禽戏、拓片等非遗课程，观看大型儿童话剧《绿野仙踪》。活动推动了传统文化的互通互容，博物馆、文化馆的社会影响力和感召力提升。

【“流动博物馆／文化馆／非物质文化遗产进校园”系列公益社教活动】2019年，亳州博物馆坚持做好馆内展览和宣传教育工作，常态化组织学生参观博物馆。为方便学生参观展览和了解亳州历史文化遗产，本着“以文物为根本，以社教为核心”的理念，创新“流动博物馆／文化馆／非物质文化遗产进校园”系列公益社教活动。系列公益社教活动在3D文物展示、现场互动、传统展板、“文物知识有奖问答”等形式的基础上，加入机器人讲解员与学生现场互动和非物质文化遗产现场展演等项目，进一步提升活动的丰富度，让大家更为直观的了解亳州传统文化魅力，了解亳州厚重的历史人文。

该活动走进亳州市第九中学、亳州翰林实验小学、亳州风华南校、亳州市第十九中学等8所院校，惠及青少年学2万余人。

【“庆祝中华人民共和国成立70周年鉴宝江淮行·走进中国历史文化名城——亳州”公益活动】2019年10月13日，市博物馆组织举办2019年亳州市文化旅游年系列活动之“庆祝中华人民共和国成立70周年鉴宝江淮行·走进中国历史文化名城——亳州”公益活动。

本次活动特邀安徽省文物鉴定站站长邓峰，安徽省文物鉴定站原站长、副研究馆员周京京，安徽省文物鉴定站原副站长、副研究馆员王刚，安徽省文物鉴定站研究馆员李广宁、傅慧娟，安徽省文物鉴定站副研究馆员张耕、周锦，安徽省文物鉴定站馆员马建梅、王蓉9位权威专家组成鉴定团，通过专家面对面鉴宝、古玩鉴赏点评等环节，免费鉴定陶瓷器、玉器、铜器、书画、杂项类藏品近千件，在分析藏品的艺术价值和收藏价值的同时为广大收藏爱好者们搭建一个良好的互相交流学习的平台。

【“曹操宗族墓群文字砖拓片全国巡展”】2019年，亳州市博物馆整合曹操宗族墓群出土的近600块文字砖资源，依托“曹操”为主题、以馆藏大量珍贵汉文字砖为主线，赴张家界博物馆开展“曹操宗族墓群文字砖拓片全国巡展”活动。该展是继西安碑林博物馆、中国文字博物馆、蒙城县博物馆、南京六朝博物馆之后的第五站，共展出曹操宗族墓群文字砖拓片105件套，较为全面地代表了曹操宗族墓群文字砖的精华部分，展现了其历史文化与书法价值。亳州市博物馆与张家界博物馆缔结为友好博物馆，这是亳州市博物馆继南京六朝博物馆之后缔结的第二个友好博物馆。

（汪永丽）

文化馆

【概况】2019年，市文化馆运营并免费开放，提供各类政务接待30余场；提供亳州市新貌游团队免费参观、义务讲解活动等70余场。开展“人人有艺”全民艺术普及免费公益培训活动、亳州文化大讲堂系列活动、各类艺术展览10余项及国家级、省市级赛事等，惠及市民群众万余人。市文化馆场馆参与培训类活动人流量居全省第一位。场馆开设的艺术培训门类远超全省其他122个场馆，居全省第一位。

完善馆内基础设施，对文化馆厕所进行提升改造。

组织开展亳州市上海知青老照片回顾展、庆祝中华人民共和国成立70周年——第四届“我在博物馆画文物”全市青少年儿童绘画大赛获奖作品展、“筑梦亳州——庆祝中华人民共和国成立70周年中国画展”、庆祝中华人民共和国成立70周年暨人民政协成立70周年鄂豫皖三省政协书画联展亳州巡展、“向共和国献礼”亳州市书法美术摄影剪纸作品展、“繁花似锦·安徽省群众文化发展成就图片展”、“乡村如画·安徽省群文系统深入生活美术摄影巡回（亳州）作品展”等展览10余项。

组织开展各类汇报演出、音乐、舞蹈、广场舞、京剧、旗袍等团队活动，承办全市春季职工运动会、象棋、围棋、全国男子象棋甲级联赛决赛等赛事。组织全市青少年儿童参加“2019安徽省少儿书画大赛”，86件作品获奖。市文化馆被授予“安徽省少儿艺术普及优秀单位”称号。组织选送节目参加“2019安徽省‘六一’少儿文艺会演”，3个节目进入复选，并参加全省决赛。组织参加皖北六市非遗艺术展演阜阳、宿州站演出活动。举办全国象棋男子甲级联赛。组织开展街头艺人展演活动，完成街头艺人演员报名、资料整理、信息统计、活动海报设计、标志设计等工作。组织开展“跳蚤市场”活动，让闲置物品活起来。参加“全省博物馆、纪念馆革命文物讲解培训及比赛”“2019年安徽省旅游服务质量故事演讲大赛”。

筹备申报国家一级文化馆。依托2019第五次文化馆评估市(地级市、区)文化馆等级必备条件和评估标准，分组整理市文化馆近两年免费开放、活动开展等基础材料，形成文字、图片等档案，为亳州市文化馆2020年申报国家一级馆作准备。组织开展全市乡村春晚活动。立足各县各乡镇各村深厚的文化底蕴，挖掘地方文化内涵，围绕各村镇非遗、民俗、戏曲等开展系列演出活动，做到村民唱、村民演、村民家门口看“村晚”。市文化馆利用县(区)融媒体等平台对乡村春晚进行线上直播。

同年，市博物馆获“安徽省青年文明号”称号。市博物馆、

图112　2019年12月6日，亳州市首届象棋锦标赛在市文化馆亳弈馆举办（刘勤利　摄）

文化馆被评为亳州市少先队校外实践体验活动基地。“千古一亳”系列文创产品在“2019中国旅游商品大赛”中获全国金奖。“曹操运兵道智慧迷宫”文创产品在“2019中国特色旅游商品大赛”上获铜奖。市文化馆被授予“安徽省少儿艺术普及优秀单位”称号。组织参加“2019年安徽省少儿书画大赛”，获一等奖6名、二等奖17名、三等奖27名、入编证书7件、优秀奖35名、优秀辅导教师奖19名。组织参加“2019年安徽省‘六一’少儿文艺调演”，获二等奖1个，三等奖2个，同时获评优秀组织奖。

【全民艺术普及免费公益系列活动】2019年，市文化馆开展4期“人人有艺”全民艺术普及免费公益培训课程，涵盖书法、美术、音乐(古筝、古琴、钢琴等)、舞蹈、棋类、篆刻、拓片、花艺、茶艺、陶艺、非物质文化遗产项目、五禽戏、老年智能手机等免费公开课等50余个艺术门类，共150个班级开课。后期课程在前两期基础上更大化地利用场馆资源，针对各类社会人群的不同需求，开设周一至周五的培训班。组织开展“当文化馆遇到蛋糕——我是小小烘焙师”活动。活动开展5期，吸引近千名儿童参与。市文化馆“人人有艺”全民艺术普及免费公益系列活动，惠及学员近万人，被《人民日报》、新华网、《安徽商报》等多家媒体报道。

组织开展亲子教育《共情·抱诗·赋能》——在家的滋养中一起成长、音乐艺术沙龙、古琴雅集、优秀作品诵读及儿童剧展演、古筝演奏、跳蚤市场等24期文化大讲堂活动，吸引观众5000余人。

【无人看管免费公益书吧】2019年，亳州市创新建设安徽省首家无人看管书吧，遵循不收费、不看管、不设防、借书不登记、还书不限期的“五不”原则，借阅不登

记，每人每次可借阅 2 本，不限定归还日期，不收任何费用和押金。书吧收到爱心人士自发捐赠的书籍近千本，吸引越来越多的孩子加入捐书、借书的行列中，书籍流动性增大。书吧旨在培养市民、青少年儿童的社会公德心，提升城市文明新风尚，被安徽新闻联播、亳州电视台等多家媒体报道，获社会各界好评。

（汪永丽）

图书馆

【概况】2019 年，亳州市图书馆继续坚持免费开放原则，读者免费办理借阅证，节假日无休。图书馆新增持证读者 12864 人，累计持证读者 62773 人，各服务窗口累计接待读者 31 万人次。外借纸质图书 78782 册次。电子阅览区上网 15000 人次。

完成 RFID 项目建设，实现图书馆流通在书籍盘点、书籍借阅等功能上的进一步自动化。在人工办证基础上，同步完善微信公众号，推出“二维码借书”服务，读者可以在微信服务号各功能模块实现借阅证管理、书目检索、图书续借、活动报名、数字资源微阅读等。

新增 20 万元纸质图书，新增馆藏纸质图书 6000 余册，图书馆现纸质图书达 52 万册。完善藏书结构，提升藏书品质，让普通读者和研究型读者都能在图书馆找到自己想要的图书。

建设数字图书馆，拥有 8 个采购授权数据库，免费共享 20 个数据库。馆内所有数字资源都可以通过网站进行远程访问，并可通过统一检索平台检索馆内数字资源和馆藏纸质图书。

提高数字资源的采购比例。截至年底，共有数字图书、音视频等资源 32 万余种，电子图书借阅量 8 万册次。

对相关文献进行数字化处理。利用亳州职业技术学院校内教师资源，联合市委史志研究室、市公安局等部门，开发有地域特色的图书馆公开课资源。承担全民艺术普及专题资源项目，利用亳州职业技术学院教师资源，制作“华佗五禽戏”慕课。

图 113　2019 年 4 月 5 日，亳州市图书馆一角

（王长江　摄）

【阅读推广活动】2019 年，亳州市图书馆组织举办各种形式的阅读推广活动。举办“沐浴书香 健康成长”开放日活动，组织中学、小学、幼儿园孩子走进图书馆，让他们感受书香魅力；开展走进图书馆活动，对亳州职业技术学院师生进行数字资源利用方面的培训；开展“品读经典 对话信仰 弘扬社会主义核心价值观”互联网阅读活动；在“4•23”读书日，开展阅读表彰活动；在亳州职业技术学院毕业季，开展“亳州时光 未来可期”毕业季系列活动；利用中小学生暑假时间节点，开展“小小志愿者”活动；与有关培训机构合作开展阅读推广活动；策划组织“趣味英语”“趣味成语”“安全在我心”“信息素养大赛”等一系列活动；结合亳州市有关职能部门开展阅读推广活动；与市残联开展听书机助残活动；为亳州市三县一区图书馆各发放 80 台盲人智能听书机；为校外职能部门提供社会服务 36 次；开展“万名师生共读一本书”活动，将书香与红色文化相结合，让广大学生在红色文化的熏陶下引领红色阅读新风尚；开展阅读知识竞赛等。系列活动受到社会各界好评。

（冯素娟）

医疗卫生

图 27　“美丽亳州”系列图片——2019 年 3 月 28 日，亳州市举办中药显微鉴别比赛　（张延林　摄）

概　述

【概况】2019年，亳州市各级各类医疗卫生机构有2103个。其中，医院89家（包括综合医院53家、中医院8家、中西医结合医院7家、专科医院20家、护理院1个），乡镇卫生院92个，村卫生室1322个，社区卫生服务中心14个，社区卫生服务站108个，妇幼保健院（所、站）5个，疾控中心5个，卫生计生监督所（局）5个，采供血机构1个。全市实有床位24475张，千人口床位4.65张。在岗卫生技术人员22650人，其中执业（助理）医师8374人，千人口执业（助理）医师1.59人；注册护士数9875人，千人口注册护士1.88人。

按照“市招、县管、乡（镇）聘、村用”模式，共为贫困村招录本科医学人才92名，其中2019年招录20名。全市9家公立医院编制周转池制度试点工作实施方案获批复，共计确定周转池编制规模3684名，自建池规模1401名，社会化用人控制员额3780名。其中分别有4家、8家公立医院使用周转池、员额池编制。全市报考护士执业资格、卫生专业技术资格分别为1111人、4045人，通过护士资格考试552人、晋升技术资格2142人。参加高级职称评审理论考试346人，201人被评为高级、副高级职称。

全市共投入卫生健康经费16.14亿元，其中市本级3.84亿元，谯城区3.26亿元、涡阳县2.30亿元、蒙城县2.36亿元、利辛县4.38亿元。市财政安排市人民医院债务化解还息资金、单价200万元以上的大型医疗设备购置奖补资金、六项投入资金、重点学科建设和技术提升资金共5600万元。规范医用设备招标集采工作，分5个批次共集中采购93台设备，总预算约7100万元，中标价约6264万元，节资率11.79%。

图114　2019年10月13日，亳州市举办中西医结合治疗脑病暨第七届亳州中医脑病论坛继教班（王长江　摄）

举办3期计700余人参加的健康适宜技术培训班。市人民医院申报的《经皮椎间孔镜下髓核摘除术治疗腰椎间盘突出症的临床运用》（项目编号：SYJS201913）被评为安徽省第四批卫生健康适宜技术推广项目。市人民医院骨科、ICU，蒙城二院心血管内科、利辛县人民医院ICU被评为省级特色专科、培育专科。共接收住院医师规范化培训学员44人，完成规培全科师资培养27人、全科医生转岗培训79人、农村订单定向免费医学毕业生17人。新招录46名定向生与县（区）签订《就业协议书》。举办国家级、省级、市级继续教育项目分别为2个、13个、119个，分别培训人员400人次、2600余人次和22913人次，继续教育项目完成率和执行合格率均100%。

【医疗监管】2019年，亳州市通过《安徽省医疗服务综合监管平台》进行医疗机构及医务人员不良执业行为记分506起，其中医疗机构记分412起、医务人员记分94起。在省医疗服务诉求平台受理案件61起，投诉举报案件查处率100%，进行重大事项合法性审核9件，组织执法资格考试、证明事项清理、法治政府建设实施纲要落实情况自查等工作。

所有行政审批事项和公共服务事项均实行网上办理，共办理76217件，组织政民互动咨询回复1185件，回复行风热线83件和说办就办38件，无不满意办件、超时办件。对县区21个环保问题进行现场核验，深挖排查扫黑除恶线索23条，整改中央、省委督导指导组问题9次共56个。

【人口计划生育】2019年统计年度，亳州市出生人口75135人，人口自然增长率6.57‰，出生人口政策符合率85.21%，出生人口性别比110.46，完成各项人口控制目标任务。全市共确认奖励扶助对象64017人（其中扩面45706人），发放资金6276.324万元；确认特扶对象1030人，发放资金692.52万元；为1296名破产企业职工兑现一次性奖励259.2万元，对46205户独生子女家庭兑现独生子女保健费1459.153万元，为计生家庭分别代缴新农合和养老保险7026.004万元、202.496万元。

【医政医管】2019年，亳州市推进胸痛、创伤、卒中三大中心建设，实施县级医院能力提升工程，开展临床路径管理工作，全市县级以上医院临床路径入径率81.66%，完成率93.46%，蒙城县第一人民医院在全省75家县级医院获第一名。加强医疗质量安全监管，共成立33个市级专业质控中心，全年开展医疗质量安全督察19次、培训7次；每2个月开展一次群众就医感受暗访，共发现问题282条，75%以上的问题得到整改。全市行政调解医疗纠纷45起，产生赔偿13起，赔偿金额90.74万元；人民调解纠纷43起，调解成功率100%。鼓励社会资本兴办医院，落实两证合一政策，全市年内新增一级以上医院10家，新增床位702张。完成2273人医师执业资格考试，机考雷同率为零。开展留守儿童义诊活动，共义诊儿童9116人，患病儿童3829人，患病率42%。

【健康促进】2019年，亳州市、县电视台播放“健康素养66条”、减盐三部曲等公益广告42部。评选出市级健康巡讲专家18名，开展健康巡讲99场次，覆盖8321人。创建健康促进医院及戒烟门诊，发放戒烟知识宣传页800余份，播放宣传视频10次，开展戒烟知识微信宣传2次。报送科普作品26个。印发《亳州市健康教育手册》2万本，组建67人的健康科普专家库。印发《亳州市2019年健康中国行活动方案》，在蒙城县张圩村开展现场咨询活动，发放宣传材料1000余份，为200余名村民进行义诊；与亳州学院联合，为200余名学生开展艾滋病防治知识讲座。开展心理健康、儿童心理发展健康等知识讲座196场，指导服务城乡家庭13000余户。蒙城县、利辛县通过省级评估验收，成为首批省级健康促进县。推进卫生健康民生工程。完成婚前健康检查10.4万人、免疫接种134.6万剂次；发放特扶对象1064人资金1137万元。开展尘肺病病人随访调查，实现一人一档，共随访41人。全市报告职业病防治个案卡4516张，任务完成率180%。培训企业职业病防治劳动者916人。推进职业病危害因素申报、监测、执法，申报企业186家，完成职业危害因素监测100家，立案查处1例职业健康违法。

【健康脱贫】亳州市开展中央脱贫攻坚专项巡视反馈问题整改、基本医疗有保障排查整改和健康脱贫“四不两直”暗访等工作。县（区）全部开展贫困人口签约服务“两卡制”和大病专项救治工作。大病专项救治病种扩展至30种，累计救治34996人。收治出院重新关锁和新摸排关锁严重精神障碍患者56人。完成22个行政村无村卫生室和蒙城2个村卫生室无合格村医整改工作。

【卫生健康项目建设】2019年，市政府计划三年内投资约66亿元建设公办卫生健康项目280项。其中市级投资项目5个，县（区）建设县级综合医院6家，新建、改扩建医养结合项目18个、村卫生室项目216个、基层医疗机构服务能力提升项目34个、其他项目1个。市妇幼保健计生服务中心投入使用，市第二人民医院、市儿童医院开工建设。

【医药卫生体制改革】2019年，亳州市规范医疗机构“服务态度、就医环境、诊疗流程、从业规范”四项工作。推进市医院、市中医院、利辛县医院现代医院管理制度省级试点。在涡阳县、蒙城县开展紧密型医共体建设。利辛县人民医院获全省首批“卒中防治中心”，在全国200家医院中排名第14位。市人民医院骨科、ICU获省级培育专科，蒙城县第二人民医院心血管内科、利辛县人民医院ICU获省级特色专科。

市财政追加480万元建设智医助理项目，在全市106个乡镇卫生院（社区卫生服务中心）、1374个村卫生室部署AI智能辅助诊断和慢病随访外呼系统，其中辅助诊断21.7万人次、外呼28.3万人次。全市县域内就诊率88.1%，公立医院药占比26.9%，按病种付费执行率61.1%，各项医改核心指标运行良好。

【智慧医疗信息化建设】2019年，亳州市印发促进“互联网+医疗健康”发展实施方案，制定《亳州市全民健康信息平台数据上传管理规范》《卫生健康信息便民惠民二年重点工作任务》等，将数据质量纳入不良执业信用扣分，提升医疗卫生数据质量，推进信息便民惠民和网络信息安全建设。全市卫生健康系统5个单位通过信息安全三级等保测评，完成二级以上医院电子病历应用分级评价工作，“智医助理”建设覆盖106家乡镇卫生院（社区卫生服务中心）和所有村卫生室。在全省卫生健康统计工作培训会、全民健康信息化技术与应用培训班上分别作经验交流。亳州市建设市级心电中心和区域远程心电系统，提升县乡医疗机构心电诊断水平，落实分级诊疗制度。亳州市智慧医疗、市人民医院等信息系统通过信息安全等级保护三级测评，规范信息化建设项目安全管理。全市接入医疗机构1556家，实现市、县（区）、乡、村四级医疗卫生机构信息共享，互联互通，方便群众看病就医；每日从各医疗机构抽取数据170万条，电子病历数据库汇集就诊数据15.08亿条。通过双向转诊系统上转17599例、下转15592例，远程会诊914例；通过云PACS系统出具诊断报告110.4万例，远程影像诊断5000余例；通过就医满意度评价系统发送公立医院就医满意度调查短信238.72万条，解决了医院“三长一短（挂号、候诊、取药长，就诊短）”问题，群众就医满意度提升。

【亳州市农村敬老院改革获评中国改革年度优秀案例】2019年12月12日，亳州市农村敬老院改革工作获评“2019年中国改革年度优秀案例”。2019年，亳州市制定《亳州市农村敬老院改革基本规范》，组织乡镇卫生院对敬老院人财物全面接管。全市132家公办敬老院与乡镇卫生院融合发展，全面提高“五保”老人供养水平。全市集中供养7317人，其中全护理863人、半护理826人，有意愿入住率和满意率均为100%。“五保”老人集中供养率位居皖北和皖中第一位、全省第三位。72家有空余床位的农村敬老院对社会开放，社会老人入住人数较上年同期增加55.7%。乡镇卫生院利用敬老院原有资源，新增配套设备，扩充业务用房，新增医疗床位607张，新增就业岗位657个，使57名贫困户实现稳定脱贫，实现“医疗、护理、养老、康复、就业、扶贫”有机融合。亳州市做法在国务院全国老龄委全体会议作经验介绍，受到国务院副总理孙春兰的充分肯定。国家卫生健康委提出在我国农村地区医疗资源与养老服务资源有机结合，应借鉴“亳州模式”。《人民日报》《中国扶贫》《改革内参》《中国改革报》和人民网、光明网、中央广播网等媒体进行专题报道。“安徽省亳州市农村敬老院集成改革”入围2019年中国改革年度30个案例之一。8月28—30日，全省医养结合现场会在蒙城县召开。

（李 路）

中医药服务

【概况】2019年，亳州市卫生健康委员会贯彻落实《中华人民共和国中华人民共和国中医药法》和《中医药发展战略规划纲要（2016－2030年）》，巩固全国基层中医药工作先进单位创建成果，深化中医药改革，推进中医药传承创新，完善中医药服务体系。

争取中央中医专项经费147万元，省级115万元，市级100万元。原华佗中医院上划为市中医院，组建新的谯城区华佗中医院。

指导市中医院组建新的党委，增设第六、第七党支部，协调市编办明确市中医院党委书记、副书记编制。

成立中医医疗质量控制中心，制定《亳州市2019年公立中医医院考核方案》，全市5家公立中医医院全部参加，对中医医院的党建、医改、管理、医疗护理服务质量、药剂等进行全面评价。引导各级各类中医医院坚持公益性办院、特色优势强院的发展方向。

同年，亳州市被国家中医药管理局评为地市级全国基层中医药工作先进单位；涡阳县、蒙城县、利辛县均获县级全国基层中医药工作先进单位。

【中医药科普活动】2019年，亳州市卫生健康委员会组织开展“一法一纲要”及中医药文化科普宣传活动，传播和弘扬中医药健康文化，提升民众健康素养。组织学习《中华人民共和国中医药法》《中医药发展战略规划纲要（2016－2030年）》《中共中央、国务院关于中医药传承创新发展的意见》。在蒙城县张圩村组织中医药扶贫义诊活动，共发动中医药人员38人，义诊、咨询贫困村患者200余人，发放《中医药健康知识读本》等宣传材料1500份。

在《亳州晚报》刊载7个版面的中医药科普宣传内容，在市卫生健康委网站进行20余次宣传，在微信公众号上进行30余次中医药知识推送。组织“中医中药中国行——亳州市2019年中医药健康文化主题宣传活动”，发动包括省中医院专家在内的100余名中医药人员、200名演职人员，开展中医药文艺演出、中医义诊咨询、体质辨识、中医诊疗、中医药趣味活动等活动。全国科普日活动中，在亳州学院举办中华人民共和国中医药法主题宣传活动，共发放《中华人民共和国中医药法》单行本500本，《中医药健康知识读本》350本，其他宣传资料近1500份。全国法治宣传日活动中，在魏武广场举行《中华人民共和国中医药法》及配套文件宣传活动，现场共发放《中华人民共和国中医药法》单行本、《中共中央国务院关于促进中医药传承创新发展的意见》《中医药健康知识读本》《2019年安徽省中医医术确有专长人员医师资格考核公告》等宣传彩页4000余份，接受相关法律咨询400余人次。

【中医药传承创新】2019年，亳州市卫生健康委员会组织召开亳州市经方学术研讨会，邀请著名经方家，经典经方学术体系首席指导专家，浙江中医药大学特聘教授、广东省中医院名家工作室指导老师许家栋教授开展学术讲座，共200名学员参加活动。组织经方培训班，邀请全国经方专家黄煌、史欣德等到亳州进行学术交流，共组织6期，每期150人，共1100人参加培训。组织5家中医院举办25个中医继续医学教育培训班，3000余人参加培训。组织优秀中医药论文评选工作，43篇中医药论文获奖，共颁发资金2万元。

举办市级中医药知识竞赛，3支代表队、20余人分别获集体和个人奖项。组织会员参加国家级、省级学术年会及竞赛，在省中医药学会举办的“济人杯”中医药养生知识大赛中，市中医院获二等奖、第三名。在全国中医药养生知识大赛中，市中医院卢航获“优秀选手”称号。《罗舒庭临床医学经验集》完本，即将正式出版。

【“三名”工程建设】2019年，亳州市卫生健康委员会推进“三名”工程建设。4月，市中医院获“三甲”称号，蒙城县中医院“三级中医院”获批设置登记；6月，涡阳县中医院、利辛县中医院“二甲”复审通过并申报三级设置。市中医院、涡阳县中医院与安徽省中医院结成紧密性医联体，常年接受派驻管理团队和技术团队的指导，医院的整体水平提升。

华佗中医院脑病科等11个专科被省中医药管理局确定为“十三五”省级中医重点专科（专病）。开展“十三五”首批市级中医重点专科（专病）评选工作，蒙城县中医院心病科等6个科室入选。

在市中医院设立“唐祖宣国医大师工作室”“徐经世国医大师工作室”，在利辛县人民医院设立“吕景山国医大师工作室”，设立“杨骏全国名中医工作室”“李献华省名中医工作室”“杨潮流省基层名中医工作室”，定期开展名中医师承和学术交流活动。全市共有全国老中医药专家1人，全国基层名老中医药专家3人，省级名中医8人，省级基层名中医7人，市名中医42人。

【中医药改革】2019年，亳州市卫生健康委员会推进中医医共体建设，5家公立中医院全部开展县域医共体建设工作，共牵头40余家乡镇卫生院（社区卫生服务中心）。将中医药适宜技术和优势病种支付方式改革纳入各县区中医院年度考核内容，并组织上半年考核。市中医院、涡阳县中医院与省中医院建成紧密医联体，省中医院全面托管涡阳县中医院。亳州市与上海龙华医院就建设紧密型医联体进行初

图115　2019年12月24日，亳州市举办中医药技能比赛　（刘勤利　摄）

步协商。

【中医药服务能力建设】2019年，亳州市卫生健康委员会继续强化基层中医药服务能力建设，将重点从“有没有”向“好不好”转变，制定《亳州市示范中医馆建设标准（试行）》，计划年内每个县区建设2个示范中医馆。加强中医院基础设置建设，蒙城县中医院二期工程投入使用，涡阳县二期工程主体完工。涡阳县中医院谋划三期工程，市中医院、利辛县中医院谋划二期工程。落实市中医院对利辛县中医院帮扶工作。加强信息化建设。全面完成中医馆信息化建设工作，试点在谯城区推广中医全科助手机器人。

（李　路）

疾病预防控制

【概况】2019年，亳州市新招录疾控工作人员29人。其中，在编人员9人。市财政追加200万元，用于市级疾控机构实验室建设，用于提升实验室和职业病检测能力。

排查全市56家预防接种门诊和24家产科接种单位，发现问题，及时整改。全市适龄儿童建证率为98.5%，以乡镇为单位适龄儿童22剂次国家免疫规划疫苗报告接种率均在92%以上，以上指标均达标。

地方病防治。全市100%的县（区）消除碘缺乏危害状态，人群碘营养总体保持较适宜水平。开展高水碘及饮水型地方性氟中毒监测等，摸清高水碘和水氟超标地区分布情况。加强现场指导和数据审核，确保县区网报数据及时、规范、准确。

按死因监测粗死亡率6‰计，全市网报粗死亡率为5.60‰，上报完成率为93.3%。开展全民健康生活方式行动月及“减盐周”活动，举办党政干部健康生活方式培训。完成对县区慢性病等民生工程的日常考核和季度考核工作。

做好食品安全、水质监测、疾病监测、突发公共卫生事件应急处置等有关检验检测，参加国家和省疾控中心组织的各项实验室质控和能力考核。举办全市寄生虫病防治技能大赛；组队参加全省寄生虫病防治技能大赛，1人获个人三等奖。组织参加省疾控中心举办的“疾控科研之星”科研课题设计大赛，1人获个人三等奖。

【传染病防控和卫生应急处置】传染病报告管理。2019年，亳州市疾控中心对县区传染病疫情报告质量进行督察，每月定期分析疫情，每季度通报县区传染病信息报告质量。全市共网报法定传染病27213例，报告病种主要为手足口病6814例，其他感染性腹泻3960例，乙型肝炎5257例，流行性腮腺炎2975例，肺结核2853例。全市传染病网络报告质量总体较好，报告单位正常运行率、有效证件完整率等网络报告指标均为100%。

流感防控。全市流感哨点医院共报告流感样病例7253例，采集并检测流感样病例咽拭子标本1077份，流感病毒阳性结果256份，其中新甲H1型137份、季节H3型38份、BY型3份，BV型78份，提示全市流感病毒流行以H1型为主。

手口足病防控。全市共报告手足口病病例6170例，其中重症5例，无死亡病例。为做好防控工作，每月定期开展手足口病病原学监测，共采集检测病例样本239份，阳性结果149例，其中EV71病毒5例，CoxA16病毒49例，其他肠道病毒95例，提示全市手足口病流行毒株以其他肠道病毒为主。

肠道传染病防控。5月1日，全市各级医疗机构肠道病门诊开诊，并落实腹泻病人监测周报制度。全市共就诊腹泻病人7575例，其中县区级4721例，乡镇级2754例。落实霍乱弧菌环境和食品监测统计月报制度，共采集水体、水产品、食品、公厕粪便等样本3197份，霍乱弧菌检测结果均为阴性。

登革热防控。向县区发放登革热宣传画5000张、宣传折页40000份，督促指导各县区在乡镇卫生院、学校等重点场所做好登革热防控知识宣传。完成6轮次伊蚊密度监测工作，共调查1325户，发现阳性水体162个，平均布雷图指数为12.23。针对全市发生的3例输入性登革热病例，采用双层叠帐法开展应急监测，采集媒介伊蚊46只，检测结果均为阴性，同时落实应急宣传以及清理蚊虫滋生地、滞留喷洒等综合防控措施。

艾滋病、结核病等重大传染病防控。举办艾滋病、结核病等重点传染病业务培训会11次，开展督导6次；开展艾滋病高危干预和自愿咨询检测，共干预暗娼232余人次、男男484人次，完成自愿咨询检测825人次。规范处置68起市级寄宿性学校结核病疫情，对新生入学体检筛查结核病工作进行督察；市人民医院根据中心药敏实验结果，对12对耐药患者进行治疗。艾滋病患者治疗成功率91.5%、覆盖率94.2%，均达到上级要求。受涡阳县、利辛县影响，全市结核病病原学阳性率41.2%，其中涡阳县34.7%、利辛县39.6%、蒙城县45%、谯城区45.6%。

【突发公共卫生事件应急处置】应急准备。2019年，亳州市举办登革热防控技术培训班和夏季肠道传染病培训会。贮备84消毒液、漂白粉、酒精、喷雾器、隔离衣、防护衣、喷雾器等防护物资，购买30套卫生应急专用服装和200盒“达菲”等预防性药品。举办“亳州市1起霍乱疫情应急处置桌面推演”，举办亳州市重大传染病疫情应急处置综合演练。开展3次专题风险评估和12次日常风险评估。

应急处置。全市共报告突发公共卫生事件及相关信息11起，均为未分级事件，发病139人，事件波及3098人，无人员死亡。11起突发公共卫生事件中传染病类10起，食物中毒类1起。针对每起事件，按照分级管理原则，各级应急处置人员均及时深入现场，采取科学防控措施，开展现场应急处置工作，有效控制事态发展，未出现二代病例或次生灾害。

【公共卫生服务】环境卫生。2019年，亳州市饮用水监测任务为436份，实际完成531份，任务完成率122.0%，其中市本级任务100份，实际完成104份，任务完成率104%。城市饮用水水质监测项目全市乡镇覆盖率、监测指标完成率均为100%。同时，根据《安徽省水污染物防治重点工作任务》要求，每季度完成水龙头水公示工作，配合市卫生监督局完成“双随机”抽检工作。

食品卫生。制定食品安全风险监测方案，召开培训班，先后3次开展对食源性疾病监测工作行督导。全市9家哨点医院共上报食源性疾病病例4518例，任务完成率177.18%；全市食品污染物及有害因素监测任务191份，完成189份，完成率99%；病原学检测任务120例，完成296例，完成率246.7%，检测结果为阳性的占27.7%，其中诺如病毒阳性率13.2%。定期分析疑似聚集性病例，每季度分析食源性疾病监测数据，及时形成季度分析报告。组织开展食品安全宣传、全民营养周等宣传活动。

职业卫生。制定职业病防治项目实施方案，举办培训班，定期审核上报职业病防治民生工程个案卡。全市共下达职业病个案报告任务2500例，完成4516例，完成率180.6%。

放射卫生。制定医疗卫生机构医用辐射防护监测项目等实施方案，举办放射卫生监测项目网报系统培训班，完成对150家放射诊疗机构信息调查、录入等工作。

学校卫生。制定亳州市学生常见病和健康影响因素监测方案，开展学生常见病和健康影响因素监测质量控制。选取2个县区、18所学校，共体检学生5397人。

【健康促进行动】2019年，亳州市推进健康促进三年攻坚行动。召开全市健康促进三年攻坚行动推进会，及时审核县区网报数据，并将问题反馈至各县区具办人，督促整改和完善。

健康素养促进行动项目。播放公益广告。多种形式播放《预防接种》和《关注血压》公益广告，累计播放5143次。开展健康巡讲活动。评选出18名市级健康巡讲专家，组织开展市级巡讲10余场次，覆盖人群1200余人。开展健康素养监测。在两县区抽取118份调查录音进行回听，及时反馈意见建议；配合省级完成健康素养监测复核工作。开展控烟健康教育。在两所学校开展签名活动与健康讲座，400余名学生参加签名活动；结合无烟日宣传，多形式宣传控烟知识，播放2个公益短片，发布10万余条控烟短信。加强对相关县区烟草流行监测和健康促进县区创建工作的督导。蒙城县、利辛县通过省级评估验收。开展健康中国行活动。在进贫困村、进校园等活动中，共覆盖400余人，发放宣传材料6种2000余份。开展健康科普工作。组织各县区推荐科普作品参加省级科普大赛，全市共报科普作品26个，2个作品获奖。

开展全民健康生活方式日等卫生日活动，并结合卫生城市创建、工会活动、党员日活动等，开展防病健康知识宣传。

【全市实现疫苗冷链温度监控信息化全覆盖】2019年，亳州市疾控机构和预防接种单位实现疫苗冷链温度监控信息化全覆盖，对疫苗运输、储存进行全程实时监控，及时发现和解决问题，做到疫苗和冷链管理工作规范化。在全省处于领先水平。

【大学生艾滋病防治知识辩论赛】2019年12月14日，亳州市举办首届预防艾滋病校园辩论赛。本次大赛由市防艾办主办，市疾控中心承办，4所中专以上学校协办。来自4所学校的8支正反方代表队共32名学生选手参加辩论，选手分别围绕“校园防艾是学生重要还是老师重要”，以及“学生防艾靠自律还是他律”两组极具关注度和影响力的辩题展开辩论，取得良好的宣传效果。这种形式进行艾滋病宣传，在全省还是首次。

【应急处置能力实战演练】2019年10月23日，亳州市以谯城区某地发生一起霍乱疫情为背景，举办重大传染病应急处置大型综合演练。参演人员涉及省、市、县（区）三级5家医疗卫生单位、30余人。演练科目包含突发事件应对的所有环节，重点展示8个部分12个场景。达到了检视问题，检验预案，锻炼队伍，提升能力的目的。受到省疾控中心领导和专家的高度评价。此次演练是自市疾控中心成立后首次。

（李　路）

妇幼保健

【概况】2019年，亳州市推进妇女儿童健康水平提升工程和孕产妇、0～6岁儿童基本保健项目工程，强化能力建设，规范母婴保健技术服务，加强母婴安全保障工作，妇幼健康服务工作顺利开展。

举办新生儿疾病筛查、妇幼卫生信息、预防艾滋病梅毒和乙肝母婴传播、助产技术、儿童保健5个市级继续教育培训班，共培训市、县、乡级检验、新筛、儿保、助产、信息统计、母婴阻断项目技术人员1600多人次。

配合省级完成21例省级计划生育手术并发症鉴定，完成市级病残儿医学鉴定8人。

免费婚前医学检查项目。完成婚前健康检查11.99万人，完成率104.7%，婚检率97.2%，疾病检出率9.9%。免费婚前医学检查项目提前超额完成年度目标任务。

全市0～6岁儿童保健和孕产妇保健工作常态化。拓展儿童和孕产妇保健服务内容，儿童保健和孕产妇保健服务水平明显提高。全市孕产妇系统管理率、3岁以下儿童系统管理率和7岁以下儿童保健覆盖率分别在86.1%、86.5%、92.1%以上。

【妇幼重大公共卫生服务项目】预防艾滋病、梅毒和乙肝母婴传播服务项目。2019年，亳州市举办预防艾滋病、梅毒和乙肝母婴传播项目培训班，规范预防艾滋病、梅毒和乙肝母婴传播工作。全市孕产妇艾滋病、梅毒、乙肝检测率在99%以上，检测出HIV阳性孕产妇11例，梅毒阳性孕产妇131例，乙肝表抗阳性孕产妇1569例，所有阳性感染者及所生婴儿均进行相关的预防母婴传播服务。

“农村育龄妇女增补叶酸”

项目。通过婚前保健、孕前保健、孕期保健、计划生育等途径，做好叶酸发放及管理工作。发放叶酸17.3万瓶，新增服用人数4.4万人，目标人群叶酸服用率在90%以上。

农村妇女宫颈癌、乳腺癌免费检查项目。完成宫颈癌筛查4.76万人，完成乳腺癌筛查1.32万人。

孕前优生检查。开展免费孕前优生检查，探索免费婚前医学检查和孕前优生检查项目整合模式。通过两次省级孕前优生检查实验室质控。完成免费孕前优生检查5.79万人，目标人群覆盖率在80%以上，任务完成率109.8%。

【出生缺陷综合干预和救治】2019年，亳州市积极应对全面两孩政策实施后新形势下的妇幼健康服务需求，围绕孕前、孕期、新生儿各阶段推进出生缺陷综合防治工作。

开展免费孕前优生健康检查、婚前医学检查和农村育龄妇女增补叶酸项目做好一级预防；开展免费孕期基本保健、自费产前筛查做好二级预防；开展免费新生儿遗传代谢性疾病和听力障碍筛查，启动全市新生儿先天性心脏病筛查进行三级预防。

制定并实施《亳州市新生儿先天性心脏病筛查项目工作方案》，全市先天性心脏病筛查率97.58%。

依法规范产前筛查技术管理，将产前筛查工作纳入全市卫生、计划生育和民生工程考核。开展3次产前筛查类督察，产前筛查率30.2%。

新生儿疾病筛查。全市共筛查TSH和PKU 52865例（筛查率97.37%），先天性肾上腺皮质增生症筛查33934例（筛查率62.5%），串联质谱筛查24407例（筛查率44.95%），听力筛查52367例（筛查率96.4%）。确诊甲状腺功能减低症50例；苯丙酮尿症18例；氨基酸、脂肪酸、有机酸代谢异常共37例。确诊的105名患儿均得到治疗。

【母婴安全保障】2019年，亳州市严格落实母婴安全五项制度，将产科质量、控制剖宫产率纳入妇女儿童健康水平提升工程项目和计划生育目标管理责任制考核，实行季度考核，定期通报。两次召开全市孕产妇死亡及危重孕产妇评审会议，对年度内发生的8名死亡孕产妇和具有代表意义的8名危重孕产妇病例进行评审，并对存在孕产妇死亡信息和孕产妇死亡发生较高的县（区）卫健委及相关机构进行约谈。对各县（区）年分娩量大于1000人次的县级助产机构、民营医院、乡镇卫生院的母婴保健技术服务和产科质量开展专项检查。全市剖宫产率控制在34%左右，控制成效良好。

加强危重孕产妇和新生儿救治中心能力建设，抓好危急重症救治网络建设，提升孕产妇和新生儿危急重症临床救治能力，规范危重孕产妇和新生儿转诊流程，提高妇幼健康服务人员技术水平，保障母婴安全。分两期举办亳州市助产技术暨危急重症救治管理培训班，培训全市各级各类医疗保健机构的从事助产服务人员800余人。

落实母婴安全行动计划。开展母婴优质单位创建活动，完成市级母婴安全优质服务示范单位评选，推荐亳州市人民医院、蒙城县和利辛县妇幼保健院参加省级示范单位评审工作。

开展妇幼健康机构等级评审工作，利辛、蒙城妇幼保健院开展创建工作。实施2019年中央补助安徽省妇幼保健能力建设项目，促进蒙城和利辛县妇幼保健院项目建设；开展婚前保健门诊规范化建设，各县区均申请“省级婚检规范化门诊”验收，谯城区代表亳州市通过标准化验收。

【“出生医学证明”管理】2019年，亳州市将出生医学证明管理纳入计划生育目标管理责任制考核。

举办全市“出生医学证明”管理培训班，对出生证管理、签发、信息统计等相关人员加强岗位业务培训、职业道德及法治教育。

对出生证盗取、转卖、签发虚假信息等典型违法案例进行通报和警示教育，要求各县区及签发机构开展全面自查整治。开展全市出生医学证明专项督导并及时通报。对全市、县（区）管理机构、中医院、所有民营助产机构和部分乡镇卫生院和社区卫生服务中心开展专项督察。

同年，全市年度出生医学证明首次办理告知率100%，签发率在99%以上，无举报、投诉案件发生。

【妇幼信息管理和监测】2019年，亳州市按照国家监测方案要求开展督导和质控，推进淮河流域出生及出生缺陷监测、危重孕产妇医院监测、出生缺陷监测等项目。完成统计年度妇幼卫生年报质控工作。两次召开全市孕产妇、新生儿死亡和危重孕产妇评审会议，召开全市妇幼卫生信息培训班。

2019年统计年度妇幼重点指标监测结果：全市孕产妇死亡率为9.45/10万，5岁以下儿童死亡率为3.14‰，婴儿死亡率为2.42‰，均达到“两纲”目标要求。

▲“两纲”：《中国妇女发展纲要》《中国儿童发展纲要》

【市妇幼保健计划生育服务中心项目建设】2019年，亳州市推进市妇幼保健计划生育服务中心项目建设。该项目位于亳州市高新区香蒲路与老君大道交叉口东侧(即亳州中药科技学校西边文采家园小区西边)占地2公顷，总建筑面积30131平方米，总投资15000万元，设置床位300张。

同年，该项目基础设施建设完工，完成室内装修工程和设备采购工作，完成人员招聘（两批次公开招考在编人员32名、单位自主招聘人员91名），投入使用。开设“四大部”基本科室和开放妇产科、儿科两个病区（120张），开设与四个业务部门相配套的急诊、手术、产房、医学影像、药剂、检验、信息统计、健康教育等相关科室。该项目计划于2020年5月正式开诊。

（李　路）

卫生监督执法

【概况】2019年，亳州市开展国家“双随机”监督抽检工作，监督完成774家，关闭20家，依法处罚20起，立案查处4起，监督完成率100%。

立案查处486起，执行罚没款227.93万元。按照“八个一律取消”要求，规范开展行政许可，按照承诺时限进行受理、审核、审批和发证，共办理各类行政许可840家。依法严厉查处非法行医行为。建立查处非法行医考核机制，采取暗访、复查、通报等方式，查处无证行医案件273起，执行罚款173.65万元。

【依法执业专项整治】2019年，亳州市共处罚534起医疗机构案件，对医疗机构及医务人员不良行为记分506起。

开展医疗美容乱象整治，对全市16家有“医疗机构执业许可证”和723家可能开展医疗美容的公共场所进行全面检查，立案处罚7家医疗美容场所和4家生活美容场所。

开展传染病防治分类监督及综合评价227家，对81家传染病防治单位和15家消毒产品生产单位完成抽检；开展放射卫生专项整治活动，监督检查343户次，监督覆盖率100%。对全市4家餐饮具消毒服务单位和127家公共场所进行监督检查，立案处罚79起。

【血液安全管理】2019年，亳州市共采集全血32135人次、60988单位，较上年增长4.7%；采集单采血小板1207人次、2244治疗量，同比增长17.2%；供应红细胞类血液制品58621单位，同比增长1.6%，满足了全市临床用血需求，支援了兄弟血站、西藏等采供血工作。

同年，亳州市连续第七次获“全国无偿献血先进市”称号，1485名爱心市民获2016—2017年度全国“无偿献血奉献奖”，其中，金奖123名、银奖357名、铜奖1005名。

【基层卫生管理】2019年，亳州市开展医疗卫生系统“优质服务基层行”活动，全市106个乡镇卫生院(社区卫生服务中心)开展自评的有84个，自评开展率79.25%，达到推荐标准的15个，达到基本标准的35个，4个乡镇卫生院受到国家卫健委通报表扬。加强基层卫生人才队伍建设，对乡镇卫生院和社区卫生服务中心的44名临床医师、4名骨干全科医生、141名护士、110名管理人员、379名乡村医生、4名骨干乡村医生共计682人进行培训，提升业务能力。实施基本公共卫生服务“两卡制”，共识别采集人像141.44万张，家庭医生有偿签约76.26万人。

医疗保障

【概况】2019年，根据《中共亳州市委　亳州市人民政府关于市级机构改革的实施意见》（亳发〔2019〕3号）精神，亳州市深化医疗保障制度改革，将市人力资源和社会保障局、市卫健委、原市物价局、市民政局等相关职责进行整合，组建亳州市医疗保障局，承接相关部门基本医疗保险、生育保险、城乡居民医疗保险、医疗救助、药品和医疗服务价格管理、医疗保障综合协调等职责，为市政府直属机构、正处级建制，下设3个科室：办公室（规划财务和法规科）、医疗保障和医药服务管理科、基金监管科（药品价格和招标采购科）。机关行政编制11名，其中局长1名、副局长2名、科级领导职数3名。

同年，亳州市入选“国家基金监管方式创新试点市”。

【医保医药服务】2019年，亳州市城乡居民实际参保人数558.23万人、参保率在96%以上，居民医保人均财政补助标准增加30元。全年参保人员医疗总费用701682.8万元，基本医保基金累计支付金额387653.77万元。其中：政策范围内住院费用420799.52万元、政策内住院费用补偿比75.2%，超省政策内住院费用补偿比75%目标要求；大病保险筹资标准人均增加15元提高至65元，大病保险起付线降至1万元，报销比例由50%提高到60%。全年大病保险待遇享受141320人次，大病保险起付线以上合规费用63452.46万元，大病保险基金累计支付金额41496.23万元，合规费用报销比例65.4%，超过省下达的60%目标要求。全市统一城乡居民基本

图116　2019年4月3日，亳州市“打击欺诈骗保”宣传月活动启动仪式
（徐　伟　供图）

医保和大病保险保障待遇政策按照省政府要求于7月1日正式施行，政策执行平稳有序。

全市二级以上医疗机构全部实现与全国异地就医平台对接，在全省率先实现长三角及省内异地就医直接结算，全年异地就医住院“一站式”结算7847人次，发生医疗费用16918.73万元，医保基金支付11382.56万元。

全市新增50个按病种付费病种，按病种付费病种扩大至347个。加强医疗服务价格管理，落实国家“互联网＋医疗”收费政策，开展医疗价格监督检查，将4664条医疗服务事项全面梳理汇编成册，解决医疗服务价格混乱无序状态。

国家17种抗癌药和省13种谈判药品落地实施，严格执行支付标准和限定支付范围，全市落实“17+13+X”种抗癌药降价惠民政策，在市区遴选2家药店，开辟“17+13+X”种抗癌药购药双通道。

【医保政策扶贫】2019年，亳州市贫困人口省内就医全部实行“一站式”结算。建档立卡贫困人口总数319403人，累计兜底34202人次，贫困人口医疗总费用123919.25万元，其中基本医保基金累计支付金额85388.72万元、大病保险基金累计支付金额11382.25万元、城乡医疗救助资金累计支付金额11102.44万元、兜底资金累计支付金额2204.32万元、贫困人口个人自付费用13841.52万元；贫困人口慢性病补充医疗保障（“180”）方面，待遇享受815982人次，贫困人口慢性病总费用26114.24万元，慢性病综合医保报销费用17465.84万元，“180”补充保障资金支付金额6897.62万元，慢性病门诊费用实际报销比例93%。

▲“180”：贫困人口慢性病

患者1个年度内门诊医药费用，经“三保障一兜底”综合医保补偿后，剩余合规费用由补充医保再报销80%(简称“180”补充医保)。

【医保基金监管】2019年，亳州市举办“打击欺诈骗保”宣传月活动，开设“医保之声”专栏、出台有奖举报细则，营造欺诈骗保人人喊打的氛围。建立部门联动机制，政府统一领导，医保、卫健、市场、公安等部门协调联动，实现基金监管“一案多查、一案多处、一案多移”。通过“四查”制度(即县区互查、飞行检查、暗访督察、线索深查)，对协议医药机构、协议药店100%全覆盖。共检查医药机构2477家，约谈整改1456家，暂停结算57家，解除协议11家，移送司法机关13家；举报奖励6950元；媒体曝光案件50起，处理违规医保医师16人次。共处理违规医药机构2024家(其中个人402人，医药机构1622家)，处理占比65.48%。全年扣减、追回、处罚共计6380.09万元，全市医保生态环境净化。

创新国家基金监管方式。通过引入第三方，建设医保智能监控平台，建立事前提醒、事中监控、事后审核闭环管理，以“人防”与“技防”相结合的创新方式，实现多维度，全方位、立体化的监管。

【医保数据中心建设】2019年，亳州市完成市级医保数据中心建设，本着标准统一、数据汇聚、规范协同的原则，明确“四个统一”工作思路，实现全市医保数据“同人、同城、同库”。

统一数据储存。市医保局将职工医保数据统一整合迁移至市医保数据中心，各县区医保数据定时上传，统一储存，实现亳州市参保人员医保数据“全城一库”。

统一数据规范。市医保局根据数据规范标准，制定22类医保信息化数据规范术语，对数据项，二级代码进行统一规范，城乡居民医疗保险数据中的人员基本信息、人员参保信息、人员缴费基数信息等重要数据信息完成数据清洗，确保亳州市医保数据规范统一。

统一加密线路。市医保局统一建设各县区至市医保数据中心专用加密线路，通过物理隔离方式保障医保数据的安全，形成市医保数据的安全割裂，保障医保数据安全快速传输。

统一终端应用。结合市医保系统行风建设工作，统筹亳州市各级医疗保障部门对全市医疗保障政务服务事项进行全面梳理，按照“放管服”要求进行优化精简，梳理制定包括基本医疗保险参保登记、医疗保险缴费基数申报、参保对象应缴医疗保险费核定等12类主项、25类子项的《亳州市医疗保障部门政务服务事项清单》，将梳理出的医保政务服务办理事项逐条规整至亳州市政务云平台，通过集中调用市医保数据中心数据，打通各县区数据“孤岛”，并在“我家亳州”App上实现“足不出户”“一网办理”。

（徐　伟）

·亳州市人民医院·

【概况】2019年，亳州市人民医院门急诊量1257254人次，交上年同期增长14.24%；出院98567人次，较上年同期下降2.27%；住院手术36207人次，较上年同期增长9%，其中介入手术3720人次，Ⅲ、Ⅳ类手术占比为80.48%；住院次均费用8557.97元，门急诊次均费用269.11元；平均住院日8.69天；年医疗收入11.82亿元，较上年同期增长8.01%；药占比(不含中药饮片、谈判药品)为29.46%；耗材占比12.58%。华佗国医馆诊疗病人4420人次。

完成放疗中心扩建工程、结核病负压病房及实验室建设、门诊儿科输液室搬迁改造项目。北院医养结合项目，内装、消防、中央空调改造、污水改造均已进场有序施工。推进残联康复楼项目建设，完成地下停车场和污水处理站建设。办理急救中心项目建设前期立项手续。完成全院医疗设备整体打包维保招标，降低维保成本。

开展改善患者就医感受专项行动。落实66条“改善医疗服务基本要求”，改善设施环境，优化布局、标识。引进瓦里安直线加速器、GE3.0T磁共振、大孔径CT等大型先进医疗设备，完成安装调试工作，取得PET/CT、1.5T MR、手术机器人、128排CT设备配置许可证，医疗服务质量进一步提高，患者就诊感受进一步改善。在国家卫健委医政医管局和健康报社联合举办的改善医疗服务行动评选活动中，市人民医院获“2019年度改善医疗服务先进单位”。

完成全市322名口腔医师和市直临床医师的定期考核工作。承担“两会”、亳州国际马拉松、药博会、万人骑行大赛等重大活动政府指令性医疗保障任务80余次，出动120急救车辆50余次、医务人员230余人次。完成纪委驻点服务300余人次，组织义诊10余次，完成福利院孤儿体检近200人次、看守所体检600余人次。完成古井集团卫生室、福利院、亳州学院、看守所等驻点机构值班工作。

高级职称申报通过54人，其中正高8人，副高46人，通过率居全省第一位。组织两批次职能科室管理后备人才赴丽水市中心医院集中学习。组织杰出青年人才赴华西医院、上海交通大学医学院学习培训。公开招聘基础人才93人、精神科医生2人、硕士研究生29人，组织院内培训9040人次，医师外出学习465人次，送出进修98人次。

举办建院70周年庆祝大会暨现代医院管理论坛等系列活动。利用微信公众号、微博、网站加强先进典型和技术服务宣传，微信公众号发文312篇，关注量58555人，增幅111.53%。与电视台合作开设“每周医课堂”专栏，播出32期，普及健康知识。开展“优质服务月”活动。

2019年，亳州市人民医院获评“安徽省医院感染管理监控网络先进医院”“安徽省节水型单位”称号。在《健康报》上发表《依托党建活动，不断推进医院内涵建设》，在健康报社举办的“寻找卫生健康基层党建创新案例”活动中，获“创新案例奖”。医生唐超获评“安徽省岗位学雷锋标兵”，魏广友获评“安徽省儿科医联体先进个人”，陈淑侠获评安徽省“优秀护理工作者”，宋佳伟、巫文武、刘金广、蒋斐斐获亳州市“五一劳动奖章”，杨淼获亳州市“十大最美劳动者”“亳州市巾帼建功标兵”，杜宁宁、陈琳、王胤、李倩倩、杨光耀获评“第五批亳州市健康素养巡讲专家”，杜宁宁被授予“亳州市三八红旗手”称号，田园园获评“全市青年岗位能手”，张言荣、王卫获评亳州市“最美护士”，郭秀荣被授予市级“青年文明号先进工作者”称号。眼科微电影《新窗外的故事》获全国护士微电影节十佳作品，获安徽省心里情景剧大赛二等奖。消化内科微电影《陪伴》、心内三科微电影《勇敢为什么》获全国护士微电影节提名奖。

【公立医院综合改革】2019年，亳州市人民医院建立健全现代医院管理制度，启动省级试点工作。围绕14项重点任务，推动医院管理规范化、精细化、科学化。完成医院章程起草和审议工作，通过职代会审议，并经市卫健委批准后印发实施；明确医院党委与行政领导班子议事决策制度，健全党委会、院长办公会议事决策规则；组建医疗质量与安全管理委员会，下设13个专业委员会，持续发挥专家治院作用。新建内部管理制度23个、修订完善26个、废止2个，14项试点重点任务完成3项，其余11项均完成目标。

人事制度改革。开展中层干部轮岗19人次，公开竞聘选拔8名中层干部、8名班组长。推进编制“周转池”工作，制定编制“周转池”实施方案，上报市卫健委审批。完成2000份人事档案规范整理。成立运营管理部，启动新综合绩效考核方案改革，完成前期科室调研、系统安装、端口数据接口、科室对照关系、收入成本收集等工作，稳步提升人员经费支出占业务支出比例，全年人员支出占比40.2%，同比增长4.04个百分点。

医共体建设。定期组织专家对医共体成员单位进行医疗质量检查、督促整改，与6家乡镇卫生院开通远程会诊，对成员单位基本实现医疗质量同质化管理和医疗资源共享。完成医共体医保费用审核与医保预算资金拨付工作，打击欺诈骗保，确保医共体医保资金安全，共检查医共体乡镇卫生院及民营医院32家，拒付并扣除违规资金近10万元。建立医共体内部双向转诊标准和转诊转院备案制度，对上转患者开通绿色通道，对急诊急救患者实现先救治、后付费，对下转患者试行目标制，完成下转202例。召开5次医共体工作会议，组织两期医共体骨干医师理论和实践技能培训班，培训50名基层骨干，到11家乡镇卫生院开展胸痛、卒中和管理知识培训，帮助赵桥卫生院建立消毒供应中心。下派专家218人次，培训医师1500人次，接收医共体内医务人员、村医29人到院免费进修，完成7000余名慢性病患者鉴定。开展城乡医联体建设，加强与50余家上级医院医联体、医疗联盟或专科联盟联系，组织远程会诊327例。

规范药品耗材使用管理。规范药品耗材采购管理，严控药品和耗材占比，全年药占比29.46%、耗材占比12.58%。执行药品和医用耗材采购“两票制”，制定药品带量采购招标方案，完成高值耗材骨科植入类、血管介入类、非血管介入类、电生理类、起搏器类招标，骨科植入类耗材降幅达38%。落实《国家组织药品集中采购和使用试点扩大区域范围工作实施方案》，自12月27日起，对首批带量采购的25种药品陆续进行降价，平均降幅59%，最高降幅98.61%。上线临床合理用药信息系统，加强对用药行为信息化审核和监管，从严控制抗菌药物和辅助用药使用，加强重点药品监控管理，落实基本药物采购制度，实行短缺药品监测月报告制度，加强“17+13+X”抗癌药品采购管理，满足癌症病人需求。对违规用药行为进行处罚，点评门急诊处方5420份、重点监控药品病历500份、Ⅰ类切口抗菌药物使用300份、抗菌药物医嘱专项点评600份，处罚违规用药医生13人次，通报15人次，处罚2万元。在全省临床路径管理检查中，抗菌药物使用率指标排名全省第三名。升级HRP系统，启动耗材使用合理点评。降低耗材使用量，对货票同行的低值和化剂耗材，采取最高限量模式，对试剂和高值耗材实行零库存、代销扫码模式，实行先使用后付款，同时严格控制备案耗材使用，改进仓库管理，修订仓库管理制度及岗位职责，规范验收过程。低值耗材入库量同比下降4.2%，化剂耗材下降4.1%，试剂耗材下降6.4%。

临床路径和按病种付费工作。调整按病种付费奖励方案，引导临床科室优化收入结构，杜绝过度医疗，减少医保报销垫付资金，降低病人就医负担，按病种付费病种数从183种增至233种，执行比例为47.48%。合理调整临床路径实施病种，组织表单录入及修订，升级临床路径信息系统，组织9次临床路径管理自查和10次专项检查，完成临床路径66735例，执行比例为67.71%，在全省临床路径管理质量检查中位列全省三甲医院第九名。

落实“三保障一兜底一补充”政策，开展贫困人口收治专项治理、贫困人口大病专项救治台账管理，落实“月自查、季评价”，组织9次贫困人口归档病历专项检查，查处不合理用药79次、过度检查15次，并按文件规定进行问责处罚。贫困人口出院结算17261人次，占补偿总人次的23.53%，综合补偿15311万元，补偿比例91.66%。

【医疗质量管理】2019年，亳州市人民医院理顺医院质量与安全管理委员会工作，调整委员会成员，明确各专业委员会职责与任务。启动三级公立医院绩效考核，以三级公立医院绩效考核指标为基础，制定科室综合目标考核指标。举行病案首页数据规范化填报培训，推进ICD-11中文版全面使用。修订危急值管理制度，改进住院危急值和门诊危急值接收流程，完成麻醉科手麻系统改进工作。修订临床科室综合医疗质量检查标准，开展4次综合医疗质量检查。开展病历质量专项检查，抽查病历13729份，甲级病案率99.7%，在全省病案质量检查中排名第八名。品管圈作品“领航圈”和“星火圈”分别获第二届全国医院质量管理（QCC）工具应用最佳实践成果与分享大会二等奖和三等奖，“星火圈”获安徽省第六届品管圈大赛二等奖。

组织医院感染专项督察，进行全院感控工作排查整顿。宣传医保新政策，开展医保药品、耗材、收费项目医保对码工作，规范健康脱贫领域诊疗行为，开展打击欺诈骗保专项活动。

落实全市统一城乡居民基本医保和大病保险政策，做好医保异地就医结算办理，完成职工医保生育保险直报工作。组织医保医师政策培训考核并签订医保医师协议。开展住院总和科秘书“三基三严”基础高级生命支持培训与考核，培训28场次2200人次。举办第一届心电图知识竞赛，举办2019年度核心制度知识竞赛。举办第三届医患沟通PPT大赛。

【学科建设】2019年，亳州市人民医院推进省级重点学科和临床优先发展学科建设，完成4个省级重点学科和2个亳州市“十四五”省级重点学科候选科室中期绩效评估工作。召开学科建设大会，制定《进一步推进学科建设实施方案》和《重点学科建设经费使用管理办法（2019

年版)》,完成第一批亚专业组设置备案。邀请专家到院会诊、手术示教和培训工作100余人次。日间手术病种从10个新增至52个,成功执行1802例,新增消化道出血、重症胰腺炎和卒中中心相关疾病等MDT病种,完成MDT386例。在肝胆胰外科、胃肠外科推行加速康复理念,实施120余例,缩短住院时间,节约医疗资源。

开展三新项目立项94项,其中重点项目17项,一般项目77项。成功开展全市首例颈动脉内膜剥脱术、首例全腹腔镜下直肠癌根治手术,首次运用腔内心电定位技术植入1例PICC导管,成功开展“术前CT定位+术前CT三维重建+胸腔镜肺段切除术”、内镜下治疗神经根型颈椎病、无管单孔胸腔镜纵隔手术、完全单孔下肺癌根治术、脑血管搭桥手术治疗颅内大血管重度狭窄、无植入支架(药物球囊)解除冠脉狭窄术等先进手术。获评“2018年影像诊断规范化业务培训工作先进单位”“2018年度省级母婴安全优质服务单位”“亳州市新生儿疾病筛查先进单位”。检验中心获评“2017－2018年度安徽省临床检验质量控制优秀单位”,儿科质控中心获评“优秀市级儿科质控中心”,耳鼻咽喉头颈外科获评“市级青年文明号”。儿科团队获全省儿科病例演讲大赛二等奖。戚建国、殷延华分别在中华医学会第19次全国超声医学学术会议安徽省病例竞赛中获二等奖、三等奖。殷延华和王珊珊分别获安徽省首届超声技能大赛疑难病例讨论演讲一等奖、超声技能操作三等奖。陈琳获安徽省第六届质量改善项目成果展示大赛二等奖,李新杰获安徽省首届临床路径管理大赛三等奖,赵雪松获安徽省护理学会2019年灾害护理科普演讲三等奖,解凤磊获中华医学会麻醉学分会第二届气道管理操作技能大赛安徽赛区一等奖,祁彬获安徽省心脏重症学术会议心脏重症病例比赛一等奖,许慧获安徽省安宁疗护演讲比赛三等奖,颜娜娜获安徽省首届静脉输液案例演讲比赛三等奖,周静获安徽省最佳妇产科护理实践案例比赛三等奖。

推进医疗中心建设。成立相应的管理委员会,召开胸痛中心、卒中中心启动大会和工作推进会,逐步规范胸痛中心、卒中中心运行。组织召开38次推进会、9次联合例会、28次质量分析会、7次病例讨论会,改造患者救治流程,缩短各环节救治时间,完成CCU完成选址、设计并进入施工阶段,与12家乡镇卫生院、社区医院建立协同网络并做好相应宣传培训。12月2日正式成为高级卒中中心建设单位,12月11日胸痛中心通过省级预检。邀请中国创伤中心联盟专家到院培训,建立数据上报平台,上报数据320例,ISS大于16分(重伤)抢救成功率为98%,创伤门诊量3558人次,抢救急危重患者610人次,急危重患者抢救成功率95%,开展多发伤患者急诊手术25例。

【科研教学】2019年,亳州市人民医院加强继教科研管理。组织科研申报和选题培训班,加强科研立项项目中期及结题汇报督察,获安徽理工大学课题7项(重点4项),获批亳州市重点研发计划自筹经费项目8项,1项2018年度省级科研项目通过中期督察,2项2017年度省级科研项目结题,获国家专利3项。举办国家级继续教育项目2项,省级继续教育项目16项,市级继续教育项目44项。发表论文361篇,其中SCI论文3篇,中文核心期刊论文15篇,统计源期刊78篇,普通期刊265篇。

完成2019年第二届(2016级)安徽理工大学40名本科学生和安庆医药专双主体教学班30名学生教学任务。完成医护实习生培训132场次。

创新考核方式,持续提升临床技能训练中心模拟医学教学质量,临床技能中心全年培训与考核医务人员15525人次,加强对专业基地和亚专业科室的教学督导,举行临床专业基地和基层实践基地教学联合会议4次。做好全科医生转岗培训工作,承办4批全科医生转岗培训项目共54人、1批骨干全科医生转岗培训项目共4人、1批全科师资培训项目共27人,组织理论技能培训117场次,培训考核3938人次。加强住培全过程管理,定期召开座谈会和教学会议,内外妇儿及全科5个专业基地接受省级住培督导评估2次和国家级住培督导评估1次,通过省级住培督导评估并获专家组一致认可。共接收全科专业新学员44人,毕业18人,在培学员114人,开展规培学员理论培训15场次,操作培训及考核40场次，教学督察活动9次，培训全科师资50人，外送师资参加省级培训38人。在2018年度安徽省住院医师规范化培训"四个十佳"评选中，从乾坤获"十佳住院医师"、宋莹莹获"十佳专业基地主任"、李东晓获"十佳住培管理工作者"。在中国医师协会超声医学会举办的2019年"超声医学专业住院医师规范化培训"操作技能比赛中，王宁所在团队获团体一等奖，王宁获心脏组"专业技能"第一名、"综合技能"第三名。

【智慧医院建设】2019年，亳州市人民医院统筹推进智慧医院建设，科学管理就诊时间，减少患者盲目等待，门诊流程进一步优化，排队等候现象大幅减少。完成全院HIS、CIS和NIS系统内部升级，系统扩张性明显提升，系统兼容性和稳定性大大提高。完成优化门诊流程项目，上线窗口科室排队叫号功能，完成分时段预约就诊、分时段预约检查项目，患者平均等待时长由2小时缩短到30分钟。上线温馨提示推送服务，推送预约挂号（检查）就诊时间等信息，动态提示患者做好就诊准备，及时推送危急值信息，提示患者及时就诊。上线智能体检导诊系统，智能规划体检路径，缩短体检排队时间；上线门诊电子病历系统，举行门诊电子病历培训，以电子病历为核心，门诊系统集成医院信息、检验信息、医学影像等系统，逐步推进数字化门诊。加强安全等级保护建设，通过安全等保二级验收。云胶片项目完成招标，移动护理系统项目、区域心电中心项目招标工作即将启动。电子病历分级评价通过三级水平验收。

（张彭举）

·亳州市中医院·

【概况】2019年，亳州市中医院门急诊人次41.48万人，较上年同期增长3.90%；出院患者4.2万人次。开展手术5708台次，同比增长2.51%；开展介入治疗698例，增长50.76%；开展三、四类手术2495例，占比43.71%。门诊患者平均满意度为98.27分、住院患者平均满意度为98.67分。

弘扬"仁爱、精术、创新、传承"的华佗精神，培育有中医药特色的核心文化价值体系。全面上线目标支持系统，推进医疗服务能力提升。完善有中医药文化特色的医院文化导视系统，细化二级标识制作，加大中医药文化宣传力度。启动"华佗留心中，全面改院名"标识更名工作，对院内20项2510个标识进行更换。组织开展"百日宣传活动"。邀请省级知名专家到院坐诊、手术、带教，开展手术191台、接诊患者约600余人次。

公开招聘工作人员130人，其中研究生学历22人，本科学历66人。医院引进脑外科人才团队、两名普外科副主任医师。开展人才培养选拔工作，确定37人为第一批人才培养对象。人才培养经费支出12万元。完成职称聘任267人，首聘182人，其中高级职称19人，中级职称40人。

参与全市体育系统业务运动会、爱国卫生月宣传活动、亳州国际马拉松等重大活动医疗保障28次。完成院校约6371名学生体检，在编教师1856人次入职体检，以及全市44家单位共2146名职工的职业病鉴定。结合世界无烟日、全国爱牙日、世界心脏日、服务百姓大型义诊活动周等，组织开展大型义诊活动30余次，发放健康宣传材料2000余份，为患者提供诊疗服务约1500人次。

更新官网新闻262篇，制作并分发院报12期；发布微信公众号原创文章121篇、抖音平台视频12条。被国家级媒体《健康报》《中国中医药报》等宣传报道4次；《安徽日报》《安徽商报》等省级媒体宣传报道4次；亳州广播电视台《药都时空》《走进农家》栏目宣传报道106次。

2019年，在全国医院改善医疗服务擂台赛华东赛区比赛中，市中医院"持续加强麻醉医疗服务能力（舒适的产房　快乐的分娩）""县域医疗服务能力提升（引进3D打印技术提升基层中医院脑外科救治能力）"两大主题案例获评"县域类最具人气案例"。

市中医院获安徽省中医药科学技术二等奖，获2018年度、2019年度亳州市中医药岗位技能竞赛团体一等奖。陈良升、王德力、陈文昊分别获评"全国西学中骨干人才""中医临床特色技术传承人才""中医药创新骨干人才"称号。王影影获安徽省手术室护理实践指南授课比赛优秀奖，徐传奇、徐艳丽获安徽省第一届检验医学形态学知识竞赛三等奖，尹辉、李芹、杨芳获评亳州市“优秀巡讲师”,王莉娟获评市第一届“最美护士”。医院团委组织志愿服务时长2278小时,被评为“全市五四红旗团委”。

【公立医院综合改革】2019年,亳州市中医院与安徽省中医院开展合作,省中医院选派1名副院长进驻亳州市中医院,指导医院医疗和科研教学工作。开展省内外远程医疗会诊19例,开通与省中医院的远程专家门诊,会诊201人次。与省级医联体单位技术合作,医院脑病科与省中医院脑血管介入团队、与蚌埠医学院第一附院神经内科专家团队建立合作;医院针灸科与省中医院针灸康复科建立长期合作关系。邀请知名“三甲”医院专家定期到院进行坐诊、查房、手术指导。

提高医共体成员单位医疗综合服务能力,组织“1+1+1”家庭医生签约服务,落实分级诊疗服务。上转住院患者1049人,下转28人。与基层医疗机构实行培训、带教及合作共建方式,开展医共体创新机制,规范运行区域性检验中心、病理中心,确定消毒供应中心方案,论证实施远程心电和超声。

修订三费考核执行标准,加强医保、新农合规范管理。组织全院相关科室落实农合稽核反馈问题整改,开展打击“欺诈骗保”专项治理活动。

医院耗材占比13.6%,高值耗材网采率65.4%,检验试剂网采率100%。临床路径管理病种数154种,入径38589人,完成37508人,入径率90.89%,完成率88.37%。新增住院按病种付费55种,实际实施130种,按病种付费人数20639人,执行率57.4%。完成RBRVS绩效系统部署,考核重点向风险程度高、操作难度大、负荷强度高的岗位倾斜,让医务人员工作价值得到更好体现。推动建立健全现代医院管理制度省级试点。

【学科建设】2019年,医院引进技术人才成立脑外科,整合急诊外科与外一科,推进创伤中心建设。完成脑病科、肺病科科室分科,整合胃镜、肠镜、纤维支气管镜等成立医院内镜中心,整合心电图、脑电图、肌电图成立功能科,筹备建设新生儿科、血液透析中心、肾内科、耳鼻喉科。

医院胸痛中心自7月启动后,共评估胸痛患者128人,实施PCI、CAG、PTCA治疗58人,典型心肌梗死救治时间远低于国家标准。医院卒中中心自8月底试运行后,共评估患者103例,溶栓11例,其中脑出血13例;医院创伤中心建设筹备中。

评定并通过“三新”项目24项。实现脑神经介入手术、心血管疾病急诊冠状动脉支架植入术、腹腔热灌注肿瘤疗法、多功能肿瘤射频消融技术、直肠脱垂(Ⅰ度)黏膜纵切横缝术、直肠前突闭式修补术、三维超声下子宫输卵管造影术、X线下子宫输卵管碘油造影术、腹腔镜下肾实质切开取石术、经皮肺穿刺活检术在肺部肿瘤诊断应用、超声造影等技术新突破。

【教学科研】2019年,亳州市中医院修订有关科研管理办法,成功申报市重点研发计划自筹经费项目5项,投入经费约50余万元,并组织申报2020年安徽省重点研究与开发计划项目。医院肝病科、肺病科、脑病科、针灸科等联合外院开展多项横向课题研究。

加强院校合作,建设教学医院。接收安徽中医药大学、亳州职业技术学院、亳州中药科技学院等实习、见习生156人,进修生29人。筹建临床技能培训中心。开展三基培训工作,举办省市级继教项目27项,并组织申报2020年省级继教项目19项、国家级继教项目1项。组织临床教学PPT授课大赛,选派优秀带教老师外出培训。

成立省名中医“刘健工作室”“许家栋经典经方工作室”,弘扬中医经典,传承名医临床经验。组建青年医师中医学术沙龙,搭建学术交流平台。

【医疗质量和医院安全管理】2019年,亳州市华佗中医院完善三级质量管理网络。邀请总院专家进行质量验证,整改存在的问题。落实各项医疗核心制度,加大对运行病历、归档病历、围手术期、临床危急值等的督察力度,加强不良事件上报、临床路径管理等,组织电子病历系统应用水平分级评价,完成多学科会诊47次。

规范医院感染防控管理,严格控制院内感染发生率、手术相关医院感染率。开展全院手卫生规范、医疗废物管理、多重耐药菌预防与控制措施等培训。执行传染病监测上报奖惩制度,开展传染病相关知识培训。通过义诊及媒体平台，宣传应季传染病的预防知识。

开展全院护理质量培训，修订医院护理质量评价标准，实施护理质量红、橙、黄分级警示项目管理，对护理敏感指标进行监测，开展常规检查和专项检查。开展优质护理及星级护士站评比活动。组织中医护理查房4次，中医护理理论培训36次，中医护理技能操作培训16批4200人次。实施中医护理方案33种2.19万例，实施例数较上年增加19.09%。开展护理中医适宜技术32项，实施30.57万人次。

促进合理用药，指导安全用药。开展中药处方和医嘱点评、药学科室质量检查及煎药中心专项质控考核；设置临床药学室，开展药品不良反应监测、药学数据监控、药学查房等；开设药学服务公众号，对患者进行用药情况分析及药学宣教；落实抗菌药物分级管理、合理使用制度，组织抗菌药物合理使用全员培训；落实“抗菌药物认识周”活动任务，通过义诊、讲座、微信公众号宣传等多种途径，增强群众合理使用抗菌药物的意识。

组织医院安全知识及应急技能培训、防震减灾安全知识培训、消防安全知识培训及灭火疏散演练、院感暴发应急演练等。定期开展安全生产检查。

【“华佗工程”建设】2019年，亳州市中医院启动“华佗工程”中医人才培养工作，选拔院内第一批优秀中医师，每年给予经费补助，组织外出参会学习，定期考核培训，培养优秀的中医药人才。组建经方学习小组，开展中医体检经络辨识，组织各项中医药特色义诊、中医好孕课堂讲座等健康宣教活动，成立头痛门诊、睡眠障碍门诊、多学科一体化门诊、中医男科门诊等。设立传统疗法治疗区，开展火疗、蜡疗、特色灸法、小儿推拿等中医特色诊疗技术12项，自4月始接诊患者4706人次。冬病夏治总治疗人数3891人次。鼓励临床科室整理挖掘特色中药疗法，成立院内制剂攻关小组，并确定3个协定方作为制剂备选品种，探索与安徽中医药大学制剂研发团队合作新方式。

【智慧医疗建设】2019年，亳州市中医院以电子病历评级工作为重点，修改病历模板、更新诊断编码库，进一步加强信息系统建设、规范报告书写流程，完善医生电子签名、检查检验医生电子签名等工作。实施多媒体发布系统、叫号系统，新增就医预约及复诊流程，投放检查检验自助报告打印机、自助胶片打印机等硬件设备，患者可通过手机微信平台办理挂号、充值、缴费、查询等。打造微信公众号互联网医院，优化就诊流程，缩短患者排队等候时间，提升患者满意度。

落实市卫健委“二年信息便民惠民重点工作”，新增70岁以上患者免诊察费流程，开展电子健康卡、一卡通等工程建设。更新2019年医保目录接口，顺利对接医院信息系统，确保医保患者出院“一站式”报销业务通畅。

【亳州市中医院被评为三级甲等医院】安徽省中医药管理局于2018年10月30日至12月7日组织专家对安徽省中医院等12所中医院进行医院等级评审。经过专家组现场评审，结合“持续改进活动”督查结果，最终11所医院达到三级甲等标准，亳州市华佗中医院名列其中。

2019年2月19日，根据安徽省中医药管理局《关于安徽省中医院等12所中医医院的等级评审结果的公示》，亳州市华佗中医院顺利创建成为三级甲等医院。

2019年4月，根据中共亳州市委决定，原华佗中医院涡北新院上划亳州市，组建亳州市中医院，作为市卫生健康委员会直属机构；州后街院区仍保留华佗中医院，由谯城区负责管理使用。经省中医药管理局复核审定，将上划后的亳州市中医院评定为三级甲等医院。

（李　路）

体　育

图 28　“美丽亳州”系列图片——2019 年 4 月 14 日，亳州职业技术学院学生习练五禽戏　　（张延林　摄）

概 述

【概况】2019年，亳州市第四次全国经济普查及体育场地统计调查结果：全市有公共体育设施11035块，体育场地面积871万平方米，投资总计181852万元，其中财政投资159188万元，占比88%；民间投资22664万元，占比12%。按照2018年底常住人口计算，人均体育场地面积为1.66平方米。

亳州市持续推进体育设施建设，体育运动学校建设进入扫尾工作。市体育馆球类馆自5月1日至8月31日实施惠民免费政策，国际标准游泳池同步对外开放，累计接待12万人次。

举办2019亳州国际马拉松、2019年中国亳州三国男子篮球邀请赛、2018－2019全国跳绳联赛亳州站，2019年全国跳绳教练员跳绳世界冠军进校园、2019年安徽省第二届青少年健身操舞大赛、安徽省青少年“未来之星”阳光体育大会暨2019年全国青少年体育冬夏令营安徽站启动仪式、2019年环江淮万人骑行大赛亳州站、全国象棋甲级联赛、MMA综合格斗等活动。组织队员参加全国第二届青少年运动会。

完成全市五禽戏推广每年递增7万人目标。组织人员到台湾进行五禽戏交流推广。国家体育总局、深圳电影制片厂到亳州拍摄五禽戏纪录片。与市电视台合作，每天定时播出五禽戏教学音频；在微信公众号和微博开设五禽戏教学专栏，打造五禽戏教学空中课堂。药博会期间举办2019年第四届中国（亳州）国际健身气功博览会暨第十一届华佗五禽戏养生健身节、“世界健身气功日”中国主会场活动，交流比赛活动吸引来自23个国家200余名健身气功爱好者参加，并在中药科技学校举办万人五禽戏展示。

同年，“亳州市五禽戏群众文化普及活动”获评第三批国家公共文化服务体系示范区（项目）。市体育公园被评为“省级体育生态公园”，华体世纪体育场馆经营管理公司获“安徽省省级体育产业示范项目”称号。市体育馆获2019年美国建筑奖Architizer A＋Awards评审团奖。市运动员董羽欣获第二届全国青年运动会武术散打比赛女子56公斤级冠军；方正获第二届全国青年运动会跆拳道比赛男子45公斤级冠军；马佳慧获2019年全国青年武术散打锦标赛女子52公斤级冠军。2019年安徽省青少年举重锦标赛暨全国U系列比赛选拔赛获金牌13枚、银牌6枚、铜牌5枚，男子团体总分第三名，创亳州举重项目历史最好成绩。

（李　新）

【群众体育】2019年，亳州市采用政府与社会资本合作（PPP）方式于安徽省华体集团联合建设20个社区文体中心，该项目建筑面积约6万平方米，总投资额2亿元，是全国首个采用PPP模式建设的全民健身文化中心项目，已有12个对外开放。亳州市中心城区“15分钟健身圈”完成9期建设任务，在公用地块、闲置用地上建设篮球、羽毛球、乒乓球、门球、气排球、网球、五人制足球场等420余片场地；在小区内外安装735套健身路径，配置400副乒乓球台；在机关企事业单位建设50家室内健身俱乐部；在城区建成健身步道、自行车骑行道290千米。实现行政村、新建社区公共体育设施100%覆盖。加快建设社会足球场地设施，普及推广足球运动，按照国家、省发改委等四部门统一部署，“十三五”期间全市共有77块建设任务。2019年，市完成50块建设任务，完成2019年省局下达的工作任务的64.4%。加强公共体育设施维护管养。制定《亳州市全民健身工程管理办法》，通过招投标，与浩森体育公司签订合同，建立“一巡查、两报告”工作机制，定期对城乡器材进行巡查，发现问题及时维修；委托浩森体育公司，网上定位全市公共体育器材和场地并建立大数据，为公共体育器材的布点、管理、修缮、更换提供技术保障。更换及维修器材合计500余件，提高体育设施使用效率，确保市民休闲有去处、健身有场地。

坚持以“全民健身、健康亳州”为主题，组织开展全民健身主题活动。市级开展综合性群体活动70余项次，县级体育部门组织的大型群体活动100余项次，直接参加活动的群众在30万人次以上。举办“古井杯”2019亳州国际马拉松、亳州市直机关职工春季运动会、2019年环江淮万人骑行大赛亳州站、2019年全国象棋男子甲级联赛第三阶段赛、2019年第四届中国（亳州）国际健身气功博览会暨第11届华佗五禽戏养生健身节等活动，组队参加2019年安徽省第三届健身休闲大会共11个项目的比赛，获“优秀组织奖”。

健全群众身边的体育健身组织。组织召开体育类社会组织负责人工作会议，安排布置工作。结合民政局指导市级体育类社会组织，完成年审工作加强体育类社会组织党建工作，引导市级体育社会组织成立党组织，市财政投入40万元支持各协会举办活动。全市共有89个乡镇，58个乡镇成立体育总会，占总乡镇的63%。完成4700人的国民体质监测任务。

【青少年体育】2019年，亳州市强化青少年体育单项训练基地建设，涡阳一中、华佗武校、华东武校等学校和单位成为亳州市青少年体育单项训练基地，业余训练布局得到落实，全市注册运动员956名，为建市之后人数最多。选派教练员、运动员543人参加安徽省第15届运动会的18个项目的比赛，获金牌49枚，银牌38枚，铜牌51枚，创亳州参加全省青少年比赛历史最好成绩。2019　年安徽省青少年举重锦标赛暨全国U系列比赛选拔赛获金牌13枚、银牌6枚、铜牌5枚，男子团体总分第三名，创亳州举重项目历史最好成绩。2019年安徽省青少年武术散打锦标赛暨全国U系列比赛选拔赛获金牌5枚、银牌6枚、铜牌6枚，团体总分第二名，创亳州武术散打项目历史最好成绩。2019年安徽省青少年武术套路锦标赛获金牌16枚、银牌12枚、铜牌10枚，团体总分第六名，创亳州武术套路项目历史最好成绩。

举办武术散打、武术套路、跆拳道、乒乓球、排球、羽毛球、跳绳、田径、足球、游泳11个项目的市级青少年锦标赛及中小学生联赛和2019年亳州市青少年“未来之星”阳光体育大会。举办和承办2019亳州国际马拉松、2019年安徽省第二届青少年健身操舞大赛、安徽省青少年“未来之星”阳光体育大会暨2019年全国青少年体育冬夏令营安徽站、2019年安徽省青少年武术散打锦标赛、2019年安徽省青少年武术套路锦标赛、2019年安徽省青少年游泳锦标赛暨U系列比赛、2019年环江淮万人骑行大赛亳州站、亳州市城市定向赛、2018－2019年全国跳绳联赛安徽（亳州站）、2019年全国象棋男子甲级联赛第三阶段比赛、2019中国亳州三国男篮邀请赛11项比赛。

（张树梅　李保明）

赛　事

【2019年亳州国际马拉松】2019年4月27日8时，“古井杯”2019亳州国际马拉松在亳州开跑。该次活动由中国田径协会、安徽省体育局、亳州市人民政府主办，安徽省田径协会、亳州市文化旅游体育局、安徽波动体育文化股份有限公司承办，亳州跑吧健身长跑协会、亳州市马拉松协会协办，波动体育运营。比赛参赛人数共计20093人，主题是“YAO跑亳马，芍花‘路’放！”2万名选手穿过“芍花雨”，在印有巨型“YAO跑亳马”的彩绘赛道上奔跑。

【2019年中国亳州三国男子篮球邀请赛】2019年5月17－18日，2019年中国亳州三国男子篮球邀请赛在亳州举办。该次比赛邀请阿根廷共和国男篮国家联队、美国ABA佛罗里达飞行队、塞尔维亚男篮国家联队参赛，是亳州市建市之后，唯一邀请3个国家举行的篮球赛事。

【2018－2019年全国跳绳联赛安徽（亳州站）】2019年5月11日至12日，2018－2019年全国跳绳联赛安徽（亳州站）在亳州市举办。该次比赛是继2017－2018年全国跳绳联赛安徽（亳州站）之后，国家级跳绳赛事再次在亳州市举办，来自北京、上海、广东、西藏等14个省、直辖市、自治区的60支参赛队伍，共计843人参赛。

【2019年安徽省第二届青少年健身操舞大赛】2019年7月6－7日，“爱尚动”杯2019年安徽省第二届青少年健身操舞大赛在亳州市体育馆举办。该次大赛由安徽省青少年体育联合会主办，

亳州市文化旅游体育局承办。来自全省的各市大、中、小学生，幼儿园和社会俱乐部38个代表队共1355人参赛。

【安徽省青少年“未来之星”阳光体育大会暨2019年全国青少年体育冬夏令营安徽站启动仪式】 2019年7月26日，安徽省青少年“未来之星”阳光体育大会暨2019年全国青少年体育冬夏令营安徽站启动仪式在亳州市体育馆开幕。

该活动由安徽省体育局、安徽省教育厅、共青团安徽省委共同主办，亳州市文化旅游体育局、亳州市教育局、共青团亳州市委承办，安徽华体世纪体育场馆经营管理有限公司执行。体育比赛项目共设五人制足球、三人制篮球、拔河、跳绳、踢毽子、素质拓展等项目。

【2019年安徽省青少年武术散打锦标赛】 2019年8月1－7日，安徽省青少年武术散打在亳州市体育馆开赛。该次比赛由安徽省体育局、安徽省教育厅主办，安徽省武术拳击运动管理中心、安徽省武术协会、亳州市文化旅游体育局、亳州市教育局承办，亳州市武术协会、安徽华体世纪体育场馆经营管理有限公司协办，来自全省的637名青少年参加比赛。

【安徽省武术套路锦标赛】 2019年8月10－15日，安徽省青少年武术套路锦标赛在亳州市体育馆开赛。该次比赛由安徽省体育局、安徽省教育厅主办，安徽省武术拳击运动管理中心，安徽省武术协会、亳州市文化旅游体育局、亳州市教育局承办，亳州市武术协会、安徽华体世纪体育场馆经营管理有限公司协办，来自全省的538名青少年参加比赛。

【2019年安徽省青少年游泳锦标赛暨U系列比赛】 2019年8月19日，2019年安徽省青少年游泳锦标赛暨U系列比赛在亳州市体育馆开赛。该次比赛由省体育局和省教育厅联合主办，来自全省的767名9岁至19岁的青少年参赛。

【2019年环江淮万人骑行大赛亳州站】 2019年9月1日，环江淮万人骑行大赛亳州站在亳州市亳药花海景区举行，该次比赛由安徽省体育局、安徽省文化和旅游厅、亳州市人民政府和安徽新媒体集团主办，安徽省竞赛管理中心、亳州市文化旅游体育局承办，来自全国近10个省市的659名选手参加比赛。

【2019年全国象棋男子甲级联赛第三阶段赛会制】 2019年10月23－26日，全国象棋男子甲级联赛第三阶段赛会制在亳州市亳弈馆举行。全国共有14支队伍，2位象棋国际特级大师、26位象棋特级大师和44位象棋大师参加，最终四川队夺冠。

【2019年安徽省青少年跳绳联赛（亳州站）】 2019年12月21－22日，2019安徽省青少年跳绳（亳州站）联赛在市体育馆举办。该次比赛由安徽省青少年体育联合会和亳州市文化旅游体育局联合主办，全省8个地级市的18支代表队近200名青少年运动员参加比赛。该次比赛是安徽省青少年跳绳联赛的第二站，分为学前幼儿组、小学儿童组、小学少儿组、小学少年组、中学初中组和中学高中组，比赛项目多样。

【2019年第四届中国（亳州）国际健身气功博览会暨第十一届华佗五禽戏养生健身节】 2019年9月11日，2019年第四届中国（亳州）国际健身气功博览会暨第十一届华佗五禽戏养生健身节交流比赛在市体育馆开幕。本届健身气功五禽戏交流比赛吸引了包括中国、科特迪瓦、加拿大、马来西亚、日本、芬兰、俄罗斯、韩国、印度、南非等20多个国家和地区近200名健身气功爱好者参加。

【2019年世界健身气功日中国主会场开幕】 2019年9月12日，世界健身气功日中国主会场活动暨第十一届华佗五禽戏养生健身节开幕式在亳州中药科技学校举行。来自23个国家和地区的6000名五禽戏爱好者齐练五禽戏。本次活动由国际健身气功联合会、中国健身气功协会、安徽省体育局主办，展示共分为《世界五禽》《和谐五禽》两个篇章，旨在传承中华优秀传统文化、推动全民健身活动的开展。

（李保明）

社会事务管理

图 29 “美丽亳州”系列图片——2019 年 12 月 25 日，亳州市举办面点小吃培训 （张延林 摄）

人力资源管理

【概况】2019年，亳州市人力资源和社会保障局（以下简称“市人力资源社会保障局”）推进人社领域深化改革，规范人事人才工作、推进创业就业，着力构建和谐劳动关系。

推进就业民生工程。开发公益性岗位2690个，完成目标任务的122.27%。开发就业见习岗位4574个，完成目标任务的175.11%，吸纳见习人员1951人，完成目标任务的149.39%。新录入人员岗前技能培训14945人，完成目标任务的142.33%。发放求职创业补贴123.3万元，惠及924位毕业生。统筹做好重点群体就业工作。帮扶3823名离校未就业高校毕业生实现就业，认定就业援助对象1185人，“零就业家庭”实现动态清零。享受社保补贴1972人。城镇新增就业人员6.53万人，完成目标任务的186.61%；农民工进城就业4.49万人，完成目标任务的213.74%；转移农村富余劳动力11.83万人，完成目标任务的164.35%；失业人员再就业率77.21%；城镇登记失业率2.68%，始终控制在4.5%以内。

出台规范建筑领域农民工工资核算支付工作指导意见。由劳动保障监察综合执法支队执笔的《亳州市农民工工资治欠保支长效机制研究》调研报告在《送阅（调研）材料》（2019年第44期）印发。举办亳州市劳动用工法律法规培训会，提高企业对劳动用工法律法规的认识，增强其依法用工的意识，促进企业劳动关系和谐稳定。

收入分配日趋合理。亳州市常住居民人均可支配收入20756元，同比增长10.5%，增速居全省第四位。

对人力资源市场进行整体改造升级，室内装修工程审计完成，硬件项目安装调试完成并验收通过，软件项目已部署到市场内，计划于2020年1月投入使用。

同年，市人力资源社会保障局获“全国人力资源社会保障系统2017－2019年度优质服务窗口”称号，被授予“2019年度学习型党组织建设工作示范点”。亳州市被列为全国第三代社保卡试点城市，成为全省第二个第三代社保卡试点发放地区。

【就业创业促进】2019年，市人力资源社会保障局推进创业带动就业。推广使用“安徽创业服务云平台”，引导培训学员通过云平台申领电子创业券和对接所需的创业服务项目。开办创业大讲堂4期，发放创业担保贷款5.37亿元。

开展“促进转移就业，助力脱贫攻坚”为主题的春风行动。市、县（区）共组织各类招聘会60场，发放岗位信息宣传单、各类政策法规宣传资料10万余份，免费提供公共就业创业服务人数68021人，实现省内转移就业35365人，跨省转移就业27058人，组织参加职业技能培训人数3654人，提供劳动维权服务和法律援助人数1263人。

推进“2+N”主题招聘会，每周三举办就业招聘日，每周六开展人才对接会，同时突出特殊群体和地方特色，组织开展招聘活动。亳州市人力资源市场计划招聘会106场，县（区）同步制定招聘计划。全市累计举办招聘会539场，其中包括民营企业、退役士兵、残疾人、高校毕

图117 2019年2月11日，亳州市劳动就业招聘现场 （张廷林 摄）

业生以及“四送一服”园区企业等各类专场招聘活动，9467家单位累计提供岗位309706个，吸引求职者150263人次。

开展“就业帮扶，真情相助，不让一个困难群众掉队”为主题的“就业援助月”活动。对亳州市长期失业人员、零就业家庭人员、残疾人员、建档立卡贫困劳动者等群众实施就业援助，通过制定计划、设置现场招聘会、宣传政策等措施，走访各类就业困难人员478人，登记认定未就业困难人员185人，帮助188名就业困难人员实现就业，帮515名就业困难人员享受政策。

【人事人才服务】2019年，市人力资源社会保障局完善人防、物防、技防措施，实施专业技术资格执(职)业资格考试、委托性考试的报名审核(资审)等各类人事考试81项，考试科目150个，服务考生7.16万人次。建立专业技术人员资格考试证明事项告知承诺制。依托亳州技师学院建设标准化人事考试机房，搭载专业化的无纸化考试平台，打造全省一流标准化考试基地。做好高层次人才选拔推荐工作，潘刚获评第七批省学术和技术带头人，东方帝维获批省级博士后科研工作站。推进技工大省民生工程建设，企业新录入员工岗前培训1.49万人，岗位技能提升培训1.14万人，新技工系统培养新增4037人，新增技能人才2.38万人。古井集团“刘国英技能大师工作室”、亳州技师学院“李大卫技能大师工作室”获批省级技能大师工作室。

【劳动关系创新】2019年，市人力资源社会保障局推进和完善农民工实名制登记及工资支付监管信息化平台应用，全面落实农民工工资专户制度，健全失信企业联合惩戒机制，打造治理拖欠农民工工资长效机制，化解存量，全面遏制增量。全市共受理投诉561起，立案查处欠薪案件83件，以涉嫌拒不支付劳动报酬罪移交公安机关25起，追发2567名劳动者工资待遇2651.5万元，切实维护了劳动者的合法权益。拓展专户覆盖范围，全市127个政府投资项目、161个房产项目全部纳入工资专户管理，200个工业建设项目纳入工资专户。将政府投资项目和碧桂园、恒大等房产项目的装饰装修、水电安装等工程纳入工资专户监管。

推进农民工工资专户预储金制度落实。项目开工建设单位须向农民工工资专户缴存施工合同总价2%或4%的资金，确保工资专户正常运行，预储金进账2亿余元。全市951个工程项目纳入平台管理，农民工实名制登记21.11万人，专户累计入账66.61亿元，通过监管平台发放工资47.42亿元(其中，2019年专户入账40.23亿元，通过监管平台发放工资33.5亿元)。完善企业失信惩戒机制，加大对失信企业的惩处力度，对无故拖欠工资的企业和个人，一律从严处理，记入不良记录，列入拖欠农民工工资“黑名单”，推送至各信用信息平台，对其市场准入、招投标和信贷等进行限制，使欠薪企业“一处失信，处处受限”。

【专业技术人员资格考试报名证明事项告知承诺制落实】根据人力资源和社会保障部部署，2019年，市人力资源社会保障局考试中心开展专业技术人员资格考试中试行证明事项告知承诺制。适用于告知承诺制的报考人员无须再携带报名表、有效身份证、学历(学位)证书、从事相关专业工作年限等材料到现场进行审核。考生只需要根据考试报名流程在报名平台通过“身份学历学位核验”—“确认提交报考信息”—“网上缴费完成报名”即表示报名成功，“数据多跑路，考生少跑腿”的服务让考试报名更加便捷、高效。打造全省一流标准化考试基地，亳州市人事考试中心依托亳州技师学院建设标准化人事考试机房，有8个机房，400台计算机，统一设计安装，并搭载专业化的无纸化考试平台，测试、使用一切正常。经过扩容，可单场容纳800人同时在线考试，考试的承接和容纳能力增强。

【规范建筑领域农民工工资核算支付工作】2019年12月13日，市人力资源社会保障局、市住建委、市交通运输局、市水利局、市总工会等5部门联合印发《关于做好建筑领域农民工工资核算支付工作的指导意见》。文件从依法建立劳动用工管理和工资核算支付制度、建筑领域农民工工资核算方式和支付办法、工程建设农民工工资核算争议的处理原则三方面，提出亳州市建筑领域农民工工资核算支付工作指导意见，重点解决因结算纠纷导致的拖欠农民工工资问题。该做法在《安徽人社工作简报（劳动监察专刊）》第一期向全省人力资源和社会保障系统推广。

【根治欠薪行动】2019年7月20日至10月30日，亳州市开展根治欠薪“百日攻坚”行动，实现欠薪隐患早发现早处置，确保政府投资工程项目和国企项目工资无拖欠，确保历史欠薪问题动态清零。全市各级各部门共检查在建工程项目432个，协调处理欠薪投诉57起，补发492名农民工工资402.5万元，立案查处欠薪案件6件，移交公安机关3件。

11月20日，印发《关于开展2019年度根治欠薪冬季攻坚行动的通知》，在全市范围全面开展根治欠薪冬季攻坚行动。11月26日，召开全市根治欠薪冬季攻坚行动工作会议，部署全市春节前根治欠薪工作;12月23日，市政府常务会议将春节前根治欠薪工作列为议题安排部署;12月24日，调度市区根治欠薪冬季攻坚行动工作，重点调度重大欠薪隐患案件。全市共检查工程项目316个，接待投诉处理投诉179起，补发876名农民工工资652万元。

完善劳动监察行政执法与司法无缝衔接机制。全市公安机关立案涉嫌拒不支付劳动报酬犯罪案件25起，采取刑事强制措施29人，移送审查起诉28人。依法实施失信联合惩戒。2家施工单位和1名自然人被列入拖欠农民工工资“黑名单”，10家施工单位被记不良记录，对3家施工单位和4家建设单位通报批评，向社会公布拖欠工资典型案件4批14起，其中“亳州市鑫元建筑劳务有限公司拖欠劳动报酬案”被人社部在全国公示。

【“双随机、一公开”监管】2019年，市人力资源社会保障局制订全市人社系统“双随机、一公开”监管工作方案，26家人力资源服务机构、48家劳务派遣机构纳入检查库，认领工商登记监管存续企业122025家，全市人社系统执法人员全部纳入数据库。共计检查单位1450家，其中劳务派遣机构10家，人力资源服务机构6家，招工单位56家，出动执法人员2900人次，当场纠正违法行为4件，处理发现问题9件，全面完成年度抽查任务。

【“劳动仲裁开放月”活动】2019年9月，亳州市开展“仲裁开放月”活动，主动向社会公开调解仲裁工作制度、工作流程、仲裁员名单等信息，同时公开庭审活动、不定期发布典型案例，增强社会公众对调解仲裁工作的监督。邀请“两代表一委员”加强对调解仲裁工作指导，提升调解仲裁工作的社会影响力。活动明确仲裁员工作职责，强化责任落实，听取职工和企业诉求以及“两代表一委员”的建议，解答咨询和疑问，解决了企业的一些纠纷隐患，让劳资矛盾纠纷化解在萌芽状态。活动旨在推进仲裁行风建设，推动仲裁办案高效能;让群众了解仲裁办案程序以及《中华人民共和国劳动合同法》《中华人民共和国劳动争议调解仲裁法》等相关法律法规，增强法治意识。

【仲裁专递开通】根据安徽省人力资源和社会保障厅和安徽省邮政管理局联合下发的《转发关于开展以仲裁专递方式邮寄送达劳动人事争议仲裁有关文书工作的通知》要求，2019年4月，亳州市劳动仲裁专递开通。此次开通仲裁专递，节约了时间成本，减轻了当事人诉累，在规范仲裁送达程序、完善文书送达工作的同时，弥补了仲裁办案工作人员紧缺问题。保障和方便了当事人行使权力，避免当事人来回“跑趟子”，打通服务群众的“最后一千米”。提高仲裁办案质效。

【机房搬迁稳运行】2019年，按照《亳州市人民政府办公室关于全市信息化系统纳入亳州市云计算中心运行管理的通知》文件要求，鉴于人社部门网络架构、数据结构等特殊性，市人力资源社会保障局同市数据资源管理局、浪潮云中心相关工作人员制定机房搬迁实施方案，并对该次搬迁方案进行反复论证，4月底，金保工程系统及其相关系统顺利迁移到亳州政务云中心，各业务系统运行正常。建立网络信息安全预案，成立技术保障组，每日查看网站、金保工程系统，严密监控金保工程数据本地备份及同城异地备份是否正常，确保信息系统安全稳定运行。

【农民工工资支付工作新闻发布会】2019年12月20日，市人力资源社会保障局举办农民工工资支付工作新闻发布会。

2019年，亳州市健全责任体系和工作机制，推进和完善农民工实名制登记及工资支付监管信息化平台应用，全面落实农民工工资专户制度，健全失信企业联合惩戒机制，打造治理拖欠农民工工资长效机制，化解存量，遏制增量，保障农民工工资支付工作形势基本稳定。截至11月底，全市共受理欠薪投诉489起，立案查处欠薪案件70件，以涉嫌拒不支付劳动报酬罪移交公安机关18起，追发2183名劳动者工资待遇2278.7万元。全市公安机关立案涉嫌拒不支付劳动报酬犯罪案件22起，采取刑事强制措施29人，移送审查起诉28人。拖欠农民工工资投诉与上年相比有大幅下降，欠薪人数和欠薪金额分别下降21%、24.6%，没有发生一起因政府投资工程拖欠工程款导致的欠薪问题，因欠薪引发的群体性信访事件明显减少。

【全省“就业扶贫行动日”活动启动仪式】2019年10月17日，安徽省2019年“就业扶贫行动日”活动在谯城区华佗镇正式启动。省就业服务局局长唐正亮、省人社厅二级调研员戴晓龙、市政府副秘书长梁绍彬、市人力资源社会保障局局长张廷林等参加启动仪式。

活动现场，亳州联滔电子有限公司、亳州鼎基服饰有限公司等20余家知名企业参与招聘，提供岗位500余个。文惠形象艺术学校、东方职业培训学校等10余家培训机构现场向劳动者送岗位、送技能；设置劳动监察、就业创业、社会保险政策咨询台，现场发放宣传资料500余份，答复群众各类政策问题300余个。

社会保障

【概况】2019年，亳州市社会保险覆盖面持续扩大，全市城镇企业职工养老、城乡居民养老、工伤、失业保险参保人数分别为29.67万人、226.76万人、27.4万人、16.53万人，全部超额完成年度目标任务。机关事业单位养老保险制度改革稳步推进。2019年退休人员基本养老金调整工作，于7月底结束并补发到位。该次调整对象为2018年12月31日前按规定办理退休手续的退休人员，共涉及全市机关事业单位退休人员3.84万人。调整后，机关事业单位退休人员月人均工资从3819元增长到3987元，人均月增资168元，共补发了4499万元；涉及企业单位退休人员6.1万人，此次调整共需补发5400万元，调整后月人均养老金增加127元。

【企业和机关事业单位人员基本养老保险金调整】根据《关于2019年调整退休人员基本养老金的通知》规定，从2019年1月1日起调整安徽省企业和机关事业单位退休人员(含退职人员)基本养老金水平，调整的基本养老金包括定额部分、挂钩部分、倾斜部分。市人力资源和社会保障局及时调度落实资金，畅通发放渠道，确保7月底前企业和机关事业单位退休人员增加的基本养老金全部发放到位。此次调整对象为2018年12月31日前已按规定办理退休手续的退休人员，共涉及亳州市机关事业单位退休人员3.84万人。调整后，机关事业单位退休人员月人均工资从3819元增长到3987元，人均月增资168元，共补发了4499万元；涉及亳州市企业单位退休人员6.3万人，人均月养老金水平从2205元增加到2340元，人均增资135元，总共补发金额5400万元。

【机关事业单位7600名退休“中人”待遇重算工作完成】按照省人社厅的统一部署，市人力资源社会保障局组织各县(区)社保经办机构对机关事业单位2018年12月底之前退休的“中人”的养老待遇进行重算，并补发新标准与预发标准的差额及职业年金。针对机关事业单位2018年12月底之前退休的“中人”的待遇重核工作，亳州市完成7600名，完成率93%，居全省排名第二位，除个别退休“中人”因清算工作未完成、单位填报数据有误等特殊情况暂未重算外，符合条件的基本重核完成。

【降低社会保险费率，减轻企业缴费负担】为全面贯彻落实党中央、国务院决策部署，安徽省政府办公厅出台《关于印发安徽省降低社会保险费率综合方案的通知》，文件要求自2019年5月1日起，城镇职工基本养老保险单位缴费比例降至16%；自2019

年5月1日起至2020年4月30日止，失业保险总费率仍按1%（单位0.5%，个人0.5%）执行，工伤保险费率仍以现行基准费率为基础下调50%，此举利于企业减轻负担，降低企业用工成本。

【社会保障“一卡通”建设】2019年，亳州市社会保障卡累计制发卡508.34万张，超额完成省厅下达的年度任务指标，覆盖率连续多年居全省第一位。亳州市以提升社保卡应用技术基础支撑能力为着力点，以“多卡融合、一卡百通”为总目标，实现通过社保卡进行待遇发放，基金收缴，并做好社保卡与各部门数据的关联，推进社保卡的应用拓展。

【亳州市电子社保卡应用情况新闻发布会】2019年10月11日，亳州市人力资源和社会保障局举行电子社保卡应用情况新闻发布会。

自2013年起，全市发放500余万张社会保障卡，覆盖96.1%的常住人口，基本做到人手一卡，被人社部确定为全国38个示范市之一。随着社会保障卡的推广应用，线上办理业务的需求逐渐增多。

2019年4月，亳州市创新举措，启动电子社保卡建设，7月，在“皖事通”“我家亳州”和各大银行App客户端上线。

电子社保卡是社保卡线上应用的有效电子凭证，和实体卡一一对应、唯一映射、状态相同、功能相通。全国统一标准、统一签发、统一管理、统一验证，由全国社保卡平台统一签发，国家人社部统一管理，全国通用。可代替实体社保卡在互联网上实现身份认证，帮助持卡人在互联网上查询社保参保信息。同时具有移动支付功能。

开通的主要功能有：可以查询本人的企业养老、医保、工伤、失业信息，参保状态、缴费情况、欠费情况、个人账户余额、医保支付情况、在定点医疗机构消费信息等；可以扫码购药，在医保协议药店扫描电子社保卡的二维码即可支付医保购药；可以在全市医疗机构使用电子社保卡扫码看病和支付结算。

下一步将继续开发电子社保卡公交乘车、失业金申领、异地就医网上备案等多项功能，把实体社保卡可以实现的线下功能逐渐移植到线上，实现“数据多跑路，群众少跑腿”，给全市人民带来更多便利。

《安徽日报》《安徽法治报》《新安晚报》等10家省驻亳记者站及驻亳机构，《亳州晚报》、亳州广播电视台两家市直主流媒体参加发布会。“我家亳州”“亳州头条”和“掌上亳州”客户端，亳州新闻网，亳州视听网，亳州交通音乐广播现场直播。

（李　冰　王振芳）

民　政

【概况】2019年，亳州市民政局组织宣传贯彻《行政区划管理条例》系列活动。完成淮北—亳州线联检。完成国家地名信息库更新完善，更新上报地名信息563条。完成国典省典词条汇总上报，报送国家标准地名词典词条目录312条，省典词条目录440条。编纂《行政区划图》《标准地名图》《亳州地名故事》。做好千年古镇、千年古村落申报。开展不规范地名清理整治和城区第一批沟坑命名工作。

成立市民政局扫黑除恶专项斗争领导小组，听取（研究）扫黑除恶专项斗争情况12次，专题学习6次，组织开展应知应会知识测试，观看《“黑恶人生”警示录》等警示教育片。强化宣传发动，利用福利彩票投注站、福利院、殡仪馆等单位窗口设置宣传牌、电子屏等形式，宣传扫黑除恶政策知识，发放宣传资料2000余份，解答群众咨询500余人次。开展民政系统重点行业和领域涉黑涉恶线索的梳理排查。摸排梳理上报14条线索。

组织开展2019年度全国社会工作者职业水平考试，继续出台奖励政策，101人通过考试，发放一次性补助8.5万元。新增谯城区人本社会工作服务中心1家社工机构。开展“三区”“三社联动”“十百千”“七彩春天”等社工项目。开展全国社会工作宣传周活动。

建成乡镇公益性公墓（骨灰堂）20个。开展殡葬领域突出问题专项整治，整治违规私建“住宅式”墓地、硬化大墓、活人墓7426座。销售福利彩票2.6亿元。推进婚姻登记标准化、信息化建设，3所婚姻登记机构被评为AAA级婚姻登记机关，开展婚姻登记网上预约服务。

针对“五保”、低保救助资金

和财务发放使用不规范、侵占挪用、虚报冒领，以及“五保”、低保重复享受、死亡后没有及时清退等问题，组织开展漠视侵害群众利益专项整治，组织专题学习3次，到基层调研3次，印发通报1期，排查问题14个，全部整改完成，建立制度2项，通报4起典型案例，拍摄警示教育片1部。同年，亳州市民政局被省人社厅、省民政厅评为“全省民政系统先进集体”，亳州市农村敬老院集成改革工作获评“2019年中国改革年度优秀案例”。市民政局机关党委被市直机关工委评为“先进基层党组织”。

【社保兜底脱贫】2019年，亳州市城乡低保标准统一调整为585元/月/人，在全省率先全面实现低保城乡统筹。保障农村低保对象19.4万人，覆盖率3.61%，发放资金7.33亿元，其中，建档立卡贫困对象13.7万人，占比71%。出台《亳州市进一步规范农村“五保”供养管理工作若干规定》，对“五保”老人去世后承包宅基地处置、丧葬补助标准等进行明确。保障特困人员28788人，发放资金1.44亿元、护理补贴2685万元。出台《关于进一步加强和改进临时救助工作的通知》，建立乡镇（街道）临时救助备用金制度，下放急难型临时救助审批权，拨付备用金156万元，累计临时救助5540人次，支出资金1759万元。建立民政数据监控核对中心，运用互联网、大数据等信息手段，连通各县（区）民政业务系统，汇聚相关数据，对低保、“五保”审批办理、资金发放等数据分析、监管、预警和共享，推进民政信息化建设。推动社会救助审核审批制度改革，探索低保审批权限委托下放至乡镇（街道），简化手续，提高审批时效，由原来的“35个工作日+14天”公示期压缩为1个月内办结。

【养老服务体系建设】2019年，亳州市建成“三级养老服务中心”229所，新增社会办养老床位721张。发放社会办养老机构补贴1128.3万元。向15657名低收入老年人发放养老服务补贴3837.6万元。出台《亳州市人民政府办公室关于加快养老服务业发展的通知》，建立农村老年人赡养协议签订、农村特殊困难老年人探视走访和农村留守老年人联系人登记3项制度，农村老年人赡养协议签订率45%。推动智慧养老、医养结合养老机构试点，市级1家、三县一区各1家开展智慧养老、医养结合试点建设，依托互联网，通过智慧养老管理软件系统、智能硬件设备等方式，建立“智慧养老服务平台”。推进医养结合型养老服务模式融合发展，对各类医疗机构举办养老机构享受社会资本举办养老机构相同的扶持优惠政策，鼓励创办主要针对高龄、病残老年人的康复护理专业服务机构，全市150张床位以上的养老机构均设立医务室或护理站。137个医疗机构开设老年人绿色通道，58家医疗机构开设康复保健科。

【农村敬老院管理体制改革】2019年，亳州市132所农村敬老院委托乡镇卫生院代管，1723名失能、半失能“五保”老人实现老有所养、病有所医。投入4000余万元，完成63家农村敬老院设施设备改造提升。鼓励农村敬老院转型升级为区域性养老服务中心，458名社会老人自费入住敬老院，丰富养老服务供给，满足多样化社会养老需求。

【特殊困难群体保障】2019年，亳州市向87446名困难残疾人发放生活补贴5226.5万元；向63751名重度残疾人发放护理补贴4630.9万元。福利机构集中供养、社会散居孤儿基本生活费标准分别提高到1050元、1450元/月/人，保障孤儿4317人，发放资金4426.7万元；将“事实无人抚养儿童”纳入孤儿保障范围，支持利辛县开展困境儿童保障试点，为符合条件的困境儿童每月发放700元保障金；建立完善由1334名儿童保护专干，91名儿童保护督导员等组成的四级关爱保护机制，举办儿童保护督导员和儿童保护专干专题培训班；持续做好“明天计划”，救治孤儿60名，为193名在福利集中供养孤儿进行体检。出台《亳州市生活无着流浪乞讨人员及时发现救助机制实施方案》，建立生活无着流浪乞讨人员及时发现救助机制，协调市城管局、市园林管理处等单位，设立流浪乞讨救助标识牌19处，引导流浪乞讨人员主动进站救助；建立流浪乞讨数据监控中心，协调市数据资源局、市城管局等单位，依托“天网”工程，对市区及三县一区人流量集中区域实现实时监控，建立街头流浪乞讨人员快速发现、及时救助机制。救助生活无着人员2086人次，支出资金776.5万元，在全省率先设立"圆梦"寻亲工作室，帮助673名长期流浪乞讨人员找到家庭并护送返乡。将11名救治稳定后的关锁精神病人，接回市精神病福利中心进行康复治疗。

【社会组织服务管理】2019年，亳州市培育发展市级社会组织22家，督促248家社会组织参与年检，对4家涉嫌非法社会组织进行网上通报，注销3家、撤销1家。加强社会组织党建，督促41家社会组织建立党支部。鼓励市级行业协会商会参与脱贫攻坚，引导178家社会组织参与脱贫攻坚，开展帮扶项目260个，扶贫受益对象6.5万人，投入自有资金6468万元。

【城乡社区治理】2019年，亳州市推进1个省级、4个市级智慧社区建设试点，依托社会服务管理信息化平台，打造"设施智能、服务便捷、管理精细、环境宜居"智慧社区。开展村和社区"两委"换届"回头看"，43名受过刑事处罚人员，依法依规清理出村（社区）干部队伍，及时补选178名村（社区）"两委"班子成员。推进农村社区建设试点，1150个农村社区建有服务中心（站）。开展村规民约和居民公约"大体检"，1032个社区（村）完成修订。加强乡镇政府服务能力建设，完成6个省级乡镇政府服务能力建设示范点培育。推进社区协商工作，城乡社区工作协商委员会挂牌率100%，社区每年开展协商活动6次以上。推进社区减负增效，规范村级工作台账和盖章证明事项，严格落实社区公共服务事项准入制度。

（张亮亮）

民族宗教

【概况】亳州市是全省民族宗教工作大市，全市少数民族常住人口6.9万余人，"五大宗教"（佛教、道教、伊斯兰教、天主教、基督教）俱全。

2019年，根据亳州市机构改革方案，市委统战部统一管理民族宗教工作，将市民族事务委员会（市宗教事务局）并入市委统战部，对外加挂市民族宗教事务局牌子。

市委召开常委会议2次、中心组理论学习会议2次、专题调度会议6次、统战暨民宗领导小组会议3次，学习习近平总书记关于宗教工作重要论述、中央和省有关文件精神，研究部署宗教工作。

市民族宗教事务局贯彻落实中央和省、市关于民族宗教工作重大决策部署，开展民族团结进步创建，加强宗教事务依法管理，全市民族宗教领域和谐稳定。

按"五大宗教"分类制定《宗教活动场所民主管理组织和教职人员责任清单和负面清单》，印发《亳州市五星级宗教活动场所创建评定实施方案》。开展送学活动，出资近15万元为全市396处依法登记宗教活动场所赠送《习近平新时代中国特色社会主义思想学习纲要》《中华人民共和国宪法》《社会主义核心价值观学习读本》等书籍。开展"宗教政策法规学习月"活动，组织大中专学校教师、统战委员、民宗干事、民宗联络员、司法干警等到宗教场所开展宣讲。举办宗教界庆祝中华人民共和国成立70周年文艺会演暨爱国主义教育活动2期。宗教界培育和践行社会主义核心价值观"四进四有"实现全覆盖，组织演讲比赛和专题研讨3次，全面推行"二十四孝""仁、义、礼、智、信"等中华优秀传统文化进宗教活动场所。

【基层民族宗教三级网络两级责任制建设】2019年，亳州市所有乡镇（街道、管理区）全部配备统战委员和民宗干事，各行政村（社区）全部配备村级民宗联络员，由村"两委"成员兼任。市、县（区）开展专题学习和业务培训21次，累计培训4100余人次，全市宗教工作部门工作人员，乡镇（街道、管理区）统战委员、民宗干事，村（社区）书记、民宗联络员实现培训全覆盖。

【民族团结进步宣传教育】2019年，市民族宗教事务局组织到利辛县张村镇王寨村、汝集镇街南村，涡阳县西阳镇范蠡村，谯城区大杨镇丁固民族村开展民族团结进步创建"三下乡"示范活动，发放《中国公民民族成分登

图 118　2019 年 8 月 29 日，谯城区民族团结进步月活动　（张延林　摄）

记管理办法》和民族政策宣传单资料 1000 多份。开展全市民族团结进步宣传月活动，在市区人员密集区电子大屏幕播放民族团结进步宣传动画 50 余条，全市共悬挂民族团结宣传条幅 1000 余幅。出台《亳州市贯彻落实〈全面深入持久开展民族团结进步创建工作铸牢中华民族共同体意识实施方案〉任务分解表》，谯城区蒋楼民族村党委书记蒋成彬被国务院授予“全国民族团结进步先进个人”称号，安徽协和成药业饮片有限公司被省民委评定为“全省民族团结进步示范单位”。

【民族聚居区脱贫攻坚】2019 年，市民族宗教事务局加大对少数民族事业的资金投入，共争取中央扶贫资金 236 万元，全部用于建档立卡民族村和少数民族聚居区基础设施建设。分别是蒙城县 63 万元，全部统筹使用，用于部分道路改造。谯城区 173 万元共分配项目 5 个：牛集镇蒋楼民族村道路项目 1600 米，32 万元；古城镇张桥民族村道路项目 600 米 24 万元；大杨镇丁固民族村道路项目 650 米 40 万元；观堂镇观堂民族村道路项目 600 米 25 万元；十八里镇小怀民族村道路项目 800 米 52 万元。

争取省级少数民族专项资金 181 万元，用于扶持民族企业发展和少数民族传统文化发掘和保护工作。其中，民族企业补助资金 138 万元：永刚中药饮片公司炒制、筛分、蒸制车间技术改造项目 50 万元；协和成中药饮片公司年产 2000 吨中药饮片小包装生产线建设项目 50 万元；利辛远旺清真食品公司 37 万元。少数民族专项经费 43 万元，其中，经济发展类资金 32 万元：谯城区富农家蔬菜种植合作社水肥一体化建设项目 15 万元，利辛县四里何民族村小蘑菇种植项目 17 万元。社会事业类 11 万元，其中，谯城区华佗武校少数民族传统体育项目 8 万元；谯城区民族剧社民族团结节目创编、巡演项目 3 万元。

（张　勇　骆广文）

退役军人事务管理

【概况】2019 年，亳州市、县（区）两级退役军人事务局全部挂牌成立。市民政局原下设的市退役军人服务管理中心整建制划转至市退役军人事务局。全市成立退役军人服务管理中心 6 个，乡镇（街道）成立退役军人服务管理工作站，村（社区）成立退役军人服务管理工作站。全市形成以市、县（区）、乡镇（街道）、村（社区）退役军人服务管理“两站两中心”为主体的“4421”工作架构（四级工作体系、四级政策咨询、两级申请受理、一个平台办理）。

召开亳州市双拥工作委员会会议，通报国防教育基地建设进展情况，安排部署创建全国双拥模范城工作任务。召开中共亳州市委退役军人事务工作领导小组第一次全体会议。

召开亳州市退役军人事务局机关党支部成立大会，审议通过《中共亳州市退役军人事务局机关党支部选举办法（草案）》，选举产生亳州市退役军人事务局第一届机关党支部委员会。

为全市烈属、军属、退役军人等家庭集中悬挂光荣牌，涡阳县新城社区退役军人张洪超家庭成为全省第一个悬挂光荣牌的家庭。

成立市退役士兵养老保险接续工作专班，举办 13 场县

(区)、乡镇(街道)、村(社区)经办人员业务培训班，召开工作推进会2次，工作调研4次，推进部分退役士兵的养老保险接续工作。完成退役军人信息采集任务。

【安置工作】2019年，亳州市印发《关于印发〈移交政府安置军队离退休干部服务管理规范〉的通知》《亳州市退役军人事务局关于精神病军队退休干部护理费审批办法(试行)的通知》《亳州市本级军队退休干部医疗费用补助办法(试行)的通知》，保障军队安置人员相关权益。

制定亳州市军转干部安置工作方案，完成接收军转干部。印发《亳州市人民政府 亳州军分区关于印发亳州市2018年度退出现役士兵安置工作方案的通知》，各县(区)均完成符合政府安排工作条件退役士兵安置工作任务，完成接收2018年度退役士兵的接收、安置工作。

【优抚工作】2019年，亳州市印发《亳州市退役军人事务局关于优抚对象兜底保障实施方案的通知》《亳州市退役军人事务局关于农村烈士遗属和中华人民共和国成立前参加革命老战士等重点优抚对象关爱帮扶工作的整改实施方案的通知》《关于做好2019年“八一”建军节走访慰问退役军人及其他优抚对象工作的通知》，推进优抚对象生活生产。

对在部队立功受奖的现役军人，一等功奖励10万元，二等功奖励3万元，三等功奖励3000元，优秀士兵奖励1000元。开展送立功喜报活动。

2019年再次提高优待标准，各县区全部达到或超过本辖区上年度全体居民人均消费性支出的100%。全面兑现抚恤优待政策，及时足额发放抚恤补助资金，特别是残疾军人、“三属”、在乡复员军人、带病回乡退伍军人、参战参试人员、中华人民共和国成立前老党员、60周岁农村籍老兵、部分老烈士子女等重点优抚对象，及时足额发放到位。

【双拥工作】2019年，亳州市双拥工作委员会更名为亳州市拥军优属拥政爱民工作领导小组，并对组成人员进行调整。成立市双拥工作领导小组办公室、市军队离退休干部服务中心。市双拥工作领导小组办公室为退役军人管理局内设机构，核定专职副主任1名，原拥军优抚和权益维护科更名为优抚和权益维护科，双拥相关业务调整至双拥工作领导小组办公室；在市退役军人服务管理中心加挂市军队离退休干部服务中心牌子，增加事业编制3名，增设副主任1名。

印发《亳州市2019年度入伍新兵和退役士兵运输军供保障工作实施方案》《关于表彰全市“优秀兵妈妈”“好军嫂”“情系国防好家庭”“最美退役军人”的决定》，保障军需，营造全社会尊崇退役军人的氛围。

全面落实各项拥军优抚政策，解决部队官兵和优抚对象的实际问题，发挥典型示范引领作用，开展“药都烈士子女助医”“药都慈善·关爱抗战老兵”和“优秀兵妈妈”“好军嫂”“情系国防好家庭”“最美退役军人”评选等活动，引导“两新组织”(新社会组织、新经济组织)参与拥军活动，唱响“退伍不褪色、退役不退志”主旋律。

召开创建全国双拥模范城工作推进会，部署创建全国双拥模范城工作，印发双拥创建宣传工作方案。召开创建全国双拥模范城迎检会议，部署迎接全国双拥模范城创建检查工作。向省双拥工作领导小组提出《关于申请命名全国双拥模范城的请示》。制定下发《亳州市争创全国双拥模范城实施方案》，依托新闻媒体采取开辟专栏、专刊、专版报道等形式，营造宣传氛围。

【就业创业】2019年，亳州市开展退役士兵技能培训工作，投入培训经费505.24万元，培训合格率100%。开展退役士兵适应性培训，推进退役军人从部队人才到经济社会发展重要力量的角色转换。举办“退伍不褪色·就业在起航”退役军人专场招聘会，提供各类就业岗位若干。推荐5名退役军人创业者到清华大学、重庆大学参加安徽省退役军人创业特训营培训。省退役军人事务厅、省人力资源和社会保障厅与安徽古井集团有限责任公司签约退役军人就业创业培训基地。

(张　婕)

开发区建设

图 30 “美丽亳州”系列图片——2019 年 1 月，亳州高新技术产业开发区 （刘钰鑫 供图）

亳州高新技术产业开发区

【概况】1993年4月，省政府批准成立亳州经济技术开发区；2013年7月，和市南部新区合并成立亳州经济开发区；2018年5月，经市委、市政府研究决定，将谯东镇部分村、汤陵街道部分社区和十九里镇，划入市经济开发区，调整面积47平方千米，调整后面积为147平方千米；2019年1月，省政府批准更名为安徽亳州高新技术产业开发区。

2019年，全区地区生产总值同比增长11.4%，居全市第二位。市统计局反馈涉及经济开发区的14项主要经济指标中，增速排前三位的有10项。39家战略性新兴产业企业实现产值63.4亿元，同比增长43.18%；87家规上工业企业实现产值121.31亿元，同比增长12.6%；财政收入迈上20亿元台阶。

优化基层组织。设立第六、第七、第八社区管理中心，第六社区管理中心临时党委调整为第六、第七、第八社区管理中心党委。运行非公企业党组织动态调整机制，成立10个非公有制经济单位党支部、建设6个党建工作指导站、派驻36名非公党建指导员；打造"一圈两心"社企联盟党建工作示范带。建成启用纪检监察工作协作区，开展作风纪律专项督察、节假日督察等，纪检监察工作制度化、规范化。

开展"不忘初心、牢记使命"主题教育，一批群众最急最忧最盼的问题得到解决。重污染天气实施精准化管控；小区综合整治破解"飞线充电"，实行"人车分流"；还原小区5个超期未交付地下车库整改启用；9个基层党委为民服务解难题254个、基层党支部为身边群众办好事906件。

推动项目包保、为企服务工作系统化、制度化、规范化。选派150名机关干部定点联系299家工业企业和132个在建项目，组建7个项目帮办组按地块分片包保，管委会每半月召开一次在建项目、规上工业企业座谈会，收集问题、定向派单、跟踪销号。为企业办结问题561件；兑现各类政策奖补资金1.6亿元；申报项目支持资金8530万元。申报高新技术企业14家，新入规模以上工业企业16家，新增限额以上商贸流通企业27家，孵化进出口企业19家。

道路保洁常态化、精细化开展。机动车道每天4次，非机动车道、人行道每天2次；重点区域3千米范围内增加洗扫频次，机动车道和辅道作业率100%；数字城管中心自查问题9600余个，市级交办11123个，全部按时办结。拆除违法建筑303处，违建"零"新增。围绕创建全国文明城市部署要求，高标准制定实施方案、营造创建氛围、丰富活动载体、创新工作举措、开展专项整治、打造实践品牌。

严把准入关口，严禁重污染、高能耗等项目入驻园区。全区270个基础网格、861名网格员，排查各类生态环境问题，开展禁燃禁放、餐饮油烟治理、工地扬尘治理、秸秆禁烧等污染防治工作，23966个自查问题全部落实整改。发挥环保案件联动执法机制，组卷107件；"五车"联合执法查处违规车辆274起。推进河长制，开展河湖排污口大排查，排查自然村42个、坑塘108个。$PM_{2.5}$年均浓度52.3微克/立方米，完成市委、市政府下达的年度目标任务。

精准脱贫攻坚。辖区有建档立卡贫困户2043户、3546人，脱贫2001户、3468人，未脱贫42户、78人，通过扶贫年度省级第三方评估。推进公办教育。第32中学在秋季迎来首批高中学生入学。新建义务教育学校5所，释放学位8610个；增设14所中小学附设幼儿园、接收还原小区G区幼儿园和建投世纪城幼儿园，新增幼儿园学位2640个，普惠性幼儿园覆盖率53.3%，2所幼儿园被评为省级一类示范园。

办结扫黑除恶线索157条，打掉犯罪集团2个、一般团伙3个，破获团伙以上案件74起，刑事拘留77人、逮捕47人，社会治安改善。排查安全生产隐患4036处、整改3542处，市挂牌督办78处、整改54处，其余问题均在推进整改中。党委班子开门接访、带案下访，妥善化解一批积案。50家企业纳入农民工工资支付打卡实名制监管平台，新建续建项目农民工工资专户建户率100%。

【土地征收】2019年，亳州高新技术产业开发区40天完成北外环建设项目唐庄、付庄、田小庙、夏庄、蔡庄、六里井、许庄7个村庄整村拆迁工作；完成彭马、小魏园、杨庄3个村整村拆迁协议征收工作。

【招商引资】2019年，亳州高新技术产业开发区发挥新成立的长三角招商分局前哨作用、区直两个招商局牵头作用和6个招商小组整体合力，紧盯主导产业、重点企业、重点区域，推动高质量发展。全年签约项目96个，总投资494.7亿元，利用市外内资297.6亿元、到位省外资金169亿元、利用外资1.02亿美元，均超额完成年度任务。

【项目建设】2019年，亳州高新技术产业开发区推动项目落地，新开工项目80个，其中亿元以上项目62个；推进重点项目建设，146个全市重点调度推进项目完成投资273.5亿元，完成年度任务的108%；立足"药食同源"和大健康产业链优势打造的食品产业园项目，入驻企业46个、总投资25亿元，全部开工，年内投试产12个。

【产业升级】2019年，亳州高新技术产业开发区对接上海张江、松江、闵行，浙江义乌、金华、湖州等地，重点推进园区战略合作。加强产业谋划，围绕仿制药、创新药、长丝织造、制药机械等产业开展调研。成立高新投有限公司、设立创通股权投资基金，为企业在仿制药一致性评价和创新药研发上提供引导、支撑；顺应新的药品持有人制度，聚焦首仿药、难仿药、创新药，加强品种引进和自主创新，打造以药明康德为代表的委托研发基地、以宝龙药业有限公司为代表的委托生产基地和以太阳升（亳州）高科医药管理有限公司为代表的持有人平台。与宝龙药业有限公司、安徽敬康药业有限公司等10家药企签订涉及76个品种的仿制药一致性合作研发协议。

【园区升级】2019年1月，亳州经济开发区正式更名为"亳州高新技术产业开发区"；7月，启动"以升促建"争创国家级高新区工作。市政府成立亳州市创建国家级高新技术开发区领导小组，市政府主要负责人任组长，市直各部门协同，强优势、补短板，推进创建工作。12月20日，通过省科技厅组织的升级创建专家咨询论证会。

（刘钰鑫）

亳州芜湖现代产业园区

【概况】2019年，亳州芜湖现代产业园区4项指标增速居全市第一位，规模以上工业增加值同比增长15.7%，比全市高4.3个百分点；战略性新兴产业产值增长48.8%，比全市高23.4个百分点；工业技术改造投资增长866.1%，比全市高809.3个百分点；全部财政收入3.2亿元，增长23.4%，比全市高16.4个百分点。2项指标增速居全市第二位，高新技术产业增加值32.5%，比全市高17.8个百分点；进出口总额4406万美元，增长34.1%，比全市高9.3个百分点。限额以上消费品零售总额增长12.3%，增速居全市第三位。

完善行政审批服务，依照"八个一律取消"的标准，网上办理事项全部实现网上办理。推进"四送一服"和项目建设工作，开展走访调研，举办专场政策宣传和对接服务，帮助协调解决问题。领导小组不定期召开专题会议，针对难解决、较典型的问题进行挂牌督办，并采取现场办公、调度会的形式，统筹协调解决。园区"四送一服"工作领导小组共组织宣讲座谈75场次，参与人数1704人次，走访调研企业483次，帮助企业融资4470万元。

促进银企交流合作，缓解中小民营企业融资难。发挥财政资金支持实体经济发展的作用，共扶持128家企业，扶持金额1.05亿元。完善农民工工资保障长效机制，做好农民工工资保障工作，协调解决农民工现场投诉欠薪工资720万元。

严把环境影响和能耗关，严禁不符合节能环保要求的项目入驻，督促企业进行节能环保技术改造，引导企业走"循环利用、节能减排"的发展道路。根据《亳芜产业园区重污染天气应对工作方案》，对园区重点大气污染防治单位进行现场检查指导，监督指导企业落实减排措施。按照"六个百分百"工作要求，严格监管，督促在建项目扬尘防治。开展在建项目非道路移动机械排查工作，针对未取得环保检验合格证的机械，严禁使用。按照相关政策，兑现药业企业污染防治设施安装的专项资金补贴。全面实施地净、路畅、水活、天蓝、林拥城工程，初步建成宜居宜业的园区环境。

【基础设施建设】2019年，亳州芜湖现代产业园区完成32条道路及路口信号灯、电子监控、道路标线、标牌移交，5座公厕建成移交。园区派出所和消防站建成并交付使用；亳芜还原小区一期室外配套工程竣工验收，完成亳芜软件大厦及亳芜大酒店接收，人才公寓、拓佳广场附属配套工程竣工验收。完成亳芜大道（汤王大道一省道307）剩余绿化工程苗木栽种和验收工作。漳河二期和林拥城示范区（汤王大道一京九西路）绿化顺利移交。完成林拥城一号口至魏武大道80米绿化苗木移植。完成园区五人制足球场项目建设。解决33家企业共56处道路开口问题。完成25台临时变压器维保及10台临时变压器拆除工作。

【招商引资】2019年，亳州芜湖现代产业园区围绕食品医药、节能环保、装备制造三大产业，发展服务外包产业，推进精准招商、借会招商、上门招商、以商招商。园区共签约项目54个，总投资61.32亿元，亿元以上项目30个，5亿元以上项目2个，10亿元以上项目1个；工业项目40个，总投资60.06亿元；商服业项目11个，总投资1.26亿元；呼叫中心项目7个，签约总座席2200席；总部经济项目6个。引进市外内资105.02亿元，新建亿元以上省外投资项目20个，实际到位省外资金27.2亿元。新谋划招商引资项目68个，总投资198亿元。外资上报1700万美元。

【项目建设】2019年，亳州芜湖现代产业园区实施《亳芜园区关于工业投资项目"四督四保"协调推进实施办法》，将园区项目建设工作分为重点项目及重大招商项目的转化建设、招商储备项目的建设和转化、重点在建项目的建设以及新建、续建及竣工项目的建设四类，建立完善分层调度、单双周调度等运行调度机制，统筹推进，并将项目推进

图119　2019年12月，亳芜现代产业园区一期工程　（刘兵剑　屈建龙　摄）

纳入年度考核。建立政策兑现机制，制定出台亳芜现代产业园区《兑现招商引资合同及优惠政策办法》。加大企业扶持力度，组织帮助企业申报市开竣工奖补资金，兑现扶持资金4429.42万元。

2019年市重点项目任务54个，其中续建37个、计划新开工17个；计划总投资254.39亿元。实际竣工项目9个；新开工项目17个，完成任务的100%；完成投资218.57亿元，完成任务的85.92%。截至2019年年底，亳芜现代产业园区落地项目共112个，其中工业项目89个，商服项目7个、物流项目6个、公共管理与公共服务项目2个，公共设施项目3个、道路与交通设施项目1个、居住项目2个和公园绿地项目2个。项目主体建成或投入使用项目62个。

出让土地12宗，共73.72公顷。加大对“僵尸企业”以及闲置工业用地的调度及处置力度。截至2019年年底，已盘活问题项目和闲置土地11宗，盘活土地59.6公顷，盘活项目8个，其余2个问题项目有序推进。

【科技创新】2019年，亳州芜湖现代产业园区借鉴芜湖高新区把人才创新驱动发展摆在核心位置，围绕三大主导产业，在重点提升人才支撑平台、技术研发支撑平台、投融资平台上全方位支持创新创业。园区有“专精特新”企业5家，省级企业技术中心2家，高新技术企业6家，两化融合企业2家，节水型企业3家，企业登云8家，安徽省工业精品1项，新增规模工业4家，总数达18家，截至12月，规模工业总产值约28.7亿元，产值突破亿元的6家；突破5亿元的1家；新增规模工业总产值约3.7亿元，占规模工业总产值的13%。技改备案5项，总投资约2.3亿元。园区支持民营经济配套专项资金191.49万元。

园区安徽伊法拉电气有限公司、安徽伊法拉电力科技有限公司、亳州讯飞信息科技有限公司申报高新技术企业，均已公示。鼓励园区发明创造和技术创新，推进知识产权战略，提高企业核心竞争力，出台《亳芜产业园区关于大力促进民营经济发展的实施意见》，受理专利奖励125件，其中发明专利20件；发明专利进入实审105件。

天马（安徽）国药科技股份有限公司新三板挂牌上市。

（田继云）

谯城经济开发区

【概况】2019年，谯城经济开发区累计入驻各类实体企业436家，其中战略性新兴企业46家、高新技术企业25家、规模以上工业企业106家，实现经营销售收入420亿元，增长10.6%；规模以上工业总产值255亿元，增长12.3%；税收收入17.5亿元，增长16%；进出口总额3.5亿美元，增长36%；固定资产投资106亿元，增长10.8%。

同年，安徽济人药业的疏风胶囊等系列药品成功进入欧盟市场；芳香苑花茶有限公司与皖西学院建立校企合作关系；华佗国药厂的华佗牌六味地黄丸、复方丹参片、救心丸、止泻保童颗粒、童宝乐片、珍菊降压片被认定为高新技术产品；安徽协和成

图120 2019年7月29日，亳州市华佗国药厂 （王长江 摄）

药业公司获安徽省白芍等皖产大宗中药无硫化生产关键技术研究与应用三等奖；五得利面粉获中国食品（行业）最具价值品牌和“2019中国品牌影响力（行业）十大品牌”称号。

【招商引资】2019年，谯城经济开发区完成签约项目24个，总投资68.65亿元，其中超亿元项目有投资16亿元的福派园食品产业园项目、11亿元的金启宏集团纺织产业园、4.5亿元的佳恩特电子科技有限公司等11个。

【项目建设】2019年，谯城经济开发区全力打造审批事项最少、办事效率最高、投资环境最优、市场主体和人民群众获得感最强的“四最”营商环境。完成长白山制药(亳州)产业园有限公司、安徽盛海堂中药饮片有限公司、安徽通茂再生资源有限公司等41家招商引资优惠政策兑现工作，兑现总金额1.07亿元；完成27家工业企业城镇土地使用税财政扶持资金审核工作，涉及资金774.68万元；帮助企业解决实际问题526件。

【基础设施建设】2019年，谯城经济开发区建成双创产业园标准化厂房35万平方米；打通华佗大道、芍花路、药都大道、桐花路等10条断头路，实现通车20千米；完成庄周路与紫苑路交口道路沉陷维修和恒大城杜仲路管道改造施工工程；完成管道改造连接和雨污临时疏导工程；完成道路积水点排查及整改25处；完成庄周路与杜仲路、张良路污水管网连接工程；完成220千伏华佗变电站、110千伏马园变电站建设并投入使用；开工建设热力管网4号线建设，实现经济开发区供气目标。

（卢若飞）

涡阳经济开发区

【概况】2019年，涡阳经济开发区托管11个社区，63个自然村，辖区面积约37.1平方千米，常住人口约4万人。开发区完成规模工业总产值112.4亿元，同比增长34.57%；新增规模工业企业15家，总数82家，新增高新技术企业6家，总数13家；高新技术产业企业24家，产值59.35亿元，增长62.9%；战略性新兴产业企业23家，产值54.71亿元，增长42.53%；财政收入完成10.3亿元，增长46.51%；在2018年度省级开发区综合考评中居全省排名第八位。

调整土地利用规划、乡镇总体规划，编制各工业板块的电力规划，完成阳港产业园及涡北循环产业园规划编制，开展化工集中区规划及规划环评的编制。

出台为企服务责任体系实施方案、为企服务和项目建设流程再造实施方案，秉承“马上就办、办就办好”的服务理念，常态化开展“四送一服”活动，实行“一对一”包保帮办，破解各类问题。

落实重污染天气下企业应急减排措施，促进企业改造升级转型，建立健全整治“散乱污”企业长效机制，落实“网格化”工作责任制度和群众举报制度。聘请第三方机构编制开发区循环化改造示范试点实施方案，完成中央、省、市、县环保平台交办问题的整改。

制定企业风险防控管理实施意见、闲置厂房租赁经营专项整治工作方案、工业企业空置建筑物租赁管理暂行办法，成立企业风险防控工作领导小组，实行联席会议制度。建立重点企业风险防控“一企一档”资料库，完善风险防范化解处置机制；与法院建立联动机制，盘活低效闲置企业

图121　2019年9月19日，世界制造业大会涡阳招商专场签约仪式

（侯清超　供图）

8家。开展安全生产隐患再排查再整改专项行动，发出隐患限期整改通知书87份，摸排58家租赁经营单位，签订入园协议9家，采取停电措施16家，清空2家。

南部新区启动区基本建设完成，学校、医院、公园等配套设施基本完备，市民服务中心投入使用，“五馆两中心”即将开馆，体育中心开工建设，幸福河、南外环水系生态治理成效明显，4个城市社区党群活动中心投入使用，推进8个新建安置小区交付、6个安置小区建设。

完成郭寨变到阳港产业园10千伏线路建设，开发区（楚店）污水处理厂、西阳污水处理厂、龙马污水处理厂进程并水试运行，完成26千米配套管网；西阳基础设施PPP项目道路、安置区、小学、垃圾转运站等启动建设；涡北路EPC项目、A区雨污水管网完善项目开展前期工作；星园路雨水管网完善、光大南侧道路项目完工。

【招商引资】2019年，涡阳开发区签约项目46个，签约金额154.95亿元(其中，属长三角地区的有9个，占总签约项目的19.6%)。

从投资规模上看，10亿元以上项目6个，5亿～10亿元以上项目1个，1亿～5亿元项目18个，亿元以下项目21个；从帮办质量上看，帮助项目新注册公司49个，银行开户47个，发改委立项35个；从对接频率上看，组织外出招商30余次，接待客商百余批次。

【项目建设】2019年，涡阳经济开发区推进工业项目66个，其中鸿路钢构生产基地二期、光大热电联产、德运粮油、邻里中心等31个项目完工；鸿路生产基地三期、金沙河、信和光能、易腾服饰、黑娃二期等14个项目在建；山东良宇绿色建材、秦鼎煤泥综合利用、温氏现代化肉食品加工、钢结构生产项目等21个项目正在进行前期工作。

【征迁安置】2019年，涡阳经济开发区完成七里顾社区、王大社区的整村征迁，征迁群众1098户，拆迁人口3175人，累计征迁19.667万平方米。完成五里湾、七里朱、十里丁、王大、何大5个社区24个村庄的整村安置工作，安置群众3600户，房屋5729套63万平方米。完成凡西、耿新庄、耿楼征地项目，七里朱自然村、邢庄、殷庄整村征地，原城西中学旧址、星园安置小区、石弓山路东路、新城河、六小等项目征收，征地128.38公顷。完成德铭、华都、幸福港湾等9个安置小区的安全隐患排查；完成德顺、新城小区的物业招标工作；完成馨和苑、幸福港湾、华都等5个安置小区的“三网入户”工作和馨和苑、德铭、华都3个安置小区的燃气入户开通工作。

【“一区五园”规划产业布局】2019年，涡阳开发区完成“一区五园”规划产业布局。即以开发区为发展主引擎，带动西阳、高炉、楚店、义门和龙马5个基础较好的工业功能区产业升级发展。开发区重点培育发展绿色装配式建筑、生态有机农产品加工、智能制造、能源化工新材料和纺织及服装加工等五大主导产业，“五园”分别围绕现代中药、白酒酿造、新材料、食品加工、仓储物流、绿色能源等产业方向，走特色化、专业化发展道路。

涡阳开发区由开发区A区和开发区B区构成，分别位于于涡阳县城北部和西南部，占地14.99平方千米，由绿色装配式建筑、生态有机农产品加工、智能制造产业集聚区及循环经济产业园组成。高新（阳港）现代产业园重点引进新型建材、轻工纺织、现代物流、生态有机农产品加工企业。推进总投资25亿元，占地面积66.67公顷的多式联运物流园项目。

高炉产业园有37家工业企业，年产值13.6亿元，安置就业7000余人。徽酒集团、高炉酿酒总厂等多家龙头酒企均坐落该园区。重点引进产业白酒酿造、轻工包装、生态有机农产品加工。

义门产业园主要发展现代中药、苔干食品等产业。重点产业引进现代中药 、生态中药、生态有机农产品加工产业。

龙马产业园以生态有机农产品加工业为基础产业。已入驻万亩优质大豆深加工项目、正宇面粉、爱家食品、佳源油脂等龙头企业。

楚店产业园有工业企业16家，工业总产值8.6亿元。光大生物质能热电联产、盛顺新型建材等龙头项目入驻，重点引进日用品制造、生物科技、农副产品深加工等项目。

（董　礼）

蒙城经济开发区

【概况】2019年，蒙城经济开发区已建成面积16平方千米，基础设施覆盖面积22平方千米。开发区分为东区和南区。其中东区位于城区东侧，以安驰大道为主轴，规划面积10.79平方千米（含老区1.38平方千米），临近老城区，办公、商业、居住、文娱、服务等功能便捷。以汽车及零部件制造业为主，重点培育江淮安驰为龙头的汽车制造企业，已入驻蒙城佳仕龙机械制造有限公司、蒙城县东正汽车有限公司等汽车零部件加工企业，以及春雨汽车城、汽车会展中心等汽车销售企业。南区位于城区南部，紧邻南洛高速公路道口，规划面积13平方千米。其中西部以食品加工产业为主，已入驻强英食品、襄大农牧、金冠面粉等13家食品加工企业；东部以新型建材及智能家居产业为主，已入驻宝业建筑工业化、民和杭萧钢构、中嘉环保建材、中宝电梯、灵感科技等22家新型建材及智能家居企业；东南部以环保产业为主，重点培育上元家居、亿达新能源、比太太阳能电池片等环保产业。

2019年，园区实现经营销售收入244.3亿元，同比增长15.5%；规模工业总产值121.7亿元，增长9.8%；规模工业增加值31.7亿元，增长22.9%；财政收入9.5亿元，增长10%；新增规模工业企业10家、战略性新兴产业企业5家、高新技术企业7家，建立院士工作站1家。

图122　2019年5月20日，蒙城经济开发区的中嘉铝模企业（王丽娜　供图）

同年，蒙城经济开发区在2018年度全省开发区综合考核中名列第16位，连续两年进入全省开发区综合考核“三十强”。安徽春雨汽车集团党委获评亳州市“先进党组织”。

【企业服务】2019年，蒙城经济开发区完善全程代办服务机制。梳理服务事项清单，绘制全程代办事项流程图，编制全程代办服务手册，为项目提供从开工、建设到投产的“一站式”服务。帮助企业办理立项、工商注册、环评等证件38例，土地挂牌出让手续、土地使用证等21例，规划许可、工程许可、施工许可等综合验收审批手续22例。加强网格化服务管理。对照项目链、构建工作链、强化责任链，全面落实包保企业制度，采取上门服务、座谈交流、跟踪回访等多种方式，了解企业发展情况、协调解决遇到的困难和问题。累计协调解决企业融资、用工、证件办理、政策申报等各类问题136件，办结“四送一服”平台转办事项28件，开展综合招聘会5场，帮助企业招工1200余人。打造智慧园区服务平台。建设“互联网+创新创业服务”平台，引入研发设计、金融服务、资产评估、投资咨询、知识产权交易、人力资源服务等31家生产性服务业和中介服务机构，为企业提供专业化、个性化、全方位服务。

开展“不忘初心、牢记使命”主题教育活动期间，共协调解决企业融资、用工、证件办理、政策申报等事项36件，办结“四送一服”平台转办事项12件，兑现产业发展扶持资金2000余万元。

【招商引资和项目建设】2019年，蒙城经济开发区围绕三大主导产业，在开发区成立4个招商促进组，聘请园区企业家为招商顾问，开展以商招商、专业招商、精准招商。新签约瑞蒙保温装饰板、宝业装配式建筑科技园等项目36个，其中：亿元以上项目21个，5亿元以上项目6个，10亿元以上项目2个，协议总投资81.05亿元。落实“四督四保”的工作要求，贯彻“五个一”的项目推进机制。结合常态化推进“四送一服”双千工程，协调解决项目建设过程中遇到的困难和问题。金福瑞红木家具二期、春江保温建材、天乐文化用品等20个项目建成投产，繁枫真空产业园、比太黑晶硅、星马专用车等项目加快推进。

【“一区多园”发展】2019年，蒙城经济开发区推进园区整合提升。出台《蒙城经济开发区“一区多园”管理办法》，把马集家居产业园、板桥建材产业园、双涧农副产品加工产业园、许疃轻工产业园4个乡镇产业园区纳入县经济开发区管理，力争将县经济开发区建设成带动全县实施创新驱动战略、推进产业转型升级的引领区，各产业园建设成为差异化发展、各具特色的专业园区。“一区多园”管理模式实行统筹推进机制、统筹名称设置、统筹发展规划、统筹招商引资、统筹统计口径、统筹优惠政策、统筹管理服务、统一考核评价“八统一”，进一步拓展县经济开发区发展空间，推动县经济开发区和各产业园的统筹协调、科学发展。

马集家居产业园以家居制造产业为主，重点培育和发展佰世达木业、源木家具等一批家居企业；板桥建材产业园以新型建材产业为主，重点培育和发展北冢建材等新型建材加工企业；双涧农副产品加工产业园以农副产品加工产业为主，重点培育和发展润宝食品等农副产品加工企业；许疃轻工产业园以轻纺、食品及新型建材加工制造业为主，重点培育和发展海瑞纺织、昆蒙建材等企业。

【标准化厂房建设】2019年，蒙城经济开发区坚持“搭建平台、集聚产业、孵化企业”的原则，推进政府投资和社会投资标准化厂房建设，鼓励企业建设多层厂房，提升土地集约节约利用水平。政府投资和社会投资建设标准化厂房面积约76.7万平方米。其中：政府投资标准化厂房建设面积约45万平方米，建成投入使用约19.6万平方米，包括4.3万平方米的创业园东区标准化厂房、5.4万平方米的食品物流科技园标准化厂房、4.9万平方米的创业园南区（一期）标准化厂房、5万平方米的田桥家居产业园（一期）标准化厂房。在建标准化厂房面积25.4万平方米，分别为11.2万平方米的中小企业创业园、8.2万平方米的纸品物流科技园、6万平方米的创业园南区（二期）标准化厂房。

社会投资标准化厂房建设面积约31.7万平方米，全部建成投入使用，包括5.5万平方米的农民工返乡创业园标准化厂房、4.5万平方米的轻工产业园标准化厂房、21.7万平方米的江淮零部件供应巢标准化厂房。

（邓明强）

利辛经济开发区

【概况】2019年，利辛经济开发区共收集招商线索29条，完成签约14个，总投资额约6.73亿元。实现全区经营（销售）收入同比增长9.45%，规模工业增加值增长8.07%，固定资产投资增长120.75%，进出口总额增长17.49%，税收增长20%。

项目建设。经济开发区落实重点项目包保责任制，全面梳理已签约项目，对重点项目实行帮办责任制，明确项目帮办责任人，实行“日调度、周协调、月总结”工作法，全力做好项目落地建成投产的帮办事宜。围绕创新改革，完善项目建设联席制度。落实县委、县政府印发的《关于建立经济开发区项目建设工作联席会议制度的通知》，县经济开

图123 利辛经济开发区的丰源车业生产车间 （张晓玉 供图）

发区作为联席会议召集人，每周二、周四召集县自然资源和规划局、县住建委、县财政局、县城市管理局、县生态环境保护分局、县招商局以及城关镇、西潘楼镇8家单位分管负责人召开经济开发区项目建设工作联席会议，及时研究解决项目落地建设过程中存在的问题。

项目招商帮办工程。坚持领导干部带头招商，对招商线索及时跟进，亲自带队外出、亲自洽谈、亲自协调，选派优秀干部外出专职招商。严把入园项目质量关，重点引进高精尖的工业项目、高端服务业项目，实施精准招商。为企业提供“一站式”贴心服务。

开展“四送一服”工作，全年走访调研园区重点企业79家，收集相关问题47件，开展政策宣讲会12次；帮助园区33家企业融资贷款2.98亿元，缓解了企业“融资难”。多举措破解企业“招工难”问题。联合县人社局每周六举办招聘会，投放公交车车体及公交站台广告宣传招工信息；开展校企招聘会，建立健全校企合作长效机制；摸排各乡镇逢会时间，联合乡镇人民政府开展企业招聘下乡活动。搭建创新载体平台，与芜湖弋江区政府共同打造利辛科技企业孵化器，为中小微企业提供“一站式”创业服务基地。

平安园区创建。县经济开发区落实“一岗双责”及包保责任制。下发《利辛经济开发区管理委员会关于进一步落实“一岗双责”责任制的通知》《关于调整利辛经济开发区安全生产领导小组的通知》等文件，强化经济开发区领导班子安全生产“一岗双责”包保企业责任制度，加强组织领导，明确监管责任，分解监管任务，强化制度落实，每月按时召开安全工作例会，分析安全形势，部署安全工作。与企业负责人签订《安全生产目标责任书》，各企业将安全生产责任落实到每个班组、每一位员工。强化监管措施。县经济开发区采取每月常规检查、不定期抽查和专项检查相结合的方式，重点检查容易发生事故的区域、行业和企业，对发现的问题和隐患，建立清单，明确整改要求和期限，指定包保负责人一跟到底，及时消除安全隐患，杜绝事故发生。坚持每月例行安全检查，开展专项行动14次，全年重大隐患挂牌企业共35家，其中市挂牌重大隐患企业15家，县挂牌重大隐患企业20家，全部整改销号；全年未发生安全生产事故。

绿色发展。县经济开发区实施生态环境保护工程，严格落实绿色发展理念，推进园区循环化改造，搭建资源共享、污水集中处理、服务高效的公共平台。对开发区环保管理重点企业实地勘查，对企业“三同时”执行情况进行检查，建立环保问题整改台账，实行“一企一策、一企一档”制度。完成园区循环化改造项目申报。完成利辛经济开发区规划跟踪环境影响评价。省、市、县环保部门交办园区19件环保问题，自查7件环保问题，整改完成，企业投入整改资金约150万元。

【“三大主导产业”集聚工程】2019年，利辛县经济开发区围绕“三大主导产业”（农副产品加工产业、丝网服饰产业、汽车改装及零部件加工产业）战略布局，产业发展不断壮大。农副产品加工产业方面做大食品首位产业，主攻畜禽、食品等农产品加工转化。食品产业园规划面积5.7平方千米，入驻凯利达、东华面粉、万礼食品、恒盛牛肉等23家规模企业。其中利辛县凯利达肉类加工有限企业与正大公司达成战略合作，共同出资7000万元建设一条集屠宰、分割、包装、即食食品生产线。安徽恒盛实业有限责任公司和电商龙头企业“三只松鼠”通过芜湖市弋江区政府和利辛县政府的牵头对接，将电商与产业扶贫有机结合，是县域结对帮扶的成果之一。新增规模以上农产品加工企业2家，分别是利辛县景顺畜产品有限公司、利辛县盛泉食品贸易有限公司。培育产值超亿元龙头企业1家。实现规模以上农产品加工产值增长17.4%。丝网服饰产业方面以国际丝网城为中心，辐射带动规模企业36家。新供地纺织类企业12家，占地34.65公顷。重点推进建设吴江纺织产业园项目，供地在建鹏耀纺织、东越纺织、明峰纺织等8家企业。汽车改装及零部件加工产业方面做大汽车改装及零配件加工行业，有扬天汽贸、丰源车业、金路车业、凯盛汽车等规模以上企业4家。规划新建汽车改装及零配件加工产业园，占地约20公顷，入驻3家企业，集汽车生产技术研发、新型环卫保洁车辆生产于一体。金凤凰产业园全部竣工建成，8家企业入驻。

（查君义）

县（区）概览

图 31　“美丽亳州”系列图片——谯城区陵西湖秋色　　（张延林　摄）

谯城区

【概况】2019年，谯城区辖21个乡镇、3个街道和1个省级经济开发区，面积2263平方千米，总人口169.9万人。

实现地区生产总值678.2亿元，增长10%；财政收入44.9亿元，增长6%；社会消费品零售总额249.8亿元，增长12.4%；规模以上工业增加值增长11.3%；战略性新兴产业产值增长17.9%；高新技术产业增加值增长6.2%；固定资产投资增长12.4%；外贸进出口总额45575万美元，增长13.2%。城镇常住居民人均可支配收入35253元，增长9.0%；农村常住居民人均可支配收入15647元，增长10.5%。

同年，谯城区入选全国第二批新时代文明实践工作试点县（区）；被省政府认定为全省制造业发展综合十强区；获全省民营经济发展三类县（区）第一名。济人药业成为全省唯一获中药配方颗粒GMP证书的企业，研究出526个品种中药配方颗粒质量标准和制备工艺。亳白芍、菊花、丹皮入选“十大皖药”，四大亳药全部入选国家地理标志产品。谯城区被认定为全国第三批率先基本实现主要农作物生产全程机械化示范县（区）；全省秋种结构调整现场会在谯城召开。谯城区获评2018年度全省农村电商巩固提升工作示范县（区），文化旅游和农村电商等4项工作成效显著，被省政府办公厅通报表扬。全省乡镇生态环境保护工作站建设现场会在谯城召开。

农村经济。粮食总产12.3亿千克。补贴4613万元发展设施蔬菜2.37万公顷。中药材在地面积5.67万公顷，规范化种植1.83万公顷。新增农业“三品一标”认证26个，获无公害农产品认证10个。新增农民专业合作社、家庭农场61家。培育省级农业产业化龙头企业7家。规模以上农产品加工企业达170家，农产品加工产值260亿元、增长10%。

工业经济。新增规模工业企业13家。培育“两化”融合示范企业4家，申报省级、市级企业发展专项资金支持项目91个。工业技术改造投资增长24.5%，工业投资增长15.3%。投资151.8亿元，新建（续建）药业工业重点项目31个。支持药业企业开展经典名方研究，开发新品种25个。申报仿制药品种55个。中医药制造业实现产值183.7亿元，亿元以上企业48家。

商贸服务业。现有规模以上服务业企业56家，省重点服务业企业61家。实现服务业增加值320.7亿元，增长10.4%。培育电商特色小镇2个、电商示范村7个。邮政行业业务总量15.9亿元。新建AAA级旅游厕所7座，完成五马桃花源景区二期提升工程。创建AA级以上旅游景区11家、AAA级旅游村庄2个。文化旅游实现年收入115.88亿元。新增个体工商户13343家，新注册各类企业3142家，市场主体突破9万个。发放小微企业续贷过桥资金11.2亿元，支持小微企业230家。为企业发放贷款18.9亿元。实现直接融资36.2亿元。易元堂国药在“新三板”挂牌，宏信药业等12家企业在省股权交易中心挂牌。帮助企业解决问题766件。为重点企业输送员工4439人。网上办事大厅办结各类事项85万件，群众满意率99.9%。

招商引资和项目建设。新签约项目74个，总投资279.9亿元，其中亿元以上工业项目40个，总投资179.4亿元。投资规模较大的有投资50亿元的谯城区万达广场项目、投资16亿元的福派园（亳州）食品产业园项目、投资11亿元的金启宏集团家纺织科技产业园项目等。成交工业用地32宗67.13公顷。到位市外内资446亿元，增长11%。利用外商直接投资31347万美元。投资79.2亿元，实施谯城区城乡一体化基础设施建设等PPP项目7个。70个省重点项目、153个市重点项目和158个区领导分包项目分别完成投资155亿元、265亿元和270亿元，超额完成年度目标任务。

城乡建设。实施城建项目55个，征地408.27公顷；完成柴家沟二期等10个项目5070套棚改任务；投资1280万元，改造老旧小区12万平方米。完成郑店子还原小区、筛子市还原小区建设任务，华佗广场二期、25#限价房项目建设有序推进，李门楼还原小区二期、5#还原小区C区等还原小区建设全面启动。分配公租房751套。完成拂晓小学、月亮湾小区雨水提升泵站等6处易涝点整治。新建（续建）子建路、振谯路等道路16条。打通谯城经济开发区芍花路、北部新城新华北路、老城区东台路等道路7条，古泉西路、三义路等道路全面开工。瓷器坑、砂浆坑等6条水体治理项目通过市级验收。柴家沟、饮马坑水体治理项目完成施工任务。完成东风公园、临漳公园建设任务。改造农村危房2299户，改厕11000户。建成省级中心村污水处理站23个，实现21个乡镇政府驻地建成区污水处理设施建设全覆盖。2018年度9个省级中心村全面完成建设任务。投资1.1亿元，治理油河、洺河和武杨河。投资1841万元，改造水厂15处，受益人口45.6万人。商合杭高铁芦庙站、古城东站投入使用。建设农村道路扩面延伸工程365千米、县乡村道路生命安全防护工程137千米、"四好农村路"示范路81千米，改造危桥7座。购买新能源汽车200辆，开通城乡公交线路5条。实施城乡建设用地增减挂钩项目1013.33公顷。获省政府批准建设用地379.73公顷，完成供地260.13公顷。储备土地351.53公顷。新建森林长廊示范段20千米，成片造林466.67公顷，森林抚育866.67公顷。获批省级森林城镇1个。推进全国文明城市创建，开展居民小区环境卫生综合整治、城区非机动车乱停乱放治理等4个专项行动。新增城区绿化面积1.6万平方米，新建（改建）垃圾中转站1座、公厕26座。完成魏武大道、药都路等6个路段立面改造工作。实施涡阳路、白依路等8条道路下水管道疏通和雨污分流。推进新时代文明实践中心建设，入选全国第二批新时代文明实践工作试点县（区），建成文明实践场所304个，开展"举旗帜·送理论"进基层宣讲1957场，组织文明实践志愿服务活动2036场次。获评"中国好人""安徽好人""亳州好人"22人，安徽道德模范提名奖4人；评选谯城好人、最美志愿者56人和优秀志愿服务组织5个。

民生工程。落实惠民实事，全面完成32项民生工程。民生支出70.8亿元，增长4.2%，占财政支出比例87.9%。发放城乡居民养老保险、失地农民养老保险等社会保障资金8.6亿元。城乡低保标准实现统筹，提高至每人每月585元；集中供养"五保"对象标准提高至每人每年8400元。新增就业岗位10749个，城镇登记失业率控制在3.7%以内。196家企业建立工资支付信息化平台制度，通过农民工工资专户发放工资8.2亿元。城乡居民医保政策范围内医药费用报销比例达76%。区级公益性公墓和古井、十八里等乡镇公益性公墓完成开工任务。统筹推进省级服务业综合改革、智慧养老建设等4项省级改革试点工作。新建（改扩建）公办幼儿园12所，建设中小学附设幼儿园19所，新增学位5280个。亳州六中和亳州十一中投入使用，新增学位6540个。投资6252万元用于农村中小学维修改造、义务教育薄弱环节改善和高中教育发展。33所试点智慧校园投入使用。成立6个学校联盟和亳州二中教育管理集团。九年义务教育巩固率95.3%。组建5个医共体，居民电子健康档案建档率85.5%，区域内就诊率在90%以上。24所公办敬老院全部划转至乡镇卫生院管理。建成21家乡镇养老服务中心、18家村养老服务站。三级养老服务中心覆盖率60%。

社会事业。完善退役军人服务保障体系，区乡村三级退役军人服务机构全部设立到位。开发退役军人扶持就业专项岗位若干，采集退役军人和其他优抚对象人员信息，入户悬挂光荣牌。维护残疾人合法权益，建成90个村（社区）残疾人工作站，精准康复服务覆盖1.5万人。创建综合减灾示范社区5个、省级防震减灾科普示范学校1所。开展"送戏进万村"、公益电影下乡放映等文化惠民活动，成功举办桃花节、梨花节、桑葚采摘节等民俗特色节会。推进防范和处置非法集资工作。小额贷款公司贷款余额3.1亿元，典当公司规范发展。排查安全隐患3956处，市区挂牌重大隐患整改完成率99%。创新社区矫正"双向联系"工作制度。办理各类法律援助案件1500件，调解矛盾纠纷8706件。侦办涉黑案件3件，打掉恶势力犯罪集团4个、恶势力犯罪团伙3个，查封、扣押、冻结涉案资产4129万元。刑事警情下降22.6%。投入扶贫专项资金3.2亿元，整合资金2.8亿元。中央脱贫攻坚专项巡视反馈问题和省、市反馈问题全部完成整改。开展"两不愁三保障"及饮水安全突出问题大排查工作，贫困户在教育、医疗和饮水安全等方面存在的问题基本解决。落实"四带一自"自种自养6925户。光伏收益惠及贫困户17649户，分配资金7562万元。健康脱贫、社保兜底等十大工程各项措施统筹推进。新识别贫困户68户183人，排查边缘户1174户2312人。5286户贫困户享受个性化帮扶措施。加强扶贫队伍建设，选优配强扶贫小组长3439名。实现脱贫2950户5935人，贫困发生率降至0.14%。在全省脱贫攻坚年度考核中，连续两年获得“好”的等次。推进环境突出问题整治。5126件中央和省、市环保督察反馈问题完成整改5062件。36家金刚石企业中34家完成整改并验收合格，其余2家自行停产。26家砖瓦窑厂自愿实施退出复垦。淘汰燃煤锅炉和燃煤设施1166台（套）。40家石材加工点和479家木材加工企业完成整改。清理整治“散乱污”企业159家。$PM_{2.5}$年均浓度逐年下降。全面推行河长制，核验入河排污口100个。完成44个饮用水水源地保护区范围内违建别墅专项清查整治。推进土壤污染防治项目，完成土壤监测实验室建设。谯城区率先实现所属24个乡镇（街道）生态环境保护工作站全部挂牌。

【疏风解毒胶囊列入国家医保甲类和基本药物目录】2019年，安徽济人药业有限公司中药配方颗粒526个品种通过GMP认证，济人药业成为全省唯一获得中药配方颗粒GMP证书的企业。独家专利新药疏风解毒胶囊，获国家发明专利金奖、安徽省科技进步一等奖，列入国家医保甲类和基本药物目录。疏风解毒胶囊成为英国政府“创新英国”（Innovate UK）全球第一个立项资助的中药。“药信®”高品质中药配方颗粒成为唯一获准以药品身份进入欧盟市场的中药配方颗粒，正式进入欧盟药房销售，是安徽中药企业在“一带一路”共建共享中取得的丰硕成果，是传统医药与现代科学融合发展的重要突破，中医药向标准化、国际化迈进。

【陵西湖公园·北部新城中央十字景观轴】陵西湖公园位于谯城区北部新城核心区域，为北部新城中央十字景观轴。公园景观用地约50.6万平方米，水域面积约37.1万平方米，总投资约3亿元。2019年，公园初具规模。公园及周边区域集生态景观、文化旅游、运动休闲、康养居住、商务配套于一体，按功能划分为创意公园区、活力公园区、游乐公园区、健康公园区、休闲公园区五大分区，汲取亳州3700多年历史文化元素，主题明确，内容丰富。公园除满足游、憩、娱、赏的基本功能外，引入“海绵城市”技术，通过退岸筑岛、还湖湿地、丰富竖向等方法，拦蓄和分流径流，削减流速和流量，综合储蓄和加强雨洪调蓄利用，改善生态系统，避免或减少内涝发生，使之转化成资源水，化害为利。

（武　伟）

涡阳县

【概况】2019年，涡阳县辖20个镇、3个街道、1个省级经济开发区，辖区面积2110平方千米，户籍人口172万人。

实现地区生产总值362.7亿元，增长9.5%，增速居全市第一位；城镇、农村常住居民人均可支配收入分别增长8.9%、10.7%；社会消费品零售总额增长11.6%；财政收入27.4亿元，增长12.5%，增速居全市第一位；固定资产投资增长16.2%，增速居全市第一位。居全国营商环境百强县第46位、全国投资潜力百强县第55位、中部6省县域经济百强县第90位。民营经济发展连续三年被省委、省政府通报表彰。

深化改革。实施81项改革任务，推动重点领域和关键环节改革。完成县级机构改革。“放管服”改革力度加大，取消行政许可事项7项，县政府解决企业反映问题162个。进一步规范政府采购，获评全国政府采购百强县。全面推进“三长制”(河长制、林长制、路长制）改革工作，“千庄千树”工程造林1346.67公顷，获评省级园林县城。推进农村集体产权制度改革和“三变”改革，累计发放农村承包土地经营权抵押贷款2.6万户，金额17.82亿元。推进敬老院“接管＋医养”的“五保”老人服务新模式。

农业经济。粮食总产18亿千克，小麦最高单产815.6千克，创历史新高。专用品牌粮食种植面积稳定在12万公顷，成为全省强筋优质小麦、高蛋白大豆种植第一县。举办第二届中国大豆种业高峰论坛。累计培育国家和省级农业产业化龙头企业11家、产业化联合体16家，国家和省级示范合作社24家、示范家庭农场28家。新增农民专业合作社486家、家庭农场697家。新认证农产品9个、绿色小麦原料基地1个。正宇面粉获评农业产业化国家重点龙头企业，义门苔干入选安徽省首批绿色食品50强。规模养殖比重85.3%，畜禽废弃物资源化利用率92%。流转土地7.8万公顷，治理高标准农田2万公顷，完成土地增减挂213公顷、补充耕地200公顷。发放土地承包经营权抵押贷款6.66亿元。27家新型经营主体上网营销，农产品上行10.3亿元，增长52%。

工业经济。规模工业增加值增长13.9%，连续19个月增速居全市第一位；工业投资增长24.4%，增速居全市第二位。高新技术产业增加值增长34.6%、高新技术产业增加值占新产业产值增长20.4%，两项指标增速分别居全市第一位、第二位。新增规模工业企业30家，其中高新企业13家，增量均居全市第一位。新认定高新技术企业9家、国家知识产权优势企业4家，培育专精特新企业10家。新增进出口实绩企业13家，进出口总额1.82亿美元，增长37.5%，总量居全市第一位、增速居全市第二位。

商贸服务业。新增线上商贸企业40家，增量居全市第一位；线上消费品零售额增长12.6%，增速居全市第二位。青牛广场经营良好，碧桂园凤凰酒店、红星美凯龙七彩世界店正式运营。天河金街即将开业，金大地特色街区基本建成。月星环球港、红星美凯龙爱琴海等商业综合体加快建设，向阳大道核心商圈形成。举办文化旅游年、房展嘉年华、购物嘉年华、美食文化节等活动。实现电商交易额16.4亿元，增长31%。金融机构贷款余额增长23.6%，增速居全市第一位；存贷比为60.4%，比年初增加6.8个百分点。

招商引资。2019世界制造业大会涡阳招商专场暨创新发展论坛在合肥举办，在深圳、福建等地开展12次招商推介活动，接待到涡阳考察投资客商392人次。新签约项目103个，其中，亿元以上工业项目65个，投资319.8亿元；投资10亿元以上工业项目12个，比上年翻一番。一批全国知名企业、上市公司落户涡阳。

重点项目。实施重点项目351个。141个省市重点项目开工率、投资完成率、竣工率分别为100%、131%和124%，连续3年在皖北领先。信合光能一期、光大生物质热电联产、德运粮油和盛鸿科技二期、三期等26个工业项目投产。涡河四桥、九龙大道等基础设施加快建设。报批建设用地814.67公顷，争取中央预算内投资2.66亿元，发行专项债24.6亿元。全省重点项目建设考核居第11位、皖北第一位。

城乡建设。县城新建改建城市道路23条、长56.6千米，完善雨污管网长36.6千米、供水管网长68千米。改造公园、广场14个，新建街头“口袋”公园2个，新建改建公厕28个。市民服务中心投入使用，“五馆两中心”即将开馆，体育中心开工建设。城关、华都社区服务中心即将运行。完成棚户区、城中村改造103万平方米，改造背街小巷208条、老旧小区69个。乐行路、集贤北路建成通车，胜利路、西环路改造即将竣工。8个新建安置小区交付、2.08万名群众迁新居，6个安置小区加快建设。黑臭水体治理截污工程完成，生态修复正在实施。幸福河生态治理加快，涡河景观带初步形成，涡阳县被评为省级园林县城。

完成16个省级美丽乡村示范村建设，完成92万农村人口饮水安全工程和2.03万户农村电网工程改造升级。新建“四好”农村路205千米，改造农村危桥67座。农村人居环境改善，完成农村改厕年度任务2.7万户，累计改厕6.9万户，39个村整村推进“厕所革命”，改厕模式获国务院农村人居环境整治检查组好评，涡阳县代表安徽省在全国改厕会议上作经验介绍。完成造林1346.67公顷，新建农田林网3256公顷。义门镇获评AAA级旅游景区，丹城镇获评全省优秀旅游乡镇，西阳镇范蠡村等3个村获评全省优秀旅游示范村。石弓镇获评省级森林城镇，陈大镇大王村等9个村获评全省森林村庄。曹市镇辉山村获评全国乡村治理示范村、中国十大乡村振兴示范村、中国美丽乡村百佳示范村、中国村庄2019特色村。花沟镇被评为国家级农业产业强镇。

脱贫攻坚。投入扶贫资金15.57亿元。开发公益岗位11303个，10112名贫困劳动者实现就业。建成“爱心超市”368个，完成贫困户危房改造1627户。累计报销贫困人口医疗费用2.88亿元，综合医保平均补偿比

88.97%。发放建档立卡贫困家庭学生教育补助2979万元。发放扶贫小额信贷2.66亿元。完成中央脱贫攻坚专项巡视反馈问题和“两不愁三保障”及饮水安全突出问题整改。全县配备2352名扶贫小组长。全县脱贫4456户、11697人。78个贫困村全部出列，完成“县摘帽”，连续四年获得省脱贫攻坚成效考核“好”的等次，位次逐年前移，位居全省第一方阵。

环保攻坚。中央和省环保督察反馈问题整改全面落实，污泥处置中心、中水回用项目建成使用，新建集镇污水管网50.8千米，16个市控监测断面水质提升。完善空气质量监控系统，实现20个镇、3个城市社区和112个微型监测点全部在线。淘汰燃煤锅炉1476台，取缔“散乱污”企业107家，回收有毒有害垃圾300多吨。秸秆禁烧实现“零火点”。全面推行“河长制”“林长制”“路长制”，24个镇（街道）生态环保工作站挂牌运行。

扫黑除恶。打掉2个黑社会性质组织、1个恶势力犯罪集团，深挖一批“保护伞”，群众满意度跃升全省前列。开展“江淮风暴”行动，1865名个人和160家企业“老赖”被纳入失信名单。信访工作连续两年获评全省先进单位。推进法治涡阳建设，获评全国“七五”普法先进县。

民生保障。民生支出65.2亿元，占全部财政支出的87.5%。32项民生工程和10件惠民实事完成年度任务。新增城镇就业人员1.1万人，转移农村劳动力1.8万人，城镇登记失业率3.8%。社会保险继续扩面，特困人员保障标准逐年提高，发放农村低保金1.86亿元、“五保”供养资金4770.5万元、特困群体生活价格临时补贴939.9万元，残疾人两项补贴2043.2万元，高龄补贴481.8万元。落实城乡居民医疗保险补偿9.48亿元、大病保险补偿1.04亿元。完成棚户区改造8483户。项岗位，1人获评“全国模范退役军人”称号。

社会事业。全县教育、医疗、文化等各项社会事业均衡发展。新建中小学4所，新建改建幼儿园24所。在外地求学的5328名涡阳籍学生返乡就读。高考本科达线率68%。县人民医院扩建工程开工建设，安徽中医院涡阳分院二期工程、第五人民医院医技楼工程建设进展顺利。涡阳县获批全国紧密型医共体建设试点县，38个敬老院全部移交镇卫生院管理，237名失能“五保”老人实现医养结合。2019年是涡阳全域旅游初现成效年，举办了春苔节、老子庙会等活动，成功举办中国·涡阳老子道文化国际学术研讨会。县文旅体局获评全国先进县级体彩机构，涡阳青年泗州戏剧团入选全省民营艺术团“十大名团”。“中国好人”“安徽好人”上榜人数位居全省前列。完成第四次经济普查、第三次国土调查。城乡公交一体化实现全覆盖，“一元公交”通达全县。

【2019世界制造业大会涡阳招商专场暨创新发展论坛】2019年9月20日，涡阳县委、县政府在合肥举办2019世界制造业大会（涡阳招商专场暨创新发展论坛），200余位省内外嘉宾参会，涡阳县委、县人大常委会、县政府等主要负责人出席大会。此次涡阳县招商专场的主题是“绿色产业、生态涡阳——打造新时代绿色建筑暨生态有机农产品制造业基地”，活动集中签约了“牧原集团涡阳生态有机循环农业项目”“涡阳智慧物流产业园和铝型材项目”“绿色装配式建筑产业园钢结构（重钢）生产项目”等11个项目，总投资115.5亿元。

【中国第二届大豆种业高峰论坛暨大豆良种地展博览会】2019年9月18－20日，中国种子协会大豆分会和涡阳县人民政府在涡阳共同主办第二届中国大豆种业高峰论坛暨大豆种业地展博览会。南京农业大学、中国种子协会，全国农技推广中心，农业农村部种业管理司市场监管处等相关单位负责人以及全国各地近500位从事大豆种业者参加会议。8位专家在会上做专题报告。博览会展出来自全国各地的158个优质大豆品种，集中展示了全国种业发展的新成果。会议旨在为加强大豆种业交流与沟通，搭建信息平台，推动全国大豆产业持续健康发展。

【首届中国县域商业论坛】 2019年12月20日，首届中国县域商业论坛（中国流通业顶级智库——中国流通业三十人论坛）在涡阳县举办。论坛由中国流通三十人论坛（G30）、中国商业经济学会消费研究院主办，涡阳县

图 124　2019 年 12 月 20 日，中国首届县域商业论坛在涡阳县举办　（侯清超　供图）

人民政府承办。专家 13 人，市县领导 11 人，其他嘉宾约 200 人参加会议。

会议第一阶段由涡阳县人民政府分管负责人主持，第二至第五阶段由中国商业经济学会消费研究院负责人主持。涡阳县委书记胡明文、商务部原部长助理、党组成员、G30 理事长黄海先生分别致辞。

会上进行案例交流，涡阳县人民政府分管负责人介绍涡阳县商业经济情况；德隆集团分管负责人介绍绿城青牛广场运营情况；博维咨询公司咨询总监作《小镇新青年消费行为报告》；与会专家围绕会议主题进行演讲；中国商业经济学会会长马龙龙对论坛进行总结发言；与会专家以涡阳商业为样本，就促进县域商业带动县域经济提出意见建议。

（侯清超）

蒙城县

【概况】2019 年，蒙城县辖 17 个乡镇（街道）、1 个省级经济开发区，面积 2091 平方千米，人口 144.84 万人。

实现地区生产总值 383.6 亿元，增长 9.2%；财政收入 35.23 亿元，增长 6%，提前一年完成“十三五”规划目标任务；规模工业增加值增长 10.1%；固定资产投资增长 10.1%；社会消费品零售总额 147.73 亿元，增长 13%；进出口总额 12048 万美元，增长 21.1%；实现 7567 人稳定脱贫，贫困发生率降至 0.175%。环境质量明显改善，$PM_{2.5}$ 平均浓度 53 微克 / 立方米。投入资金 34.8 亿元，全面完成 32 项民生工程任务。城镇常住居民人均可支配收入 32557 元，增长 9.3%，农村常住居民人均可支配收入 14460 元，增长 10.5%。医养结合模式入选“全国医养结合典型经验 200 例”，被推荐到世界卫生组织。

农业经济。优化财政支农资金投入供给，优先保障“三农”投入，壮大农业农村发展实力，争取各级财政投入到乡村振兴事业资金 87743.13 万元，利用地方债资金支持 2056 万元，开展涉农投资金融贷款担保累计 26070 万元，在保余额 14073 万元。新增小麦（水稻）制种、花生、马铃薯、芝麻等政策性农业保险。新增省级蔬菜水果标准园 2 个、市级标准化养殖场 15 家。新增家庭农场 400 家、合作社 165 家。新增绿色食品、有机食品产地和产品认证 18 个。“篱笆黄花梨”通过国家农产品地理标志专家评审。板桥镇形成集红薯健康种苗培育、新品种研发、规模种植、鲜薯销售、薯制品初加工、精深加工为一体的产业体系。立仓镇薛庙村获评省级“一村一品”示范村。深翻整地面积37333.3公顷，居全省第一位。农机化综合水平93%，居全市第一位。农村集体产权制度改革实现全覆盖，275个行政村集体经营性收入平均达30万元。累计发放“劝耕贷”2.39亿元，支持491家经营主体发展壮大。蒙城县龙华种植专业合作社、精益诚食品有限公司、禾兴蔬菜专业合作社成功与上海农产品中心批发市场签约，蒙城正式成为首个“上海市外蔬菜主供应基地”。

工业经济。全年新增规模以上工业企业24家。“三大产业”集聚水平持续巩固，占全县工业总产值的75%。工业投资增长20%，技改投资增长30.8%。比太新能源、宝业装配式建筑科技园等20个6000万元以上工业项目开工建设，万能纸浆模塑、万佛新型建材等12个项目建成投产。江淮安驰、信和汽车等24家企业实施技术改造。亿达新能源、安旺门业等11家企业被认定为高新技术企业。新增上海电气、中嘉环保等9家战略性新兴产业企业。培育“专精特新”企业8家、省级企业技术中心1家，争创“工业精品”企业4家。蒙城县第一家院士工作站在上元集团设立。

商贸服务业。新增限额以上商贸企业44家，万达广场开工建设，天河广场、皖北进口商品直销中心建成运营。新增电商经营主体112家，实现线上交易额13亿元。国内旅游人数为615.13万人次，同比增长15.09%；国内旅游消费为46.95亿元人民币，增长22.49%。县域内现有省级优秀旅游乡镇9个、省级旅游乡镇1个、省级乡村旅游示范村10个、AAA级旅游村庄2个、AA级旅游村庄5个、旅行社（含分公司、门市部）20家、三星级以上宾馆2家、AAAA级旅游景区1家、AAA级旅游景区6家、AA级旅游景区3家、省级休闲农业与乡村旅游示范点2家。

招商引资和项目建设。突出产业招商，完善食品、家居、现代农业等5个产业发展扶持办法。组建4个产业促进组。投资10亿元的瑞蒙保温新材料、5亿元的兴蒙星马专用车等一批项目签约落地。新建利用省外资金项目45个，实际到位省外资金170亿元。新签约亿元以上工业项目40个，其中10亿元以上项目3个。在全市率先实施县级创业三年行动计划，转化落地项目1296个，带动投资10.6亿元。

开展项目建设提速年活动。153个省市重点项目完成投资262亿元，投资完成率133%。122个政府投资项目完成投资76亿元。11个中央预算内投资项目争取资金2.16亿元。获批国家专项债资金2.75亿元。阜蒙淮城际铁路项目获批，完成可研编制工作。繁枫真空产业园等一批亿元以上项目开工建设。国道237、省道305绕城一级公路改建工程和涡河四桥、五桥建设顺利，涡河蒙城枢纽建设加快。乐土镇220千伏输变电工程、六中高中部等35个项目建成投用。

实行“一区多园”管理模式，双涧、板桥等4个产业园纳入县经济开发区统一管理。马集家居产业园获评省级农民工返乡创业示范园。实施安驰大道南段、纬一路西段等道路建设，县经济开发区基础设施覆盖面积22平方千米。重组金源化工等5个项目，盘活土地37.87公顷。引进蔚能环保、春江建材等39家企业，盘活闲置厂房19万平方米。累计入驻企业310家，实现财税收入9.5亿元。

城乡建设。推行“条块结合，干群一体”工作机制，争创全国文明城市。完善城市管理扁平化工作机制，开展“交通、卫生、经营、建筑”四大秩序整治行动，整改问题1.2万余件。推进“空中飞线”整治，整改弱电线路248千米。加强市政、园林日常巡查管护，拆除违规广告设施800余处，修复市政路面4.9万平方米。落实城区“路段长”“网格化”管理，强化“数字”城管、“啄木鸟”随手拍等监督机制。垃圾实现日产日清，收集转运城乡生活垃圾24万吨。

完成《蒙城县城市生态网络规划》等7个专项规划编制。推进中心城区建设，完成征地571.4公顷、征迁房屋50.4万平方米。新建仁和路东段、望月路南段等23条32千米市政道路，“九纵十横”城市主干路网基本形成。完成嵇康路等4条老城区主干路改造。综合客运枢纽站开工建设，万悦文体中心基本建成。建设停车场38个，新增车位3570个。新增电动车充电桩1.03万个。建成邻里中心2个。完成老旧小区改造15.5万平方米。维修提升公厕120座。铺设天然气管网20千米、供水管网74千米、污水管网78千米；疏通雨水管网140千米。森林公园西区新增绿地面积2.3平方千米。

完成马集鹤庵村、漆园双油坊村等11个省级美丽乡村建设。庄周马店村等3个村获评省级美丽乡村重点示范村。创建省级森林城镇1个、森林村庄10个。完成农村饮水巩固提升工程，受益群众32万人。改造农村电网668千米。完成改厕1.5万户。完成农村公路扩面延伸工程731千米、危桥改造100座。西部、北部城乡公交换乘中心投入使用，新开通城镇公交线路7条，覆盖坛城、小涧等12个乡镇。新建乡镇污水管网72千米。全面开展“五清一改”，清洁村庄实现全覆盖。

发展改革。编制印发《蒙城县乡村振兴战略规划（2018－2025）》，促进乡村振兴。聚焦“3336”发展战略，启动“十四五”规划前期研究。制定《融入长江三角洲区域一体化发展实施方案》，推进深化改革和对外开放。政府投资重点项目累计完成投资77.23亿元。谋划储备项目315个，总投资980亿元；完成备案（审批）项目360个，总投资598.29亿元。主动对接国家“稳投资、补短板”相关政策，申报专项债项目32个，进入国家专项债项目清单库项目28个，申请专项债32.98亿元，占三县一区项目总数的42%。通过“四送一服”双千工程平台，解决企业问题诉求436件。办理热线诉求4.1万件，办结率100%。网上办理各类事项83万余件。坚持依法行政。落实重大决策出台前向人大报告制度，自觉接受人大法律监督、政协民主监督，办结人大代表议案建议143件、政协提案176件，满意度100%。入围“全国法治政府建设示范县”前50名，被评为全省“七五”普法中期先进县。获评全省政务公开工作先进单位。全面完成县政府机构改革，统筹推进事业单位改革。

生态建设。办结中央、省“23+N”环保督察反馈问题30件，交办信访问题实现全部销号。改造提升29家砖瓦建材企业环保设施。治理“散乱污”企业242家。整治农村黑臭水体254条，超额完成年度任务。涡河监测断面水质持续保持Ⅳ类以上。化肥农药施用量实现负增长。完成人工造林1333.3公顷、农田林网1666.7公顷、绿色长廊121千米。新引进秸秆原料化利用项目2个，秸秆综合利用产业园累计入驻企业5家，年产值1.2亿元。秸秆产业化利用率40%。华能风电场项目基本建成，装机总容量200兆瓦。全县光伏电站年发电9500万千瓦时，节约标准煤2.9万吨。城乡生活垃圾焚烧发电项目建成运营，日处理垃圾700吨。畜禽粪污资源化利用整县推进项目加快实施，综合利用率85%。推进环保监管力量下沉，成立17个乡镇生态环保站，打通环保监管“最后一千米”。建立大气污染管控平台，形成闭环式大气监管体系。严格落实重污染天气应急预警响应。强化乡镇污水处理设施维护责任，实现第三方运维全覆盖。推进林长制改革，建成“五个一”服务平台，落实林业保护发展责任制。开展河长制工作，清理河湖“四乱”突出问题39个，完成涡河等主要河流河道划界工作。

【蒙城县获评全国村庄清洁行动先进县】2019年，蒙城县以乡镇政府驻地、小集市、中心村、自然村为重点全域推进农村人居环境整治。编制《蒙城县县域生活垃圾处理专项规划》，投入服务费9000万元，对全县14个乡镇政府驻地、52个小集市、275个行政村、3532个自然村，推进“五清一改”，清理塘沟1446个，清理乱堆乱放3.7万处。坚持组织领导与理念创新同步、制度建设与群众参与同步、宣传引导与改“不良”习惯同步、运行和管护同步，形成“户户支持，人人参与”氛围。加强机制建设，形成县、乡、村联动新格局，注重政府、农村集体和农民、社会力量多元投入，最大限度发挥资金效益，确保长效运行。制定《蒙城县百村示范，千庄整治实施意见》，开展“四村同创”行动，实现“清洁村庄”整治达标率100%，成功创建美丽宜居村庄82个、省级美丽乡村中心村51个、省级美丽乡村示范村12个、省级美丽乡村重点示范村3个。2020年年初，蒙城县获评2019年度全国村庄清洁行动先进县。

【蒙城县获评全国紧密型医共体建设试点县】2019年，蒙城县被国家卫健委确定为全国紧密型县域医共体建设试点县之一。

省政府办公厅印发《关于推进紧密型县域医共体建设的意

图 125　2019 年 7 月 6 日，蒙城县立仓镇万亩荷花基地　（张延林　摄）

见》（皖政办〔2019〕15 号）文件，确定蒙城县为全省首批 37 个紧密型县域医共体建设县之一。省文件下发后，蒙城县制定出台《蒙城县紧密型医共体集团建设实施方案》（蒙办〔2019〕88 号），制定城乡居民基本医疗保险基金紧密型医共体集团包干管理办法、基本公共卫生服务经费紧密型医共体集团包干管理办法以及政府办医责任清单、医共体集团内部运行管理清单、医共体集团外部治理综合监管清单、紧密型医共体集团实施成效“六贯通”评估方案等配套文件。县一院、二院、中医院，医共体集团分别结合各自实际，制定《医共体集团管理委员会章程》《紧密型医共体集团组建方案》等政策措施，推进紧密型医共体集团建设。3 家医共体集团完成紧密型医共体集团、分院和村卫生室挂牌工作，依托牵头医院原有的行政管理部门设立了医共体集团办公室、人力资源发展中心、财务核算中心等 15 个职能管理部门，制定医共体集团章程和 15 个中心的工作职责、管理制度等，建立较为完善的紧密型医共体集团管理体系。8 月，蒙城县被国家卫健委确定为全国紧密型县域医共体建设试点县之一。

【立仓农旅特色小镇通过省级评估】 2019 年，蒙城县立仓农旅特色小镇通过省级评估，成为亳州市同年度唯一通过评估的省级特色小镇。立仓农旅小镇位于亳州市东南部，南靠茨淮新河与凤台相望，东与怀远毗邻，是三县三市交界处，区位优越。水资源丰富，芡河、茨淮新河穿镇而过，有 3 横 15 纵共 18 条大沟，5 万立方米鱼塘 26 面，1 万～5 万立方米鱼塘 146 面。水稻种植面积 3333.33 公顷，全镇水产养殖总面积 3000 公顷，开创稻渔综合种养生产方式，生产效率提高。3 届荷花节旅游人数累计超过 150 余万人。举办蒙城中国农民丰收节暨国庆旅游文化节，旅游人数突破 60 万人。截至 2019 年年底，立仓农旅小镇特色产业产值突破 1.6 亿元，“庄子释稻”产品销售收入超 5000 万元。举办“中国蒙城农民丰收节暨国庆旅游文化节”，农旅格局逐渐成形。薛庙村成功创建AAA级旅游村庄、茨河现代农业示范园成功创建AAA级旅游景区。12月，安徽省2019年度省级特色小镇创建和试验名单公布，立仓镇入选。

（李克影　王丽娜）

利辛县

【概况】2019年，利辛县辖23个乡镇361个村（居）委会，辖区面积2005平方千米，户籍人口174.6万人。

实现地区生产总值324.6亿元，同比增长8.5%；财政收入24.8亿元，增长10.7%；固定资产投资增长14.9%；规模以上工业增长9.1%；社会消费品零售额123.4亿元，增长12.2%；进出口总额5832万美元，增长22.7%；年末金融机构各项存款余额423.8亿元，比年初增加49.8亿元，比上年增长13.3%；金融机构各项贷款余额285亿元，比年初增加47.2亿元，比上年增长19.8%；城镇常住居民人均可支配收入31756元，增长9.2%，农村常住居民人均可支配收入13082元，增长10.6%。

农村经济。全年农作物播种总面积24.2万公顷，比上年略有下降，其中：粮食播种面积22.1万公顷，比上年下降0.4%。全年粮食总产量133.6万吨，比上年增长2.7%。新增市级以上农业产业化龙头企业5家、农民专业合作社示范社12家、示范家庭农场12家、“三品一标”农产品53个。浩翔有机肥荣获省秸秆利用博览会金奖，“浩翔”商标获批中国驰名商标。改造提升种养结合示范场15个，规模养殖比重达85%。农村基层防汛预报预警体系建设、农田水利“最后一千米”工程完工验收，建设高标准农田22.3万公顷。完成造林面积3006.7公顷，零星四旁植树260万株，森林抚育面积1886.7公顷。畜牧业生产稳步推进，畜产品质量不断提升。全年水产品产量1.3万吨，比上年增长5.7%。

工业经济。全年规模以上工业增长9.1%。年末全县规模以上工业企业达147家，比上年减少17家。实现利润10.4亿元，主营业务活动利润率9.6%。全县新增规模工业企业21家、高新技术企业7家、国家标准1个，获批省级“两化”融合贯标试点企业5家、企业技术中心3家、智能工厂1家。翰联色纺获批工信部第一批专精特新“小巨人”企业、省制造业创新中心，填补了亳州空白。县经济开发区新建项目19个，宝城建筑项目竣工投产，金凤凰产业园和吴江纺织产业园入驻亿元以上项目6个，实现规模工业增加值12亿元，增长17%。

商贸旅游业。全年社会消费品零售额123.4亿元，比上年增长12.2%，城镇消费品零售额76.5亿元，增长12.3%，乡村消费品零售额46.9亿元，增长12%。全年外贸进出口总额5832万美元，比上年增长22.7%。全年实际利用外资16720万美元，比上年增长1%。巩固国家级电子商务进农村综合示范县创建成果，建成县级电商公共服务中心、物流配送中心和村级服务站点，新增电商特色小镇3个、特色村11个、农村电商主体101个，快递发单量1700万件，电商交易金额达20亿元。新建乡镇直营连锁店5个、商贸中心1个。胡集镇武子古酿文化产业园成功

图126　2019年，利辛县京威纺织数字化生产车间　（张晓玉　供图）

创建国家AAA级旅游景区，马店孜镇双沟社区成功创建国家AAA级旅游村，阚疃镇成功创建省优秀旅游乡镇，王市镇刘元村、城北镇镇南社区和刘染村成功创建省旅游示范村。

招商引资和项目建设。全年新签约工业项目46个，其中亿元以上工业项目30个。新建亿元以上省外资金项目24个，到位省外资金120.4亿元。实际利用外资1.68亿美元。引进浙江机械加工企业14家、江苏纺织企业10家，驰辉新材料、武飞纳米等战略性新兴产业项目落地建设。营商环境改善，利辛县被评为“全国投资潜力百强县”。推进重点项目，实施省重点考核项目43个、市重点考核项目107个，分别完成投资80亿元和171亿元。

城乡建设。全年完成县城总体规划修编和西淝河国家级湿地公园建设详细规划等规划编制工作。投资3.5亿元，新建、改建城区道路12条，治理城区沟河6.5千米，完成长春路、驻马沟景观绿化工程，建成公园游园项目2个。新建、续建住宅小区32个，整治老旧住宅小区和居民区313个，完成棚户区改造1600套。农村环境明显改观，清理塘沟5288个、农业废弃物11.5万吨，清运农村生活垃圾填埋点存量垃圾4.7万吨，改建农村厕所1.1万个。打造人居环境整治示范村12个、重点示范村3个。新增污水管网119.9千米，25座乡镇污水处理厂进水运行，77处入河排污口完成整改，境内西淝河水质持续保持在Ⅲ类水质。全面启动全省文明城市提名城市创建工作，开展城市管理综合整治专项行动，县城电动三轮车、四轮车专项整治取得成效。

社会民生。全年投入39.5亿元，完成33项民生工程年度任务。实施全民参保计划，城乡居民基本医疗保险参保率达99.5%。全年发放优抚优待、救济救助等资金3.57亿元，县儿童福利院被评为全省民政系统先进集体。推进医养结合，集中供养失能、半失能五保老人620名。384个残疾人之家（工作站）建成使用。新建、改建幼儿园13所、小学1所、初中2所，县直幼儿园被评为省级一类园。高考本科达线3852人、达线率59.46%，被清华大学录取3人，创利辛县十年来高考最好成绩。完成就业技能培训2320人次，城镇新增就业9819人。县青少年活动中心、应急广播系统、融媒体中心投入运行。组织“送戏进万村”692场、农村电影放映4152场。开展村级体育活动2076场，承办安徽省第11届“美丽乡村”农民篮球大赛。基本公共卫生“两卡制”试点持续深化，县人民医院创建为三级综合医院，县中医院通过二甲复审，永兴镇获批省卫生城镇，成功创建省级健康促进县。

改革创新。县城投公司改制为县城乡发展建设集团有限公司。成立县开源水务有限公司，推进城乡供水一体化，整合农饮水厂62个。深化农村综合改革，313个村完成农村集体经济产权制度改革，168个村完成“三变”改革试点工作。新增私营企业3300户、个体工商户10330户。落实减税降费政策，办理减、免、退税费3.5亿元。县人民医院、县中医院与15家省内外三级医院签订医联体合作协议，农村家庭医生签约服务三类重点人群覆盖率62.13%。成立乡镇环保工作站，设置编制212个，到岗211个。

【脱贫“摘帽”】2019年，利辛县完成年度脱贫5833户13002人，贫困发生率降至0.28%，成功摘掉贫困县帽子。全年投入扶贫资金17.8亿元，实施扶贫项目2496个，制定“一户一方案，一人一措施”76044户，建立脱贫监测户台账2875户7581人，落实个性化帮扶措施3117条。逐村完善产业扶贫专项规划，建成扶贫园区90个。推进产业扶贫，带动6812户贫困户就业创业。光伏扶贫电站累计发电2.47亿千瓦时，实现收益3.14亿元。实施“一自三合”模式，发放小额贷款259万元。光伏看护员等公益岗位和扶贫车间吸纳就业7802人。完善贫困学生资助体系，资助贫困家庭学生2.68万人次。严格落实基本医保，累计补偿34.93万人次，集中供养特困人员2212人。开展综合保险，支付理赔金2067.35万元。实施“防贫保”项目，纳入保障范围8177人。完成农村危房改造616户。解决了6.4万人的安全饮水问题。汝集镇朱集村驻村扶贫队长刘双燕获全国脱贫攻坚贡献奖。

（房付韬）

建制镇

图 32　“美丽亳州”系列图片——2019 年 4 月 1 日，十九里镇梨园书法家开展文艺惠民活动　　（张延林　摄）

谯城区古井镇

【概况】谯城区古井镇是全国建制镇示范试点、全国重点镇、全国环境优美镇、全国文明村镇、全国生态文明先进镇、国家AAAA级旅游景区，是安徽省百家小城镇建设示范镇、省综合改革试点镇和中心建制镇、省优秀旅游乡镇、徽酒名镇、产业集群专业镇、省白酒新型工业产业化示范基地，是中国老八大名酒之一——古井贡酒的产地。2019年，古井镇总面积118平方千米，耕地7533.33公顷，辖12个村委会，160个自然村，人口8.2万人，集镇规划区20平方千米，建成区13平方千米，镇区常住人口3.6万人。

完成高标准治理农田1466.67公顷，新打机井197眼，半固定喷灌38处，修建大、中、小沟桥梁91座，治理大、中、小沟13条，长度1.6万米，修建水泥路12.66千米。完成人工造林12公顷，完善林网1066.67公顷，全覆盖实施飞机防治林业有害生物。成立农民专业合作社228家，家庭农场19家，建立666.67公顷小麦绿色增产创建示范区片和666.67公顷玉米绿色增产创建示范片，进行专用品牌粮食生产。全面完成农机作业托管服务。高标准建设秸秆收储场，全镇12个行政村实现秸秆收储全覆盖。

完成招商引资任务16亿元。完成固定资产投入9.3亿元，工业投资4亿元。古井电子创业园、酒神路、田园综合体项目一号路、幸福小区等项目竣工并投入使用。讯展电子公司入驻古井电子创业园，用工700名，预计年纳税在1800万元以上；劲佳包装租赁古井电子创业园标准化厂房2万平方米，已经投产；魏王路、药王村田园综合体引水项目主体工程竣工。总投资3亿元的亳州市海泉置业有限公司项目落地，完成投资1.2亿元。投资2.7亿元完成古井白酒小镇酒神路、魏王路建设，完善产业园区整体布局。白酒小镇客厅、游客服务中心、双创（白酒）产业园、减王路项目建设推进。

实施“空壳村”土地增减挂工作，完成56.67公顷。地块出让10宗，出让金额7800余万元。争取土地指标86.67公顷，确保一些项目如期开工。完成“一月内千亩土地征迁”的目标，65.8公顷土地确认登记并划定边界，确保古井集团扩建如期开工。

全镇贫困户830户1471人，脱贫735户1257人，贫困发生率降至0.05%，落实扶贫资金179万元。对全镇160多家中小企业进行全面走访排查。完成吕楼村污水处理站升级改造，柳行村污水处理站加快建设。辖区内14家水泥制品厂关停取缔13家。完成餐饮业燃煤炉灶清理328户。巡河共发现问题21个，全部完成整改。完成镇域河道“一河一策”编制工作。全镇新建小型污水化处理设施7座，截污纳管新建污水提升泵站15处，投入80万元对小鸿雁沟减店村段进行清淤治理，完成毛柳沟后老家段治理。

投资800万元对镇区4000米雨污水管网进行升级改造，实现镇区内雨污分流。绿化街道苗木3.7万株，安装路灯448盏。推进城乡环卫一体化。回收有害垃圾110吨，设立164个无害化垃圾沤肥点，验收合格使用率100%。开展“国家级卫生镇”创建工作。完成农村硬化道路400

图127　2019年4月21日，古井镇减店村“十佳好媳妇”表彰（张廷林　摄）

千米，基本实现“村村通水泥路，户户通渣石路”的建设目标，乡村道路保洁里程460千米。

审批“五保”户310人，其中集中供养71人，发放“五保”金114万元；审批低保户1550户2377人，发放低保金1030万元；确定优抚对象564人，发放优抚金296万元。发放临时救助金40万元。完成危房改造100户，发放危房改造资金128.5万元。完成改厕任务468户。完成“农村公益事业”项目14个，修建水泥路3.5千米，污水管网860米，路灯280盏。城乡居民养老保险参保人数27421人。“新农合”参合率97.75%。古井中心中学综合评比连续多年位居全区乡镇公办中学前列。

同年，古井镇被评为安徽省级特色小镇。王辛庄村获评为安徽省第一批美丽乡村重点示范村，吕楼村、药王村、后老家村获评为安徽省第一批美丽乡村示范村。

【“徽酒名镇”品牌建设】2019年，古井镇推进白酒产业转型升级，扩建、技改白酒企业36家，总投资2.8亿元。全镇98家白酒企业全面完成燃煤锅炉改造、污水预处理设备安装、厂区雨污分流改造。提升白酒产业软实力，打造“徽酒名镇”品牌形象，共有“古井贡”“古井”“店小二”“金坛子”“曹操贡酒”5个全国驰名商标，“难得糊涂”“皇驾”“闯王”“老贡”“唐坊”“天蕴皖”等18个安徽省著名商标。推动白酒企业“走出去”，提升企业知名度。组织29家白酒企业参展糖酒会活动。发掘白酒企业旅游。青瓷潭酒业、豫皖酒业、黔徽酒业等8家酒企建设旅游设施和地下酒窖，提升酒文化品味，促进“白酒+旅游”融合发展。

【药王村田园综合体项目运营】2019年12月21日，药王村田园综合体项目正式运营。该项目是安徽省田园综合体两个试点项目之一。药王村田园综合体集中药博览、酒文化、民俗展示、文化休闲、教育观光、生态旅游、户外拓展、影视基地等为一体。

药王民俗村位于药王村田园综合体中心，主要承担综合体的服务及民俗展示、游客餐饮住宿等，民俗村以当地中医药文化以及酒文化资源为依托，以传统中药民俗文化为基底和内核，打造“药、医、养、教、旅”五位一体的皖北传统中药民俗文化精品民宿村。民俗村一期工程规划建设6个主题院落，一号和二号两个民俗院落投入运营。一号院，分为村史馆、迎宾室、书吧、琴房、民俗手工作坊、党群活动中心、文创产品超市、茶吧等功能区域。二号院集餐饮功能为主，主打北方传统特色菜系，可以满足100人同时就餐。住宿、药浴、酒馆、药馆、学堂、荷塘湿地、儿童乐园等项目在建设中。

药王村田园综合体总规划面积3533公顷，核心区占地面积2060公顷，拟打造成集农业休闲康养于一体、生产生活生态相融合，一、二、三产全链条增值，具有中药产业、白酒产业特色的乡村田园综合体。

【古井白酒小镇获批省级特色小镇】2019年3月，第二批安徽省特色小镇名单公布，古井白酒小镇被评为省级特色小镇。

古井白酒小镇于古井镇的核心区，镇规划面积3.48平方千米。区位条件优越，位于中原城市群核心发展区，隶属于皖北城市群；交通四通八达，105国道就近通过，距泗许高速入口10千米，距亳州市中心城区20千米。

白酒小镇产业基础好，拥有98家白酒企业、5个全国驰名商标和多个安徽省著名商标；拥有国家AAAA级旅游景区中国白酒博物馆和全国重点文物保护单位“北魏古井”“宋代古井”“明清窖池群”“明清酿酒遗址”等酒文化旅游资源；综合设施齐全，教育、医疗、文体中心、金融机构、商业街等公共服务设施完备，给水、排水、电力、环卫等基础设施完善，是典型的宜居、宜业、宜游的特色小镇。

该镇围绕产业“特而强”、功能“聚而合”、形态“小而美”、机制“新而活”的发展战略，通过项目带动，发展白酒产业，注重白酒产业链的延伸，促进白酒产业升级，提升白酒产业附加值，重点发展酒类酿造、酒类研发、酒类生产、酒类包装、物流以及电商平台搭建等产业环节，打造白酒全产业链条，以白酒产业升级带动古井白酒小镇创新创业、文化传承，成为中国徽酒产业第一镇。

（吴号召）

谯城区双沟镇

【概况】谯城区双沟镇是全国文化先进镇、全国体育先进镇、全国小城镇建设试点镇、全省综合改革试点镇、安徽省民间文化艺术之乡、安徽省优秀旅游镇、安徽省书香之乡。2019年，双沟镇辖18个行政村，辖区面积180平方千米，耕地面积1167公顷，人口9.8万人，财政收入1300万元，居民可支配收入14800元，招商引资8亿元。

发放各类惠农补贴资金17项4669.84万元，午季投保农作物面积9200公顷，补偿理赔资金121.0万元，秋季投保作物面积9800公顷，补偿理赔资金110.6万元，9931户农户受益；申报财政奖补项目10个村13个项目，总投资419168万元，其中财政奖补377.7万元，群众自筹41.97万元，全镇参保缴费9.5万人，参合率在96%以上。完成10千米农村扶贫公路工程建设。新增低保158户，219人，全镇低保人数合计2934人；"五保户"集中供养102人，分散供养317人；全镇城乡居民参合率在80%以上。

脱贫攻坚。有建档立卡贫困户2363户4918人，脱贫179户418人，贫困发生率降至0.02 %。开发就业公益岗位224个，发放资金118.95万元；享受光伏收益517户，发放资金234.5万元；享受"雨露计划"资助125人。发放"四带一自"特色种养业资金19万元，拨付临时救助资金18万元，发放个性化帮扶措施资金7.6万元。

全镇13条河流设立河长制，建立巡查制度，落实责任到人。明确水污染防治任务和目标，统筹水上岸上污染治理。土地管理及增减挂城乡建设用地组卷47公顷，实施结束拟组卷25.33公顷，工矿用地组卷23.33公顷，水利工程用地组卷100公顷。午秋两季秸秆禁烧零火点。

新打机井229眼，节水灌溉面积726.7公顷，提灌站1座，清淤排水沟20条，新建桥梁88座，架设100千伏变压器9台，160千伏变压器1台，10千伏高压线1.95千米，低压29.61千米，修建4米宽水泥路26条，长16.17千米。

开展基层平安创建活动。化解矛盾纠纷360条。接到扫黑除恶线索34条，核查上报25条，2条核查完毕未上报，7条在核查中。开展"法律六进""江淮普法行"等法治宣传教育活动15场次；开展"万名公民旁听庭审"活动2场次、"法治文艺进基层巡演"1场次、"徒步普法行"活动2次；开展"法律进家庭"活动5场次；开展普法大讲堂宪法宣讲5次，受教育群众1000余人。办理法律援助案件95件。开展36次安全生产检查，出动执法车辆36车次，检查经营户350户次；开展辖区消防重点单位人员密集场所全覆盖检查，下发责令改正通知书60份；全覆盖检查辖区内的16家药店、3家医疗机构、4家食品生产企业、149户食品经营企业、124家餐饮服务企业、8家学校食堂、2家企业敬老院食堂、11家使用特种备企业，查处案件56件，收缴罚款368054.8元；开展安全生产检查，查出安全隐患18项，下发限期整改通知书6起。

同年，双沟镇三官中学中考获全区排名第七位；双沟中学考取一中19人、二中20人。推进基层文化阵地建设。完善配套综合性文化中心，设置大型电子屏；组织开展送戏下乡、公益电影放映等文化惠民活动。举办首届核桃采摘节。双沟剧团获评"安徽省百佳院团"。

【结构调整】2019年，双沟镇刘庄邹李藏红花基地种植藏红花333.3公顷；王各、闫庄等村发展阳光设施瓜果基地80公顷，优质西瓜"8424"、优质哈密瓜远销到杭州等地，带动全镇蔬菜、瓜果面积突破667公顷。种植小辣椒、泡椒近2000公顷，每亩年收入3000元左右。种植中药材667公顷，发展苗木花卉55公顷。

20世纪60年代，原三官镇建设有国营亳县核桃林场，年均干果产量10万吨左右，产品远销原南斯拉夫、新加坡等国。21世纪初，由于树质老化，管理不善，产量锐减。2015年，双沟镇决定重新打响核桃品牌，建设"万亩核桃产业示范区"。2019年，全镇种植的6个品种670公顷核桃进入盛果期，有4个核桃种植专业合作社，有日加工核桃仁10吨的加工厂。"三官核桃"申报国家地理产品认证标志。

【新时代文明实践活动】2019年，双沟镇组织开展"移风易俗"

图 128 2019 年 9 月 16 日，双沟镇新时代文明实践大舞台（张延林 摄）

新时代文明实践专题演出 10 场，2 篇理论和曲艺作品在全区获奖。获“全市健身气功比赛”一等奖，“全区农民广场舞大赛”二等奖；代表亳州市参加省广场舞比赛，获优秀组织奖。成立新时代文明实践所，18 个村成立新时代文明实践站，全镇设立移风易俗、文明新风、乡风民风文化墙 100 余处。组建 19 个党员干部文明实践队、36 个理论宣讲队；组建志愿者服务队 25 个；成立 18 个红白喜事理事会、58 个群众故事会和道德评议会。志愿者服务队开展爱心活动 150 余次，捐款捐物近 4 万元；发放移风易俗倡议书 3000 余份，开通文明新风广播专题 160 余次，评选出“双沟好人”“最美家庭”“五星级文明户”等 600 余人，每月开展宣讲 30 余场次。开展“扫黄打非”活动 20 余次，检查文化经营单位 60 余次，发出整改通知书 3 份，收缴非法出版物 60 余册，净化文化市场。

【首届核桃采摘节】 2019 年 9 月，双沟镇举办首届核桃采摘节，采摘节期间接待游客 18000 余人。孙集村前梁自然村 55 公顷核桃被游客采摘抢购一空，采摘鲜果 500 吨。亩收益 3000 余元。活动被《安徽日报》、中安在线、亳州电视台等媒体报道。

【双沟剧团获“安徽省百佳院团”称号】 2019 年，双沟剧团坚持贴近生活、服务群众，赴基层、到乡村演出，活跃农村文化市场。有演员 60 余人，全年在豫皖苏鲁等地演出 300 余场次。同年，双沟剧团第二次获“安徽省百佳院团”，并获“全区先进院团”称号。

（左凤华 申从珊）

涡阳县义门镇

【概况】 涡阳县义门镇是安徽省新农村建设示范镇、安徽省森林城镇、安徽省第二批千年古镇、安徽省优秀旅游乡镇、安徽省中药养生特色小镇、安徽省电商示范镇，是安徽省旅游十大古村镇之一，“义门苔干加工技艺”被评为省非物质文化遗产。2019 年，义门镇辖 15 个行政村、5 个居委会，辖区面积 86 平方千米，其中，城区面积 4.6 平方千米；耕地 5266.67 公顷；人口 8.9 万人，其中城镇人口 2.6 万人，回族 1.79 万人。

义门镇周营、刘营、刘老、陶赵、菜园、杨楼六村集中连片农业示范园区新扩面积 133.33 公顷，总面积在 1000 公顷以上。新扩林木、花卉、风景树育苗 200 公顷，新育苗木花卉近百万株，林下套种中药材、蔬菜、苔干、经济作物。园区亩均收入在 4000 元以上，带动周围农民进园区务工近千人，流转土地和务工收入经济效益突破 1500 万元。

新增工业固定资产投资 3.5 亿元，有规模工业企业 8 家，其中省级农业产业化龙头企业 2 家；新增个体工商户 770 余家，新增个私企业 124 家，新增限额以上商贸企业 3 家；限额以上商贸零售额 1.2 亿元，规模以上工业总产值 22 亿元；实现工业总产值 25 亿元；完成国民生产总值 27 亿元；固定资产投资 8.2 亿元；财政收入 2565 万元，可用财力超千万元；农民人均纯收入 13427 元，较上年增长 12.3%。

脱贫 269 户 625 人，通过省第三方评估验收；新增贫困户 30 户 79 人，及时建档立卡并确保帮扶到位；落实光伏收益 826 户 247.8 万元、雨露计划 44 户 6.6 万元、夏季秸秆禁烧巡逻员 109

图 129 义门镇武举民族村扶持项目 （蒋运涛 摄）

户 17.17 万元、边缘户 61 户 9.12 万元、安欣牧业寄养羊收益 92 户 8.28 万元、个性化帮扶 135 户 23 万元等帮扶项目。开展“两不愁三保障”及饮水安全突出问题排查，共排查出 99 条问题，基本解决。

投资 1200 余万元对真源老居民区强电进行改造;2000 余万元对庙集街、向阳路等 5 条旅游核心区进行整体治理;800 余万元建设龙兴路、史小街、苔乡路等 5 条道路雨污管网;200 余万元新修曲涡路柏油路面;700 余万元对西大坝沿坝坑塘填土和治理白龙潭，保护涡河大坝安全。

启动古镇征地拆迁。一期拆迁近 2 万平方米，征收国有建设用地 13.33 公顷，把多年来个人侵占闲置的药材公司、食品站、百货公司、粮站、卫生院、供销社等国有集体资产依法收回，征用居民安置用地和古镇建设用地 13.33 公顷，投入资金 2000 余万元。启动义门涡河二桥和北岸沿涡河道路建设，投资 2.3 亿元的义门涡河二桥完成设计，进入招投标程序，义门段 17 千米长的涡河北岸沿河观光带建设工程全面启动。

围绕园区、义张路、义周路、义沙路等沿面沿线打造人居环境整治村，人居环境整治自然村占全镇的 65% 以上。完善提升南窑中心村美好乡村建设，推进刘营中心村美好乡村建设并通过省、市、县验收。

推进镇村两级综治中心标准化建设、平安村（居）建设；上报扫黑除恶有效线索 4 条，县转办涉黑涉恶案件 33 件，办结 31 件；调解矛盾纠纷 35 起。开展校车安全、预防青少年溺水、预防火灾、预防煤气中毒、打击成品油违法经营等专项行动。建立健全安全生产网格化包保网络，开展安全隐患排查、安全知识讲座，防火防汛防盗宣传。

【国家 AAAAA 级旅游景区建设启动】 2019 年 5 月，义门镇全面启动国家 AAAAA 级旅游景区创建工作，拟打造集美食享乐、文化体验、健康养生、教育研学为一体的主客共享的生活小镇、全国知名旅游目的地。

该项目计划总投资金额 50 余亿，计划于 2020 年底成功创建国家 AAAA 级旅游景区，2024 年成功创建国家 AAAAA 级旅游景区。义门镇创国家 AAAA 级旅游景区已经省文旅厅组织的资源评审；义门古镇景区规划设计基本完成；组织 60 余名庙集街商户到陕西袁家村进行考察。举办义门古镇“春苔首采季”活动，推介义门传统的中药材、苔干等传统产品和特色美食。举办“好吃好玩”为主题的义门古镇“吃货”狂欢节活动。计划投资 28 个亿的 4 平方千米中药养生特色小镇规划设计全面完成并启动建设；首批投资 1 个亿占地 33.33 公顷的 10 余个项目开工建设。

【义门中药养生小镇被授予省级特色小镇】 2019 年，义门中药养生小镇被授予省级中药特色小镇。

义门中药养生小镇在义门镇老镇区东侧，横跨涡河、义门药品产业园以北。规划用地面积 4 平方千米；建设用地面积 1.44 平方千米；总投资额约 25 亿元。2019 年建设用地 46.67 公顷；投资额约 9 亿元，其中，创建主体自筹资金 6 亿元；财政资金 3 亿元。小镇依托义门现代中药种植、研发及中药康养文化旅游产业等资源，着力打造中药产业体系完善、服务配套一流、宜业宜养宜游的中药生产培育基地、医药科研创新基地、养生文化旅游基地。

义门镇中药材种植生产历史悠久，药材品种有50种。种植面积800公顷，规范化种植优质中药材基地2000公顷，每年持续提质扩面；全镇有药商企业2000余户；有药材一条街和两大中药饮片批发市场。有规模以上医药企业15家，年产值近2亿元，年均增长5%以上。源和堂药业2019年营业收入11.01亿元，通过托管种植，带动脱贫3000余户；与浙江大学药学院合作研发的中药饮片数字化生产线，是国内较先进的数字化中药饮片加工与在线检测生产线。颐生堂药业引进的无菌化、超微、破壁生产线，是亳州市中药企业能够生产直接口服药的5家之一。产品有养生保健品、化妆美颜护肤品以及100余种养生食谱等。

建成5家产业技术创新战略联盟，拥有高新技术企业和省级创新型企业5家，省级农业科技示范园1家，省级研究（技术、设计）中心3家和国家级质检中心1家。

生态旅游建设初具成效。颐生园生态休闲养生度假村获评国家AAA级景区。义门百草园景区和源和堂药业工业景区申报国家AAA级景区。

义门镇于2018年组织申报义门中药养生小镇为省级特色小镇。2019年3月，第二批安徽省特色小镇名单公布，义门中药养生小镇入选。

（黄　潇）

涡阳县高炉镇

【概况】涡阳县高炉镇是千年古镇、皖北名镇、酿酒之乡，全国小城镇建设重点镇、安徽省优秀旅游乡镇。2019年，高炉镇辖15个村（居）委会，辖区面积120.7平方千米，耕地面积7400公顷，林地1066.67公顷，人口7.5万人。

脱贫205户575人，贫困发生率降至0.02%，顺利通过省第三方评估和“县摘帽”。邵桥村、杨瓦房村完成省级“县摘帽”评估验收工作。

实施特色种养殖补贴253户，发放补贴金额99.61万元，落实林业扶贫项目402户，造林面积77.52公顷，发放补贴金额116.28万元。大刘村双孢菇产业基地提升扶贫项目建设完工。15个村完成“三变”改革。完成土地增减挂整治14公顷。

2018年度省级中心村巩韩中心村全面建成使用，并顺利通过省市县验收。2019年度谋划实施的大刘中心村，五爱中心村，大呼中心村设计规划完成。污水管网改造完成3460米，实施农村“一事一议”项目建设8.09千米，农村道路“扩面延伸工程”5.69千米。

全镇30个示范庄，户均新栽树木10株以上，打造柴楼侯西“桃花村”、邵桥小潘“香椿村”等一批备具特色的生态示范村。上报县扫黑办线索13件，采纳并反馈有效线索7件，报结6件；县移交高炉镇线索15件，报结12件；县纪委移交线索1件，报结1件。全镇贫困人口纳入低保2790人，享受“五保”供养401人，贫困残疾人享受救助1093人，救助孤儿37人。累计发放低保救助款926.58万元，“五保”供养金187.98万元，贫困残疾人享受救助资金65.98万元，孤儿救助金39.96万元。完成新型农村养老保险参保46871人，领取人员10192人，发放养老金1469.34万元。全

图130　2019年8月17日，高炉镇徽酒集团　（侯清超　供图）

镇共实施特色种养殖补贴253户，发放补贴金额99.6095万元，落实林业扶贫项目402户，造林面积77.52公顷，发放补贴金额116.28万元。

【砖砌三格式化粪池改厕模式获推广】2019年，高炉镇推进农村“厕所革命”。按照“垫层筑实、压茬砌砖、满缝灌浆、精细收光、防渗测试”的砖砌三格式化粪池改厕模式进行，共完成砖砌式改厕3000余套。坚持以“五清一改”为目标，引导村民重点在“改厕、治污和增绿”上做文章。厕所的粪水通过小三格化粪池二次厌氧发酵变成清水，实行资源化再利用，废水还田、变废为宝，老百姓家家户户用自吸泵、荷叶桶抽取发酵后的清水用于浇菜园、浇果园。李大村在探索小三格化粪池加小生态池形成小四格，更方便污水的降解和再利用。高炉镇改厕工作受到省、市领导肯定和推广。参与承办全市改厕现场会、全省改厕现场会，接待各县市领导参观团60余次，被国家、省、市、县各级媒体宣传报道10余次。

（刘　彦）

蒙城县小涧镇

【概况】蒙城县小涧镇为安徽省千年古镇、全省优秀旅游乡镇、省级生态乡镇、安徽省森林城镇、亳州市第二届文明乡镇。2019年，蒙城县小涧镇辖区面积117平方千米，耕地7333.33公顷，人口6.7万人，辖3个居民委员会，11个村民委员会，共178个自然庄，272个村民小组。完成财政收入1130万元，规模工业产值4900万元，增速10.01%。完成招商引资1.8亿元，固定资产投资3.5亿元。

新增家庭农场16家，流转土地353.33公顷。发展林业产业扶贫41户8.88公顷，补助资金13.32万元。申报贫困户特色种养殖户114户，补助资金24.06万元。利用财政资金支持3家经营主体带动，支持资金70万元，带动82户产业分红增收。午季秸秆离田率在90%以上。栽植树木6万余棵，完成1个森林城镇、5个森林村庄、涡河沿岸长防林、双锁山补植、农田林网建设项目1466.67公顷。清理整顿“大棚房”问题，遏制违法占地。抓好动物防疫工作，完成防疫生猪10000余头，蛋鸡2万余只，鸽子5000余对。源头预防农产品质量安全，开展巡查、检查，抽检722个产品，合格率100%。

落实惠农资金政策，足额发放补贴、资助、保险等各项补贴项目239批次，3647.94万元。推进农村公益事业建设项目财政奖补，建设项目23个，涉及11个行政村，共享受财政奖补资金470万元。新鹏规模养殖项目、恒固建材项目建成投产，华能风电项目建设中。

脱贫159户412人，贫困发生率降至0.19%。做好87户边缘户个性化帮扶工作，确保无漏贫。组织93名贫困人员参加技能培训。培育创业致富带头人18人，带动贫困户72户。开发公益岗位190人。引导贫困户发展特色种养产业269户，奖补资金50.7万元。产业扶贫分红资金发放384户29.4万元。享受教育扶贫“雨露”计划政策57人。为贫困户代缴养老保险2056人，精准落实787户1652人建档立卡人口社会兜底政策，发放残疾人生活救助金849人。第一批发展特色种养殖114户，获奖补资金24.06万元；第二批特色种养殖摸排上报140户，获奖补资金25.99万元。做好小额扶贫贷款发放和逾期贷款清收，做到“应贷尽贷、应收尽收”。推进扶贫扶志扶智工程，新建爱心超市3个。17户危改项目全部竣工验收。发放农村低保资金958.37万元、“五保”资金73.2万元、残疾人补贴84.2万元、孤儿补助32.02万元、因病因灾临时救助26.56万元。整治违法违规私建“住宅式”墓地29处。

【美丽乡村建设】2019年，小涧镇大付美丽乡村建设项目完工。推进人居环境整治工作，全覆盖推进“五清一改”工作，清理沟塘39面、乱搭乱建169处、乱堆乱放废弃物4000余吨、废旧广告牌221个，无功能建筑1179平方米，发动群众22300人次开展村庄内环境整治，栽植树木19万余棵。重点打造5个宜居村庄，建设公厕60座，新建6个休闲小广场。落实河长制，做好河塘沟渠清淤疏浚工程；整治农村污染源，对环保不达标、造成污染的养殖场、小企业、小作坊

图 131　2019 年，小涧镇华能风力发电　（王丽娜　供图）

进行拆除或关停。沿主干道打造 9 千米“繁花大道”和“森林长廊”，建设 15 处乡村文化休闲广场。对村道两旁、庭院周围、田间地头进行绿化美化，共栽植树木 30 万余棵。

【“四山”管理】小涧镇境内有双锁山、灵山、尖山、黄柏山等山丘。

2019 年，小涧镇成立“四山”(双锁山、灵山、尖山、黄柏山)旅游综合管理开发办公室，对“四山”范围进行定界，加强范围管理；起草发布 9 个禁止通告，规范“四山”活动行为；宣传倡导山地植树，提高整体绿化率；建立“四山”巡查队，提高“四山”管理水平，制止及抓获偷伐树木案件 1 起、烧山案件 1 起、制止采石 6 起等，促进“四山”资源的保护工作。推进基础设施建设，新建三里井、狼山、双锁山南、双锁山北 AAA 旅游公厕 4 处，安排旅游公厕管理员 4 人。

（刘　磊）

蒙城县双涧镇

【概况】蒙城县双涧镇是国家第三批综合改革试点镇、安徽省十佳宜居宜业乡镇、亳州市文明乡镇、亳州市乡镇示范工业功能区。2019 年，辖区面积 145 平方千米，耕地面积 9600 公顷，人口 94343 人。下辖 23 个行政村，4 个集市，271 自然庄，381 个村民小组。全镇完成财政收入 4200 万元，完成固定资产投资 4.31 亿元，引进项目 14 个，实现规模工业总产值 5.575 亿元，完成企业注册 269 家，个体户 257 家，居民人均可支配收入 18967 元。

新增合作社和家庭农场 26 家。发展特色农业，初步形成面积 266.67 公顷的蔬菜种植基地；面积 440 公顷的以玫瑰花、白芍、决明子等为主的中药材种植基地；以红薯生产收储窑藏为主的红薯生产基地，完成订单 200 公顷。土地流转 1400 公顷，农机合作社 46 家。

新型农村居民养老保险续保率和城乡居民医疗保险参保率分别为 84% 和 97%。完成家庭医生“两卡制”签约 6245 人，镇村门诊减免 8772 人次，缓解了“因病致贫、因病返贫”的矛盾，敬老院和失能“五保”集中供养中心建设受到国家、省、市的表扬。发放低保资金 829.21 万元、“五保”供养金 117.88 万元、临时救助金 32.08 万元、冬令春荒救灾资金 55 万元、优抚及抚恤补助资金 259.15 万元。全镇脱贫 199 户 469 人，完成 218 户贫困户和 207 户边缘户的个性化救助工作，打卡发放救助资金 37.0944 万元；扶贫慰问 282 户贫困户，打卡资金 10.5 万元；32 座光伏电站运维正常，享受光伏受益贫困户 1490 户 401.46 万元；贫困户特色产业奖补 734 户，奖补资金 124.94 万元；财政资金产业项目涉及 10 个村 10 个项目运行正常；资产收益 2 个项目覆盖全镇 6 个村共228户贫困户共享受分红资金29.4万元，安排公益性岗位254个，实现贫困户增收182万元；林业扶贫受益647户贫困户98.47万元；春秋季“雨露计划”163人次覆盖全镇建档立卡贫困户中高职学生，累计享受资金24.45万元；全镇选配扶贫小组长109人。

【美丽乡村建设】2019年，双涧镇推进环境整治，建设美丽乡村。开展478次沟河巡查，河道清理24场次，清理河内淤积2.3万余立方米。完成中央及省环保督察反馈问题整改任务，整治规模畜禽养殖场23家，关停5家，清理砂石场27家，整治“小散污”企业32家，企业环保整改23 家。利用2018年土地增减挂钩项目资金，打造高隍、李寨、施湖等11个人居环境整治示范点。阜庙、张庄、王湾、李寨、高隍5个村党群服务中心建成投入使用。推进乡风文明建设。开展“最美庭院”“最美家庭”“好儿媳、好婆婆”评选；送戏下乡46场次，提升群众参与度，培育良好家风。打造郭湾竹子文化公园，建成郭湾村史馆，提升郭湾美丽乡村内涵。依据郭湾村人们种植竹子、编织竹制品的习惯，以闲置村部入股王磊竹编合作社，吸纳60多名农村剩余劳动力，31人建档立卡贫困户实现增收。

【抗旱保苗】2019年秋，双涧镇境内连续数月无雨，为减轻旱情，保证农民收成，双涧镇调用10余台挖机，挖通沟渠20多条，调动抽水机械20多台，利用现有水源，保证辖区内23个村内供水充盈；组织群众自发灌溉，连续抗旱36日，双涧镇共灌溉田地8800公顷。

（张若楠）

利辛县城关镇

【概况】利辛县城关镇是全国“筛网之乡”、全省全民创业示范基地。西气东输利辛分输站和县工业园区均在城关镇境内。2019年，城关镇辖5个办事处，共15个社区和20个村，辖区面积122平方千米，耕地面积6266.67公顷，户籍人口16万余人，常住人口24万余人。

开展“两不愁三保障”和“安全饮水”大排查，共排查各类问题537条，其中疑似危房户数13条，未通自来水户数357户，教育保障问题11条，医疗保障问题156条。实现全镇“两册一审全覆盖”，动态调整全筛查，共调整个性化帮扶问题5户、厕改整改户82户、危房改造7户；子女有楼房78户；需办理低保8户；未办理残疾证6户；未办理慢性病证24户；新增贫困户14户265人。

激发贫困户脱贫的内生发展动力，对于有意愿有劳动能力的协调务工、帮扶发展种养业，共补助资金119万元扶植307户809人自主发展特色种养业。通过订单联结、劳务联结、租赁联结、股份联结的方式帮扶696户贫困户。吸纳433个公益岗位，使一部分贫困户有了稳定的劳务收入。对于无劳动能力的脱贫户共实施光伏帮扶1955户；林业补贴957户2091人；办理“五保”570户578人，低保1054户2251人。

开展扫黑除恶专项斗争，召开专题会议13次，督察通报工作推动不力的9个单位40余人次。开展违规发展党员排查，对5名人员进行不予承认党员身份的认定。成立6个督察组到35个村（社区）全面排查，共摸排涉黑涉恶线索148条，其中完成初核案件132条。累计办理涉黑涉恶案件8起，抓获犯罪嫌疑人107人，治安拘留56人，刑事拘留38人，判刑13人，网上追逃5人，取保候审2人，缴获枪支1把，子弹200发，手榴弹10枚，查封查扣冻结资产525多万元。

组织各村社区消防知识普及工作培训会16次，开展第18个“安全生产月”宣传活动；新安装警示牌280块，辖区内实现所有沟塘全覆盖；安排近千名网络员在重点时段进行值守，禁燃禁放。

开展成品油专项整治，依法对无证无照的4家加油站予以拆除，查处流动加油车5部。协调公安交警等部门将境内省道305线阜蒙段9处隐患全部整改到位。对危化品企业、商贸宾馆、挡风被、丝网纱门等人员密集场所安全风险点辨识摸排登记，约谈15个小区物业负责人，规范小区电动车充电桩。

开展环保宣传、问题排查巡查。排查出散、乱、污问题52个，锅炉浴池问题45个，木材石材问题23家，汽车修理厂问题93家，入河排污口问题33个，砂石料场问题21家，养殖场问题92家。加大日常督察巡查频次，累计开展巡查79轮，出动人次2212人次。完成整改中央、省市督察交办件129件，信访案件53件，整治砂石料厂33处，工业企业24处，散乱污85处，饮用水源地1处。

宣传社会主义核心价值观，656个巷道增添公益广告1.5万处。推进“六小工程”，筹集资金2000万元用于城区共新增路灯560盏，维修800余处；疏通下水道6万米；新修和维修背街小巷4.3万平方米；维修公厕42座，新建10余座；新增停车场13000平方米，新增停车位1000个。

集中整治环境卫生，出动人工7400余人次、挖机620台次、车辆1600余车次，清理僵尸车辆160余台，对整个城区内的各类杂物、垃圾、乱堆乱放、乱涂乱画全面进行清理整治，全面拆除违、临、旧、破建筑，完善小街背巷停车线，规范机动车和非机动车停车行为。

争取项目资金3000余万元用于民生工程。完善断头路21条20余千米，修建危桥11座；落实残疾人补贴2359人、护理补贴2065人、贫困精神病患者补助347人、孤儿和困境儿童救助130人。实施就业优先政策，吸纳14名高校毕业生到镇直单位工作，提供大学生就业见习岗位15个，新增城市就业岗位2200余个，为350名大龄就业困难人员申请社保补贴900万元。扶持创业就业，完成小额贴息贷款3000万元。为202名建档立卡贫困人员申办驾驶学习补贴。

同年，城关镇网上为民服务办件总数11万件，群众满意率在95%以上。

【征地拆迁】2019年，城关镇成立专业清房工作小组，清除门面房97间，住房及临时过渡房460余套。聘请第三方服务机构，全程为征地拆迁操作程序把关，依法解决遗留多年的碧桂园、水务局片区、世纪花园等项目难题，成立安师大附中片区、万达片区、杨大楼项目片区、马桥老西庄片区、武园片区等集中征迁片，共完成征地331.33公顷，拆迁27万平方米，确保出让121.27公顷，土地出让金收入28.8亿元。

【耕地保护】2019年，城关镇推进卫片整改执法，推进农村建房审批前置，立案查处违法建设6处，占地面积5933平方米；拆除图斑18处，占地面积7.87公顷并进行复耕；摸排违法设施农用地41宗，手续已报备；拆除违法面积19000多平方米。实地筛选26.67公顷可实施“增减挂”地块，其中55块面积14.53公顷通过验收，5.67公顷完成并组卷上报待市局验收，全部实施地块通过验收后可争取上级“增减挂”资金5200万元，下拨村级资金1500万元，为部分村补齐“三大革命”、基础设施建设和美丽乡村建设资金短板提供资金保障。对下辖的6个办事处，由对应的6个城管中队各负其责，发现、上报各类违建415处，进行各类清理行动62次。

【美丽乡村建设】2019年，城关镇筹集资金1200余万元进行村庄整治，新建21座农村垃圾中转站，实现“村收集、镇转运、县处理”的封闭式垃圾处理体系。清理出全域范围内非正规垃圾填埋点77处，清理生活垃圾1.4万立方米。实施厕所改造666户，推进农村“五清一改”，在全县农村人居环境检查评比中，城关镇连续3次位居全县第一名。武寨村美丽乡村建设顺利通过省级复查验收。

（李永涛）

利辛县阚疃镇

【概况】2019年，阚疃镇辖9个社区居委会、13个村委会，266个自然庄，总人口11万人。辖区面积116平方千米，耕地总面积5826.67公顷。完成税收3570万元；固定资产投资1209万元；3家规模以上企业实现总产值2.45亿元。招商企业8家，引资规模8.2亿元，7家落户建设。

脱贫318户764人，未脱贫户86户212人，贫困发生率0.21%，5个重点贫困村均全部出列。阚疃镇、村两级均成立脱贫攻坚工作领导小组，5个重点贫困村成立驻村工作队，对帮扶责任人重新进行结对，每名帮扶责任人包保未脱贫户不超过5户、已脱贫户不超过10户的原则；全镇55座村级光伏电站共产生发电收益1165.3万元，作为村集体经济收入使用。产业扶贫项目，全镇通过特色种养业扶贫项目，为229户达到种养标准的贫困户发放补贴82.21万元，为790户发展林业产业的贫困户发放补贴93.06万元；就业扶贫项目，为485名有劳动能力的贫困

图 132　阚疃镇白鹭洲水利公园　（张晓玉　供图）

户提供公益性岗位就业，发放工资 349 万余元；健康扶贫项目，为全镇 7499 人落实代缴 2019 年新农合参合金共计 164.98 万元，落实“351”“180”政策，确保贫困户不会因为大额医疗开支导致贫困；教育扶贫，420 名贫困户家庭职业教育在校生落实春季“雨露计划”教育扶助 63 万元；金融扶贫，1069 户贷款户落实贴息政策，为有意愿发展产业的贫困户办理小额贷款，为贫困户购买意外伤害和重大疾病保险以及种植业保险。

低保人员 1418 户 3370 人，“五保”集中供养 158 人，分散供养 451 人，贫困户重度残疾人护理补贴 782 人，非贫困户重度残疾人护理补贴 412 人，贫困户残疾人生活补贴 1511 人，非贫困户残疾人生活补贴 189 人，精神病药费补贴 208 人，代缴城乡居民养老保险 5076 人；发放冬令救灾款 45 万元，共救助 1320 户，2959 人；为退役军人发放优抚补助 208.37 万元；发放高龄老人高龄补贴 1227 人。

1100 多人领取养老金，发放养老金 145 万元，完成参保人员 32900 人，为贫困人口代缴养老金 5261 人，代缴金额 526100 元；利用新建扶贫驿站吸引企业入驻和公益性岗位解决 485 人的就业问题，劳动技能培训 150 人。

接收上级转办信件 158 件，年内办结 151 件；镇级信访件 178 件，办结 147 件；化解安绠村、新河社区、代圩村、茆庙村等信访积案；接收市长热线派单 970 件，回复 949 件；人民网网友留言 15 件，全部办结。网上办事大厅各窗口及各代办点共受理 52453 件，办结 52453 件，办结率 100%，代办点和窗口实现零投诉。

开展“安全生产月”及“6·16”安全生产日等活动，全镇共排查隐患 72 处，下达整改通知书 72 份，责令整改隐患 72 项，整改完成率 100%。落实“防溺水”包保责任，全镇新增防溺水警示标牌 240 余处。

2019 年度，公路社区、大桥社区、程杨村、刘圩村被评为亳州市“五星基层党组织”、八里村被评为亳州市“五星远教站点”。

【基础设施建设】 2019 年，阚疃镇对公路社区、安绠村等 16 座桥梁进行修缮和防护栏安装。亳州军分区投资宋圩村 50 万元高标准农田暗管浇灌项目完工；省水利厅扶贫镇东社区 138 万元项目完工；袁新和新桥两村投资近 1200 万元高标准农田年内施工，永幸涵重建工程年内施工。

【特色种养殖】 2019 年，阚疃镇有 230 户从事特色种养殖，发放自种自养户特色种养业补贴资金 82.3 万元。新型经营主体带动村民务工 50 余户，每户通过务工增加不少于 5000 元的收入。因务工获得财政奖补，发放奖补资金共 2.6 万元，发放新型经营主体带动奖补资金共 5.2 万元。支持、鼓励新型经营主体发展本村相应的特色主导产业，共发放 4 家新型经营主体规模奖补资金共 35 万元。发展水产养殖，全镇稻虾养殖面积规模 133.33 公顷。开展培训进行技术指导和良种推广，对典型示范户进行现场技术指导。

（王启林）

人　物

图 33　“美丽亳州”系列图片——2019 年 1 月 28 日，亳州市关爱清洁工行动　　（张延林　摄）

2019年中国好人榜亳州人物

【孝老爱亲好人】

王传荣

王传荣，女，1969年4月出生。亳州市利辛县阚疃镇公路村大于庄人。

王传荣于30年前结婚，婆家爷爷奶奶年迈，公公体弱力差，婆婆是精神病人，弟弟妹妹年纪尚幼。王传荣给奶奶、爷爷端饭喂药洗衣，照顾得无微不至，直至二位老人先后去世，老人家弥留之际穿的寿衣都是她一针一线缝做的。王传荣从不嫌弃患精神病的婆婆，公公、婆婆的吃穿全是王传荣照管。王传荣是个好嫂子，她给二弟盖3间瓦房，又操心给二弟说亲，帮其成家。王传荣是个热心人，村里有一条土路坡陡难行，她自己掏钱找挖掘机把路修好。目前，王传荣照顾着公公、婆婆的生活起居，带着俩孙子读书，同时带着侄女、侄子，还要种2公顷地。一个大家庭其乐融融，幸福美满。

2019年1月，王传荣获评孝老爱亲类“中国好人”。

葛红花

葛红花，女，1988年3月出生，安徽省蒙城县岳坊镇冯庙村村民，蒙城县附小联盟教师。

1988年，出生没几天的葛红花，被送给一对40多岁靠乞讨为生的光棍兄弟领养。两位“父亲”勒紧腰带，靠打零工、“讨喜钱”供其上学生活。葛红花刻苦学习，考上了大学。2012年毕业后，葛红花参加招考成为蒙城县一名教师。为了节约开支和照顾身体不好的两位父亲，葛红花选择了马集镇田桥村里一个偏僻的小学，并把老人接到村小一起生活。对体弱多病的两位老人不离不弃，竭力奉养。

2019年7月，葛红花被评为孝老爱亲类“中国好人”。

王桂英

王桂英，女，1963年2月出生，亳州市蒙城县马集镇鹤庵村村民。

王桂英于1984年结婚，婚后育有3个孩子。1994年，其丈夫因受到惊吓患了精神疾病，不能正常工作，家庭生活陷入困境。王桂英毅然挑起生活重担，她耕种着十几亩田地，同时抽空去工地当小工，撑起这个家。如今，王桂英的婆婆89岁高龄，听力二级残疾。王桂英多年如一日悉心照顾着丈夫和婆婆。

2019年，王桂英先后被评为孝老爱亲类“亳州好人”“安徽好人”“中国好人”。

【助人为乐好人】

张侠、张晓杏、张三贞、张磊

张侠，女，1971年6月出生，小学文化，家庭主妇，谯城区汤陵社区人，四姊妹中的老大。张晓杏，1977年8月出生，小学教师，住在亳州高新技术产业开发区中央公园小区，四姊妹中的老二。张三贞，1980年12月出生，初中文化，全职妈妈，住在亳州高新技术产业开发区中瑞国际花园小区，四姊妹中的老三。张磊，1982年12月出生，初中文化，住在市谯城区光明小区，四姊妹中的老幺。

四姐妹的母亲李凤琴是一名普通老人，一生与人为善、乐于助人，在去世前说服家人签署了眼角膜捐献书。离世后在家人的帮助下，成为亳州角膜捐献第一人。老人捐献的眼角膜让3位患者重见光明。在母亲的感召下，四姐妹在李凤琴老人去世五周年忌日里一同签署了器官（角膜）捐献书。用她们的实际行动，继承了母亲的优良品质。

2019年2月，张家四姐妹被评为“中国好人”。

刘峰、李淑兰

刘峰，男，1968年9月出生，中共党员；其妻李淑兰，1969年10月生，两人是蒙城县篱笆镇刘庙村村民。

2016年，刘峰被诊断为吉兰－巴雷综合征。经长期治疗病情没有得到好转。一天，刘峰向妻子提出捐献遗体的想法，得到妻子的支持，并决定一起捐献。家里生活困难时，是党和政府给予他们温暖，两人想要通过这种方式回报社会。俩人的决定得到在部队服役的儿子的理解和支持，2018年7月4日，刘峰夫妇在医院签订人体器官捐献协议，2018年9月11

日，刘峰在家去世。次日凌晨1时左右，蒙城县红十字会、合肥某眼科医院、蚌埠医学院三方到刘峰家中取眼角膜，3时左右遗体被运往蚌埠医学院作医学研究。按照刘峰生前的嘱咐，李淑兰没有办丧事，一切从简。

2018年9月刘峰、李淑兰被评为“亳州好人”，10月获评“安徽好人”称号，2019年4月，被评为“中国好人”。

丁伟、刘荣萍

丁伟，男，1970年12月出生，自由职业者；其妻刘荣萍，1972年10月生，中共党员，社区工作者，家住谯城区薛阁街道八角台社区。

自2000年起，夫妇二人坚持无偿献血19年，累计献血4.3万毫升，总量达9个成年人全身血液总和。2008年，刘荣萍在合肥成为亳州首个捐献造血干细胞志愿者，2011年亳州开展此项业务后，丁伟率先捐献。2019年4月4日，丁伟、刘荣萍又一起签署了器官捐献志愿书。近年来，在夫妻俩带动下，儿子和很多同事、亲友成了无偿献血的热心参与者。

丁伟、刘荣萍曾3次获“全国无偿献血奉献奖”金奖，先后获“安徽省无偿献血公益之星”“安徽好人提名奖”“第四届亳州市道德模范”“第四届安徽省道德模范提名奖”“亳州市优秀红十字志愿者”“亳州市无偿献血优秀志愿者”等称号。

2019年5月，丁伟、刘荣萍被评为“中国好人”。

何兴让

何兴让，男，1940年2月出生，亳州市蒙城县小辛集乡城西村人，蒙城县工商联退休职工。

自1996年第一次为贫困学子捐助5000元学费起，何兴让克勤克俭、节衣缩食，坚持将每月一半的退休金作为慈善基金回报社会。至今，累计捐款20余万元，为公益事业筹集社会资金约50万元，帮助10户贫困家庭、70余名困难群众、20余位学子渡过难关。他连续多年牵头组织开展爱心敬老、节俭庆寿、经典诵读、公益祭庄等活动，为弘扬传统文化，传递传统美德做出无私奉献。

2019年8月，何兴让被评为“中国好人”。

【敬业奉献好人】

赵飞

赵飞，男，1974年9月出生，中共党员，在市交警支队一大队工作。

赵飞从事交警工作的20年多年里，他创立“农村道路交通安全宣传基地”“亳州市农村道路交通安全宣传幼儿教育基地”“亳州市青少年文明交通志愿者教研基地”，首创把交通法规编成教材，免费送进课堂。多年来，他围绕“小细节大安全”“我是文明小交警”“交通安全宣传大篷车”等主题组织开展大型普法宣传活动1000余场次，受益群众60多万人次，被誉为“编外教师”，用行动诠释着自己对职业的热爱。

近年来，赵飞先后获“安徽省岗位学雷锋标兵”、安徽省公安机关十大“爱民模范”、十佳“安徽好交警”、安徽省优秀人民警察、“第四届亳州市道德模范提名奖”等称号，荣立个人一等功1次、三等功2次。2016年12月，获评“安徽好人”提名奖。

2019年3月，赵飞被评为“中国好人”。

于新辰

于新辰，男，1991年9月出生，涡阳县城关街道红旗社区居民，毕业于清华大学工程力学与航天航空工程专业，现任中国人民解放军某部队工程师、西昌发射场低温动力系统指挥员。

2011年，于新辰从清华大学毕业后就到西昌发射场工作。多年来，参加并完成包括“嫦娥三号”“嫦娥五号再入返回飞行试验”“风云四号”“北斗三号”等重大任务在内的共计50次、60多颗卫星的航天发射任务，在“北斗三号”“风云四号”等12次任务中担任低温动力系统指挥员。2018年5月，获评安徽青年五四奖章。

2019年6月，于新辰被评为“中国好人”。

张海虹

张海虹，女，1972年5月出生，中共党员，谯城区薛阁街道药都社区居民，现在亳州市纪委监委工作。

张海虹有过23年的检察官生涯，其中有18年的反渎工作经历。多年来，她依法履职，办理了一批职务犯罪案件，多次被省纪委、市纪委抽调办理大要案。她任职期间，亳州市的反渎工作创下了连续三年全省业务考评第一的成绩，被省院记集体二等功。2013年初，张海虹被调整到市院预防处，她很快从之前从事职务犯罪侦查的“治已病”调整到预防职务犯罪“治未病”，完成工作理念转型。工作中追求最高标准，她要求别人做到的，自己肯定做到，并且还要做得更好。

曾被评为“安徽省十佳女检察官”“安徽省三八红旗手”“亳州好人”。

2019年9月，张海虹被评为“中国好人”。

李树林

李树林，男，1983年1月出生，现任谯城区城父镇树林学校校长。

2000年8月，李树林的父亲在城父镇创办了一所以留守儿童为主的民办寄宿制学校——树林学校。2006年，李树林从北京体育大学毕业。当时，其父患病不能再从事学校管理工作。为了父亲的嘱托，让更多的留守儿童走出乡村，李树林毅然放弃大城市的高薪工作，回到家乡教学。多年来，李树林一直在想方设法改善着校园设施，尽力给孩子们提供更好的学习环境。在注重教学质量的同时还尽力做好后勤保障，增设了英语、电脑、音乐、美术等课程，投资创建音乐教室和校园体育场；大部分学生家住得比较分散，离学校都很远，李树林就把学校改为寄宿制，每天提供固定的营养餐和新鲜水果，让教师和孩子们同吃同住，方便了学生学习，同时可以从日常细节入手，培养孩子们的良好生活习惯。12年来，李树林一直坚持守护着学校的每个孩子，在发展文化教育的同时，也关注着学生的德智体美劳全面发展。

2019年10月，李树林被评为“中国好人”。

刘双燕

刘双燕，女，汉族，1975年6月生，利辛县城关镇人，亳州市税务局干部。

自2012年3月起，刘双燕连续担任省第五、第六、第七批选派贫困村驻村扶贫工作队队长兼第一书记。她驻村的第一站在利辛县城北镇陆小营村。这个村在当时是一个贫困村，不少村民曾因卖血染上艾滋病。谈起这个村，很多人都唯恐避之不及，但她在那里一干就是三年。2014年11月，刘双燕决定留任安徽省第六批选派干部，担任利辛县汝集镇朱集村第一书记、驻村扶贫队队长。多渠道整合上百万元资金，为朱集村接通了自来水、修建了公路、改造了电网、建成了扶贫基地。2018年上半年，本该结束任期的她，又选择继续留任，成为连续三届的扶贫队队长。驻村期间，刘双燕践行“不获全胜，决不收兵”的勇气和决心，以自身的辛苦指数换取群众的幸福指数，用青春和奉献诠释了一位奋战在扶贫一线女干部的责任与担当。

2019年，刘双燕先后被评为“亳州好人”“安徽好人”“中国好人”。

2019年安徽好人榜亳州人物

【孝老爱亲好人】

王桂英（参见“中国好人榜亳州人物”）

高慧芳

高慧芳，女，1964年5月出生，蒙城县小涧镇双楼村村民。

27年前，高慧芳和丈夫骆玉宝在外打工时捡到一个弃婴，并将其收养。但是没想到孩子先天性脑瘫，肢体活动能力几乎丧失，高慧芳没有放弃，多年来一直悉心照顾，视如己出。婆叔先天腿脚残疾，无劳动能力，高慧芳同时承担了照顾婆叔的重任。

2019年5月，高慧芳被评为孝老爱亲类“安徽好人”。

董素侠

董素侠，女，1966年4月出生，利辛县旧城镇韩庄村村民。

董素侠的丈夫长年在广州务工，儿子、儿媳在外地工作。家中仅留下她和3个卧病在床完全失去生活能力的老人。大伯94岁高龄，“五保户”，患脑梗留下后遗症，生活不能自理，自60岁时就和侄子一家生活；2006年，又患小脑萎缩，从此彻底瘫痪在床，生活全靠董素侠照顾。2008

年，80岁的公公患上脑梗，卧病在床，董素侠端水喂饭，擦屎接尿。2009年，董素侠母亲患病造成半身不遂，娘家兄弟因病不能照顾，她毅然决定把老母亲接到自己家中，悉心照料。

2019年8月，董素侠被评为孝老爱亲类“安徽好人”。

【助人为乐好人】

曹　洁

曹洁，女，1967年10月出生，中共党员，谯城区薛阁街道希夷社区居民。

10年来，曹洁一直坚持做公益。作为春运志愿者组织帮扶旅客累计300余万人次。每年组织志愿者开展义务植树、爱心助考等各类公益活动；参与组织慰问光荣院革命前辈，救助特困学生、孤寡老人、留守儿童和困难家庭等弱势群体公益活动，筹集善款及救助物资累计价值200余万元。曹洁的善举感动了亳州人民，获得了家庭成员的大力支持。曹洁还把好事做到了外地。通过网络，她了解到江苏省徐州市的一位妈妈想为身患绝症的孩子办个成人礼，但因为缺少资金无法实现这个愿望，曹洁立即委托淮海好人网将善款交到患者妈妈的手中。

2019年2月，曹洁被评为助人为乐类“安徽好人”。

孙　峰

孙峰，男，1973年1月出生，蒙城县城关街道学院社区居民，蒙城恒泰商贸公司总经理。

2002年，孙峰因所在公司经营不善而被迫下岗，生活陷入苦难，亲朋好友、乡亲近邻给予帮助，让孙峰渡过难关。之后，孙峰开始创业，从经营汽车配件起步，逐步扩展到商贸公司、酒店经营，事业有了起色。他致富不忘桑梓，坚持扶困助学，足迹遍布安徽、四川、云南等省份贫困地区。向四川汶川、青海玉树灾区、农村贫困户、贫困生、特殊群体等个人捐款超过60万元。据不完全统计，10余年来，孙峰坚持扶困助学，捐款资助慰问农村贫困生2000余人，结对帮扶蒙城6名贫困大学生。发起捐资助学、扶贫公益等活动160余次，号召社会爱心人士捐款捐物300余万元。2018年，他被蒙城县委、蒙城县人民政府授予“捐资助学先进个人”。

2019年3月，孙峰被评为助人为乐类“安徽好人”。

赵忠东

赵忠东，男，1950年出生，中共党员，谯城区薛阁街道西马园社区居民，退休职工。

赵忠东10年来坚持以雷锋为榜样，积极组织参与公益活动：自费创办公益慈善性“励志馆”免费供人们参观学习；将精心收集的古今中外伟人、名人、草根和媒体的至理名言，自费印成《励志语录》免费向社会发放；2010年，签订遗体捐献书，自愿在去世后捐献眼角膜等器官和遗体；利用自己的专业知识制作呼吸机，肢体健康机、拐杖、万向椅等送给有需要的人；辗转各地多次为困难家庭、留守儿童捐款捐物累计10余万元。在每年的“学雷锋活动月”，赵忠东已连续9年自费购买宣传雷锋先进事迹的报刊送给中小学生，并多次到亳州、蚌埠、阜阳等地几十所中小学校，义务举办雷锋事迹报告会，宣传雷锋精神和自己参与公益慈善活动的经历及感悟，激励孩子们热爱祖国、学习雷锋、助人为乐，刻苦读书，长大后成为国家的栋梁之材。

2019年12月，赵忠东被评为助人为乐类“安徽好人”。

【敬业奉献好人】

于新辰（参见“中国好人榜亳州人物”）

刘双燕（参见“中国好人榜亳州人物”）

庞朝栓

庞朝栓，男，1969年8月生，蒙城县三义镇供电所所长。

庞朝栓有一个外号叫“救火队长”，全县哪个所工作落后，他就被派到哪。2009年3月，他被派到立仓镇供电所，仅用一年的时间，就把这个全省倒数第八的不合格供电所带出困境，并获蒙城供电公司2010年度优秀集体称号。2013年7月25日，蒙城西部遭受罕见大风袭击，岳坊供电所辖区的电力设施遭到严重破坏，整个供电系统陷入瘫痪，涉及全镇6万居民。庞朝栓立即带领团队奔赴抢险现场，当天晚上8时，岳坊全镇恢复通电。“安全第一，服务至上，细化量化，奖罚分明”就是他的成功秘诀。后来，这个秘诀被写成《供电所长谈经验》专栏文章，刊登在系统内的多家报纸与杂志上。在庞朝栓的倡议下，岳坊供电所为全镇孤寡老人和贫困户建立了特殊客户服务档案，并明确专职负责人，做到包户到人，跟踪服务，免费维修，无偿救助。

2019年1月，庞朝栓被评为“安徽好人”。

【见义勇为好人】

张永军

张永军，男，1962年1月出生，涡阳公益救援大队发起人。

2013年，张永军组织成立涡阳县公益救援队，最初5人，至今发展到30余人，是全国9958应急救援协作平台涡阳唯一救援队。参加省内外组织水上打捞、水上救援、抗洪抢险等救援活动100余次，开展防溺水宣传教育30余场次，受教群众10000余人，间接挽回群众生命财产损失上千万元。张永军退休工资2000余元，全部用在装备购买和维护上。张永军先后被评为“亳州好人”“亳州市第六届道德模范”“安徽省十佳志愿服务优秀典型”。

2019年6月，张永军被评为“安徽好人”。

王兴华、王富华

王兴华，男，1990年4月出生，中共预备党员；王富华，男，汉族，1992年3月出生，兄弟二人是涡阳县龙山镇西山村人。

2018年6月3日，正在禁烧巡逻的王兴华遇4名群众落水，只身救出一个孩子和一位老人后，体力不支险被拉入水中，弟弟王富华闻声赶来，二人合力救出4名落水者。多年来，王兴华承包果园，为群众提供30余个就业岗位，免费向群众传授农技知识，带动群众致富。2018年，兄弟二人获全省见义勇为第十五届“安徽移动弘扬正气奖”。

2019年10月，王兴华、王富华被评为见义勇为类“安徽好人”。

【诚实守信好人】

朱希坤

朱希坤，男，1967年9月1日出生，利辛县阚疃镇客运驾驶员。

2019年7月6日早晨，朱希坤打扫自家的五菱荣光7座商务面包车准备去车站，在车座下方发现一个黑包，包里整齐地码放着一大摞现金。朱希坤毫不迟疑地掏出手机准备向站长报告，同一时间站长的手机打了过来，站长要问的正是此事。站长让他看好包，自己带着失主一家人和一位民警赶了过来。经民警认真清点，共28万元。经查询，失主是利辛县阚疃镇谷圩村齐园庄村民李道香，因丈夫被查出胰腺癌急需手术，跑到上海借了28万元，坐上朱师傅的大巴回到阚疃时，已是夜里1点多，李道香和其他五六个人一起又换乘上朱师傅私家车，到家时把包遗落在车里。朱希坤拾金不昧的故事传开后，阚疃汽车站全体员工展开学习。大家自发地捐款筹集1000余元钱，到李道香家中看望慰问，此刻李道香的老公已成功地做了手术。

2019年9月，朱希坤被评为诚实守信类“安徽好人”。

魏秀兰

魏秀兰，女，1964年5月出生，中共党员，涡阳县马店镇大魏村村民，安徽黑娃食品科技有限公司总经理。

魏秀兰从事炒货行业已30年。2003年成立公司，立下绝不让一粒伪劣产品出厂、绝不让一颗瘪子流入市场的企业规矩。多年来，魏秀兰凭借重质量、守信誉的经营理念，打造出享誉全国的“黑娃炒货”品牌。2018年，她鼓励贫困户种植瓜蒌，并兑现“每斤按照高于市场价一块钱的价格全部回收”承诺，使每户贫困户年增收1万余元。其企业连续捐款捐物380余万元，帮助贫困家庭近300余户。魏秀兰安置大高村贫困户39户劳动就业，每年提供2万元的助学帮扶基金，保证该村贫困家庭子女考上高中和高等院校都能顺利完成学业。

2019年11月，魏秀兰被评为诚实守信类“安徽好人”。

（燕语信）

"全国五一劳动奖章"荣誉称号人物简介

梁金辉

梁金辉，男，1966年10月出生，中共党员，亳州市谯城区人，安徽古井集团党委书记、董事长，第十三届全国人大代表，"安徽省劳动模范""全国优秀企业家"。自2014年执掌古井集团之后，公司经营业绩持续保持两位数增长，各项经营指标均创历史新高。2018年，集团公司实现收入104.75亿元，利润总额23.04亿元，上缴税金33.81亿元，总资产206.50亿元。古井贡品牌价值1018.65亿元。具有丰富的企业管理经验和出色的领导能力。坚持"党建立企、党建兴企、党建稳企"的宗旨，推行营销创新，主导创意研发古井贡酒•年份原浆系列产品上市；推行技术革新，实现"产学研一体化"；致力文化建设，提出一系列企业战略思维和管理理念；履行社会责任，积极向社会传递正能量。在其带领下，集团及下属子公司获多项国家及省市殊荣。

张文占

张文占，男，1973年10月出生，亳州市涡阳县人，安徽正宇面粉有限公司办公室主任兼技术总指导。全面负责企业ISO9000 ISO22000、ISO14001、OHSAS18001及GB/T23001等五大体系的有效运行，牵头制定企业标准6个，为公司成功申报37项专利，安徽省级新产品3个，安徽省著名商标3个、安徽名牌产品2个，绿色食品1个。企业被认定为"安徽省级工业设计中心""安徽省级企业技术中心""第三届亳州市政府质量奖"等荣誉，十多年为企业创造经济效益8600余万元。

组织开展"包装车间劳动技能竞赛""机修工技能比武""班组先锋号"等活动，增强员工之间的凝聚力、向心力和战斗力。

针对结对帮扶贫困村——涡阳县马店集镇大高村的实际，牵头组建该村扶贫工作领导小组，通过开展农技培训、教育扶贫、就业扶贫和特色产业种植等多种措施实施精准脱贫，深受广大村民的一致好评。

张文占先后获"2011年度安徽省卓越绩效管理先进个人奖""2012年涡阳县科技先进工作者""2015年全省民营企业信息直报先进个人""2017年安徽省劳动模范""2017年全国工商联民营企业调查点先进个人""2018年涡阳工匠"及"2018年工业新四基智能制造创新人物"等称号。

（市总工会供稿）

获评安徽省"月评十佳"志愿者典型

【个人典型】

刘　辉

刘辉20年如一日参与无偿献血、帮扶困难群众、关爱弱势群体、移风易俗及普法宣传等志愿服务活动，积极加入宝贝回家寻亲网、捐款捐物支援灾区等各项社会公益事业，个人志愿服务时长超过10000余小时，被称赞为："公益路上的雷锋标兵，生活中的贴心暖男。"身残志坚的他曾先后获共青团中央"向上向善好青年"、安徽省优秀志愿者、亳州好人、亳州市优秀青年、亳州市环保雷锋奖章、亳州市优秀志愿者等称号。

2019年4月，刘辉被评为安徽省"月评十佳"志愿服务个人典型；8月，获"安徽省第三届青年先锋十大人物"称号。

高艳华

高艳华是一位从事教育工作36年的老教师，多年来积极参加公益活动，先后为孤寡老人、残障儿童、革命军人、环卫工人送去慰问及义演活动累计500余场次；多次为贫困学生捐资助学，为汶川地震、雅安、玉树地震家园重建募集善款，个人累计捐助人民币10余万元，带动捐款30万元。她曾先后获亳州市"公益扶贫爱心人士"、亳州市"最美书香家庭"、亳州市优秀志愿者等称号。

2019年7月，高艳华被评为安徽省"月评十佳"志愿服务个人典型。

【集体典型】

蒙城阳光公益协会

蒙城阳光公益协会是由中共党员孙峰发起、众多爱心企业家组建的一支爱心公益协会，该协会致力于捐资助学、保护环境、关爱留守儿童、关爱孤寡老人、精准扶贫，成立以来，先后组织开展大型公益活动160余次，组织爱心捐款600余万元，3000余名志愿者参与爱心志愿服务活动。蒙城阳光公益协会“情系大凉山　奉献一份爱”志愿服务项目被评为安徽省“月评十佳”志愿服务项目典型。

2019年2月，蒙城阳光公益协会被评为安徽省“月评十佳”志愿服务集体典型。

亳州经济开发区纳税人权益保护志愿者协会

亳州经济开发区纳税人权益保护协会由亳州经济开发区国家税务局和亳州市地方税务局经济开发区分局联合开发区财政局在2015年发起成立，先后成立党支部、团支部、工会、巾帼志愿服务队等完善的内部机构。协会发扬“奉献、友爱、互助、进步”的志愿者精神，利用周末和节假日休息时间，组织开展“建筑业纳税人一对一服务项目”、暖冬行动、爱心送考、“魅力高新公益行”志愿者精准扶贫等项目，以党建为引领，围绕开发区党工委和开发区管委会的中心工作，开展丰富多彩的党员志愿服务活动。

2019年9月，亳州经济开发区纳税人权益保护协会被评为安徽省“月评十佳”志愿服务集体典型。

亳州市木兰巾帼志愿服务中心

亳州市木兰巾帼志愿服务中心成立后，先后有200余名志愿者加入爱心团队，积极参加社会公益、城市文明创建、敬老助残等活动，平均每人每年义务奉献900多小时。特别是亳鹿高速木兰巾帼志愿服务队、木兰5路服务队两支分队在参与社会、服务社会方面，发挥着带头作用。

2019年12月，亳州市木兰巾帼志愿服务中心被评为安徽省“月评十佳”志愿服务集体典型。

【社区典型】

涡阳五里湾社区

涡阳县五里湾社区成立于2012年，辖区面积约14.7平方千米，居住人口5013人。社区依托五里湾社区志愿服务中心，铺开“社工＋义工”的工作模式，以社会工作者带志愿者的活动方式，开展学雷锋志愿服务活动。为社区群众带去计生、医疗、卫生等服务，得到社区居民的广泛赞誉。

2019年1月，该项目被评为安徽省“月评十佳”志愿服务项目典型。

马元社区

马元社区社区以“党建＋志愿服务”的模式，推动社区志愿服务工作有效开展，社区成立10支由社区党员、工作人员、退休人员以及社区群众组成的特色志愿服务队，每年开展各类志愿活动百余次。社区在天润花园小区打造志愿服务主题广场，为社区志愿服务队开展志愿服务提供活动阵地，该广场先后获安徽省三星级社区志愿服务广场、安徽省四星级社区志愿服务广场。

2019年6月，该项目被评为安徽省“月评十佳”志愿服务项目典型。

薛阁社区

薛阁社区位于亳州市谯城区中心城区，依托社区志愿服务站，组建了以社区工作人员、退休人员以及社区群众为主体的志愿服务队伍，在社区党委的带领下，成立党员、文体、文明城市创建、敬老爱幼、扶弱助残、应急救护6支志愿服务小分队，累计开展各类志愿服务活动400余场。社区在魏武广场打造了志愿服务主题广场，为社区志愿服务队开展志愿服务提供活动阵地，该广场获得安徽省五星级志愿服务广场。该社区先后获“全国和谐社区建设示范社区”“安徽省第一批文明社区”“第五届安徽省文明社区”等称号。

2019年11月，该项目被评为安徽省“月评十佳”志愿服务项目典型。

（燕语信）

2019年亳州好人榜

表17

序号	姓名	获评时间	类别	所属县（区）
1	高亚男	2019.1	助人为乐	涡阳县
2	陈友轩	2019.1	敬业奉献	蒙城县
3	闫秀芝	2019.1	孝老爱亲	谯城区
4	陈若愚	2019.1	见义勇为	蒙城县
5	李素侠	2019.1	诚实守信	涡阳县
6	李　飞	2019.2	见义勇为	蒙城县
7	王建设	2019.2	孝老爱亲	古井集团
8	倪新建	2019.2	敬业奉献	涡阳县
9	白士峰	2019.2	助人为乐	谯城区
10	曹国胜	2019.2	助人为乐	谯城区
11	丁言辉	2019.3	敬业奉献	蒙城县
12	邓　芳	2019.3	孝老爱亲	涡阳县
13	卢云	2019.3	助人为乐	利辛县
14	李松云	2019.3	见义勇为	蒙城县
15	邓士强	2019.3	敬业奉献	亳州市
16	刘俊臣	2019.4	见义勇为	涡阳县
17	蔡小飞	2019.4	助人为乐	蒙城县
18	李　飞	2019.4	诚实守信	蒙城县
19	张建华	2019.4	助人为乐	谯城区
20	刘双燕	2019.4	敬业奉献	利辛县
21	朱　峰	2019.5	敬业奉献	蒙城县
22	付秀英	2019.5	诚实守信	谯城区
23	赵飞龙	2019.5	助人为乐	蒙城县
24	胡继勇	2019.5	助人为乐	涡阳县
25	李素霞	2019.5	孝老爱亲	利辛县
26	吴国正	2019.6	助人为乐	谯城区
27	刘海波	2019.6	见义勇为	涡阳县
28	魏秀兰	2019.6	诚实守信	涡阳县
29	马彩云	2019.6	孝老爱亲	蒙城县

续表 17

序号	姓名	获评时间	类别	所属县（区）
30	邹云峰	2019.6	敬业奉献	涡阳县
31	孔艳秋	2019.7	孝老爱亲	涡阳县
32	朱希坤	2019.7	诚实守信	利辛县
33	戴雪峰	2019.7	敬业奉献	蒙城县
34	李灯虎	2019.7	助人为乐	蒙城县
35	车玉梅	2019.7	孝老爱亲	利辛县
36	张晓蕾	2019.8	孝老爱亲	涡阳县
37	于秀娟	2019.8	敬业奉献	利辛县
38	冯　圣	2019.8	助人为乐	蒙城县
39	杨华妹	2019.8	诚实守信	蒙城县
40	谭艳芳	2019.8	孝老爱亲	利辛县
41	张治郭	2019.9	敬业奉献	蒙城县
42	池新国	2019.9	敬业奉献	涡阳县
43	张芳春	2019.9	助人为乐	涡阳县
44	王桂英	2019.9	孝老爱亲	蒙城县
45	蔡玉杰	2019.10	助人为乐	涡阳县
46	朱玉更	2019.10	助人为乐	蒙城县
47	柳丙林	2019.10	孝老爱亲	蒙城县
48	李秋冬	2019.10	敬业奉献	利辛县
49	刘启兰	2019.10	孝老爱亲	涡阳县
50	柴大营	2019.10	敬业奉献	谯城区
51	李朝坤	2019.11	见义勇为	蒙城县
52	张　玲	2019.11	诚实守信	谯城区
53	纪　翠	2019.11	孝老爱亲	利辛县
54	吴三化	2019.11	助人为乐	涡阳县
55	张桂枝	2019.12	诚实守信	谯城区
56	刘　慧	2019.12	敬业奉献	亳州市
57	张丽娟	2019.12	敬业奉献	蒙城县
58	蒋楠楠	2019.12	孝老爱亲	谯城区
59	马　昭	2019.12	助人为乐	蒙城县

2019年亳州市工会系统获省级以上表彰的先进集体

表18

序号	受表彰单位	获奖名称	表彰文件名称及文号
1	亳州市金不换大酒店有限责任公司餐饮部	全国工人先锋号	《中华全国总工会关于表彰2019年全国五一劳动奖和全国工人先锋号的决定》（总工发〔2019〕14号）
2	亳州市总工会	2018年度全国“安康杯”竞赛安全文化宣传活动先进单位	《中华全国总工会关于表彰2019年全国五一劳动奖和全国工人先锋号的决定》（总工发〔2019〕14号）
3	涡阳县盛鸿科技有限公司	安徽省五一劳动奖、安徽省劳动竞赛先进集体	《关于表彰2018年度安徽省劳动竞赛先进集体和先进个人的决定》（皖竞字〔2019〕4号）
4	安徽金不换白酒集团	安徽省劳动竞赛先进集体	《关于表彰2018年度安徽省劳动竞赛先进集体和先进个人的决定》（皖竞字〔2019〕4号）
5	亳州文化旅游控股集团有限公司	安徽省劳动竞赛先进集体	《关于表彰2018年度安徽省劳动竞赛先进集体和先进个人的决定》（皖竞字〔2019〕4号）
6	中国邮政储蓄银行股份有限公司亳州市分行淝河镇支行	安徽省工人先锋号	《关于表彰2018年度安徽省劳动竞赛先进集体和先进个人的决定》（皖竞字〔2019〕4号）
7	安徽浩翔农牧有限公司育种组	安徽省工人先锋号	《关于表彰2018年度安徽省劳动竞赛先进集体和先进个人的决定》（皖竞字〔2019〕4号）
8	安徽古井集团有限责任公司	安徽省脱贫攻坚十大工程先锋先进集体	《关于表彰2018年度安徽省劳动竞赛先进集体和先进个人的决定》（皖竞字〔2019〕4号）

2019年亳州市工会系统获省级以上表彰的先进个人

表19

序号	姓名	单位（职务）	获奖名称	表彰文件名称及文号
1	梁金辉	安徽古井集团党委书记、董事长	全国五一劳动奖章	《中华全国总工会关于表彰2019年全国五一劳动奖和全国工人先锋号的决定》（总工发〔2019〕14号）
2	张文占	安徽正宇面粉有限公司办公室主任兼技术总指导	全国五一劳动奖章	《中华全国总工会关于表彰2019年全国五一劳动奖和全国工人先锋号的决定》（总工发〔2019〕14号）
3	傅义忠	蒙城县漆园酒店管理有限公司工会主席	安徽省劳动竞赛先进个人	《关于表彰2018年度安徽省劳动竞赛先进集体和先进个人的决定》（皖竞字〔2019〕4号）
4	羿晓进	国家税务总局亳州市税务局财产和行为税科副主任科员	安徽省劳动竞赛先进个人	《关于表彰2018年度安徽省劳动竞赛先进集体和先进个人的决定》（皖竞字〔2019〕4号）
5	陈晓亮	国网安徽省电力有限公司亳州供电公司总经理、党委副书记	安徽省劳动竞赛先进个人	《关于表彰2018年度安徽省劳动竞赛先进集体和先进个人的决定》（皖竞字〔2019〕4号）

续表 19

序号	姓名	单位（职务）	获奖名称	表彰文件名称及文号
6	刘双燕	利辛县税务局科员，利辛县汝集镇朱集村驻村工作队队长（第一书记）	安徽省脱贫攻坚十大工程先锋先进个人、安徽省五一劳动奖章	《关于表彰 2018 年度安徽省劳动竞赛 先进集体和先进个人的决定》（皖竞字〔2019〕4 号）

（张光宇　供稿）

2019 年团市委系统获省级以上表彰的先进集体

表 20

序号	获奖集体	获奖名称	表彰文件名称及文号
1	亳州市 12345 市长热线办公室	全国青年文明号	《关于命名 2017−2018 年度全国青年文明号的决定 》（中青联发〔2019〕5 号）
2	安徽省亳州市十八中学团委	全国五四红旗团委	《共青团中央关于表彰 “全国优秀共青团员” “全国优秀共青团干部” “全国五四红旗团委（团支部）”的决定》（中青发〔2019〕6 号）
3	亳州建工有限公司建投 · 泊湾项目部	安徽省青年安全生产示范岗	
4	省交通控股集团界阜蚌高速公路管理有限责任公司利辛东收费站	安徽省青年安全生产示范岗	
5	中铁置业亳州投资发展有限公司团支部	安徽省青年安全生产示范岗	
6	涡阳县第一中学团委	安徽省“五四红旗团（工）委”	《共青团安徽省委关于表彰 2018 年度 “安徽省优秀共青团员” “安徽省优秀共青团干部” “安徽省五四红旗团委（团支部）” 的决定》（ 皖青〔2019〕8 号）
7	蒙城建筑工业中等专业学校团委	安徽省“五四红旗团（工）委”	《共青团安徽省委关于表彰 2018 年度 “安徽省优秀共青团员” “安徽省优秀共青团干部” “安徽省五四红旗团委（团支部）” 的决定》（皖青〔2019〕8 号）
8	共青团国家税务总局亳州市税务局机关委员会	安徽省青年志愿者优秀组织	《关于公布第十二届 “安徽省青年志愿者优秀个人” “安徽省青年志愿者优秀组织” 名单的通知》 （皖青联〔2019〕59 号）
9	利辛县关爱协会	安徽省青年志愿者优秀组织	《关于公布第十二届 “安徽省青年志愿者优秀个人” “安徽省青年志愿者优秀组织” 名单的通知》 （皖青联〔2019〕59 号）

续表 20

序号	获奖集体	获奖名称	表彰文件名称及文号
10	利辛县蓝天救援中心	安徽省青年志愿者优秀组织	《关于公布第十二届“安徽省青年志愿者优秀个人”“安徽省青年志愿者优秀组织”名单的通知》（皖青联〔2019〕59 号）
11	亳州市青少年关爱协会	安徽省青年志愿者优秀组织	《关于公布第十二届“安徽省青年志愿者优秀个人”“安徽省青年志愿者优秀组织”名单的通知》（皖青联〔2019〕59 号）
12	亳州市青年志愿者协会	安徽省青年志愿者优秀组织	《关于公布第十二届“安徽省青年志愿者优秀个人”“安徽省青年志愿者优秀组织”名单的通知》（皖青联〔2019〕59 号）
13	亳州市谯城区学联志愿服务队	安徽省青年志愿者优秀组织	《关于公布第十二届“安徽省青年志愿者优秀个人”“安徽省青年志愿者优秀组织”名单的通知》（皖青联〔2019〕59 号）
14	亳州学院青年志愿者协会	安徽省青年志愿者优秀组织	《关于公布第十二届“安徽省青年志愿者优秀个人”“安徽省青年志愿者优秀组织”名单的通知》（皖青联〔2019〕59 号）
15	亳州经济开发区纳税人权益保护志愿者协会	安徽省青年志愿者优秀组织	《关于公布第十二届“安徽省青年志愿者优秀个人”“安徽省青年志愿者优秀组织”名单的通知》（皖青联〔2019〕59 号）
16	亳州职业技术学院健康志愿者协会	安徽省青年志愿者优秀组织	《关于公布第十二届“安徽省青年志愿者优秀个人”“安徽省青年志愿者优秀组织”名单的通知》（皖青联〔2019〕59 号）
17	亳州市第一中学青年志愿者协会	安徽省青年志愿者优秀组织	《关于公布第十二届“安徽省青年志愿者优秀个人”“安徽省青年志愿者优秀组织”名单的通知》（皖青联〔2019〕59 号）

2019 年团市委系统获省级以上表彰的先进个人

表 21

序号	姓名	单位	获表彰名称	表彰文件名称及文号
1	刘泽丰	利辛第一中学	全国“最美中学生”	
2	郭竞曦	亳州市第十八中学	全国“最美中学生”	
3	黄梦茹	亳州幼儿师范学校	全国“最美中学生”	
4	邓小雨	亳州市委办公室科员	全国优秀共青团员	《共青团中央关于表彰 2018 年度“全国优秀共青团员“全国优秀共青团干部“全国五四红旗团委（团支部）”的决定》中青发〔2019〕6 号）
5	潘　刚	亳州市利辛县中医院临床医生	安徽省“爱岗敬业类向上向善好青年”	《关于公布 2019 年安徽省“争做新时代向上向善好青年”名单的通知》

续表 21

序号	姓名	单位	获表彰名称	表彰文件名称及文号
6	张　义	亳州市涡阳县恒润商贸总经理	安徽省“诚实守信类向上向善好青年”	《关于公布 2019 年安徽省“争做新时代向上向善好青年”名单的通知》
7	尹冬冬	涡阳县爱心者协会会长	第 22 届“安徽青年五四奖章”	《关于授予王锐等 20 名同志第 22 届“安徽青年五 四奖章”、滁州市消防救援支队等 5 个青年集体“安徽青年五四奖章集体”的决定》（皖青联〔2019〕26 号）
8	张千千	涡阳县第一中学高三文（3）班学生	安徽省优秀共青团员	《共青团安徽省委关于表彰 2018 年度“安徽省优秀共青团员”“安徽省优秀共青团干部”“安徽省五四红旗团委（团支部）”的决定》（皖青〔2019〕8 号）
9	孙 新	涡阳县中医医院临床医师	安徽省优秀共青团员	《共青团安徽省委关于表彰 2018 年度“安徽省优秀共青团员”“安徽省优秀共青团干部”“安徽省五四红旗团委（团支部）”的决定》（皖青〔2019〕8 号）
10	马静姝	亳州市第十八中学高二（1）班学生	安徽省优秀共青团员	《共青团安徽省委关于表彰 2018 年度“安徽省优秀共青团员”“安徽省优秀共青团干部”“安徽省五四红旗团委（团支部）”的决定》（皖青〔2019〕8 号）
11	王怡宁	蒙城县第一中学高一（31）班学生	安徽省优秀共青团员	《共青团安徽省委关于表彰 2018 年度“安徽省优秀共青团员”“安徽省优秀共青团干部”“安徽省五四红旗团委（团支部）”的决定》（皖青〔2019〕8 号）
12	解 苒	利辛县第一中学高二（32）班学生	安徽省优秀共青团员	《共青团安徽省委关于表彰 2018 年度“安徽省优秀共青团员”“安徽省优秀共青团干部”“安徽省五四红旗团委（团支部）”的决定》（皖青〔2019〕8 号）
13	孙奥魁	亳州市第五完全中学高三（4）班学生	安徽省优秀共青团员	《共青团安徽省委关于表彰 2018 年度“安徽省优秀共青团员”“安徽省优秀共青团干部”“安徽省五四红旗团委（团支部）”的决定》（皖青〔2019〕8 号）
14	王海波	亳州学院中文与传媒系 2016 级文化产业管理专业 学生	安徽省优秀共青团员	《共青团安徽省委关于表彰 2018 年度“安徽省优秀共青团员”“安徽省优秀共青团干部”“安徽省五四红旗团委（团支部）”的决定》（皖青〔2019〕8 号）
15	宋可欣	亳州市第一中学高三（16）班学生	安徽省优秀共青团员	《共青团安徽省委关于表彰 2018 年度“安徽省优秀共青团员”“安徽省优秀共青团干部”“安徽省五四红旗团委（团支部）”的决定》（皖青〔2019〕8 号）
16	康箬凌	亳州市风华学校九年级（28）班学生	安徽省优秀共青团员	《共青团安徽省委关于表彰 2018 年度“安徽省优秀共青团员”“安徽省优秀共青团干部”“安徽省五四红旗团委（团支部）”的决定》（皖青〔2019〕8 号）

续表 21

序号	姓名	单位	获表彰名称	表彰文件名称及文号
17	赵雅芝	涡阳县涡南镇团委书记	安徽省优秀共青团干部	《共青团安徽省委关于表彰 2018 年度“安徽省优秀共青团员”“安徽省优秀共青团干部”“安徽省五四红旗团委（团支部）”的决定》（皖青〔2019〕8 号）
18	申国宾	团蒙城县委副主任科员	安徽省优秀共青团干部	《共青团安徽省委关于表彰 2018 年度“安徽省优秀共青团员”“安徽省优秀共青团干部”“安徽省五四红旗团委（团支部）”的决定》（皖青〔2019〕8 号）
19	魏　奔	蒙城县第一中学团委委员	安徽省优秀共青团干部	《共青团安徽省委关于表彰 2018 年度“安徽省优秀共青团员”“安徽省优秀共青团干部”“安徽省五四红旗团委（团支部）”的决定》（皖青〔2019〕8 号）
20	刘丽丽	利辛县城关镇团委副书记	安徽省优秀共青团干部	《共青团安徽省委关于表彰 2018 年度“安徽省优秀共青团员”“安徽省优秀共青团干部”“安徽省五四红旗团委（团支部）”的决定》（皖青〔2019〕8 号）
21	马煜强	团利辛县委副书记	安徽省优秀共青团干部	《共青团安徽省委关于表彰 2018 年度“安徽省优秀共青团员”“安徽省优秀共青团干部”“安徽省五四红旗团委（团支部）”的决定》（皖青〔2019〕8 号）
22	程 雷	亳州市谯城中学团委书记	安徽省优秀共青团干部	《共青团安徽省委关于表彰 2018 年度“安徽省优秀共青团员”“安徽省优秀共青团干部”“安徽省五四红旗团委（团支部）”的决定》（皖青〔2019〕8 号）
23	焦广春	团亳州市谯城区委书记	安徽省优秀共青团干部	《共青团安徽省委关于表彰 2018 年度“安徽省优秀共青团员”“安徽省优秀共青团干部”“安徽省五四红旗团委（团支部）”的决定》（皖青〔2019〕8 号）
24	高　梦	亳州职业技术学院团委副书记	安徽省优秀共青团干部	《共青团安徽省委关于表彰 2018 年度“安徽省优秀共青团员”“安徽省优秀共青团干部”“安徽省五四红旗团委（团支部）”的决定》（皖青〔2019〕8 号）
25	高洪生	亳州市第一中学团委副书记	安徽省优秀共青团干部	《共青团安徽省委关于表彰 2018 年度“安徽省优秀共青团员”“安徽省优秀共青团干部”“安徽省五四红旗团委（团支部）”的决定》（皖青〔2019〕8 号）
26	王丹丹		安徽省青年志愿者优秀个人	《关于公布第十二届“安徽省青年志愿者优秀个人”“安徽省青年志愿者优秀组织”名单的通知》（皖青联〔2019〕59 号）
27	王双喜		安徽省青年志愿者优秀个人	《关于公布第十二届“安徽省青年志愿者优秀个人”“安徽省青年志愿者优秀组织”名单的通知》（皖青联〔2019〕59 号）

续表 21

序号	姓名	单位	获表彰名称	表彰文件名称及文号
28	王成良		安徽省青年志愿者优秀个人	《关于公布第十二届“安徽省青年志愿者优秀个人”“安徽省青年志愿者优秀组织”名单的通知》（皖青联〔2019〕59 号）
29	王　阳		安徽省青年志愿者优秀个人	《关于公布第十二届“安徽省青年志愿者优秀个人”“安徽省青年志愿者优秀组织”名单的通知》（皖青联〔2019〕59 号）
30	王新宇		安徽省青年志愿者优秀个人	《关于公布第十二届“安徽省青年志愿者优秀个人”“安徽省青年志愿者优秀组织”名单的通知》（皖青联〔2019〕59 号）
31	王璐娜		安徽省青年志愿者优秀个人	《关于公布第十二届“安徽省青年志愿者优秀个人”“安徽省青年志愿者优秀组织”名单的通知》（皖青联〔2019〕59 号）
32	刘卫卫		安徽省青年志愿者优秀个人	《关于公布第十二届“安徽省青年志愿者优秀个人”“安徽省青年志愿者优秀组织”名单的通知》（皖青联〔2019〕59 号）
33	李　凤		安徽省青年志愿者优秀个人	《关于公布第十二届“安徽省青年志愿者优秀个人”“安徽省青年志愿者优秀组织”名单的通知》（皖青联〔2019〕59 号）
34	李东波		安徽省青年志愿者优秀个人	《关于公布第十二届“安徽省青年志愿者优秀个人”“安徽省青年志愿者优秀组织”名单的通知》（皖青联〔2019〕59 号）
35	李保霞		安徽省青年志愿者优秀个人	《关于公布第十二届“安徽省青年志愿者优秀个人”“安徽省青年志愿者优秀组织”名单的通知》（皖青联〔2019〕59 号）
36	李　亮		安徽省青年志愿者优秀个人	《关于公布第十二届“安徽省青年志愿者优秀个人”“安徽省青年志愿者优秀组织”名单的通知》（皖青联〔2019〕59 号）
37	肖　枫		安徽省青年志愿者优秀个人	《关于公布第十二届“安徽省青年志愿者优秀个人”“安徽省青年志愿者优秀组织”名单的通知》（皖青联〔2019〕59 号）
38	张号有		安徽省青年志愿者优秀个人	《关于公布第十二届“安徽省青年志愿者优秀个人”“安徽省青年志愿者优秀组织”名单的通知》（皖青联〔2019〕59 号）
39	张亚坤		安徽省青年志愿者优秀个人	《关于公布第十二届“安徽省青年志愿者优秀个人”“安徽省青年志愿者优秀组织”名单的通知》（皖青联〔2019〕59 号）
40	张明		安徽省青年志愿者优秀个人	《关于公布第十二届“安徽省青年志愿者优秀个人”“安徽省青年志愿者优秀组织”名单的通知》（皖青联〔2019〕59 号）

续表 21

序号	姓名	单位	获表彰名称	表彰文件名称及文号
41	屈小单		安徽省青年志愿者优秀个人	《关于公布第十二届“安徽省青年志愿者优秀个人”“安徽省青年志愿者优秀组织”名单的通知》（皖青联〔2019〕59 号）
42	姚　亮		安徽省青年志愿者优秀个人	《关于公布第十二届“安徽省青年志愿者优秀个人”“安徽省青年志愿者优秀组织”名单的通知》（皖青联〔2019〕59 号）
43	徐大为		安徽省青年志愿者优秀个人	《关于公布第十二届“安徽省青年志愿者优秀个人”“安徽省青年志愿者优秀组织”名单的通知》（皖青联〔2019〕59 号）
44	徐争先		安徽省青年志愿者优秀个人	《关于公布第十二届“安徽省青年志愿者优秀个人”“安徽省青年志愿者优秀组织”名单的通知》（皖青联〔2019〕59 号）
45	郭　庆		安徽省青年志愿者优秀个人	《关于公布第十二届“安徽省青年志愿者优秀个人”“安徽省青年志愿者优秀组织”名单的通知》（皖青联〔2019〕59 号）
46	康　红		安徽省青年志愿者优秀个人	《关于公布第十二届“安徽省青年志愿者优秀个人”“安徽省青年志愿者优秀组织”名单的通知》（皖青联〔2019〕59 号）
47	彭理想		安徽省青年志愿者优秀个人	《关于公布第十二届“安徽省青年志愿者优秀个人”“安徽省青年志愿者优秀组织”名单的通知》（皖青联〔2019〕59 号）
48	程修魁		安徽省青年志愿者优秀个人	《关于公布第十二届“安徽省青年志愿者优秀个人”“安徽省青年志愿者优秀组织”名单的通知》（皖青联〔2019〕59 号）
49	马梦雨	亳州市众创科技创业服务有限公司电商培训部主管	全省第二届“青年之家”优秀活动项目三等奖	《关于公布全省第二届“青年之家”优秀活动项目、“微团课”评选活动获奖名单的通知》（皖青组〔2019〕12 号）
50	赵 旭	亳州市众创科技创业服务有 限公司云孵化部主管	全省第二届“青年之家”优秀活动项目优秀奖	《关于公布全省第二届“青年之家”优秀活动项目、“微团课”评选活动获奖名单的通知》（皖青组〔2019〕12 号）
51	许皖雪	古井集团 5A 管委会团支部讲解员	全省第二届“微团课”优秀奖	《关于公布全省第二届“青年之家”优秀活动项目、“微团课”评选活动获奖名单的通知》（皖青组〔2019〕12 号）
52	陈　蕊	亳州市公安局科员	安徽省爱岗敬业类向上向善好青年提名奖	《关于公布 2019 年安徽省“争做新时代向上向善好青年”名单的通知》
53	王　飞	利辛县梦婚礼企划创意中心总经理	安徽省创新创业类向上向善好青年提名奖	《关于公布 2019 年安徽省“争做新时代向上向善好青年”名单的通知》
54	吕家焱	亳州市第八中学学生	安徽省勤学上进类向上向善好青年提名奖	《关于公布 2019 年安徽省“争做新时代向上向善好青年”名单的通知》

续表 21

序号	姓名	单位	获表彰名称	表彰文件名称及文号
55	高新杰	涡阳一中学生	安徽省勤学上进类向上向善好青年提名奖	《关于公布 2019 年安徽省“争做新时代向上向善好青年”名单的通知》
56	朱圆圆	亳州市青年志愿者协会志愿者	安徽省诚实守信类向上向善好青年提名奖	《关于公布 2019 年安徽省“争做新时代向上向善好青年”名单的通知》
57	崔　建	涡阳县建业照明有限公司法人代表	安徽省诚实守信类向上向善好青年提名奖	《关于公布 2019 年安徽省“争做新时代向上向善好青年”名单的通知》
58	王云飞	亳州中药科技学校学生	安徽省敬老爱亲类向上向善好青年提名奖	《关于公布 2019 年安徽省“争做新时代向上向善好青年”名单的通知》

2019 年亳州市妇联系统获省级以上表彰的先进集体和先进个人

表 22

序号	姓名或单位	工作单位及职务	受表彰名称	表彰文件名称及文号
1	王　瑜	亳州市利辛县实验小学校长	安徽省“三八红旗手”	《关于 2019 年度安徽省“三八红旗手”标兵、安徽省“三八红旗手”、安徽省“三八红旗集体”的通报》（皖妇〔2020〕1 号）
2	陈　侠	亳州市涡阳县陈侠教育咨询有限公司负责人	安徽省“三八红旗手”	《关于 2019 年度安徽省“三八红旗手”标兵、安徽省“三八红旗手”、安徽省“三八红旗集体”的通报》（皖妇〔2020〕1 号）
3	杨华妹	安徽润宝食品有限公司董事长	安徽省“三八红旗手”	《关于 2019 年度安徽省“三八红旗手”标兵、安徽省“三八红旗手”、安徽省“三八红旗集体”的通报》（皖妇〔2020〕1 号）
4	谭艳芳	安徽协和成药业饮片有限公司统计员	安徽省“三八红旗手”	《关于 2019 年度安徽省“三八红旗手”标兵、安徽省“三八红旗手”、安徽省“三八红旗集体”的通报》（皖妇〔2020〕1 号）
5	张兰兰	亳州市妇联综合宣传部部长	安徽省“三八红旗手”	《关于 2019 年度安徽省“三八红旗手”标兵、安徽省“三八红旗手”、安徽省“三八红旗集体”的通报》（皖妇〔2020〕1 号）
6	芮偶连	亳州经济开发区管委会社会事业局副局长	安徽省“三八红旗手”	《关于 2019 年度安徽省“三八红旗手”标兵、安徽省“三八红旗手”、安徽省“三八红旗集体”的通报》（皖妇〔2020〕1 号）
7	李克影	蒙城县委党史和地方志研究室主任	安徽省“三八红旗手”	《关于 2019 年度安徽省“三八红旗手”标兵、安徽省“三八红旗手”、安徽省“三八红旗集体”的通报》（皖妇〔2020〕1 号）
8	亳州市 12345 市长热线办公室		安徽省“三八红旗集体”	《关于 2019 年度安徽省“三八红旗手”标兵、安徽省“三八红旗手”、安徽省“三八红旗集体”的通报》（皖妇〔2020〕1 号）

附　　录

图 34　“美丽亳州”系列图片——2019 年 4 月 5 日，亳州市骑行爱好者们在田间小路上骑行　　（张延林　摄）

亳州市2019年国民经济和社会发展统计公报[1]

亳州市统计局　国家统计局亳州调查队

（2020年3月31日）

2019年，面对复杂多变的外部环境和艰巨繁重的改革发展任务，全市上下在市委、市政府的坚强领导下，坚持以习近平新时代中国特色社会主义思想为指导，认真贯彻党中央和省委、省政府决策部署，按照高质量发展要求，深入实施五大发展行动计划，保持了经济社会平稳健康发展，现代化五大发展美好亳州建设迈上新的台阶。

一、综合

初步核算，全年生产总值（GDP）[2]1749.0亿元，按可比价格计算，比上年增长9.4%。分产业看，第一产业增加值238.2亿元，增长4%；第二产业增加值621.8亿元，增长10.5%；第三产业增加值889亿元，增长10.2%。三次产业结构由上年的13.6 ∶ 35.7 ∶ 50.7调整为13.6 ∶ 35.6 ∶ 50.8，其中工业增加值占GDP比重为25.7%。人均GDP33314元，比上年增加3498元。

年末全市户籍人口663万人，比上年增加6.2万人；常住人口为526.3万人，比上年增加2.6万人；城镇化率42.2%，较上年提高了1.2个百分点；全年出生人口9万人，人口出生率为13.6‰；死亡人口1.5万人，死亡率为2.3‰；人口自然增长率10.3‰。

全年居民消费价格比上年上涨2.7%，其中食品价格上涨9.1%。商品零售价格上涨1.7%。工业生产者出厂价格上涨2.9%，工业生产者购进价格上涨3.0%。

全年城镇新增就业6.5万人，新增转移农村劳动力11.8万

2019年全市生产总值及其增长速度

表23　　单位：亿元

指　标	绝对数	比上年增长（%）
生产总值	1749.0	9.4
第一产业	238.2	4.0
第二产业	621.8	10.5
工业	448.8	10.5
建筑业	173.4	10.7
第三产业	889.0	10.2
交通运输、仓储和邮政业	83.4	5.7
批发和零售业	144.6	7.9
住宿和餐饮业	37.2	9.3
金融业	124.6	14.4
房地产业	146.8	5.7
营利性服务业	148.5	21.8
非营利性服务业	196.4	5.2

2019 年全市居民消费价格比上年涨跌幅度

表 24　　单位：%

指　标	比上年涨跌幅度
居民消费价格	2.7
其中：食品	9.1
居住	0.8
衣着	2.9
医疗保健	1.9
交通和通信	-3.0
教育文化和娱乐	2.0
生活用品及服务	1.4

人，开发就业见习岗位 4574 个，公益性岗位 2690 个。年末城镇登记失业率 2.68%，较上年下降 0.07 个百分点。

二、农业

全年粮食作物种植面积 871.9 千公顷，比上年减少 3.6 千公顷，小麦种植面积 436.6 千公顷，新增高标准农田 28.7 千公顷。油料种植面积 7.7 千公顷，扩大 0.3 千公顷。棉花种植面积 1.7 千公顷，扩大 0.1 千公顷。蔬菜种植面积 73.2 千公顷，扩大 4.9 千公顷。中药材种植面积 57.3 千公顷，扩大 0.7 千公顷。

全年粮食产量 499.7 万吨，比上年增长 2.4%。其中，夏粮 315.8 万吨，增长 3.7%；秋粮 163.5 万吨，增长 1.8%。油料产量 4.1 万吨，增长 4.1%。棉花产量 0.2 万吨，增长 8%。蔬菜产量 283 万吨，增长 4.9%。

年末全市生猪存栏 111.1 万头，比上年下降 9.9%；全年生猪出栏 249.8 万头，下降 4.2%。肉类总产量 30.1 万吨，增长 0.4%，其中猪牛羊肉产量 23.5 万吨，下降 3.2%。禽蛋产量 7.6 万吨，增长 2.7%。牛奶产量 0.7 万吨，下降 25.3%。水产品产量 5.3 万吨，增长 4.2%。共有畜禽规模养殖场 2878 家，共创建部级、省级、市级畜禽养殖示范场 12 家、22 家、416 家。

年末全市农业机械总动力 795.3 万千瓦，比上年增长 1.9%。农田有效灌溉面积 496.6 千公顷，新增节水灌溉面积 6.8 千公顷。新增浩翔、曹操贡、店小二 3 个“三品一标”品牌，认证总数达到 573 个，新增涡阳坛闷蒜、涡阳槐花地理标志商标 2 件，农产品地理标志产品（商标）达 12 件。

年末市级以上农业龙头企业达 560 家，较上年新增 11 家，其中国家级 5 家，省级 60 家。全市新建农民专业合作社省级示范点（社）15 个，较上年新增 4 家，年末拥有农民专业合作组织 21481 个，合作组织成员 112.7 万人。新建改造农家店 160 家，农村综合服务中心 24 家。新培育市级一村一品村镇 50 个。全市已创建农业产业化联合体 102 个，其中省级示范联合体 43 个。

三、工业和建筑业

年末全市规模以上工业企业达 826 户。全年规模以上工业企业[3]实现增加值比上年增长 11.4%。大中型工业企业和股份制企业生产增长较快，增幅分别比规模工业高了 9.4 个和 0.7 个百分点。

全市 31 个工业行业中，19 个保持增长，增长面达 61.3%，增速超全市平均水平的 11 个。煤炭开采和洗选业增长 26.2%，农副食品加工业增长 4.2%，酒、饮料和精制茶制造业增长 12.6%，

2019 年全市主要农产品产量

表 25　　单位：万吨

产品名称	绝对数	比上年增长（%）
粮食	499.7	2.4
油料	4.1	4.1
# 花生	3.6	4.6
油菜籽	0.3	-0.2
棉花	0.2	8.0
烤烟	0.02	-4.9
药材	27.6	12.0
蔬菜	283.0	4.9
瓜果	52.5	38.1z

2019年全市规模以上工业增加值

表26　　　　　　　　　　　　　　　　　　　　　　　　单位：%

指　标	比上年增长
规模工业增加值	11.4
其中：国有企业	6.6
集体企业	7.1
股份合作企业	4.9
股份制企业	12.1
外商及港澳台商投资企业	−2.9
其他企业	−26.5
其中：国有及国有控股企业	15.6
其中：大中型工业企业	20.8

医药制造业增长5.9%，电气机械和器材制造业增长8.2%，五大主导行业对全市规模以上工业增长贡献率达60.2%。高新技术产业增加值增长14.7%。战略性新兴产业产值增长25.4%；高新技术产业产值增长12%。

规模以上工业统计的主要产品产量中，小麦粉增长13.4%、精制茶增长897.4%、白酒增长4.8%、服装下降10.8%、塑料制品下降5%、水泥增长10.4%。

全市规模以上工业企业经济效益综合指数287.5%。企业营业收入增长2.1%；营业利润增长1.5%；利润总额增长3.2%。农副食品加工业，食品制造业，酒、饮料和精茶制造业，医药制造业，金属制品业，非金属矿物制品业，木材加工和木、竹、藤、棕、草制品业，计算机、通信和其他电子设备制造，电力、热力生产和供应业，煤炭开采和洗选业，燃气生产和供应业等11个行业利润均超亿元。

2019年全市主要工业产品产量

表27

产品名称	单 位	绝对数	比上年增长（%）
小麦粉	万吨	204.6	13.4
精制茶	吨	227.7	897.4
白酒	千升	131433.4	4.8
方便面	吨	1230.7	11.1
饮料	万吨	5.1	−15.9
速冻食品	吨	4586.7	232.2
饲料	万吨	73.1	25.1
塑料制品	万吨	9.3	−5.0
水泥	万吨	308.8	10.4
商品混凝土	万立方米	686.0	−35.9
砖	万块	194774.2	2.0
石墨及碳素制品	吨	1867.9	−17.6
服装	万件	5147.1	−10.8
布	万米	6255.0	−4.0
光电子器件	万只	358.4	9.7
电光源	万只	12.4	−4.0

全年全社会建筑业增加值173.4亿元，比上年增长10.7%。房屋建筑施工面积559万平方米，比上年减少102.5万平方米；房屋竣工面积285.3万平方米，比上年减少120.1万平方米。

四、固定资产投资

全年固定资产投资[4]比上年增长13%。其中，工业技术改造投资增长56.8%；民间投资增长1.4%。分产业看，第一产业投资下降42.9%，第二产业投资增长9.3%，第三产业投资16.5%。分行业看，工业投资增长9.3%，其中制造业投资下降7.3%。

全年房地产开发投资415.3亿元，比上年增长13.8%。商品房销售面积672.4万平方米，增长7.1%；商品房销售额419.3亿元，增长6.9%。

2019年，849个市重点项目投资完成率117.4%，超额完成年度目标。其中，369个续建项目投资完成率115%，480个年度计划新开工项目开工480个（含计划外新增开工10个），投资完成率120.9%。444个省重点项目（含补录项目22个）投资完成率137.7%，215个计划新开工项目开工258个（含储备项目开工61个），开工率120%；竣工项目90个，竣工率123.3%，投资完成率、开工率、竣工率均位居全省前列。涡阳县鸿路建材绿色钢结构生产基地三期，蒙城县垃圾焚烧发电，利辛县宝业绿色建筑产业园，谯城区盛海堂现代中药生产，亳州高新区太康医药医疗器械生产，亳芜现代产业园区华创生物科技等亿元以上项目建成投产或主体完工；亳州市垃圾发电二期，涡阳县金沙河生产基地，蒙城县比太新能源年产1GW黑硅片和1GWN-HIT太阳能电池片生产，利辛县金凤凰纺织产业园，谯城区万达广场，亳州高新区绿地城际空间站，亳芜现代产业园区航升汽车配件生产等亿元以上项目加快建设。

2019年全市行业固定资产投资增长速度

表28　　　　单位：%

行　业	比上年增长
农、林、牧、渔业	−42.9
采矿业	41.3
制造业	−7.3
农副食品加工业	−52.0
酒、饮料和精制茶制造业	−66.4
医药制造业	−17.8
非金属矿物制品业	83.5
汽车制造业	129.6
电力、燃气及水的生产和供应业	114.4
交通运输、仓储和邮政业	84.0
信息传输、软件和信息技术服务业	−86.5
批发和零售业	−80.0
住宿和餐饮业	−75.8
房地产业	15.7
教育	92.3
卫生和社会工作	−40.4
文化、体育和娱乐业	33.1

五、国内贸易

全年社会消费品零售总额662.7亿元，比上年增长12.3%。按经营地统计，城镇消费品零售额494.6亿元，增长12.3%；乡村消费品零售额168.1亿元，增长12.4%。按消费形态统计，商品零售额575.7亿元，增长11%；餐饮收入87亿元，增长21.9%。其中，限额以上单位零售额219.1亿元，增长11.5%。

限额以上企业商品零售额中，吃、穿、用类商品零售额分别比上年增长14.6%、17.6%和11.2%。其中，粮油类增长15.1%，肉禽蛋类增长17.3%，服装类增长14.8%，化妆品类增长17%，日用品类增长10.7%，中西药品类增长21.1%，家用电器和音像器材类增长5.5%，石油及制品类增长15.2%，汽车类增长3.6%。

全市建成4个县级电子商务服务中心和4个县级物流配送中心，优化提升电商服务网点783个，其中综合服务点104个、便

2019 年全市出口主要分类及地区分布

表 29　　单位：万美元

指　标	绝对数	比上年增长（%）
出口额	83970	17.0
其中：中药材	17467	−13.2
其中：机电产品	4285	32.0
其中：高新技术产品	1806	−18.1
其中：一般贸易	74515	15.0
加工贸易	7031	1.3
其中：对亚洲	51087	4.9
对欧洲	13662	161.3
对北美洲	8424	−10.7
对非洲	3660	−16.1
对拉丁美洲	2681	−0.6
对大洋洲	1012	−2.3

民网点 679 个。培育申报电商示范镇 12 个，电商示范村 43 个，电商示范点 46 个。新建社区菜店 5 家，改造农贸市场 5 家。

六、对外经济和旅游

全年进出口总额 10.4 亿美元，比上年增长 24.8%。其中，出口 8.4 亿美元，增长 17%；进口 2 亿美元，增长 72.3%。从出口经营主体看，生产型企业出口增长 9.5%，贸易型企业出口增长 70.8%。从出口商品看，机电产品出口增长 32%，中药材和高新技术产品分别下降 13.2% 和 18.1%。全市新增进出口实绩企业 83 家，全市超千万美元企业 40 家。全市新签约各类项目 525 个，其中新签约亿元以上工业项目 236 个，新落地工业项目 258 个。

全年新批外商投资企业 4 家；实际利用外商直接投资 9.6 亿美元，比上年增长 7%。组织参加 2019 世界制造业大会等重大活动，举办亳州市举办投资环境说明会，签约项目 35 个，总投资 408.6 亿元。2019 年实现对外直接投资 100 万美元。

全年入境旅游人数 10.6 万人次，比上年增长 2.1%；国内游客 3129.9 万人次，增长 16%。旅游总收入 248.3 亿元，增长 20.6%。其中，旅游外汇收入 2266.1 万美元，增长 0.5%；国内旅游收入 246.8 亿元，增长 20.8%。年末全市共有 AAAA 级旅游景点（区）7 处，星级酒店 16 家，旅行社 34 家，成功创建 10 家旅游示范村。已创建省级休闲农业与乡村旅游示范县 3 个，国家级休闲农业与乡村旅游示范点 1 个，省级示范点 7 个。“亳·千古一亳系列”商品获 2019 年中国旅游商品大赛金奖，填补了全省空白。亳州文石玲珑熏香炉荣获 2019 中国特色旅游商品大赛银奖；曹操运兵道智慧迷宫、一芍佐料罐荣获大赛铜奖。

七、交通和邮电

全年交通运输、仓储和邮政业增加值 83.4 亿元，比上年增长 5.7%。

全年公路旅客运输量 3194 万人，比上年下降 8.6%，公路和水运货物运输量 37046 万吨，增长 5.5%；公路旅客运输周转量 27.7 亿人千米，下降 7.8%，公路和水运货物运输周转量 1042.2 亿吨千米，增长 6%。全年港口货物吞吐量 96.9 万吨，下降 62.5%。亳州公路客运高铁枢纽站、亳州北公交客运枢纽站投入使用。商合杭高铁北段正式通车，亳州机场获批建设，淮蒙阜城际铁路完成可研编制，涡河高等级航道整治工程全面开工。

年末全市民用汽车拥有量 63.9 万辆，比上年增长 10.5%，其中私人汽车 55.6 万辆，增长 10.9%。轿车拥有量 27.8 万辆，增长 13.7%，其中私人轿车 27.0 万辆，增长 13.8%。全市城区年末公交营运车辆 746 辆，出租车营运车辆 3005 辆。

全年邮电业务总量[5]335.8 亿元。其中，电信业务总量 309.5 亿元；邮政业务总量 26.3 亿元。年末本地固定电话交换机总容量 171.4 万门，比上年增加 49.2 万门。本地固定电话用户 26.8 万户；移动电话用户 420.9 万户。年末基础电信运营企业计算机互联网宽带接入用户 124.8 万户，增加 10.9 万户。

八、财政、金融和保险业

全年财政收入 214.3 亿元，比上年增长 7.1%，其中地方财政

2019 年末全市金融机构人民币各项存贷款余额

表 30

指　标	年末数（亿元）	比上年末增长（%）
各项存款余额	2288.2	8.3
其中：单位存款余额	762.5	−2.8
住户存款余额	1465.7	14.7
各项贷款余额	1990.0	19.7
其中：短期贷款余额	823.1	16.7
中长期贷款余额	1128.8	20.6
# 个人消费贷款	551.5	33.1

收入 126.1 亿元，增长 12.6%。全部财政收入中，增值税增长 9.8%，企业所得税增长 4.4%。财政支出 373.4 亿元，增长 8.7%，科学技术、教育、卫生健康、社会保障和就业分别增长 10.9%、19.5%、8.7%、11.4%。不断加大财政民生投入，全市民生支出 307.2 亿元，占总支出的 82.3%。实施 33 项民生工程，累计投入 195.5 亿元，比上年增长 15.2%。

年末全市金融机构各项存款余额（人民币口径，下同）2288.2 亿元，比上年末增加 175.4 亿元，增长 8.3%。其中，非金融企业存款余额 420.5 亿元，下降 4.5%；住户存款余额 1465.7 亿元，增长 14.7%。金融机构各项贷款余额 1990.0 亿元，比上年末增加 327.1 亿元，增长 19.7%。其中，短期贷款 823.1 亿元，增长 16.7%；中长期贷款 1128.8 亿元，增长 20.6%，中长期贷款中个人消费贷款 551.5 亿元，增长 33.1%。

年末全市共有 9 家证券公司营业部，开户股民（含基金）总数 8.8 万个，比上年增长 10.2%。全市共有保险公司 36 家，其中，财产保险公司 18 家，人寿保险公司 18 家。全年保险业保费总收入 85.7 亿元，增长 3.7%。其中，财产险业务保费收入 35.7 亿元，增长 12.3%；人身险业务保费收入 50 亿元，下降 1.7%。赔款和给付 26.5 亿元，增长 3.2%。其中，财产险业务赔款和给付支出 19.3 亿元，增长 17.4%；人身险业务赔款和给付支出 7.2 亿元，下降 21.9%。

九、教育和科学技术

年末全市普通高校 2 所，在校学生 1.9 万人。各类中等职业学校（不含技工学校）14 所，在校生 5.9 万人。普通高中 28 所，在校生 9 万人，高中阶段毛入学率 93.5%。普通初中 274 所，在校生 24.7 万人，初中阶段适龄人口入学率 100%。小学 1106 所，在校生 52.8 万人，小学学龄儿童入学率 100%。各级各类成人学校毕业生 1.1 万人。新建、改扩建公办幼儿园 68 所。其中，市中心城区新建、改扩建公办幼儿园 22 所。全面实施免费义务教育，受益学生 77.7 万人。发放各类资助资金 2.0 亿元，资助学生 17.5 万人次，其中发放建档立卡贫困家庭学生资助资金 6519.4 万元，资助建档立卡贫困家庭学生 7.3 万人次。381 所农村学校（含教学点）、12.4 万名义务教育阶段学生享受营养餐。

年末全市有各类专业技术人员[6] 5.6 万人，比上年增长 5%。全市新认定高新技术企业 51 家，

2019 年全市各类教育发展情况

表 31　　单位：万人

指 标	招生数	在校生数	毕业生数
普通高等教育	0.9	1.9	0.3
中等职业教育	3.0	5.9	2.1
普通高中	3.4	9.0	2.7
普通初中	8.8	24.7	7.2
小学	8.6	52.8	8.9
特殊教育	0.07	0.4	0.02

总数达120家。各类科技成果319项，其中，省部级以上科技成果49项。主要科技成果有：安徽东方帝维生物制品股份有限公司“羊口疮灭活疫苗（AH-GY13株）的研发”、安徽邵氏华艾生物医疗电子科技有限公司“麻醉深度监护的关键技术研究与系统实现”、安徽济人药业有限公司“亳州主产药材品质提升关键技术研究与示范”等。加速推进科技成果转化，申请安徽省科技成果登记发布234项。华佗国药股份有限公司的“华佗牌救心丸工艺研究及质量标准提升”项目获得省级科学技术奖二等奖。安徽邵氏华艾生物医疗电子科技有限公司的“高压超短脉冲肿瘤治疗装置（纳米刀肿瘤消融系统）”项目获得第八届中国创新创业安徽赛区二等奖，在第八届中国创新创业大赛先进制造行业总决赛中获优秀企业奖。

年末认定“安徽老字号”企业10家，获评国家钻级酒家5家，中国绿色饭店8家。全市拥有地理标志保护产品4个，驰名商标13件，商标注册总量40730件。亳州市科技馆已建成并开展试运行。

十、文化、卫生和体育

年末全市共有专业艺术表演团体367个，文化馆5个，公共图书馆5个，博物馆5个，乡镇综合文化站86个，建成村级综合文化服务中心1178个，建设农家书屋1299个。全市免费送戏下乡2530场，推出“人人有艺”全民艺术普及免费公益培训品牌活动，惠及学员8800余人次。全国重点文物保护单位8处，省级重点文物保护单位44处，市级重点文物保护单位143处。国家级非物质文化遗产名录3项，省级名录38项，市级名录143项。广播电台4座，中波发射台和转播台2座，广播人口覆盖率100%。电视台4座，有线电视用户24万户，电视综合人口覆盖率100%。全年出版报纸1种，总印数870万份。

年末全市共有卫生机构2103个，其中医院89个，卫生院92个，社区卫生服务中心（站）122个，妇幼保健院（所、站） 5个，疾病预防控制中心5个。卫生技术人员22587人，其中执业（助理）医师8278人，注册护士9875人。医院、卫生院实有床位数23444张。全年诊疗2379.8万人次。村卫生室1322个，乡村医生和卫生员5165人，农村有医疗点的村占总村数的100%。

年末全市共有体育场地1490个，其中体育场17个，体育馆2座。全年在国际和国内的重大比赛中，亳州市运动健儿获49枚金牌、38枚银牌和19枚铜牌。“全民健身”系列主题活动蓬勃开展，全年共举办百人以上群众体育活动179次，其中现代体育项目群众活动139次，民间传统体育群众活动40次。成功举办了2019年亳州国际马拉松、2019年中国亳州三国男子篮球邀请赛、2018－2019年全国跳绳联赛亳州站、2019年全国跳绳教练员跳绳世界冠军进校园、2019年安徽省第二届青少年健身操舞大赛、安徽省青少年“未来之星”阳光体育大会暨2019年全国青少年体育冬夏令营安徽站启动仪式、2019年环江淮万人骑行大赛亳州站、全国象棋甲级联赛、MMA综合格斗等活动。

十一、城市和美丽乡村建设

全年市中心城区共投入城市建设维护资金16.5亿元。市主城区新修主干路网14.5千米，配套设施正在完善。完成新增（改造）绿化492万平方米、新建成街头游园15个、建成绿道42.5千米，实施绿化精品示范工程10个。

城市日供水综合能力13.9万吨，自来水普及率达99.5%。液化气年家庭用量0.3万吨，城市气化率达99.6%。

年末园林绿地面积3842.4公顷，建成区绿化覆盖率为37.3%，人均公共绿地面积16.6平方米。

全市完成2019年城镇公厕整治提升任务；对城区道路开展精细化保洁，提高机械化清扫率；加强餐饮油烟监管，整治工作取得明显成效。

城管数字化水平显著提升，视频数据平台共上线摄像机7.2万台，市主城区补盲摄像机197台，数字城管区域拓展覆盖163平方千米。

新城建设、老城改造齐头并进、持续提速，群众居住环境进一步改善，成功创建省级节水型城市，亳州市、涡阳县完成省级园林县城创建工作。

年末建成省级美丽乡村中心村47个，改造农村厕所6.2万户，农村垃圾无害化处理率88.9%。

农村公路扩面延伸工程全

部完工，1141个建制村全部通客车。

农村环境持续改善，建设农村人居环境整治示范村66个，获批省级特色小镇3个。村级红白理事会实现全覆盖。

十二、人民生活和社会保障

全年城镇常住居民人均可支配收入32409元，比上年增长9.1%。人均消费性支出21160元，增长9.1%。其中，食品支出增长9.7%，衣着增长29.8%，居住下降20.5%，教育文化娱乐服务下降15.2%。城镇常住居民恩格尔系数[7]为31.0%，比上年提升0.1个百分点。年末城镇常住居民人均住房建筑面积50.8平方米。

全年农村常住居民人均可支配收入14102元，比上年增长10.6%。人均生活消费支出11897元，增长10.5%。其中，食品支出增长11.7%，衣着下降6.9%，居住增长90%，交通下降17%。农村常住居民恩格尔系数为34.6%，比上年提升0.4个百分点。年末农村常住居民人均住房建筑面积58平方米。

年末全市参加城镇职工基本养老保险29.7万人，比上年增长11.0%；城镇职工基本医疗保险27.6万人，增长10.2%；参加失业保险人数为16.5万人，增长2.6%；全市参加工伤保险人数分别为27.4万人，增长6.6%；参加新型农村养老保险362.6万人，增长0.9%。

被征地农民养老保险制度全面推进，年末被征地农民参保人数17.3万人，增长9.4%。

全市城乡低保水平进一步提升，全年发放低保金7.3亿元，城镇低保年末保障1万人，农村低保年末保障19.4万人。

年末全市有各类收养性社会福利单位床位3.3万张，收养各类人员1万人。

城镇建立各种社区服务设施609个，乡镇、街道及县（市、区）级社区服务中心94个，综合性社区服务站116个。

全年销售社会福利彩票2.6亿元，筹集公益金3790万元。

全年网上办事大厅共受理群众各类办事申请414.2万件，办结399.2万件，群众满意率99.9%。

十三、资源和环境

全年批准建设占用耕地1133.1公顷，落实基本农田保护面积51.3万公顷，出让国有土地使用权1468.7公顷。补充耕地2556.6公顷，人工造林6266.7公顷，完成森林长廊示范段建设110千米。成功创建省级森林城镇4个，省级森林村庄36个。

全市已发现各类矿产8种，已探明储量的矿产4种，煤炭储量达50.6亿吨。

全市用水总量10.7亿立方米。年平均气温16.3℃；年日照总时数1991.4小时；年平均降水量625.7毫米。市科普公园和防灾减灾科普教育中心对外开放。

年末全市有各类气象台站5个，自动观测点159个，市、县级环境监测站4个。全市有3个国家级生态乡镇、26个省级生态镇、56个省级生态村、12个市级生态镇、94个市级生态村。

在涡河设置的义门大桥、岳坊大桥、龙亢3个监测断面，水质类别均为Ⅳ类，较2018年基本持平。西淝河断面水质为Ⅲ类，较上年基本持平。

全年市区环境空气质量优良天数为207天，空气质量达标率为56.5%。$PM_{2.5}$平均浓度为52.9微克/立方米，比上年下降3.1%。集中式饮用水水源地水质达标率100%。区域环境噪声平均值为54.0分贝，交通噪声平均值为64.8分贝。建成烟尘控制区1个，面积为169平方千米，建成环境噪声污染达标区面积43.9平方千米。

注：

[1] 本公报数据为初步统计数。部分数据因四舍五入的原因，存在与分项合计不相等的情况。

[2] 生产总值及各产业增加值绝对数按现价计算，增长速度按可比价格计算。

[3] 规模以上工业统计范围为年主营业务收入2000万元及以上的企业。

[4] 固定资产投资统计范围为计划总投资500万元及以上项目和房地产。

[5] 邮电业务总量按2010年不变价格计算。

[6] 各类专业技术人员不含企业人员。

[7] 恩格尔系数是指居民食品消费支出占全部消费性支出的比重。

中共亳州市委 亳州市人民政府关于市级机构改革的实施意见（2019年2月8日）

根据省委、省政府批准的《亳州市机构改革方案》，现就亳州市市级机构改革提出如下实施意见。

一、总体要求

以习近平新时代中国特色社会主义思想为指导，全面贯彻党的十九大和十九届二中、三中全会精神，深入贯彻落实习近平总书记关于深化党和国家机构改革的重要论述，树牢“四个意识”、坚定“四个自信”、坚决做到“两个维护”，坚持加强党的全面领导，坚持以人民为中心的发展思想，坚持社会主义市场经济改革方向，坚持优化协同高效，坚持以法治方式推进改革，坚持在党中央集中统一领导下，按照省委部署不折不扣落实好各项改革任务。深入贯彻落实习近平总书记视察安徽重要讲话精神，从机构职能上把加强党的领导落实到各领域各方面各环节，主要机构及其职能同中央保持基本对应、与省级机构改革有效衔接，确保上下贯通、执行有力。以深化权责清单制度体系建设为抓手，加快政府职能转变，使市场在资源配置中起决定性作用、更好发挥政府作用，强化社会管理和公共服务职能，切实解决人民群众最关心最直接最现实的利益问题。统筹各领域改革，优化机构设置和职能配置，深化转职能、转方式、转作风，提高效率效能。充分发挥法治规范和保障改革作用，在改革中完善和强化法治，坚决维护国家法治统一、政令统一、市场统一。结合亳州实际，因地制宜，大胆探索机构设置和职能配置，构建系统完备、科学规范、运行高效的机构职能体系和简约高效的基层管理体制，再创体制机制新优势，为奋力开创现代化五大发展美好亳州提供有力的体制机制保障。

二、主要任务

（一）调整优化市级党政机构和职能

市级党政机构共设47个。市委机构14个，其中纪检监察机关1个，工作机关13个；市政府工作部门33个（详见附件）。主要改革任务如下：

1. 市委机构改革

（1）组建市监察委员会。将市监察局的职责，以及市人民检察院查处贪污贿赂、失职渎职及预防职务犯罪等反腐败相关职责整合，组建市监察委员会，同市纪律检查委员会合署办公，履行纪检、监察两项职责，实行一套工作机构、两个机关名称。

不再保留市监察局。

（2）组建市委财经委员会，作为市委议事协调机构。市委财经委员会办公室设在市财政局。

（3）组建市委军民融合发展委员会，作为市委议事协调机构。市委军民融合发展委员会办公室设在市发展和改革委员会。

（4）组建市委审计委员会，作为市委议事协调机构。市委审计委员会办公室设在市审计局。

（5）将市委全面深化改革领导小组改为市委全面深化改革委员会，作为市委议事协调机构。市委全面深化改革委员会办公室设在市委政策研究室。

（6）将市委全面推进依法治市领导小组改为市委全面依法治市委员会，作为市委议事协调机构。市委全面依法治市委员会办公室设在市司法局。

（7）将市国家安全领导小组改为市委国家安全委员会，作为市委议事协调机构。市委国家安全委员会办公室设在市委办公室。

（8）将市委网络安全和信息化领导小组改为市委网络安全和信息化委员会，作为市委议事协调机构。组建市委网络安全和信息化委员会办公室，为市委网络安全和信息化委员会的办事机构，承担市委网络安全和信息化委员会日常工作，作为市委工作机关，对外加挂市互联网信息办公室牌子。

(9) 将市委外事工作领导小组改为市委外事工作委员会，作为市委议事协调机构。市委外事工作委员会办公室设在市政府办公室（市政府外事办公室）。

(10) 组建市委教育工作领导小组，作为市委议事协调机构。市委教育工作领导小组秘书组设在市教育局。

(11) 市委组织部统一管理市委机构编制委员会办公室。调整优化市委机构编制委员会领导体制。市委机构编制委员会办公室作为市委机构编制委员会的办事机构，承担市委机构编制委员会日常工作，作为市委工作机关，归口市委组织部管理。

市委组织部统一管理公务员工作。将市人力资源和社会保障局的公务员管理职责划入市委组织部，对外加挂市公务员局牌子。

市委非公有制经济和社会组织工作委员会由挂靠市委组织部改为在市委组织部加挂牌子。

(12) 市委统战部统一管理民族宗教、侨务工作。将市民族事务委员会（市宗教事务局）并入市委统战部，将市政府外事办公室（市政府侨务办公室）的侨务管理职责划入市委统战部，加挂市委台湾工作办公室牌子，对外保留市政府侨务办公室、市政府台湾事务办公室牌子，对外加挂市民族宗教事务局牌子。

不再保留市民族事务委员会（市宗教事务局）。

(13) 优化市委办公室职责。将市档案局（市档案馆）的行政职能划入市委办公室，对外加挂市档案局牌子。市档案馆作为市委直属事业单位。

市委办公室加挂市委保密委员会办公室（市国家保密局）牌子。

(14) 市委宣传部对外加挂市政府新闻办公室牌子。

(15) 市委巡察工作领导小组办公室设在市纪律检查委员会，作为市委工作机关。

(16) 组建市委督察考核办公室。将市委办公室、市政府办公室的督察相关职责，市直属机关工作委员会的机关效能检查、考核相关职责等整合，组建市委督察考核办公室，作为市委工作机关，对外加挂市政府督察考核办公室牌子。

(17) 调整市委老干部局管理体制。将市委老干部局由市委组织部管理的机关调整为市委工作机关，归口市委组织部管理。

(18) 组建市精神文明建设指导委员会办公室，作为市委工作机关。

(19) 不再设立市社会治安综合治理委员会及其办公室、市维护稳定工作领导小组及其办公室，有关职责交由市委政法委员会承担。

将市委防范和处理邪教问题领导小组及其办公室职责划归市委政法委员会、市公安局承担。

2. 市政府机构改革

(1) 组建市自然资源和规划局。将市国土资源局、市林业局的职责，以及市城乡规划局的行政职能，市水务局的水资源调查和确权登记管理职责，市农业委员会的草原资源调查和确权登记等职责，市住房和城乡建设委员会、市水务局、市农业委员会等部门的自然保护区、风景名胜区、自然遗产、地质公园等管理职责整合，组建市自然资源和规划局，作为市政府工作部门，保留市林业局牌子。

不再保留市国土资源局，以及单设的市林业局。

(2) 组建市生态环境局。将市环境保护局的职责，以及市发展和改革委员会的应对气候变化和减排职责，市国土资源局的监督防止地下水污染职责，市水务局的编制水功能区划、排污口设置管理、流域水环境保护职责，市农业委员会的监督指导农业面源污染治理职责等整合，组建市生态环境局，作为市政府工作部门。

整合各县（区）环境保护、发展改革、国土资源、农业、水利等部门相关职责，在市级机构改革中同步组建市生态环境局各县（区）分局，作为市生态环境局派出机构。

不再保留市环境保护局及各县（区）环境保护局。

(3) 组建市农业农村局。将市农业委员会的职责，以及市发展和改革委员会的农业投资项目、市财政局的农业综合开发项目、市国土资源局的农田整治项目、市水务局的农田水利建设项目等管理职责整合，组建市农业农村局，作为市政府工作部门。市委农村工作领导小组办公室设在市农业农村局。

将市农业委员会的渔船检验和监督管理职责划入市交通运输局。

不再保留市农业委员会。

（4）组建市文化旅游体育局。将市文化旅游局（市新闻出版广电局）、市体育局的职责整合，组建市文化旅游体育局，作为市政府工作部门，加挂市广播电视新闻出版局牌子。

不再保留市文化旅游局（市新闻出版广电局）、市体育局。

（5）组建市卫生健康委员会。将市卫生和计划生育委员会（市中医药管理局）、市深化医药卫生体制改革领导小组办公室的职责，以及市民政局的老龄工作相关职责，市安全生产监督管理局的职业安全健康监督管理职责等整合，组建市卫生健康委员会，作为市政府工作部门，加挂市中医管理局牌子。

保留市老龄工作委员会，日常工作由市卫生健康委员会承担。

不再保留市卫生和计划生育委员会（市中医药管理局）。

（6）组建市退役军人事务局。将市民政局的退役军人优抚安置职责，市人力资源和社会保障局的军队转业干部安置职责，以及军队有关职责等整合，组建市退役军人事务局，作为市政府工作部门，按中央有关改革部署实施。

（7）组建市应急管理局。将市安全生产监督管理局的职责，以及市政府办公室的应急管理职责，市公安局的消防管理职责，市民政局的救灾职责，市国土资源局的地质灾害防治相关职责，市水务局的水旱灾害防治相关职责，市农业委员会的草原防火相关职责，市林业局的森林防火相关职责，市人民防空办公室（市地震局）的震灾应急救援相关职责，市防汛抗旱指挥部、市救灾减灾委员会、市抗震救灾指挥部、市森林防火指挥部等职责整合，组建市应急管理局，作为市政府工作部门，按中央有关改革部署实施。

不再保留市安全生产监督管理局。

（8）重新组建市司法局。将市司法局、市政府法治办公室的职责整合，重新组建市司法局，作为市政府工作部门。

不再保留市政府法治办公室。

（9）优化市审计局职责。将市发展和改革委员会的重大项目稽察职责，市财政局（市政府国有资产监督管理委员会）的预算执行情况和其他财政收支情况的监督检查职责、承担的国有企业监事会相关职责等划入市审计局。

（10）组建市市场监督管理局。将市工商行政管理局、市质量技术监督局、市食品药品监督管理局（市食品安全委员会办公室）的职责，以及市发展和改革委员会（市物价局）的价格监督检查相关职责，市科学技术局的专利管理相关职责整合，组建市市场监督管理局，作为市政府工作部门，加挂市知识产权局牌子。

市食品药品安全委员会改为市食品安全委员会，具体工作由市市场监督管理局承担。

不再保留市工商行政管理局、市质量技术监督局、市食品药品监督管理局（市食品安全委员会办公室）。

（11）组建市医疗保障局。将市人力资源和社会保障局的城镇职工和城镇居民基本医疗保险、生育保险职责，市卫生和计划生育委员会的新型农村合作医疗职责，市发展和改革委员会（市物价局）的药品和医疗服务价格管理职责，市民政局的医疗救助职责等整合，组建市医疗保障局，作为市政府工作部门。

（12）市扶贫局更名为市扶贫开发局。

（13）优化市政府办公室职责。将市政府外事办公室（市政府侨务办公室）的外事管理职责划入市政府办公室，保留市政府外事办公室牌子。

不再保留单设的市政府外事办公室。

（14）优化市发展和改革委员会职责。将市商务和粮食局的粮食管理相关职责，市经济和信息化委员会、市民政局、市商务和粮食局等部门的组织实施重要物资和应急储备物资收储、轮换和日常管理职责划入市发展和改革委员会，加挂市粮食和物资储备局牌子。

不再保留市物价局牌子。

（15）优化市科学技术局职责。将市人力资源和社会保障局的外国专家管理职责划入市科学技术局。

（16）组建市经济和信息化局。将市经济和信息化委员会的职责，以及市交通运输局的民用船舶行业管理职责整合，组建市经济和信息化局，作为市政府工作部门。

不再保留市经济和信息化委员会。

（17）组建市住房和城乡建设局。将市住房和城乡建设委员会（市城市管理行政执法局）的住房管理相关职责、城乡建设相关职责，市房地产管理局、市住房公积金管理中心的行政职能整合，组建市住房和城乡建设局，作为市政府工作部门。

不再保留市住房和城乡建设委员会。

（18）市水务局更名为市水利局。

（19）市商务和粮食局更名为市商务局。

（20）组建市政府信访局。在市委办公室管理的市委市政府信访局基础上，组建市政府信访局，作为市政府工作部门，市委信访局与市政府信访局合署办公，实行一套工作机构、两个机关名称。

（21）组建市公共资源交易监督管理局。将相关单位承担的招投标监督管理职责、公共资源交易监督管理职责等整合，组建市公共资源交易监督管理局，作为市政府工作部门。

（22）组建市地方金融监督管理局。将市政府办公室（市政府金融工作办公室）的金融管理相关职责，市商务和粮食局的融资租赁、典当、商业保理监管等职责整合，组建市地方金融监督管理局，作为市政府工作部门，保留市政府金融工作办公室牌子。

（23）组建市城市管理局。将市住房和城乡建设委员会（市城市管理行政执法局）等部门的城市管理相关职责整合，组建市城市管理局，作为市政府工作部门，保留市城市管理行政执法局牌子。

（24）组建市数据资源管理局。将市政府政务服务中心的职责，以及市发展和改革委员会、市经济和信息化委员会的数据资源管理相关职责等整合，组建市数据资源管理局，作为市政府工作部门，加挂市政务服务管理局牌子。

不再保留市政府政务服务中心。

（25）组建市药业发展促进局。将市药业发展局的行政职能，市卫生和计划生育委员会等部门的中药发展相关职责整合，组建市药业发展促进局，作为市政府工作部门。

（二）统筹推进其他各项改革

1. 市人大机构改革

组建市人大社会建设委员会，作为市人大专门委员会。

2. 市政协机构改革

（1）组建市政协农业和农村委员会。将市政协经济委员会联系农业界和研究“三农”问题等职责调整到市政协农业和农村委员会。

（2）市政协文史资料委员会更名为市政协文化文史和学习委员会。将市政协教科文卫体委员会承担的联系文化艺术界等相关职责调整到市政协文化文史和学习委员会。

（3）市政协教科文卫体委员会更名为市政协教科卫体委员会。

3. 群团组织改革

健全党委统一领导群团工作的制度，紧紧围绕保持和增强政治性、先进性、群众性这条主线，自觉服从服务党委工作大局，以更大力度、更实举措推进改革，着力解决“机关化、行政化、贵族化、娱乐化”等问题，把群团组织建设得更加充满活力、更加坚强有力。

群团组织改革与机构改革相结合，促进党政机构同群团组织功能有机衔接。探索群团组织机关综合设置。支持和鼓励群团组织承接适合由其承担的公共服务职能，增强群团组织团结教育、维护权益、服务群众功能，充分发挥党和政府联系人民群众的桥梁纽带作用。

4. 市委市政府直属事业单位改革和承担行政职能的事业单位改革

（1）市委党史研究室（市地方志编纂委员会办公室）更名为市委党史和地方志研究室，作为市委直属事业单位。

（2）亳州广播电视台由市委市政府直属事业单位调整为市政府直属事业单位，归口市委宣传部领导。

（3）市政府发展研究中心不再保留市政府政策研究室牌子。

（4）将剥离行政职能的市城乡规划局更名为市城乡规划设计院，由市自然资源和规划局代管。

（5）将剥离行政职能的市

房地产管理局更名为市住房发展中心，由市住房和城乡建设局代管。

（6）将剥离行政职能的市药业发展局更名为市中药材交易服务中心，由市药业发展促进局代管。

承担行政职能的事业单位改革纳入此次党政机构改革，统筹推进、同步实施。将完全、主要和部分承担行政职能的事业单位全部纳入改革范围，全面清理事业单位承担的行政职能，按照能转职能的不转机构、确需转机构的实行综合设置的原则，区分情况推进改革，根除“事业局”。党委和政府直属的承担行政职能的事业单位，行政职能划入相关党政机构，或在机构限额内转为行政机构。改革后保留设置的事业单位，名称不再称“委、办、局”，具体机构编制调整事项按规定权限和程序办理。除行政执法机构按照中央及省部署推进改革外，不再保留或新设承担行政职能的事业单位。

5. 综合行政执法改革

从源头上全面梳理、规范和精简行政处罚、行政强制事项，最大限度减少行政执法事项，并实施清单化管理，建立动态调整机制。相对集中行政处罚权、行政强制权，依法推进综合执法改革。统筹配置行政执法职能和执法资源，大幅减少执法队伍种类，一个部门设有多支执法队伍的，原则上整合为一支队伍。

认真落实中央及省委关于加强市场监管、生态环境保护、文化市场、交通运输、农业5个领域综合执法工作部署要求，结合我市实际，统筹研究制定深化综合行政执法改革的实施方案。按照减少层次、整合队伍、提高效率的原则，将这些领域的执法职责和队伍整合到位，大幅减少执法队伍种类，合理配置执法力量，实行统一执法。将商务执法、盐业执法等整合划入市场监管综合执法队伍，实行更大范围的综合执法。继续深入推动城市管理等其他跨领域跨部门综合执法，巩固改革成果，深化改革探索。

减少执法层级，市区原则上只设一个执法层级，积极推进执法力量下沉，能下放区级承担的执法事项尽量下放，落实好属地监管责任。

加强执法队伍建设，锁定执法人员编制底数，暂保持现状不变，待中央统一明确政策后逐步规范。加强人员招录、使用和考核管理，严把入口关，全面清理清退临时人员和聘用人员，严禁使用辅助人员执法。完善执法程序，严格执法责任，加强执法监督，大力提升执法科技化、规范化水平，不断提高执法队伍综合素质和执法能力。

6. 统筹推进审批服务便民化改革

创新审批监管方式。把机构改革同深化简政放权、放管结合、优化服务有机结合，持续简政放权，减少具体审批事项，清理和规范各类行政许可、资质资格、中介服务等管理事项，大幅降低制度性交易成本，最大程度利企便民。深入开展“证照分离”“多证合一”等商事制度改革。深化“1+X”权力运行监管和“双随机、一公开”制度建设，加强政府事中事后监管。

提升政务服务水平。巩固深化权力清单、责任清单、涉企收费清单和公共服务清单、行政权力中介服务清单“3+2”清单制度建设成果，为社会提供更多公平可及和更加透明规范的服务。推进清单线上线下深度应用。持续开展“减证便民”行动。推深做实创优营商环境工作，深入实施政务服务“一张网”，加快推进部门政务信息联通共享，提升“互联网＋政务服务”水平。提高政府效能，完善办事流程，推进直接服务民生的公共事业部门便民化改革，为投资者提供更加便捷高效的服务。

7. 强化机构编制管理刚性约束

加强市委对机构编制工作的领导，严格执行机构编制管理法律法规和党内法规，严格机构编制管理权限和程序，严禁越权审批。严格执行机构限额、编制种类和总量制度、领导职数管理等规定，严禁超编进人、超职数配备领导干部。全面清理取消擅自设置的机构和岗位、擅自配备的职务。严格控制编外聘用人员，从严规范适用岗位、职责权限和各项管理制度。

全面清理限额外设置的行政机构，规范管理合署办公机构、挂牌机构、议事协调机构、临时机构、派出机构。挂牌机构不单独核定编制和领导职数，杜绝挂牌机构实体化。精简整合规范议事协调机构，承担联席会议日常工作的内设机构不加挂牌子、不刻制印章。精简整合规范各类派出机构，部门派出机构规格不高于内设机构。清理规范开发区管理机构设置。规范部门内设机构规格和名称，加大综合设置力度。

建立健全机构编制管理同组织人事、财政预算管理共享的信息平台，完善机构编制实名制管理，充分发挥机构编制在管理全流程中的基础性作用。加强机构编制管理评估，优化编制资源配置。完善机构编制同纪检监察机关和组织人事、巡察、审计等部门的协作联动机制，形成监督检查合力，坚决查处各类机构编制违纪违法行为。

三、“三定”规定制定

制定部门“三定”规定（职能配置、内设机构和人员编制规定）是机构改革的重要任务。坚持加强党的全面领导、优化协同高效以及从严控制机构编制、总量不突破的原则，制定新组建、重新组建及职能机构调整变化较大部门的“三定”规定。

（一）关于主要职责。部门职能配置坚持加强党的全面领导，充分体现中央改革精神；坚持转变政府职能，使市场在资源配置中起决定性作用、更好发挥政府作用；坚持上下基本对应，与党中央、国务院和省委、省政府机构职责相衔接；坚持理顺职责关系，做到一类事项原则上由一个部门统筹、一件事情原则上由一个部门负责。职责表述要全面、清晰、准确，避免列入有关临时性事项、阶段性任务和内部管理事项等。

（二）关于内设机构。科学设置部门内设机构。精干设置综合机构，多个部门合并或以某个部门为基础并入另一个部门的，只保留一套综合科室。整合设置业务机构，任务单一或职责相近的内设机构要综合设置，部门内设机构不再下设机构。内设机构的名称要与所承担的职责任务相适应，一般称科或室，原则上不称局。内设机构的职责表述要严格限定在部门主要职责范围内，不能派生出新的职责。严格控制内设机构挂牌，承担联席会议日常工作的内设机构不加挂牌子。

（三）关于人员编制。按照“编随事走、人随编走”和“总量控制、统筹调剂”的原则，依据职能机构的调整划转，重新确定编制基数。合并设置的新机构，职能相同或相近的综合科室和业务科室整合后，相应精简编制。机构改革调整变动部门因整合精简编制出现超编情况，人员不作精简分流，可作适当的过渡性安排。

（四）关于领导职数。综合考虑职责任务、内设机构和人员编制情况，按规定重新核定领导职数。涉及部门合并和职责调整，保留被并入部门牌子或继续使用名称的，一般不增加部门领导职数。机构改革调整变动部门因领导干部安排出现超职数情况，可逐步过渡消化到规定职数。

四、配套政策措施

（一）关于人员转隶。按照“以划入部门为主、划出部门配合”的原则，新组建部门（单位）领导班子成立后即与涉及的相关部门（单位）做好衔接。按照“编随事走、人随编走”的原则，新组建的部门（单位），人员从被划转职责部门（单位）现有人员中调整；成建制划转职责的部门（单位），人员一并转隶；部分职责划转的部门（单位），承担划转职责的人员，要连同职责一并划转。

（二）关于部门所属事业单位划转。对改革涉及的部门（单位）所属事业单位进行全面梳理，需要划转的随其职责同步划转。原主管部门不再保留的，其所属事业单位，要本着先稳定、后理顺的思路，先明确归属，再按有关规定进行改革。为稳妥推进改革，当前只对部门（单位）所属事业单位进行必要的划转、更名、整合，涉及事业单位其他改革问题，待上级部署后统筹开展。

（三）关于离退休人员归属与管理。成建制合并到新组建的部门（单位），离退休人员由新组建部门（单位）服务管理；部分职责划转的部门（单位），离退休人员仍由原单位服务管理；不再保留的部门（单位），离退休人员随其职责转移，由承担其主要职责的部门（单位）服务管理。

（四）关于经费资产等处置与管理。机构变动部门（单位）要严格按照国有资产管理规定进行资产清查、登记，在此基础上，根据机构、职责调整情况，提出经费、资产、公务用车调整和处置方案，按照相关规定和管理权限报批后，办理移交、接收、划转和处置手续，确保经费资产等随机构职责调整及时有序调整到位。

（五）关于办公用房调整与安排。新组建或重新组建部门（单位），原则上应在同一地点办公。确实有困难的，领导班子和综合科室必须在同一地点办公，其他科室相对集中办公，逐步实现同一地点集中办公。

（六）关于机构挂牌、印章使用、档案移交及公文运转。新组建、改变名称的部门（单位）机构衔牌，由各部门（单位）按照有关规定制作，在规定时限内挂牌。新组建、改变名称的部门（单位）印章由市委办公室、市政府办公室制发，新印章启用后，原相关部门（单位）印章同时废止并分别送交市委办公室、市政府办公室注销。改革涉及的部门（单位）整理、保管、移交好各类文件、档案、资料等，严防失散和泄密事件发生。市委办公室、市政府办公室负责协调指导新组建、改变名称部门（单位）的公文发送、报送工作，保障上行文、下行文及时正常运转。

（七）关于涉改法规规章和规范性文件的修订。有序推进涉及机构改革的地方性法规、政府规章和规范性文件的修订工作，着力解决现有法规规章和规范性文件与机构改革不适应、不协调、不衔接、不一致问题。

以上配套政策措施涉及的具体办法和有关程序，分别由组织人事、机构编制、财务资产、机关事务、印章档案管理、纪律保障等政策业务组和有关部门负责明确和协调指导。

五、实施步骤

2019 年 3 月底前，市级机构改革工作要基本完成。具体分为四个阶段：

（一）动员部署。召开市委全委会，安排部署市级机构改革组织实施工作，统一思想认识，明确改革任务和工作要求。

（二）挂牌转隶。全委会后，有关部门（单位）即着手挂牌工作，2 月底前基本完成。同步开展机构和人员转隶、办公用房调整、财务资产划转、公章使用和档案交接等工作。

（三）制定“三定”。相关部门（单位）负责研究拟订“三定”规定初步方案，于 2 月底前报送市委推进机构改革领导小组办公室。市委编办将“三定”规定送审稿及审核意见按程序报市领导审批后，以市委办公室或市委办公室、市政府办公室文件印发。

（四）组织实施。“三定”规定批复后，各部门（单位）党委（党组）抓紧组织实施，具体落实机构改革各项任务，建立和完善新机构高效协调运转的工作机制。市委推进机构改革领导小组办公室适时开展机构改革检查验收工作。

六、工作要求

（一）加强组织领导。从党和国家事业全局的高度充分认识推进地方机构改革的重要性，提升政治站位，坚决维护习近平总书记党中央的核心、全党的核心地位，坚决维护党中央权威和集中统一领导，切实将思想和行动统一到党中央关于地方机构改革的决策部署上来，有组织、有步骤、有纪律地推进机构改革。在市委统一领导下，市委推进机构改革领导小组负责统筹做好机构改革的组织实施工作，领导小组办公室具体牵头负责日常组织、协调推进工作。各部门（单位）党委（党组）主要负责同志要当好第一责任人，靠前指挥，抓好本部门（单位）机构改革组织实施。

（二）稳妥有序推进。全面贯彻先立后破、不立不破原则，有序做好人员转隶、新机构挂牌、集中办公等工作，特别是涉及安全生产、应急救援、维护社会稳定等工作的新老机构要确保工作有序衔接。各部门（单位）要紧紧抓住职能转变这个关键，在转职责上出实招硬招，真正做到职能整合、业务融合。

（三）加强思想政治工作。要注意掌握党员干部的思想动态，教育引导广大党员干部特别是领导干部，坚持党性原则和全局观念，提高政治站位，强化政治担当，自觉服从改革大局，确保思想不乱、工作不断、队伍不散、干劲不减。要加强改革正面宣传，做好舆论引导和政策解读工作，为改革顺利开展营造良好氛围和环境。

（四）严明纪律规矩。严格执行机构改革政治纪律、组织纪律、机构编制纪律、干部人事纪律、财经纪律、保密纪律，不讲条件、不打折扣、不搞变通、不开口子，确保机构、职责、队伍按要求及时调整到位。机构改革组织实施情况纳入市委、市政府督察任务和巡察范围，强化监督和执纪问责，保障改革顺利推进。各部门（单位）推进机构改革情况和遇到的重大问题要及时向市委报告请示。

附件：

1. 中共亳州市委机构设置表

2. 亳州市人民政府机构设置表

附件 1：

中共亳州市委机构设置表

纪律检查委员会监察委员会

办公室

组织部

宣传部

统一战线工作部

政法委员会

政策研究室

全面深化改革委员会办公室（设在政策研究室）

全面依法治市委员会办公室（设在市司法局）

国家安全委员会办公室（设在办公室）

网络安全和信息化委员会办公室

财经委员会办公室（设在市财政局）

外事工作委员会办公室（设在市政府办公室）

机构编制委员会办公室

军民融合发展委员会办公室(设在市发展和改革委员会)

审计委员会办公室（设在市审计局）

教育工作领导小组秘书组（设在市教育局）

农村工作领导小组办公室（设在市农业农村局）

市直属机关工作委员会

巡察工作领导小组办公室

督察考核办公室

老干部局

市精神文明建设指导委员会办公室

说明：

亳州市委设置纪检监察机关 1 个，计入机构限额的工作机关 13 个（设在相关部门的市委议事协调机构的办事机构不计入机构限额）。其中，纪律检查委员会与监察委员会合署办公，实行“一套工作机构、两个机关名称”；办公室挂保密委员会办公室（市国家保密局）、市档案局牌子；组织部挂市公务员局、非公有制经济和社会组织工作委员会牌子；宣传部挂市政府新闻办公室牌子；统一战线工作部挂台湾工作办公室（市政府台湾事务办公室）、市民族宗教事务局、市政府侨务办公室牌子；网络安全和信息化委员会办公室挂市互联网信息办公室牌子；市委督察考核办公室挂市政府督察考核办公室牌子；市委信访局与市政府信访局合署办公，不计入机构限额。

附件 2：

亳州市人民政府机构设置表

办公室
发展和改革委员会
教育局
科学技术局
经济和信息化局
公安局
民政局
司法局
财政局
人力资源和社会保障局
自然资源和规划局
生态环境局
住房和城乡建设局
交通运输局
农业农村局
水利局
商务局
文化旅游体育局
卫生健康委员会
退役军人事务局
应急管理局
审计局
统计局
市场监督管理局
公共资源交易监督管理局
医疗保障局
地方金融监督管理局
城市管理局
人民防空办公室
扶贫开发局
信访局
数据资源管理局
药业发展促进局

说明：

亳州市人民政府设置工作部门 33 个。其中，办公室挂市政府外事办公室、机关事务管理局牌子；发展和改革委员会挂粮食和物资储备局牌子；财政局挂市政府国有资产监督管理委员会牌子；自然资源和规划局挂林业局牌子；文化旅游体育局挂广播电视新闻出版局牌子；卫生健康委员会挂中医管理局牌子；市场监督管理局挂知识产权局牌子；地方金融监督管理局挂市政府金融工作办公室牌子；城市管理局挂城市管理行政执法局牌子；人民防空办公室挂地震局牌子；数据资源管理局挂政务服务管理局牌子。

索　引

主题索引

本索引采取主题分析索引法，按索引词首字汉语拼音字母顺序排列，同声同韵字按声调、同音字按笔画顺序排列，若首字相同则按第二字音序排列，依次类推。索引词后的阿拉伯数字表示该词所在页码，数字后的英文字母a、b、c分别表示该页文字的左、中、右栏。

A

B

C

D

E

F

G

H

J

K

L

M

N

P

Q

R

S

T

W

Y

Z

图表索引

本索引按图片和表格在文中的先后顺序排列，并将系列图片、随文图片、表格相对集中归类，图片说明文字和表格标题后的阿拉伯数字表示所在页码。

系列图片索引：

随文图片索引：

表格索引：